D1672506

GⅡ 5472 (33) - 1 +4

## Schwerpunkte

Eine systematische Darstellung der wichtigsten Rechtsgebiete anhand von Fällen
Begründet von Professor Dr. Harry Westermann †

# Strafrecht
# Besonderer Teil 1

Straftaten gegen Persönlichkeits-
und Gemeinschaftswerte

begründet von

Prof. Dr. Johannes Wessels †

fortgeführt von

Dr. Michael Hettinger

o. Professor an der Universität Mainz

33., neu bearbeitete Auflage

CFM

C. F. Müller Verlag
Heidelberg

Bibliografische Informationen der Deutschen Nationalbibliothek
Die Deutsche Nationalbibliothek verzeichnet diese Publikation in der Deutschen Nationalbibliografie; detaillierte bibliografische Daten sind im Internet über http://dnb.d-nb.de abrufbar.

Bei der Herstellung des Werkes haben wir uns zukunftsbewusst für umweltverträgliche und wiederverwertbare Materialien entschieden. Der Inhalt ist auf elementar chlorfreiem Papier gedruckt.


ISBN 978-3-8114-9716-0


E-Mail: kundenbetreuung@hjr-verlag.de
Telefon: +49 89/2183-7928
Telefax: +49 89/2183-7620

© 2009 C.F. Müller, eine Marke der Verlagsgruppe Hüthig Jehle Rehm GmbH
Heidelberg, München, Landsberg, Frechen, Hamburg

www.cfmueller-campus.de

Satz: Textservice Zink, Schwarzach
Druck: Druckerei C.H. Beck, Nördlingen

# Vorwort

Diese Neuauflage ist überarbeitet und aktualisiert worden. Rechtsprechung und Literatur befinden sich auf dem Stand von Juni 2009. Eine inhaltliche Änderung haben – im Anschluss an den Habilitationsvortrag von *Dr. Armin Engländer* (s. auch GA 2008, 673) – die Erläuterungen zu § 227 StGB erfahren.

Die Bände zum Besonderen Teil enthalten **Vorschläge zum Prüfungsaufbau** für einzelne Delikte, ergänzt um Hinweise auf je besonders Merkenswertes und auf Problematisches. In diesem Teilband 1 sind Aufbaumuster nur für die Straftatbestände aufgenommen, die in Prüfungsarbeiten erfahrungsgemäß häufig eine Rolle spielen und deren Struktur sich nicht schon auf den ersten Blick erschließt. Sie sind am Ende der Ausführungen zu dem jeweiligen Straftatbestand aufgeführt.

Wiederum erscheint zudem eine **gesonderte Ausgabe des Buches mit CD-ROM**, auf der die weit über 800 im *Wessels/Hettinger* zitierten Entscheidungen des Bundesgerichtshofs und des Reichsgerichts im Originaltext nachgelesen werden können, wodurch namentlich die häusliche Arbeit mit dem Werk wesentlich erleichtert wird.

Herrn *Dr. Armin Engländer,* nunmehr o. Professor in Passau, habe ich ein letztes Mal für die Unterstützung bei einer Neuauflage und insbesondere für die vertrauensvolle, in jeder Weise schöne Zusammenarbeit seit 1999 zu danken. Er, Herr *Elias Bender* und Frau *Dr. Christina Globke* haben sich der Sammlung, Sichtung und Auswertung der Publikationen seit Mitte Juni 2008 angenommen und mich darüber hinaus mit wertvollen Hinweisen versehen.

Ihnen wie auch den Hilfskräften Frau Ref. iur. *Katharina Diel*, Frau Ref. iur. *Danica Sauter,* Frau stud. iur. *Linda Groß* und Frau stud. iur. *Laura Reutershahn* sage ich – auch mit Blick nach Passau – ein herzliches „Vergelt's Gott".

Mainz, im Juli 2009 *Michael Hettinger*

# Vorwort der 22. Auflage

Dieses Buch, das ich im Jahre 1976 geschaffen habe, ist von mir mehr als 20 Jahre lang betreut und fortwährend auf den neuesten Stand gebracht worden. Gesundheitliche Gründe haben mich veranlaßt, mein Werk jetzt in jüngere Hände zu legen. Zu meiner großen Freude ist es gelungen, in der Person von Herrn Professor Dr. Michael Hettinger einen Nachfolger zu finden, der seine hervorragende fachliche und pädagogische Befähigung bereits in zahlreichen Veröffentlichungen unter Beweis gestellt hat. Ich bin überzeugt, daß er die von ihm übernommene neue Aufgabe ebenfalls vortrefflich meistern wird. Für den Inhalt der Sachdarstellung trägt er die Verantwortung nunmehr allein.

Aufrichtigen Dank sage ich bei dieser Gelegenheit erneut meinen früheren Mitarbeiterinnen und Mitarbeitern, meinem Sohn Hans Ulrich sowie allen, die in vielfältiger Weise zum Erfolg meiner Arbeit beigetragen haben.

Münster, im November 1998 *Johannes Wessels*

Das Niveau eines Lehrbuchs zu halten, das *Johannes Wessels* in 21 Auflagen erreicht und befestigt hat, wäre schon für sich genommen ein schwer zu bewältigendes Unterfangen. Danach mit Aussicht auf Erfolg zu streben, ist durch die geradezu überfallartige Verabschiedung des Sechsten Gesetzes zur Reform des Strafrechts fast unmöglich geworden. Dieses Gesetz mit seinen weitreichenden Änderungen des StGB stellt den bisherigen, hoffentlich letzten Höhepunkt eines Verfahrens und eines Stils der Gesetzgebung dar, die der Bedeutung des Rechtsgebiets in keiner Weise angemessen sind. Die Ergebnisse so gearteter Strafgesetzgebung treiben die Rechtsprechung zwangsläufig über die Grenzen des ihr nach den Vorgaben der Verfassung Zukommenden hinaus, worunter die Akzeptanz der Entscheidungen notwendig leiden muß. Die Judikatur soll immer häufiger das Recht erst finden, das die zuständige Instanz zu setzen hätte. Hier tut Besinnung not. „Man darf vom Richter das Höchste fordern, aber nur unter einer Voraussetzung: Das Gesetz, nach dem er richten soll, muß über jeden Zweifel erhaben sein" (*Paul Bockelmann*, 1952).

Daß es überhaupt möglich geworden ist, in kurzer Zeit eine Neubearbeitung dieses Lehrbuchs vorzulegen, ist auch ein Verdienst der Herren *Claus Barthel* und *Eric Simon*, die Rechtsprechung und Literatur, die seit der 21. Auflage erschienen sind, sorgfältig aufbereitet haben. Für diese mühevolle Arbeit danke ich ihnen sehr. Herzlicher Dank gebührt auch den treuen Hilfskräften in Würzburg und Mainz, besonders Herrn *Martin Wielant*, sowie Frau *Martha Merkes*, die alle Änderungen und Aktualisierungen mit Gelassenheit in kurzer Zeit bewältigt hat.

Veranlaßt durch das 6. StrRG sind Teile des Buchs neu geschrieben worden; der Text im übrigen ist durchgehend überarbeitet und aktualisiert (Stand: November 1998).

Die vielfältigen Änderungen des Gesetzes machten es erforderlich, auch die Randnummern völlig neu zu ordnen. Gezielte Hinweise auf Kommentare und Lehrbücher wurden leicht vermehrt; sie wollen zu vertiefender Lektüre einladen, dienen teilweise aber auch der Entlastung der Darstellung von Einzelfragen, die in Hausarbeiten Bedeutung erlangen können, den Vorgang des Begreifens aber nicht fördern. Da eine Betrachtung des geltenden materiellen Rechts ohne eine Zusammenschau von Strafbarkeitsvoraussetzungen und Rechtsfolgen nicht auskommen kann, finden die Rechtsfolgen im Rahmen des Möglichen Berücksichtigung.

Mainz, im November 1998                                        *Michael Hettinger*

# Vorwort der ersten Auflage

Der Besondere Teil des Strafgesetzbuchs mit seinen zahlreichen Tatbeständen läßt sich in einer Grundrißreihe festgelegten Umfanges nicht in einem Band bewältigen. Der Stoff ist daher auf zwei Bände verteilt worden. Das vorliegende Buch enthält die *Straftaten gegen Persönlichkeits- und Gemeinschaftswerte*, während die *Straftaten gegen Vermögenswerte* in einem weiteren Band behandelt werden, der alsbald folgen wird. Entsprechend der allgemeinen Zielsetzung dieser Grundrißreihe beschränkt die Darstellung sich auf solche Schwerpunkte, die erfahrungsgemäß für den akademischen Unterricht und die Anforderungen im Examen von besonderer Bedeutung sind. Auf eine Erörterung der Staatsschutz- und Sexualdelikte mußte aus Raumgründen verzichtet werden. Tragbar dürfte das deshalb sein, weil diese Gebiete in Übungen und Prüfungen ausgespart zu werden pflegen. Im übrigen liegen dazu instruktive Einzelschriften vor (*F.C. Schroeder*, Der Schutz von Staat und Verfassung im Strafrecht, 1970; Das neue Sexualstrafrecht, 1975). Hinzu kommen informative Abhandlungen, die einen guten Überblick über die mehr oder weniger gelungene Reform des Sexualstrafrechts bieten (vgl ua *Bockelmann*, in: Festschrift für Maurach, 1972, S. 391; *Dreher*, JR 74, 45; *Hanack*, NJW 74, 1; *Sturm/Laufhütte/Horstkotte*, JZ 74, 1, 46, 84). Auf Vollständigkeit mußte auch bei den Literaturhinweisen verzichtet werden; sie sind so ausgewählt, daß sie dem Studierenden möglichst über Einzelschriften und neuere Abhandlungen das reichhaltige Quellenmaterial erschließen.

Das Erscheinen dieses Bandes hat sich durch meine Tätigkeit in der akademischen Selbstverwaltung, durch richterliche Aufgaben, Prüfungsverpflichtungen und die Bearbeitung der Neuauflagen zum *Allgemeinen Teil* des Strafrechts (Bd. 7 dieser Reihe) verzögert. Dem Herausgeber wie dem Verlag schulde ich Dank für die insoweit gezeigte Geduld.

Die Darstellung geht im wesentlichen von dem Gesetzesstand Ende März 1976 aus. Das 14. und 15. StÄG, die den Bundestag bereits passiert haben, sind schon eingearbeitet, soweit die vorliegende Darstellung es erforderte und eine Änderung ihrer Fassung im weiteren Gesetzgebungsgang nicht mehr zu erwarten ist.

Meinen Mitarbeitern, den Herren Dr. Martin Becher, Franz Josef Flacke, Werner Patzwaldt und Ulrich Womelsdorf danke ich sehr herzlich für ihre tatkräftige Unterstützung.

Münster, im März 1976                                      *Johannes Wessels*

# Inhaltsverzeichnis

Teil I
**Straftaten gegen Persönlichkeitswerte**

# Abkürzungsverzeichnis

| | |
|---|---|
| aA | anderer Ansicht |
| aaO | am angegebenen Ort |
| abl. | ablehnend |
| Abs. | Absatz |
| AE | Alternativ-Entwurf |
| AE-StB | Alternativ-Entwurf Sterbehilfe |
| AE-StGB | Alternativ-Entwurf eines Strafgesetzbuches |
| aF | alte Fassung |
| AfP | Archiv für Presserecht |
| AG | Amtsgericht |
| AK- | Alternativkommentar zum Strafgesetzbuch (*-Bearbeiter*) |
| allg. | allgemein |
| Alt. | Alternative |
| AMG | Arzneimittelgesetz |
| Anm. | Anmerkung |
| ARSP | Archiv für Rechts- und Sozialphilosophie |
| Art. | Artikel |
| AT | Allgemeiner Teil |
| Aufl. | Auflage |
| | |
| BAK | Blutalkoholkonzentration |
| BayObLG | Bayerisches Oberstes Landesgericht |
| BayObLGSt | Entscheidungen des Bayerischen Obersten Landesgerichts in Strafsachen |
| BBG | Bundesbeamtengesetz |
| Bd. | Band |
| BDG | Bundesdisziplinargesetz |
| BDSG | Bundesdatenschutzgesetz |
| BeurkG | Beurkundungsgesetz |
| BGB | Bürgerliches Gesetzbuch |
| BGBl | Bundesgesetzblatt (Teil, Seite) |
| BGH | Bundesgerichtshof |
| BGHSt | Entscheidungen des Bundesgerichtshofes in Strafsachen |
| BGHZ | Entscheidungen des Bundesgerichtshofes in Zivilsachen |
| BNotO | Bundesnotarordnung |
| BRAO | Bundesrechtsanwaltsordnung |
| BR-Drucks. | Bundesrats-Drucksache |
| BSK- | Basler Kommentar Strafgesetzbuch (*-Bearbeiter*) |
| BT | Besonderer Teil |
| BT-Drucks. | Bundestags-Drucksache |
| BtMG | Betäubungsmittelgesetz |
| BVerfG | Bundesverfassungsgericht |
| BVerfGE | Entscheidungen des Bundesverfassungsgerichts |
| BVerwG | Bundesverwaltungsgericht |
| BVerwGE | Entscheidungen des Bundesverwaltungsgerichts |
| bzgl | bezüglich |
| bzw | beziehungsweise |

| | |
|---|---|
| CR | Computer und Recht |
| | |
| DAR | Deutsches Autorecht |
| dh | das heißt |
| Diss. | Dissertation |
| DJT | Deutscher Juristentag |
| DRiZ | Deutsche Richterzeitung |
| | |
| E 1962 | Entwurf eines Strafgesetzbuches 1962 |
| EGStGB | Einführungsgesetz zum Strafgesetzbuch |
| Einl. | Einleitung |
| Erg. | Ergebnis |
| EU | Europäische Union |
| evtl. | eventuell |
| EzSt | Entscheidungen zum Straf- und Ordnungswidrigkeitenrecht |
| | |
| f | die Folgende |
| FamRZ | Zeitschrift für das gesamte Familienrecht |
| ff | die Folgenden |
| FG | Festgabe |
| FGG | Gesetz über die Angelegenheiten der freiwilligen Gerichtsbarkeit |
| Fn | Fußnote(n) |
| FS | Festschrift |
| FZV | Fahrzeug-Zulassungsverordnung |
| | |
| GA | Goltdammer's Archiv für Strafrecht |
| GedS | Gedächtnisschrift |
| GenStA | Generalstaatsanwalt |
| GG | Grundgesetz |
| GewSchG | Gewaltschutzgesetz vom 11.12.2001 |
| ggf | gegebenenfalls |
| GrS | Großer Senat für Strafsachen |
| GVG | Gerichtsverfassungsgesetz |
| | |
| HESt | Höchstrichterliche Entscheidungen in Strafsachen |
| hL | herrschende Lehre |
| hM | herrschende Meinung |
| HRR | Höchstrichterliche Rechtsprechung |
| HRRS | Höchstrichterliche Rechtsprechung Strafrecht (www.hrr-strafrecht.de) |
| Hrsg. | Herausgeber |
| | |
| idF | in der Fassung |
| idR | in der Regel |
| ieS | im engeren Sinn |
| InsO | Insolvenzordnung |
| ioS | im obigen Sinn |
| iS | im Sinne |
| iVm | in Verbindung mit |
| iwS | im weiteren Sinn |
| | |
| JA | Juristische Arbeitsblätter |
| JahrbRuE | Jahrbuch für Recht und Ethik |

| | |
|---|---|
| JGG | Jugendgerichtsgesetz |
| JMBlNW | Justizministerialblatt für das Land Nordrhein-Westfalen |
| JR | Juristische Rundschau |
| Jura | Juristische Ausbildung |
| JuS | Juristische Schulung |
| JW | Juristische Wochenschrift |
| JZ | Juristenzeitung |
| | |
| KG | Kammergericht |
| KJ | Kritische Justiz |
| KO | Konkursordnung |
| krit. | kritisch |
| KritV | Kritische Vierteljahresschrift für Gesetzgebung und Rechtswissenschaft |
| KrW-/AbfG | Kreislaufwirtschafts- und Abfallgesetz vom 27.9.1994 |
| KUG | Kunsturhebergesetz vom 9.1.1907 |
| | |
| L | Lernbogen der Juristischen Schulung (JuS) |
| Lb | Lehrbuch |
| LG | Landgericht |
| LK- | Leipziger Kommentar zum Strafgesetzbuch (*-Bearbeiter*) |
| LM | Entscheidungen des Bundesgerichtshofes im Nachschlagewerk von Lindenmaier, Möhring ua |
| LZ | Leipziger Zeitschrift |
| | |
| MDR | Monatsschrift für Deutsches Recht |
| MDR/D [H] | Rechtsprechung des BGH in MDR bei *Dallinger* [*Holtz*] |
| MedR | Medizinrecht |
| MRK | Konvention zum Schutz der Menschenrechte |
| MschrKrim | Monatsschrift für Kriminologie und Strafrechtsreform |
| MüKo- | Münchener Kommentar zum Strafgesetzbuch (*-Bearbeiter*) |
| mwN | mit weiteren Nachweisen |
| | |
| NdsRpfl | Niedersächsische Rechtspflege |
| nF | neue Fassung |
| NJ | Neue Justiz |
| NJW | Neue Juristische Wochenschrift |
| NK- | Nomos-Kommentar zum Strafgesetzbuch (*-Bearbeiter*) |
| Nr | Nummer(n) |
| NStE | Neue Entscheidungssammlung für Strafrecht |
| NStZ | Neue Zeitschrift für Strafrecht |
| NZV | Neue Zeitschrift für Verkehrsrecht |
| | |
| OGHSt | Entscheidungen des Obersten Gerichtshofes für die Britische Zone in Strafsachen |
| ÖJZ | Österreichische Juristenzeitung |
| OLG | Oberlandesgericht |
| OLG-NL | OLG-Rechtsprechung Neue Länder |
| OLGSt | Entscheidungen der Oberlandesgerichte zum Straf- und Strafverfahrensrecht (zitiert nach Paragraphen und Seite) |
| öst. | österreichisch |
| OWiG | Gesetz über Ordnungswidrigkeiten |

| | |
|---|---|
| Pkw | Personenkraftwagen |
| Prot. | Protokoll(e) |
| PStG | Personenstandsgesetz |
| | |
| RGBl | Reichsgesetzblatt (Teil, Seite) |
| RGSt | Entscheidungen des Reichsgerichts in Strafsachen |
| RiStBV | Richtlinien für das Strafverfahren und das Bußgeldverfahren |
| Rn | Randnummer(n) |
| RPflG | Rechtspflegergesetz |
| | |
| S. | Satz, Seite |
| SchKG | Schwangerschaftskonfliktgesetz idF vom 21.8.1995 |
| SchlHA | Schleswig-Holsteinische Anzeigen |
| SchwZStr | Schweizerische Zeitschrift für Strafrecht |
| SFHG | Schwangeren- und Familienhilfegesetz vom 27.7.1992 |
| SFHÄndG | Schwangeren- und Familienhilfeänderungsgesetz vom 21.8.1995 |
| SK- | Systematischer Kommentar zum StGB *(-Bearbeiter)* |
| sog. | so genannt |
| S/S- | Schönke-Schröder, Strafgesetzbuch *(-Bearbeiter)* |
| StÄG | Gesetz zur Änderung des Strafrechts |
| StGB | Strafgesetzbuch |
| StPO | Strafprozessordnung |
| StraFo | Strafverteidiger-Forum |
| StREG | Strafrechtsreform-Ergänzungsgesetz vom 28.8.1975 |
| StrRG | Gesetz zur Reform des Strafrechts |
| StV | Strafverteidiger |
| StVG | Straßenverkehrsgesetz |
| StVO | Straßenverkehrsordnung |
| StVollzG | Strafvollzugsgesetz |
| StVZO | Straßenverkehrszulassungsordnung |
| | |
| TPG | Transplantationsgesetz vom 5.11.1997 |
| | |
| ua | unter anderem, und andere |
| UKG | Gesetz zur Bekämpfung der Umweltkriminalität |
| usw | und so weiter |
| uU | unter Umständen |
| UWG | Gesetz gegen den unlauteren Wettbewerb |
| | |
| VerkMitt | Verkehrsrechtliche Mitteilungen |
| vgl | vergleiche |
| VOR | Zeitschrift für Verkehrs- und Ordnungswidrigkeitenrecht |
| VRS | Verkehrsrechts-Sammlung (Band, Jahr und Seite) |
| | |
| WHG | Wasserhaushaltsgesetz |
| WiKG | Gesetz zur Bekämpfung der Wirtschaftskriminalität |
| wistra | Zeitschrift für Wirtschaft, Steuer und Strafrecht |
| WStG | Wehrstrafgesetz |
| | |
| zB | zum Beispiel |
| ZfJ | Zeitschrift für Jugendrecht |
| ZfL | Zeitschrift für Lebensrecht |

| | |
|---|---|
| ZfW | Zeitschrift für Wasserrecht |
| ZIS | Zeitschrift für Internationale Strafrechtsdogmatik (www.zis-online.com) |
| ZMR | Zeitschrift für Miet- und Raumrecht |
| ZPO | Zivilprozessordnung |
| ZRP | Zeitschrift für Rechtspolitik |
| ZStW | Zeitschrift für die gesamte Strafrechtswissenschaft (Band, Jahr und Seite) |
| zT | zum Teil |
| ZUM | Zeitschrift für Urheber- und Medienrecht |
| zusf. | zusammenfassend |
| zust. | zustimmend |
| ZVG | Gesetz über die Zwangsversteigerung und die Zwangsverwaltung |

# Literaturverzeichnis

| | |
|---|---|
| AK-StGB | Alternativkommentar zum Strafgesetzbuch, Band 3, 1986 (herausgegeben von *Wassermann*). Zitiert: AK-*Bearbeiter* |
| *Antoine* | Aktive Sterbehilfe in der Grundrechtsordnung, 2004. Zitiert: *Antoine*, Sterbehilfe |
| *Arzt/Weber/Heinrich/ Hilgendorf* | Strafrecht, Besonderer Teil, 2. Aufl. 2009. Zitiert: A/W-*Bearbeiter* |
| *Beulke* | Strafprozessrecht, 10. Auflage 2008 |
| *Blei* | Strafrecht II, Besonderer Teil, 12. Auflage 1983 |
| *Bockelmann* | Strafrecht, Besonderer Teil/2, Delikte gegen die Person, 1977; Besonderer Teil/3, Ausgewählte Delikte gegen Rechtsgüter der Allgemeinheit, 1980. Zitiert: *Bockelmann*, BT II oder III |
| BSK | Basler Kommentar Strafgesetzbuch, 2. Auflage 2007. Zitiert: BSK-*Bearbeiter* |
| *Dencker/Struensee/ Nelles/Stein* | Einführung in das 6. Strafrechtsreformgesetz 1998, 1998. Zitiert: Autor(in), Einführung |
| *Eisele* | Die Regelbeispielsmethode im Strafrecht, 2004. Zitiert: *Eisele*, Regelbeispielsmethode |
| *Eisele* | Strafrecht, Besonderer Teil I, Straftaten gegen die Person und die Allgemeinheit, 2008. Zitiert: *Eisele*, BT I |
| *Eisele* | Strafrecht, Besonderer Teil II, Eigentumsdelikte, Vermögensdelikte und Urkundendelikte, 2009. Zitiert: *Eisele*, BT II |
| *Fischer* | Strafgesetzbuch, 56. Auflage 2009 |
| *Frank* | Das Strafgesetzbuch für das Deutsche Reich, 18. Auflage 1931 |
| *Geisler* | Zur Vereinbarkeit objektiver Bedingungen der Strafbarkeit mit dem Schuldprinzip, 1998. Zitiert: *Geisler*, Schuldprinzip |
| *Gössel/Dölling* | Strafrecht, Besonderer Teil 1, Straftaten gegen Persönlichkeits- und Gemeinschaftswerte, 2. Auflage 2004. Zitiert: *Gössel/Dölling*, BT I |
| *Hentschel/König/Dauer* | Straßenverkehrsrecht, 40. Auflage 2009. Zitiert: *Hentschel/Bearbeiter* |
| *Hettinger* | Das Doppelverwertungsverbot bei strafrahmenbildenden Umständen (§§ 46 Abs. 3, 50 StGB), 1982. Zitiert: *Hettinger*, Das Doppelverwertungsverbot |
| *Hettinger* | Entwicklungen im Strafrecht und Strafverfahrensrecht der Gegenwart, 1997. Zitiert: *Hettinger*, Entwicklungen |
| *Hillenkamp* | 40 Probleme aus dem Strafrecht, Besonderer Teil, 11. Auflage 2009. Zitiert: *Hillenkamp*, BT |
| *Hirsch* | Strafrechtliche Probleme aus drei Jahrzehnten, 1999. Zitiert: *Hirsch*, Probleme |
| HK-GS | Handkommentar-Gesamtes Strafrecht (herausgegeben von *Dölling, Duttge, Rössner*). StGB/StPO/Nebengesetze, 2008. Zitiert: HK-GS/*Bearbeiter* |
| *Hohmann/Sander* | Strafrecht, Besonderer Teil I, Eigentums- und Vermögensdelikte, 2. Auflage 2000; Strafrecht, Besonderer Teil II, Delikte gegen die Person und gegen die Allgemeinheit, 2000. Zitiert: *Hohmann/Sander*, BT I oder II |
| *Höltkemeier* | Sponsoring als Straftat. Die Bestechungsdelikte auf dem Prüfstand, 2005. Zitiert: *Höltkemeier*, Sponsoring |

| | |
|---|---|
| *Ingelfinger* | Grundlagen und Grenzbereiche des Tötungsverbots, 2004. Zitiert: *Ingelfinger*, Tötungsverbot |
| *Jescheck/Weigend* | Lehrbuch des Strafrechts, Allgemeiner Teil, 5. Auflage 1996 |
| *Joecks* | Studienkommentar StGB, 8. Auflage 2009 |
| *Kienapfel/Schroll* | Grundriss des österreichischen Strafrechts, Besonderer Teil I, Delikte gegen Personenwerte, 5. Auflage 2003 |
| *Kindhäuser* | Strafrecht, Besonderer Teil I, Straftaten gegen Persönlichkeitsrechte, Staat und Gesellschaft, 4. Auflage 2009. Zitiert: *Kindhäuser*, BT I |
| *Krey/Heinrich* | Strafrecht, Besonderer Teil, Band 1, Besonderer Teil ohne Vermögensdelikte, 14. Auflage 2008. Zitiert: *Krey/M. Heinrich*, BT I |
| *Krey/Hellmann* | Strafrecht, Besonderer Teil, Band 2, 15. Auflage 2008. Zitiert: *Krey/Hellmann*, BT II |
| *Kühl* | Strafrecht, Allgemeiner Teil, 6. Auflage 2008. Zitiert: *Kühl*, AT |
| *Küper* | Strafrecht, Besonderer Teil. Definitionen mit Erläuterungen, 7. Auflage 2008. Zitiert: *Küper*, BT |
| *Küpper* | Strafrecht, Besonderer Teil 1, Delikte gegen Rechtsgüter der Person und Gemeinschaft, 3. Auflage 2007. Zitiert: *Küpper*, BT I |
| *Lackner/Kühl* | Strafgesetzbuch, 26. Auflage 2007 |
| LK | Leipziger Kommentar zum Strafgesetzbuch, 10. Auflage 1978/89; 11. Auflage 1992/2006; 12. Auflage 2006 ff in Teilbänden. Zitiert: LK-*Bearbeiter*, ggf 10. oder 12. Aufl. |
| *Maurach/Zipf* | Strafrecht, Allgemeiner Teil, Teilband 1, Grundlehren des Strafrechts und Aufbau der Straftat, 8. Auflage 1992. Zititert: *Maurach/Zipf*, AT I |
| *Maurach/Schroeder/ Maiwald* | Strafrecht, Besonderer Teil, Teilband 1, Straftaten gegen Persönlichkeits- und Vermögenswerte, 9. Auflage 2003; Teilband 2, Straftaten gegen Gemeinschaftswerte, 9. Auflage 2005. Zitiert: *Maurach/Bearbeiter*, BT I oder II |
| *Merkel* | Früheuthanasie. Rechtsethische und strafrechtliche Grundlagen ärztlicher Entscheidungen über Leben und Tod in der Neonatalmedizin, 2001. Zitiert: *Merkel*, Früheuthanasie |
| *Meyer-Goßner* | Strafprozessordnung. Mit GVG und Nebengesetzen, 52. Auflage 2009. Zitiert: *Meyer-Goßner*, StPO |
| MüKo-StGB | Münchener Kommentar zum Strafgesetzbuch, Gesamtredaktion *Joecks* und *Miebach*, 2003 ff. Zitiert: MüKo-*Bearbeiter* |
| MüKo-Nebenstrafrecht | Münchner Kommentar zum Strafgesetzbuch, Nebenstrafrecht I, 2007. Zitiert: MüKo-*Bearbeiter*, (zB) § 6a AMG |
| *Murmann* | Die Selbstverantwortung des Opfers im Strafrecht, 2005. Zitiert: *Murmann*, Selbstverantwortung |
| NK-StGB | Nomos-Kommentar zum Strafgesetzbuch, Gesamtredaktion *Kindhäuser, Neumann* und *Paeffgen*, 2. Auflage 2005. Zitiert: NK-*Bearbeiter* |
| *Otto* | Grundkurs Strafrecht, Die einzelnen Delikte, 7. Auflage 2005. Zitiert: *Otto*, BT |
| *Puppe* | Strafrecht Allgemeiner Teil im Spiegel der Rechtsprechung. Band 1. Die Lehre vom Tatbestand, Rechtswidrigkeit, Schuld, 2002. Zitiert: *Puppe*, AT I |
| *Rengier* | Strafrecht, Besonderer Teil II. Delikte gegen die Person und die Allgemeinheit, 10. Auflage 2009. Zitiert: *Rengier*, BT II |
| *Roxin* | Strafrecht, Allgemeiner Teil, Band I. Grundlagen. Der Aufbau der Verbrechenslehre, 4. Auflage 2006. Zitiert: *Roxin*, AT I<br>Strafrecht, Allgemeiner Teil, Band II. Besondere Erscheinungsformen der Straftat, 2003. Zitiert: *Roxin*, AT II |

*Roxin/Schroth* (Hrsg.)  Handbuch des Medizinstrafrechts, 3. Auflage 2007. Zitiert: *Autor* in Roxin/Schroth (Hrsg.), Handbuch des Medizinstrafrechts

*Schäfer/Sander/* Praxis der Strafzumessung, 4. Auflage 2008. Zitiert: *Schäfer*, Straf-
*van Gemmeren* zumessung

*Schmidhäuser* Strafrecht, Besonderer Teil, 2. Auflage 1983

*Schnarr/Hennig/* Reform des Sanktionenrechts:Alkohol als Strafmilderungsgrund –
*Hettinger* Vollrausch – Actio libera in causa, 2001. Zitiert: *Autor* in *Schnarr* ua, Reform

*Schönke-Schröder* Strafgesetzbuch, 27. Auflage 2006, begründet von *Schönke*, fortgeführt von *Schröder*, mitkommentiert von *Cramer*, von *Lenckner, Eser, Stree, Eisele, Heine, Perron* und *Sternberg-Lieben* unter Mitarbeit von *Schittenhelm*. Zitiert: S/S-*Bearbeiter*

*Schwind* Kriminologie, 19. Aufl. 2009

*Simon* Gesetzesauslegung im Strafrecht. Eine Analyse der höchstrichterlichen Rechtsprechung, 2005. Zitiert: *Simon*, Gesetzesauslegung

SK-StGB Systematischer Kommentar zum Strafgesetzbuch, von *Rudolphi, Horn, Samson, Günther, Hoyer, Rogall, Stein, Wolter* und *Wolters*; Band I, Allgemeiner Teil, 7., teilweise 8. Auflage 2007 (Stand: 111. Lieferung); Band II, Besonderer Teil, 7., teilweise 8. Auflage 2007 (Stand: 68. Lieferung). Zitiert: SK-*Bearbeiter*

*Stern* Verteidigung in Mord- und Totschlagsverfahren, 2. Auflage 2005. Zitiert: *Stern*, Verteidigung

*Streng* Strafrechtliche Sanktionen. Die Strafzumessung und ihre Grundlagen, 2. Auflage 2002. Zitiert: *Streng*, Sanktionen

*Ulsenheimer* Arztstrafrecht in der Praxis, 4. Auflage 2008. Zitiert: *Ulsenheimer*, Arztstrafrecht

*Welzel* Das deutsche Strafrecht, 11. Auflage 1969

*Wessels/Beulke* Strafrecht, Allgemeiner Teil. Die Straftat und ihr Aufbau, 39. Auflage 2009. Zitiert: *Wessels/Beulke*, AT

*Wessels/Hillenkamp* Strafrecht, Besonderer Teil 2. Straftaten gegen Vermögenswerte, 32. Auflage 2009. Zitiert: *Wessels/Hillenkamp*, BT II

*Wielant* Die Aussetzung nach § 221 Abs. 1 StGB, 2009. Zitiert: *Wielant*, Aussetzung

# Festschriftenverzeichnis

Im Text zitiert sind Beiträge aus den Festgaben, Symposien, Fest- und Gedächtnisschriften für

| | |
|---|---|
| *Knut Amelung* | Grundlagen des Straf- und Strafverfahrensrechts, Berlin 2009 |
| *BGH* | Festschrift aus Anlass des fünfzigjährigen Bestehens von Bundesgerichtshof, Bundesanwaltschaft und Rechtsanwaltschaft beim Bundesgerichtshof, Köln, Berlin, Bonn, München 2000 |
| *BGH-Festgabe* | 50 Jahre Bundesgerichtshof. Festgabe aus der Wissenschaft, Band IV: Strafrecht, Strafprozessrecht, München 2000. |
| *Jürgen Baumann* | Bielefeld 1992 |
| *Günther Bemmann* | Baden-Baden 1997 |
| *Paul Bockelmann* | München 1979 |
| *Karlheinz Boujong* | München 1996 |
| *Erwin Deutsch* | Köln 1999 |
| *Eduard Dreher* | Berlin, New York 1977 |
| *Ulrich Eisenberg* | München 2009 |
| *Karl Engisch* | Frankfurt am Main 1969 |
| *Albin Eser* | Menschengerechtes Strafen, München 2005 |
| *Karl Heinz Gössel* | Heidelberg 2002 |
| *Gerald Grünwald* | Baden-Baden 1999 |
| *Rainer Hamm* | Berlin 2008 |
| *Ernst-Walter Hanack* | Berlin, New York 1999 |
| *Heidelberg* | Festschrift der Juristischen Fakultät Heidelberg zur 600 Jahr-Feier der Ruprecht-Karls Universität Heidelberg, Heidelberg 1986 |
| *Ernst Heinitz* | Berlin 1972 |
| *Heinrich Henkel* | Berlin, New York 1974 |
| *Rolf Dietrich Herzberg* | Strafrecht zwischen System und Telos, Tübingen 2008 |
| *Hans Joachim Hirsch* | Berlin, New York 1999 |
| *Günther Jakobs* | Köln, Berlin, Bonn, München 2007 |
| *Hans-H. Jescheck* | Berlin 1985 |
| *Heike Jung* | Baden-Baden 2007 |
| *Günther Kaiser* | Internationale Perspektiven in Kriminologie und Strafrecht, Berlin 1998 |
| *Armin Kaufmann* | Gedächtnisschrift, Köln, Berlin, Bonn, München 1989 |
| *Arthur Kaufmann* | Strafgerechtigkeit, Heidelberg 1993 |
| *Hilde Kaufmann* | Gedächtnisschrift, Berlin, New York 1986 |
| *Theodor Kleinknecht* | Strafverfahren im Rechtsstaat, München 1985 |
| *Ulrich Klug* | Köln 1983 |
| *Günter Kohlmann* | Köln 2003 |
| *Martin Kriele* | Staatsphilosophie und Rechtspolitik, München 1997 |
| *Günther Küchenhoff* | Recht und Rechtsbesinnung, Gedächtnisschrift, Berlin 1987 |
| *Wilfried Küper* | Heidelberg 2007 |
| *Karl Lackner* | Berlin, New York 1987 |
| *Adolf Laufs* | Humaniora. Medizin – Recht – Geschichte, Berlin, Heidelberg 2006 |
| *Ernst-Joachim Lampe* | Jus humanum, Berlin 2003 |
| *Theodor Lenckner* | München 1998 |
| *Christoph Link* | Bürgerliche Freiheit und Christliche Verantwortung, Tübingen 2003 |
| *Klaus Lüderssen* | Baden-Baden 2002 |

| | |
|---|---|
| *Reinhart Maurach* | Karlsruhe 1972 |
| *Hellmuth Mayer* | Beiträge zur gesamten Strafrechtswissenschaft, Berlin 1966 |
| *Dieter Meurer* | Gedächtnisschrift, Berlin 2002 |
| *Karlheinz Meyer* | Gedächtnisschrift, Berlin, New York 1991 |
| *Koichi Miyazawa* | Baden-Baden 1995 |
| Egon Müller | Baden-Baden 2008 |
| *Heinz Müller-Dietz* | Grundfragen staatlichen Strafens, München 2001 |
| *Kay Nehm* | Strafrecht und Justizgewährung, Berlin 2006 |
| *Haruo Nishihara* | Baden-Baden 1998 |
| *Peter Noll* | Gedächtnisschrift, Zürich 1984 |
| *Dietrich Oehler* | Köln, Berlin, Bonn, München 1985 |
| *Harro Otto* | Köln, Berlin, München 2007 |
| *Rainer Paulus* | Würzburg 2009 |
| *Gerd Pfeiffer* | Strafrecht, Unternehmensrecht, Anwaltsrecht, Köln 1988 |
| *Paul-Günter Pötz* | 140 Jahre Goltdammer's Archiv für Strafrecht, Heidelberg 1993 |
| *Kurt Rebmann* | München 1989 |
| *Claus Roxin* | Berlin, New York, 2001 |
| *Hans-J. Rudolphi* | Neuwied 2004 |
| *Hinrich Rüping* | Recht und Macht. Zur Theorie und Praxis von Strafe, München 2008 |
| *Hannskarl Salger* | Straf- und Strafverfahrensrecht, Recht und Verkehr, Recht und Medizin, Köln, Berlin, Bonn, München 1995 |
| *Werner Sarstedt* | Berlin, New York 1981 |
| *Ellen Schlüchter* | Gedächtnisschrift, Köln, Berlin, Bonn, München 2002 |
| *Rudolf Schmitt* | Tübingen 1992 |
| *Hans J. Schneider* | Berlin, New York 1998 |
| *Hans-L. Schreiber* | Strafrecht-Biorecht-Rechtsphilosophie, Heidelberg 2003 |
| *Horst Schröder* | Gedächtnisschrift, München 1978 |
| *Friedrich-Christian Schroeder* | Heidelberg 2006 |
| *Bernd Schünemann* | Empirische und dogmatische Fundamente, kriminalpolitischer Impetus, Symposium 2005 |
| *Hans-Dieter Schwind* | Kriminalpolitik und ihre wissenschaftlichen Grundlagen, Heidelberg 2006 |
| *Erich Schwinge* | Köln, Bonn 1973 |
| *Manfred Seebode* | Berlin 2008 |
| *Günter Spendel* | Berlin, New York 1992 |
| *W. Stree/J. Wessels* | Beiträge zur Rechtswissenschaft, Heidelberg 1993 |
| *Klaus Tiedemann* | Strafrecht und Wirtschaftsstrafrecht – Dogmatik, Rechtsvergleich, Rechtstatsachen – Köln, München 2008 |
| *Herbert Tröndle* | Berlin, New York 1989 |
| *Klaus Volk* | In dubio pro libertate, München 2009 |
| *Ulrich Weber* | Bielefeld 2004 |
| *Hans Welzel* | Berlin, New York 1974 |
| *Gunter Widmaier* | Strafverteidigung, Revision und die gesamten Strafrechtswissenschaften, Köln, München 2008 |
| *Ernst A. Wolff* | Berlin 1998 |
| *Heinz Zipf* | Gedächtnisschrift, Heidelberg 1999 |

Teil I

# Straftaten gegen Persönlichkeitswerte

1. Kapitel

# Straftaten gegen das Leben

## § 1   Der Lebensschutz im Strafrecht

> **Fall 1:** Frau F bringt in einer Privatklinik ein Kind zur Welt, das an schweren Missbildungen   **1**
> leidet. Die mit ihr eng befreundete Hebamme H tötet das Kind, um ihm ein qualvolles Schick-
> sal und der F seelisches Leid zu ersparen. Mit der Erklärung, das Kind sei an Atemlähmung
> gestorben, verbirgt H den wahren Sachverhalt vor F.
>
> Hat H sich strafbar gemacht? Ist es von Bedeutung, ob die Lebensfähigkeit des Kindes durch
> die Missbildungen beeinträchtigt war oder nicht? **Rn 3**

> H hat im **Fall 1** einen anderen Menschen vorsätzlich getötet; sie kann sich daher des Tot-
> schlags (§ 212) schuldig gemacht haben. Zu prüfen ist, wie weit die Schutzfunktion dieser
> Norm reicht.

### I.   Der Grundsatz des absoluten Lebensschutzes

„Jeder hat das Recht auf Leben und körperliche Unversehrtheit" (Art. 2 II 1 GG). Mit   **2**
dieser zentralen Aussage räumt das Grundgesetz dem menschlichen Leben im Wert-
gefüge der Grundrechtsnormen den höchsten Rang und zugleich Anspruch auf den
ungeteilten Schutz der Rechtsordnung ein (vgl BVerfGE 39, 1, 42). Daraus folgt im
Strafrecht für den Bereich der §§ 211 bis 216, 222 nach hM der **Grundsatz des absoluten Lebensschutzes:** Das Leben des Menschen genießt danach Schutz ohne Rücksicht auf die Lebensfähigkeit oder die Lebenserwartung des Einzelnen, auf das Alter
des Rechtsgutsträgers und seinen Gesundheitszustand, auf seine gesellschaftliche
Funktionstüchtigkeit und die ihm von anderen entgegengebrachte Werteinschätzung
(siehe auch Rn 185). Selbst bei schwersten Missbildungen oder geistigen Defekten
gibt es für die rechtliche Beurteilung kein *„lebensunwertes Leben"* oder gar die Befugnis zu dessen Vernichtung. Wie § 216 in der Lesart der ganz hM zeigt, unterliegt
das Leben als schutzwürdiges Rechtsgut nicht einmal der Verfügungsgewalt seines
Trägers; für die geltende Rechtsordnung ist es prinzipiell unantastbar und soll unver-
zichtbar sein[1]. Eine *Pflicht* zum (Weiter-)Leben dürfte allerdings kaum begründbar sein.

---

1   Vgl *Ingelfinger*, ZfL 05, 38; MüKo-*Schneider*, Rn 27 vor § 211; S/S-*Eser*, § 216 Rn 1, jeweils mwN;
    krit. *Merkel*, Früheuthanasie, S. 578 ff, der ein absolutes Verbot für rechtlich nicht begründbar hält; fer-
    ner NK-*Neumann*, Rn 3 vor § 211 und § 216 Rn 1; siehe auch unten Rn 28.

**3**  H ist somit (unabhängig von der *Lebensfähigkeit* und der *Lebenserwartung* des Kindes) gemäß § 212 zu bestrafen. Ihre Tat ist weder zu rechtfertigen noch zu entschuldigen. Die besondere Tragik des Falles hat aber Bedeutung für das Strafmaß (vgl § 213 und dazu Rn 171; näher *Arthur Kaufmann*, JZ 82, 481; *R. Schmitt*, Klug-FS, S. 329).

## II.  Beginn und Ende des strafrechtlichen Lebensschutzes

**4**  **Fall 2:** Frau F nimmt im 5. Schwangerschaftsmonat mehrere Eingriffe an sich vor, um ihre Schwangerschaft abzubrechen. Nach dem letzten Eingriff setzen bei ihr Wehen ein, die zur Ausstoßung der Leibesfrucht führen. Das vorzeitig geborene Wesen hat bereits ausgeprägte Körperformen; es lebt, bewegt seine Gliedmaßen und stößt piepsend klingende Laute aus. Um seinen Tod zu beschleunigen, drückt F es zwei Minuten lang fest in die Matratze, bis jede Regung erloschen ist (näher BGHSt 10, 291).

Wie ist die Tötung des lebend geborenen, aber noch nicht lebensfähigen Wesens strafrechtlich zu beurteilen? **Rn 7, 14**

### 1.  Abgrenzung zwischen Tötungsdelikten und Schwangerschaftsabbruch

**5**  Ein Verhalten wie das in **Fall 2** geschilderte berührt den Anwendungsbereich des § 218 und den des § 212. Beide Vorschriften unterscheiden sich durch die Art des **geschützten Rechtsguts** und des **Angriffsobjekts**.

**6**  **Schutzgut** des § 218 ist als Vorform menschlicher Existenz das **keimende (= noch ungeborene;** vgl § 219 I) **Leben** als ideeller Wert der Sozialordnung und als Entwicklungsstufe der menschlichen Persönlichkeit[2]. Objekt der Tat ist die *Leibesfrucht* der Schwangeren, auf deren Abtötung der Schwangerschaftsabbruch gerichtet ist.

**7**  Im **Fall 2** stellt sich zu § 218 die Frage, ob die Abtreibungshandlungen der F zu einem *vollendeten* oder nur zu einem *versuchten* Schwangerschaftsabbruch geführt haben (näher dazu Rn 240). Weiterhin bedarf es insoweit der Prüfung, wann das „Menschsein" beginnt.

**8**  Geschütztes Rechtsgut bei den §§ 211 ff ist dagegen das **„geborene"** (die Basis der personalen Existenz bildende) **menschliche Leben.** Gegenstand des Angriffs und Objekt der Tat ist hier ein *anderer Mensch.*

### 2.  Der Beginn des Menschseins

**9**  **Mensch** im Sinne des Strafrechts wird die Leibesfrucht einer Frau (abweichend von § 1 BGB) nicht erst mit der Vollendung[3], sondern schon mit dem **Beginn der Geburt,** und zwar mit dem Einsetzen der die Fruchtausstoßung einleitenden **Eröffnungs-**

---

2  Vgl BVerfGE 39, 1; 88, 203; siehe auch S/S-*Eser*, Rn 9 vor § 218 mwN.
3  So aber *Herzberg/Herzberg*, JZ 01, 1106; *Herzberg*, JuS 05, 1, 5 und NK-*Merkel*, § 218 Rn 33.

wehen[4] oder – bei operativer Entbindung – mit Vornahme des die Eröffnungsperiode ersetzenden ärztlichen Eingriffs. Das ließ sich bisher aus § 217 (**Kindestötung**) ableiten, dessen Wegfall an dem für die Einordnung einer Tat als Schwangerschaftsabbruch oder als Tötungsdelikt ieS maßgeblichen Kriterium – „in" der Geburt – aber nichts ändern sollte (vgl BT-Drucks. 13/8587, S. 34, 81)[5]. Doch wird zunehmend bezweifelt, dass das bisher aus § 217 abgeleitete Grenzkriterium im jetzt geltenden Recht noch eine Grundlage findet[6]. Letzteres wird auf der Basis eines einschränkend interpretierten Begriffs der Schwangerschaft iS des § 218 I bejaht, was mit Blick auf Art. 103 II GG nicht unbedenklich ist (eingehend *Küper*, GA 01, 515, 534, der selbst von einer „Behelfslösung" spricht). Eine gesetzliche Klarstellung des maßgeblichen Kriteriums ist wohl geboten[7].

Der Grund für eine derartige Grenzziehung liegt nach insoweit einhelliger Ansicht darin, dass **10** § 218 keinen Schutz gegen eine nur *fahrlässig* verursachte Abtötung der Leibesfrucht bietet. Da andererseits aber gerade der Geburtsvorgang als solcher eine erhöhte Gefahrenquelle für das Kind darstellt, lässt sich die **Schutzfunktion** des Strafrechts für diese Zeitphase nur dadurch voll zur Geltung bringen, dass das Kind **schon während der Geburt** dem Anwendungsbereich der Tötungs- und Körperverletzungsvorschriften unterstellt wird, bei denen *vorsätzliche* und *fahrlässige* Verletzungshandlungen mit Strafe bedroht sind[8].

Der normale Geburtsvorgang beginnt auch nach medizinischer Auffassung mit den **Eröffnungs-** **11** **wehen**. Diese Wehen, die in kurzen Intervallen auftreten, erweitern den Gebärmutterhalskanal und den äußeren Muttermund bis zur vollen Durchgängigkeit. Die ihnen nachfolgenden Treib- und Presswehen befördern sodann das Kind durch die unteren Abschnitte des Geburtsweges aus dem Mutterleib heraus. Ob die Eröffnungswehen spontan eintreten oder medikamentös herbeigeführt werden, ist unter dem Blickwinkel des Strafrechts und der hier auftauchenden Abgrenzungsfragen belanglos. **Beginn der Geburt** ist bei einer normalen Entbindung immer erst ihr **tatsächliches Einsetzen** und nicht etwa die Vornahme darauf abzielender Maßnahmen (vgl BGHSt 32, 194). Bei operativer Entbindung ist auf das Öffnen des Uterus abzustellen[9].

Für die strafrechtliche Beurteilung bildet der (klärungsbedürftige; siehe Rn 9) **Beginn** **12** **der Geburt** demnach eine **Zäsur**, mit der das Leibesfruchtstadium endet und das **Menschsein anfängt**. Bei der Frage, ob Verletzungshandlungen vom Anwendungsbereich des § 218 oder der §§ 211, 212, 222 erfasst werden, stellt die hM zutreffend auf die **Objektqualität** des von der Tat betroffenen Lebewesens (als Leibesfrucht oder als Mensch) **im Zeitpunkt der schädigenden Einwirkung** ab[10]. Maßgebend in dieser Hinsicht ist also nicht der Augenblick des *Erfolgseintritts*, sondern der Zeitpunkt, in welchem die zu einer Verletzung führende Handlung auf das Tatobjekt **schädigend einwirkt**, sich dort also auszuwirken beginnt.

---

4  BGHSt 32, 194; auf den Beginn der Presswehen stellt ab NK-*Neumann*, Rn 9 vor § 211; wie der BGH die hM in der Schweiz, vgl BSK-*Schwarzenegger*, Rn 10 vor Art. 111.

5  *Jäger*, JuS 00, 31; LK-*Kröger*, Rn 38 vor § 218; S/S-*Eser*, Rn 13 vor § 211.

6  *Fischer*, Rn 3a vor § 211; *Struensee*, Einführung S. 29; krit. zur Rechtslage *Gropp*, GA 00, 1 einerseits, NK-*Neumann*, Rn 6 ff vor § 211 andererseits.

7  So auch NK-*Merkel*, § 218 Rn 42; hingegen hält *Hirsch*, Eser-FS, S. 309 die Rechtslage für eindeutig iS der hL.

8  Lehrreich dazu *Lüttger*, NStZ 83, 481 und in Heinitz-FS, S. 359 mwN; ferner *Küper*, GA 01, 515, 519.

9  *Küper*, BT S. 149; S/S-*Eser*, Rn 13 vor § 211.

10  Näher BGHSt 31, 348, 352; OLG Karlsruhe NStZ 85, 314; *Armin Kaufmann*, JZ 71, 569; *Lackner/ Kühl*, Rn 3 vor § 211; NK-*Neumann*, Rn 13 vor § 211.

**13** Infolgedessen ist lediglich § 218 anzuwenden, wenn die Tathandlung sich gegen eine „Leibesfrucht" richtet und diese dadurch abgetötet wird, dass der Eingriff die Frühgeburt eines zwar lebenden, aber noch *lebensunfähigen Kindes* herbeiführt, das nach der Geburt *ohne weitere Einwirkung* auf sein Leben stirbt (BGHSt 10, 5; 31, 348, 352; BGH StV 08, 246 mit instrukt. Anm. *Jäger*, Jura 09, 53, 56). Andererseits liegt (neben dem vorausgegangenen Verstoß gegen § 218) ein **vollendetes Tötungsdelikt** vor, wenn infolge der Abtreibungshandlung ein lebendes Kind zur Welt kommt, das nach der Geburt durch einen **neuen Angriff** auf sein Leben getötet wird (vgl BGHSt 10, 291; 13, 21; näher dazu Rn 240).

**14** Im **Fall 2** hat F dadurch, dass sie das lebend geborene Kind in die Matratze gedrückt und getötet hat, den Tatbestand des Totschlags (§ 212) verwirklicht.

**15** Der Grundsatz, dass es auf die Objektsqualität des von der Tat betroffenen Lebewesens **im Einwirkungszeitpunkt** ankommt, gilt auch dann, wenn es sich nicht um eine vorsätzliche Tötung, sondern um eine *fahrlässige* Todesverursachung handelt. Dies folgt aus dem Gebot einer einheitlichen Auslegung der Tötungstatbestände, das es nicht zulässt, den Schutzbereich des § 222 anders zu bestimmen als den einer vorsätzlichen Tötung[11].

**16** BGHSt 31, 348, 352 sagt dazu mit Recht, jede andere Auslegung sei mit dem Willen des Gesetzgebers unvereinbar, der eine *fahrlässige* Schädigung der Leibesfrucht aus wohlerwogenen Gründen straflos gelassen habe. Die strafrechtlichen Konsequenzen, die sich daraus ergeben, sind insbesondere bei **medizinischen Behandlungsfehlern** im Schwangerschaftsstadium von weitreichender Bedeutung: Fahrlässige pränatale (vorgeburtliche) Handlungen mit postnatalen Schadensfolgen werden weder von § 222 noch von § 229 erfasst, wenn die betroffene Leibesfrucht nach der schädigenden Einwirkung das Stadium des Menschseins erreicht (Beispiel: Eine fehlerhafte medikamentöse Behandlung oder Bestrahlung hat eine Schädigung der Leibesfrucht zur Folge, die bei dem später geborenen Kind zum baldigen Tode führt oder als dauernde körperliche oder geistige Behinderung in Erscheinung tritt). Der gegenteiligen Entscheidung des LG Aachen (JZ 71, 507; vgl dazu Rn 246), das im Contergan-Verfahren aus nicht strafbaren Leibesfruchtverletzungen strafbare Körperverletzungen konstruiert hatte, ist durch BGHSt 31, 348 die Grundlage entzogen worden[12]. Dabei ist es belanglos, ob das konkrete sorgfaltswidrige Verhalten in einem *positiven Tun* oder in einem *pflichtwidrigen Unterlassen* bestand. Die damit verbundenen Lücken im Strafrechtsschutz können nur durch den Gesetzgeber geschlossen werden (siehe zu Fällen dieser Art auch § 95 AMG sowie BVerfG NJW 88, 2945; OLG Karlsruhe NStZ 85, 314).

### 3. Gentechnik und Fortpflanzungsmedizin

**17** In den vorstehend erörterten Schutzbereich fallen nicht Eingriffe der **Gentechnik** und der **Fortpflanzungsmedizin**, wie etwa die künstliche Veränderung der Erbinformationen menschlicher Keimbahnzellen, die extrakorporale Befruchtung, Forschungsexperimente an den dabei erzeugten Embryonen, die Vermittlung der sog. Leihmutterschaft und dergleichen; auf sie bezieht sich das Gesetz zum Schutz von **Embryonen** vom 13.12.1990.

---

11  MüKo-*Schneider*, Rn 13 vor § 211.
12  Zutreffend *Hirsch*, Anm. JR 85, 336; *Lüttger*, NStZ 83, 481, 485; NK-*Neumann*, Rn 14 vor § 211.

Das Embryonenschutzgesetz bedroht mit Strafe ua die missbräuchliche Anwendung von Fort-  **18**
pflanzungstechniken, die missbräuchliche Verwendung menschlicher Embryonen, die Züchtung
von genetisch identischen Menschen (Klonen) sowie die sog. Chimären- und Hybridbildung.
Siehe zu diesem noch nicht abschließend geregelten, heftig umkämpften Fragenkreis Bioethik-
Kommission Rheinland-Pfalz, Fortpflanzungsmedizin und Embryonenschutz, 2005; *Dreier/Hu-
ber*, Bioethik und Menschenwürde, 2002; *Hillgruber*, Recht und Ethik vor der Herausforderung
der Fortpflanzungsmedizin und „verbrauchender Embryonenforschung", Link-FS, S. 637; *Hoer-
ster*, Ethik des Embryonenschutzes, 2002; *Arthur Kaufmann*, Rechtsphilosophische Reflexionen
über Biotechnologie und Bioethik, JZ 87, 837; *Keller*, Rechtliche Schranken der Humangenetik,
JR 91, 441 sowie Klonen, Embryonenschutzgesetz und Biomedizin-Konvention, Lenckner-FS,
S. 477; *Losch*, Lebensschutz am Lebensbeginn, NJW 92, 2926; *Merkel*, Grundrechte für frühe
Embryonen?, Müller-Dietz-FS, S. 493; *Schreiber*, Recht als Grenze der Gentechnologie, Roxin-
FS, S. 891; *F.-C. Schroeder*, Die Rechtsgüter des Embryonenschutzgesetzes, Miyazawa-FS,
S. 533; *Sternberg-Lieben*, Fortpflanzungsmedizin und Strafrecht, NStZ 88, 1. Speziell zur straf-
rechtlichen Beurteilung der Präimplantationsdiagnostik *Hörnle*, GA 02, 659, *Schroth*, NStZ 09,
233 und *Renzikowski*, NJW 01, 2753, aus verfassungsrechtlicher Sicht *Hufen*, MedR 01, 440.

## 4. Das Ende des Lebensschutzes

Der strafrechtliche Lebensschutz **endet** mit dem **Tod des Menschen**. Mangels gesetz-  **19**
licher Bestimmung des Begriffs des Todes und der Kriterien zur Feststellung seines
Eintritts orientierte die hM sich früher an den Erkenntnissen der naturwissenschaft-
lich-medizinischen Wissenschaft. Diese hatte zur Festlegung des Todeszeitpunkts zunächst auf den endgültigen Stillstand von Kreislauf und Atmung abgestellt (sog. *klini-
scher* Tod). Durch den medizinisch-technischen Fortschritt (insbesondere die
Einführung maschineller Beatmung und die moderne Intensivmedizin), aber auch infolge des wachsenden Interesses an der Nutzung der Möglichkeiten der Transplanta-
tionsmedizin, war dieser **klassische Todesbegriff** in den letzten Jahrzehnten jedoch
zunehmend in Frage gestellt worden[13].

**Fall 3:** Nach einem Unfall wird der Patient P mit schweren Schädelverletzungen in eine Kli-  **20**
nik eingeliefert, operiert und an ein Beatmungsgerät angeschlossen, das Kreislauf und Atmung
des tief bewusstlosen P künstlich in Gang hält. Etliche Zeit später zeigt die Messung der Hirn-
stromkurve im Elektroenzephalogramm eine absolute Null-Linie; andere Kontrollmaßnahmen
ergeben ebenfalls, dass die Gehirntätigkeit bei P vollständig erloschen ist. Den Entschluss der
Ärzte, den P an dem Beatmungsgerät zu belassen und seine Nieren demnächst für eine Organ-
transplantation zu verwenden, vereitelt die Stationsschwester S dadurch, dass sie die Apparatur während ihres Nachtdienstes eigenmächtig abschaltet. Hat S den Tatbestand des § 212 verwirklicht? **Rn 23**

Würde man hier den klassischen Todesbegriff zu Grunde legen, wäre P beim Abschal-  **21**
ten der Apparatur durch S noch ein „lebender Mensch" iS des § 212 gewesen, da sein
Kreislauf und seine Atmung bis dahin nicht zum Stillstand gekommen waren. Sein
Zustand nach dem vollständigen Absterben des Gehirns lässt sich jedoch mit den natürlichen Voraussetzungen des „Lebens" und des „Menschseins" nicht mehr in Ein-

---

13  Näher NK-*Neumann*, Rn 16 ff vor § 211; S/S-*Eser*, Rn 16 ff vor § 211; siehe auch BSK-*Schwarzenegger*, Rn 16 vor Art. 111.

klang bringen, da mit dem **Organtod des Gehirns** das *Lebenszentrum* des Menschen zerstört und seine individuelle Existenz erloschen ist. Während Kreislauf und Atmung auch nach ihrem Versagen reaktiviert und mit modernen Geräten *künstlich* in Gang gehalten werden können, ist der völlige Ausfall aller Gehirnfunktionen stets unumkehrbar. Menschlich-personales Leben **endet** daher unwiderruflich, wenn das **Gehirn als Ganzes** abstirbt und seine Funktionen für immer einstellt. Demgemäß ist entsprechend den neueren wissenschaftlichen Erkenntnissen unter dem **Eintritt des Todes** nicht der Stillstand des Herzens und der Atmung (= Herztod), sondern das endgültige **Erlöschen aller Gehirnfunktionen** (= Hirntod) zu verstehen[14]. Keine Gefolgschaft gefunden hat *Dencker*, NStZ 92, 311, mit dem Vorschlag, an Stelle des Hirntodes schon den endgültigen, nicht mehr umkehrbaren Bewusstseinsverlust im Sterbeprozess genügen zu lassen[15].

**22**  Das Transplantationsgesetz (TPG) vom 5.11.1997 hat nunmehr als Todes*kriterium* (=Voraussetzung für eine zulässige Organentnahme) den sog. **Hirntod** bestimmt[16]. Er wird in § 3 II Nr 2 TPG definiert als der endgültige, nicht behebbare Ausfall der Gesamtfunktion des Großhirns, des Kleinhirns und des Hirnstamms[17].

**23**  Im **Fall 3** war P daher beim Abschalten des Geräts durch S kein taugliches Tötungsobjekt iS des § 212 mehr.

**24**  Der **Hirntod** folgt dem Herzstillstand binnen 4 bis 10 Minuten nach. Bei künstlich beatmeten Patienten wird er meistens durch eine akute hochgradige Drucksteigerung innerhalb des Hirnschädels verursacht, die zum Stillstand der Hirndurchblutung führt. Nach spätestens 10 Minuten hat dies den irreversiblen Ausfall der integrativen Hirnfunktion zur Folge. Damit sind alle Steuerungsvorgänge des Gehirns endgültig erloschen und die Voraussetzungen entfallen, die für jedes personale menschliche Leben unabdingbar sind[18].

**25**  Das TPG hat die *Kennzeichen* des Hirntodes (wie etwa Bewusstlosigkeit, Ausfall der Spontanatmung, Lichtstarre beider Pupillen, Fehlen der Hirndurchblutung und der Hirnnervenreflexe) sowie der *Methoden*, mit deren Hilfe sich sein Eintritt feststellen lässt, *nicht* festgelegt. § 3 I Nr 2, II Nr 2 TPG verweisen insoweit auf (Verfahrens-)Regeln, die dem Stand der Erkenntnisse der medizinischen Wissenschaft entsprechen (müssen). § 16 TPG befugt die Bundesärztekammer, für diesen Bereich **Richtlinien** aufzustellen. Gemäß § 15 I 2 TPG begründet deren Einhaltung sodann die Vermutung, dass der (jeweilige) Stand der wissenschaftlichen Erkenntnisse gewahrt ist. Der Wissenschaftliche Beirat der Bundesärztekammer hatte die notwendigen Kriterien schon in einer Resolution vom 4.2.1982 niedergelegt (veröffentlicht mit Erläuterungen von *Schreiber*, JZ 83,

---

14 So schon bisher die hM; näher dazu S/S-*Eser*, Rn 19 vor § 211 mwN; aus medizinischer Sicht *Onducu* in Roxin/Schroth (Hrsg.), Medizinstrafrecht, 2. Aufl. 2001, S. 199; eingehend zur aA *Rixen*, Lebensschutz am Lebensende, 1999; ferner ua *Höfling*, JZ 95, 26; *Tröndle*, Hirsch-FS, S. 779.
15 Abl. *Joerden*, NStZ 93, 268; *Mitsch*, JuS 95, 281, 790; *Puppe*, Anm. JR 92, 511, 513.
16 LK-*Dippel*, § 168 Rn 10 ff.; MüKo-*Schneider*, Rn 14 ff vor § 211; *Merkel*, Jura 99, 113 und in Früheuthanasie, S. 98, 111; *Saliger*, KritV 02, 383, 405 ff.
17 Dazu *Küper*, BT S. 301; NK-*Neumann*, Rn 24 vor § 211; einen Überblick zum TPG gibt *Deutsch*, NJW 98, 777.
18 LK-*Jähnke*, Rn 7, 10 vor § 211; zweifelnd MüKo-*Tag*, § 3 TPG Rn 15.

593). Die 3. Fortschreibung 1997 dieser „Richtlinien zur Feststellung des Hirntodes mit Ergänzungen gemäß TPG" ist abgedruckt im Deutschen Ärzteblatt 98, 1861. Zum Zustimmungsproblem siehe MüKo-*Tag*, § 4 TPG Rn 4 und *Tröndle*, Hirsch-FS, S. 779.

Ein Problem, das auch mit dem Todes*begriff* zusammenhängt, bildet die in jüngerer **26** Zeit aktuell gewordene Frage, ob **anencephale Neugeborene** von vornherein als „hirntot" anzusehen sind und daher mit Zustimmung ihrer Eltern unmittelbar nach ihrer Geburt als Organspender (insbesondere für eine Nierentransplantation) verwendet werden dürfen. Als **Anencephalie** bezeichnet man eine Missbildung in der embryonalen Entwicklung, bei der das Großhirn sowie das Zwischen- und Mittelhirn fehlen. Da der Hirnstamm jedoch vorhanden und funktionstüchtig ist, können Kinder mit dieser Anlagestörung lebend zur Welt kommen. Ist das der Fall, worauf Herzschlag und Atmung oder Saug- und Schluckreflexe hindeuten, greift der strafrechtliche Lebensschutz ein (wie bei anderen Missbildungen auch). Dass solche Geschöpfe keinerlei Überlebenschance haben und idR wenige Tage nach der Geburt sterben, ist ohne Belang. Hirntot sind sie erst, wenn ihr **Gehirn als Ganzes** unter Einschluss des Stammhirns abgestorben ist (§ 3 II Nr 2 TPG). Vor diesem Zeitpunkt dürfen ihre Organe somit nicht zu Transplantationszwecken entnommen werden; Umgehungsversuche lassen sich nicht durch medizinische Nützlichkeitserwägungen rechtfertigen[19].

## III. Euthanasie und Sterbehilfe

**Fall 4:** Der Rentner R ist unheilbar an Krebs erkrankt. Als seine Schmerzen schier unerträg **27** lich werden, setzt der Arzt A seinen Qualen mit einer tödlich wirkenden Überdosis Morphium ein Ende.

**a)** Hat A sich strafbar gemacht? Spielt es eine Rolle, ob sein Handeln dem Wunsch des R oder der nächsten Angehörigen entsprach? **Rn 29**

**b)** Ändert sich die Beurteilung, wenn A dem R bis zum natürlichen Lebensende nur zum Zwecke der Schmerzlinderung Morphium verabreicht, die erforderliche Einzeldosis aber nach und nach steigern muss und dies im Einvernehmen mit R auch auf die Gefahr einer damit verbundenen Lebensverkürzung hin tut? **Rn 34**

**c)** Wie liegt es, wenn der Zustand des R sich bei zunehmenden Atemstörungen hoffnungslos verschlechtert und A unter Verzicht auf kreislaufanregende Injektionen und auf den Einsatz eines Beatmungsgeräts dem Sterbeprozess seinen Lauf lässt? **Rn 38**

## 1. Euthanasie als gezielte Lebensverkürzung

Der strafrechtliche Lebensschutz dauert bis zum Tode; er kommt auch dem unheilbar **28** Kranken und dem Todgeweihten zugute (vgl BGHSt 7, 287). **Aktive** (direkte) **Euthanasie** *zum Zwecke* der **schmerzlosen Tötung** eines Sterbenden oder hoffnungslos Da-

---

19 *Lackner/Kühl*, Rn 4 vor § 211 mwN; lehrreich dazu *Isemer/Lilie*, MedR 88, 66; siehe zum Ganzen auch *Gescher*, Rechtsprobleme des Schwangerschaftsabbruchs bei Anenzephalen, 1994, S. 44 ff, LK-*Kröger*, § 218 Rn 4 sowie *Merkel*, Früheuthanasie, S. 621 ff.

hinsiechenden ist strafbar (*Lackner/Kühl*, Rn 6 f vor § 211 mwN). Ein etwaiges Todesverlangen des Lebensmüden vermag daran de lege lata ebenso wenig etwas zu ändern (sein Selbstbestimmungsrecht wird durch § 216 beschränkt; differenzierend *Merkel*, Früheuthanasie, S. 395, 407) wie die Zustimmung seiner nächsten Angehörigen. Das **Verbot**, andere zu töten (§§ 211 ff), untersagt jedermann – auch dem Arzt – alle *aktiv* ins Werk gesetzten Maßnahmen, die eine Lebensverkürzung bezwecken, also darauf abzielen, den Eintritt des Todes zu beschleunigen[20].

Eine begrenzte Zulassung aktiver Euthanasie in Form der **Mitleidstötung** oder ein Strafverzicht bei der Tötung auf Verlangen ist schon wiederholt gefordert worden[21]; nach hM soll jedoch selbst in dieser Hinsicht eine Lockerung des Tötungsverbots unannehmbar sein, da dies zu einer Relativierung des Lebensschutzes führe, die Achtung vor dem Leben untergrabe, reinen Nützlichkeitserwägungen Raum gebe, den Gefahren des Missbrauchs nicht zu begegnen vermöge und das Vertrauensverhältnis zwischen Patienten und Ärzteschaft erschüttern würde[22]. Auch der 56. Deutsche Juristentag hatte diesen Standpunkt mit großer Mehrheit eingenommen (siehe NJW 86, 3073). Eine **Kritik** dieser „Tabuisierung des Lebens" bieten *Bernat*, ÖJZ 02, 92 und *Hoerster*, Sterbehilfe im säkularen Staat, 1998 (Gesetzgebungsvorschlag S. 167); krit. aus der Perspektive des Selbstbestimmungsrechts *Saliger*, KritV 02, 383, 435 ff; zweifelnd *Fischer*, Rn 17a ff vor § 211. Abweichend ferner *Jakobs*, Tötung auf Verlangen, Euthanasie und Strafrechtssystem, 1998, S. 25 ff, 29; er folgert aus der rechtspraktisch zugelassenen Sterbehilfe, dass es objektiv vernünftige Motive für das Verlangen gebe, den Tod einem Weiterleben vorzuziehen. Das Verbot des § 216 sei demgemäß auf ein Verlangen zu reduzieren, „das nicht als objektiv vernünftig feststeht"[23]. Zur Diskussion über die Zulassung aktiver Sterbehilfe instruktiv *Roxin* in Roxin/Schroth (Hrsg.), Handbuch des Medizinstrafrechts, S. 313, 328, 351; aus grundrechtsdogmatischer Sicht *Lindner*, JZ 06, 373.

**29** Im **Fall 4a** hat A sich somit gemäß §§ 212, 213 oder – nur bei einem von R selbst ausgehenden Todesverlangen – nach § 216 strafbar gemacht.

**30** Infolge der zunehmenden „Manipulierbarkeit" des Todeszeitpunkts durch den medizinisch-technischen Fortschritt stellen sich heute eine Reihe von Problemen, auf deren sachgerechte Lösung die derzeitigen Normen nicht zugeschnitten sind (vgl auch S/S-*Eser*, Rn 32b vor § 211; *Verrel*, 66. DJT, Bd. I 2006, C 53): Was muss (§§ 223, 13) oder darf ein Arzt tun, um quälende Schmerzen oder Angstzustände seines moribun-

---

20  Vgl BGHSt 37, 376; 40, 257; *Geilen*, Spendel-FS, S. 519; *Langer*, JR 93, 133; *Schick*, Zipf-GedS, S. 393; *Schmoller*, ÖJZ 00, 361; LK-*Jähnke*, Rn 14 vor § 211.

21  Vgl *Antoine*, Sterbehilfe, S. 67; *Geilen*, Schwind-FS, S. 289 mwN zur älteren Literatur; *Kusch*, NJW 06, 261 mit Gesetzgebungsvorschlag; NK-*Neumann*, Rn 127 vor § 211; *Otto*, Jura 99, 434, 441, jeweils mwN; ferner *Hufen*, NJW 01, 849, 855; *Merkel*, Früheuthanasie, S. 578 ff und in Schroeder-FS, S. 297.

22  So *Hirsch*, Lackner-FS, S. 597, 614; *Tröndle/Fischer*, 49. Aufl. 1999, Rn 14 vor § 211 mwN; gegen eine Einschränkung des § 216 vehement *Dölling*, Laufs-FS, S. 767; vgl auch *Schöch/Verrel*, GA 05, 553, 582.

23  Dazu krit. MüKo-*Schneider*, § 216 Rn 7; *Roxin*, Jakobs-FS, S. 571, 574.

den Patienten zu lindern? Wann endet das Recht oder die Pflicht, ein zu Ende gehendes Leben „künstlich" zu verlängern (zu dieser Sterbephase siehe Rn 35 und BGHSt 40, 257, 260)? Was soll gelten, wenn das Grundleiden des Kranken oder Verletzten zwar unumkehrbar („irreversibel") ist, der Sterbevorgang aber noch nicht eingesetzt hat? Welche Rolle spielt jeweils der erklärte oder mutmaßliche Wille des Betroffenen? Nach welchem Maßstab und von wem ist zu entscheiden, wenn insoweit keine Feststellungen möglich sind? Der unklar gewordenen Gesetzeslage entsprechend fallen die unter dem nicht einheitlich verwendeten Begriff Sterbehilfe (zur Begrifflichkeit weiterführend *Saliger*, KritV 02, 383, 396 ff) diskutierten Lösungsansätze unterschiedlich aus.

## 2. Reine Sterbebegleitung und indirekte Sterbehilfe

**Reine** (oder: echte) **Sterbebegleitung** liegt vor, wenn einem Sterbenden *schmerzlindernde* („palliative") oder *bewusstseinsdämpfende* Mittel verabreicht werden, die mit keinerlei Lebensverkürzung verbunden sind (auch: Hilfe *im* Sterben); soweit dies mit ausdrücklicher oder mutmaßlicher Einwilligung des Patienten geschieht, ist es zweifellos nicht strafbar[24].   **31**

Um Gewährung sog. **indirekter Sterbehilfe** (Hilfe für den Sterbenden *beim* Sterben) handelt es sich, wenn Art und Dosierung der Medikamente bei höhergradigen und lang anhaltenden Schmerzen das Risiko lebensverkürzender Nebenwirkungen in sich bergen. Eine solche lindernde Medikation entsprechend dem erklärten oder mutmaßlichen Patientenwillen wird nach ganz hM bei einem Sterbenden nicht dadurch unzulässig, dass sie als **unbeabsichtigte**, aber in Kauf genommene **unvermeidbare Nebenfolge** den Todeseintritt beschleunigen kann[25]. Umstritten ist allerdings die Begründung, wobei sich zwei Hauptlinien herausgebildet haben.   **31a**

Nach verbreiteter Meinung (so etwa noch *Wessels*, BT/1, 21. Aufl. 1997, Rn 25) ist eine so geartete Behandlung ihrem **sozialen Gesamtsinn** nach etwas ganz anderes als eine „Tötungshandlung" iS der §§ 212, 216. Sie richte sich nämlich nicht *gegen* das Leben, sondern bilde die einzige Möglichkeit, mit deren Hilfe der Arzt dem ohnehin erlöschenden **Leben noch dienen** und es für den Leidenden erträglich gestalten könne[26].   **32**

Für die heute überwiegende Ansicht steht hingegen die Tötungshandlung außer Frage[27]. Jedoch soll die Tat gemäß § 34 gerechtfertigt sein, sofern das Handeln des   **33**

---

24  Näher *Roxin* in Roxin/Schroth (Hrsg.), Handbuch des Medizinstrafrechts, S. 313, 329 ff.
25  So BGHSt 42, 301 mit Anm. *Dölling*, JR 98, 161; vgl auch *Schöch*, NStZ 97, 409; krit. *Fischer*, Rn 18a vor § 211; *Merkel*, Früheuthanasie, S. 166, 191; *Saliger*, KritV 02, 382, 435; *Verrel*, 66. DJT, Bd. I 2006, C 56, 61, 102; ferner *Antoine*, Sterbehilfe, S. 46, 53.
26  So auch *Herzberg*, NJW 96, 3043, 3048; *Lackner/Kühl*, Rn 8a vor § 211; *Roxin* in Roxin/Schroth (Hrsg.), Handbuch des Medizinstrafrechts, S. 313, 331 f; krit. *Merkel*, Schroeder-FS, S. 297, 302 ff.
27  *Fischer*, Rn 20 vor § 211; *Hettinger*, Paulus-FG, S. 73, 82; LK-*Jähnke*, Rn 16, 18 vor § 211; *Merkel*, JZ 96, 1145, 1147 und in Früheuthanasie, S. 203; MüKo-*Schneider*, Rn 98 vor § 211; *Otto*, BT § 6 Rn 41 und Jura 99, 434, 440; *Roxin* in Roxin/Schroth (Hrsg.), Medizinstrafrecht, 2. Aufl. 2001, S. 93, 96.

Arztes nicht dem erklärten oder mutmaßlichen Willen seines Patienten widerspricht[28]. Der 3. Senat des BGH hat den Rückgriff auf § 34 für zulässig erachtet, weil die Ermöglichung eines Todes in Würde und Schmerzfreiheit gemäß dem Patientenwillen ein **höherwertiges Rechtsgut** sei „als die Aussicht, unter schwersten, insbesondere sog. Vernichtungsschmerzen noch kurze Zeit länger leben zu müssen"[29]. Diese „Notstandslösung" ist angesichts § 216 eine Behelfskonstruktion, um das von der derzeitigen Gesetzeslage gebotene Ergebnis zu vermeiden. Eine dem Sachproblem angemessene Berücksichtigung des **sozialen Sinn- und Bedeutungsgehalts** des Geschehens bedarf unbedingt einer gesetzlichen Regelung (vgl auch Rn 37).

**34**  Im **Fall 4b** fehlt es nach dem Gesagten entweder schon an einer dem A zur Last fallenden Tötungshandlung, oder es ist die Rechtswidrigkeit dieser Handlung zu verneinen (zu weiteren Begründungswegen siehe S/S-*Eser*, Rn 26 vor § 211).

### 3.  Sterbehilfe durch Sterbenlassen

**35**  Im Mittelpunkt der neueren Diskussion steht zumeist die Frage nach der Zulässigkeit der **Sterbehilfe durch Sterbenlassen** (sog. passive Sterbehilfe oder Euthanasie; auch: Hilfe *beim* Sterben). Dabei geht es um Fälle, in denen der Arzt entweder von vornherein keine Maßnahmen ergreift, weil er erkannt hat, dass der unheilbar Kranke nicht mehr zu retten ist, oder in denen er – wie im **Fall 4c** – nach Erkennen ihrer *Aussichtslosigkeit* seine Bemühungen aufgibt, dem natürlichen Prozess des Sterbens seinen Lauf lässt und davon absieht, Leben und Todeskampf des Patienten durch Stimulantien und den Einsatz aller verfügbaren Apparaturen „um jeden Preis" zu verlängern. Hier stellt sich nicht nur die Frage nach der *Handlungspflicht* des Arztes, sondern auch die Frage nach seinem *Behandlungsrecht* (vgl insoweit BGHSt 32, 367, 378). Allgemein anerkannt ist, dass dem Recht auf Leben (Art. 2 II 1 GG) ein **Recht des Menschen auf seinen natürlichen Tod** und auf ein **menschenwürdiges Sterben** entspricht. Ohne Zustimmung des Patienten oder dessen mutmaßliche Einwilligung ist daher kein Arzt zu operativen Eingriffen, zur Verabreichung von Stimulantien oder zu anderen Behandlungsmaßnahmen befugt, die den Todeszeitpunkt hinausschieben würden; ihm unvernünftig erscheinende Entscheidungen des *urteilsfähigen* Patienten hat er unter allen Umständen ebenso zu respektieren wie den Widerruf oder die Beschränkung einer zuvor bekundeten Einwilligung. Jedes eigenmächtige Vorgehen des Arztes wäre ein widerrechtlicher Eingriff in das Selbstbestimmungsrecht des Patienten über seinen Körper und in die Würde der menschlichen Persönlichkeit[30]. So wenig der Arzt sich de lege lata dem Verlangen eines Todgeweihten nach der „erlösenden Spritze" fügen darf (§ 216; siehe Rn 28), so wenig darf er sich andererseits über des-

---

28  *Kutzer*, NStZ 94, 110, 114 f und in Schlüchter-GedS, S. 347; *Lackner/Kühl*, Rn 7 vor § 211; NK-*Neumann*, Rn 99 vor § 211, jeweils mwN.

29  BGHSt 42, 301, 305; ausdrücklich so jetzt BGHSt 46, 279, 285 (5. Senat); krit. zum Rückgriff auf § 34 *Herzberg*, NJW 96, 3043, 3045; LK-*Jähnke*, Rn 15 vor § 211; die Anwendbarkeit des § 34 verteidigt *Neumann*, Herzberg-FS, S. 575.

30  BGHSt 37, 376, 378; 40, 257, 262; zur Bedeutung des freien Willens in Sterbesituationen *Putz*, Widmaier-FS, S. 701.

sen *Behandlungsveto* hinwegsetzen und ihm eine **Lebens- und Leidensverlänge-rung aufzwingen**[31].

Die **Pflicht** des Arztes zur Lebenserhaltung **endet**, sobald jede Aussicht auf Rettung **36** oder Besserung geschwunden ist und der Krankheitsverlauf die unmittelbare **Phase des Sterbens erreicht** hat, der nicht mehr abwendbare Eintritt des Todes also nahe bevor-steht. Nicht die Effizienz der medizinischen Technologie, sondern die an der Achtung des Lebens und der Menschenwürde ausgerichtete Entscheidung im Einzelfall bestimmt die Grenzen der ärztlichen Behandlungspflicht[32]. In diesem Stadium, der Sterbephase, ist dem Arzt der Verzicht auf lebensverlängernde Maßnahmen wie Beatmung, Blut-transfusion oder künstliche Ernährung erlaubt[33], unbeschadet der fortbestehenden Pflicht zur „Basispflege"[34]. Zum einseitigen, dh ohne (mutmaßliche) Einwilligung er-folgenden Behandlungsabbruch bei *irreversiblem Bewusstseinsverlust* siehe S/S-*Eser*, Rn 29 vor § 211, aber auch *Krey/M. Heinrich*, BT I Rn 8 f und *Otto*, Jura 99, 434, 437.

Der **Abbruch** von zwecklos gewordenen Behandlungsmaßnahmen, um dem unauf-**37** haltsam verlöschenden Leben den Weg in den *natürlichen* Tod freizugeben, wird dann als unproblematisch angesehen, wenn er sich lediglich als das **Unterlassen weiterer Rettungsbemühungen** darstellt und auf dem (mutmaßlichen) Willen des Sterbenden beruht; diesen Willen kann er in einer sog. *Patientenverfügung* schon im Voraus schriftlich fixiert haben[35]. Nachdem am 1.9.2009 die Regelungen zur **Patientenverfü-gung** im Betreuungsrecht in Kraft getreten sind, besteht für alle Beteiligten deutlich mehr Rechtssicherheit als bisher (vgl zu den Gesetzentwürfen Beschlussempfehlung und Bericht des Rechtsausschusses, BT-Drucks. 16/13314 vom 8.6.2009). Nach hM soll in derartigen Fällen auch das **Abschalten** eines Beatmungsgeräts, also ein „*posi-tives Tun*", zulässig sein. Überwiegend wird das – an den §§ 212, 216 vorbei – damit begründet, dass ein solcher „technischer Behandlungsabbruch" seinem **sozialen Sinngehalt** nach einem Unterlassen der Weiterbehandlung gleichstehe[36]. Die Gegen-ansicht lehnt zu Recht eine solche Umdeutung des positiven Tuns in ein Unterlassen ab, verneint mit unterschiedlichen Begründungen jedoch zumeist ebenfalls schon die Tatbestandsmäßigkeit, jedenfalls aber die Rechtswidrigkeit des Tuns[37]. Schaltet *auf Verlangen* des gegen seinen Willen weiterbeatmeten Sterbenden ein **Dritter** das Re-animationsgerät ab, soll § 216 wegen Vorrangs des Selbstbestimmungsrechts nicht eingreifen[38]. Der höchst unübersichtliche Diskussionstand zur „Sterbehilfe" belegt,

---

31  Vgl auch *Hufen*, NJW 01, 849; *Lipp*, DRiZ 00, 231, 233; NK-*Neumann*, Rn 103 vor § 211.
32  BGHSt 32, 367, 379 f; 37, 376, 378.
33  BGHSt 40, 257, 260.
34  Vgl S/S-*Eser*, Rn 31 vor § 211 und *Merkel*, Früheuthanasie, S. 248.
35  Vgl *Lackner/Kühl*, Rn 8 vor § 211; zur bisherigen Diskussion um die Patientenverfügung (= auch: Patiententestament) *Antoine*, Sterbehilfe, S. 316; *Ingelfinger*, ZfL 05, 38, 41; MüKo-*Schneider*, Rn 123 ff vor § 211; NK-*Neumann*, Rn 108 ff vor § 211; dazu auch *Bernat*, Deutsch-FS, S. 443; *Stern-berg-Lieben*, Lenckner-FS, S. 349.
36  *Krey/M. Heinrich*, BT I Rn 11; *Roxin*, AT II § 31 Rn 115; S/S-*Stree*, Rn 160 vor § 13; *Wessels/Beulke*, AT Rn 703; treffende Kritik bei LK-*Weigend*, 12. Aufl., § 13 Rn 9.
37  *Gropp*, Schlüchter-GedS, S. 173; *Hettinger*, Paulus-FG, S. 73, 82 ff; *Hirsch*, Lackner-FS, S. 597, 604; NK-*Wohlers*, § 13 Rn 10; *Otto*, Jura 99, 434, 438; SK-*Horn*, § 212 Rn 22, 26a; zusf. S/S-*Eser*, Rn 32 vor § 211; *Stoffers*, MDR 92, 621; so jetzt auch *Gössel/Dölling*, BT I § 2 Rn 58 ff.
38  Vgl nur *Lackner/Kühl*, § 216 Rn 6 mwN.

dass die derzeitigen gesetzlichen Regelungen dieser Materie nicht angemessen sind (siehe Rn 30)[39].

**38**   Im **Fall 4c** verwirklicht das Untätigbleiben des A, soweit es dem (mutmaßlichen) Willen des R entspricht, somit nicht den Tatbestand des § 212.

**39**   Schwierige Fragen stellen sich ferner, wenn die Behandlung eingestellt wird, obwohl die **Sterbephase noch nicht eingesetzt** hat, der Schwerstkranke also trotz aussichtsloser („infauster") Prognose uU noch viele Monate oder gar Jahre „leben" könnte, aber zu Äußerungen nicht mehr fähig ist (sog. Hilfe *zum* Sterben oder Sterbehilfe iwS; so etwa, wenn er das Bewusstsein unwiederbringlich verloren hat, wie beim „apallischen Syndrom" **(Wachkoma)**, soweit die Funktion der Großhirnrinde irreversibel ausgefallen ist (näher *Saliger*, KritV 02, 383, 418 ff). Der 1. Strafsenat des BGH hat 1994 entschieden[40], dass auch ein solcher Behandlungsabbruch bei entsprechendem erklärten oder mutmaßlichen Willen des Patienten als Ausdruck seiner allgemeinen Entscheidungsfreiheit und des Rechts auf körperliche Unversehrtheit (Art. 2 II 1 GG) grundsätzlich anzuerkennen ist (siehe aber auch Rn 39a). Jedoch seien an die Annahme eines nur *mutmaßlichen* Willens im Vergleich zur „eigentlichen" Sterbehilfe (ieS = indirekte und passive) *erhöhte Anforderungen* zu stellen, um der Gefahr einer Entscheidung nach externen Maßstäben Dritter (des Arztes, der Angehörigen oder des Betreuers) vorzubeugen. Könne ein solcher Wille nicht ermittelt werden, sei auf allgemeine Wertvorstellungen zurückzugreifen[41], wobei im Zweifel der Schutz des Lebens Vorrang vor Überlegungen Dritter habe[42]. Die Wirksamkeit der Einwilligung des wegen Entscheidungsunfähigkeit des Patienten bestellten Betreuers macht der 1. Strafsenat von der Genehmigung des Vormundschaftsgerichts analog § 1904 BGB abhängig[43]. Die Zivilgerichte sind dieser vernünftigen, aber in der rechtlichen Begründung nicht zweifelsfreien Linie bisher gefolgt[44]. Für diesen Bereich bringt das neue Rechtsinstitut der Patientenverfügung nunmehr Klarheit und Rechtssicherheit (vgl insb. §§ 1901a, b und 1904 BGB).

**39a**   Hingegen hatte der 12. Zivilsenat des BGH die analoge Anwendbarkeit des § 1904 BGB verneint; die Entscheidungszuständigkeit des Vormundschaftsgerichts ergebe sich vielmehr im Wege der Rechtsfortbildung „aus einem unabweisbaren Bedürfnis des Betreuungsrechts"[45]. Er war darüber

---

39   Dazu auch BGHZ 154, 205, 221 ff mwN; *Eser*, JZ 86, 786, 791 und in S/S, Rn 32b vor § 211; anders *Merkel*, Früheuthanasie, S. 95, 241 ff, der den Grund in Begründungsmängeln und Widersprüchlichkeiten sieht; ferner *Antoine*, Sterbehilfe, S. 32, 42.

40   BGHSt 40, 257, 260, 262; dazu *Lackner/Kühl*, Rn 8 vor § 211; LK-*Jähnke*, Rn 20a ff vor § 211 und NK-*Paeffgen*, Rn 165 vor § 32, jeweils mwN.

41   Insoweit aA OLG Karlsruhe NJW 02, 685, 688 f; OLG Frankfurt NJW 02, 689; anders auch der 12. Zivilsenat, BGHZ 154, 205, 212.

42   Näher BGHSt 40, 257, 263; aA *Ankermann*, MedR 99, 387, 390; eingehend zur Einwilligungsproblematik *Ingelfinger*, Tötungsverbot, S. 294; *Otto*, Jura 99, 434, 437 ff; *Wessels/Beulke*, AT Rn 381.

43   BGHSt 40, 257, 261 f; zust. *Ingelfinger*, Tötungsverbot, S. 320 ff; *Lipp*, DRiZ 00, 231; NK-*Neumann*, Rn 133 vor § 211; *Schöch*, NStZ 95, 153, 156; allg. zu Sterbehilfe und Betreuung *Diederichsen*, Schreiber-FS, S. 635; 640; *Fröschle*, JZ 00, 72.

44   OLG Frankfurt NJW 98, 2747 (mit zust. Anm. *Knieper*, aaO S. 2720 und *Verrel*, JR 99, 5 sowie Aufsatz von *Saliger*, JuS 99, 16) und NJW 02, 689; OLG Karlsruhe NJW 02, 685; aA LG München I NJW 99, 1788; *Laufs*, NJW 98, 3399; zusf. *Schöch*, Hirsch-FS, S. 693, 707 ff.

45   BGHZ 154, 205; krit. *Hufen*, ZRP 03, 248; *Stackmann*, NJW 03, 1568; eingehend *Saliger*, MedR 04, 237; ferner BT-Drucks. 16/8482, S. 18.

hinaus der Ansicht, dass für ein Verlangen des Betreuers nach Abbruch der Behandlung selbst bei gleich lautender Patientenverfügung kein Raum sei, wenn das Grundleiden noch keinen irreversiblen tödlichen Verlauf angenommen hat[46]. Diese Einschränkung des Selbstbestimmungsrechts des Betroffenen ist durch § 1901a III BGB erledigt[47].

Beachte zum Vorstehenden auch die **Richtlinien** der Bundesärztekammer für die ärztliche Sterbe- **40** begleitung, Deutsches Ärzteblatt 98, 1690 (= NJW 98, 3406; zu den vergleichbaren Richtlinien in der Schweiz siehe NJW 96, 767 und BSK-*Schwarzenegger*, Rn 20 ff vor Art. 111). Zum Ganzen *Antoine*, Aktive Sterbehilfe in der Grundrechtsordnung, 2004; Bioethik-Kommission Rheinland-Pfalz, Sterbehilfe und Sterbebegleitung, 2004; *Dreier*, JZ 07, 317, 323 ff; *Duttge*, GA 05, 606; *Jäger*, Küper-FS, S. 209; *Kettler/Simon/Anselm* ua (Hrsg.), Selbstbestimmung am Lebensende, 2006; *Kutzer*, MedR 01, 77, ZRP 03, 209 und DRiZ 05, 257; *Neumann/Saliger*, HRRS 06, 280; *Otto*, NJW 06, 2217; *Pelzl*, KJ 94, 179; *Roxin* in Roxin/Schroth (Hrsg.), Handbuch des Medizinstrafrechts, S. 313; *Scheffler* in Joerden (Hrsg.), Der Mensch und seine Behandlung in der Medizin, 1998, S. 249; *Schöch/Verrel*, Alternativ-Entwurf Sterbebegleitung (AE-StB), GA 05, 553; *Ulsenheimer*, Arztstrafrecht, Rn 270; *Verrel*, 66. DJT, Bd. I 2006, C 9; ferner *Kintzi*, DRiZ 02, 256 mit Bezügen zur Regelung der aktiven Sterbehilfe in Belgien und den Niederlanden; zum gegenwärtigen Meinungsbild bei Ärzten, Vormundschaftsrichtern und in der Bevölkerung *Janes/Schick*, NStZ 06, 484; guter Überblick über die Entwürfe bei *Zuck*, ZRP 06, 173.

## IV. Die strafrechtliche Problematik der Selbsttötung

**Fall 5:** Um möglichst rasch in den Genuss der Erbschaft zu gelangen, treibt A seine Adop- **41** tivmutter M planmäßig in den Tod, indem er sie in der Auffassung bestärkt, dass sie an Magenkrebs leide. Obwohl er genau weiß, dass ihre Beschwerden nur auf einer chronischen Magenschleimhautentzündung beruhen, spiegelt er ihr vor, der Hausarzt habe ihm unter dem Siegel der Verschwiegenheit anvertraut, dass sie „voll Krebs" stecke und mit einem qualvollen Ende rechnen müsse. Darauf greift M zum Strick und erhängt sich.

Strafbarkeit des A? **Rn 53**

**Fall 6:** Frau F ist – wie sie weiß – unheilbar an Krebs erkrankt. Sie fasst den Entschluss, frei- **42** willig aus dem Leben zu scheiden. Ihr Ehemann E, der sie innig liebt, hat ihrem wiederholten Drängen nachgegeben und ihr eine Überdosis Schlaftabletten besorgt, die sie in seiner Gegenwart einnimmt. Zwischen dem Eintritt der Bewusstlosigkeit und dem Tod der F vergehen mehrere Stunden. E harrt während dieser Zeit geduldig bei ihr aus, ohne etwas zu ihrer Rettung zu veranlassen. Seine Absicht, der F in den Tod zu folgen, wird durch den zufälligen Besuch der Tochter T, die ihn umstimmen kann, vereitelt.

Strafbarkeit des E? **Rn 59, 64**

## 1. Problemübersicht

Die §§ 211–216, 222 setzen die Tötung eines **anderen** Menschen voraus. Wer sich **43** selbst tötet oder dies versucht, verwirklicht keinen Straftatbestand. Bloße **Teilnahme an einer Selbsttötung** oder an einem Selbsttötungsversuch, dessen Begehung auf der

---

46 BGHZ 154, 205, 215; abl. zu Recht *Hufen*, ZRP 03, 248, 251; *Schöch/Verrel*, GA 05, 553, 562.
47 Vgl dazu BT-Drucks. 16/8482, S. 16 mwN.

freien und **eigenverantwortlichen Entscheidung** des Lebensmüden beruht, ist nicht strafbar, weil es insoweit an einer tatbestandsmäßigen und rechtswidrigen Haupttat iS der §§ 11 I Nr 5, 26, 27 fehlt[48]. Dies gilt unabhängig davon, ob der am Freitod eines anderen Teilnehmende im Verhältnis zu jenem eine Garantenstellung hat oder nicht. Unter bestimmten Voraussetzungen kommt beim Veranlassen, Fördern oder Nichtverhindern einer Selbsttötung aber eine **Fremdtötung** in *mittelbarer Täterschaft*, eine Bestrafung wegen vorsätzlicher oder fahrlässiger Tötung nach den Grundsätzen der *Unterlassungstäterschaft* im Bereich der Garantenhaftung oder Strafbarkeit nach § 323c wegen *unterlassener Hilfeleistung* in Betracht (näher *Fischer*, Rn 11 ff vor § 211).

**44**  Im Einzelnen ist hier vieles umstritten. Die **Rechtsprechung** entbehrt einer klaren und widerspruchsfreien Linie (Überblick bei *Scheffler*, JahrbRuE 99, 341). Zunächst suchte sie, die Beteiligung Dritter am Selbsttötungsgeschehen durch die Annahme einer *generellen* Verhinderungs- oder Rettungspflicht möglichst weitgehend zu erfassen, weil sie den Willen des Lebensmüden, gleichviel ob gesund oder krank, für rechtlich bedeutungslos und unbeachtlich hielt. Bei *Garanten* führte das regelmäßig zur Bestrafung wegen Fremdtötung in Form der Unterlassungstäterschaft[49] oder zumindest, wie bei Nichtgaranten, zur Bestrafung wegen unterlassener Hilfeleistung in den durch § 323c (= vormals § 330c) gezogenen Grenzen[50]. Von diesem rigorosen Standpunkt war die Rechtsprechung gegen Ende der Fünfzigerjahre teilweise abgerückt. Heute macht sie die Bejahung der Erfolgsabwendungspflicht für **Garanten** von den konkreten Umständen im Einzelfall, von der Eigenverantwortlichkeit des Selbsttötungsentschlusses und insbesondere von der Frage abhängig, ob der untätig bleibende Garant das vom Lebensmüden in Gang gesetzte Geschehen beherrscht hat und beherrschen wollte (grundlegend BGHSt 13, 162) oder ob es an einem solchen **Täterwillen** deshalb fehlt, weil der Garant den „freiwillig-ernsthaften Selbsttötungsentschluss des Schutzbefohlenen achten wollte und sich ihm (mit bloßem **Gehilfenvorsatz**) untergeordnet hat" (OLG Düsseldorf NJW 73, 2215 mit krit. Anm. *Geilen*, NJW 74, 570). Dabei will der BGH das Tatgeschehen bislang jedoch in höchst anfechtbarer Weise aufspalten: Nach einem beendeten Selbsttötungsversuch soll dem anwesenden oder hinzukommenden Garanten die **Tatherrschaft** stets in dem Augenblick zufallen, in welchem der Suizident bewusstlos und **handlungsunfähig** geworden ist, weil es jetzt allein von *seinem* Willen abhängt, ob der Schutzbefohlene stirbt oder der Eintritt des Todes verhindert wird (BGH NJW 60, 1821; BGHSt 32, 367, 374; näher Rn 57). Hiernach dürfte eine Ehefrau ihrem an Krebs dahinsiechenden Mann auf dessen Bitte zwar den Strick zum Erhängen reichen, ihm den Stuhl hinstellen und ihm in sonstiger Weise zur Hand gehen (= nicht strafbare Beihilfe zum Freitod durch *positives* Tun). Beim Hineingleiten in die Schlinge und bei Eintritt der Bewusstlosigkeit müsste sie ihn aber sofort wieder abschneiden, um nicht wegen Tötung auf Verlangen in Form

---

48  Vgl BGHSt 24, 342; 32, 367, 371; 46, 279; LK-*Jähnke*, Rn 21 vor § 211; krit. zur Argumentation *Murmann*, Selbstverantwortung, S. 319, 333; zur abweichenden Rechtslage in Österreich siehe *Kienapfel/ Schroll*, BT I §§ 77 Rn 4, 78 Rn 2 ff, zur Schweiz BSK-*Schwarzenegger*, Art. 115 Rn 2 ff.
49  Grundlegend BGHSt 2, 150; zur Fahrlässigkeitshaftung siehe BGH JR 55, 104.
50  Grundlegend dazu BGHSt 6, 147.

der Unterlassungstäterschaft nach §§ 216, 13 bestraft zu werden. Ein solches Ergebnis entspricht nicht dem Sinn des Gesetzes; es entbehrt auch einer überzeugenden Begründung. Denn wenn das vorangegangene *Tun* als bloße Beihilfe zur eigenverantwortlichen Selbsttötung nicht strafbar ist, wäre es bei fortbestehendem Sterbewillen widersprüchlich, das diesem Tun nachfolgende *Untätigbleiben* rechtlich anders zu bewerten und es als Unterlassungstat nach §§ 216, 13 zu bestrafen.

Für das Verhältnis zwischen einem Hausarzt und seiner kranken, lebensmüden Patientin, die im **45** Voraus jedem Rettungsversuch schriftlich widersprochen hatte, hält BGHSt 32, 367 zwar an der von Widersprüchen gekennzeichneten bisherigen Rechtsprechung fest, schränkt sie jedoch durch die These ein, im Widerstreit zwischen der prinzipiellen Lebenserhaltungspflicht des Arztes und dem Gebot, das Selbstbestimmungsrecht seiner Patienten zu achten, sei die Entscheidung darüber, welche dieser beiden Pflichten im Einzelfall den **Vorrang** habe, eine an den Maßstäben der Rechtsordnung und der Standesethik auszurichtende **Frage des ärztlichen Gewissens**. Unter Hinweis darauf, dass es keine Rechtspflicht zur Erhaltung eines erlöschenden Lebens *um jeden Preis* gebe und dass im konkreten Fall die vitalen Funktionen im Organismus der bewusstlosen Suizidentin beim Hinzukommen des Arztes (jedenfalls nach dessen Überzeugung) schon schwer beeinträchtigt gewesen seien, hat der BGH den Freispruch des angeklagten Arztes im Kern wie folgt bestätigt: „Wenn der Angeklagte in dieser Grenzsituation den Konflikt zwischen der Verpflichtung zum Lebensschutz und der Achtung des Selbstbestimmungsrechts der Patientin dadurch zu lösen versuchte, dass er nicht den bequemeren Weg der Einweisung in eine Intensivstation wählte, sondern **in Respekt vor der Persönlichkeit der Sterbenden** bis zum endgültigen Eintritt des Todes bei ihr ausharrte, so kann seine **ärztliche Gewissensentscheidung** nicht von Rechts wegen **als unvertretbar** angesehen werden." Dem wird im Ergebnis niemand widersprechen, wenngleich (neben sonstigen Schwächen in der Begründung) in methodischer Hinsicht zu beanstanden ist, dass der BGH sich mit keinem Wort dazu äußert, auf welcher Wertungsebene die angeschnittenen Fragen relevant werden und *an welcher* Strafbarkeitsvoraussetzung es in derartigen Fällen fehlen soll. Zu welchem Rätselraten über den Aussagegehalt der Entscheidung dies seinerzeit geführt hatte, zeigte die Kontroverse zwischen *Baumann* und *Herzberg* in JZ 87, 131, 132[51]. Die neuere Rechtsprechung lässt erkennen, dass einem ernsthaften, freiverantwortlich gefassten Selbsttötungsentschluss eine stärkere rechtliche Bedeutung beizumessen sein soll, als dies in BGHSt 32, 367 seitens des 3. Strafsenats geschehen ist[52].

Insgesamt bleibt festzuhalten, dass der Rechtsprechung im Selbsttötungsbereich eine **46** überzeugende Problemlösung noch nicht gelungen ist. Immerhin gibt es neben unverkennbaren Beharrungstendenzen aber auch ermutigende Ansätze zu einer vorsichtigen, sich in kleinen Schritten vollziehenden Neuorientierung. So hat der BGH sich mittlerweile unter Annäherung an die Rechtslehre zu der richtigen Ansicht bekannt, dass auch die sorgfaltspflichtwidrige Ermöglichung einer freiverantwortlichen Selbsttötung (BGHSt 24, 342) oder einer eigenverantwortlichen Selbstgefährdung (BGHSt 32, 262; BGH NStZ 85, 25) in der Regel von § 222 nicht erfasst wird (siehe aber auch Rn 302). Des Weiteren ist zutreffend entschieden, dass sich aus der Wohn- und Lebensgemeinschaft zweier befreundeter Rentner nicht die Rechtspflicht ergibt, den anderen bei einer schweren Erkrankung am selbstgewollten Ableben zu hindern, sofern dieser in freier Willensbestimmung den Entschluss gefasst hat, dem für ihn erkennbar herannahenden Tod keinen Widerstand mehr entgegenzusetzen, sondern dem dazu

---

51  Zur Kritik an BGHSt 32, 367 siehe auch *Lackner/Kühl*, Rn 15 vor § 211 mwN.
52  BGHSt 46, 279; BGH NJW 88, 1532.

führenden Geschehen und dem zunehmenden Kräfteverfall seinen Lauf zu lassen (BGH NStZ 83, 117). Im Fall Hackethal hat das OLG München (NJW 87, 2940) überzeugend dargelegt, dass ein Arzt sich nicht strafbar macht, wenn er einer unheilbar erkrankten, zum Freitod entschlossenen Patientin auf deren Verlangen ein zur Selbsttötung geeignetes Mittel zur Verfügung stellt (anders *Kutzer*, NStZ 94, 110).

**47**  In der **Rechtslehre** sind zur Selbsttötungsproblematik zahlreiche Einzelmeinungen und Konstruktionen entwickelt worden (instruktiver Überblick bei *Antoine*, Sterbehilfe, S. 218): So hält *Schmidhäuser* (BT 2/9 und Welzel-FS, S. 801) jede Teilnahme am Freitod für strafbar, weil der Tatbestand des § 212 bei *materialer* Betrachtung auch die Selbsttötung (= Tötung eines Menschen) erfasse, dem Einzelnen gegenüber der Gemeinschaft die „Rechtspflicht zum Weiterleben" obliege und die „notstandsähnliche Lage der subjektiven Ausweglosigkeit" nur die *Schuld* des Lebensmüden entfallen lasse[53]. Diese Auffassung ist mit dem geltenden Recht unvereinbar; sie ist mit Recht auf einhellige Ablehnung gestoßen[54]. Nicht haltbar ist ferner die von *Herzberg*[55] entwickelte Ansicht, für „Beschützergaranten" sei jede aktive oder passive Selbsttötungsbeteiligung strafbar, weil das im aktiven Tun mitenthaltene oder damit verbundene *Nichtvermeiden* des Todeserfolges trotz vorhandener Rettungsmöglichkeit gemäß §§ 212, 216, 13 zur Unterlassungstäterschaft führe. Mit solchen Umdeutungsversuchen und Konstruktionen würde die Wertentscheidung des Gesetzgebers, die echte **Teilnahme** am echten Freitod nicht unter Strafe zu stellen, unterlaufen (zutreffend *Roxin*, Dreher-FS, S. 331, 348). Ebenso fehlt eine tragfähige Begründung für die Annahme, dass in jeder Mitwirkung an einer Selbsttötung eine „*in mittelbarer Täterschaft* bewirkte Verursachung fremden Todes" liege[56], dass *jeder* Selbsttötungswille „per se medizinisch krank und daher unfrei" sei[57]. Nach hier vertretener Ansicht ist ein grundsätzliches Verbot der Selbsttötung von Verfassungs wegen nicht begründbar[58]. Zum Ganzen *Baumgarten*, The Right to Die?, 1998, S. 117; NK-*Neumann*, Rn 39, 41 ff vor § 211.

**48**  Die **herrschende Ansicht** in der Rechtslehre geht davon aus, dass die aktive Teilnahme am Suizid ebenso wie die unterlassene Verhinderung nicht als Tötungsdelikt strafbar ist, wenn ihr eine **freiverantwortliche Willensentscheidung** des Lebensmüden zu Grunde liegt (eingehend zum Eigenverantwortlichkeitsgrundsatz *Murmann*, Selbstverantwortung, passim). Umstritten ist aber, *wann* ein Selbsttötungsentschluss als *freiverantwortlich* bezeichnet werden darf und nach welchen Maßstäben diese Frage zu beurteilen ist (skeptisch zur Beantwortbarkeit *Fischer*, Rn 13 ff vor § 211). Eine weit verbreitete Ansicht greift hier sinnentsprechend auf die Kriterien der rechtlichen Verantwortlichkeit im Falle einer Fremdschädigung und die dafür geltenden **Exkulpationsregeln** zurück (vgl §§ 19, 20, 35 StGB, § 3 JGG), weil daraus hervorgehe, bis zu welcher Grenze jeder für sein Tun und Lassen eigenverantwortlich einzustehen habe[59]. Von diesem Standpunkt aus würde es an

---

53  Ebenso *Klinkenberg*, JR 78, 441; JR 79, 183; unter Berufung auf angebliches Gewohnheitsrecht im Erg. ähnlich *Bringewat*, ZStW 87 (1975), 623.
54  BGHSt 32, 367, 371 ff; *Bottke*, Suizid und Strafrecht, 1982, S. 34 sowie GA 83, 22, 26; *Krey/M. Heinrich*, BT I Rn 98 f; S/S-*Eser*, Rn 33 vor § 211.
55  JA 85, 131, 177 ff; ZStW 91 (1979), 557, 566 ff.
56  So *Schilling*, JZ 79, 159; gegen diese These zutreffend *Hirsch*, Anm. JR 79, 429; *R. Schmitt*, JZ 79, 462, 464.
57  So *Bringewat*, JuS 75, 155, 159; *Geilen*, Schwind-FS, S. 289, 297 hält einen „Bilanzsuizid" nur unter exzeptionellen Umständen für gegeben.
58  Eingehend *Antoine*, Sterbehilfe, S. 218 ff mwN.
59  Vgl *Küpper*, BT I S. 3 f; LK-*Schünemann*, 12. Aufl., § 25 Rn 72; MüKo-*Schneider*, Rn 54, 62 vor § 211; *Roxin*, AT II, § 25 Rn 54, 57 und in 140 Jahre GA-FS, S. 177 mwN.

einer freiverantwortlichen Willensentscheidung nur bei unreifen Jugendlichen, geistig Erkrankten, seelisch schwer Gestörten sowie bei Lebensmüden fehlen, die sich in einer unter § 35 fallenden Notstandslage befinden, und denen aus den genannten Gründen der Vorwurf *„schuldhaften"* Handelns erspart bleibt. Die Gegenauffassung orientiert sich dagegen sinngemäß an der **Einwilligungslehre**, also an den Regeln, die sonst bei der Preisgabe eigener Rechtsgüter für die Wirksamkeit einer rechtfertigenden Einwilligung gelten[60]. Für diese Lehrmeinung spricht, dass bei einer Verfügung über das eigene Leben an die **Mangelfreiheit der Willensbildung** keine geringeren Anforderungen gestellt werden dürfen als bei der Einwilligung in eine Körperverletzung und bei der in § 216 geforderten „Ernstlichkeit" des Sterbewillens.

Als maßgebende Kriterien für die **Eigenverantwortlichkeit** und Beachtlichkeit eines Selbsttötungsentschlusses kommen hiernach die **natürliche Einsichtsfähigkeit** des Lebensmüden, sein **Urteils- und Hemmungsvermögen** sowie die **Ernstlichkeit** seiner Entscheidung und die **Mangelfreiheit** seiner Willensbildung in Betracht. Von einer freien und eigenverantwortlichen Selbsttötung iS eines echten Freitodes ist nur dann auszugehen, wenn die ihr zu Grunde liegende Entscheidung frei ist von Zwang, zielgerichteter Täuschung und anderen *wesentlichen* Willensmängeln und wenn der Lebensmüde nach seiner geistigen Reife wie nach seinem psychischen Zustand im Stande war, die **Tragweite** seines Entschlusses sachgerecht zu erfassen und nach dieser Einsicht zu handeln. **49**

Wie BGH NStZ 83, 117 zeigt, scheint die Rechtsprechung sich inzwischen ebenfalls an diesen Kriterien zu orientieren (vgl auch MüKo-*Schneider*, Rn 70 vor § 211). Nach den Erkenntnissen der Suizidforschung (dazu *Kaiser*, Kriminologie, 3. Aufl. 1996, § 59 Rn 18) könnte das Vorliegen eines freiverantwortlichen Selbsttötungsentschlusses eher die Ausnahme als die Regel bilden; verlässliches Zahlenmaterial dazu gibt es freilich nicht[61]. **50**

## 2. Fremdtötung in mittelbarer Täterschaft

*Fremdtötung in mittelbarer Täterschaft* liegt demgemäß vor, wenn das Opfer unter dem beherrschenden Einfluss des Hintermannes durch **Zwang** (= Gewalt, Drohung, seelische Zermürbung usw), zielgerichtete **Täuschung** (wie etwa durch das Vorspiegeln der Bereitschaft, dem anderen im Rahmen der verabredeten Doppelselbsttötung in den Tod zu folgen) oder **Missbrauch eines Abhängigkeitsverhältnisses** in den Tod getrieben wird. Das Gleiche gilt, wo der die Sachlage richtig erfassende und das Geschehen zielstrebig lenkende Hintermann einen Ahnungslosen dadurch zu seinem Werkzeug und Opfer macht, dass er dessen Irrtum über einen bevorstehenden Gesche- **51**

---

60  So ua *Kindhäuser*, BT I § 4 Rn 12 ff, 15; *Lackner/Kühl*, Rn 13a vor § 211 mwN; *Murmann*, Selbstverantwortung, S. 473; NK-*Neumann*, Rn 60 f vor § 211; *Otto*, Ernst A. Wolff-FS, S. 395, 401; *Wessels/Beulke*, AT Rn 539; ähnlich *Maurach/Schroeder*, BT I § 1 Rn 20; *Mitsch*, JuS 95, 787, 891.

61  Zu den weit auseinander gehenden Angaben siehe *Antoine*, Sterbehilfe, S. 245; LK-*Jähnke*, Rn 27 vor § 211; S/S-*Eser*, Rn 34 vor § 211; ferner *Bochnik*, MedR 87, 216, 217; vgl zum Ganzen auch *Scheib*, Kriminologie des Suicids, 2000, S. 2 ff, 11 ff; *Verrel*, JZ 96, 224. Nach *Vasold*, Kriminalistik 04, 164, ist die Suizidrate in Deutschland 1977–2002 deutlich rückläufig, nämlich um 40%.

hensablauf (zB die vermeintliche Ungefährlichkeit einer in Wahrheit tödlichen Droge) für seine Zwecke **ausnutzt** (= Tatherrschaft kraft überlegenen Wissens). Des Weiteren sind hier die Fälle einzuordnen, in denen jemand bei voller Sachverhaltskenntnis den Suizid eines anderen veranlasst oder aktiv fördert, der mangels geistig-seelischer Reife oder auf Grund von Defektzuständen der in § 20 umschriebenen Art **außer Stande** ist, die Tragweite seines Handelns sachgerecht einzuschätzen und eine *freiverantwortliche*, sein Leben ernstlich abschließende Entscheidung zu treffen (näher NK-*Neumann*, Rn 62 f vor § 211; S/S-*Eser*, Rn 36 f vor § 211).

**52**  BGHSt 32, 38 (= Siriusfall mit Anm. *Roxin*, NStZ 84, 71) führt zur Täuschungsproblematik aus, bei **Irreführung des Opfers** hänge die Abgrenzung zwischen Fremdtötung in mittelbarer Täterschaft und nicht strafbarer Teilnahme an einer Selbsttötung von **Art** und **Tragweite des Irrtums** im Einzelfall ab. Verschleiere die Täuschung (wie in dort gegebenen Fall) dem sich selbst ans Leben Gehenden die Tatsache, dass er eine Ursache für den eigenen Tod setze, so sei derjenige, der den Irrtum hervorgerufen und mit dessen Hilfe das zum Tode führende Geschehen bewusst und gewollt ausgelöst habe, **Täter** eines Tötungsdelikts **kraft überlegenen Wissens**, durch das er den Irrenden lenke und zum Werkzeug gegen sich selbst mache (lehrreich dazu *Neumann*, JuS 85, 677). BGH GA 86, 508 hat offen gelassen, ob die Vorspiegelung, gemeinsam mit dem anderen in den Tod gehen zu wollen, für sich allein zur Begründung mittelbarer Täterschaft ausreicht. Eine solche Irreführung des Opfers soll aber zumindest dann genügen, wenn der arglistig Täuschende zugleich „die Herrschaft über den von ihm geplanten Geschehensablauf fest in der Hand behalten wollte und behalten hat"[62].

**53**  Im **Fall 5** war die von A getäuschte M zwar gewillt, ihrem Leben ein Ende zu setzen. Ihr Entschluss beruhte jedoch auf der fehlgehenden Annahme, dass sie ohnehin verloren sei und mit einem qualvollen Ende rechnen müsse. A ist nach hL daher als **mittelbarer Täter** nach §§ 212, 211 II Gruppe 1 zu bestrafen, weil er die M über wesentliche (rechtsgutsbezogene) Umstände getäuscht, sie durch gezielte Irreführung in eine **seelische Zwangslage** versetzt und aus Habgier zu ihrem Verzweiflungsschritt bestimmt hat.

### 3.  Unterlassungstäterschaft

**54**  Fehlt es aus den vorgenannten Gründen an einer ernst gemeinten und freiverantwortlichen Entscheidung des Opfers, so ist das Nichtverhindern des Suizids durch Garanten (= Ehegatten, Eltern, Verlobte usw) bei vorhandener Erfolgsabwendungsmöglichkeit gemäß §§ 13, 211 ff als **Tötung durch Unterlassen** zu beurteilen (= Unterlassungstäterschaft).

**55**  Das ist in Rechtsprechung und Literatur unstreitig. In Fällen dieser Art darf ein Lebensgarant die Selbsttötung des Schutzbefohlenen weder durch Tun (vgl Rn 50) noch durch Unterlassen fördern, denn Sinn und Inhalt der Garantenpflicht ist es gerade, nicht nur von außen drohende Lebensgefahren, sondern auch eine Selbsttötungsgefahr abzuwenden, die sich aus einer geistig-seelischen Erkrankung, Irrtum, Zwang oder aus anderen Gründen fehlender Verantwortlichkeit in der Person

---

62  Krit. dazu *Charalambakis*, GA 86, 485 und *Roxin*, AT II § 25 Rn 71, nach deren Ansicht ein Motivirrtum oder ein Irrtum über den konkreten Handlungssinn das Opfer nicht zum „Werkzeug" des Tatveranlassers macht; gegen diese Thesen *Brandts/Schlehofer*, JZ 87, 442; *Neumann*, JA 87, 244; siehe dazu auch *Muñoz Conde*, ZStW 106 (1994), 547.

des Schutzbefohlenen ergibt. Nichtgaranten sind insoweit nur im Rahmen des § 323c zur Hilfeleistung verpflichtet (vgl BGHSt 32, 367, 381).

BGH GA 84, 95 hat die garantenmäßige Verpflichtung eines Ehemannes, den Tod seiner handlungsunfähig gewordenen Frau abzuwenden, bei einem Sachverhalt dieser Art beispielsweise daraus hergeleitet, dass die Motivation der Lebensmüden zum Suizid durch Irrtum beeinflusst war, dass der Mann diese Fehlvorstellung durch sein Verhalten selbst hervorgerufen hatte und dass nach seiner Rückkehr der Wille seiner Frau zur Selbsttötung offensichtlich nicht mehr fortbestand. **56**

## 4. Teilnahme an der Selbsttötung und unterlassene Hilfeleistung

**Anders** liegt es bei einem von Willensmängeln und Einsichtsfehlern unbeeinflussten, **freiverantwortlich gefassten** und eigenhändig ausgeführten **Selbsttötungsentschluss:** Hier folgt aus der fehlenden Strafbarkeit der Selbsttötungsteilnahme, dass für Garanten wie für Nichtgaranten sowohl die Mitverursachung des Todeseintritts durch Tun als auch die Nichtabwendung des Todeserfolges durch Unterlassen *unter dem Blickwinkel der Tötungsdelikte* nicht strafbar ist (anders die Mehrzahl der europäischen Rechtsordnungen; vgl *Schmoller*, ÖJZ 00, 361, 370). Entgegen der bisherigen Rechtsprechung (BGHSt 2, 150; 32, 367) gilt das unabhängig davon, in welchem Stadium des Selbsttötungsgeschehens die Mitwirkung des aktiv Tätigwerdenden oder des Untätigbleibenden einsetzt. Auch dann, wenn der Lebensmüde bereits das Bewusstsein und damit die Herrschaft über das weitere Geschehen verloren hat, kann die **bloße Passivität** des hinzukommenden oder bereits anwesenden Garanten **nicht** in eine *strafbare Unterlassungstäterschaft* umgedeutet werden, falls eine durch ihn zeitlich früher geleistete aktive Selbsttötungshilfe als **Teilnahme an der Selbsttötung** nicht strafbar wäre und nichts auf eine etwaige **Sinnesänderung** des Suizidenten hindeutet[63]. Jede andere Lösung würde der Wertentscheidung des Gesetzgebers zuwiderlaufen, der die Förderung wie die Nichtverhinderung einer **freiverantwortlich gewählten Selbsttötung** aus dem Strafbarkeitsbereich der Tötungsdelikte hat herausnehmen wollen[64]. **57**

Eine andere Frage ist, ob und unter welchen Voraussetzungen die durch einen Selbsttötungsversuch geschaffene Gefahrenlage als „**Unglücksfall**" iS des § 323c angesehen werden kann und die dort normierte Hilfspflicht auslöst. Denn während es bei §§ 13, 211ff um die Frage der **Erfolgszurechnung** und um die Erfassung des garantenpflichtwidrigen Unterlassens als „Tötungsunrecht" geht, dient § 323c allein dem Zweck, durch eine Mobilisierung der mitmenschlichen *Solidarität* drohende Schäden von dem Betroffenen abzuwenden und Schlimmeres ohne Rücksicht darauf zu verhindern, wie es zum Eintritt des Unglücksfalles gekommen ist (so jedenfalls BGHSt 32, 367, 374 ff). Von diesem Standpunkt aus besteht eine strafbewehrte Pflicht Dritter zu solidarischem Lebensschutz auch gegen den Willen des freiverantwortlich handelnden Suizidenten (vgl Rn 60). **58**

---

63  Siehe dazu MüKo-*Schneider*, Rn 73, 77 vor § 211; S/S-*Eser*, Rn 44 vor § 211.
64  Näher *Gallas*, JZ 60, 649 und 689; *Ingelfinger*, Tötungsverbot, S. 233; LK-*Jähnke*, Rn 24 vor § 211; NK-*Neumann*, Rn 73 ff vor § 211; *R. Schmitt*, JZ 84, 866; 85, 365; vgl auch BGHSt 13, 162, 167.

**59** Im **Fall 6** hat E der aus freier Entscheidung zur Selbsttötung entschlossenen F die von ihr zur Tat benutzten Schlaftabletten besorgt. Da dieses *positive Tun* als **Selbsttötungsbeihilfe nicht strafbar** ist, wäre es widersprüchlich, das nachfolgende *Untätigbleiben* des E anders zu bewerten und es als Unterlassungstäterschaft nach §§ 212, 216, 13 zu bestrafen (näher OLG München NJW 87, 2940; SchwurG Berlin JR 67, 269). Nach diesen Vorschriften hat E sich daher nicht strafbar gemacht.

**60** Fraglich ist, ob damit zugleich die **Anwendbarkeit des § 323c** entfällt. „**Unglücksfall**" iS des § 323c ist jedes Ereignis, das die unmittelbare Gefahr eines erheblichen Schadens für andere Menschen oder fremde Sachen von bedeutendem Wert hervorruft[65]. Ob ein **Suizidversuch** als Unglücksfall begriffen werden kann, ist umstritten (vgl auch Rn 63, 1044 und LK-*Spendel*, § 323c Rn 48). Die hM bejaht das ab dem Eintritt der Hilfsbedürftigkeit des Suizidenten. Das Vorliegen dieser Voraussetzungen ist danach *aus der Sicht des zur Hilfe Aufgerufenen* zu beurteilen, der einer ernsten Gefahrenlage ansichtig wird (BGHSt 6, 147, 149). Ein Außenstehender vermag bei einem Selbsttötungsversuch zumeist aber nicht zu erkennen, ob der Suizident *kraft freier Entschließung* oder *nicht freiverantwortlich* gehandelt hat und ob er mit einem Rettungsversuch einverstanden ist oder nicht. Darüber hinaus besitzen Suizidversuche häufig nur **Appellcharakter** in dem Sinne, dass sie als Hilferuf an bestimmte Bezugspersonen des Suizidenten oder an sein Umfeld zu deuten sind[66]. Da es nun nicht Sinn des § 323c sein kann, dem Hilfspflichtigen zunächst zeitraubende und idR fruchtlose Überlegungen in dieser Hinsicht aufzubürden, ist es jedenfalls insoweit folgerichtig, wenn die hM in den Grenzen der **Erforderlichkeit** und **Zumutbarkeit** jeden zur Hilfeleistung verpflichtet, der die Gefahrensituation wahrnimmt[67].

**61** Das gilt nach dieser Ansicht auch für **Garanten**, die nach der Entstehungsgeschichte (instruktiv LK-*Spendel*, § 323c Rn 1) und dem Sinn des Gesetzes im Falle eines *freiverantwortlich unternommenen Selbsttötungsversuchs* nicht von der allgemeinen Hilfspflicht iS des § 323c, sondern nur von der Haftung für die **Erfolgsabwendung** iS der §§ 13, 211 ff entbunden werden sollten. Allerdings bedarf die Frage der **Zumutbarkeit** des Eingreifens hier wie in allen Fällen eines Suizidversuchs sorgfältiger Prüfung[68]: Wo klar auf der Hand liegt, dass der Suizident am Selbsttötungswillen festhält, keine Rettung wünscht und sich zur Wiederholung der Tat veranlasst sähe, falls man seinen eigenverantwortlich ins Werk gesetzten Willen nicht respektiert (sog. **Bilanzsuizid**), ist die Zumutbarkeit von Rettungsbemühungen zu **verneinen**. Bedeutung hat das insbesondere gegenüber hoffnungslos Leidenden, die mit ihrem Entschluss weiteren Krankheitsqualen ein Ende setzen wollten, und für solche Personen, die ihnen bei der Realisierung des Selbsttötungswillens bereits *aktiv* Hilfe geleistet haben.

---

65 *Küper*, BT S. 310; enger *Seebode*, Kohlmann-FS, S. 279, 285.
66 Dazu *Dölling*, NJW 86, 1011, 1014; NK-*Neumann*, Rn 78 f vor § 211.
67 So BGHSt 32, 367, 375; *Frisch*, Tatbestandsmäßiges Verhalten und Zurechnung des Erfolgs, 1988, S. 161; *Geilen*, Jura 79, 201, 208; LK-*Jähnke*, Rn 24 vor § 211; *Otto*, BT § 6 Rn 69; *Wessels*, BT/1, 21. Aufl. 1997, Rn 52.
68 Vgl BGHSt 13, 162, 169; 32, 367, 381; *Eisele*, BT I Rn 184.

Dass § 323c zumindest dann, wenn der Lebensmüde noch Herr des Geschehens und zu freiverantwortlichem Handeln in der Lage ist, nicht zu einer Hilfeleistung verpflichtet, die seinem klar erkennbaren Willen zuwiderlaufen würde, steht außer Zweifel (BGH NStZ 83, 117). **62**

Ein großer Teil der Rechtslehre verneint bei *freiverantwortlichem* Handeln des Lebensmüden schon das Vorliegen eines „Unglücksfalls" iS des § 323c, es sei denn, der Suizident hat nach „Versuchsbeginn" seinen Entschluss, sich zu töten, aufgegeben (dazu S/S-*Eser*, Rn 44 vor § 211). Wenn die aktive Teilnahme an einem Suizid nach dem StGB nicht strafbar ist (siehe auch Rn 65), muss das auch für die passive Nichthinderung einer Selbsttötung gelten[69]. Diese Ansicht ist vorzuziehen. Sie vermeidet den Widerspruch, der sich ergibt, wenn man der nicht zwingend begründeten historischen Herleitung des Großen Senats in BGHSt 6, 147, 151 folgt. **63**

Im **Fall 6** hat E sich daher auch nicht nach § 323c strafbar gemacht. Nach hM liegt zwar ein Unglücksfall vor, doch wird entweder die Erforderlichkeit der Hilfeleistung (so *Gössel/Dölling*, BT I § 2 Rn 108; siehe auch OLG München NJW 87, 2940, 2945) oder deren Zumutbarkeit (so *Dölling*, NJW 86, 1016; vgl ferner BGH NJW 88, 1532) verneint. Nach der Gegenansicht ist schon kein Unglücksfall gegeben. **64**

### 5. Fahrlässigkeitstäterschaft

Wer durch **sorgfaltspflichtwidriges Verhalten** die freiverantwortliche **Selbsttötung** eines anderen ermöglicht oder in sonstiger Weise mitverursacht, ist nicht aus § 222 zu bestrafen, wenn sein Verhalten bei vorsätzlichem Handeln als Teilnahme am – tatbestandslosen – Suizid nicht strafbar wäre[70]. Dies folgt schon daraus, dass es widersprüchlich wäre, die *sorgfaltspflichtwidrige* Ermöglichung oder Förderung einer eigenverantwortlich vollzogenen Selbsttötung durch Rückgriff auf § 222 ahnden zu wollen, wenn das Gesetz einen *vorsätzlich* geleisteten Tatbeitrag der gleichen Art gemäß §§ 26, 27 mangels rechtswidriger Haupttat *nicht* mit Strafe bedroht. **65**

Aus § 222 kann ferner derjenige nicht bestraft werden, der eine Tötung auf Verlangen nicht verhindert, obwohl er, etwa als Arzt, gegenüber dem Getöteten eine Garantenstellung innehat[71]. Zum Komplex der eigenverantwortlich herbeigeführten **Selbstgefährdung** siehe Rn 191 ff und *Wessels/Beulke*, AT Rn 185 ff, jeweils mwN.

Die **Abgrenzung** einer sorgfaltspflichtwidrigen, aber nicht strafbaren Mitwirkung an einer Selbsttötung von einer strafbaren fahrlässigen **Fremdtötung** iS des § 222 kann im Einzelfall schwierig sein. Grundsätzlich kommt es dabei ebenso wie bei der Abgrenzung der willentlichen Mitwirkung an der Selbsttötung von der Tötung auf Verlangen darauf an, wer den *unmittelbar lebensbeendenden Akt* beherrscht[72]. Ein besonderes Pro- **65a**

---

69  Vgl A/W-*Arzt*, BT § 3 Rn 33; *Fischer*, § 323c Rn 3b; LK-*Spendel*, § 323c Rn 50 ff; *Maurach/Schroeder*, BT II § 55 Rn 15; MüKo-*Schneider*, Rn 84 vor § 211; NK-*Wohlers*, § 323c Rn 5; *Pawlik*, GA 95, 360; *R. Schmitt*, MDR 86, 617; S/S-*Cramer/Sternberg-Lieben*, § 323c Rn 7; *Seebode*, Kohlmann-FS, S. 279, 286; *Sowada*, Jura 85, 75; ebenso noch BGHSt 2, 150.

70  BGHSt 24, 342; SK-*Horn*, § 212 Rn 21.

71  Näher *Roxin*, Schreiber-FS, S. 399.

72  NK-*Neumann*, Rn 47 ff vor § 211; *Otto*, Tröndle-FS, S. 157, 162 f: krit. zur Abgrenzung nach Tatherrschaftsgesichtspunkten *Murmann*, Selbstverantwortung, S. 337 ff.

blem stellt sich hier allerdings, wenn der Mitwirkende zwar die unmittelbar todbringende Handlung vollzieht, der *Sterbewillige* jedoch das Geschehen **wie ein mittelbarer Täter** beherrscht. **Beispiel:** Der sterbewillige schwerstkranke Ehemann M reicht seiner Frau F eine mit Gift gefüllte Spritze unter der Vorspiegelung, diese enthalte seine übliche Medizin. Nichtsahnend injiziert F dem M das Gift, woraufhin dieser sofort verstirbt. Auf Grund vorangegangener Bemerkungen des M hätte F diese Gefahr allerdings erkennen können. Das OLG Nürnberg hat in einem vergleichbaren Fall eine Strafbarkeit des Mitwirkenden nach § 222 bejaht (OLG Nürnberg, NJW 03, 454 mit Anm. *Engländer*, JZ 03, 747) und dies mit einem *Umkehrschluss* begründet. Eine Strafbarkeit nach § 222 komme nicht in Betracht, wenn die Handlung als vorsätzliche gedacht eine nicht strafbare Teilnahme am Suizid wäre. Umgekehrt sei der Mitwirkende dann wegen fahrlässiger Tötung zu bestrafen, wenn sein Verhalten – wie hier – als vorsätzliches gedacht eine Tötung auf Verlangen darstellen würde. Diese Auffassung verkennt jedoch, dass anders als bei einer hypothetischen Vorsatztat die Herrschaft über das Geschehen hier nicht allein bei dem Beteiligten, sondern kraft überlegenen Wissens als Steuerungsherrschaft auch beim Sterbewilligen liegt. Diese *mittelbare* Herrschaft des Sterbewilligen rechtfertigt es, ihm den Erfolg, den der von ihm gelenkte Mitwirkende herbeiführt, als *Ergebnis eigenen Handelns* zuzurechnen. Insofern hat die todesverursachende Handlung *Selbstverletzungscharakter*. Dann wäre es aber widersprüchlich, in diesem Tun einerseits als zugerechnete Handlung des Sterbewilligen eine eigenverantwortliche Selbsttötung zu sehen, es andererseits aber zugleich als tatbestandsmäßige Fremdtötung des Mitwirkenden zu bewerten (aA *Herzberg*, NStZ 04, 1, 2ff, nach dem frei verantwortliche Selbsttötung und Fremdtötung in keinem Ausschlussverhältnis stehen). Daher schließt die **mittelbare Herrschaft** des Sterbewilligen eine Fahrlässigkeitshaftung des Mitwirkenden aus, indem sie den Zurechnungszusammenhang zwischen dessen sorgfaltspflichtwidrigem Verhalten und dem tatbestandlichen Erfolg unterbricht (vgl näher *Engländer*, Jura 04, 234; *Roxin*, Otto-FS, S. 441; ferner *Hecker/Witteck*, Jura 05, 397).

Auch der BGH hatte inzwischen in einem solchen Fall zu entscheiden (BGH NJW 03, 2326). Dem Urteil lag dabei folgender Sachverhalt zu Grunde: Der Angeklagte betreute als Zivildienstleistender den bewegungsunfähigen Schwerstbehinderten S. Dieser überredete in Sterbeabsicht eines Mittags den Angeklagten, ihn nackt in zwei Müllsäcke zu verpacken, ihm – bis auf eine kleine Öffnung – den Mund mit Klebeband zu verschließen und ihn bei Temperaturen um den Gefrierpunkt in einen Müllcontainer zu legen. Dabei versicherte S dem Angeklagten wahrheitswidrig, er habe dies schon häufiger gemacht und seine Bergung aus dem Container am Nachmittag sei gewährleistet. S starb durch Ersticken, möglicherweise in Kombination mit Unterkühlung. Entgegen dem insoweit missverständlichen Leitsatz hat der BGH allerdings die rechtliche Behandlung der Selbsttötung durch ein menschliches Werkzeug offen gelassen, weil er – unzutreffend – die Voraussetzungen einer „mittelbaren Täterschaft" des Sterbewilligen als nicht erfüllt ansah[73].

---

73  Zust. LK-*T. Walter*, 12. Aufl. 2006, Rn 134 f vor § 13; *Rengier*, BT II § 20 Rn 6a; zur Kritik vgl *Engländer*, Jura 04, 234, 237 f; ebenso *Kühl*, AT § 20 Rn 138; NK-*Neumann*, § 222 Rn 4; *Otto*, BT § 6 Rn 49; *Roxin*, AT I, § 11 Rn 126 ff und in Otto-FS, S. 441, 445 ff; im Erg. auch *Wessels/Beulke*, AT Rn 684a und in Otto-FS, S. 207, 218.

Ein in ärztliche Behandlung gelangter Suizidpatient wird durch die Straflosigkeit der sorgfalts- **66** pflichtwidrigen Beteiligung an einer Selbsttötung aber nicht schutzlos gegenüber Behandlungs-fehlern und sonstigen Sorgfaltspflichtverletzungen, die seine Rettung vereiteln und eine neue, weitere Todesursache bilden. **Beispiel:** Frau F ruft den Arzt A zu Hilfe, nachdem ihr stark betrun-kener Ehemann M in ihrer Abwesenheit eine Überdosis Schlaftabletten eingenommen und das Bewusstsein verloren hat. A übernimmt die Behandlung, versäumt es aber, den M rechtzeitig in ein Krankenhaus einzuweisen, so dass M ohne Wiedererlangung des Bewusstseins stirbt, weil sich infolge der Schlafmittelvergiftung eine eitrige Lungenentzündung entwickelt hat. Bei so-fortiger Einweisung wäre der Tod zumindest erst mehrere Stunden später eingetreten. Zur Be-strafung des A gemäß §§ 222, 13 siehe BayObLG JZ 73, 319 mit Anm. *Geilen*. Instruktiv auch *Wolfslast*, NStZ 84, 105 zur Nichtverhinderung von Suiziden, die während einer stationären psy-chiatrischen Behandlung begangen werden.

§ 222 greift ferner dann ein, wenn ein Arzt im Rahmen einer Entziehungskur **Suchtmittel** zum **67** Zwecke der häuslichen **Selbstinjektion** an drogenabhängige Patienten verordnet, die jedoch beim Auftreten von Entzugserscheinungen die Kontrolle über sich verlieren, den Anweisungen des Arztes zuwiderhandeln und sich (in vorhersehbarer Weise) mit einer überdosierten Injektion „zu Tode sprit-zen" (BGH JR 79, 429 mit lehrreicher Anm. *Hirsch*. Dieser führt zutreffend aus, dass der Schlüssel zur Lösung dieses Falles nicht lediglich in der *Garantenstellung* des Arztes zu erblicken ist; nur wenn bei den Patienten eine *freiverantwortliche* Selbstgefährdung verneint werden muss, weil ihnen wegen ihrer starken Drogenabhängigkeit die Fähigkeit fehlte, die Tragweite ihres Tuns voll zu erfas-sen, die Risiken sachgerecht abzuwägen und nach dieser Einsicht zu handeln, liegt mittelbare täter-schaftliche Fremdverletzung, hier § 222, vor). Siehe dazu auch OLG Zweibrücken NStZ 95, 89.

# § 2   Die Tötungstatbestände

**Fall 7:** Der 39jährige verheiratete A versucht hartnäckig, intime Beziehungen zu der 19-jäh- **68** rigen Landwirtschaftsgehilfin L anzuknüpfen. Als L all seine Annäherungsversuche zurück-weist, fasst A den Entschluss, sie zu töten, weil er sie „keinem anderen Mann gönnt". Im hohen Korn versteckt lauert er der vom Feld heimkommenden L auf, fällt sie hinterrücks an und tötet sie mit mehreren Messerstichen.

Wie hat A sich strafbar gemacht? **Rn 84, 99, 104, 116**

## I.   Die Systematik und Entwicklung der Tötungsdelikte

Bei den Straftaten gegen das Leben ist zwischen Verletzungs- (§§ 211–216, 222) und **69** Gefährdungsdelikten (§ 221) zu unterscheiden. § 212 bildet nach ganz hL den **Grund-tatbestand** der vorsätzlichen Tötung. Zwischen ihm und seinen unselbstständigen Abwandlungen, dh dem *Qualifikationstatbestand* des § 211 und dem *privilegierten Fall* des § 216, besteht ein **Stufenverhältnis**, wie es für verwandte Erscheinungsfor-men einer Deliktsgruppe charakteristisch ist[1]. § 213 ist kein „Tatbestand", sondern nur eine Strafzumessungsregel für den Bereich des § 212 (näher dazu Rn 171).

---

1   Vgl *Maurach/Schroeder*, BT I § 2 Rn 5 f; NK-*Neumann*, Rn 151 vor § 211; *Wessels/Beulke*, AT Rn 107 ff; aA *Müssig*, Mord und Totschlag, 2005, S. 243 ff, der den Mord als Grundtatbestand und den Totschlag als Privilegierung auffasst.

**70** Diese Einordnung der einzelnen Tatbestandsabwandlungen mit ihren drei unterschiedlichen Schweregraden (sog. *dreistufiges* Modell) entspricht auch der Auffassung des BVerfG (vgl dazu BVerfGE 45, 187 Leitsatz 4). Der BGH sieht dagegen in den §§ 211, 212, 216 *selbstständige* Tatbestände mit arteigenem Unrechtsgehalt (BGHSt 1, 368; 22, 375; Zweifel neuerdings beim 5. Strafsenat, BGH NJW 06, 1008, 1012 f.); § 211 enthalte nicht strafschärfende, sondern *strafbegründende* Merkmale[2]. Diese Ansicht, die auf das *gemeine Recht* zurückgeht und in § 212 I („ohne Mörder zu sein") scheinbar noch einen Anhaltspunkt findet, ist als überholt abzulehnen[3]. Der Streit hat praktische Bedeutung für die Strafbarkeit von Teilnehmern bei § 28 I, II (siehe dazu Rn 139 sowie BGHSt 50, 1, 5 und BGH StV 84, 69[4]).

**71** Das geltende StGB unterscheidet in Einklang mit der Rechtstradition zwischen **Totschlag** (§ 212) und **Mord** (§ 211), hat das in § 211 aF (RGBl 1871 S. 128) enthaltene Abgrenzungskriterium der *„mit Überlegung ausgeführten Tötung"* jedoch durch Gesetz vom 4.9.1941 (RGBl I 549; dazu BGHSt GrS 9, 385, 387) beseitigt und in Anlehnung an die ältere deutsche Rechtsauffassung in § 211 II durch Unterscheidungsmerkmale ersetzt, die vorwiegend **gesinnungsethisch** ausgerichtet sind (zur Entwicklung instruktiv *Maurach/Schroeder*, BT I § 2 Rn 1).

**72** Diese neue Konzeption erhielt vor allem deshalb den Vorzug, weil es nicht gelungen war, die Auslegungsschwierigkeiten zu bewältigen, die mit dem *psychologisch* orientierten Merkmal der „Überlegung" verbunden waren. **Überlegung** iS des § 211 aF war nicht etwa gleichbedeutend mit „Vorbedacht", sondern nach vorherrschender Ansicht eine vom Vorsatz unabhängige geistige Beschaffenheit, bei der sich „der Handelnde der tathemmenden Motive bewusst ist und sie gegen die ihn zur Handlung drängenden Motive abwägt" (vgl *Frank*, § 211 Anm. I 2). Umstritten blieb aber bis zuletzt, was die Überlegung des Täters im Einzelnen umfassen musste (nur das *Ob* oder lediglich das *Wie* der Tat oder beides?) und zu welchem Zeitpunkt (schon vor der Tat, bei deren Beginn oder während des gesamten Ausführungsaktes?) sie mit welcher Intensität vorhanden sein musste (näher dazu RGSt 67, 424; 70, 257).

**73** Auf Grund der in § 211 II umschriebenen 3 Merkmalsgruppen ist **Mord** nunmehr die durch eine **besondere Verwerflichkeit** des Beweggrundes (Gruppe 1), der Begehungsweise (Gruppe 2) oder des Handlungzwecks (Gruppe 3) gekennzeichnete vorsätzliche Tötung eines anderen Menschen. Einen **Totschlag** (§ 212) begeht, wer einen anderen vorsätzlich tötet, ohne Mörder zu sein, dh ohne ein Mordmerkmal zu verwirklichen (näher zum Grundgedanken der Mordmerkmale NK-*Neumann*, Rn 138 f vor § 211).

**74** Auch diese Form der Abgrenzung sieht sich der Kritik und dem Ruf nach einer grundlegenden Reform ausgesetzt[5]. Neben der Starrheit und Weite einzelner Mordmerkmale wird zumeist die schroffe Diskrepanz zwischen der *absoluten* Androhung der **lebenslangen Freiheitsstrafe** in § 211 und dem (bis zur Änderung durch das **6. StRG** vom 26.1.1998) fast uferlosen Strafrahmen bemängelt, den das Gesetz beim Totschlag vorsieht (im Normalfall 5 bis 15 Jahre Freiheitsstrafe); er reicht hier bei Vorliegen be-

---

2  Krit. zu dieser Begründung *Neumann*, Lampe-FS, S. 643.

3  *Küper*, JZ 91, 911; 06, 1157, 1165; *Lackner/Kühl*, Rn 18, 22 vor § 211; *Maurach/Schroeder*, BT I § 2 Rn 5; NK-*Puppe*, §§ 28, 29 Rn 27, 29; zum Meinungsstand mwN *Hillenkamp*, BT 1. Problem.

4  Näher zum Ganzen *Küper*, JZ 91, 761, 862, 910; 06, 1157; *Mitsch*, JuS 96, 26; rechtsvergleichender Überblick bei BSK-*Schwarzenegger*, Rn 34 ff vor Art. 111.

5  Dazu *Arzt*, ZStW 83 (1971), 1; *Otto*, ZStW 83 (1971), 39; zurückhaltend *Jähnke*, MDR 80, 705; vgl ferner Rn 76.

sonderer Umstände von nunmehr einem Jahr (bis 1998: von 6 Monaten) Freiheitsstrafe (§ 213) bis zu lebenslanger Freiheitsstrafe in besonders schweren Fällen
(§ 212 II). Während durch die Erhöhung der Mindeststrafe in § 213 der Bereich des
§ 212 an Kontur gewonnen hat (zur Kritik vgl *Struensee*, Einführung, S. 27), gewährleistet § 211 die Einzelfallgerechtigkeit weiterhin nur bei *restriktiver* Gesetzesauslegung. Zweifel an der **Verfassungsmäßigkeit** der §§ 211, 212 II und an der **lebenslangen Freiheitsstrafe** als solcher sind zwar mittlerweile „erledigt", wenn auch nicht
gänzlich ausgeräumt[6]. In B VerfGE 45, 187, 227 ff wird indessen zu Recht hervorgehoben, dass jede Strafe in einem **gerechten Verhältnis** zur Schwere der Straftat und
zur Schuld des Täters stehen muss. Daraus folgt, dass § 211 (insbesondere bei den
Mordmerkmalen „heimtückisch" und „um eine andere Straftat zu verdecken") *restriktiver* Auslegung bedarf, weil nur so sichergestellt werden kann, dass die Verhängung
der lebenslangen Freiheitsstrafe auf die in § 211 beschriebenen **besonders verwerflichen Fälle der Tötung** beschränkt bleibt[7]. Darüber hinaus muss auch ein zu lebenslanger Freiheitsstrafe Verurteilter grundsätzlich die **Chance** haben, seine Freiheit
wiederzuerlangen. Die Vollzugsanstalten sind daher verpflichtet, auf seine Resoziali-
sierung hinzuarbeiten, ihn lebenstüchtig zu erhalten und den schädlichen Begleiter-
scheinungen des Freiheitsentzuges möglichst entgegenzuwirken. § 57a trägt dem in
der Weise Rechnung, dass nach einer Verbüßungsdauer von 15 Jahren bei günstiger
Sozialprognose und Einwilligung des Verurteilten die **Vollstreckung** des Restes einer
*lebenslangen* Freiheitsstrafe **zur Bewährung ausgesetzt** werden kann, sofern nicht
die besondere Schwere der Schuld des Verurteilten die weitere Vollstreckung gebietet[8]. Auf der anderen Seite unterliegt **Mord** (§ 211) jetzt **nicht mehr der Verjährung**
(§ 78 II idF des 18. StÄG vom 16.7.1979; für Wiedereinführung der Verjährung *Vormbaum*, Bemmann-FS, S. 481).

Durch Beschluss vom 19.5.1981 (BGHSt GrS 30, 105) hat der BGH die *absolute* An-    **75**
drohung der lebenslangen Freiheitsstrafe in § 211 durchbrochen und den Strafrahmen
des § 49 I Nr 1 für anwendbar erklärt, wenn **außergewöhnliche Umstände** vorliegen,
die im konkreten Mordfall eine Verhängung der *lebenslangen* Freiheitsstrafe als **unverhältnismäßig** erscheinen lassen (sog. *Rechtsfolgenlösung*; näher dazu Rn 87 und
*Küper*, BT S. 201, 350).

Zur **verfassungskonformen Auslegung** der Mordmerkmale sowie zur **Reformdiskussion** vgl die    **76**
Nachw. bei *Lackner/Kühl*, Rn 25 vor § 211 sowie *Geilen*, Bockelmann-FS, S. 613 und Schröder-
GedS, S. 235; *Grasberger*, MschrKrim 99, 147; *Kerner*, Heidelberg-FS, 1986, S. 419; *Lange*,
Schröder-GedS, S. 217; *M.-K. Meyer*, JR 79, 446, 485. Zusammenfassend *Küpper*, Kriele-FS,
S. 777; *Otto*, Jura 94, 141 sowie Arbeitskreis AE, Alternativ-Entwurf Leben, GA 08, 193.

Nach der **Polizeilichen Kriminalstatistik** (PKS) für 2006/2007/2008 belegen Mord und Tot-    **77**
schlag in der Bundesrepublik Deutschland mit 2468/2347/2266 erfassten Fällen und einem Anteil
von jeweils ca. 0,04 % an der Gesamtkriminalität die letzte Stelle in der Rangfolge der Straftaten.
Die hohe Aufklärungsquote von 95,4/96,9/97,2 % dürfte durch die Verfolgungsintensität in die-

---

6  Vgl B VerfGE 45, 187; 50, 5; 64, 261; für Verfassungswidrigkeit *Mitsch*, JZ 08, 336.
7  Näher NK-*Neumann*, Rn 144 ff vor § 211.
8  Dazu B VerfGE 86, 288; BGHSt GrS 40, 360; BGHSt 44, 350 und BGH NJW 96, 3425; *Kunert*, NStZ
   82, 89; zu § 57b siehe die Kommentare.

sem Deliktsbereich und die Wirkung der §§ 81e ff StPO zu erklären sein. Näheres zu dieser wie auch zu der ebenfalls jährlich erscheinenden Strafverfolgungsstatistik bei *Schwind*, Kriminologie, § 2 Rn 2; zum nur „relativen" Aussagegehalt der PKS vgl *Császár* und *Heinz* in Schneider-FS, S. 105, 779; *Hettinger*, Entwicklungen, S. 9 mwN.

**78** In der **Rechtsprechung** nehmen die Mordmerkmale der „niedrigen Beweggründe", der „Heimtücke" und der „Verdeckungsabsicht" eine dominierende Stellung ein.

## II.  Totschlag

**79** Der Grundtatbestand des **Totschlags** (§ 212) setzt objektiv die Tötung eines anderen Menschen und subjektiv die vorsätzliche Herbeiführung des Todeserfolges in Kenntnis aller Merkmale des objektiven Tatbestandes unter Einschluss des Kausalzusammenhanges voraus, wobei Eventualvorsatz genügt (näher zu den umstrittenen Voraussetzungen dieser Vorsatzform *Wessels/Beulke*, AT Rn 214 ff).

**80** Tötungsvorsatz in der Form des *dolus eventualis* ist beispielsweise angenommen worden, wenn jemand Brandflaschen in ein von Menschen bewohntes Gebäude schleudert (vgl BGH NStZ 94, 483 und 584) oder wenn jemand von einer Autobahnbrücke gezielt Steine oder andere Gegenstände auf die unter der Brücke hindurchfahrenden Kraftwagen wirft (BGH DAR 03, 124). Bedenken gegen eine vorschnelle Bejahung und lediglich formelhafte Feststellung des bedingten Tötungsvorsatzes äußert der BGH dagegen beim Durchbrechen von Polizeisperren und gezielten Zufahren auf einen Halt gebietenden Beamten, weil die Erfahrung lehre, dass es diesem meistens gelinge, sich rechtzeitig außer Gefahr zu bringen, und der Täter im Allgemeinen zwar eine Gefährdung und ggf körperliche Verletzung des bedrohten Beamten, nicht jedoch dessen Tötung in Kauf nehme (BGH VRS 64 [1983], 112 und 191). Wie die Entscheidung BGHSt 15, 291 zeigt, ist das aber eine Frage des Einzelfalles, die sorgfältiger Klärung bedarf und bei deren Beantwortung der Grundsatz *in dubio pro reo* zu beachten ist[9].

**81** Anlässlich eines Falles, dem ein räuberischer Angriff auf eine Taxifahrerin zu Grunde lag, hat der BGH (StV 84, 187; dazu krit. MüKo-*Schneider*, § 212 Rn 29, 48) die vorgenannten Grundsätze bekräftigt: Der Täter hatte der Frau von hinten eine Kordel um den Hals geworfen, um sie durch Zuziehen der Schlinge bis zur Bewusstlosigkeit zu würgen und so ungehindert an ihre Geldtasche zu gelangen. Er war aber geflohen, als es der Fahrerin gelang, ihre beiden Daumen unter die Schlinge zu schieben, diese von ihrem Hals fern zu halten und laut um Hilfe zu rufen. Die Schwurgerichtskammer hatte bedingten Tötungsvorsatz unter Hinweis darauf bejaht, dass eine Drosselung, die zur Bewusstlosigkeit des Opfers führen solle, nicht dosierbar sei und dass der Angeklagte das auch erkannt habe. Der BGH hielt die dazu getroffenen Einzelfeststellungen jedoch nicht für genügend und fasste seinen Standpunkt wie folgt zusammen: „Im Hinblick auf die gegenüber einer **Tötung** bestehende **hohe Hemmschwelle** bedarf es sorgfältiger Prüfung, ob aus der objektiven Lebensgefährlichkeit des äußeren Tatverhaltens und des vom Täter angestrebten Ziels geschlossen werden kann, der Täter sei sich der Möglichkeit des Todeseintritts bewusst ge-

---

9  Vgl zu Fällen dieser Art auch *Altvater*, NStZ 02, 19 mwN; ferner *Fahl*, Anm. NStZ 97, 392; *Freund*, Normative Probleme der Tatsachenfeststellung, 1987, S. 140 ff; *Schroth*, NStZ 90, 324.

wesen und habe diese Folge billigend in Kauf genommen. Denn auch bei objektiv gefährlichem Verhalten kann es im Einzelfall so liegen, dass der Täter die weitergehende Gefahr nicht erkennt oder, wenn er sie erkennt, dennoch ernsthaft darauf vertraut, jener Erfolg werde nicht eintreten. Der Schluss auf den bedingten Tötungsvorsatz ist daher nur dann rechtsfehlerfrei, wenn der Tatrichter in seine Erwägungen auch alle Umstände einbezogen hat, die ein solches Ergebnis in Frage stellen. Die Urteilsgründe müssen erkennen lassen, dass dies geschehen ist"[10].

In einer neuen Entscheidung[11] hat der 5. Strafsenat hervorgehoben, es bedürfe in den Urteilsgründen dann keiner besonderen Anforderungen an die Darlegung der inneren Tatseite, wenn sich aus den Tatumständen ein derart gesteigertes Gewicht der Gefährlichkeit der Handlung ergibt, dass diese ihre Eignung als bloße Verletzungshandlung bereits vollständig verloren hat und nur noch zum Tod des Opfers führen kann. Eine solche objektiv *äußerst* gefährliche Handlung sah der Senat in einer drei bis fünf Minuten andauernden Strangulierung.

Die Tathandlung kann in einem *Tun* oder in einem (an § 13 zu messenden) *Unterlassen* bestehen (näher NK-*Neumann*, § 212 Rn 2 ff). Auf welche Weise und mit welchen Mitteln die Tötung begangen wird, ist gleichgültig, soweit die Tat dadurch nicht bereits von den Erschwerungsgründen des § 211 II erfasst wird. § 212 II enthält eine **Strafzumessungsvorschrift** (oder Strafbemessungsregel; zu solchen sog. insgesamt unbenannten Strafänderungsgründen mit oder ohne Regelbeispielen siehe Rn 171, 221 und *Jescheck/Weigend*, AT § 26 V). Ein *besonders schwerer Fall* iS des § 212 II setzt voraus, dass das in der Tat zum Ausdruck kommende Verschulden des Täters so außergewöhnlich groß ist, dass es ebenso schwer wiegt wie das eines Mörders. Die bloße Nähe der die Tat oder den Täter kennzeichnenden Umstände zu einem Mordmerkmal genügt nicht; vielmehr müssen schulderhöhende Momente von besonderem Gewicht hinzukommen[12]. Nach Ansicht des BVerfG ist § 212 II mit dem GG vereinbar (vgl BVerfG JR 79, 28 mit Anm. *Bruns*; siehe ferner BVerfGE 45, 363 zu § 94 II 1, 2 Nr 2).

**82**

Bei den **Rechtfertigungsgründen** gewinnen hier zumeist nur **Notwehr** und **Nothilfe** (§ 32) praktische Bedeutung. Zum **Schusswaffengebrauch** durch Polizei- und Grenzschutzbeamte vgl BGHSt 26, 99; LK-*Hirsch*, § 34 Rn 6; LK-*Jähnke*, § 212 Rn 11; S/S-*Lenckner/Perron*, § 32 Rn 42b, jeweils mwN zum Streitstand. Wo im **Notstand** Leben gegen Leben steht, gibt die Notstandslage kein „Recht", Hand an fremdes Menschenleben zu legen und sich oder Dritte im Wege des *positiven Tuns* auf Kosten eines anderen zu retten. Die in einem solchen Konflikt begangene Tötungshandlung wird durch § 34 nicht gedeckt, vielmehr kommt gemäß § 35 I allenfalls ein Entschuldigungsgrund in Betracht[13].

**83**

Im **Fall 7** hat A sich des Totschlags (§ 212) schuldig gemacht. Zu prüfen bleibt, ob auch Mordmerkmale (§ 211) erfüllt sind. Zum Deliktsaufbau bei §§ 211, 212 siehe Rn 134.

**84**

---

10  Siehe auch BGH NStZ 99, 507; 01, 475; NStZ-RR 01, 369; ferner *Schroth*, Widmaier-FS, S. 779, 788 ff; *Stern*, Verteidigung, Rn 169 ff mwN; zur Kritik *Geppert*, Jura 01, 55, 59; *Mühlbauer*, Die Rechtsprechung des Bundesgerichtshofs zur Tötungshemmschwelle, 1999, S. 53; MüKo-*Schneider*, § 212 Rn 47; NK-*Neumann*, § 212 Rn 10.; *Trück*, NStZ 05, 233; vgl auch LK-*Vogel*, 12. Aufl. 2007, § 15 Rn 111.

11  BGH NStZ 04, 330; krit. *Verrel*, NStZ 04, 309.

12  BGH NStZ 01, 647; siehe auch *Eisele*, Regelbeispielsmethode, S. 25, 204 und BT I Rn 54, 60; *Momsen*, NStZ 98, 987.

13  Näher *Küper*, JuS 81, 785; siehe auch *Wessels/Beulke*, AT Rn 316.

## III. Mord

**85** Nach § 211 II begeht einen Mord, wer einen anderen Menschen aus einem besonders verwerflichen Beweggrund (Gruppe 1), auf besonders verwerfliche Art und Weise (Gruppe 2) oder zu einem besonders verwerflichen Zweck (Gruppe 3) vorsätzlich tötet.

**86** Der Mörder wird mit *lebenslanger* Freiheitsstrafe bestraft. Wie bereits (in Rn 74) erwähnt, wird diese *absolute* Strafdrohung dem **Rechtsstaatsprinzip** und dem **Grundsatz der Verhältnismäßigkeit** nur gerecht, wenn gewährleistet ist, dass sie auf Tötungsfälle von besonders verwerflichem Charakter beschränkt bleibt und dass diese Bestrafung des Täters im Verhältnis zur Schwere sowie zum Schuldgehalt seiner Tat **angemessen** ist (vgl BVerfGE 45, 187; 50, 5).

**87** Den damit verbundenen Anforderungen sucht die **Rechtsprechung** auf der Tatbestandsseite durch eine *restriktive* Auslegung der einzelnen Mordmerkmale Rechnung zu tragen; Bedeutung hat dies vor allem für die *heimtückische* (zum Begriff Rn 107, aber auch Rn 111a) und die *zur Verdeckung einer anderen Straftat* (dazu Rn 123) begangene Tötung[14]. Darüber hinaus hält sie auf der **Rechtsfolgenseite** (in Anlehnung an gesetzlich geregelte Milderungsgründe, wie etwa § 13 II, § 17 S. 2, § 21 und § 23 II) einen Rückgriff auf den **Strafrahmen des § 49 I Nr 1** (= Freiheitsstrafe von 3 bis 15 Jahren) für zulässig, wenn **außergewöhnliche Umstände** von schuldmindernder Bedeutung eine Verhängung der *lebenslangen* Freiheitsstrafe im konkreten Mordfall **als unverhältnismäßig** erscheinen lassen und keine gesetzliche Strafmilderungsmöglichkeit eingreift, die den Weg zu einer zeitigen Freiheitsstrafe eröffnen würde (so für die *heimtückische* Tötung BGHSt GrS 30, 105; BGH NStZ 82, 69; zur Habgier beachte Rn 91). Allerdings soll nicht jeder Entlastungsfaktor, der beim Totschlag (§ 212) gemäß § 213 zur Annahme eines *minder schweren Falls* führen würde, im Bereich des § 211 genügen. Vielmehr sollen bei der Verwirklichung eines unrechtssteigernden Mordmerkmals *schuldmindernde* Entlastungsfaktoren als „außergewöhnliche Umstände" nur in besonderen „Grenzfällen", dh bei Taten anerkannt werden, die durch eine notstandsnahe, ausweglose Situation motiviert, in großer Verzweiflung, aus tiefem Mitleid, aus „gerechtem Zorn" oder auf Grund einer schweren Provokation begangen worden sind oder deren Grund in einem vom Opfer verursachten, ständig neu angefachten und zermürbenden Konflikt bzw in schweren Kränkungen des Täters durch das Opfer zu erblicken ist[15].

**88** **Krit.** dazu, insbesondere im Hinblick auf die Grenzen der richterlichen Rechtsfortbildung *Bruns*, JR 81, 358 und Anm. JR 83, 28; *Günther*, NJW 82, 353 und JR 85, 268; *Lackner*, NStZ 81, 348; *Müller-Dietz*, Nishihara-FS, S. 248; strikt abl. *Köhler*, JuS 84, 762; *Spendel*, JR 83, 269, 271; dem BGH zust. *Fischer*, § 211 Rn 46, 101; *Frommel*, StV 82, 533; *Gössel/Dölling*, BT I § 4 Rn 14; *Jähnke*, Spendel-FS, S. 537; *Kratzsch*, JA 82, 401; *Rengier*, NStZ 82, 225; *Schneider*, Anm. NStZ 03, 428; *Tiedemann*, Verfassungsrecht und Strafrecht, 1991, S. 14. Zusammenfassend *Reichenbach*, Jura 09, 176 und *Lackner/Kühl*, Rn 20 vor § 211.

---

14   Vgl nur BGHSt 35, 116; BGH GA 79, 426 und 80, 142; krit. zur Rechtsprechung *Mitsch*, JZ 08, 336, 339.
15   Näher BGHSt GrS 30, 105; BGH NJW 83, 54 und 55; NStZ 95, 231.; 05, 154.

Zu welchen Auswirkungen diese Rechtsprechung noch führen mag, ist nicht abzusehen (dazu *Lackner/Kühl*, Rn 21 vor § 211). Selbst wenn man die nicht nur methodischen Bedenken gegen eine so weit reichende Korrektur des geltenden Rechts durch unabgeleiteten Richterspruch zurückstellt (zu ihnen treffend *Köhler*, JuS 84, 762, 767), ist die vom BGH entwickelte neuartige Rechtsfigur des „minder schweren Falles einer *besonders verwerflichen Tötung*" schon deshalb problematisch, weil sie dem Konflikttäter unter den genannten Voraussetzungen die Verurteilung wegen „Mordes" (§ 211) nicht erspart. Dass dies nicht befriedigt, liegt klar auf der Hand. Zur Reformbedürftigkeit siehe Rn 74 und 76.   **89**

In einer späteren Entscheidung (BGH JZ 83, 967 mit Anm. *Hassemer* und *Rengier*, NStZ 84, 21), der die Tötung eines schlafenden Haustyrannen durch die jahrelang gequälte Ehefrau aus Furcht vor einer bereits angekündigten schweren Misshandlung des 13-jährigen Sohnes zu Grunde lag, hat der 5. Strafsenat des BGH den von der Schwurgerichtskammer gewählten Weg der Verurteilung wegen **Heimtückemordes** unter Verhängung einer *zeitigen* Freiheitsstrafe wie folgt beanstandet: „Bei einer solchen in großer Verzweiflung begangenen Tat, die ihren Grund in dem tyrannischen, die Familie unerträglich quälenden, Furcht und Schrecken einflößenden Verhalten des Opfers hat, darf der Tatrichter **nicht voreilig** auf die sog. **Strafzumessungslösung** ausweichen. Vielmehr sind zuvor die Voraussetzungen der Heimtücke besonders sorgfältig zu prüfen … Sodann sind alle in Betracht kommenden Rechtfertigungs- und Entschuldigungsgründe, insbesondere Notwehr (§ 32) und entschuldigender Notstand (§ 35) erschöpfend abzuhandeln, und zwar auch insoweit, als der Täter sich möglicherweise die sie begründenden Umstände irrig vorgestellt hat (Putativnotwehr, Putativnotstand). Schließlich muss der Tatrichter sich mit den gesetzlichen Schuldminderungsgründen eingehend auseinandersetzen, bevor er sich entschließt, *außergewöhnliche Umstände* im Sinne von BGHSt 30, 105 anzunehmen"[16].   **90**

Hier wird die Kehrseite der „Rechtsfolgenlösung" sichtbar, die in der Gefahr besteht, dass die Instanzgerichte die Prüfung der einschlägigen Mordmerkmale und der allgemeinen Strafbarkeitsvoraussetzungen vernachlässigen, weil sie in der „Strafzumessungslösung" den bequemeren Weg zur Vermeidung der lebenslangen Freiheitsstrafe erblicken. BGHSt 42, 301 mit Anm. *Dölling*, JR 98, 160 hat inzwischen klargestellt, dass bei einem **aus Habgier** begangenen Mord die lebenslange Freiheitsstrafe sich nicht mithilfe *außergewöhnlicher Umstände* iS von BGHSt 30, 105 in eine zeitige Freiheitsstrafe umwandeln lässt, weil jenes Merkmal ohnehin eng auszulegen ist.   **91**

## 1. Verwerflichkeit des Beweggrundes

Die Rechtsprechung und ein Teil der Rechtslehre sehen in den Mordmerkmalen der 1. und 3. Gruppe des § 211 II nicht spezielle Schuldmerkmale, sondern Merkmale des **subjektiven Unrechtstatbestandes**[17].   **92**

Nach wohl noch hL wurzeln die Mordmerkmale des § 211 II **Gruppe 1** hingegen im *Schuldbereich* (= sog. *spezielle Schuldmerkmale*), weil sie unmittelbar und aus-   **93**

---

16  Ebenso BGHSt 48, 255; vgl auch *Hillenkamp*, Miyazawa-FS, S. 141, 143 ff.
17  Vgl BGHSt 1, 368, 371; *Arzt/Weber*, BT § 2 Rn 29, 32; *Kühl*, AT § 20 Rn 155; LK-*Jähnke*, Rn 46 vor § 211; *Otto*, Jura 94, 141; SK-*Horn*, § 211 Rn 3, 20.

schließlich die **besondere Verwerflichkeit des Beweggrundes** kennzeichnen[18]. Praktische Auswirkungen hat dieser Meinungsstreit lediglich für den Deliktsaufbau (dazu Rn 134).

**94** **Mordlust** liegt vor, wenn der Antrieb zur Tat allein dem Wunsch entspringt, einen anderen sterben zu sehen, einziger Zweck des Handelns somit die Tötung des Opfers als solche ist (BGHSt 34, 59; BGH NStZ 94, 239). Beispiele dafür bilden das Töten aus Neugier, Angeberei oder reinem Mutwillen, zum Zeitvertreib und dergleichen.

**94a** **Zur Befriedigung des Geschlechtstriebes** tötet neben dem sog. *Lustmörder*, der schon *im Tötungsakt* geschlechtliche Befriedigung sucht (vgl BGH NJW 82, 2565), und demjenigen, der seine Geschlechtslust an der Leiche befriedigen will (Nekrophilie), auch der mit *bedingtem Tötungsvorsatz* handelnde Sexualverbrecher, der im Interesse eines ungestörten Geschlechtsgenusses Gewalt anwendet und dabei den Tod des Opfers als mögliche Folge seines Verhaltens in Kauf nimmt (BGHSt 7, 353; 19, 101; BGH MDR/H 82, 102; insoweit aA *Köhne,* Jura 09, 100, 104). Das Merkmal liegt ferner dann vor, wenn der Täter Befriedigung erst bei einer späteren Betrachtung der Videoaufzeichnung des Tötungsakts und des Umgangs mit der Leiche finden will (BGHSt 50, 80)[19]. Ob die erstrebte sexuelle Befriedigung erreicht wird, ist belanglos, da ein Handeln mit entsprechender Zielrichtung genügt (BGH NJW 82, 2565). Die Person, auf die das sexuelle Begehren gerichtet ist, muss mit dem Opfer der Tötungshandlung identisch sein. Tötet jemand den Begleiter einer Frau, um mit ihr zum Geschlechtsverkehr zu gelangen, liegt Mord *zur Ermöglichung einer Straftat* oder *aus niedrigen Beweggründen* vor[20].

**94b** **Habgier** bedeutet mehr als „Bereicherungsabsicht"; schon vom allgemeinen Sprachgebrauch her ist darunter nur ein ungezügeltes und rücksichtsloses Streben nach Gewinn „um jeden Preis" zu verstehen[21]. Die Annahme von Habgier setzt voraus, dass das Vermögen des Täters sich – zumindest nach seiner Vorstellung – durch den Tod des Opfers *unmittelbar* vermehrt oder dass durch die Tat jedenfalls eine sonst nicht vorhandene Aussicht auf eine *unmittelbare* Vermögensmehrung entsteht (BGH NStZ 93, 385). Nach hM soll es gleichgültig sein, ob es dabei um einen Vermögenszuwachs oder um die Vermeidung von Aufwendungen als unmittelbare Folge der Tötungshandlung geht[22]. Habgieriges Handeln wird in der Regel durch eine hemmungslose, triebhafte Eigensucht bestimmt, was auch bei einer im Affekt begangenen Straftat der Fall sein kann (BGHSt 29, 317; OGHSt 1, 165).

---

18  Näher *Jescheck/Weigend,* AT § 42 I 2, II 3a; S/S-*Lenckner,* Rn 122 vor § 13 mwN; *Wessels/Beulke,* AT Rn 422.; krit. *Küper,* ZStW 104 (1992), 569, 574 ff.; LK-*T. Walter,* 12. Aufl. 2007, Rn 176 vor § 13; beachte NK-*Neumann,* Rn 140 vor § 211.

19  Mit insoweit zust. Anm. *Kudlich,* JR 05, 342 und abl. Anm. *Otto,* JZ 05, 799, der niedrige Beweggründe bejaht.

20  BGH GA 63, 84; LK-*Jähnke,* § 211 Rn 7.

21  *Fischer,* § 211 Rn 10, aber auch Rn 13, jeweils mwN; instruktiv zur Mittel-Zweck-Relation *Küper,* Meurer-GedS, S. 191.

22  BGHSt 10, 399; 29, 317; BGH NJW 95, 2365; NK-*Neumann,* § 211 Rn 22; vgl aber auch *Küper,* BT S. 185; SK-*Horn,* § 211 Rn 14, jeweils mwN.

Als *sonstige* **niedrige Beweggründe** kommen alle Tatantriebe in Betracht, die nach     95
allgemeiner rechtlich-sittlicher Wertung auf tiefster Stufe stehen, durch hemmungslose Eigensucht bestimmt und deshalb *besonders* verachtenswert sind (BGHSt 42,
226; 47, 128; BGH NJW 93, 1665). Ob ein Beweggrund in diesem Sinn als „niedrig"
einzustufen ist, beurteilt sich auf Grund einer **Gesamtwürdigung,** welche die Umstände der Tat, die Lebensverhältnisse des Täters und seine Persönlichkeit einschließt,
mithin alle inneren und äußeren Faktoren, die für die Handlungsantriebe des Täters
maßgebend waren (BGHSt 35, 116, 127). Bei dieser Wertung ist auch das Verhältnis
zwischen dem Anlass der Tat und ihren Folgen bedeutsam (BGH MDR/D 75, 725;
NStZ-RR 00, 333; NJW 01, 3794, 3796; NStZ 06, 284[23]). Gefühlsregungen wie Zorn,
Wut, Enttäuschung oder Verärgerung *können* niedrige Beweggründe sein, *wenn* sie ihrerseits auf niedrigen Beweggründen beruhen, also nicht menschlich verständlich,
sondern Ausdruck einer niedrigen Gesinnung des Täters sind (BGH NStZ 95, 181; 93,
182[24]). Entbehrt hingegen das Motiv ungeachtet der Verwerflichkeit, die jeder vorsätzlichen und rechtswidrigen Tötung innewohnt, nicht jeglichen nachvollziehbaren
Grundes, so ist es nicht als „niedrig" zu qualifizieren (BGH StV 98, 130; 01, 571;
NJW 06, 1008).

**Besondere Anschauungen und Wertvorstellungen** sind in der Gesamtwürdigung zu     95a
berücksichtigen. Während der 5. Strafsenat in einem Fall gekränkter Familienehre unter Türken deren – konkret festzustellende – besonderen Ehrvorstellungen schon in
die Bewertung der Beweggründe einbezogen hatte (BGH NJW 80, 537[25]), stellt er
nunmehr im Anschluss an den 2. Senat (BGH NJW 95, 602[26]) auf dieser Ebene **nur**
noch auf die **Vorstellungen der hiesigen Rechtsgemeinschaft** ab und verneint eine
Verurteilung wegen Mordes lediglich dann, wenn dem Täter bei der Tat die Umstände
nicht bewusst waren, die die Niedrigkeit seiner Beweggründe ausmachen, oder wenn
es ihm nicht möglich war, die gefühlsmäßigen Regungen, die sein Handeln bestimmten, gedanklich zu beherrschen und willensmäßig zu steuern (BGH NStZ 02, 369[27]).
Eine solche Ausnahme komme insbesondere dann in Betracht, wenn der Täter von
den traditionellen Moral- und Wertvorstellungen seiner Heimat noch so stark beherrscht war, dass er sich von ihnen auf Grund seiner Persönlichkeit und der gesamten
Lebensumstände zur Tatzeit nicht lösen konnte (BGH NJW 95, 602) oder wenn er,
noch ganz besonders seinem heimatlichen Kulturkreis verhaftet, die zur Niedrigkeit
führenden Wertungsgesichtspunkte in ihrem Bedeutungsgehalt geistig nicht nachvoll-
ziehen konnte (BGH NJW 06, 1008, 1012 zur „Blutrache"; instruktiv dazu *Kudlich/
Tepe*, GA 08, 92 und *Valerius*, JZ 08, 912).

**Beispiele:** Tötung aus Rachsucht, wenn diese auf einem niedrigen Beweggrund beruht (BGH     96
StV 81, 231; 98, 25; NJW 82, 2738; NStZ 06, 97 mit krit. Anm. *Bosch*), Neid, Hass und Wut, so-
fern darin eine verwerfliche Gesinnung zum Ausdruck kommt (BGHSt 2, 60; BGH GA 77, 235;
NStZ 93, 182; StV 01, 228), Tötung allein wegen der Zugehörigkeit des Opfers zu einer ethni-

---

23  Diesem Ansatz zust. *Otto,* Anm. JZ 02, 567.
24  Siehe auch *Fischer,* § 211 Rn 22; krit. *Neumann,* Anm. JR 02, 471.
25  Mit Anm. *Köhler,* JZ 80, 228; zust. *Saliger,* Anm. StV 03, 21 mwN in Fn 8.
26  Mit abl. Anm. *Fabricius,* StV 96, 209; zust. hingegen MüKo-*Schneider,* § 211 Rn 87, 92 ff.
27  Mit krit. Anm. *Saliger,* aaO; ferner BGH NJW 04, 1466 (2. Senat); instruktiv zum Ganzen *Küper,* JZ
    06, 608 und *Nehm,* Eser-FS, S. 419.

schen, politischen oder sozialen Gruppe (BGH NStZ 04, 89), aus Rassenhass (BGHSt 18, 37), Ausländerfeindlichkeit (BGH NStZ 94, 124), Imponiergehabe (BGH NStZ 99, 129), hemmungsloser, triebhafter Selbstsucht (BGH NStZ 85, 454; HRRS 08, Nr 1108), aus „Gefälligkeit" ohne persönlichen Anlass und ohne billigenswertes Motiv (BGHSt 50, 1) oder zur Verdeckung einer infolge eigenen Fehlverhaltens entstandenen „peinlichen Situation" (so BGH NStZ-RR 99, 234; aA *NK-Neumann*, § 211 Rn 38); ein niedriger Beweggrund soll auch dann gegeben sein, wenn der Täter in dem Bewusstsein handelt, keinen Grund für eine Tötung zu haben oder zu brauchen (BGHSt 47, 128; präzisierend BGH NStZ 06, 166 und *Fischer*, § 211 Rn 18; abl. *Saliger*, StV 03, 38). Weitere Beispiele bei *Lackner/Kühl*, § 211 Rn 5a und *S/S-Eser*, § 211 Rn 9.

**97** Handelt der Täter aus *mehreren* Beweggründen (sog. **Motivbündel**), so sind diejenigen zu ermitteln und zu bewerten, die als *bewusstseinsdominante* der Tat ihr Gepräge geben[28]; zumindest eines dieser Motive muss sodann als niedrig einzustufen sein[29].

**98** **Eifersucht** ist nicht ohne weiteres ein als „niedrig" zu beurteilender Beweggrund (BGH NStZ 84, 261). Sie *kann* es aber sein, wenn der Täter nach seinen Beziehungen zu der „geliebten" Person und nach den konkreten Lebensumständen keinen menschlich begreiflichen Anlass zu seiner ins Maßlose gewachsenen Eifersucht gehabt, dieser Gefühlsregung vielmehr aus krasser Eigensucht und hemmungsloser Triebhaftigkeit Raum gegeben hat (BGHSt 3, 180; instruktiv *Chr. Schütz*, JA 07, 23).

**99** So lag es im **Fall 7**. Die Bluttat des A ist keiner raschen Aufwallung und menschlich verständlichen Enttäuschung entsprungen, sondern mit Vorbedacht aus zügelloser Begierde und rücksichtsloser Eigensucht durchgeführt worden, ohne dass eine achtenswerte innere Bindung zwischen Täter und Opfer bestanden hätte. A hat daher aus *niedrigen Beweggründen* getötet.

**100** In **subjektiver Hinsicht** folgt bei den schuldsteigernden Mordmerkmalen der 1. Gruppe des § 211 II unmittelbar aus dem **Schuldprinzip**, dass der Täter sich bei Begehung der Tat der Umstände bewusst gewesen sein muss, die seinen Antrieb zur Tötung als besonders verachtenswert erscheinen lassen (BGH NJW 81, 1382 und 95, 602). Er muss außerdem die Bedeutung seiner Beweggründe und Ziele für die Tat erfasst haben. Gemeint ist damit, dass die als niedrig zu bewertenden Motive *nicht* lediglich *unbewusste* Handlungsantriebe gewesen sein dürfen (BGH GA 74, 370; 75, 306). Der Täter muss vielmehr aktuell in der Lage gewesen sein, seine gefühlsmäßigen oder triebhaften Regungen gedanklich zu beherrschen und sie willensmäßig zu steuern (BGH StV 87, 150; NStZ 94, 34; NStZ-RR 98, 133[30]). Nicht vorausgesetzt wird, dass er seine Beweggründe selbst als niedrig beurteilt hat (BGH NJW 67, 1140); es genügt, dass er seiner Persönlichkeit nach zu einer solchen Wertung überhaupt im Stande war (BGH MDR/H 77, 809). Die Annahme niedriger Beweggründe wird durch einen **spontan** gefassten Tötungsentschluss nicht ausgeschlossen, bedarf aber besonders sorgfältiger Prüfung (BGH NStZ 01, 87; *Fischer*, § 211 Rn 20, 82). Zum **Aufbau** siehe den Hinweis in Rn 93.

## 2. Verwerflichkeit der Begehungsweise

**101** Die Mordmerkmale der **Gruppe 2**, die primär das *äußere* Tatbild kennzeichnen und infolgedessen dem *Unrechtsbereich* angehören, werden durch die besonders verwerfliche **Art und Weise der Tatbegehung** bestimmt.

---

28  BGHSt 42, 301, 304; BGH StV 01, 571; NStZ 05, 332; 97, 81; 93, 341.
29  Vgl auch NK-*Neumann*, § 211 Rn 31 f.
30  Vgl auch LK-*Jähnke*, § 211 Rn 34; krit. NK-*Neumann*, § 211 Rn 45.

**Grausam** tötet nach hM, wer dem Opfer im Rahmen der Tötungshandlung (BGHSt 37, 40) aus **102** gefühlloser, unbarmherziger Gesinnung durch Dauer, Stärke oder Wiederholung der Schmerzverursachung **besonders schwere Qualen körperlicher oder seelischer Art** zufügt (BGHSt 3, 180; BGH NJW 86, 265; Beispiel: Verhungernlassen eines Kleinkindes, BGH MDR/D 74, 14; Kasuistik bei *H. Schneider*, Anm. NStZ 08, 29). Die betreffende Gesinnung braucht nicht im Wesen des Täters zu wurzeln; es genügt, dass sie ihn bei der Tat beherrscht (BGH NStZ 82, 379; NJW 88, 2682 mit Anm. *Frister*, StV 89, 343). Nach aA soll das Wissen des Täters genügen, dass er das Opfer besonders schwer leiden lässt (so NK-*Neumann*, § 211 Rn 79 mwN). Zum tatbestandsmäßigen Zusammenhang zwischen der Grausamkeit und der Tötungshandlung vgl *Küper*, Seebode-FS, S. 197, der eine „vorbereitende" Grausamkeit genügen lässt, *wenn* sie auch in der Zeitspanne zwischen Versuch und Vollendung der Tötung wirkt.

**Gemeingefährlich** ist nach hM ein Tatmittel, dessen Einsatz in der konkreten Situation abstrakt **103** *geeignet* ist, über das oder die ausersehenen Opfer hinaus eine Mehrzahl unbeteiligter Dritter an Leib oder Leben *zu gefährden*, weil der Täter die Wirkungsweise des Mittels in der konkreten Tatsituation nicht sicher zu beherrschen vermag (BGH NStZ 07, 330). Nach aA soll *nur* die Gefährdung des Lebens Unbeteiligter erfasst sein (NK-*Neumann*, § 211 Rn 84 mwN). Die Qualifikation hat ihren Grund in der besonderen Rücksichtslosigkeit des Täters, der sein Ziel durch die Schaffung solcher unberechenbarer Gefahren für Dritte durchzusetzen sucht (BGH NStZ 06, 167 mit zust. Anm. *Eidam*). Sie ist darum nicht gegeben, wenn der Täter nur *einen* gezielten Pistolenschuss auf sein Opfer abgibt (BGHSt 38, 353 mit Anm. *Rengier*, JZ 93, 364) oder eine bereits vorhandene gemeingefährliche Situation für seine Zwecke lediglich ausnutzt. Dabei begründet es keinen Unterschied, ob die Gefahr zufällig entstanden, von unbeteiligten Dritten verursacht oder vom Täter selbst *ohne Tötungsvorsatz* herbeigeführt worden ist[31]. Zusammenfassend *Küper*, BT S. 235.

**Beispiele:** Tötung durch Brandstiftung, Überschwemmung, Explosivmittel, Vergiften des Essens im Kessel einer Gemeinschaftsküche, vorsätzliche Geisterfahrt mit einem Pkw auf einer BAB usw; vgl BGH NJW 85, 1477 mit Anm. *Horn*, JR 86, 32; BGH NStZ 06, 503; LK-*Jähnke*, § 211 Rn 57; S/S-*Eser*, § 211 Rn 29; einschränkend *Krey/M. Heinrich*, BT I Rn 61; ferner *v. Danwitz*, Jura 97, 569.

> Der Umstand allein, dass A der L im **Fall 7** mehrere Messerstiche versetzt hat, macht sein **104** Handeln noch nicht „grausam" iS des § 211 II. Auch ein „gemeingefährliches Mittel" hat A nicht eingesetzt. Zu prüfen bleibt, ob A die arglos des Weges gehende L **auf heimtückische Weise** getötet hat.

Der *Grund* dafür, dass das Gesetz die **heimtückische Tötung** als Mord einstuft und **105** mit lebenslanger Freiheitsstrafe ahndet, liegt in dem besonders **verwerflichen** und **gefährlichen Vorgehen** des Täters, der die Arg- und Wehrlosigkeit eines anderen **in hinterhältiger Weise** zu einem Überraschungsangriff ausnutzt, um das Opfer so daran zu hindern, sich zu verteidigen, zu fliehen, Hilfe herbeizurufen, dem Anschlag auf sein Leben in sonstiger Form zu begegnen oder dessen Durchführung wenigstens zu erschweren (vgl BGHSt GrS 11, 139).

Typisch für das Merkmal der Heimtücke sind zwei unterschiedliche Erscheinungsformen des **106** Überraschungsangriffs: Bei der ersten nutzt der Täter eine von ihm **vorgefundene Lage** der Arg- und Wehrlosigkeit des Opfers planmäßig-berechnend zur Tötung aus. Hier ist entscheidend, dass

---

31  BGHSt 34, 13; A/W-*Hilgendorf*, BT § 2 Rn 53; aA *Fischer*, § 211 Rn 61; krit. auch *Grünewald*, Jura 05, 519.

der Betroffene *bei Beginn* des vom Tötungsvorsatz getragenen tätlichen Angriffs ahnungslos und in seiner Verteidigungsfähigkeit beschränkt war[32]. Heimtückisches Handeln erfordert nämlich kein heimliches Vergehen. Ein offener Angriff kann genügen, wenn er so überraschend erfolgt, dass eine Gegenwehr unmöglich gemacht wird[33]. Die zweite Modalität besteht darin, dass der Täter sein ahnungsloses Opfer durch List, Falschheit oder verschlagene Berechnung **in einen Hinterhalt oder in eine Falle** lockt. Gelingt ihm das und wirken die dazu getroffenen Vorkehrungen bis zur Tatausführung fort, so kommt es nicht darauf an, wann der Getäuschte im weiteren Verlauf des Geschehens die ihm drohende Gefahr erkennt[34].

**107**  Nach der vom BGH entwickelten Rechtsauffassung handelt **heimtückisch**, wer in *feindlicher Willensrichtung* (BGHSt GrS 9, 385) die **Arg- und Wehrlosigkeit des Opfers bewusst zur Tötung ausnutzt**[35] (beachte aber auch Rn 111a).

**108**  In der **Rechtslehre** wird bemängelt, dass diese Begriffsbestimmung (in Übereinstimmung mit BGHSt GrS 11, 139, 144) das Element der „Tücke" zu sehr vernachlässige und nicht geeignet sei, die Anwendung des § 211 auf Verbrechen zu beschränken, deren Schwere sich vom Totschlag (§ 212) deutlich abhebe[36]. Ein *bewusstes* Ausnutzen der Arg- und Wehrlosigkeit lasse nicht zwangsläufig auf Verschlagenheit, List und Tücke schließen; ein solches Verhalten könne auch die Waffe des Schwachen und Unterlegenen gegen Übermacht, Gewalt und Brutalität sein (*Jescheck*, Anm. JZ 57, 386). Die Formel der Rechtsprechung bedürfe daher der einschränkenden Ergänzung. Die Tatbegehung müsse **Ausdruck einer verwerflichen Gesinnung** sein (näher *Rengier*, MDR 79, 969 ff) oder, wie eine weit verbreitete Ansicht es verlangt, mit einem **verwerflichen Vertrauensbruch** verbunden sein[37]. Gegen die letztgenannte These spricht indessen, dass der Begriff des „Vertrauens" keine festen Konturen aufweist und dass die Frage nach dem Vorliegen eines „Vertrauensbruchs" in den umstrittenen Grenzfällen keinerlei Fortschritt bringt, sondern ihrerseits zu ungereimten und verfehlten Ergebnissen führt[38]. Die besseren Gründe sprechen daher für den Vorschlag, die gebotene Einschränkung bei der *subjektiven* Komponente des Heimtückebegriffs einzubauen, hier das Element des „tückisch-verschlagenen Vorgehens" stärker zu berücksichtigen und ein davon geprägtes **Ausnutzen** der Arg- und Wehrlosigkeit des Opfers zu verlangen[39].

**109**  Das **BVerfG** hat sich der Kritik an der Auslegung des Heimtückebegriffs in der Rechtsprechung angeschlossen, seinen Standpunkt jedoch nicht abschließend präzisiert und es dem BGH überlassen, selbst die richtige Methode für eine restriktive Anwendung dieses Mordmerkmals zu bestimmen (BVerfGE 45, 187, 262 ff). Der BGH (BGHSt GrS 30, 105) hat 1981 (siehe schon Rn 75, 87 ff) den bequemeren, sachlich jedoch sehr angreifbaren Weg einer Korrektur des § 211 auf der *Rechtsfolgenseite* gewählt, obwohl der ihm zur Entscheidung vorgelegte Fall (BGH NStZ 81,

---

32  Vgl BGHSt 23, 119, 121; 32, 382; BGH NStZ 91, 233; 93, 438; 06, 338; StV 98, 545; zu Aufweichungstendenzen in der neueren Rechtsprechung krit. *Rengier*, Küper-FS, S. 473.
33  BGH NStZ-RR 97, 168; NStZ 03, 146.
34  Vgl BGHSt 22, 77; BGH NStZ 89, 364; NK-*Neumann*, § 211 Rn 66; krit. *Küper*, BT S. 197 und JuS 00, 740, 744.
35  BGHSt GrS 11, 139; 30, 105, 116; BGHSt 19, 321; 20, 301; 23, 119; 28, 210; 37, 376; 39, 353, 368; weitere Nachweise bei *Küper*, BT S. 185; guter Überblick zur neueren Rechtsprechung auch bei *Geppert*, Jura 07, 270.
36  Vgl etwa *Küpper*, BT I S. 17; *M.-K. Meyer*, JR 79, 441, 444.
37  So etwa *Hassemer*, JuS 71, 626, 630; *Jakobs*, Anm. JZ 84, 444; *Schmidhäuser*, JR 78, 265, 270; S/S-*Eser*, § 211 Rn 26 mwN.
38  Zutreffend BGHSt GrS 30, 105, 115; LK-*Jähnke*, § 211 Rn 47 f, 50; *Mitsch*, JuS 96, 213; *Rengier*, MDR 80, 1, 3; anders *Bosch/Schindler*, Jura 00, 77, 81, die auf das Entstehen von *besonderem* Vertrauen abstellen wollen, damit aber die begrenzende Bedeutung der Heimtücke unterschätzen.
39  So *Spendel*, JR 83, 269; StV 84, 45; Nachweise zu weiteren Ansätzen bei *Lackner/Kühl*, § 211 Rn 6; krit. *Fischer*, § 211 Rn 53.

181) gerade geeignet gewesen wäre, über das subjektive Kriterium des „tückischen" Verhaltens eine sinnvolle Begrenzung des § 211 auf der Tatbestandsseite zu entwickeln[40].

**Arglos** ist, wer sich im Zeitpunkt der Tat keines **tätlichen Angriffs** auf seine körperliche Unversehrtheit oder sein Leben versieht (BGHSt 20, 301; 22, 77; 28, 210; BGH NJW 06, 1008, 1010). Voraussetzung dafür ist die **Fähigkeit zum Argwohn**. Sie fehlt noch sehr kleinen Kindern (BGHSt 4, 11; 8, 216; BGH NStZ 06, 338) und Besinnungslosen, die den Eintritt ihres Zustandes nicht abwenden können (BGHSt 23, 119; BGH NJW 66, 1823; vgl auch Rn 120 f). Bei ihnen ist ggf auf die Arglosigkeit *schutzbereiter Dritter* abzustellen (BGHSt 18, 37 f; BGH NStZ-RR 06, 43; NStZ 08, 93). Ein dreijähriges Kind kann jedoch schon arg- und wehrlos sein (BGH NJW 78, 709; NStZ 95, 230). 110

Auch zum Kriterium der **Arglosigkeit** zeigt die Rechtsprechung des BGH keine klare und einheitliche Linie[41]. Die zunächst vertretene Auffassung, dass selbst derjenige noch arglos sei, der **bei einem Streit** zwar mit Tätlichkeiten oder mit deren Fortsetzung, aber nicht mit einem Anschlag **auf sein Leben** rechne (BGHSt 7, 218), war zu eng und ist inzwischen aufgegeben (BGHSt 20, 301; BGH StV 85, 235). Zu weit in die entgegengesetzte Richtung ging demgegenüber die Entscheidung BGHSt 27, 322 mit der These, Arglosigkeit entfalle schon dann, wenn die Begegnung zwischen Täter und Opfer deutlich „im Zeichen feindseligen Verhaltens" stehe; ob der andere sich gerade eines *tätlichen* Angriffs versehe, sei bedeutungslos. Inzwischen ist der BGH mit Recht zu der Ansicht zurückgekehrt, dass es auch bei vorangegangenen Feindseligkeiten rein verbaler Art darauf ankommt, ob das Opfer einen **Angriff auf sein Leben oder seine körperliche Unversehrtheit** befürchtet[42]. 111

Neuerdings befürwortet der 1. Senat zur Gewährleistung des Wertungsgleichklangs mit dem Notwehrrecht für bestimmte Konstellationen[43] eine **normativ orientierte** *einschränkende* Auslegung des Heimtückemerkmals: Ein Erpresser, der den Täter durch Drohung *aktuell* zu einer Geldzahlung genötigt hat, aber auch schon derjenige, der für den Fall der Weigerung mit der Zerstörung der Wohnungseinrichtung oder der Mitnahme von Sachen im Wert von 5000 DM gedroht hat, *muss* grundsätzlich mit einem Gegenangriff *rechnen*, wenn er im Angesicht des zu Erpressenden im Begriff steht, seine Tat zu beenden und damit den endgültigen Rechtsgutsverlust zu bewirken oder erst zu vollenden. Unter solchen Umständen „ist" er infolge seines vorausgegangenen Angriffs regelmäßig nicht gänzlich arglos, mag ihn der Gegenangriff tatsächlich auch überrascht haben. Diese Deutung gründet nach dem Senat mit darin, dass der Gegenwehr in einem so gearteten Fall das Tückische nicht in dem Maße innewohne, das den gesteigerten Unwert dieses Mordmerkmals kennzeichnet (BGHSt 48, 207 mit krit. Anm. *Quentin*, NStZ 05, 128; krit. auch *Fischer*, § 211 Rn 51 ff sowie *H. Schneider*, NStZ 03, 428, der sich gegen eine derartige Lösung auf der Tatbestandsebene und für eine solche auf der Rechtsfolgenseite iS oben Rn 87 ausspricht; im Erg. zust. hingegen NK-*Neumann*, § 211 Rn 61 mwN; siehe auch *Mosbacher*, Anm. NStZ 05, 690 und *Roxin*, Widmaier-FS, S. 741); nicht in fehlender Arglosigkeit, sondern in dem „achtenswerten" Motiv sieht *Hillenkamp*, Rudolphi-FS, S. 463, den Grund für das Fehlen der Tücke[44]. In einer kurze Zeit später ergangenen Entscheidung hat der 1. Senat es abgelehnt, diese Einschränkung auf den Zustand der gegenwärtigen (Dauer-)Gefahr iS des § 35 zu erstrecken[45]. Eine „Normativie- 111a

---

40 Zutreffend *Lackner*, Anm. NStZ 81, 348 f; siehe dazu auch *Schild*, JA 91, 48, 55.
41 Dazu auch *Otto*, Jura 03, 612, 617.
42 BGHSt 33, 363 mit Anm. *Rengier*, NStZ 86, 505; BGH NStZ 91, 233; *Frommel*, StV 87, 292.
43 Zur Notwehr bei Chantage *Eggert*, NStZ 01, 225.
44 Im Erg. zust. auch *Zaczyk*, JuS 04, 750: es fehle ein verwerflicher Vertrauensbruch.
45 BGHSt 48, 255, 258; krit. insoweit *Hillenkamp*, JZ 04, 48; *Otto*, Anm. NStZ 04, 142 und *Rengier*, NStZ 04, 233.

rung" des Befundes, dass arglos ist, wer keinen Angriff erwartet, führt zu einer normativen Fiktion des Argwohns, die dem deskriptiven Begriffsinhalt widerspricht, so zutreffend *Küper*, GA 06, 310, 312 mwN[46]. – Zu **Fallgruppen** heimtückischer Begehung siehe noch Rn 117 ff.

112 **Wehrlos** ist, wer *infolge* seiner Arglosigkeit zur Verteidigung außer Stande oder in seiner Verteidigung stark eingeschränkt ist (BGH GA 71, 113). Das kann auch bei einem Waffenträger, wie etwa bei einem Förster oder einem Polizeibeamten der Fall sein, der aus einem Hinterhalt angegriffen wird.

113 Arg- und Wehrlosigkeit müssen zusammentreffen; dass nur eine dieser beiden Voraussetzungen gegeben ist, genügt nicht[47]. Körperliche Unterlegenheit begründet für sich allein keine Wehrlosigkeit; zu prüfen bleibt vielmehr, über welche anderen Verteidigungsmöglichkeiten das Opfer noch verfügte (BGHSt 20, 301, 303).

114 Arg- und Wehrlosigkeit müssen ferner in *tückisch-verschlagener* Weise zur Tötung **ausgenutzt** werden (siehe schon Rn 107 f). Das ist der Fall, wenn der Täter die von ihm vorgefundene oder herbeigeführte Lage der Arg- und Wehrlosigkeit im Wege des listigen, hinterhältigen oder planmäßig-berechnenden Vorgehens *bewusst* zu einem Überraschungsangriff ausnutzt und das Opfer so daran hindert, sich zu verteidigen, zu fliehen, Hilfe herbeizurufen oder dem Anschlag auf sein Leben sonst wie Hindernisse entgegenzusetzen[48].

115 Die Rechtsprechung hält es in *subjektiver* Hinsicht für wesentlich, dass der Täter die Arg- und Wehrlosigkeit des Opfers nicht nur „in einer äußerlichen Weise wahrgenommen", sondern sie **in ihrer Bedeutung für die Tat** und sein Vorgehen voll erfasst und bewusst ausgenutzt hat (BGH NStZ 87, 554; NStZ-RR 97, 294; 01, 296). Daran kann ihn eine starke Erregung im Einzelfall hindern (näher BGH NStZ 83, 34; 84, 20; MDR/H 90, 1066, aber auch BGH NStZ-RR 04, 139 mit abl. Anm. *Seebode*, StV 04, 596). Zu aktuellen Entwicklungen in der Rechtsprechung *Rengier*, Küper-FS, S. 473.

116 Im **Fall 7** erfüllt das Verhalten des A bei seinem Überraschungsangriff auf die arg- und wehrlose L in objektiver wie in subjektiver Hinsicht alle Erfordernisse der heimtückischen Tötung (näher BGHSt 3, 183).

117 Anhand der einschlägigen Entscheidungen des BGH lassen sich die wichtigsten **Fallgruppen** zum Mordmerkmal der Heimtücke wie folgt zusammenfassen[49]:

118 Heimtücke setzt idR voraus, dass das Opfer **bei Beginn** des ersten *mit Tötungsvorsatz* ausgeführten **Angriffs** (dh beim Eintritt der Tat in das Versuchsstadium) arglos ist (BGH NStZ-RR 04, 14). Arglosigkeit bei der Tatvorbereitung genügt nicht. Das gilt auch dann, wenn das Opfer in dem für die Arglosigkeit maßgebenden Zeitpunkt auf Grund einer vom Täter *ohne Tötungswillen* vorgenommenen Einwirkung wehrlos ist (wie etwa infolge einer voraufgegangenen, mit seinem Einverständnis erfolgten Fesselung: BGHSt 32, 382).

---

46  Siehe auch BGH NStZ 05, 688 (mit abl. Anm. *Mosbacher*); NStZ 07, 523.
47  BGHSt 19, 321; 32, 382; 39, 353, 369; vgl auch *Küper*, BT S. 195 und JuS 00, 740.
48  Vgl zum tückischen Charakter dieses Verhaltens BGHSt 4, 11; 20, 301; 23, 119, 121; *M.-K. Meyer*, JR 79, 441, 444 und 86, 133; NK-*Neumann*, § 211 Rn 72; *Spendel*, JR 83, 269; krit. *Fischer*, § 211 Rn 45, 53 und *Schmoller*, ZStW 99 (1987), 389, 401.
49  Übersicht auch bei *Kaspar*, JA 07, 699.

Wer im Verlauf eines Streites, ohne seine Bereitschaft zu einem tätlichen Angriff zu verbergen, **119** dem unmittelbar anschließend getöteten Opfer in **offen feindseliger Haltung** entgegentritt, handelt nicht heimtückisch (BGHSt 20, 301; 27, 322); ebensowenig, wer die Tötung angekündigt hat (BGH NStZ 07, 268). Anders liegt es dort, wo der Getötete zuvor planmäßig **in eine Falle gelockt** worden ist (BGHSt 22, 77; BGH NStZ 08, 569) oder wo ein vorausgegangener **Streit schon beendet** war, als der spätere Überraschungsangriff auf das (mittlerweile wieder) arg- und wehrlose Opfer einsetzte (BGHSt 28, 210; BGH NJW 80, 792; NStZ-RR 96, 322; 97, 168).

Wer einen **Schlafenden** tötet, der sich arglos dem Schlaf hingegeben und sich so der Wehrlosigkeit überliefert hat, handelt idR heimtückisch[50]; an einem verwerflichen *Ausnutzen* dieser schutzlosen Lage *kann* es aber fehlen, wenn der Täter den Entschluss zur Tat in einer schwerwiegenden seelischen Konfliktslage gefasst hat und zum Besten des Opfers zu handeln glaubt, weil er ihm Schimpf und Schande oder – bei unheilbarem Leiden – ein qualvolles Dahinvegetieren ersparen will[51]. Demgegenüber entfällt Heimtücke bei der Tötung eines **Besinnungslosen**, wenn und weil dessen Wehrlosigkeit nicht auf Arglosigkeit beruht und ein Besinnungsloser nicht in der Erwartung getäuscht werden kann, dass ihm niemand in diesem Zustand etwas anhaben werde[52]. Ist die *Besinnungslosigkeit* allerdings **Folge** eines ersten Tötungsversuchs an dem in eine Falle Gelockten (Rn 119), der sodann alsbald getötet wird, liegt Heimtücke vor (BGH NStZ 08, 569 mit krit. Anm. *Schroeder*, JR 08, 392). Bei einem nicht ansprechbaren Schwerkranken, der seine Umwelt nur unvollkommen wahrnimmt, kann es wiederum so sein, dass dieser infolge seiner Verfassung nicht mehr in der Lage ist, die Absicht des Täters zu erkennen und dessen Angriff wirksam entgegenzutreten (BGH NStZ 97, 490). **120**

Gegenüber **Kleinstkindern**, die infolge ihrer natürlichen Arg- und Wehrlosigkeit **außer Stande** **121** sind, einem Anschlag auf ihr Leben zu begegnen, kommt Heimtücke nur bei besonderen Vorkehrungen wie etwa dann in Betracht, wenn der Täter die Arglosigkeit eines schutzbereiten Dritten planmäßig berechnend zur Tötung ausnutzt (vgl BGHSt 4, 11; 8, 216; BGH NStZ 06, 338). Das bloße Vermischen des bitter schmeckenden Giftstoffes mit süßem Brei, um die Abwehrinstinkte des Kindes zu überwinden, dürfte insoweit jedoch nicht genügen[53].

Die Tötung eines Arg- und Wehrlosen auf Grund eines **verwerflichen Vertrauensbruchs** ist in **122** der Regel als heimtückisch zu beurteilen (vgl BGH NJW 78, 709). Der Missbrauch einer *zuvor begründeten Vertrauensbeziehung* ist indessen kein unabdingbares Wesenselement des Heimtückebegriffs[54]. Wer beispielsweise seine besonders hohe Gefährlichkeit und die Verwerflichkeit seines Vorgehens dadurch offenbart, dass er ein ihm fremdes, arg- und wehrloses Opfer in verschlagener, kaltblütig berechnender Weise **aus dem Hinterhalt** heraus tötet, handelt heimtückisch. Eine solche Tatausführung entspricht vollauf dem *klassischen* Leitbild des seit jeher als besonders verwerflich eingestuften „Meuchelmordes".

## 3. Verwerflichkeit des Handlungszwecks

Die Mordmerkmale der **3. Gruppe** des § 211 II stellen auf den **besonders verwerflichen Zweck** der Tötungshandlung ab. Das Gesetz nimmt hier den Grundgedanken der *schuldsteigernden* „niedrigen Beweggründe" wieder auf und konkretisiert ihn durch die Absicht des Täters, eine andere Straftat zu *ermöglichen* oder zu *verdecken* (vgl **123**

---

50  BGHSt 23, 119; BGH NStZ-RR 04, 139; *Lackner/Kühl*, § 211 Rn 7; LK-*Jähnke*, § 211 Rn 42; aA *Küper*, BT S. 198 und JuS 00, 740, 744, jeweils mwN.

51  Vgl BGHSt 9, 385; 37, 376 mit Anm. *Roxin*, NStZ 92, 35; krit. *Geilen*, Spendel-FS, S. 519.

52  BGHSt 23, 119; BGH NJW 66, 1823; NStZ 07, 523; *Lackner/Kühl*, § 211 Rn 7; anders *Dreher*, MDR 70, 248; *Krey/M. Heinrich*, BT I Rn 44; *Kutzer*, NStZ 94, 110.

53  Vgl BVerfGE 45, 187, 266 gegen BGHSt 8, 216 und BGH MDR/D 73, 901; NK-*Neumann*, § 211 Rn 58; aA *Fischer*, § 211 Rn 43.

54  BGHSt GrS 30, 105, 115; LK-*Jähnke*, § 211 Rn 48.

BGHSt 23, 39; 22, 12). Die Einbeziehung der **Ermöglichungsabsicht** in den Kreis der Mordmerkmale wird allgemein akzeptiert, weil in der Bereitschaft, zur Durchsetzung krimineller Ziele „notfalls über Leichen zu gehen", nicht nur eine verachtenswerte Gesinnung, sondern auch eine besonders hohe Gefährlichkeit des Täters zum Ausdruck kommt. Die Verwerflichkeit dieser Verknüpfung tritt nach Ansicht des BGH umso mehr hervor, je weniger schwer die angestrebte Straftat ist (BGHSt 46, 73, 81).

Demgegenüber beruht die **Verdeckungsabsicht** häufig auf einer Konfliktsituation und dem Bestreben des Täters, sich oder eine ihm nahe stehende Person der drohenden Strafverfolgung zu entziehen (dazu auch BVerfGE 45, 187, 265). Das legt die Frage nahe, warum das Gesetz diesem Gesichtspunkt hier keine *entlastende* Bedeutung beimisst, während es sonst (vor allem bei §§ 257, 258) wenigstens das Streben nach Selbstbegünstigung mit Nachsicht behandelt. Der Grund dafür ist unschwer zu erkennen: Im Bereich der §§ 257, 258 erscheint die Rücksichtnahme auf das menschlich verständliche Handeln zum Zwecke der Selbstbegünstigung deshalb erträglich, weil der Täter dort nur die Wiederherstellung des gesetzmäßigen Zustandes bzw den Zugriff der Straftatverfolgungsorgane verhindern will, ohne den zuvor angerichteten Schaden weiter zu vertiefen. Durch eine Tötung in Verdeckungsabsicht wird dagegen über die Vortat hinaus neues, weitaus schlimmeres Unrecht begangen (BGHSt 41, 8). Im Übrigen spielt insoweit auch folgende Erwägung eine Rolle: Eben weil die *Gefahr* sehr groß ist, dass etwa ein Sexualtäter oder ein auf frischer Tat entdeckter Einbrecher der Versuchung erliegen könnte, nun auch „aufs Ganze zu gehen" und den Tatzeugen mundtot zu machen, ist es sachgerecht, einer solchen Eskalation durch eine möglichst hohe, tathemmende Strafdrohung entgegenzuwirken[55].

**124** Die *andere Straftat*, von der das Gesetz in diesem Zusammenhang spricht, braucht nicht eine *eigene* Tat des Täters zu sein (BGHSt 9, 180); es genügt nach der nicht zweifelsfreien hM ferner, dass der betreffende Vorgang nur in seiner Vorstellung als „Straftat" existiert, während die Tat in Wahrheit durch einen Rechtfertigungsgrund gedeckt ist (vgl BGHSt 11, 226; 28, 93). Die Tötung des Opfers muss auch nicht „notwendiges" Mittel zur Begehung der anderen Straftat sein. Es reicht aus, dass zwischen dem Handeln des Täters und dem von ihm verfolgten Ziel eine **finale Verknüpfung** besteht, was schon dann der Fall ist, wenn die betreffende Handlung die Begehung der weiteren Straftat erleichtern soll[56].

**124a** Absicht liegt vor, wenn es dem Täter bei der Tötung darauf ankommt, eine andere Straftat zu ermöglichen oder zu verdecken (BGH NStZ 96, 81); diese Absicht muss aber nicht die einzige Triebfeder für den Tötungsentschluss sein, sondern kann neben andere Beweggründe treten (BGH NStZ 03, 261).

**125** **Verdeckungsabsicht** hat, wer tötet, um dadurch eine vorangegangene Straftat als solche oder auch Spuren zu verdecken, die bei näherer Untersuchung Aufschluss über bedeutsame Umstände der Tat geben könnten (BGHSt 50, 11). In Verdeckungsabsicht handelt beispielsweise, wer einen von ihm angefahrenen Verkehrsteilnehmer (BGH VRS 23 [1962], 207), den ihn nach einer Straftat anhaltenden Polizeibeamten (BGHSt 15, 291) oder einen Verfolger (BGH NJW 55, 1119; 68, 660) tötet, um Zeugen der Tat

---

55   Lehrreich dazu *Arzt*, JR 79, 7; zust. *Otto*, BT § 4 Rn 48; krit. *Freund*, JuS 02, 640, 643.
56   Vgl BGHSt 39, 159; *Graul*, Anm. JR 93, 510; *F.-C. Schroeder*, JuS 94, 294.

zu beseitigen oder unerkannt zu entkommen (BGH GA 62, 143). Dagegen gibt es nichts mehr zu verdecken, wo Tat und Täter, was dieser auch annimmt, den Straftatverfolgungsbehörden schon bekannt sind und der Angriff auf einen Polizei- oder Vollzugsbeamten nur die drohende Festnahme verhindern soll; zumeist ist dann jedoch ein Handeln aus *niedrigem Beweggrund* zu bejahen (vgl BGH GA 79, 108; StV 89, 151; NStZ 92, 127; krit. *Hohmann*, Anm. NStZ 93, 183). Verdeckungsabsicht ist hingegen möglich, wenn nach der Vorstellung des Täters zwar die Vortat, nicht aber seine Täterschaft bekannt (BGH NStZ-RR 97, 132) und *sicher beweisbar* ist (BGHSt 50, 11). Nach der neueren Rechtsprechung des BGH kann Verdeckungsabsicht auch in Betracht kommen, wenn von dem Getöteten selbst Entdeckung nicht zu befürchten war (BGHSt 41, 358) oder wenn es dem Täter bei seiner Verdeckungshandlung nur um die Vermeidung *außerstrafrechtlicher* Konsequenzen, nicht aber darum geht, seine vorangegangene Straftat gegenüber den Straftatverfolgungsbehörden zu verheimlichen (BGHSt 41, 8[57]).

Im letztgenannten Fall hatten die Täter einen Drogenhändler durch das wahrheitswidrige Versprechen, Haschisch zu besorgen, zu einer Vorauszahlung von 10 000 DM veranlasst. Obwohl sie nicht mit einer Strafanzeige durch ihn rechneten, töteten sie ihn, um die 10 000 DM behalten zu können und nicht als Betrüger entlarvt zu werden. Ihre Verurteilung wegen Verdeckungsmordes wurde vom BGH wie folgt bestätigt: Mord sei in keiner Begehungsform gegen Belange der Rechtspflege gerichtet. Qualifikationsgrund der Verdeckungsmodalität sei vielmehr die **Verknüpfung von Unrecht mit weiterem Unrecht** durch den Täter. Eine solche Verknüpfung könne auch vorliegen, wenn der Täter einen anderen töte, um außerstrafrechtlichen Folgen der Vortat durch deren Verdeckung zu entgehen. **126**

**Bedingter Tötungsvorsatz** und die Absicht, eine andere Straftat zu ermöglichen oder zu verdecken, schließen sich nicht aus[58]. Sie lassen sich jedoch dann *nicht* miteinander vereinbaren, wenn das Verdeckungsziel nach der Vorstellung des Täters *nur* durch eine *erfolgreiche* Tötungshandlung zu erreichen ist (etwa deshalb, weil das von ihm beraubte oder vergewaltigte Opfer ihn kennt oder ihn zuverlässig identifizieren kann und die Entdeckungsgefahr gerade daraus resultiert). Bei einer solchen Sachlage muss der Täter zwangsläufig auf eine *sichere* Ausschaltung des ihm lästigen Vortatzeugen bedacht sein; infolgedessen ist Verdeckungsabsicht *in Fällen dieser Art* nur in Verbindung mit einem *direkten* Tötungsvorsatz möglich[59]. **127**

Hiervon abgesehen kommt es auch bei der Verdeckungsabsicht grundsätzlich nicht auf den Tötungserfolg, sondern auf die zum Tod eines Menschen führenden **Verdeckungshandlung** an. **Mittel** der Verdeckung ist jeweils der vom Täter in Gang gesetzte Ursachenverlauf, der dazu dienen soll, die vorangegangene Straftat nicht offenbar werden zu lassen, und der zugleich (zumindest bedingt vorsätzlich) den Tod eines Menschen herbeiführt (BGHSt 41, 358; BGH NJW 00, 1730[60]). Zu den umstrittenen Anforderungen an die Verdeckungsabsicht in Fällen unechten **Unterlassens** siehe *Küper*, BT S. 351 mwN. **128**

---

57  Mit zust. Anm. *Saliger*, StV 98, 19; *Fischer*, § 211 Rn 68; krit. hingegen *Brocker*, MDR 96, 228; *Küper*, JZ 95, 1158; *Rengier*, BT II § 4 Rn 56; *Sowada*, JZ 00, 1035; ferner NK-*Neumann*, § 211 Rn 105 f.
58  Vgl BGHSt 23, 176, 194; 39, 159.
59  BGHSt 21, 283; BGH StV 83, 458; NStZ 85, 166.
60  Näher dazu *Fischer*, NStZ 96, 416; *Geilen*, Lackner-FS, S. 571; MüKo-*Schneider*, § 211 Rn 190 ff, 194 ff; *Saliger*, ZStW 109 (1997), 302.

**129**  Die **besondere Verwerflichkeit**, die der Verdeckungsabsicht ihr Gepräge gibt, liegt klar auf der Hand, wenn die zu verdeckende Vortat bereits geraume Zeit zurückliegt und wohl überlegt in das Tötungsvorhaben einbezogen worden ist. Sie *kann* aber auch dort gegeben sein, wo der Entschluss zum Töten erst während oder sofort nach der Vortatbegehung gefasst worden ist (wie etwa im Anschluss an einen Nötigungsversuch, an eine Vergewaltigung oder an eine schon abgeschlossene Misshandlung des Opfers). BGHSt 27, 281 hat die in BVerfGE 45, 187, 267 erwogene Möglichkeit, den § 211 auf Fälle einer **im Voraus geplanten** oder einkalkulierten Verdeckungstötung zu beschränken, mit Recht verworfen.

**130**  Vereinzelte Bemühungen des BGH um eine **Einschränkung des Verdeckungsmordes** sind in einer Sackgasse gelandet: Die Absicht, eine andere Straftat zu verdecken, sollte nach der Rechtsprechung des 2. Strafsenats dann zu verneinen sein, wenn der Täter bei einer nicht von ihm gesuchten Auseinandersetzung im Rahmen eines einheitlichen tätlichen Angriffs, dessen Einzelakte sich nicht deutlich voneinander absetzen ließen, *nahtlos* vom Vorsatz der Körperverletzung zum Tötungsvorsatz übergegangen war (BGHSt 27, 346; BGH MDR/H 79, 455). Dieser restriktiven Leitlinie standen die übrigen Strafsenate des BGH von Anfang an reserviert gegenüber. So lehnten sie die zur Diskussion gestellte Einschränkung der Verdeckungsabsicht ab, wenn Vortat und Verdeckungstötung nicht dieselbe Angriffsrichtung hatten (BGHSt 27, 281 = Tötung des Opfers nach einem Sexualangriff; ferner BGHSt 28, 77; BGH GA 79, 426; JZ 81, 547; NStZ 84, 453), wenn der Täter sich von vornherein in rechtsfeindlicher Absicht in die zum Tötungsdelikt führende Situation begeben hatte, wenn eine deutliche Zäsur zwischen Vortat und Verdeckungstötung bestand (BGH JZ 78, 616; NStZ 85, 167 und 454) oder wenn der Täter vor dem Übergang zur Tötungshandlung das Geschehen überdacht und im Anschluss daran Angriffsziel und Angriffswerkzeug gewechselt hatte (BGH GA 80, 142). Inzwischen hat der 2. Senat des BGH seine frühere Rechtsprechung aufgegeben (BGHSt 35, 116), sodass der durch BGHSt 27, 346 entfesselte Meinungsstreit sich erledigt hat (zusammenfassend *Laber*, MDR 89, 861).

**131**  Demnach vertreten jetzt alle Strafsenate des BGH den Standpunkt, dass ein Verdeckungsmord nicht schon dann ausscheidet, wenn Vortat und Tötung in der Angriffsrichtung übereinstimmen, beide Taten einer unvorhergesehenen Augenblickssituation entspringen und unmittelbar ineinander übergehen.

Spontaner Tötungsentschluss und Verdeckungsabsicht schließen sich somit nicht aus. Dort, wo die Tötung des Opfers das Ergebnis einer *panikartigen* Kurzschlusshandlung war (dazu BGH NJW 99, 1039), bietet § 21 iVm § 49 I Nr 1 ausreichende Möglichkeiten für eine in Betracht kommende Strafmilderung.

**132**  Für einen Verdeckungsmord ist freilich kein Raum, wenn ein Täter, der von Anfang an mit direktem oder bedingtem *Tötungs*vorsatz gehandelt hat, die begonnene Tötung des Opfers lediglich vollenden will; da hier eine *einheitliche* Tötungshandlung vorliegt, will der Täter keine andere Straftat verdecken, sondern nur diejenige, die er gerade begeht (BGH NStZ 00, 498; aA *Freund*, JuS 02, 640). Liegt hingegen zwischen einer erfolglosen Tötungshandlung und einer erneuten, jetzt Verdeckungsabsicht vorgenommenen, eine deutliche **zeitliche Zäsur**, so bezieht sich die spätere Handlung sich auf eine abgeschlossene, also *andere* Straftat iS des § 211 II (BGH NStZ 02, 253). Keine andere Straftat in diesem Sinn begeht, wer es lediglich *unterlässt*, einen infolge seines auf Tötung gerichteten Tuns drohenden Erfolg abzuwenden; denn dieser Täter verfolgt damit lediglich sein ursprüngliches Ziel weiter (BGH NJW 03, 1060; differenzierend *Wilhelm*, NStZ 05, 177; vgl. auch *Grünewald*, GA 05, 502, 515 ff).

40

## 4. Lehre von der Typenkorrektur

§ 211 enthält eine tatbestandlich **abschließende** Regelung in dem Sinne, dass eine **133** vorsätzliche Tötung *immer*, aber auch *nur dann* als **Mord** zu beurteilen ist, wenn einer der dort genannten Erschwerungsgründe vorliegt (BGHSt GrS 9, 385, 389; 11, 139, 143; 30, 105). Die Lehre von der *negativen Typenkorrektur*, die den Mordmerkmalen in § 211 II lediglich *indizielle* Bedeutung zuerkennt und diese Indizwirkung entfallen lässt, wenn eine Gesamtwürdigung aller Umstände ergibt, dass die konkrete Tat nicht als besonders verwerflich einzustufen ist[61], hat sich nicht durchsetzen können[62]. Den Erfordernissen, die an die Schwere und an die **besondere Verwerflichkeit der Tat** zu stellen sind (BVerfGE 45, 187), muss bei den *einzelnen* Mordmerkmalen im Wege einer restriktiven Gesetzesauslegung Rechnung getragen werden.

## 5. Aufbauhinweise

Der **Deliktsaufbau** im Bereich von Mord und Totschlag müsste an sich von der dog- **134** matischen Ausgangsposition (siehe Rn 69 f) her erfolgen, die der Bearbeiter zum Verhältnis der §§ 211, 212 zueinander für zutreffend hält. Insoweit hatte *Wessels* (BT/1, 21. Aufl. 1997, Rn 120 f) ausgeführt:

Wer mit dem **BGH** davon ausgeht, dass § 211 gegenüber § 212 ein **selbstständiger Tatbestand** **135** mit *strafbegründenden* Merkmalen und arteigenem Unrechtsgehalt ist, muss die Sachprüfung **allein auf § 211** ausrichten, in den dann die Mindestvoraussetzungen des § 212 (= die vorsätzliche Tötung eines anderen Menschen) „hineinzulesen" sind. Die Mordmerkmale der 2. Gruppe des § 211 II sind dabei dem *objektiven* Tatbestand zuzuordnen (beachte also § 15), während die Mordmerkmale der 1. und 3. Gruppe des § 211 II als zusätzliche Merkmale im subjektiven Tatbestand nach dem Vorsatz abzuhandeln sind, weil die Rechtsprechung in ihnen subjektive Unrechtselemente erblickt (BGHSt 1, 368, 371). Für die Wertungsstufen Rechtswidrigkeit und Schuld verbleibt es bei den allgemeinen Aufbauregeln (vgl *Wessels/Beulke*, AT Rn 871 ff).

Wer dagegen der **Rechtslehre** folgt und § 211 als **qualifizierten Tatbestand** betrachtet, der im Verhältnis zum Grunddelikt des § 212 *strafschärfende* Merkmale aufweist, wird sich an dem „Stufenverhältnis" orientieren, das für tatbestandliche Abwandlungen unselbstständigen Charakters wesensbestimmend ist (vgl *Wessels/Beulke*, AT Rn 107 ff). Er sollte **im Ansatz** sogleich die Verbindung zwischen § 212 und § 211 herstellen, also sofort sagen, dass und in welcher Hinsicht ein **Mord** in Betracht kommt. Der Leser, an den sich seine Darstellung wendet, weiß dann bereits, wohin „die Reise geht". Von diesem Ansatz aus kann der Bearbeiter dann zunächst **das Grunddelikt** des § 212 **voll durchprüfen** (= Tatbestandsmäßigkeit, Rechtswidrigkeit und Schuld). Denn nur wenn feststeht, dass keine Rechtfertigungs-, Schuldausschließungs- oder Entschuldigungsgründe eingreifen, wird es überhaupt auf die strafschärfenden Merkmale des § 211 ankommen. Diese sind also erst jetzt, soweit sie im konkreten Fall der Erörterung bedürfen, in Bezug auf ihre **objektiven** und **subjektiven** Voraussetzungen abzuhandeln (bei einer Tötung aus „niedrigen Beweggründen" ist zB zunächst das Vorliegen derjenigen Umstände festzustellen, aus denen die besondere Verwerflichkeit des Tatmotivs folgt; sodann ist zu untersuchen, ob der Täter sich dieser Umstände bei Begehung der Tat *bewusst* war und ob er seine triebhaften Regungen gedanklich be-

---

61 So insbesondere S/S-*Eser*, § 211 Rn 10; SK-*Horn*, § 211 Rn 6.
62 Näher *Köhler*, GA 80, 121, 129; *Krey/M. Heinrich*, BT I Rn 48 ff, 54; LK-*Jähnke*, Rn 37 f vor § 211 mwN; NK-*Neumann*, Rn 147 vor § 211; *Schneider*, Anm. NStZ 03, 428.

herrschen und willensmäßig steuern konnte). Bei dieser Art des Vorgehens ergeben sich für den Bearbeiter keinerlei Einordnungsprobleme; der Meinungsstreit innerhalb der Rechtslehre, ob die Merkmale der 1. und 3. Gruppe des § 211 II dem Unrechtsbereich angehören oder spezielle Schuldmerkmale darstellen, wird hier gar nicht aktuell.

**136** Dieses folgerichtigen, aber komplizierten Vorgehens bedarf es beim Alleintäter jedoch nicht, da der BGH selbst betont, die vorsätzliche Tötung iS des § 212 sei ein *notwendiges* Merkmal des § 211 (BGHSt 1, 368, 370; 36, 231, 235; BGH NStZ 06, 288 mit abl. Anm. *Puppe*). Dann aber steht nichts entgegen, die Prüfung **mit § 212 I zu beginnen**. Das empfiehlt sich, wenn etwa der Vorsatz oder die Rechtswidrigkeit zu verneinen ist; denn wenn schon § 212 I nicht eingreift, wird es auf Mordmerkmale nicht mehr ankommen. Wo hingegen Totschlag zweifelsfrei zu bejahen ist, *kann* der Bearbeiter § 211 alsbald in die Prüfung einbeziehen oder von ihm allein ausgehen (vgl auch *Eisele*, BT I Rn 62; *Rengier*, BT II § 4 Rn 8, 10 und *Wessels/Beulke*, AT Rn 863). Liegt auch § 211 im Ergebnis vor, so genügt ein Hinweis bei den Konkurrenzerwägungen. **Bedeutung** erlangt die Streitfrage auch für die Darstellung, wenn an der Tat **mehrere** beteiligt sind (dazu Rn 139 ff).

**137** Bei einem **Mordversuch** bereiten die tatbezogenen Merkmale der 2. Gruppe des § 211 II aufbaumäßig keine Schwierigkeiten. Im Rahmen des gewohnten Versuchsaufbaus (vgl dazu *Wessels/ Beulke*, AT Rn 874) sind sie nach einheiliger Ansicht in Rechtsprechung und Lehre innerhalb des sog. „Tatentschlusses" unter dem Blickwinkel zu prüfen, ob der **Vorsatz** des Täters auf die Begehung einer *heimtückischen* bzw *grausamen* Tötung oder auf den Einsatz *gemeingefährlicher* Mittel gerichtet war. Im Anschluss daran ist das „unmittelbare Ansetzen" iS des § 22 zu erörtern (alles weitere läuft in den üblichen Bahnen ab). Etwas komplizierter gestaltet sich der Aufbau bei den Mordmerkmalen der 1. und 3. Gruppe des § 211 II. Wer in ihnen mit der Rechtsprechung und einem Teil der Rechtslehre „subjektive Unrechtselemente" erblickt (vgl Rn 92), wird sie innerhalb des „Tatentschlusses" *nach* Bejahung des Tötungsvorsatzes untersuchen. Wer sie dagegen als „spezielle Schuldmerkmale" auffasst (vgl *Wessels/Beulke*, AT Rn 422, 559), wird erst innerhalb der Wertungsstufe „Schuld" darauf eingehen, ob sie bei Versuchsbeginn in der Person des Täters (bzw etwaiger Mittäter) vorgelegen haben und deshalb den Versuch der vorsätzlichen Tötung des Opfers zu einem „Mordversuch" stempeln.

---

**Mord, § 211**

   **I. Tatbestandsmäßigkeit**
      **1. Objektiver Tatbestand**
         **a) Tatobjekt: ein anderer Mensch**
         **b) Tathandlung: Töten**
         **c) Mordmerkmale der 2. Gruppe**
            *(1) heimtückisch*
               Ⓟ Töten von Kleinstkindern, Schlafenden, Besinnungslosen
            *(2) grausam*
            *(3) gemeingefährlich*
      **2. Subjektiver Tatbestand**
         **a) Vorsatz: bzgl 1a und b; ggf auch c**
         **b) Mordmerkmale der 1. und 3. Gruppe**
            *(1) Mordlust*
            *(2) Befriedigung des Geschlechtstriebs*
            *(3) Habgier*
               Ⓟ Vermeidung von Aufwendungen
            *(4) sonst niedrige Beweggründe*
               Ⓟ besondere Wertvorstellungen

> *(5) Ermöglichungsabsicht*
> *(6) Verdeckungsabsicht*
>   Ⓟ außerstrafrechtlicher Verdeckungszweck
>   Ⓟ bloß bedingter Tötungsvorsatz
>   Ⓟ Abgrenzung zur einheitlichen Tötungshandlung
> **II. Rechtswidrigkeit**
> **III. Schuld**

## IV. Täterschaft und Teilnahme bei §§ 212, 211

### 1. Unmittelbare Täterschaft

Wer einen anderen Menschen mit eigenen Händen vorsätzlich tötet, ist grundsätzlich **138** **Täter** und nicht lediglich Gehilfe. Nach hL soll der gegenteiligen früheren Rechtsprechung (RGSt 74, 84; BGHSt 18, 87) durch § 25 I Alt. 1 die Grundlage entzogen worden sein[63]. Die These ist in dieser Allgemeinheit leider nicht begründet[64]. Bei einer gemeinschaftlich begangenen Tötung kann ein Mittäter des Totschlags, der andere des Mordes schuldig sein[65].

### 2. Teilnahme und Akzessorietätslockerung

Meinungsunterschiede zwischen Rechtsprechung und Rechtslehre bestehen wegen **139** der divergierenden Ansichten zur Systematik der Tötungsdelikte (siehe Rn 69 f) vor allem bei § 28 I, II im Bereich der **Teilnehmerhaftung**. Im Wesentlichen hat sich hier folgende Leitlinie herausgeschält:

a) Die **unrechtserhöhenden** Mordmerkmale der **2. Gruppe** des § 211 II, die das äu- **140** ßere Bild der Tat prägen, fallen als **tatbezogene** Umstände (BGHSt 23, 103; 24, 106, 108; 50, 1, 6) nach fast einhelliger Auffassung von vornherein **nicht** unter § 28, da sie die besondere Begehungsweise und damit primär den Verhaltensunwert des Tatgeschehens näher kennzeichnen[66]. Insoweit verbleibt es bei der Geltung der allgemeinen Akzessorietäts- und Vorsatzregeln (§§ 26, 27; 15, 16).

b) Bei den **schuldsteigernden** Mordmerkmalen der **1. und 3. Gruppe** des § 211 II **141** handelt es sich dagegen um **täterbezogene** *„besondere persönliche Merkmale"* iS des § 28[67]. Sie bilden nach wohl hL zugleich *spezielle Schuldmerkmale* iS des § 29, da sie nicht lediglich als Reflex des Unrechts, sondern *unmittelbar und ausschließlich* den

---

63 Vgl *Roxin*, AT II § 25 Rn 41; *Wessels*, BT/1, 21. Aufl. 1997, Rn 123.
64 Siehe LK-*Schünemann*, 12. Aufl. 2007, § 25 Rn 53; LK-*Jähnke*, § 212 Rn 6; vgl auch BGHSt 38, 315 und BGH NStZ-RR 99, 186.
65 So BGHSt 36, 231; *Beulke*, Anm. NStZ 90, 278; *Küper*, JZ 91, 862, 866; *Wessels/Beulke*, AT Rn 531.
66 Vgl LK-*Jähnke*, § 211 Rn 62–65; differenzierend *Roxin*, AT II § 27 Rn 76, wonach die Merkmale *heimtückisch* und *grausam* in ihre einzelnen Begriffselemente zerlegt werden sollen; zust. *Geppert*, Jura 08, 34, 36.
67 Vgl BGHSt 22, 375; 23, 39; LK-*Schünemann*, 12. Aufl. 2007, § 28 Rn 65; S/S-*Eser*, § 211 Rn 48.

**Gesinnungsunwert** des Täterverhaltens charakterisieren (vgl *Wessels/Beulke*, AT Rn 422, 555 ff); anders insoweit neben Teilen der Lehre BGHSt 1, 368, 371, wo die „niedrigen Beweggründe" als subjektive Unrechtsmerkmale bezeichnet werden (vgl Rn 92 f).

**142** Von der Annahme ausgehend, dass § 211 *strafbegründende* und nicht strafschärfende Merkmale enthalte (siehe Rn 70), wendet die **Rechtsprechung** innerhalb der 1. und 3. Gruppe des § 211 II nicht § 28 II (= § 50 III aF), sondern **nur § 28 I** (= § 50 II aF) an, falls das vom Haupttäter verwirklichte Mordmerkmal in der Person des hiervon wissenden Teilnehmers (siehe Rn 151) fehlt und bei ihm auch nicht durch ein gleichwertiges anderes Mordmerkmal ersetzt wird (vgl BGHSt 22, 375; 23, 39; 50, 1; BGH StV 89, 150). Für den Gehilfen wirkt sich das so aus, dass ihm eine doppelte Strafmilderung zugute kommt (nach § 27 II 2 und § 28 I; siehe BGH StV 84, 69).

**143** Im Gegensatz dazu beurteilt die **Rechtslehre** in Fällen dieser Art die Haftung des Teilnehmers nicht nach § 28 I, **sondern nach § 28 II**, soweit sie hier nicht unmittelbar auf § 29 zurückgreift (was im Vergleich zu § 28 II regelmäßig nicht zu anderen Ergebnissen führt; beachte aber *Kühl*, AT § 20 Rn 156). Näher *Engländer*, JA 04, 410; *Fischer/Gutzeit*, JA 98, 41, 43; *Geppert*, Jura 08, 34, 37; *Gropp*, Seebode-FS, S. 125 mwN; *Küper*, JZ 91, 761, 862, 910 und ZStW 104 (1992), 559; *Niedermair*, ZStW 106 (1994), 388; NK-*Neumann*, § 211 Rn 113, 116 ff; instruktive **Übersicht** bei *Arzt/Weber*, BT § 2 Rn 41 und bei *Engländer*, aaO S. 413.

### 3. Beispielsfälle

**144** Im praktischen Fall ergeben sich daraus folgende Konsequenzen:

> **Fall 8:** A erschießt den auf einer Parkbank schlafenden Stadtstreicher S. Die Tatwaffe hat ihm sein Bekannter B in Kenntnis des Tötungsvorhabens überlassen. Wie ist der Fall strafrechtlich zu beurteilen,
>
> **a)** wenn B gewusst hat,
> **b)** wenn B nicht gewusst hat,
>
> dass S im Schlaf erschossen werden sollte?

**145** A ist nach hM (vgl Rn 120) wegen Mordes zu bestrafen, weil er den S heimtückisch getötet hat (§ 211 II 2. Gruppe: BGHSt 23, 119; 28, 210). Da Heimtücke ein **tatbezogenes** Mordmerkmal ist (BGHSt 23, 103), scheidet für den Gehilfen B jeder Rückgriff auf § 28 aus. Rechtsprechung und Rechtslehre kommen daher **auf Grund der allgemeinen Akzessorietäts- und Vorsatzregeln** (§§ 27, 15, 16) übereinstimmend zu dem Ergebnis, dass B sich im **Fall 8a** der *Beihilfe zum Mord* und im **Fall 8b** (gemäß § 16 I 1) lediglich der *Beihilfe zum Totschlag* schuldig gemacht hat.

**146** **Fall 9:** Ohne ein weiteres Mordmerkmal zu verwirklichen, erschießt A den Makler M aus Habgier. In Kenntnis dieses Beweggrundes hat B ihm die Tatwaffe aus Gründen überlassen, die für seine Person kein Mordmerkmal erfüllen.

**147** A ist Mörder gemäß § 211 II 1. Gruppe. Die **Rechtsprechung** bestraft den B wegen *Beihilfe zum Mord*, weil er den niedrigen Beweggrund des Haupttäters A kannte (vgl BGH NJW 93, 2125 f. und bei *Valerius*, JA 05, 412); da er jedoch in eigener Person kein Mordmerkmal der 1. oder 3. Gruppe des § 211 II erfüllt (vgl dazu BGHSt 23, 39), kommt ihm die in § 28 I vorgesehene *Strafmilderung* zugute, und zwar *zusätzlich* zu der in § 27 II 2 zwingend vorgeschriebenen Strafmilderung (BGHSt 26, 53; BGH NStZ 81, 299; StV 84, 69). Im Gegensatz dazu nimmt die **Rechtslehre** gemäß §§ 28 II, 29 bei B überwiegend nur *Beihilfe zum Totschlag* an, weil es insoweit nicht darauf ankommt, ob B den niedrigen Beweggrund des A kannte, sondern allein darauf abzustellen ist, dass B selbst kein *besonderes persönliches Mordmerkmal* iS des § 28 II erfüllt. Zu diesem, die Akzessorietätsregeln verdrängenden („durchbrechenden") Prinzip der direkten individuellen Zurechnung sowie zu abweichenden Konzeptionen näher *Küper*, ZStW 104 (1992), 559, 564 ff (knapp zur Tatbestandsverschiebung iS der hL einerseits *Küpper*, BT I S. 22 [§ 28 II], andererseits *Wessels/Beulke*, AT Rn 559 [§ 29]).

**Fall 10:** Wie liegt es im **Fall 9**, wenn B den niedrigen Beweggrund des A nicht gekannt hat?    **148**

Die **Rechtsprechung** bestraft den B hier nur wegen *Beihilfe zum Totschlag* (§§ 212,   **149** 16, 27), weil sein Gehilfenvorsatz den bei A vorliegenden Beweggrund nicht umfasste (BGH MDR/D 69, 193; NStZ 96, 384 mwN). Die **Rechtslehre** kommt zwar zum gleichen Ergebnis, *begründet* das aber anders: Nach §§ 28 II, 29 ist *nicht* die *Kenntnis* des B von den Beweggründen des Haupttäters, sondern *allein* der Umstand maßgebend, dass B als Teilnehmer in eigener Person *kein* besonderes persönliches Mordmerkmal erfüllt hat[68].

**Fall 11:** A erschießt den Makler M aus Habgier. In Kenntnis dieses Beweggrundes, ohne aber   **150** selbst habgierig zu handeln, hat B ihm die Tatwaffe überlassen, weil er eine von seinem Schwager S begangene Straftat zu verdecken sucht und den M als einzigen Zeugen dieser Tat beseitigt sehen möchte.

A ist Mörder gemäß § 211 II 1. Gruppe. Die **Rechtsprechung** bestraft den B wegen   **151** *Beihilfe zum Mord.* Obgleich B die ihm bekannte Habgier des Haupttäters A nicht teilt, soll ihm die in § 28 I vorgesehene Strafmilderung nicht zugute kommen, weil er „zur Verdeckung einer anderen Straftat" gehandelt hat und die *Verdeckungsabsicht* (§ 211 II 3. Gruppe) den Mordmerkmalen der 1. Gruppe des § 211 II gleichsteht (BGHSt 23, 39; 50, 1, 5; zur Kritik *Arzt*, JZ 73, 681). Die **Rechtslehre** gelangt über §§ 28 II, 29 zur Bestrafung des B wegen *Beihilfe zum Mord.*

**Fall 12:** A erschießt den Makler M, ohne Mörder zu sein. B hat ihm die Tatwaffe aus dem im   **152** **Fall 11** genannten Grund überlassen.

Die Haupttat des A erfüllt nur die Merkmale des Totschlages (§ 212). B hat seinen Ge-   **153** hilfenbeitrag mit der in § 211 II 3. Gruppe genannten *Verdeckungsabsicht* geleistet. Die **Rechtslehre** sieht hier keinerlei Schwierigkeit, den B entsprechend dem höheren Maß

---

68   Zu weiteren Irrtumskonstellationen vgl *Engländer*, JA 04, 410.

seiner Schuld über §§ 28 II, 29 wegen *Mordbeihilfe* zu bestrafen, während die **Recht-sprechung** den B nach Akzessorietätsgrundsätzen nur wegen *Beihilfe zum Totschlag* (§§ 212, 27) belangen kann (vgl BGHSt 1, 368; BGH StV 87, 386), was kaum befriedigt und mit der in BGHSt 23, 39 entwickelten Lösung nur schwer zu vereinbaren ist[69].

**154** Insgesamt verdient die in sich klare und widerspruchsfreie **Auffassung der Rechtslehre** von den Ergebnissen wie von der dogmatischen Begründung her den Vorzug. Es wäre zu begrüßen, wenn der Gesetzgeber ihr auch in der Praxis Geltung verschaffte.

## V. Tötung auf Verlangen

**155** **Fall 13:** Zwischen dem 20-jährigen A und der 19-jährigen B hat sich eine tiefe Liebesbeziehung entwickelt. Nach einem schweren Zerwürfnis mit ihren Eltern, die strikt gegen A eingestellt sind, fasst B den festen Entschluss, aus dem Leben zu scheiden. A versucht vergeblich, sie davon abzubringen. Schließlich erklärt er sich bereit, mit B in den Tod zu gehen. B bereitet für beide ein Getränk mit aufgelösten Medikamenten zu. Sie leert ihren Becher und nimmt dem A das Versprechen ab, seine Portion erst nach ihrem Ableben zu trinken und sie zu erdrosseln, falls die Wirkung des Getränkes nicht rasch genug eintrete. Als B in der Bewusstlosigkeit zu stöhnen beginnt, erwürgt A sie mit ihrem Strumpf. Sodann leert auch er seinen Becher, wird aber durch eine glückliche Fügung gerettet.

Hat A sich strafbar gemacht? **Rn 163**

A kann sich gemäß §§ 212, 216 der **Tötung auf Verlangen** schuldig gemacht haben. Voraussetzung dafür ist, dass er der B nicht lediglich Beihilfe zum Selbstmord geleistet hat, dass deren Tod vielmehr als „sein Werk" erscheint und dass er durch ein ausdrückliches, ernsthaftes Verlangen der B zur Tötung bestimmt worden ist.

### 1. Tatbestandsvoraussetzungen

**156** **Verlangen** bedeutet mehr als bloßes Einwilligen (RGSt 68, 306; BGHSt 50, 80). Das Opfer muss seine Tötung **ernstlich begehrt** und dieses Begehren *ausdrücklich,* dh durch Worte, Gebärden oder Gesten unmissverständlich kundgetan haben. An die Ernstlichkeit des Verlangens, das auch in die Form einer Frage gekleidet sein kann und mit Bedingungen verknüpft werden darf[70], sind die gleichen Anforderungen zu stellen wie an die Beachtlichkeit des Selbsttötungswillens im Bereich des Freitodes (siehe dazu Rn 48 f). **Ernstlich** kann ein Verlangen iS des § 216 danach nur sein, wenn es auf einem freiverantwortlichen Willensentschluss und einer **fehlerfreien Willensbildung** beruht; es muss frei von Zwang, Täuschung, Irrtum und anderen *wesentlichen* Willensmängeln sein. Des Weiteren wird vorausgesetzt, dass der Lebensmüde nach den Maßstäben der natürlichen Einsichts- und Urteilsfähigkeit im Stande

---

69  Widersprüchlich zur eigenen These der Selbstständigkeit der Tötungstatbestände (Rn 70) neuerdings BGH NStZ 06, 288 mit abl. Anm. *Puppe.*
70  BGH NJW 87, 1092 mit zust. Anm. *Kühl,* JR 88, 338.

war, die Tragweite seiner Entscheidung zu erfassen und sich dementsprechend zu verhalten[71]. An der Ernstlichkeit des Verlangens fehlt es in aller Regel bei jugendlich Unreifen oder Berauschten sowie bei geistig Erkrankten oder Personen, die an vorübergehenden Depressionszuständen leiden.

Das Tötungsverlangen muss noch im Augenblick der Tathandlung fortbestehen; es ist jederzeit **157** zurücknehmbar. Es kann an eine bestimmte Person, aber auch an einen bestimmbaren Personenkreis gerichtet sein, zu dem der Täter gehört (zB als Stationsarzt oder als Mitglied des Pflegepersonals im Krankenhaus; vgl LK-*Jähnke*, § 216 Rn 5). Etwaige Bedingungen, an die das Verlangen geknüpft war, müssen im Tatzeitpunkt vorgelegen haben. Enthielt es Beschränkungen hinsichtlich der gewünschten Tötungsart, deckt § 216 ein wesentliches Abweichen davon nicht (zB nicht eine Tötung durch Erschießen oder Erschlagen, wenn der Lebensmüde nach der „erlösenden Spritze" oder nach Einstellung der künstlichen Ernährung verlangt hatte).

**Rechtsgrund** der Privilegierung ist nach überwiegender Lehre neben der infolge des **158** (über eine Einwilligung hinausgehenden) Verlangens bestehenden Unrechtsminderung die schuldmindernde Konfliktslage, die das selbsttötungsähnliche Tötungsverlangen beim Erklärungsempfänger auslöst. Des Privilegs des § 216 können Täter oder Tatteilnehmer daher nur teilhaftig werden, wenn sie das Verlangen **gekannt** haben und dadurch zur Tötung oder dem sonstigen Tatbeitrag **bestimmt worden** sind[72]. Das ernstliche Verlangen des Getöteten braucht indessen nicht der einzige Beweggrund ihres Handelns gewesen zu sein; es genügt, dass es handlungsleitend[73] der *bestimmende* Tatantrieb war. Daran fehlt es, wenn der Täter aus eigenem Antrieb ein zum Getötetwerden bereites Opfer sucht, das hierauf lediglich eingeht, um ein von ihm erstrebtes anderes Ziel verwirklichen zu können (BGHSt 50, 80, 92), ferner dann, wenn die Rücksichtnahme auf das Tötungsverlangen innerhalb eines **Motivbündels** *lediglich mitläuft* und gegenüber dem beherrschenden Tatantrieb, wie etwa dem zügellosen Streben nach möglichst rascher Erlangung der zu erwartenden Erbschaft, in den Hintergrund tritt (vgl SK-*Horn*, § 216 Rn 5; abweichend *Alwart*, GA 83, 433, 446). Andererseits entfällt die Anwendbarkeit des § 216 nicht schon deshalb, weil dem Täter die ihm vom Opfer zugesagte Belohnung willkommen war (vgl *Bernsmann*, Jura 82, 261). Wer *ohnehin* zur Tötung entschlossen war oder etwaige Umstände gekannt hat, an denen die Ernstlichkeit des Verlangens scheitert, ist nach § 212 oder ggf nach § 211 zu bestrafen; für § 216 ist dann kein Raum. Bei der irrigen Annahme von Umständen, deren wirkliches Vorliegen die Anwendbarkeit des § 216 begründen würde, greift diese Vorschrift über § 16 II ein. Die Tat ist gemäß § 12 II ein **Vergehen**, ihr Versuch mit Strafe bedroht, § 216 II.

In der 21. Aufl., Rn 144 f dieses Buchs hat *Wessels* die Ansicht vertreten, Privilegierungsgrund **159** sei ausschließlich die schuldmindernde Konfliktslage. Der Gegenansicht[74], die aus dem Verlangen des Getöteten ein *gemindertes Unrecht* ableitet, hält er entgegen, sie könne nicht erklären, wieso die Norm nur denjenigen privilegiere, der durch das Verlangen bestimmt worden ist; zudem werde sie dem Grundsatz des absoluten Lebensschutzes nicht gerecht.

---

71  BGH NJW 81, 932; LK-*Jähnke*, § 216 Rn 7; S/S-*Eser*, § 216 Rn 8 mwN.
72  S/S-*Eser*, § 216 Rn 18 mwN.
73  BGHSt 50, 80 mit insoweit krit. Anm. *Kudlich*, JR 05, 342 und krit. Besprechung *Scheinfeld*, GA 07, 695; MüKo-*Schneider*, § 216 Rn 26.
74  Ua A/W-*Arzt*, BT § 3 Rn 12; *Gössel/Dölling*, BT I § 1 Rn 21; *Küper*, GA 68, 321, 335; *Lackner/Kühl*, § 216 Rn 1; *Otto*, BT § 6 Rn 1; S/S *Eser*, § 216 Rn 1.

**160** § 216 zeigt, dass die **Achtung fremden Lebens** grundsätzlich auch dann strafbewehrt gefordert wird, wenn das Opfer selbst seine Tötung ausdrücklich und ernstlich verlangt hat (vgl Rn 28 ff). Die in der Strafandrohung deutlich werdende abweichende Bewertung des Delikts wie die zu Recht fehlende Sanktionierung des Selbsttötungsversuchs verdeutlichen aber auch, dass außerhalb besonderer Pflichtenstellungen (vgl etwa § 17 WStG) autonomen Entscheidungen des „Rechtsgutinhabers" Rechtsqualität zukommt. Das Interesse der Gemeinschaft kann also jedenfalls nicht allein maßstabbildend sein[75]. Eben deshalb wird nach § 216 nur derjenige beurteilt, der sich vom Rechtsgutsträger, um dessen Leben es auch dann in erster Linie geht, wenn die Rechtsgemeinschaft ein „eigenes" Interesse reklamiert, zur Tat hat bestimmen lassen. Wo dies nicht der Fall ist, fehlt eine notwendige Privilegierungsvoraussetzung, so dass § 216 nicht anwendbar ist. Im Rahmen der Strafzumessung wäre das Verlangen sodann aber noch ein berücksichtigungsfähiger Umstand, soweit nicht § 211 zum Zuge kommt.

## 2. Begehen durch Unterlassen

**161** Fraglich ist, ob § 216 durch **Unterlassen** verwirklicht werden kann, also in Verbindung mit § 13 eingreift, wenn ein zur Selbsttötung Entschlossener einen garantenpflichtigen Angehörigen *ernstlich* auffordert, ihn am geplanten Freitod nicht zu hindern, und dieser dementsprechend die ihm zu Gebote stehenden Möglichkeiten der Erfolgsabwendung nicht nutzt[76]. Mit der hL ist diese Frage zu **verneinen**, weil es sich bei solchen Gegebenheiten um einen freiverantwortlichen Suizid handelt, die Teilnahme daran nicht mit Strafe bedroht ist und es der gesetzlichen Wertung zuwiderlaufen würde, aus rein konstruktiven Erwägungen (= durch Umdeutung der Selbsttötungsteilnahme in eine Unterlassungstäterschaft iS der §§ 216, 13) eine Erfolgsabwendungspflicht abzuleiten, die der Gesetzgeber für Fälle dieser Art gerade nicht hat begründen wollen[77]. Zu beachten ist freilich, dass diese Erwägungen nur für die direkte Beziehung zwischen dem Unterlassenden und dem Lebensmüden gelten. Tötet zB ein Dritter das Opfer auf dessen Verlangen im Wege des *Tuns*, so ist an der Tat des *Dritten* nach allgemeinen Regeln strafbare Teilnahme durch Unterlassen möglich.

## 3. Abgrenzung zur Selbsttötungsbeihilfe

**162** Die Abgrenzung zwischen **Fremdtötung** und nicht strafbarer **Beihilfe zur Selbsttötung** bereitet auch bei § 216 erhebliche Schwierigkeiten, insbesondere in Fällen des „einseitig fehlgeschlagenen Doppelselbstmordes". Die Rechtsprechung[78] stellt entscheidend darauf ab, wer das zum Tode führende **Geschehen tatsächlich beherrscht** und wie der Getötete im Rahmen des *Gesamtplans* über sein Schicksal verfügt hat:

---

75   Vgl auch *Merkel*, Früheuthanasie, S. 407, 415 ff, 578 ff.
76   Bejahend BGHSt 13, 162; 32, 367; *Herzberg*, JA 85, 131, 178 ff.
77   Näher LK-*Jähnke*, § 216 Rn 9; NK-*Neumann*, § 216 Rn 9; *R. Schmitt*, JZ 85, 365; 84, 866 und 79, 462; S/S-*Eser*, § 216 Rn 10; *Sowada*, Jura 85, 75; aA *Merkel*, Früheuthanasie, S. 242; gegen ihn *Antoine*, Sterbehilfe, S. 75.
78   BGHSt 19, 135; OLG München NJW 87, 2940.

Gab er sich in die Hand des anderen, weil er *duldend* den Tod von ihm und dessen Handeln entgegennehmen wollte, dann hatte dieser die Tatherrschaft. Behielt er dagegen bis zuletzt die freie Entscheidung über sein Schicksal, dann tötete er sich selbst, wenn auch mit fremder Hilfe.

Im **Fall 13** hatte B nach dem Leeren des Bechers ihr Schicksal völlig in die Hand des A gelegt, um ggf den Tod durch Erwürgen duldend von ihm hinzunehmen. Diesen konkreten Erfolg hat A eigenhändig herbeigeführt. An der Verwirklichung der §§ 212, 216 durch ihn besteht daher kein Zweifel (vgl BGH MDR/D 66, 382). **163**

Anders läge es, wenn A und B – wie im Fall RG JW 1921, 579 – *gemeinsam* versucht hätten, durch Gasvergiftung aus dem Leben zu scheiden: Dort hatte der Mann die Tür geschlossen und alle Gashähne geöffnet; das Mädchen hatte Tür- und Fensterritzen mit feuchten Tüchern verstopft. Sodann hatten beide sich auf die Couch gelegt, um den Tod zu erwarten; nach ihrer Entdeckung konnte nur der Mann gerettet werden. Das RG hat damals die Verurteilung des Mannes aus § 216 zu Unrecht gebilligt, denn da dem Mädchen auch nach dem Öffnen der Gashähne die *volle Freiheit verblieben war*, sich der Wirkung des Gases zu entziehen oder sie zu beenden, lag beiderseits nur eine **nicht strafbare Beihilfe zur Selbsttötung** vor (so auch BGHSt 19, 135, 140).

Das Gleiche gilt für den in **BGHSt 19**, 135 mitgeteilten Sachverhalt, wo § 216 ebenfalls zu Unrecht bejaht worden ist (sofern man von einer *freiverantwortlichen* Willensentscheidung der zu Tode gekommenen Jugendlichen ausgeht): Dort hatten die Lebensmüden (A und B) dadurch aus dem Leben scheiden wollen, dass sie bei laufendem Motor die Abgase in den Kraftwagen leiteten, in dem beide Platz genommen hatten. Der Umstand, dass A nach dem Anlassen des Motors das *Gaspedal durchgetreten* hatte, bis das einströmende Kohlenmonoxid ihm die Besinnung raubte, ändert nichts daran, dass der B auch nach dem Ingangsetzen des Geschehensablaufs noch die **volle Freiheit über Tod oder Leben verblieben** war. Sie hätte jederzeit aussteigen und sich der Wirkung des Gases entziehen können. Da sie das willentlich unterließ, **tötete sie sich** durch *Einatmen der Gase* **selbst**, wenn auch mithilfe des A. Für die rechtliche Beurteilung des Falles kann das bloße Niedertreten des Gaspedals durch A schon deshalb nicht entscheidend sein, weil es ganz unterbleiben oder durch das Beschweren des Gaspedals mit einem Stein ersetzt werden konnte, ohne dass sich dadurch am tödlichen Ausgang für B irgendetwas geändert hätte; womöglich wäre die Anreicherung der Abgase mit Kohlenmonoxid im reinen Leerlauf des Motors sogar ebenso groß gewesen wie beim Niedertreten des Gaspedals. Dass die Entscheidung über Strafbarkeit oder Nichtstrafbarkeit von solchen Nebensächlichkeiten im Geschehensablauf nicht abhängig gemacht werden darf, zeigt auch die *Gegenprobe:* Wenn es maßgebend darauf ankommt, ob der Getötete **nach dem Ingangsetzen der Ursachenreihe** noch die **freie Entscheidung über sein Schicksal** behielt oder nicht, wäre für §§ 212, 216 Raum gewesen, falls A der B wunschgemäß durch *Fesselung oder Festbinden am Autositz* die Möglichkeit genommen hätte, sich ungehindert und aus freien Stücken dem tödlichen Geschehen durch Verlassen des Kraftwagens zu entziehen. **164**

Krit. zu BGHSt 19, 135 auch: *Krey,* JuS 71, 142; *Maurach/Schroeder,* BT I § 1 Rn 22; *Paehler,* MDR 64, 647; dem BGH zust.: LK-*Jähnke,* § 216 Rn 12–15; MüKo-*Schneider,* § 216 Rn 33, 40, **165**

47 ff. Zur Diskussion siehe *Herzberg*, JuS 88, 771 und NStZ 89, 559; *Hohmann/König*, NStZ 89, 304; *Ingelfinger*, Tötungsverbot, S. 230 ff; *Krack*, KJ 1995, 60; *Murmann*, Selbstverantwortung, S. 336 ff; *NK-Neumann*, § 216 Rn 5; *Otto*, Tröndle-FS, S. 157; *Roxin*, NStZ 87, 345 und in: 140 Jahre GA-FS, S. 177; *Scholderer*, JuS 89, 918; *Zaczyk*, Strafrechtliches Unrecht und die Selbstverantwortung des Verletzten, 1993, S. 40 ff.

### 4. Aufbauhinweise

**166**  Folgt man der Ansicht, dass § 216 eine unselbstständige Abwandlung zu § 212 ist (vgl Rn 69), sollte man beim **Deliktsaufbau** in der Regel zunächst den Grundtatbestand des § 212 vollständig durchprüfen, ehe man auf die speziellen Merkmale des § 216 eingeht. Im Einzelfall kann jedoch ein anderes Vorgehen zweckmäßiger sein. Wo es zB auf die Abgrenzung zwischen etwaiger Unterlassungstäterschaft (§§ 216, 13) und nicht strafbarer Teilnahme an einer eigenverantwortlichen Selbsttötung ankommt (vgl BGHSt 32, 367), dürfte es sich aus Gründen des Sachzusammenhanges empfehlen, die besonderen Merkmale des § 216 und des § 13 im Tatbestandsbereich sofort mit denen des Grunddelikts (§ 212) zu kombinieren, da dies den Einstieg in das genannte Problem erleichtert (siehe zur Art des aufbaumäßigen Vorgehens auch *Wessels/Beulke*, AT Rn 863).

**167**  Das 6. StrRG (siehe Rn 74) hat die **Kindestötung, § 217, aufgehoben**. Nach jener Regelung wurde nur eine Mutter, welche ihr *nicht* eheliches Kind in oder gleich nach der Geburt tötet, mit Freiheitsstrafe nicht unter drei Jahren, in minder schweren Fällen von sechs Monaten bis zu fünf Jahren bestraft (zu dieser Vorschrift siehe *Wessels*, BT/1, 21. Aufl. 1997, Rn 154). Der Gesetzgeber hielt die Norm für nicht mehr zeitgemäß. Die psychische Ausnahmesituation einer Mutter, die ihr eheliches oder nicht eheliches Kind in oder gleich nach der Geburt töte, könne durch Anwendung des § 213 Berücksichtigung finden[79]. Der BGH weist darauf hin, dass die Annahme eines minder schweren Falles iS des § 213 Alt. 2 nicht zwingend ist, sondern einer Gesamtwürdigung bedarf (vgl dazu Rn 175)[80].

### 5. Konkurrenzprobleme

**167a**  Nach hL tritt § 212 als lex generalis hinter § 211 zurück, während für den BGH ein Konkurrenzproblem insoweit nicht besteht (siehe Rn 134 ff). § 216 ist Privilegierungstatbestand zu § 212 und geht auch § 211 vor (BGHSt 2, 258; LK-*Jähnke*, § 216 Rn 2 mwN). § 213 ist als Strafzumessungsregelung (siehe Rn 171) insgesamt nicht „konkurrenzfähig".

---

| **Tötung auf Verlangen, § 216** |
|---|
| **I. Tatbestandsmäßigkeit**<br>    **1. Objektiver Tatbestand**<br>        **a) Tatobjekt: ein anderer Mensch** |

---

79  BT-Drucks. 13/8587, S. 34; dazu näher LG Erfurt NStZ 02, 260; *Bosch*, JA 09, 150; für eine generelle Privilegierung *Schmoller*, Gössel-FS, S. 369; vgl auch Rn 171, 175.
80  BGH NStZ-RR 04,80; zur Problematik siehe auch *Jescheck/Weigend,* AT § 82 II 2.

    **b) Tathandlung: Töten**
        → Abgrenzung zur nicht strafbaren Teilnahme an einer Selbsttötung nach der Herrschaft über den unmittelbar lebensbeendenden Akt
    **c) ausdrückliches und ernstliches Verlangen des Getöteten**
        → Verlangen beruht auf freier Willensbildung
    **d) hierdurch zur Tötung bestimmt**
   **2. Subjektiver Tatbestand**
  **II. Rechtswidrigkeit**
  **III. Schuld**

# VI. Probleme der Strafzumessung

Rechtsfehler bei der „**Wahl“ des Strafrahmens** und der **Strafzumessung** im engeren Sinn haben in den letzten Jahren einer so großen Zahl von Revisionen im Bereich der §§ 212, 213, 21, 23 II, 49 I zum Erfolg verholfen, dass es angezeigt erscheint, diesem Fragenkreis besondere Aufmerksamkeit zu widmen. **168**

## 1. Konkurrenz mehrerer Strafdrohungen

Die Möglichkeit zu „wählen“ besteht dann, wenn das Gesetz zur Bewertung der Schwere einer Straftat mehrere Strafdrohungen zur Verfügung stellt (zu den dann erforderlichen Überlegungen SK-*Horn*, § 46 Rn 48). Hat etwa ein Täter im Zustand **erheblich verminderter Schuldfähigkeit** einen Menschen getötet, so *kann* gemäß § 21 die angedrohte „Strafe“ nach § 49 I gemildert werden. Da die Strafandrohung in § 212 I von fünf bis zu fünfzehn Jahren Freiheitsstrafe reicht, würde eine Milderung nach den Regeln des § 49 I Nr 2, 3 zu einem Strafrahmen von zwei Jahren bis zu elf Jahren und drei Monaten führen. **169**

Darüber hinaus erklärt § 50 es für zulässig, die Annahme eines *minder schweren Falles* iS des § 213 Alt. 2 schon allein auf das Vorliegen zB der Voraussetzungen des § 21 zu gründen[81]. Die Verdoppelung von Mindest- und Höchststrafe in § 213 durch das 6. StrRG (siehe Rn 74) hat insoweit den bisher eklatanten Wertungswiderspruch abgemildert. Zum Begriff des minder schweren Falles siehe Rn 175. **170**

## 2. Minder schwere Totschlagsfälle (§§ 212, 213)

Seiner Rechtsnatur nach ist § 213 kein selbstständiger Tatbestand, sondern eine **Strafzumessungsregel** des § 212, die systematisch als dessen Absatz 3 zu lesen ist[82]. Der Annahme *Ottos* (BT § 2 Rn 15) und *Zwiehoffs* (Die provozierte Tötung, 2001, S. 7), die erste Alternative des § 213 sei ein Privilegierungs*tatbestand*, steht die dann fol- **171**

---

81  *Lackner/Kühl*, § 50 Rn 2; siehe auch SK-*Horn*, § 213 Rn 15 sowie *Hettinger*, 140 Jahre GA-FS, S. 77, 80.
82  Näher *Geilen*, Dreher-FS, S. 357; *Hettinger*, JuS 97, L 43; MüKo-*Schneider*, § 213 Rn 1.

gende Formulierung „oder liegt sonst ein minder schwerer Fall vor" entgegen (dazu *Maatz*, Salger-FS, S. 91).

**172**  a) Die *erste* Alternative des § 213 führt nach hM *zwingend* zu dem gemilderten Strafrahmen dieser Vorschrift[83]. Sie greift ein, wenn der Täter ohne eigene Schuld durch eine ihm oder einem nahen Angehörigen zugefügte Misshandlung oder schwere Beleidigung von dem Getöteten zum Zorne gereizt und hierdurch auf der Stelle zur Tat hingerissen worden ist.

**173**  Sinn der Regelung ist es, den in „berechtigtem Zorn" handelnden Affekttäter entsprechend dem geringerem Maß seiner Schuld vor der vollen Totschlagsstrafe zu bewahren. Das setzt eine Tatsituation voraus, in der die Tötung des anderen noch als menschlich verständliche Reaktion auf die vorausgegangene schwere Kränkung erscheint (BGH StV 83, 198). Die **Schwere** der Kränkung ist nach objektiven Maßstäben zu beurteilen; dabei sind neben dem konkreten Geschehensablauf, den Anschauungen im Lebenskreis der Beteiligten sowie den Beziehungen zwischen Opfer und Täter alle Umstände des Einzelfalles zu berücksichtigen (BGH StV 90, 204). Schimpfworte wie „Miststück" und „Versager", die für sich genommen nicht besonders gravierend sind, können bei einer länger anhaltenden Auseinandersetzung unter Ehegatten geeignet sein, das „Fass zum Überlaufen" zu bringen (vgl BGH NStZ 83, 365; StV 98, 131). **Eigene Schuld** trifft den Täter, wenn er dem Getöteten in *vorwerfbarer* Weise hinreichenden Anlass zur Provokation gegeben hatte; bloße Ungeschicklichkeit oder Unreife in der Gestaltung zwischenmenschlicher Beziehungen scheiden hier regelmäßig aus (BGH NStZ 83, 553). **Zum Zorne gereizt** ist man nicht nur bei einem Affekt ieS, vielmehr können Wut und Empörung genügen. An dem erforderlichen *ursächlichen Zusammenhang* zwischen Gemütsbewegung und Tat fehlt es, wenn der Totschläger bereits aus anderen Gründen zur Tötung entschlossen war (BGHSt 21, 14). **Auf der Stelle** zur Tat hingerissen bedeutet nicht, dass die Tötung der Provokation unmittelbar zeitlich folgen müsste; entscheidend ist allein, ob der Täter bei seinem Entschluss zur Tat und bei dessen Realisierung noch unter dem beherrschenden Einfluss der vom Opfer ausgelösten Gemütsaufwallung stand (vgl BGH NStZ 95, 83; enger *Schneider*, NStZ 01, 455, 458).

**174**  Die Anwendbarkeit der *ersten* Alternative des § 213 entfällt, wenn der Täter deren Voraussetzungen nur **irrtümlich** für gegeben hielt[84]. Allerdings ist dann das Vorliegen eines „sonstigen" minder schweren Falles iS der *zweiten* Alternative des § 213 zu prüfen, wobei Art und Gewicht des Irrtums Bedeutung erlangen können (BGHSt 34, 37).

**175**  b) Maßgebend für die Annahme eines „sonstigen" **minder schweren Falles** iS der *zweiten* Alternative des § 213 ist nach der Rechtsprechung, ob das gesamte Tatbild einschließlich aller subjektiven Momente und der Täterpersönlichkeit vom Durchschnitt der erfahrungsgemäß vorkommenden Fälle in einem so erheblichen Maße abweicht, dass die Anwendung des Ausnahmestrafrahmens geboten erscheint. Erforderlich ist eine **Gesamtbetrachtung**, bei der alle Umstände heranzuziehen und zu würdigen sind, die für die Wertung der Tat und des Täters in Betracht kommen, gleichgültig, ob sie der Tat selbst innewohnen, sie begleiten, ihr vorausgehen oder nachfolgen[85]. Maßstabbildend können im Einzelfall die Merkmale des § 213 Alt. 1

---

83  BGHSt 25, 222; BGH NJW 95, 1910; StraFo 07, 125; LK-*Jähnke*, § 213 Rn 2; für eine Gesamtwürdigung hingegen S/S-*Eser*, § 213 Rn 12a.
84  BGHSt 1, 203; 34, 37; LK-*Jähnke*, § 213 Rn 9; anders RGSt 69, 314; S/S-*Eser*, § 213 Rn 12 mwN.
85  *Detter*, NStZ 97, 476 und BGH-FS, S. 679, 695; LK-*Theune*, 12. Aufl. 2006, Rn 15 vor § 46 und § 46 Rn 301; siehe auch *Hettinger*, 140 Jahre GA-FS, S. 77, 82 und *Schäfer*, Strafzumessung, Rn 579.

wirken (BGH NStZ-RR 99, 326), doch ist Vergleichbarkeit mit einer Provokationslage nicht erforderlich (BGH NStZ-RR 02, 140). **Beispiele** bei S/S-*Eser*, § 213 Rn 13.

Nicht nur die Annahme erheblich verminderter Schuldfähigkeit (siehe Rn 169 f), sondern etwa auch die Feststellung, dass es beim **Versuch** des Totschlags geblieben ist, *kann* schon für sich allein das Vorliegen eines minder schweren Falles begründen[86]. **176**

## 3. Zusammentreffen mehrerer Strafmilderungsgründe

Trifft die *erste* Alternative des § 213 mit weiteren gesetzlichen Strafmilderungsgründen zusammen, wie etwa mit § 21 und/oder § 23 II, so sind bei der Ermittlung („Wahl") des anzuwendenden Strafrahmens **alle Milderungsmöglichkeiten nebeneinander** berücksichtigungsfähig (BGHSt 30, 166). Handelt es sich dagegen um das Zusammentreffen eines besonderen gesetzlichen Milderungsgrundes mit der *zweiten* Alternative des § 213, so hat der Strafrichter nach Ansicht des BGH bei der **Wahl des Strafrahmens**, die der Strafzumessung ieS vorausgeht[87], folgende Grundsätze zu beachten: **177**

a) Bei der gebotenen Gesamtbetrachtung aller maßgebenden Strafzumessungstatsachen ist an erster Stelle zu prüfen, ob die in Betracht kommenden *allgemeinen* Strafminderungsgründe schon für sich allein die Annahme eines „sonstigen minder schweren Falles" rechtfertigen. Ist das zu bejahen, *kann* (vgl etwa §§ 21, 23 II) oder *muss* (so zB § 27 II 2) der so gefundene Strafrahmen nochmals nach § 49 I gemildert werden. Das Verbot der Doppelverwertung (§ 50) steht dem nicht entgegen, weil der *vertypte* Milderungsgrund durch die Annahme eines minder schweren Falles dann noch nicht „verbraucht" ist (BGH StV 92, 371; *Detter*, NStZ 96, 424; *Stern*, Verteidigung, Rn 366). **178**

b) Reichen dagegen die allgemeinen Minderungsgründe für die Annahme eines minder schweren Falles nicht aus, so sind (erst jetzt) die *vertypten* Milderungsgründe in die Prüfung mit einzubeziehen. Soweit erst ihre Mitberücksichtigung einen minder schweren Fall ergibt, dürfen sie wegen der Sperrwirkung des § 50 nicht nochmals verwertet, dh zu einer Strafrahmenmilderung nach § 49 I herangezogen werden. Benötigt das Gericht nur einen dieser Gründe, um zur Bejahung eines minder schweren Falle zu gelangen, so kann (oder muss) ein noch nicht berücksichtigter vertypter Milderungsgrund zur Anwendung des § 49 I führen (näher *Streng*, Sanktionen, Rn 539, 540 ff). **179**

c) Ob ein minder schwerer Fall vorliegt, ist für jeden Tatbeteiligten gesondert zu prüfen (näher BGH StV 92, 372; *Schäfer*, Strafzumessung, Rn 560). **180**

d) Unter sorgfältiger Abwägung aller für und gegen eine Milderung sprechenden Umstände kann das Gericht auch von jeder Strafrahmenverschiebung Abstand nehmen und es bei dem Regelstrafrahmen des § 212 belassen (oder ggf den nach § 49 I *gemilderten* Strafrahmen des § 212 zu Grunde legen). Im Urteil wäre eine solche Entscheidung ausführlich zu begründen (vgl *Eser*, NStZ 84, 49, 55). **181**

In jedem Falle muss aus den Urteilsgründen hervorgehen, dass der Strafrichter sich der erwähnten Wahlmöglichkeiten bewusst war und sich mit ihnen auseinandergesetzt hat (BGH MDR/H 83, 619; *Detter*, BGH-FS, S. 679, 694 ff). **182**

---

86  *Schäfer*, Strafzumessung, Rn 583; näher *Hettinger*, Das Doppelverwertungsverbot, S. 273 ff.; krit. NK-*Neumann*, § 213 Rn 22; zum Vorgehen des BGH beim Zusammentreffen schärfender und mildernder Aspekte vgl LK-*Theune*, 12. Aufl. 2006, § 46 Rn 298.
87  Vgl BGH NStZ 83, 407; *Schäfer*, Strafzumessung, Rn 610 ff; siehe aber auch SK-*Horn*, § 46 Rn 48, 65.

## 4. Strafzumessung innerhalb des Strafrahmens

**183** Hat der Tatrichter auf diese Weise den auf den konkreten Fall anwendbaren Strafrahmen ermittelt, so muss er innerhalb desselben nach Maßgabe der §§ 46 ff das angemessene Quantum bestimmen (instruktiv SK-*Horn*, Rn 1 vor § 46; *Schall/Schirrmacher*, Jura 92, 514).

**184** a) Dabei verlangt § 46 II, dass das Gericht bei der Zumessung die Umstände, die für und gegen den Täter sprechen, gegeneinander abwägt. § 267 I 1 StPO fordert, dass die Urteilsgründe die für erwiesen erachteten Tatsachen angeben, in denen die gesetzlichen Merkmale der Straftat gefunden werden, und § 267 III 1 StPO, dass die Gründe des Strafurteils die Umstände anführen, die für die Zumessung der Strafe bestimmend gewesen sind (dazu *Fischer*, § 46 Rn 106; *Streng*, Sanktionen, Rn 581 ff).

**185** b) Ein bei Beurteilung von Tötungsdelikten häufiger auftauchender Fehler besteht darin, dass die Strafkammer (vgl § 74 II Nr 5 GVG) im Urteil ausführt, es „falle straf*erhöhend* ins Gewicht, dass der Täter ein junges blühendes Menschenleben ausgelöscht" habe. Das ist in zweifacher Hinsicht fehlerhaft: Die Vernichtung eines Menschenlebens gehört schon zum Tatbestand aller Tötungsdelikte, darf daher gemäß § 46 III bei der Strafzumessung nicht noch einmal in Ansatz gebracht werden (= sog. **Doppelverwertungsverbot**; vgl BGH MDR/H 82, 101). Zum anderen widerspricht es dem Grundsatz des absoluten Lebensschutzes, dem „jungen blühenden Leben" einen höheren Stellenwert einzuräumen als dem Leben älterer oder kranker Menschen; siehe *Detter*, BGH-FS, S. 679, 699 ff. Wertabwägungen dieser Art sind den §§ 212 ff fremd[88].

**186** Das **Verbot der Doppelverwertung von Tatbestandsmerkmalen** soll verhindern, dass der Richter Gesichtspunkte, die der Gesetzgeber schon bei der Tatbestandsbildung und der Bemessung des Regelstrafrahmens berücksichtigt hat, im Zuge der Strafzumessung ein zweites Mal in die Waagschale wirft. Die Tötung eines anderen Menschen bildet als Tatbestandsmerkmal die generelle Voraussetzung der Anwendbarkeit der Strafandrohung für das vollendete Tötungsdelikt. Dieser Aspekt kann deshalb zur richtigen Bestimmung des Strafmaßes nichts beitragen. Auf die Strafhöhe im Einzelfall kann mithin nicht die Erfüllung der Merkmale des Tatbestandes, wohl aber die konkrete *Art* ihrer Verwirklichung Einfluss haben[89].

**187** Fehlerhaft wäre es auch, den Umstand straferhöhend zu verwerten, dass bei objektiver Betrachtung „kein nachvollziehbarer Anlass bestanden" habe, das Opfer wegen seines eigenen Verhaltens zu töten. Denn wenn ein nachvollziehbarer Tötungsanlass bestanden hätte, würde dieser Umstand *zu Gunsten* des Täters ins Gewicht fallen. Das bloße **Fehlen eines Strafmilderungsgrundes** darf jedoch nicht als Strafschärfungsgrund herangezogen werden[90].

**188** Der Anwendungsbereich des Gedankens des Doppelverwertungsverbots reicht über das in § 46 III Bestimmte hinaus. Er gilt gleichermaßen für sonstige unrechts- und

---

88  Vgl BGH NStZ 96, 129; LK-*Theune*, 12. Aufl. 2006, § 46 Rn 148; *Wessels/Beulke*, AT Rn 316; problematisch BGH JZ 97, 1185 mit lehrreicher Anm. von *Spendel*.
89  Dazu *Schall/Schirrmacher*, Jura 92, 624, 626; *Streng*, Sanktionen, Rn 545 f.
90  BGH StV 82, 419; BGHSt 34, 345, 350; siehe auch *Lackner/Kühl*, § 46 Rn 45.

schuldbegründende Merkmale sowie für alle allgemeinen Erwägungen, die einer Strafnorm zu Grunde liegen. Auf den gemeinsamen Nenner gebracht, lautet er: Ein auf jede Straftat derselben Art zutreffender Gesichtspunkt rechtfertigt ebenso wenig wie ein gesetzliches Tatbestandsmerkmal eine Erhöhung oder eine Ermäßigung der Strafe[91]. Die Grenzen dieses Verbots sind allerdings im Einzelnen noch nicht abschließend geklärt[92]. Zur revisionsgerichtlichen Überprüfung der tatrichterlichen Strafzumessung siehe etwa BGH wistra 99, 417.

Zum **Sinn (und Zweck) der Strafe** und zur **Strafzumessung** siehe ua *Badura*, JZ 64, 337; *Calliess*, NJW 89, 1338 und in Müller-Dietz-FS, S. 99; *Frisch*, ZStW 99 (1987), 349, 751, GA 89, 338 und in Müller-Dietz-FS, S. 237; *Grasnick*, JA 90, 81; *Günther*, JZ 89, 1025; *Kargl*, GA 98, 53; *Koriath*, Jura 95, 625; *Lesch*, JA 94, 510, 590; *B.-D. Meier*, Strafrechtliche Sanktionen, 2001, S. 15; *Naucke*, Strafrecht, 10. Aufl. 2002, § 1 Rn 122; *Roxin*, Müller-Dietz-FS, S. 701; *Schild*, Lenckner-FS, S. 287; *Schmidhäuser*, Ernst A. Wolff-FS, S. 443; *Schütz*, Jura 95, 399, 460; *Streng*, NStZ 89, 393, JuS 93, 919, Müller-Dietz-FS, S. 875 und in Sanktionen, Rn 5, 386; *Wessels/Beulke*, AT Rn 12a mwN; sehr instruktiver rechtsvergleichender Überblick bei BSK-*Wiprächtiger*, Art. 47 Rn 1–4. **189**

## VII. Fahrlässige Tötung

Zur Struktur und Problematik der Fahrlässigkeitsdelikte wird verwiesen auf *Wessels/Beulke*, AT Rn 656 ff sowie auf *Kühl*, AT § 17.

Nach § 222 macht sich strafbar, wer den Tod eines anderen *durch* Fahrlässigkeit verursacht. **Erfolgsverursachung** und **Verletzung der Sorgfaltspflicht** bei objektiver Voraussehbarkeit des tatbestandlichen Erfolgs begründen danach für sich allein noch nicht den Unrechtstatbestand der fahrlässigen Tötung. Hinzukommen muss vielmehr die **objektive Zurechenbarkeit** des Todeserfolges. Dieses normative Kriterium setzt einen bestimmten Pflichtwidrigkeits- und Schutzzweckzusammenhang zwischen dem sorgfaltspflichtwidrigen Verhalten und dem Eintritt des tatbestandlichen Erfolges voraus: Im Todeserfolg muss auf Grund eines tatbestandsadäquaten Kausalverlaufs gerade die „Pflichtwidrigkeit" des Täterverhaltens, dh diejenige rechtlich missbilligte Gefahr zum Ausdruck kommen, die durch das sorgfaltspflichtwidrige Verhalten geschaffen oder *messbar* gesteigert worden ist und deren Verwirklichung nach dem Schutzzweck der Norm vermieden werden sollte[93]. **190**

Einschränkungen der Erfolgszurechnung können sich hier, ebenso wie bei Vorsatztaten (näher dazu *Wessels/Beulke*, AT Rn 185 ff), ua auch aus dem **Prinzip der Eigenverantwortlichkeit** und der darauf beruhenden Abschichtung von Verantwortungsbereichen ergeben. Wer zB eine eigenverantwortliche, aus freien Stücken vollzogene **Selbstschädigung** oder **Selbstgefährdung anderer** ermöglicht, veranlasst oder sonstwie fördert, kann, wenn das mit der Selbstgefährdung bewusst eingegangene Risiko sich realisiert, nicht schon deshalb wegen fahrlässiger Tötung bestraft werden, weil er pflichtwidrig eine Bedingung für das nachfolgende Geschehen gesetzt, den objektiv voraussehbaren Erfolg also mitverursacht hat. Denn derjenige, der seine Rechtsgüter in eigen- **191**

---

91  *Hettinger*, Das Doppelverwertungsverbot, S. 159 mwN.
92  Lehrreich BGHSt 37, 153; dazu *Hettinger*, GA 93, 1 und *Schall/Schirrmacher*, Jura 92, 624, jeweils mwN.
93  Vgl BGH GA 88, 184; NStZ 05, 446 mit abl. Anm. *Walther*, JZ 05, 686; krit. *Puppe*, AT I, § 4 Rn 2 f.

verantwortlicher Weise selbst verletzt oder gefährdet, trägt dafür grundsätzlich die alleinige Verantwortung. Die Schadensfolgen, die sich daraus ergeben, sind sein eigenes Werk, das in der Regel nur ihm zuzurechnen ist. Der Schutzbereich einer Norm, die (wie § 222) den Rechtsgutsinhaber vor **Eingriffen Dritter** bewahren soll, endet dort, wo sein eigener Verantwortungsbereich beginnt. Im Gegensatz zu anders lautenden älteren Entscheidungen (BGHSt 7, 112; BGH NStZ 81, 350) wird das in der neueren Rechtsprechung nunmehr in Übereinstimmung mit der Rechtslehre anerkannt[94]. Der Strafbarkeitsbereich desjenigen, der den Akt der Selbstgefährdung veranlasst oder fördert, beginnt dort, wo er durch eine deliktische Handlung die *nahe liegende* Möglichkeit einer bewussten Selbstgefährdung schafft[95] oder wo er erkennt, dass das Opfer die Tragweite seines eigenen Verhaltens nicht überblickt. Soweit er hier *kraft überlegenen Sachwissens* das Risiko wesentlich besser erfasst als der sich selbst Gefährdende, trifft ihn die strafrechtliche Haftung für die sich ergebenden Folgen (BGH NStZ 86, 266). Zur **Fremdgefährdung** auf Verlangen oder mit Einwilligung des Betroffenen siehe *Wessels/Beulke*, AT Rn 190 f; zur Abgrenzung von Selbst- und Fremdgefährdung sowie zu den Grenzen wirksamer Einwilligung bei gefährlichem Handeln im Straßenverkehr BGH JZ 09, 426; nur im Erg. zust. *Roxin*, JZ 09, 399; sehr krit. *Kühl*, Anm. NJW 09, 1158.

**192**  Lehrreich dazu *Kühl*, AT § 4 Rn 83; *Otto*, Tröndle-FS, S. 157 und Ernst A. Wolff-FS, S. 395; *Roxin*, AT I, § 11 Rn 137; *Zaczyk*, Strafrechtliches Unrecht und die Selbstverantwortung des Verletzten, 1993.

**193**  Große praktische Bedeutung hat dieser Fragenkreis bei der Einnahme von Rauschgift durch Drogenkonsumenten. Während bei einer **Fremdinjektion** auch die Aufforderung durch das Tatopfer die Zurechnung nicht auszuschließen vermag (näher BGHSt 49, 34), kommt bei einer eigenverantwortlichen **Selbstinjektion** ein Zurechnungsausschluss in Betracht, wenn das Opfer die Risiken für Gesundheit und Leben erkannt hat.

**194**  Darauf bezieht sich auch die schon erwähnte Entscheidung BGHSt 32, 262, mit der die Wende in der Rechtsprechung zur Fahrlässigkeitshaftung im Bereich der Selbstgefährdung eingeleitet wurde und der folgender Sachverhalt zu Grunde lag: Bei einem zufälligen Zusammentreffen besorgte der Angeklagte A die zur Selbstinjektion erforderlichen Spritzen, nachdem sein Freund F ihm eröffnet hatte, dass er Heroin besitze, das man „gemeinsam drücken" könne. F füllte die Spritzen mit Heroin und Koffein; eine davon überließ er dem A. F starb an der Injektion. Der BGH hob die Verurteilung des A aus § 222 auf und führte dazu aus: Eigenverantwortlich gewollte und verwirklichte Selbstgefährdungen unterfallen nicht dem Tatbestand eines Körperverletzungs- oder Tötungsdelikts, wenn das mit der Gefährdung bewusst eingegangene Risiko sich realisiert. Wer lediglich eine solche **Selbstgefährdung** veranlasst, ermöglicht oder fördert, macht sich nicht wegen eines Körperverletzungs- oder Tötungsdelikts strafbar. Er nimmt an einem **Geschehen** teil, das (unter dem Blickwinkel der §§ 26, 27) **kein tatbestandsmäßiger und damit kein strafbarer Vorgang** ist, da das Gesetz nur **Fremdverletzungen** mit Strafe bedroht. Seine Strafbarkeit kann erst dort beginnen, wo er kraft überlegenen Sachwissens das Risiko besser erfasst als der sich selbst Gefährdende (BGH NStZ 86, 266). Ohne rechtliche Bedeutung ist es dagegen, wenn derjenige, der sich bewusst und eigenverantwortlich selbst gefährdet, hofft oder darauf vertraut, dass es nicht zum Eintritt eines Schadenserfolges kommen werde. Mit dem gefährlichen, in seiner möglichen Tragweite überblickten Verhalten übernimmt er das Risiko der Realisierung der Gefahr. Da hier nach dem Grundsatz in *dubio pro reo* von einem eigenverantwortlichen Handeln des F auszugehen ist, scheidet eine Bestrafung des A wegen fahrlässiger Tötung aus.

---

94  BGHSt 32, 262 = Heroinspritzenfall; BGH NStZ 85, 25 = Stechapfelteefall; ebenso BGH NStZ 87, 406; NJW 00, 2286; BayObLG NZV 96, 461; StV 97, 307.

95  BGHSt 39, 322; OLG Celle NJW 01, 2816 mit krit. Anm. *Walther*; OLG Stuttgart StraFo 08, 176; vgl auch *Roxin*, AT I, § 11 Rn 116; *Wessels/Beulke*, AT Rn 188 mwN.

Umstritten ist indessen, ob die Entscheidung BGH NStZ 84, 452 Zustimmung hinsichtlich der These verdient, dass derjenige, der einem anderen Heroin zur Selbstinjektion überlassen hat, als **Garant** iS des § 13 zu Rettungsmaßnahmen (Herbeirufen eines Notarztes usw) verpflichtet ist, wenn der Drogenkonsument das Bewusstsein verliert, dadurch handlungsunfähig wird und sein Zustand Gefahr für sein Leben befürchten lässt. **195**

Gegen diesen Standpunkt des BGH wenden sich *Fünfsinn*, Anm. StV 85, 57 und *Stree*, JuS 85, 179, der eine Garantenstellung aus *vorangegangenem pflichtwidrigen Tun* mit der Begründung verneint, der Drogenlieferant sei aus der Verantwortung für das weitere Geschehen entlassen, sobald der Drogenkonsument diese Verantwortung im Wege der **allein ihm zurechenbaren Selbstgefährdung** übernehme; unter solchen Umständen bleibe nur die allgemeine Hilfspflicht nach § 323c übrig (so auch *Roxin*, Anm. NStZ 85, 320). BGHSt 37, 179 beharrt jedoch darauf, dass der Schutzzweck des Betäubungsmittelstrafrechts (jedenfalls bei §§ 29 III Nr 2, 30 I Nr 3 BtMG) eine **Einschränkung** des Prinzips der Selbstverantwortung und der Grundsätze zur bewussten Selbstgefährdung notwendig mache, weil der Gesichtspunkt der Selbstgefährdung bei den einschlägigen Tathandlungen schon denkgesetzlich eingeschlossen sei und infolgedessen dort nicht zur Normeinschränkung herangezogen werden könne[96]. Neuerdings verneint der 5. Strafsenat § 30 I Nr 3 BtMG, wenn ein Betäubungsmittel dem Empfänger zum Zweck des in jeder Hinsicht freien Suizids überlassen wird[97]. **196**

Zum **Aufbau** siehe *Wessels/Beulke*, AT Rn 875.

# § 3   Die Aussetzung

**Fall 14:** Der im Bergsteigen noch wenig bewanderte B sichert sich die Dienste des sehr erfahrenen Bergführers F, der ihn gegen Entlohnung zum Gipfel eines hohen, ohne kundige Hilfe nur von versierten Kletterern bezwingbaren Massivs bringen soll. Unterwegs geraten die beiden infolge eines Fehltritts des B in eine schwierige Lage und nach deren Bewältigung durch F in einen heftigen Disput, der in den Vorwurf des B mündet, F verstehe seine Sache nicht. Zutiefst in seiner Berufsehre gekränkt, seilt F sich ab. Dabei ist er sich darüber im Klaren, dass B mangels zureichender Ausrüstung die kommende kalte Nacht kaum wird überleben können, was ihn jedoch nicht zum Bleiben bewegt. Einen der vielen Hilferufe des B hört eine oberhalb biwakierende Seilschaft, die B in das Tal zurückbringt. Die Lungenentzündung, die er sich zugezogen hat, ist nach kurzer Zeit auskuriert. **197**

Strafbarkeit des F gemäß § 221? **Rn 201, 207**

## I.   Schutzzweck und Systematik

Das **6. StrRG** vom 26.1.1998 hat den aus dem alten Delikt der Kindesaussetzung hervorgegangenen § 221 im Anschluss an § 139 E 1962 insgesamt neu gefasst und den Be- **198**

---

96   Zust. *Helgerth*, Anm. JR 93, 419; LK-*Jähnke*, § 222 Rn 11; *Rudolphi*, Anm. JZ 91, 572; *Wessels/Beulke*, AT Rn 188 mwN; abl. *Hohmann*, MDR 91, 1117; *Roxin*, AT I, § 11 Rn 112.
97   BGHSt 46, 279, 287 mit krit. Anm. *Duttge*, NStZ 01, 546 und *Sternberg-Lieben*, JZ 02, 153.

reich des Strafbaren erheblich erweitert[1]. Schutzzweck des § 221 I ist die **Verhinderung konkreter Gefahren für Leben oder Gesundheit** (= *konkretes Gefährdungsdelikt*); den Taterfolg umschreibt die neu aufgenommene Gefährdungsklausel. Im Gegensatz zum bisherigen Recht ist der Opferkreis nicht mehr auf von vornherein wegen jugendlichen Alters, Gebrechlichkeit oder Krankheit Hilflose beschränkt; in den Schutzbereich einbezogen sind nunmehr auch *Erwachsene* und *gesunde* Personen, deren Hilflosigkeit mithin auf anderen Zuständen oder Umständen beruht. Auch die Tathandlungen des Abs. 1 sind neu gefasst und erweitert worden. Die Aussetzung hat dadurch tendenziell[2] den Charakter eines *allgemeinen* Lebens- und Gesundheitsgefährdungsdelikts erhalten, bei dessen Auslegung eine Fülle von Problemen auftreten[3]. § 221 I ist ein **Vergehen**, der Versuch dieser Tat ist nicht mit Strafe bedroht (krit. *Bussmann*, GA 99, 21).

## II. Der Aussetzungstatbestand

### 1. Versetzen in eine hilflose Lage

**199** **Tathandlungen** des § 221 I sind das **Versetzen** in eine hilflose Lage und das **Im-Stich-Lassen** in einer hilflosen Lage. Täter der Nr 1 kann jeder sein, während Nr 2 den Täterkreis auf Obhuts- oder Beistandspflichtige begrenzt. Ein wichtiger Unterschied zwischen den Tathandlungen besteht darin, dass der Täter die hilflose Lage in Fällen der Nr 1 herbeiführt, während er sie in denjenigen der Nr 2 „vorfindet". **In eine hilflose Lage** wird ein Mensch **versetzt**, wenn er unter dem bestimmenden Einfluss des Täters in eine Situation gebracht wird, in der er sich ohne fremde Hilfe nicht gegen Gefahren für sein Leben oder seine Gesundheit schützen kann und er solcher Hilfe Dritter entbehrt (zB durch Veränderung des Aufenthaltsortes des Opfers oder durch Beseitigung von zum Schutz geeigneten Hilfsmitteln)[4]. Tatmittel zur bestimmenden Einflussnahme auf das Opfer sind typischerweise Täuschung, Drohung oder Gewalt. Führt das Opfer **freiverantwortlich** seine hilflose Lage selbst herbei, so fehlt es an der beim Versetzen vorausgesetzten Herrschaftmacht des Täters; Nr 1 scheidet dann aus. Das Versetzen in eine hilflose Lage ist auch durch *Unterlassen* iS des § 13 I begehbar; so etwa, wenn der Garant pflichtwidrig zulässt, dass sein Schützling sich selbst in eine hilflose Lage begibt[5], oder wenn er seine bislang geleistete Hilfe einstellt. *Zusätzlich erforderlich* ist als Erfolg jeweils, dass das Opfer *durch* die Handlung der **Gefahr** des Todes oder einer schweren Gesundheitsschädigung *ausgesetzt* wird. Insoweit soll die (messbare) Erhöhung einer bereits bestehenden derartigen Gefahr

---

1   Zur früheren Rechtslage siehe *Wessels*, BT/1, 21. Aufl. 1997, Rn 185 ff; *Küper*, BT S. 35, 210 und ZStW 111 (1999), 30 sowie *Wielant*, Aussetzung, S. 72 ff, 472.

2   *Hettinger/Wielant*, Herzberg-FS, S. 649.

3   Zur Kritik vgl LK-*Jähnke*, § 221 Rn 1 und *Struensee*, Einführung, S. 29, 45, der die Reform des § 221 als „schlimmen Missgriff" bewertet.; beachte *Küper*, BT S. 39.

4   In der Sache ebenso BGHSt 52, 153, 156 f mit Anm. *Hardtung*, JZ 08, 953; BGH NStZ 08, 395; näher *Gössel/Dölling*, BT I § 7 Rn 15; *Küper*, ZStW 111 (1999), 30, 42; SK-*Horn/Wolters*, § 221 Rn 4; *Wielant*, Aussetzung, S. 215 f, 339; anders *Krey/M. Heinrich*, BT I Rn 134, die weiterhin eine Ortsveränderung für erforderlich halten.

5   Vgl auch LK-*Jähnke*, § 221 Rn 21; *Rengier*, BT II § 10 Rn 8.

ausreichen[6]. Die Bestimmung des Verhältnisses von hilfloser Lage und Gefährdungs-klausel (§ 221 I am Ende) ist umstritten[7]. Da nach Nr 1 die konkrete Gefahr das *Resultat* des Versetzens sein muss, kann die hilflose Lage iS einer Hilfsbedürftigkeit ohne aktuell verfügbare Hilfe gedeutet werden[8]; das Versetzen wird dann strafbar, wenn eine der genannten Gefahren eintritt.

Nach § 221 I Alt. 1 aF machte sich strafbar, wer eine von vornherein (zB wegen Krankheit) hilf-lose Person aussetzte, dh sie in eine neue räumliche, Leib oder Leben konkret gefährdende Lage verbrachte. Als typische Begehungsform wird das Aussetzen in diesem Sinne bedeutsam bleiben (*Küper*, ZStW 111 [1999], 30, 44; siehe auch MüKo-*Hardtung*, § 221 Rn 10).   **200**

Im **Fall 14** hat F den B zu einer Örtlichkeit geführt, an der B sich ohne fremde Hilfe nicht ge-gen Gefahren iS des § 221 I schützen konnte. Zum einen war B jedoch zwar der Hilfe des er-fahrenen F *bedürftig*, aber *nicht* in einer *hilflosen Lage*, solange dieser ihm beistand. Zum an-deren ist er zu dieser Stelle nicht unter dem bestimmenden Einfluss (iS Rn 199) des F gelangt; denn es war des B eigene freie Entscheidung, diese Tour mit kundiger Unterstützung des F, der für seine Sicherheit die Gewähr übernommen hatte, zu unternehmen. Indem F sich aber ab-seilte und den auf seine Hilfe angewiesenen B trotz der Verhältnisse allein zurückließ, ver-setzte er ihn durch die Verweigerung weiterer Unterstützung in eine *nunmehr* hilflose Lage und setzte B dadurch der Gefahr des Todes aus. Zwar drohte der Tod nicht alsbald einzutreten, doch war die Gefahr deshalb schon eine konkrete, weil B die in der kritischen Zeitspanne not-wendige Hilfe nur durch Zufall zuteil werden konnte (näher *Küper*, Jura 94, 518). Ob daneben auch die Gefahr einer schweren Gesundheitsschädigung bestand, kann hier deshalb offen blei-ben (aA zur Lösung ua *Laue*, Die Aussetzung, 2002, S. 113 und SK-*Horn/Wolters*, § 221 Rn 4, die in solchen Sachgestaltungen auf § 221 I Nr 2 abstellen; dazu Rn 204).   **201**

## 2. Im-Stich-Lassen in einer hilflosen Lage

Eine wesentliche Ausweitung der Strafbarkeit über das oben Rn 198 zum Opferkreis Gesagte hinaus bringt § 221 I Nr 2 nF. Nach bisherigem Recht war erforderlich, dass der Obhutspflichtige seinen hilflosen Schützling in hilfloser Lage verließ, dh sich räumlich von ihm so entfernte, dass er zur Pflichterfüllung nicht mehr im Stande war (BGHSt 38, 78; eingehend *Küper*, BT S. 210). Demgegenüber soll das neue **Im-Stich-Lassen** zum Ausdruck bringen, dass diese Ausführungsart nicht nur durch räumliches Verlassen, sondern auch dadurch verwirklicht werden kann, „daß der Bei-standspflichtige sich der Beistandsleistung vorsätzlich entzieht, obwohl er dazu in der Lage wäre"[9]. Entscheidend ist damit nunmehr das **Unterlassen** *der möglichen Hilfe-leistung*, unabhängig davon, ob der Pflichtige sich entfernt oder trotz Anwesenheit dem Hilfebedürftigen nicht beisteht. Der Begriff **Obhut** weist auf ein bereits tatsäch-lich bestehendes Schutz- und Betreuungsverhältnis hin, hat also die *Beschützer*garan-   **202**

---

6 Näher *Wielant*, Aussetzung, S. 458 ff; aA aber NK-*Neumann*, § 221 Rn 16.
7 Vgl *Ebel*, NStZ 02, 404; *Küper*, BT S. 38; *Lackner/Kühl*, § 221 Rn 2; *Struensee*, Einführung, S. 27, 35 und *Wielant*, Aussetzung, S. 440 ff.
8 Vgl *Küper*, ZStW 111 (1999), 30, 48 f; SK-*Horn/Wolters*, § 221 Rn 3; S/S-*Eser*, § 221 Rn 9; *Sternberg-Lieben/Fisch*, Jura 99, 45; aA LK-*Jähnke*, § 221 Rn 18.
9 BT-Drucks. 13/8587, S. 34; BGHSt 52, 153, 158; dazu auch *Struensee*, Einführung, S. 38; zu den Gren-zen der Handlungspflicht *Sternberg-Lieben/Fisch*, Jura 99, 45, 48.

ten im Auge. Auch die neu formulierte Beistandspflicht nimmt Bezug auf Rechtspflichten iS des § 13 I, so dass weiterhin die Grundsätze heranzuziehen sind, die im Bereich der unechten Unterlassungsdelikte für die Entstehung der sog. **Garantenstellung** gelten (BGHSt 26, 35, 37). Danach kann die hier vorausgesetzte Schutzpflicht auch durch ein *pflichtwidriges gefährdendes Vorverhalten*[10] oder durch die *tatsächliche Übernahme einer Beistandsverpflichtung* begründet werden[11]. Pflichten von der Qualität der in §§ 138, 323c genannten reichen hingegen nicht aus (eine im Entwurf hinsichtlich § 323c vorgesehene Klarstellung wurde „als entbehrlich gestrichen"; BT-Drucks. 13/9064, S. 14). Durch die neu formulierte Tathandlung hat die bisher umstrittene Frage sich erledigt, inwieweit ein *Verlassen durch Unterlassen* möglich ist (BGHSt 21, 44 mit Anm. *Dreher*, JZ 66, 578). Im-Stich-Lassen erfasst jetzt unmittelbar auch die Fälle nicht rechtzeitiger Rückkehr.

**203** § 221 I Nr 2 setzt eine schon vorhandene **hilflose Lage** des Opfers voraus, in der es der beistandspflichtige Täter im Stich lässt, *wodurch* das Opfer der Gefahr des Todes oder einer schweren Gesundheitsschädigung ausgesetzt werden muss. Auch hier bereitet die Interpretation Schwierigkeiten, wobei im Auge behalten werden muss, dass § 221 I kein Verletzungs-, sondern ein **Gefahrerfolgsdelikt** ist (siehe Rn 198). Würde die Hilfsbedürftigkeit ohne fremde Hilfe (siehe Rn 199) zur Begründung einer Garantenpflicht nicht genügen, weil das Im-Stich-Lassen in hilfloser Lage bereits das Bestehen einer konkreten Gefahr iS des § 221 I voraussetze[12], so wäre die Gefahrenlage notwendig schon akut und die Gefährdungsklausel („und … dadurch") für Nr 2 funktionslos. Mit dem Wortlaut und den feststellbaren Vorstellungen des Gesetzgebers ist Nr 2 jedoch wohl so zu verstehen, dass das Opfer *durch* das Im-Stich-Lassen den Gefahren erst ausgesetzt wird oder diese „messbar" erhöht werden (vgl in diese Richtung die Begründung zum E 1962, S. 277, auf die BT-Drucks. 13/8587, S. 34 sich ausdrücklich, wenn auch verkürzt, beruft). Nunmehr soll zB eine Pflegerin nicht nur erfasst werden, wenn sie den ihr anvertrauten hilfsbedürftigen Schwerkranken verlässt, sondern auch dann, wenn sie zwar bei ihm bleibt, aber sich nicht um ihn kümmert, „allerdings immer vorausgesetzt, dass durch ihr Verhalten für den Kranken eine Lebensgefahr begründet oder erhöht wird und dass sie vorsätzlich handelt" (so die Begründung zum E 1962, S. 277; nach jetziger Gesetzeslage ist jedoch schon Nr 1 iVm § 13 I heranzuziehen, weil die Pflegerin durch Aufkündigung ihrer Bereitschaft zu helfen die Hilflosigkeit ihres Schützlings erst begründet[13]). Als Anknüpfungsgrund für die Hilfspflicht bleibt mithin nur die hilflose Lage ioS, was aber offenbar der Intention des Gesetzes („obwohl") entspricht[14].

---

10  Dazu *Stein*, JR 99, 265, 269. Ob die *vorsätzliche* Verwirklichung der Nr 1 zum Garanten iS der Nr 2 macht, ist umstritten; verneinend ua BGH StV 96, 131; *Hillenkamp*, Otto-FS, S. 287, 306 mwN; *Wielant*, Aussetzung, S. 374 ff; bejahend LK-*Jähnke*, § 221 Rn 3, 32 und *Stein*, aaO.

11  Vgl BGH NJW 93, 2628; beachte aber OLG Stuttgart, Die Justiz 08, 76; *Gössel/Dölling*, BT I § 7 Rn 24; MüKo-*Hardtung*, § 221 Rn 14 f; *Wessels/Beulke*, AT Rn 715 ff.

12  So *Küper*, ZStW 111 (1999), 30, 52; LK-*Jähnke*, § 221 Rn 25; wie hier *Gössel/Dölling*, BT I § 7 Rn 18; krit. zur „Undurchdachtheit" des Gesetzes *Struensee*, Einführung, S. 27, 39.

13  Grundlegend *Wielant*, Aussetzung, S. 421 iV mit S. 407 ff.

14  Differenzierend nach dem Inhalt der Garantenpflicht nunmehr *Küper*, BT S. 214; dazu *Wielant*, Aussetzung , S. 261, 264 ff.

Nach *Horn/Wolters* (SK, § 221 Rn 4)[15] wäre im **Fall 14** nicht § 221 I Nr 1, sondern nur Nr 2 in   **204**
Betracht zu ziehen: F hatte den Schutz des B gegen den Eintritt der spezifischen Gefahren zu ga-
rantieren. Indem er selbst seinen Aufenthaltsort verändere, zerbreche er aktiv diesen Schutzkreis,
mache sich zum rettenden Eingreifen unfähig und verlasse also seinen Schützling. Eben hiermit
ist jedoch das beschrieben, was Nr 1 iVm § 13 I mit dem Versetzen in eine hilflose Lage durch
Unterlassen meint (siehe Rn 201)[16]. Deshalb bedarf es der von *Horn/Wolters* vorgeschlagenen
Konstruktion nicht. Gleiches gilt für die Deutung *Jägers*, JuS 00, 31, 33 f[17]; er bestimmt die hilflose *Lage* „unabhängig von den Beistandspflichten des Täters", dehnt damit aber den Opferkreis
zu weit aus. Denn allein deshalb, weil sie uU hilfsbedürftig sind, befinden etwa Patienten in einer
Klinik sich nicht auch schon in einer hilflosen Lage.

Zum **Gefährdungsvorsatz** des Täters gehört bei § 221 I Nr 1 die Kenntnis, dass das   **205**
Opfer in eine Lage gebracht wird, in der es sich ohne fremde Hilfe gegen Gefahren für
sein Leben oder seine Gesundheit nicht schützen kann, sowie die Vorstellung, dass infolge des Versetzens (ggf durch Unterlassen) die Gefahr des Todes oder einer schweren Gesundheitsschädigung eintritt[18]. Für Nr 2 ist das Wissen des Täters um die seine
Garantenstellung begründenden Umstände erforderlich sowie die Vorstellung, dass
für seinen schon in hilfloser Lage befindlichen Schützling eine der Gefahren iS des
§ 221 I durch das Im-Stich-Lassen konkret entstehen oder erhöht werden kann (anders *Struensee*, Einführung, S. 40).

## 3. Qualifikationen

**Qualifikationen** enthalten die Verbrechenstatbestände des § 221 II, III. § 221 II Nr 1,   **206**
für dessen objektive Voraussetzungen § 15 gilt, begreift in der ersten Alternative unter
„Kind" auch das *Adoptiv*kind, wobei Kind personenstandsrechtlich zu verstehen sein
soll[19]; die neue zweite Alternative erfasst hinsichtlich einer zur Erziehung oder zur
Betreuung in der Lebensführung anvertrauten Person auch *Stief-* und *Pflegeeltern*[20].
Die in § 221 II Nr 2, III umschriebenen Tatbestände sind **erfolgsqualifizierte Delikte**, weshalb dem Täter hinsichtlich der eingetretenen Folge wenigstens Fahrlässigkeit zur Last fallen muss, § 18. Die schon bisher umstrittene Frage, ob bei *nicht* vollständig verwirklichtem Grundtatbestand (§ 221 I) ein strafbarer Versuch gemäß
§§ 221 III, 23 I, 12 I, 22 in Betracht kommt, wenn hinsichtlich der Folge lediglich
Fahrlässigkeit vorläge (erfolgsqualifizierter Versuch), hat der BGH noch nicht entschieden[21]. § 221 IV sieht für minder schwere Fälle (zum Begriff Rn 175) der *Verbre-*

---

15   Vgl auch LK-*Jähnke*, § 221 Rn 12, 24; *Rengier*, BT II § 10 Rn 12.
16   Insoweit wie hier *Kindhäuser*, BT I § 5 Rn 7; *Wielant*, Aussetzung, S. 361 ff und MüKo-*Hardtung*,
     § 221 Rn 11, der auch Nr 2 bejaht und innertatbestandlich den Vorrang einräumt, in Rn 48 aber Kon-
     sumtion der Nr 2 annimmt.
17   Ihm zust. *Ebel*, NStZ 02, 404, 408; NK-*Neumann*, § 221 Rn 9; eingehende Kritik bei *Wielant*, Ausset-
     zung, S. 328 ff.
18   Ebenso *Kindhäuser*, BT I § 5 Rn 21; MüKo-*Hardtung*, § 221 Rn 25; abl. zum Erfordernis der Vorstel-
     lung LK-*Jähnke*, § 221 Rn 36.
19   *Lackner/Kühl*, § 221 Rn 7; enger *Fischer* § 221 Rn 21; MüKo-*Hardtung*, § 221 Rn 31, jeweils mwN.
20   Vgl SK-*Horn/Wolters*, § 221 Rn 14; zur Frage der Anwendbarkeit des § 28 siehe *Wessels/Beulke*, AT
     Rn 558 mwN.
21   Vgl BGII NStZ 85, 501 mit Anm. *Ulsenheimer*, StV 86, 201; bejahend – auch für den neuen § 221 II
     Nr 2 – SK-*Horn/Wolters*, § 221 Rn 16, verneinend LK-*Jähnke*, § 221 Rn 40 mwN.

*chen*statbestände Sonderstrafrahmen vor, bei deren Heranziehung §§ 12 III, 78 IV zu beachten sind (krit. zu den Strafrahmen des § 221 *Struensee*, Einführung, S. 43).

**207**  Im **Fall 14** bestehen am Gefährdungsvorsatz des F iS der §§ 221 I Nr 1, 13 I keine Zweifel. § 221 II Nr 2 greift nicht ein: Zwar hat B sich infolge des Im-Stich-Lassens durch F eine Lungenentzündung, also eine Gesundheitsschädigung iS des § 223 I zugezogen; diese weist jedoch nicht die von § 221 II Nr 2 geforderte Schwere auf (zum Begriff der schweren Gesundheitsschädigung Rn 315 f). Hingegen sind die Voraussetzungen der §§ 221 III, 23 I, 12 I, 22 zu bejahen, da das Grunddelikt vollständig vorliegt und F den Tod des B in seinen Verwirklichungswillen einbezogen hatte. Damit erübrigt sich eine entsprechende Erörterung hinsichtlich § 221 II Nr 2. Im Verhältnis zum vollendeten Grunddelikt käme beschränkt auf die Fallfrage klarstellende Tateinheit in Betracht (so BGHSt 21, 194 für die gleich gelagerte Problematik bei gefährlicher und versuchter schwerer Körperverletzung ehemaliger Fassung). Im Übrigen siehe die folgende Rn.

## 4. Konkurrenzfragen

**208**  Innerhalb des § 221 hat Abs. 3 Vorrang vor Abs. 2. Mit §§ 223 ff ist Tateinheit möglich (BGHSt 4, 113), namentlich auch in den Fällen des § 221 II Nr 2, III. § 221 verdrängt § 323c (LK-*Spendel*, § 323c Rn 207). § 229 tritt hinter § 221 II Nr 2 zurück, § 222 hinter §§ 221 III, 18 (BGH NStZ 83, 424). Vorsätzlich begangene Tötungsdelikte verdrängen § 221 in allen seinen Ausprägungen[22]. Beruht die nachfolgende Tötungshandlung auf einem neuen Tatentschluss, liegt Tatmehrheit vor (BGH NStZ 02, 432). Zum Ganzen siehe auch LK-*Jähnke*, § 221 Rn 41, der als Folge der Konturenlosigkeit des § 221 nF zu Recht eine Zunahme der Konkurrenzfragen befürchtet.

---

**Aussetzung, § 221**

  **I. Tatbestandsmäßigkeit**
    **1. Objektiver Tatbestand**
      **a) Tatobjekt: ein anderer Mensch**
      **b) Tathandlung:**
        – **in eine hilflose Lage Versetzen (Nr 1)**
          ℗ wenn hilfsbedürftigem Opfer fremde Hilfe durch schutzbereite Personen zur Verfügung steht
          ℗ Versetzen ohne Ortsveränderung oder durch Unterlassen
        – **oder in hilfloser Lage trotz Garantenstellung Im-Stich-Lassen (Nr 2)**
          → kein räumliches Verlassen erforderlich
      **c) dadurch konkrete Gefahr**
        – **des Todes**
        – **oder einer schweren Gesundheitsschädigung**
    **2. Subjektiver Tatbestand**

  **II. Rechtswidrigkeit**

  **III. Schuld**
  ➔ **Qualifikationen: § 221 II, III**

---

22  *Fischer*, § 221 Rn 28; für klarstellende Tateinheit SK-*Horn/Wolters*, § 221 Rn 17.

2. Kapitel

# Straftaten gegen das ungeborene Leben

## § 4    Der Schwangerschaftsabbruch

**Fall 15:** In der Absicht, die Leibesfrucht der von ihm schwangeren S abzutöten, hat der Aus-    **209**
hilfskellner A durch ein Kunstharzröhrchen Luft in die Gebärmutter der S eingeblasen. Während des Eingriffs ist S an einer Luftembolie gestorben. Ihr Tod bewirkte auch das Absterben
der Leibesfrucht (nach BGHSt 1, 280).

Strafbarkeit des A? **Rn 228**

## I.    Allgemeine Grundlagen

Die ursprüngliche Fassung des § 218 vom 15.5.1871 behandelte die sog. *„Selbstab-*    **210**
*treibung"* und die durch Dritte vorgenommene *„Fremdabtreibung"* als Verbrechen. In
der Folgezeit hat diese Einstufung durch den Gesetzgeber wiederholt gewechselt (vgl
RGBl 1926 I 239; 1943 I 140 und 170). Seit dem 1. StrRG vom 25.6.1969 sind beide
Begehungsformen der Tat lediglich **Vergehen** (zur Entwicklung siehe *von Behren*,
Die Geschichte des § 218 StGB, 2004; LK-*Kröger*, Rn 4, 13 vor § 218; *Satzger*, Jura
08, 424; ferner BT/1, 31. Aufl. 2007, Rn 211 ff).

In den „alten" Bundesländern bestand zu Beginn der 70er Jahre des vorigen Jahrhun-    **211**
derts kein Zweifel an der Reformbedürftigkeit der §§ 218–220 aF. Ziel war ein wirk-
samerer Schutz des ungeborenen Lebens. Den Schwangeren sollten verstärkt Beratung und soziale Hilfen zuteil werden, in besonders schwerwiegenden Konfliktfällen
ein legaler Abbruch der Schwangerschaft möglich sein. Gegen heftigsten Widerspruch führte das 5. StrRG vom 18.6.1974 die sog. **Fristenlösung** ein, die bei Vornahme als von der Frau gewünschter Eingriff durch einen Arzt praktisch auf die Freigabe des Abbruchs innerhalb der ersten zwölf Schwangerschaftswochen hinauslief.
Das BVerfG erklärte am 25.2.1975 diese Neuregelung für **nichtig** (BVerfGE 39, 1);
der Lebensschutz der Leibesfrucht genieße für die gesamte Dauer der Schwangerschaft Vorrang gegenüber dem Selbstbestimmungsrecht der Schwangeren.

Das 15. StÄG vom 18.5.1976 hielt am Verbot des Schwangerschaftsabbruchs fest, sah    **212**
jedoch im Rahmen einer zeitlich abgestuften **Indikationenregelung** Ausnahmen in
Gestalt der medizinischen, der embryopatischen und der kriminologischen Indikation
sowie der allgemeinen Notlagenindikation vor (§ 218a) und nahm die **Schwangere
selbst** in weitestem Umfang von der Strafdrohung aus.

Das Ziel der Verminderung der Zahl der Schwangerschaftsabbrüche wurde nicht er-    **213**
reicht. Vor allem die engen Grenzen der Notlagenindikation wurden zunehmend unterlaufen. Fast 90 % der 1990 registrierten Abbrüche entfielen auf diese Indikation

(8 % auf eine medizinische, 2 % auf eine embryopatische und 0,1 % auf eine kriminologische Indikation).

**214**   Auf dem **Gebiet der ehemaligen DDR** blieb die dort geltende **Fristenregelung** nach dem Beitritt zur Bundesrepublik zunächst weiter in Kraft. Nach Art. 31 IV des Einigungsvertrages vom 31.8.1990 (BGBl II 885 ff) war für ganz Deutschland bis zum 31.12.1992 eine Regelung zu treffen, die den Lebensschutz für Ungeborene besser als bislang Gewähr leisten sollte.

**215**   Sieben Entwürfe aus der Mitte des Bundestags spiegeln die Zerrissenheit des gesellschaftlichen Meinungsbilds wider. Das **Schwangeren- und Familienhilfegesetz** (= SFHG) vom 27.7.1992 (näher zu ihm BT/1, 31. Aufl. Rn 215) wurde vom BVerfG am 28.5.1993 in wesentlichen Teilen (§§ 218a I, 219) für **nichtig** erklärt (BVerfGE 88, 203).

**216**   Für die Zeit bis zu einer gesetzlichen Neuregelung hatte das BVerfG durch eine Anordnung nach § 35 BVerfGG das bei der Beratung einzuhaltende Verfahren festgelegt und an Stelle des § 218a I folgende Übergangsregelung getroffen:

„§ 218 StGB idF des SFHG findet keine Anwendung, wenn die Schwangerschaft innerhalb von 12 Wochen nach der Empfängnis durch einen Arzt abgebrochen wird, die schwangere Frau den Abbruch verlangt und dem Arzt durch eine Bescheinigung nachgewiesen hat, dass sie sich mindestens drei Tage vor dem Eingriff von einer anerkannten Beratungsstelle hat beraten lassen. Das grundsätzliche Verbot des Schwangerschaftsabbruchs bleibt auch in diesen Fällen unberührt."

**217**   Die erwähnten Vorgaben des BVerfG sind im **Schwangeren- und Familienhilfeänderungsgesetz** (SFHÄndG) vom 21.8.1995 (BGBl I 1050) umgesetzt worden, dessen strafrechtlicher Teil am 1.1.1996 in Kraft getreten ist.

§ 218a I nF hält an dem Konzept einer **Fristenregelung mit Beratungspflicht** fest. Bei den Fällen, in denen ein Schwangerschaftsabbruch generell straflos bleibt, unterscheidet das Gesetz nun zwischen dem „bloßen" **Tatbestandsausschluss** (§ 218a I) und indikationsgebundenen **Rechtfertigungsgründen** in Gestalt der *medizinisch-sozialen* und der *kriminologischen* Indikation (§ 218a II, III). § 219 normiert die in § 218a I vorausgesetzte **Beratung** der Schwangeren durch eine anerkannte Konfliktberatungsstelle, die „ergebnisoffen" zu führen ist und von der Letztverantwortung der Frau ausgeht, sie jedoch zur Fortsetzung der Schwangerschaft ermutigen und ihr Perspektiven für ein Leben mit dem Kind eröffnen soll (die näheren Einzelheiten dazu ergeben sich aus dem Schwangerschaftskonfliktgesetz idF des SFHÄndG vom 21.8.1995). Flankierende Maßnahmen zum Schutz der Ungeborenen sind in § 218b und § 218c vorgesehen. Ergänzende Strafdrohungen in § 170 II und in § 240 IV 2 Nr 2 (bis zum 6. StrRG vom 26.1.1998: § 240 I 2) richten sich an das Umfeld der Schwangeren.

**218**   Näher zum SFHÄndG *Otto*, Jura 96, 135; *Tröndle*, Kaiser-FS, S. 1387 und Otto-FS, S. 821. Zu der an inneren Widersprüchen leidenden Entscheidung BVerfGE 88, 203 siehe ua *Dreier*, JZ 07, 261, 267 ff; *Gropp*, GA 94, 147; *Hermes/Walther*, NJW 93, 2337; *Hettinger*, Entwicklungen, S. 17; *Hoerster*, Abtreibung im säkularen Staat, 2. Aufl. 1995, S. 163 ff; *Kausch*, ARSP 1995, 496; *Starck*, JZ 93, 816; *Weiß*, JR 93, 449; zusammenfassend *Lackner/Kühl*, Rn 9 ff vor § 218; MüKo-*Gropp*, Rn 3 ff vor § 218; NK-*Merkel*, § 218a Rn 50 ff; SK-*Rudolphi*, Rn 33 ff vor § 218, jeweils mwN. Zum „bayerischen Sonderweg" siehe BVerfGE 98, 265 und hiergegen *Lackner/Kühl*, Rn 23a vor § 218.

## II. Systematik und Rechtsgüterschutz

### 1. Überblick

§ 218 normiert das grundsätzliche Verbot des Schwangerschaftsabbruchs. Aus Beweisgründen setzt der Strafrechtsschutz nicht bereits mit der Befruchtung (= *Verschmelzung der Keimzellen*), sondern erst mit dem **Abschluss der Einnistung des befruchteten Eies in der Gebärmutter** ein (= *Nidation, Implantation,* vgl § 218 I 2).

**219**

Nach heutigen Erkenntnissen vollzieht sich der Einnistungsvorgang im Einzelnen wie folgt: Nach der Befruchtung (= *Konjugation*) verbleibt die sich teilende Eizelle, die keine eigenen Nahrungsreserven besitzt und durch Sekrete aus dem mütterlichen Organismus ernährt wird, noch etwa drei Tage im Eileiter. Gegen Ende des 3. Tages erreicht sie die Gebärmutter der Frau, wo sie frühestens am 7. Tage festen Kontakt mit dem *Endometrium* aufnimmt (= Beginn der *Implantation*). Die Einnistung (= *Nidation*) ist dann frühestens am 9. Tage und spätestens mit Ablauf des 13. Tages seit der Befruchtung abgeschlossen[1]. Von diesem Augenblick an liegt eine **Schwangerschaft** iS des § 218 I 1 vor. Aus der daran anknüpfenden Regelung in § 218 I 2 ergibt sich, dass alle Methoden und Maßnahmen der *Empfängnisverhütung* wie der *Nidationsverhinderung* von § 218 **nicht erfasst** werden; sie sind strafrechtlich irrelevant und in die freie Entscheidung des Einzelnen gestellt.

**220**

§ 218 I 1, der das Tatbild des **Schwangerschaftsabbruchs** umschreibt und den Strafrahmen für die sog. *„Fremdabtreibung"* festlegt, bildet den **Grundtatbestand** des Delikts, zu dem die Strafzumessungsvorschrift des § 218 II **Regelbeispiele** für *besonders schwere Fälle* nennt. Derartige Strafrahmenbestimmungs- oder Strafzumessungsregeln haben immer folgende Aufgabe (vgl auch BT-Drucks. 13/8587, S. 42): Sind die Voraussetzungen erfüllt, unter denen (zB nach § 218 II Nr 1 oder Nr 2) *in der Regel* ein besonders schwerer Fall anzunehmen sein soll, so muss das Gericht, will es gleichwohl einen solchen verneinen, dies begründen (§ 267 III 3 Halbsatz 1 StPO; *Indizwirkung* des Regelbeispiels). Sind die Voraussetzungen eines solchen Regelbeispiels hingegen *nicht* erfüllt, so muss das Gericht eine besondere Begründung geben, wenn es dennoch einen besonders schweren Fall bejahen will (§ 267 III 3 Halbsatz 2 StPO); ein solcher soll vorliegen, wenn „das gesamte Tatbild nach einer Gesamtwertung aller objektiven, subjektiven und die Persönlichkeit des Täters betreffenden Umstände, die der Tat selbst innewohnen oder die sonst im Zusammenhang mit ihr stehen, vom Durchschnitt der erfahrungsgemäß vorkommenden Fälle in einem Maße abweicht, dass die Anwendung des höheren Strafrahmens geboten erscheint" (BGHSt 28, 318). Diese zweite, den Gerichten gesetzlich zugewiesene Befugnis ist als ua dem Parlamentsvorbehalt zuwiderlaufend strikt *abzulehnen*[2]. Für § 218 II ist zu beachten: Bei Nr 1 gelten die Vorsatzregeln nur entsprechend, da Regelbeispielsmerkmale keine Tatbestandsmerkmale sind[3]. Zur Gefahr einer schweren Gesundheitsschädigung, die

**221**

---

1 Näher *Lay,* JZ 70, 465; LK-*Kröger,* Rn 43 vor § 218; *Lüttger,* JR 69, 445 und Sarstedt-FS, S. 169.

2 Näher dazu *Hettinger,* GA 95, 399, 413 mwN; ferner *Scheffler,* ZStW 117 (2005), 766, 775 und passim.

3 Im Einzelnen streitig; siehe *Eisele,* Regelbeispielsmethode, S. 283 und JA 06, 309, 312; *Jescheck/Weigend,* AT § 29 II 3 c; LK-*Gribbohm,* § 46 Rn 151; NK-*Paeffgen,* § 113 Rn 83; S/S-*Stree,* § 46 Rn 26; SK-*Horn,* § 46 Rn 62; *Wessels,* Lackner-FS, S. 423, 426; näher, auch zum **Aufbau,** *Hettinger,* JuS 97, L 41, 44; ferner *Hohmann/Sander,* BT I § 1 Rn 125 ff und *Kudlich,* JuS 99, L 89, 90 (jeweils zu §§ 242, 243 I 2).

nach Nr 2 nur leichtfertig verursacht worden sein muss, siehe Rn 315. Die höchst bedenkliche Technik der besonders schweren Fälle mit Regelbeispielen gerät zu Recht zunehmend in Verruf[4].

§ 218 III **privilegiert** die Tatbegehung oder Tatbeteiligung der **Schwangeren** (sog. *„Selbstabtreibung"*) durch Gewährung eines unter §§ 28 II, 29 fallenden *persönlichen Strafmilderungsgrundes*, der die Konfliktsituation der Frau bei Vorliegen einer unerwünschten Schwangerschaft schuldmildernd berücksichtigt. § 218 IV bedroht den Versuch mit Strafe, nimmt davon jedoch die Schwangere schlechthin aus (§ 218 IV 2). Weitere Strafausschließungsgründe zu Gunsten der Schwangeren sind in § 218a IV 1, in § 218b I 3 und in § 218c II vorgesehen.

**222** Dadurch, dass die Schwangere in sehr weitem Umfang von der Strafdrohung frei bleibt, soll erreicht werden, dass sie in Konfliktsituationen nicht von vornherein den Weg in die Illegalität sucht, sondern sich unbefangen an eine **Beratungsstelle** wenden kann, um dort Rat und Auskunft über die in Betracht kommenden **Hilfen für Schwangere** zu erhalten.

## 2. Rechtsgut

**223** **Schutzgut** des § 218 ist das *sich im Mutterleib entwickelnde Leben* als eigenständiges, höchstpersönliches Rechtsgut, das Verfassungsrang genießt (Art. 2 II 1 GG) und nach BVerfGE 39, 1 dem Selbstbestimmungsrecht der Schwangeren prinzipiell vorgehen sollte. Allerdings darf nach BVerfGE 88, 203 in den ersten drei Monaten der Schwangerschaft der Schwerpunkt des Lebensschutzes statt auf die Strafandrohung auf die Beratung der Schwangeren gelegt werden.

**224** Das noch ungeborene („werdende") Leben unterliegt nicht der freien Verfügungsgewalt der Schwangeren; deren Einwilligung in den Abbruch der Schwangerschaft hat daher *für sich allein* keine rechtfertigende Kraft. Seit der Reform erfasst der Schutzzweck des Gesetzes auch die **Gesundheit der Schwangeren**, freilich nicht in Form eines selbstständigen Rechtsgutes, sondern lediglich als **Schutzreflex**[5]. Näher zur Schutzgutproblematik *Jerouschek*, GA 88, 483.

## III. Der Tatbestand des Schwangerschaftsabbruchs

### 1. Tatobjekt und Tathandlung

**225** **Tatobjekt** des Schwangerschaftsabbruchs ist die **Leibesfrucht** der Frau. Die **Tathandlung** besteht im vorsätzlichen **Abbrechen der Schwangerschaft** durch Vornahme eines Eingriffs, der die Abtötung der Leibesfrucht bezweckt oder in Kauf nimmt. Der **Taterfolg** liegt im **Absterben der Leibesfrucht**; bleibt dieser Erfolg aus, fehlt es an der Tatvollendung.

---

4 Siehe nur *Bussmann*, StV 99, 613, 617; *Calliess*, NJW 98, 929; *Hettinger*, Entwicklungen, S. 34 ff; *Streng*, Sanktionen, Rn 411 ff; *Zieschang*, Jura 99, 561, jeweils mwN; ferner *Gössel* ua bei *Dietmeier*, ZStW 110 (1998), 393, 408; vgl aber auch Rn 82 und *Wessels/Hillenkamp*, BT II Rn 194, 199.

5 Vgl BGHSt 28, 11, 15; SK-*Rudolphi*, Rn 56 vor § 218; weitergehend MüKo-*Gropp*, Rn 42 vor § 218; S/S-*Eser*, Rn 12 vor § 218.

In dieser Hinsicht hat sich gegenüber dem früheren Rechtszustand durch die das **Wesen der Tat** 226 (= *Abtötungsdelikt*) eher verschleiernde als klärende Gesetzesfassung nichts geändert[6]. Der Tatbestand kann wie bislang durch Abtötung der eingenisteten Frucht im Mutterleib, durch Herbeiführung des vorzeitigen Abgangs einer noch nicht selbstständig lebensfähigen Frucht (BGHSt 10, 5; 31, 348) oder durch Tötung der Schwangeren (BGHSt 11, 15; BGH NStZ 96, 276) verwirklicht werden. Andererseits liegt keine „Abbruchshandlung" iS des § 218 I 1 vor, wenn lediglich der Eintritt der Geburt mit wehenfördernden Mitteln beschleunigt oder im letzten Drittel der Schwangerschaft ein ärztlicher Eingriff vorgenommen wird, der die **Geburt eines lebensfähigen Kindes zum Ziel hat**, mag dieses auch tot zur Welt kommen (näher S/S-*Eser*, § 218 Rn 19 ff).

## 2. Abweichungen im Kausalverlauf

§ 218 setzt *nicht* voraus, dass die Schwangere die Abtötung der Leibesfrucht überlebt[7]. 227

Daraus folgt, dass A sich im **Fall 15** des *vollendeten* Schwangerschaftsabbruchs schuldig ge- 228 macht hat. Durch das Einblasen von Luft in die Gebärmutter der S hat A die beabsichtigte Abtötung der Leibesfrucht bewirkt, allerdings auf andere Weise, als er es sich vorgestellt hat. Die Abweichung zwischen seiner Vorstellung und dem wirklichen Kausalverlauf schließt den Tatbestandsvorsatz jedoch nicht aus, da sie sich noch in den Grenzen des nach allgemeiner Lebenserfahrung Voraussehbaren hält und keine andere Bewertung der Tat rechtfertigt (vgl BGHSt 1, 278; *Wessels/Beulke*, AT Rn 258, 261; mit anderer Begründung ebenso *Hettinger*, JuS 91, L 50). Als „Laienabtreiber" war A sich zudem seiner mangelnden medizinischen Kenntnisse bei Vornahme des für Leib und Leben der S überaus gefährlichen Eingriffs bewusst. Gleichwohl hat er sich *leichtfertig* über alle Bedenken hinweggesetzt. Was den Schwangerschaftsabbruch als solchen betrifft, hat A sich daher nach § 218 I 1, II Nr 2 strafbar gemacht. Da er hinsichtlich der S auch § 227 verwirklicht hat (näher Rn 244, 298), ist A somit nach §§ 218 I 1, II Nr 2, 227, 52 zu bestrafen.

## IV. Der legale Schwangerschaftsabbruch

**Rechtlich erlaubt** ist der Schwangerschaftsabbruch nach § 218a II bei *Einwilligung* 229 *der Schwangeren* und *Vornahme durch einen Arzt* im Falle der **medizinisch-sozialen Indikation**, und zwar bis zum Ende der Schwangerschaft. § 218a III stellt dem (zeitlich begrenzt) den Fall der **kriminologischen Indikation** gleich (zu atypischen Rechtfertigungslagen *Gropp*, Schreiber-FS, S. 113).

Die **Voraussetzungen** dieser Indikationen sind in § 218a II, III im Einzelnen umschrieben (in- 230 struktiv *Satzger*, Jura 08, 424, 430). Dabei ist die in § 218a III festgelegte **zeitliche Grenze** zu beachten: Im Falle der *kriminologischen Indikation* dürfen bei Vornahme des Eingriffs **nicht mehr als 12 Wochen** seit der Empfängnis verstrichen sein.

Die *medizinisch-soziale* und die *kriminologische* Indikation sind in § 218a II, III als 231 **Rechtfertigungsgründe** konstruiert. Das hält sich in den Grenzen der dem Gesetzge-

---

6 BGH NStZ 08, 393; ebenso *Fischer*, § 218 Rn 2; *Kienapfel/Schroll*, BT I § 96 Rn 2; *Lackner*, NJW 76, 1233; NK-*Merkel*, § 218 Rn 44.
7 BGHSt 1, 278 und 280; RGSt 67, 206.

ber verfassungsrechtlich zustehenden Gestaltungsfreiheit. Nach der Entscheidung des BVerfG vom 28.5.1993 (BVerfGE 88, 203, 299) darf ein Schwangerschaftsabbruch bei Vorliegen **bestimmter „Ausnahmetatbestände"** als „erlaubt" angesehen werden, sofern gewährleistet ist, dass die Voraussetzungen dieser Rechtfertigungsgründe im konkreten Fall durch eine vertrauenswürdige Person oder Institution überprüfbar **festgestellt** werden.

**232**  Damit hat sich der Meinungsstreit erledigt, der sich zur Rechtsnatur der Indikationen an der Frage entzündet hatte, ob ein Schwangerschaftsabbruch im Falle der früher geltenden **Notlagenindikation** (§ 218a II Nr 3 aF) als „nicht rechtswidrig" behandelt und über die gesetzliche Krankenversicherung abgerechnet werden durfte. Die von der hM vertretene **Rechtfertigungsthese**[8] sah sich heftigen Angriffen ausgesetzt[9], ist vom BVerfG (aaO S. 274, 325 ff) aber im Grundsatz bestätigt worden.

**233**  Im neuen Recht ist die *embryopathische* (auch: kindliche) Indikation nicht mehr enthalten[10]. Sie kam nach § 218a III früherer Fassung bis zur zeitlichen Grenze von 22 Wochen seit der Empfängnis in Betracht, wenn nach ärztlicher Erkenntnis dringende Gründe für die Annahme sprachen, dass das Kind infolge einer Erbanlage oder schädlicher Einflüsse vor der Geburt an einer nicht behebbaren Schädigung seines Gesundheitszustandes leiden würde, die so schwer wog, dass von der Frau die Fortsetzung der Schwangerschaft nicht verlangt werden konnte.

**234**  Von einer Übernahme dieser Indikation in den neugefassten § 218a III hat der Gesetzgeber abgesehen, um dem Missverständnis vorzubeugen, dass eine solche Regelung auf einer geringeren Achtung des Lebensrechts von Behinderten beruhe. Zu beachten ist indessen, dass Konfliktsfälle dieser Art jetzt durch die nicht befristete *medizinisch-soziale* Indikation des § 218a II aufgefangen werden können[11]. Die im Falle sog. **Spätabtreibungen** reale Gefahr von Kindstötungen durch „Liegenlassen" ist augenfällig[12].

**235**  **Straffrei** im Wege des sog. **Tatbestandsausschlusses** bleibt ein Schwangerschaftsabbruch beim Vorliegen der in § 218a I genannten Voraussetzungen. Danach ist „der Tatbestand des § 218 nicht verwirklicht", wenn die Frau den Abbruch ihrer Schwangerschaft verlangt und dem Arzt durch eine Bescheinigung gemäß § 219 II 2 nachgewiesen hat, dass sie sich mindestens 3 Tage vor dem Eingriff hat beraten lassen.

**236**  In die herkömmlichen Kategorien der Strafrechtsdogmatik lässt sich dieser Tatbestandsausschluss nicht einordnen. Die Ansicht des BVerfG, dass im Falle des § 218a I eine vom Grundgesetz missbilligte Unrechtshandlung gegeben sei, man im jeweils einschlägigen Rechtsbereich aber davon absehen könne, diese „von der Rechtsordnung nicht erlaubte Handlung als Unrecht zu behandeln" (BVerfGE 88, 203, 280), ist in sich widersprüchlich und dogmatisch nicht nachvollziehbar[13]. Die

---

8   Siehe dazu ua BGHSt 38, 144, 158; BGHZ 86, 240, 253.
9   Vgl BayObLG NStZ 90, 389; *Geiger*, Jura 87, 60; *Tröndle*, NJW 89, 2990 mwN.
10  Zu ihr *Hanack*, Noll-GedS, S. 197.
11  Vgl BT-Drucks. 13/1850 S. 25; zust. *Reichenbach*, Jura 00, 622, 627; krit. hingegen *Lackner/Kühl*, Rn 22 vor § 218; LK-*Kröger*, § 218a Rn 48 ff; *Otto*, Jura 96, 135, 141; *Schumann/Schmidt-Recla*, MedR 98, 497; *Satzger*, Jura 08, 424, 433 f; SK-*Rudolphi*, Rn 47 vor § 218; zu Recht restriktiv auch Bundesärztekammer, MedR 99, 31.
12  Vgl Staatsanwaltschaft Oldenburg NStZ 99, 461 mit abl. Anm. *Tröndle*; MüKo-*Gropp*, § 218a Rn 63; für ein ethisches Gebot der Tötung in solchen Fällen *Merkel*, Früheuthanasie, S. 588, 591.
13  *Dreier*, JZ 07, 261, 268 („Etikettenschwindel"); MüKo-*Gropp*, § 218a Rn 5 ff; *Tröndle/Fischer*, § 218a Rn 5 ff.

darauf basierende Annahme des Gesetzgebers, schon der Tatbestandsausschluss als solcher stelle klar, dass im Bereich des § 218a I für Nothilfe zu Gunsten des Ungeborenen iS der §§ 32, 34 kein Raum sei (BT-Drucks. 13/1850, S. 25), steht auf schwachen Füßen, weil ein Angriff iS des § 32 auch dann rechtswidrig sein kann, wenn er keinen Straftatbestand erfüllt[14].

Zu welchen Verwerfungen auch im Zivilrecht die Ansicht des BVerfG führt, dass eine Abtreibung unter den Voraussetzungen des § 218a I zwar rechtswidrig, aber legal sei, zeigt sich an der Behandlung der Unterlassungsklagen von Gynäkologen, denen öffentlich die Vornahme „rechtswidriger Abtreibungen" vorgeworfen worden war. Im Rahmen einer Nichtzulassungsbeschwerde gem. § 544 ZPO gab der BGH (NJW 03, 2011) dem Kläger recht, weil der Beklagte auf von ihm verteilten Handzetteln den „erforderlichen" Bezug zum Rechtswidrigkeitsbegriff des BVerfG nicht hergestellt habe, nach dem § 218a I ein legales, strafloses Handeln des Arztes nicht ausschließt. Hierdurch sei gegen den namentlich genannten Arzt bewusst eine **Prangerwirkung** erzeugt worden. Hingegen hat in einem gleich gelagerten Fall das OLG Karlsruhe (NJW 03, 2029) die Berufung des klagenden Arztes mit der Begründung zurückgewiesen, dessen Tätigkeit sei nach bestehender Rechtslage zutreffend beschrieben (siehe auch OLG Karlsruhe NJW 05, 612 und unten Rn 518). Zu fragen bliebe, ob denn die vom BGH behauptete „Prangerwirkung" entfiele, wenn der Beklagte schriebe, der Arzt führe Abtreibungen durch, die nach Ansicht des BVerfG rechtswidrig sind? **236a**

Nach § 12 SchKG ist **niemand verpflichtet**, an einem legalen Schwangerschaftsabbruch mitzuwirken (= wichtig wegen § 323c). Eine **Ausnahme** davon gilt jedoch, wenn die Mitwirkung notwendig ist, um von der Frau eine anders nicht abwendbare *Gefahr des Todes* oder einer *schweren Gesundheitsschädigung* abzuwenden (näher dazu MüKo-*Gropp*, § 218a Rn 96 ff). **237**

## V.  Konkurrenzprobleme

Im Verhältnis zwischen § 218 und den Tötungs- oder Körperverletzungsdelikten stößt die Beurteilung der Konkurrenzfragen häufig auf Schwierigkeiten. **238**

### 1.  Vorsätzliche Tötung der Schwangeren

Bei der **vorsätzlichen Tötung** einer schwangeren Frau kommt **Tateinheit** zwischen §§ 211 ff und § 218 in Betracht, wenn der Täter von der Schwangerschaft Kenntnis hat oder mit ihrem Vorliegen rechnet (BGHSt 11, 15). **239**

### 2.  Fälle des fehlgeschlagenen Versuchs der Tat

Wird infolge einer Abtreibungshandlung vorzeitig ein **lebendes Kind** geboren, das durch einen *neuen Angriff* des Täters auf sein Leben getötet wird, so liegt nach allgemein anerkannter Auffassung ein *fehlgeschlagener* Versuch des § 218 in **Tatmehrheit** mit einem *vollendeten* Tötungsverbrechen (jedenfalls dann) vor, wenn das **Kind le- 240**

---

14  Siehe dazu *Lackner/Kühl*, Rn 25 vor § 218; *Lesch*, Notwehrrecht und Beratungsschutz, 2000; *Satzger*, Jura 08, 424, 432; *Tröndle*, NJW 95, 3009, 3014.

**bensfähig** war, ohne die erneute Tötungshandlung weitergelebt hätte und der Täter dies auch erkannt hat[15]. Der Begriff der Lebensfähigkeit bedarf allerdings noch näherer Klärung[16].

**241**    Entgegen BGHSt 10, 291 (krit. dazu schon BGH GA 63, 15) kann das Ergebnis nicht anders lauten, wenn das lebend geborene und nachfolgend vom Täter getötete Kind **lebensunfähig** war: Selbst wenn dieses Kind zwangsläufig hätte sterben müssen, hat es den Tod doch tatsächlich nicht infolge der mangelnden Lebensfähigkeit, **sondern auf Grund einer selbstständigen Tötungshandlung** gefunden, *bevor* es zum Eintritt des unter § 218 fallenden *„Abtötungserfolges"* gekommen ist. Der reale Todeserfolg kann aber nicht zweimal (bei § 212 und § 218), sondern nur einmal zum Ansatz iS der Tatvollendung kommen, und zwar bei dem Delikt, dessen *„Objektsqualität"* das Opfer im Einwirkungszeitpunkt aufwies (= vollendete Tat nach §§ 212 bzw 211 in Tatmehrheit mit Versuch nach § 218 I, IV; zust. *Satzger*, Jura 08, 424, 428; vgl dazu BGHSt 31, 348, 352; 32, 194).

### 3.  Verhältnis zur Körperverletzung

**242**    Zwischen **Körperverletzung** und einem **versuchten** (BGHSt 28, 11) oder **vollendeten Delikt** des § 218 (BGH GA 66, 339) kann **Tateinheit** bestehen. Soweit die vorsätzliche Körperverletzung nur der Fremdabtreibung dient, wird trotz der Anhebung des Höchstmaßes der Freiheitsstrafe auf fünf Jahre durch das sog. Verbrechensbekämpfungsgesetz (dazu Rn 244) weiterhin Gesetzeseinheit anzunehmen sein, weil jede zur Fruchtabtötung führende Handlung zugleich die Körperintegrität der Schwangeren in Mitleidenschaft zieht (= *Gesundheitsschädigung* iS des § 223 I; vgl BGHSt 28, 11). Nach der Verdoppelung der Höchststrafe des § 224 durch das **6. StrRG** (siehe Rn 244), in der, auch im Verhältnis zu § 218, eine neue Wertung gerade des Unrechtsgehalts dieses Delikts zum Ausdruck kommt, ist insoweit Tateinheit anzunehmen[17].

Nach der früheren Rechtsprechung sollten sogar die §§ 224, 226 aF (jetzt §§ 226, 227) hinter § 218 zurücktreten, freilich nur mit der Maßgabe, dass der Richter die dort angedrohte Mindeststrafe nicht unterschreiten dürfe (BGHSt 10, 312; 15, 345). Diese Auffassung entstammte indes einer Zeit, zu der die **Fremdabtreibung** (§ 218 III aF) noch **Verbrechen** war; sie lässt sich heute nicht mehr halten. Ihr steht entgegen, dass die §§ 226, 227 als **Verbrechen** durch ein *Vergehen* nach § 218 nF nicht verdrängt werden können, da diese Norm gewiss nicht den Sinn hat, die Herbeiführung schwerster Folgen bei einem sog. „Pfuschabort" gegenüber §§ 226, 227 zu privilegieren. Inzwischen hat sich der BGH (BGHSt 28, 11) aber der hier vertretenen Ansicht angeschlossen, dass zwischen § 218 und §§ 226, 227 **Tateinheit** besteht.

---

15  BGHSt 13, 21; *Roxin*, JA 81, 542, 545; S/S-*Eser*, § 218 Rn 24; SK-*Rudolphi*, § 218 Rn 13.
16  Dazu NK-*Merkel*, § 218 Rn 75 ff; *ders.* in Roxin/Schroth (Hrsg.), Handbuch des Medizinstrafrechts, S. 145, 182 f.
17  BGH NJW 07, 2565; *Kindhäuser*, BT I § 6 Rn 6; NK-*Merkel*, § 218 Rn 153; aA *Lackner/Kühl*, § 218 Rn 21 mwN.

3. Kapitel
# Straftaten gegen die körperliche Unversehrtheit

## § 5 Die Körperverletzungstatbestände

**Fall 16:** Auf dem Weg von der Baustelle zu ihrer Unterkunft haben A und B sich mit Fla-    **243**
schenbier eingedeckt. Nach einem heftigen Wortwechsel zwischen ihnen läuft B aus Angst vor
Tätlichkeiten davon. Wutentbrannt streckt A ihn dadurch zu Boden, dass er ihm eine volle
Bierflasche an den Kopf wirft. B bleibt mit einer Gehirnerschütterung und schweren Prellun-
gen liegen. Bei dem Sturz hat er sich die vier oberen Schneidezähne ausgeschlagen, die durch
eine Zahnprothese ersetzt werden; außerdem hat er sich die linke Hand so unglücklich gebrochen, dass sie auf Dauer steif bleibt.

Wie ist A zu bestrafen? **Rn 254, 260, 277, 283, 286, 295**

## I. Die Systematik der Körperverletzungsdelikte

Das am 1.4.1998 in Kraft getretene **6. StrRG** vom 26.1.1998 hat den durch das sog. Verbrechens-    **244**
bekämpfungsgesetz vom 28.10.1994 kurz zuvor reformierten, auch praktisch bedeutsamen 17.
Abschnitt des BT erneut umgestaltet und die Vorschriften *neu durchnummeriert*[1]. Im Schwerpunkt betreffen die Änderungen die Rechtsfolgenseite (massive Anhebung vieler Strafdrohungen;
zur Begründung siehe BT-Drucks. 13/8587, S. 19[2]), während die Neuerungen im Bereich der
Strafbarkeitsvoraussetzungen sich in Grenzen halten (beachte aber Rn 250). Dem ursprünglichen
Vorschlag in § 223 III des Entwurfs eines 6. StrRG, ua die §§ 223a, 224 aF und 340 I 1 „durch
eine – weiter gefasste und flexiblere – Strafzumessungsregel für besonders schwere Fälle mit Regelbeispielen" zu ersetzen (so BT-Drucks. 13/8587, S. 36 zu diesem § 223 III[3]), sind der Rechtsausschuss (vgl BT-Drucks. 13/9064, S. 15) und dann auch der Gesetzgeber zu Recht nicht gefolgt.

### 1. Das geschützte Rechtsgut

**Geschütztes Rechtsgut** dieser Tatbestände ist die **körperliche Unversehrtheit** des    **245**
Menschen unter Einschluss seines **körperlichen und gesundheitlichen Wohlbefindens** (vgl auch *F.-C. Schroeder*, Hirsch-FS, S. 725). Rein seelische Beeinträchtigungen werden nur im Anwendungsbereich des § 225 von der Begehungsform des „Quälens" und in § 225 III Nr 2 erfasst[4]. **Handlungsobjekt** ist eine andere (natürliche)
**Person**; die Selbstverletzung fällt nicht unter §§ 223 ff (beachte aber §§ 109 StGB, 17
WStG).

---

1   Einen Überblick geben ua *Hörnle*, Jura 98, 169, 177; *Rengier*, ZStW 111 (1999), 1; *Wallschläger*, JA
    02, 390; *Wolters*, JuS 98, 582.
2   Dazu *Lackner/Kühl*, Rn 8 ff vor § 38; NK-*Paeffgen*, § 224 Rn 1, § 226 Rn 1 f und § 227 Rn 1 f.
3   Abl. *Hettinger*, Entwicklungen, S. 32, 34 mwN; NK-*Paeffgen*, § 224 Rn 1.
4   Zum sog. Stalking (§ 238) siehe Rn 369a und h.

**246**  Der **Nasciturus** (= die noch ungeborene Leibesfrucht; siehe Rn 10, 13) wird erst ab **Beginn der Geburt** taugliches Objekt einer Körperverletzung. Pränatale Einwirkungen auf eine **Leibesfrucht** haben nur für die Anwendbarkeit des § 218 Bedeutung, werden also von den Tatbeständen der §§ 223, 229 nicht erfasst, und zwar auch dann nicht, wenn die **vor dem Beginn des Menschseins** bewirkten Missbildungen oder Körperschäden nach der Geburt an dem Kind fortbestehen und weiterwirken (wichtig bei Nebenwirkungen von Medikamenten, die während der Schwangerschaft eingenommen wurden)[5]. Die zivilrechtliche Verpflichtung zum Schadensersatz bleibt davon allerdings unberührt (vgl BGHZ 8, 243; 58, 48).

**247**  Auf einer anderen Ebene liegt die Frage, ob ärztliche Behandlungsfehler, die den Tod der Leibesfrucht bewirken, hinsichtlich der mitbetroffenen **Schwangeren** als fahrlässige Körperverletzung geahndet werden können (vgl BGHSt 31, 348, 357; *Arzt*, Anm. FamRZ 83, 1019).

## 2.  Die Tatbestände im Überblick

**248**  Körperverletzungen sind bei vorsätzlichem (§§ 223 ff) wie bei fahrlässigem Handeln (§ 229 = § 230 aF) strafbar. Innerhalb der Vorsatzdelikte bildet § 223 den **Grundtatbestand**, auf dem mehrere **Qualifikationstatbestände** aufbauen: die gefährliche (§ 224; bisher § 223a) und die schwere Körperverletzung (§ 226; bisher §§ 224, 225), die Körperverletzung mit Todesfolge (§ 227 = § 226 aF) sowie die Körperverletzung im Amt (§ 340).

**249**  Die Einordnung des § 225 (bisher § 223b) ist umstritten. Die früher hM sah darin einen erschwerten Fall des § 223[6], während eine Gegenansicht ihn wegen der Einbeziehung seelischer Qualen und wegen der besonderen Beziehung zwischen Täter und Opfer als Sonderdelikt deutet[7]; eine dritte Auffassung erkennt *nur* in der Begehungsform des rein seelischen Quälens einen eigenständigen Tatbestand[8].

**250**  Taten nach §§ 226, 227 (beachte auch § 340 III) und § 225 III sind Verbrechen, die anderen genannten Delikte beschreiben Vergehen. Auch bei diesen ist der **Versuch** der Tat nunmehr **durchgehend mit Strafe bedroht** (vgl §§ 223 II, 224 II, 225 II, 340 II)[9]. Das wird ua praktisch bedeutsam, wenn die Ursächlichkeit des Handelns für ein als Erfolg in Betracht kommendes Ereignis nicht festgestellt werden kann[10]. Einen verselbstständigten Gefährdungstatbestand (dazu *Wessels/Beulke*, AT Rn 29) bildet die Beteiligung an einer Schlägerei (§ 231, bisher § 227).

## 3.  Strafantrag

**251**  Bei §§ 223, 229 tritt die Verfolgung nur **auf Antrag** ein, sofern nicht die Straftatverfolgungsbehörde wegen des besonderen öffentlichen Interesses ein Einschreiten von

---

5  Wie hier BVerfG NJW 88, 2945; BGHSt 31, 348; *Armin Kaufmann*, JZ 71, 569; *Krey/M. Heinrich*, BT I Rn 187; LK-*Lilie*, Rn 7 vor § 223; *Lüttger*, NStZ 83, 481; *Maurach/Schroeder*, BT I § 8 Rn 6; aA im Conterganfall LG Aachen JZ 71, 507; A/W-*Weber*, BT § 5 Rn 98.

6  BGHSt 3, 20; 4, 113; NK-*Paeffgen*, § 225 Rn 2.

7  *Maurach/Schroeder*, BT I § 10 Rn 2 f mwN; S/S-*Stree*, § 225 Rn 1; ähnlich BGHSt 41, 113; vgl auch Rn 310.

8  LK-*Hirsch*, § 225 Rn 1; MüKo-*Hardtung*, § 225 Rn 3; SK-*Horn*, § 225 Rn 2, 11.

9  Zu 223 II siehe die Kritik bei *Arzt/Weber*, BT § 6 Rn 7; *Hettinger*, Entwicklungen, S. 34 und *Struensee*, Einführung, S. 45; zust. hingegen *Rengier*, ZStW 111 (1999), 1, 5.

10  Beachte auch *Hohmann/Sander*, BT II § 6 Rn 11 und LK-*Lilie*, § 223 Rn 23.

Amts wegen für geboten hält (§ 230 = § 232 aF; siehe Nr 233 f RiStBV). Eine Bejahung des besonderen öffentlichen Interesses durch die Staatsanwaltschaft unterliegt nach hM nicht der richterlichen Überprüfung[11].

Zum **Privatklageweg** in den Fällen der §§ 223, 229 siehe § 374 I Nr 4 StPO (zu den Erfolgsaussichten *F.-C. Schroeder*, Strafprozessrecht, 4. Aufl. 2007, Rn 355). Das im bisherigen § 233 vorgesehene **Absehen von Strafe** in Fällen wechselseitig begangener Körperverletzungen und Beleidigungen ist im Hinblick auf §§ 153, 153a StPO (!) und § 59 StGB gestrichen worden (BT-Drucks. 13/8587, S. 36). **252**

An der **Gesamtkriminalität** waren nach der **Polizeilichen Kriminalstatistik** für das Jahr 2006/ 2007/2008 die einfache vorsätzliche Körperverletzung bei 359 901/368 434/367 291 Fällen mit einem Anteil von 5,7/5,9/6,0 % und einer Aufklärungsquote von 90,3/90,1/90,0 %, die gefährliche und die schwere Körperverletzung bei 150 874/154 849/151 208 Fällen mit einem Anteil von 2,4/ 2,5/2,5 % und einer Aufklärungsquote von 83,2/82,5/82,3 % beteiligt. **253**

## II. Die einfache vorsätzliche Körperverletzung

Im **Fall 16** ist das Verhalten des A anhand der §§ 223, 224 und 226 zu prüfen. Auszugehen ist dabei vom Grundtatbestand des § 223, der zwei (sich oft überschneidende) Arten von Körperverletzungen unterscheidet: die *körperliche Misshandlung* und die *Gesundheitsschädigung*. **254**

### 1. Körperliche Misshandlung

Der Begriff des **körperlichen Misshandelns** ist seiner Entstehungsgeschichte nach weit auszulegen (vgl RGSt 25, 375). Er umfasst **alle substanzverletzenden Einwirkungen** auf den Körper des Opfers sowie jede **üble, unangemessene Behandlung**, durch die das körperliche Wohlbefinden *mehr als nur unerheblich* beeinträchtigt wird[12]. **255**

Als **Misshandlungen** gelten insbesondere das Bewirken von **Substanzschäden** (Beule, Prellung, Wunde) oder von **Substanzeinbußen** (Verlust einzelner Glieder, Organe, Zähne); daneben das **Verunstalten des Körpers** (zB durch Beschmieren mit Teer) sowie das Hervorrufen körperlicher **Funktionsstörungen** (zB die Beeinträchtigung des Hör- oder Sehvermögens). Auch andere *üble Behandlungen* können im Einzelfall genügen, zB Ohrfeigen (BGH NJW 90, 3156), Faustschläge (OLG Düsseldorf NJW 94, 1232) und dergleichen. Da es nach hM auf eine Schmerzempfindung nicht ankommt, gehört auch das Fesseln und Knebeln mit einem Klebeband (so BGH NStZ 07, 404) sowie das Abschneiden von Haaren, etwa Zöpfen oder des Bartes, hierher (BGH NJW 53, 1440; 66, 1763), ebenso die Defloration (RGSt 56, 64); zweifelnd *Lackner/Kühl*, § 223 Rn 4. **256**

**Nicht** überschritten ist die **Erheblichkeitsschwelle** (vgl Rn 255), wenn etwa der in eine gefüllte Wanne geworfene Föhn nur ein Kribbeln in den Gliedmaßen des Baden-

---

11 BGHSt 16, 225; BVerfGE 51, 176; BayObLG MDR 91, 467; *Beulke*, Strafprozessrecht, Rn 283; aA S/S-*Stree*, § 230 Rn 3 mwN.
12 Vgl BGHSt 14, 269; OLG Düsseldorf NJW 91, 2918; LK-*Lilie*, § 223 Rn 6, 9; MüKo-*Joecks*, § 223 Rn 20.

den bewirkt (BGH NStZ 97, 123), wenn ein Angespuckter lediglich kurzfristig Ekel empfindet (OLG Zweibrücken NJW 91, 240) oder wenn ein Schlag oder Stoß vor die Brust nicht mit besonderer Kraft ausgeführt ist (BGH StV 01, 680); weitere Beispiele bei LK-*Lilie*, § 223 Rn 9.

## 2. Gesundheitsschädigung

**257** **Gesundheitsschädigung** ist das **Hervorrufen oder Steigern eines** vom Normalzustand der körperlichen Funktionen des Opfers nachteilig abweichenden **krankhaften** (= pathologischen) **Zustandes** körperlicher oder seelischer Art (BGHSt 36, 1, 6); mit einer Schmerzempfindung braucht sie nicht verbunden zu sein (BGHSt 25, 277). Ob das Herbeiführen einer solchen pathologischen Verfassung mehr als nur eine unerhebliche Beeinträchtigung der Gesundheit darstellt, unterliegt auch „normativer Bewertung" (BGHSt 43, 346, 354). Zum Ganzen *Lackner/Kühl*, § 223 Rn 5 mwN.

**258** Eine Störung des *seelischen* Befindens reicht nur aus, wenn sie einen pathologischen, somatisch objektivierbaren Zustand hervorruft, den körperlichen Zustand also nicht nur unerheblich verschlechtert[13].

**259** **Beispiele:** Ansteckung mit einer Krankheit (BGHSt 36, 1 und 262), Verschlimmerung oder Verlängerung einer schon vorhandenen Krankheit (RGSt 19, 226; BGH NJW 60, 2253), Beeinträchtigung der normalen körperlichen Funktionen durch Betäubung oder Verursachung von Volltrunkenheit (BGH NJW 83, 462; 70, 519; NStZ 86, 266), durch schädliche Emissionen (BGH MDR/ D 75, 723) oder In-Verkehr-Bringen gesundheitsschädlicher Produkte (BGHSt 37, 106; 41, 206), Röntgen in exzessiver Weise (BGHSt 43, 346), massive Lärmeinwirkung (OLG Koblenz ZMR 65, 223), Herbeiführung eines Schocks oder Nervenzusammenbruchs (vgl BGH NStZ 97, 123; OLG Stuttgart NJW 59, 831; LG Aachen NJW 50, 759); gezielte nächtliche Anrufe („Telefonterror"), die Befindlichkeitsstörungen ohne medizinisch bedeutsamen Krankheitswert verursachen, genügen nicht (OLG Düsseldorf NJW 02, 2118; aA wohl *Krey/M. Heinrich*, BT I Rn 192); weitere **Beispiele** bei LK-*Lilie*, § 223 Rn 13 ff.

**260** Im **Fall 16** hat A den B sowohl körperlich misshandelt als auch an der Gesundheit geschädigt. Obwohl der eine Wurf beide Tatbestandsalternativen verwirklicht, ist § 223 I nur einmal „verletzt" (vgl. *Lackner/Kühl*, § 52 Rn 3; instruktiv zur weiter reichenden Problematik *Altenhain*, ZStW 107 [1995], 382; ferner Rn 283). Rechtfertigungs- oder Schuldausschließungsgründe liegen nicht vor. Zu prüfen bleibt, ob Qualifikationen in Betracht kommen.

## III. Die gefährliche Körperverletzung

**261** Der Qualifikationstatbestand der gefährlichen Körperverletzung ist durch das 6. StrRG (siehe Rn 244) aus Gründen der besseren Lesbarkeit in einzelne Nummern untergliedert, in seiner tatbestandlichen Fassung jedoch weitgehend übernommen worden (vgl Nr 2–5 mit dem Text des früheren § 223a I, aber auch Rn 273). Hinzugekom-

---

13  Vgl BGH NJW 03, 150; NStZ 97, 123; LK-*Lilie*, § 223 Rn 15; weitergehend *Hardtung*, JuS 08, 864, 867; S/S-*Eser*, § 223 Rn 1, 6.

men ist die Nr 1; sie ersetzt den bisherigen selbstständigen Verbrechenstatbestand der **Vergiftung** (§ 229), hat aber die Voraussetzungen umgestaltet[14]. Ferner wurde für minder schwere Fälle (zum Begriff Rn 175) eine Strafzumessungsvorschrift angefügt, um für Ausnahmefälle vorzusorgen, in denen die verschärfte Regelstrafdrohung des § 224 I sich als unangemessen hoch erweist. Einen instruktiven Überblick zu den Problemen des § 224 I Nr 1–5 gibt *Kretschmer*, Jura 08, 916.

§ 224 stellt auf die **Gefährlichkeit der Begehungsweise** ab (BGHSt 19, 352), für die **262** das Gesetz fünf Fallgruppen nennt:

## 1. Durch Beibringung von Gift oder anderen gesundheitsschädlichen Stoffen

Qualifizierend wirkt zunächst die in § 224 I als Nr 1 neu aufgenommene Begehung der **263** Körperverletzung durch *Beibringung von Gift* oder anderen gefährlichen Stoffen. **Gift** als spezielles Beispiel gesundheitsschädlicher Stoffe wurde *bisher* definiert als organischer oder anorganischer Stoff, der unter bestimmten Bedingungen (etwa Einatmen, Aufnahme über die Haut) durch *chemische* oder *chemisch-physikalische Wirkung* die Gesundheit zu „zerstören" geeignet ist (zB bestimmte Arten des Knollenblätterpilzes, das Gift mancher Schlangen [ua der Kreuzotter], Salzsäure, Stechapfelsamen sowie bestimmte Rauschgifte [etwa Opium], aber auch ein an sich unschädlicher Stoff des täglichen Bedarfs wie etwa Kochsalz, wenn seine Beibringung nach Art der Anwendung oder Zuführung des Stoffs, seiner Menge oder Konzentration, aber auch nach dem Alter oder der Konstitution des Opfers [zB Allergie, Diabetes] im Einzelfall mit der konkreten Gefahr einer erheblichen Schädigung verbunden ist [BGHSt 51, 18, 22 ff]; zu den anorganischen Giften gehören zB Arsen, Zyankali und Blei). Demgegenüber genügt *nunmehr* nach § 224 I Nr 1 schon ein Gift (oder ein anderer Stoff) mit der Eigenschaft, die Gesundheit iS des § 223 I Alt. 2 zu *schädigen* (beachte Rn 266). Hierdurch ist zum einen die Anforderung an die beizubringende Menge (BGH NJW 79, 556) herabgesetzt, zum anderen der Kreis der als „Gift" in Betracht kommenden Stoffe erweitert worden (krit. *Struensee*, Einführung, S. 47), was zu Überschneidungen mit § 224 I Nr 2 führt (dazu *Fischer*, § 224 Rn 5 f).

Unter **anderen gesundheitsschädlichen Stoffen** sind im Gegensatz zu den Giften **264** solche Substanzen zu verstehen, die *mechanisch* oder *thermisch wirken* (zB zerstoßenes Glas, heiße Flüssigkeiten; zu ionisierenden Strahlen siehe §§ 309, 311) sowie krankheitserregende Mikroorganismen (Viren [nach hM auch das Humane Immunmangel-Virus = **HIV**; dazu Rn 268], Bakterien, Protozoen ua). Im Übrigen gilt das in Rn 263 Ausgeführte.

Der (Gift-)Stoff muss der anderen Person beigebracht worden sein. Eine **Beibringung** **265** liegt vor, wenn der Täter den Stoff mit dem Körper des Opfers derart in Verbindung gebracht hat, dass der Stoff seine gesundheitsschädliche Wirkung entfaltet. Für den ehemaligen Vergiftungstatbestand war streitig gewesen, ob entsprechend der Wirk-

---

14  Zu § 229 alten Rechts siehe *Küper*, BT S. 68; *Wessels*, BT/1, 21. Aufl. 1997, Rn 342.

weise von Giften auch für die anderen Stoffe zur Vollendung der Tat zu fordern sei, dass sie ihre Wirkung im *Innern* des Körpers erzielen (dazu näher *Hillenkamp*, BT, 8. Aufl. 1997, 4. Problem). Durch die Übernahme der umgestalteten ehemaligen Giftbeibringung in § 224 I dürfte dieser Streit erledigt sein[15].

266 Da nach dem Wortlaut der Nr 1 die Körperverletzung durch die Beibringung des gesundheitsschädlichen Stoffs begangen werden muss, der Stoff also das tatbestandliche Verletzungsmittel bildet, ist die Tat nunmehr ein *Verletzungs*delikt[16].

267 In § 223 III 2 Nr 2 des Entwurfs eines 6. StrRG war für die Modalitäten des jetzigen § 224 I Nr 1 als Ausgleich für die Erhöhung der Strafdrohung noch einschränkend das Erfordernis der Herbeiführung der (konkreten) Gefahr einer schweren Gesundheitsschädigung vorgesehen. Im Verlauf des Gesetzgebungsverfahrens wurde dieser Passus wieder gestrichen, um eine Rücknahme des Schutzbereichs gegenüber der bisherigen Rechtslage auszuschließen (vgl BT-Drucks. 13/9064, S. 15 mwN). Eine andere Frage ist, ob neben der eingetretenen Gesundheitsschädigung einschränkend die Eignung des beigebrachten Stoffs gefordert werden muss, eine Körperverletzung iS des § 226 I zu bewirken[17] oder ob insoweit ausreicht, dass ihm die Gefahr einer lediglich „erheblichen" Gesundheitsschädigung eignet[18]. Der Sanktionssprung von § 223 zu § 224 gebietet es jedenfalls, auch bei diesen neuen Tatmitteln eine solche Gefährlichkeit vorauszusetzen, wie sie die hM schon bisher § 224 I Nr 2 (= § 223a I Alt. 1 aF) zu Grunde legt (siehe Rn 275)[19].

268 Ein **HIV-Träger**, der einen anderen Menschen mit der Immunschwächekrankheit infiziert, kann sich nunmehr auch nach § 224 I Nr 1 strafbar machen; daneben ist an § 224 I Nr 5 zu denken. Da der Nachweis, dass eine Ansteckung erfolgt ist und dass die Erkrankung auf dem betreffenden Sexualkontakt beruht, aber selten gelingt, kommt idR Strafbarkeit nur wegen *versuchter* Tat (§§ 224 II, 22) in Betracht, wenn jemand mit einem ahnungslosen Partner den Sexualverkehr ohne Schutzmittel ausübt und dabei wenigstens mit bedingtem Verletzungsvorsatz handelt[20].

269 Die sehr kontroverse Diskussion in der Rechtslehre darüber, ob hier auch eine Bestrafung wegen „Vergiftung" oder wegen versuchten Totschlags in Betracht kommt (dazu *Wessels*, BT/1, 21. Aufl. 1997, Rn 266), ist durch die neue Tatbestandsvariante Nr 1 des § 224 I bei gleichzeitiger Aufhebung des bisherigen § 229 (Vergiftung) insoweit erledigt, als nunmehr in derartigen Fällen die Nr 1 (anderer Stoff) einschlägig ist.

---

15 Vgl *Küper*, BT S. 69; MüKo-*Hardtung*, § 224 Rn 10; aA *Hohmann/Sander*, BT II § 7 Rn 8 ff; *Jäger*, JuS 00, 31, 35; LK-*Lilie*, § 224 Rn 15; *Wallschläger*, JA 02, 390 mwN.

16 *Küper*, BT S. 70; *Lackner/Kühl*, § 224 Rn 1a; LK-*Lilie*, § 224 Rn 7; aA *Gössel/Dölling*, BT I § 13 Rn 9 mwN.

17 So SK-*Horn*, § 224 Rn 8; siehe auch *Stein*, Einführung, S. 102; *Wolters*, JuS 98, 582; aA *Struensee*, Einführung, S. 48.

18 Näher *Küper*, BT S. 71, 456; *Stree*, Jura 80, 281, 286 im Zusammenhang mit § 223a I Alt. 1 aF (= § 224 I Nr 2); krit. *Heinrich*, JA 95, 601, 605, 718.

19 So auch BGHSt 51, 18, 22; ferner *Lackner/Kühl*, § 224 Rn 1a; LK-*Lilie*, § 224 Rn 11; MüKo-*Hardtung*, § 224 Rn 8.

20 Grundlegend BGHSt 36, 1 und 262 siehe auch LG Würzburg bei *Jahn*, JuS 07, 772; anders *Herzberg* in Szwarc (Hrsg.), AIDS und Strafrecht, 1996, S. 61, 83; gegen ihn *Knauer*, GA 98, 428.

Nichts geändert hat sich an den Beurteilungsschwierigkeiten im Vorsatzbereich (instruktiv SK-*Horn/Wolters*, § 223 Rn 22c). Die überwiegende Ansicht folgt im Prinzip der vom BGH eingeschlagenen Linie, macht die Beurteilung jedoch von den konkreten Umständen des Einzelfalls abhängig[21]. Die überwiegende Ansicht folgt im Prinzip

Zur Frage der Verurteilung bei **Tatsachenalternativität** von *versuchter* und *vollendeter* gefährlicher Körperverletzung siehe BGH 36, 262 mit Anm. *Rudolphi*, JZ 90, 197; *Otto*, JR 90, 205; *Prittwitz/Scholderer*, NStZ 90, 385; ferner *Wessels/Beulke*, AT Rn 805, 808. Zur Problematik des „geschützten" Sexualverkehrs siehe *Knauer*, Aids-Forschung 1994, 463 und GA 98, 428, 439.

Ein HIV-Träger, dessen Sexualpartner auf den Verzicht von Schutzmitteln bei Ausübung des Geschlechtsverkehrs drängt, obwohl er die bestehende Infizierung und das damit verbundene Ansteckungsrisiko kennt und sich der Tragweite seines Verhaltens voll bewusst ist, macht sich nicht nach §§ 223, 224 strafbar. Da der Betroffene sich in einem solchen Fall freiwillig in die ihm bekannte Gefahr hineinbegibt und den Vollzug der ihn gefährdenden Handlung maßgeblich mitbeherrscht, erscheint es sachgerecht, hier (zumindest sinngemäß) auf die Regeln zurückzugreifen, die bei der Beteiligung an einer **eigenverantwortlichen Selbstgefährdung** gelten[22]. **270**

Bedingter Vorsatz hinsichtlich der gefahrbegründenden Eigenschaft des Giftes oder des anderen Stoffs genügt. Die Bedeutung der Umstände, aus denen das Urteil der objektiven Gefährlichkeit resultiert, muss der Täter richtig erfasst haben. Für HIV-Träger gelten insoweit keine Besonderheiten und gilt auch kein Sonderrecht (so zutreffend *Lackner/Kühl*, § 224 Rn 10 mwN). **271**

## 2. Mittels einer Waffe oder eines anderen gefährlichen Werkzeugs

Erschwerend wirkt auch die Begehung der Körperverletzung **mittels**[23] **einer Waffe** oder eines **anderen gefährlichen Werkzeugs.** **272**

Den *Oberbegriff* dieser Tatmittel bildet in § 224 I Nr 2 das *andere gefährliche Werkzeug*, während die Waffe nur noch als spezielles Beispiel vorangestellt ist (näher *Küper*, BT S. 453). Unter **Waffe** ist in Nr 2 eine *Waffe im technischen Sinn* zu verstehen. Dieser Begriff der Waffe umfasst nur solche gebrauchsbereiten Werkzeuge, die nach der Art ihrer Anfertigung nicht nur geeignet, sondern auch allgemein dazu bestimmt sind, Menschen durch ihre mechanische oder chemische Wirkung körperlich zu verletzen[24]. Eine derartige Waffe (zB eine Schuss- oder Hiebwaffe) muss, um die Voraussetzungen der Nr 2 zu erfüllen, bei der Tatbegehung *als* gefährliches Werkzeug benutzt werden. Daran fehlt es etwa bei einem leichten Schlag mit dem Pistolengriff auf den Rücken eines Menschen. **273**

---

21  Näher zum Ganzen *Frisch*, Meyer-GedS, S. 533 und JuS 90, 362 sowie *Schramm*, JuS 94, 405, jeweils mwN.
22  So BayObLG NStZ 90, 81 mit zust. Anm. *Dölling*, JR 90, 474; *Lackner/Kühl*, Rn 12a vor § 211; *Wessels/Beulke*, AT Rn 186; offen gelassen in BGHSt 36, 1, 17; krit. dazu *Frisch*, JuS 90, 362, 369.
23  Näher dazu Rn 276a.
24  Vgl BGHSt 4, 125, 127 und *Küper*, BT S. 438 mwN.

**274**  Der Begriff des **Werkzeugs** ist umstritten. Er umfasst nach hM nur *bewegliche* Gegenstände, die durch Menschenkraft gegen einen menschlichen Körper in Bewegung gesetzt werden, um ihn zu verletzen[25]. Ein Teil der Lehre will unter Berufung auf den Zweck der Norm *unbewegliche* Gegenstände wie eine Hauswand oder die Straßendecke, gegen die das Opfer gestoßen wird, mit einbeziehen[26]. Demgegenüber beruft BGHSt 22, 235 sich jedoch mit Recht auf den natürlichen Sprachgebrauch als Auslegungsgrenze. Trotz der Verdoppelung der bisherigen Höchststrafe hat der Gesetzgeber des 6. StrRG eine Änderung nicht einmal erwogen. Zudem wird in gravierenden Fällen ohnehin meist eine *das Leben gefährdende Behandlung* vorliegen, sodass dann § 224 I Nr 5 eingreift. Auch vom Standpunkt der hM aus spielt es allerdings keine Rolle, ob das Werkzeug gegen das Opfer oder dieses zum Werkzeug hin bewegt wird (RGSt 24, 373).

**275**  **Gefährliches Werkzeug** iS des § 224 I Nr 2 ist somit nach bisher hM jeder *bewegliche* Gegenstand, der nach seiner objektiven Beschaffenheit und der **Art seiner Verwendung im konkreten Fall geeignet** ist, erhebliche(re) Verletzungen zuzufügen[27]. **Erheblich** (oder: erheblicher) soll nach schon bisher herrschender Ansicht als gravierend, schwerwiegend, jedenfalls nicht mehr ausgesprochen leicht zu verstehen sein (näher *Küper*, BT S. 455). Nicht nur wegen der Verschärfung der Strafdrohung wird dies einer Präzisierung bedürfen[28], also auch dann, wenn § 224 nF keine höheren Anforderungen stellen soll als bisher (so BGH NStZ 02, 86). Die Formulierung „andere gefährliche Werkzeuge" erfasst auch solche Gegenstände, die (wie zB der Baseballschläger) ihre Bestimmung zur Verletzung von Personen erst unter Berücksichtigung der Umstände des jeweiligen Einzelfalles erhalten (vgl BT-Drucks. 13/9064, S. 9). Darüber hinaus bejaht die hM die Gefährlichkeit des Werkzeugs auch dann, wenn sie *nur* aus der konkreten Art der Verwendung hervorscheint. Danach ist zB ein spitzer Bleistift als „Schlagwerkzeug" harmlos, als gegen das Auge gerichtete „Stichwaffe" jedoch höchst gefährlich[29].

**276**  Demzufolge *können* nach hM unabhängig von ihrer objektiven Beschaffenheit nach der konkreten Benutzung und dem betroffenen Körperteil gefährliche Werkzeuge sein: eine Schere (BGH NJW 66, 1763), ein starker Weinschlauch (BGHSt 3, 105), eine Plastiktüte, wenn sie dem Opfer über den Kopf gestülpt wird (BGH StV 02, 482), der Schuh am Fuß beim Tritt gegen empfindliche Stellen des Körpers (BGHSt 30, 375 [auf Grund des Wortlauts des § 223a aF differenzierend *Hettinger*, JuS 82, 895]; auch ein Turnschuh der heute üblichen Art soll genügen, so BGH NStZ

---

25  BGHSt 22, 235; BGH NStZ-RR 05, 75.
26  *Eckstein*, NStZ 08, 125; LK-*Lilie*, § 224 Rn 27; *R. Schmitt*, JZ 69, 304; *Stree*, Jura 80, 281, 284; differenzierend *Gössel/Dölling*, BT I § 13 Rn 274; SK-*Horn/Wolters*, § 224 Rn 18; wie hier *Fischer*, § 224 Rn 8; MüKo-*Hardtung*, § 224 Rn 15; NK-*Paeffgen*, § 224 Rn 14; zum Ganzen *Simon*, Gesetzesauslegung, S. 97, 117, 284.
27  So zu § 223a aF RGSt 4, 397; BGHSt 3, 105; 14, 152; BGH NStZ 87, 174; OLG Düsseldorf NJW 89, 920; zu § 224 nF ebenso BGH NStZ 02, 86; 07, 95; *Lackner/Kühl*, § 224 Rn 5; vgl auch BT-Drucks. 13/9064, S. 9 zu § 127 nF; zu Recht krit. zur Handhabung dieser Definition *Fischer*, § 224 Rn 9 ff; SK-*Horn/Wolters*, § 224 Rn 16; für einen Verzicht auf das Erfordernis einer „objektiven Beschaffenheit" *Hardtung*, JuS 08, 960, 962; *Joecks*, § 224 Rn 17; S/S-*Stree*, § 224 Rn 4.
28  Beachte dazu *Heinrich*, JA 95, 601, 606; NK-*Paeffgen*, § 224 Rn 16 und *Rengier*, ZStW 111 (1999), 1, 14.
29  So schon *Frank*, § 223a Anm. II 1; aA insoweit *Fischer*, § 224 Rn 9e; NK-*Paeffgen*, § 224 Rn 14 f, 19.

99, 616; 03, 662), ein gehetzter Hund (BGHSt 14, 152), ein Kraftfahrzeug (BGH VRS 14 [1958], 286; 56 [1979], 189; KG NZV 06, 111 mit Anm. *Krüger*); schon das Ausdrücken einer brennenden Zigarette auf der Haut des Opfers soll wegen der nicht sicher absehbaren Folgen ausreichen (so BGH NStZ 02, 30 und 86; krit. MüKo-*Hardtung*, § 224 Rn 20; ganz abl. *Gössel/Dölling*, BT I § 13 Rn 29); ferner kommen in Betracht: eine siedende Flüssigkeit (RG GA Bd. 62 [1916], 321), Salzsäure oder andere chemisch wirkende Mittel (BGHSt 1, 1), die nunmehr bereits von § 224 I Nr 1 erfasst werden, sowie Injektionsspritzen in der Hand medizinischer Laien (BGH NStZ 87, 174). *Keine* gefährlichen Werkzeuge in diesem Sinne sind solche Behandlungs- und Operationsinstrumente, die von zugelassenen Ärzten bestimmungsgemäß gebraucht werden (wie etwa ein Skalpell und dergleichen; BGH NJW 78, 1206; insoweit auch BGH NStZ 87, 174); ferner zum Haarabschneiden verwendete Gegenstände wie eine Schere oder ein Messer, soweit sie nur zu diesem Zweck eingesetzt werden (BGH NStZ-RR 09, 50). Körperteile des Täters, wie etwa die Faust oder das zum Stoßen benutzte Knie, sind keine „Werkzeuge" iS des § 224 I Nr 2 (BGH GA 84, 124; anders, aber nicht überzeugend *Hilgendorf*, ZStW 112 [2000], 811, 822).

**Mittels** des gefährlichen Werkzeugs begangen ist die Tat, wenn die Verletzung durch ein *von außen* auf den Körper des Tatopfers einwirkendes Tatmittel verursacht, also **mit Hilfe des Werkzeugs** bewirkt worden ist[30]. Daran fehlt es, wenn gezielte Schüsse auf die Reifen eines fahrenden Pkw nur einen Unfall mit Verletzungsfolgen herbeiführen sollen (vgl auch Rn 273). **276a**

> Im **Fall 16** hat A die Körperverletzung mittels eines gefährlichen Werkzeugs begangen, weil die Benutzung der gefüllten Bierflasche als Wurfgeschoss gegen den Kopf des B zur Herbeiführung erheblicher Verletzungen geeignet war. Diese Umstände waren A bewusst, insbesondere auch die objektive Gefährlichkeit des Wurfgegenstands, die aus der Art seiner Verwendung folgte (vgl Rn 284). **277**

## 3. Mittels eines hinterlistigen Überfalls

Einen weiteren Qualifikationsgrund bildet nach § 224 I Nr 3 die Tatbegehung **mittels eines hinterlistigen Überfalls**. Strafschärfend wirkt hier neben der Verwerflichkeit des hinterlistigen Vorgehens auch die Gefährlichkeit des überraschend begonnenen Angriffs. **278**

**Überfall** ist jeder plötzliche, unerwartete Angriff auf einen Ahnungslosen (RGSt 65, 65). **Hinterlistig** ist ein Überfall, wenn der Täter seine wahre Absicht *planmäßig berechnend* verdeckt, um gerade dadurch dem Angegriffenen die Abwehr zu erschweren (BGH GA 89, 132; MDR/H 96, 551; NStZ 04, 93). Das bloße Ausnutzen des Überraschungsmoments genügt für sich allein nicht (BGH GA 61, 241; 68, 370; NStZ 05, 97); vielmehr muss der Täter zur Verschleierung des geplanten Angriffs zuvor weitere Vorkehrungen getroffen haben (wie etwa das Aufsuchen eines Verstecks, um dem Opfer aufzulauern, vgl BGH GA 69, 61). Wer seinem Kontrahenten nach einem Streit die Hand zum Friedensschluss entgegenstreckt, um ihn in Sicherheit zu wiegen und ihm dann unvermittelt das Knie in den Unterleib zu stoßen, handelt hinterlistig (vgl ferner BGH MDR/D 56, 526). Auch listiges Beibringen betäubender Mittel kann genügen (MüKo-*Hardtung*, § 224 Rn 23 mwN; aA *Maurach/Schroeder*, BT I § 9 Rn 16). **279**

---

30 BGH NStZ 06, 572; 07, 405; *Fischer*, § 224 Rn 7; *Küper*, BT S. 452, 456 mwN.

### 4. Mit einem anderen Beteiligten gemeinschaftlich

**280** Grund der Strafschärfung für die **mit einem anderen Beteiligten gemeinschaftlich verübte Körperverletzung** iS des § 224 I Nr 4 ist die erhöhte Gefährlichkeit des Angriffs für das Opfer, das durch die Zahl der Angreifer eingeschüchtert und in seiner Verteidigung gehemmt wird[31].

**281** Vorausgesetzt wird hier, dass **mindestens zwei Personen** unmittelbar am Tatort aktiv zusammenwirken. Die früher hM setzte insoweit *mittäterschaftliches* Handeln voraus (dazu LK-*Lilie*, § 224 Rn 33 mwN). Diese Ansicht ist jedenfalls nach der Neufassung durch das 6. StrRG („mit einem anderen Beteiligten" statt „von mehreren") überholt, denn mit dem **anderen Beteiligten** sind grundsätzlich *auch Teilnehmer* einbezogen[32]. **Gemeinschaftlich** bringt zum Ausdruck, dass zwei Beteiligte am Tatort *einverständlich* zusammenwirken müssen (BGHSt 23, 122). Angesichts des Grundes der Strafschärfung (vgl Rn 262, 280) dürften Teilnehmer, die keine Bereitschaft zum Eingreifen erkennen lassen, sich vielmehr auf Hervorrufen oder Bestärken des Tatentschlusses beschränken (soweit man diese Form der „psychischen" Beihilfe akzeptiert; zu ihr *Stoffers*, Jura 93, 11), *nicht* Beteiligte iS des § 224 I Nr 4 sein[33]. In solchem Fall wäre für den Täter § 224 I Nr 4 zu verneinen, wenn dieser § 224 I nicht in anderer Weise verwirklicht. Soweit der Schärfungsgrund verwirklicht ist, kann ein abwesender Dritter Mittäter sein (so BGH NStZ 00, 194). Zur Frage, inwieweit ein *Garant* nach §§ 224 I Nr 4, 13 zur Verantwortung gezogen werden kann, siehe SK-*Horn/Wolters*, § 224 Rn 29.

### 5. Mittels einer das Leben gefährdenden Behandlung

**282** Die Körperverletzung ist gemäß § 224 I Nr 5 **mittels einer das Leben gefährdenden Behandlung** begangen, wenn die Verletzungshandlung den konkreten Umständen nach objektiv *geeignet* war, das Leben des Opfers in Gefahr zu bringen; die tatsächlich erlittene Verletzung braucht also nicht lebensgefährlich zu sein[34]. In der Literatur wurde bislang zT auf den Eintritt einer *konkreten* Lebensgefährdung durch die Behandlung abgestellt[35]. Anzumerken ist insoweit, dass die Bundesregierung während der Beratungen des Entwurfs eines **6. StrRG** unwidersprochen der Ansicht der höchstrichterlichen Rechtsprechung zugestimmt hat (vgl BT-Drucks. 13/8587, S. 83).

**283** Im **Fall 16** sind diese Voraussetzungen durch das Schleudern der vollen Bierflasche gegen den Kopf des B erfüllt (= Gefahr des Schädelbruchs!). Da A auch Nr 2 des § 224 I verwirklicht hat, stellt sich erneut das in Rn 260 angesprochene Problem (vgl hierzu noch *Stree*, Jura 80, 281). Weitere **Beispiele:** Stoß des Opfers aus dem Fenster oder in einen tiefen Graben (RG HRR 29, Nr 1799), Herunterstoßen vom fahrenden Moped (BGH MDR/D 57, 652), massives, nicht nur kurzzeitiges Würgen am Hals (BGH StV 02, 649), Stoßen des Kopfes gegen die Hauswand oder gegen das Straßenpflaster (BGHSt 22, 235, 237), Bedrohen eines Herzkranken mit einer Schusswaffe (BGH MDR/H 86, 272); zur **Kasuistik** ferner MüKo-*Hardtung*, § 224 Rn 31.

---

31  Vgl *Küper*, GA 97, 301, 304 mwN; zu weit BGH NStZ 06, 572; dazu *Kretschmer*, Jura 08, 916, 920 f.
32  BGHSt 47, 383 mit zust. Anm. *Stree*, NStZ 03, 203 und abl. Anm. *Schroth*, JZ 03, 215 sowie krit. und instruktiver Analyse bei *Küper*, GA 03, 363, 372 ff; vgl auch BGH NStZ-RR 09, 10.
33  Näher *Küper*, GA 97, 301, 320 und 03, 363, 379; ferner *Jäger*, JuS 00, 31, 35 f; *Lackner/Kühl*, § 224 Rn 7; MüKo-*Hardtung*, § 224 Rn 25 f.
34  BGHSt 2, 160, 163; 36, 1; OLG Düsseldorf JZ 95, 908; *Fischer*, § 224 Rn 12 f mwN.
35  Vgl *Stree*, Jura 80, 281, 291 und in S/S, § 224 Rn 12; mit Blick auf den neuen Strafrahmen jetzt ebenso NK-*Paeffgen*, § 224 Rn 28; klärend zu dem praktisch kaum je bedeutsamen Streit *Küper*, BT S. 64 ff und Hirsch-FS, S. 595, 610.

In **subjektiver Hinsicht** lässt der BGH insoweit die Kenntnis der Umstände genügen, aus denen     284
sich die allgemeine Gefährlichkeit der Tathandlung für das Leben des Opfers ergibt[36]. Nach den
Grundsätzen über die Parallelwertung in der Laiensphäre muss der Täter sich aber auch der Bedeutung seines Verhaltens bewusst gewesen sein, also die Gefährlichkeit seines Handelns für das
Leben des Opfers wenigstens für möglich gehalten und in Kauf genommen haben[37]. Zum **Aufbau**
siehe auch die Hinweise bei *Rengier*, BT II § 14 Rn 1 und *Wessels/Beulke*, AT Rn 863.

---

**Gefährliche Körperverletzung, § 224**

  **I. Tatbestandsmäßigkeit**
    **1. Objektiver Tatbestand**
      **a) Tatobjekt: ein anderer Mensch**
      **b) Tathandlung: körperliche Misshandlung oder Gesundheitsschädigung**
        → beide Varianten prüfen
        ℗ ärztliche Heilbehandlungen
      **c) Qualifikationsmerkmale**
        *(1) Beibringung von Gift oder anderen gesundheitsschädlichen Stoffen*
        → auch Infizierung mit HIV
        *(2) mittels einer Waffe oder eines anderen gefährlichen Werkzeugs*
        ℗ nur konkrete Verwendung oder auch objektive Beschaffenheit
        ℗ unbewegliche Gegenstände
        *(3) mittels eines hinterlistigen Überfalls*
        *(4) mit einem anderen Beteiligten gemeinschaftlich*
        → einverständliches Zusammenwirken am Tatort
        → Beihilfe ausreichend
        *(5) mittels einer das Leben gefährdenden Behandlung*
        ℗ bloß abstrakte Gefährdungen
    **2. Subjektiver Tatbestand**
  **II. Rechtswidrigkeit**
  **III. Schuld**

---

## IV.  Schwere Körperverletzung

### 1.  Systematik

Das 6. StrRG hat die schwere und die beabsichtigte schwere Körperverletzung (bisher     285
§§ 224, 225) in § 226 zusammengefasst. Diese Regelung (beachte §§ 12 I, 23 I) stellt
auf die **Schwere des Taterfolges** ab. § 226 I normiert ein auf § 223 I aufbauendes *erfolgsqualifiziertes* Delikt. Die Aufzählung der qualifizierenden Folgen ist abschließend. Hinsichtlich der schweren Folge muss dem Täter *wenigstens* Fahrlässigkeit zur
Last fallen (§ 18), sodass auch Leichtfertigkeit und bedingter Vorsatz erfasst sind. Für
den spezifischen *Gefahrzusammenhang* gelten die Ausführungen zu § 227 sinngemäß
(vgl Rn 297 ff). Hat der Täter eine jener Folgen wissentlich oder absichtlich verur-

---

36  BGHSt 19, 352; 36, 1, 15; BGH NJW 90, 3156; *Fischer*, § 224 Rn 13.
37  *Lackner/Kühl*, § 224 Rn 9; NK-*Paeffgen*, § 224 Rn 35.

sacht, so greift als weitere Qualifikation § 226 II ein (vgl auch Rn 295a). Praktisch wichtige Strafzumessungsvorschriften für minder schwere Fälle (zum Begriff Rn 175) enthält schließlich § 226 III.

**286**  Im **Fall 16** liegen keine hinreichenden Anhaltspunkte dafür vor, dass A bei Verwirklichung der §§ 223, 224 die weiteren Tatfolgen (= Versteifung der gebrochenen Hand usw) absichtlich oder wissentlich (§ 226 II) verursacht hat. Insoweit kommen daher lediglich §§ 226 I, 18 in Betracht.

## 2.  Die schweren Folgen im Überblick

**287**  § 226 I Nr 1 setzt den *Verlust* einer der dort beschriebenen Fähigkeiten voraus (wobei „Gehör" die Hörfähigkeit insgesamt, den Hörsinn meint). Fortpflanzungsfähigkeit erfasst schon Kinder, bei denen sie angelegt ist (aA NK-*Paeffgen*, § 226 Rn 25); sie fehlt Frauen nach den Wechseljahren, während bei älteren Männern je nach Lage zu entscheiden ist (vgl auch S/S-*Stree*, § 226 Rn 1b). Verloren ist das Vermögen (oder die Fähigkeit), wenn es im Wesentlichen, dh nicht unbedingt vollständig (OLG Hamm GA 76, 304), aufgehoben ist, der Ausfall einen längeren Zeitraum hindurch besteht und Heilung sich nicht oder zumindest auf unbestimmte Zeit nicht absehen lässt (RGSt 72, 321; BayObLG NStZ-RR 04, 264). Mit dem Körper nur vorübergehend verbundene Hilfsmittel wie Brillen oder Kontaktlinsen beseitigen den Verlust nicht[38].

**288**  Die *Rechtsprechung* verstand ursprünglich unter einem **Glied** iS des § 226 I Nr 2 jeden Körperteil, der eine in sich abgeschlossene Existenz mit besonderer Funktion im Gesamtorganismus hat[39]. Ob damit *nur* jeder mit einem anderen durch Gelenke verbundene Körperteil (so NK-*Paeffgen*, § 226 Rn 26 mwN) oder auch andere Körperteile vom Gesetz erfasst sein sollten, ließ das RG offen (RGSt 6, 346). Der BGH hat es unter Berufung auf die Wortlautgrenze abgelehnt, *innere* Organe (zB eine Niere; hingegen ist die Haut ein *äußeres* Organ) als Glieder zu bezeichnen (BGHSt 28, 100). Von Gewicht ist auch sein Hinweis darauf, dass § 226 I Nr 1 (§ 224 aF) bestimmte Organe abschließend aufzählt und hinsichtlich innerer Organe ebenfalls eine Regelung (nunmehr in Nr 3) vorhanden ist. Die *Gegenansicht* will ua auch innere Organe in den Schutzbereich einbeziehen[40]. Sie kritisiert BGHSt 28, 100 als unbefriedigend, hat jedoch außer den Argumenten des BGH auch die Entstehungsgeschichte gegen sich; denn das „wichtige Glied" ersetzte im Verlauf des Gesetzgebungsverfahrens den zunächst vorgeschlagenen, dann aber als zu unklar empfundenen Begriff der „Verstümmelung"[41]. Zu folgen ist der Interpretation des BGH[42].

---

38  BayObLG NStZ-RR 04, 264; insoweit ebenso MüKo-*Hardtung*, § 226 Rn 17 f, 42 mwN.
39  RGSt 3, 391; mit der „in sich abgeschlossenen Existenz" dürfte der medizinische Begriff des Organs gemeint gewesen sein.
40  So OLG Neustadt NJW 61, 2076; *Eisele* BT I  Rn 334; *Otto*, BT § 17 Rn 6; *Rengier*, BT II § 15 Rn 8; *Wessels*, BT/1, 21. Aufl. 1997, Rn 271.
41  Vgl nur *Hälschner*, Das gemeine deutsche Strafrecht, 2. Bd., 1. Abteilung, 1884, S. 99 mwN.
42  Im Ergebnis ebenso *Gössel/Dölling*, BT I § 13 Rn 61; *Jäger*, JuS 00, 31, 37; LK-*Hirsch*, § 226 Rn 14; S/S-*Stree*, § 226 Rn 2; *Wolters*, JuS 98, 582, 585.

Umstritten ist ferner, wann ein Glied **wichtig** ist. Die Rechtsprechung bestimmte das **289** bislang anhand der *generellen* Bedeutung, die ihm „für jeden normalen Menschen" zukommt[43]. Soweit das Schrifttum dieser Linie nicht folgt, werden überwiegend die sozialen Funktionen (zB Geigenvirtuose) *und* die individuellen Körpereigenschaften (Linkshänder ua)[44] der verletzten Person berücksichtigt oder nur die individuellen Körpereigenschaften[45]. Der 4. Strafsenat (BGHSt 51, 252) hält die bisherige Linie der Judikatur „für zu eng und nicht mehr zeitgemäß". Er ist der Ansicht, dass bei Beurteilung der Frage, ob ein Körperglied „wichtig" ist, auch **individuelle Körpereigenschaften** und dauerhafte körperliche (Vor-)Schädigungen des Verletzten zu berücksichtigen sind (BGHSt 51, 252, 255 mwN; zust. *Bosch*, JA 07, 818; *Jahn*, JuS 07, 866; krit. hingegen *Paeffgen/Grosse-Wilde*, HRRS 07, 363). Der Senat beruft sich für diese Wende darauf, dass „dauerhafte körperliche Besonderheiten eines Tatopfers" bei der Auslegung des Tatbestandsmerkmals „wichtig" angesichts des gleichberechtigten Zusammenlebens von Menschen unterschiedlicher körperlicher Beschaffenheit (vgl Art. 3 III 2 GG) heute nicht gänzlich außer Acht gelassen werden dürften[46]. Was also dem Rechtshänder seine Rechte, ist dem Linkshänder seine Linke, dem Einarmigen die verbliebene Hand. Diese Deutung der „Wichtigkeit" des Glieds ist jedenfalls mit dem Wortlaut der Norm vereinbar, während eine Differenzierung nach sozialen Funktionen abzulehnen ist[47]. Denn diese schon bisher problematische Ansicht liest Umstände iS des § 46 II in den Verbrechenstatbestand des § 226 hinein, was angesichts der Verschärfungen der Strafdrohung durch das 6. StrRG 1998 noch bedenklicher geworden ist[48].

Durch das 6. StrRG wurde die bisher streitige Frage, ob ein Glied schon bei dauernder **290** Unbrauchbarkeit als verloren zu gelten hat (so die hL) oder nicht (so nach damaliger Gesetzeslage zutreffend BGH NJW 88, 2622 zur Versteifung eines Kniegelenks), ausdrücklich iS der hL geregelt, § 226 I Nr 2 Alt. 2[49].

Im **Fall 16** sind demnach, soweit die linke Hand des B durch Versteifung auf Dauer funktions- **291** untüchtig geworden ist, die Voraussetzungen der §§ 226 I Nr 2 Alt. 2, 18 zu bejahen (BGH NJW 91, 990). Hinsichtlich einer Hand steht das außer Streit. Dieser wird aber ua bedeutsam, wenn nur einzelne Finger dauernd nicht mehr gebraucht werden können (dazu S/S-*Stree*, § 226 Rn 2). Zum tatbestandsspezifischen **Gefahrzusammenhang** zwischen der Verwirklichung des Grundtatbestandes (§ 223) und dem Eintritt der schweren Folge vgl Rn 297.

---

43    RGSt 6, 346; 64, 201; so noch BT/1, 31. Aufl. 2007, Rn 289; zum Hintergrund NK-*Paeffgen*, § 226 Rn 27 mwN.
44    Vgl nur *Lackner/Kühl*, § 226 Rn 3; S/S-*Stree*, § 226 Rn 2 mwN.
45    *Fischer*, § 226 Rn 7; MüKo-*Hardtung*, § 226 Rn 27; SK-*Horn/Wolters*, § 226 Rn 10 sowie nunmehr LK-*Hirsch*, § 226 Rn 15.
46    BGHSt 51, 252, 255 mit Hinw. auf MüKo-*Hardtung*, § 226 Rn 27.
47    Näher dazu LK-*Hirsch*, § 226 Rn 15; *Jesse*, NStZ 08, 605; SK-*Horn/Wolters*, § 226 Rn 10; NK-*Paeffgen*, § 226 Rn 29.
48    LK-*Hirsch*, § 226 Rn 15; *Paeffgen/Grosse-Wilde*, HRRS 07, 363.
49    So jetzt auch BGHSt 51, 252, 256; Bedenken wegen damit verbundener Ausuferungstendenzen bei *Paeffgen/Grosse-Wilde*, HRRS 07, 363, 365 f.

**292** **Erheblich entstellt** iS des § 226 I Nr 3 ist eine Person, wenn ihr äußeres Erscheinungsbild durch eine körperliche Verunstaltung wesentlich beeinträchtigt wird, wie etwa durch den Verlust der Nasenspitze (BGH MDR/D 57, 267) oder einer Ohrmuschel, durch das Zurückbleiben störender Narben im Gesicht, am Hals oder an Stellen, die (sei es auch nur zeitweise wie beim Sport oder beim Baden) den Blicken anderer preisgegeben sind[50]. **Dauernd** ist eine Entstellung, wenn sie mit einer bleibenden oder unbestimmt langwierigen Beeinträchtigung des Aussehens verbunden ist[51]. Die dauernde Enstellung muss im Maß ihrer beeinträchtigenden Wirkung wenigstens der in ihrem Gewicht geringsten dieser Folgen in etwa gleichkommen[52].

**293** Umstritten ist, ob und inwieweit das **Merkmal der Dauer** von der Möglichkeit abhängt, die entstellende Wirkung der Verletzung durch ärztliche Maßnahmen zu beseitigen. Man wird hier je nach Art, Realisierbarkeit und Zumutbarkeit des dazu erforderlichen Eingriffs ganz auf die Umstände des Einzelfalls abstellen müssen: So ist mit der hM das Vorliegen einer *dauernden* Entstellung zu verneinen, wenn beim Verlust der Vorderzähne die Lücke im Gebiss durch eine **Zahnprothese** beseitigt worden ist oder beseitigt werden kann[53]. Gleiches gilt, wenn die körperliche Verunstaltung durch eine kosmetische Operation behoben worden oder, die Zumutbarkeit eines solchen Eingriffs vorausgesetzt, in absehbarer Zeit mit Aussicht auf Erfolg zu beheben ist[54].

**294** Verfallen in **Siechtum** meint einen chronischen Krankheitszustand, der den Gesamtorganismus in Mitleidenschaft zieht und ein Schwinden der körperlichen oder geistigen Kräfte zur Folge hat; *chronisch* ist ein Zustand, dessen Heilung sich überhaupt nicht oder doch zeitlich nicht bestimmen lässt (vgl *Küper*, BT S. 285 mwN). **Lähmung** bedeutet eine erhebliche Beeinträchtigung (zumindest) eines Körperteils, die sich auf die Bewegungsfähigkeit des ganzen Körpers nachteilig auswirkt (näher *Küper*, aaO; S/S-*Stree*, § 226 Rn 7). Unter **geistige Krankheit** fallen die krankhaften seelischen Störungen (dazu *Fischer*, § 226 Rn 13; SK-*Horn/Wolters*, § 226 Rn 15); zur **geistigen Behinderung** vgl *Lackner/Kühl*, § 226 Rn 4 mwN.

**295** **Ergebnis im Fall 16:** A hat dem B durch eine Handlung mehrere Verletzungen zugefügt. Infolge des Einsetzens einer Zahnprothese ist eine dauernde Entstellung iS des § 226 I Nr 3 zu verneinen. Zwischen §§ 223, 224 I Nr 2, 5 (= Flaschenwurf an den Kopf) und § 226 I Nr 2 (= Verlust der Funktionsfähigkeit auf Dauer durch Versteifung der linken Hand) besteht Gesetzeseinheit mit Vorrang des § 226 als der vollendeten schwersten Begehungsform (= *Spezialität*, vgl BGHSt 21, 194; *Wessels/Beulke*, AT Rn 788; aA NK-*Paeffgen*, § 226 Rn 47: Tateinheit). Bei der Verurteilung des A wegen *schwerer* Körperverletzung (§§ 223, 226) darf die (zweifache; siehe Rn 283) Verwirklichung des zurücktretenden § 224 im Strafmaß berücksichtigt werden.

---

50 Vgl LG Saarbrücken NStZ 82, 204; einschränkend BGH StV 92, 115; NStZ 06, 686; 08, 32.
51 BGHSt 24, 315, 317; vgl aber auch MüKo-*Hardtung*, § 226 Rn 6 ff, 10.
52 BGH NStZ 06, 686; 08, 32; LK-*Hirsch*, § 226 Rn 18.
53 BGHSt 24, 315 unter Aufgabe von BGHSt 17, 161; eingehend dazu *Ulsenheimer*, JZ 73, 64; differenzierend MüKo-*Hardtung*, § 226 Rn 18 und NK-*Paeffgen*, § 226 Rn 30.
54 Näher *van Els*, NJW 74, 1074 und SK-*Horn*, § 226 Rn 4.

### 3. Verhältnis zu den Tötungsdelikten

Bedingter Tötungsvorsatz ist neben der Absicht möglich, eine schwere Körperverlet- **295a**
zung zu begehen. Bleibt es in einem solchen Fall beim Versuch des Tötungsdelikts,
während die besondere Folge eintreten ist, liegt Tateinheit vor (so BGH NStZ 95,
589). Problematisch ist hingegen das Verhältnis von versuchter *beabsichtigter* Tötung
zu § 226 II, da die dort genannten Folgen (etwa Verfall in Siechtum oder Lähmung)
„schon begrifflich" ein Weiterleben des Opfers voraussetzen (BGH NStZ 97, 233).
Der BGH hatte deshalb für § 225 I aF („Beabsichtigte schwere Körperverletzung") in
der Regel Unvereinbarkeit mit Tötungsabsicht angenommen, selbst für den Fall, dass
die schwere Folge notwendiges Durchgangsstadium zur Tötung sein sollte (BGH
aaO; aA S/S-*Stree*, § 226 Rn 13). Die Problematik ist durch § 226 II, der (wie schon
§ 225 II idF des sog. Verbrechensbekämpfungsgesetzes; siehe Rn 244) auch die *wis-
sentliche* Verursachung erfasst, entschärft. Sieht der mit Tötungsabsicht handelnde
Täter alternativ zu dem nur für möglich gehaltenen Tod die schwere Folge als jedenfalls „sichere" Auswirkung seiner Tat voraus, ist § 226 II anwendbar[55] (siehe auch
Rn 320 f). Die Frage wird vor allem bedeutsam, wenn der Täter vom Tötungsversuch
zurücktritt.

## V. Körperverletzung mit Todesfolge

**Fall 17:** Am Rande einer stark befahrenen Umgehungsstraße kommt es an einem nebligen **296**
Herbstabend zwischen A und B zu einer schweren Schlägerei. A hat die Tätlichkeiten begonnen und dem schmächtigen B bereits einige Fausthiebe in das Gesicht versetzt. Als er seinen
Angriff mit gezücktem Messer fortsetzt, wendet B sich zur Flucht. Mit schnellen Schritten eilt
er über die Fahrbahn, wird dabei jedoch von dem Kraftwagen des K erfasst und tödlich verletzt.

Strafbarkeit des A? **Rn 305**

### 1. Beziehung zwischen Körperverletzung und Todesfolge

Zum Tatbestand der **Körperverletzung mit Todesfolge** gehört, dass der Tod des Op- **297**
fers durch eine *vorsätzlich* begangene Körperverletzung verursacht worden ist, wobei
dem Täter gemäß § 18 hinsichtlich der Todesfolge wenigstens Fahrlässigkeit zur Last
fallen muss (näher *Wessels/Beulke*, AT Rn 23, 693). Nach einhelliger Ansicht genügt
es für den objektiven Tatbestand des § 227 indessen nicht, dass zwischen Körperverletzung und Todesfolge ein ursächlicher Zusammenhang iS der Bedingungstheorie
besteht, die Körperverletzung also nicht hinweggedacht werden kann, ohne dass damit zugleich der Tod des Verletzten entfiele (siehe dazu *Wessels/Beulke*, AT Rn 156).
Vielmehr ergibt sich aus dem Sinn und Zweck des § 227, dessen hohe Mindeststrafe
die Tat als *Verbrechen* ausweist, dass hier eine **engere Beziehung** zwischen Körper-

---

55  Vgl BGH NJW 01, 980 mit abl. Anm. *Joerden,* JZ 02, 414; abl. ferner MüKo-*Hardtung,* § 226 Rn 46.

verletzung und Todesfolge vorausgesetzt wird, als sie die Bedingungstheorie mit ihrer fast uferlosen Weite liefert. § 227 soll der mit einer Verwirklichung der Körperverletzung (iS der §§ 223 bis 226) verbundenen Gefahr des Eintritts der qualifizierenden Todesfolge entgegenwirken. Die Vorschrift erfasst deshalb nur solche Körperverletzungstaten, denen die **spezifische Gefahr** anhaftet, zum Tode des Verletzten zu führen; gerade diese eigentümliche Gefahr muss sich im tödlichen Ausgang *unmittelbar* niedergeschlagen haben[56].

**298** Umstritten ist freilich, *wie* dieser Gefahrenzusammenhang (auch sog. Unmittelbarkeitszusammenhang) im Einzelfall beschaffen sein muss und welcher Anknüpfungspunkt dafür in Betracht kommt[57]. In Übereinstimmung mit der älteren Rechtsprechung (RGSt 44, 137; OGHSt 2, 335) fordert ein großer Teil der Rechtslehre einen gefahrspezifischen, unmittelbaren Zusammenhang zwischen dem **Körperverletzungserfolg** und dem Todeseintritt; maßgebend ist danach, ob sich im tödlichen Ausgang gerade die Gefahr realisiert hat, die von **Art und Schwere der Verletzung** herrührt (sog. **Letalitätslehre**)[58]. Die neuere Rechtsprechung versteht dagegen unter „Körperverletzung" iS des § 227 nicht bloß den diesbezüglichen Erfolg, sondern den **ganzen Vorgang** unter Einschluss der die Verletzung bewirkenden oder begleitenden **Ausführungshandlung**. Damit genügt bereits ein tatbestandsspezifischer Gefahrzusammenhang zwischen Verletzungs*handlung* und Todesfolge (BGHSt 14, 110 im Pistolenfall; BGHSt 31, 96 im Hochsitzfall). Ein solcher kann aber auch vorliegen, wenn die Körperverletzung nur *versucht* wurde – sog. erfolgsqualifizierter Versuch (BGHSt 48, 34 im Gubener Verfolgungsjagdfall, wobei hier die Bejahung des Versuchsbeginns durchaus problematisch war[59]). Demgegenüber verlangt NK-*Paeffgen*, § 227 Rn 7 ff, 17 einen gesteigerten Handlungsunwert und Leichtfertigkeit in bezug auf die erhöhte Opfergefährdung; dagegen wiederum aus Sicht der Letalitätslehre *Küpper*, Hirsch-FS, S. 615, 624.

**299** Vorausgesetzt wird demnach, dass sich bei den §§ 226, 227 im Eintritt der **besonderen Tatfolge** eine darauf bezogene, der vorsätzlichen Körperverletzung innewohnende **tatbestandsspezifische Gefahr** verwirklicht hat. Eine vorsätzliche Körperverletzung kann die ihr eigentümliche Gefahr aber nicht nur aus der Art des Verletzungserfolges, sondern (wie die Formulierung in § 224 I Nr 5 „mittels einer das Leben gefärdenden Behandlung" zeigt) auch durch ihre *konkrete* Begehungsweise gewinnen. Das Gesetz selbst drückt damit die Vorstellung aus, dass bereits mit der Körperverletzungshandlung als solcher spezifische Lebensgefahren verbunden sein können, vor denen der Einzelne geschützt werden soll. Dies spricht für eine *differenzierende* Position. Erfüllt das Verhalten des Täters objektiv und subjektiv § 224 I Nr 5, kann der tatbestandsspe-

---

56  BGHSt 31, 96; BGH NJW 95, 3194.
57  Überblick bei *Sowada*, Jura 94, 643; *Kühl*, Jura 02, 810.
58  Vgl etwa *Geilen*, Welzel-FS, S. 655, 681; *Hirsch*, Oehler-FS, S. 111; *Küpper*, Hirsch-FS, S. 615; *Lackner/Kühl*, § 227 Rn 2 mwN; *Puppe*, AT I, § 10 Rn 37, bejaht Letalität nur dann, wenn mit dem Eintritt der Körperverletzung der Tod nach allg. Kausalgesetzen mit 100%iger Sicherheit prognostiziert werden kann; *Altenhain*, GA 96, 19, will Mitursächlichkeit der Beschädigung für den Tod genügen lassen; siehe auch MüKo-*Hardtung*, § 227 Rn 11, 16, der ebenfalls keine Verletzungsletalität, wohl aber Erfolgskausalität voraussetzt; abl. *Stuckenberg*, Jakobs-FS, S. 693, 701.
59  Dazu *Puppe*, JR 03, 123, aber auch *Sowada*, Jura 03, 549, 551.

zifische Gefahrenzusammenhang auch zwischen der lebensgefährdenden Verletzungs-*handlung* und der schweren Folge bestehen. In allen anderen Fällen muss hingegen der vorsätzlich bewirkte Verletzungs*erfolg* zumindest ein notwendiges Durchgangsstadium bilden[60].

§ 227 ist daher anwendbar, wenn der Täter mit einer geladenen Pistole auf den Kopf des Opfers schlägt und dieses zu Tode kommt, weil sich **beim Aufschlagen** mit der Waffe oder dem ihm nachfolgenden **Ausholen** zum *erneuten* Schlag ungewollt ein Schuss löst[61], da ein solches Verhalten prinzipiell die Gefahr begründet, dass das Opfer nicht bloß eine Schlagverletzung erleidet, sondern ihm durch einen sich lösenden Schuss noch eine weitere – nicht vom Vorsatz umfasste – todbringende Schussverletzung zugefügt wird. Das Gleiche gilt, wenn das Opfer durch den ihm versetzten Schlag oder Stoß vor ein vorbeifahrendes Auto oder in eine laufende Maschine geschleudert, davon erfasst und getötet wird[62]. Auch eine für den Tod des Opfers mitursächliche Vorschädigung steht der Zurechnung nicht entgegen (BGH NStZ 97, 341). Nicht ausreichend ist es allerdings, wenn der Täter einen anderen vorsätzlich von einem 3,50 m hohen **Hochsitz** hinabstürzt, der Betroffene wegen des dabei erlittenen Knöchelbruchs für längere Zeit ans Krankenbett gefesselt bleibt und an Kreislaufkomplikationen stirbt, die auf dem dadurch bedingten Bewegungsmangel beruhen (so aber BGHSt 31, 96)[63], da sich hier gerade nicht die spezifische Lebensgefährlichkeit des Täterverhaltens im Erfolg verwirklicht. Gleichfalls kein tatbestandsspezifischer Gefahrenzusammenhang bestand – entgegen der Rechtsprechung (BGHSt 48, 34) – im Gubener Verfolgungsjagdfall, in dem das Opfer durch eigenes Verhalten *auf der Flucht* zu Tode kam, da der Angriff der Täter noch keinen lebensgefährdenden Charater iS des § 224 I Nr 5 besaß.

Zutreffend räumt der BGH mit der Entscheidung im Gubener Verfolgungsjagdfall ein, dass die Rechtsprechung den Gefahrenzusammenhang zu eng verstanden hatte, wenn sie die Anwendbarkeit des § 227 ohne Rücksicht auf die Besonderheiten des Einzelfalls ausnahmslos verneinte, sobald die Todesfolge sich direkt auf das **eigene Verhalten des Opfers** oder das Eingreifen eines Dritten zurückführen lässt (so in BGH NJW 71, 152 im Fall Rötzel). Zu den spezifischen Gefahren, denen das Gesetz begegnen will, gehört nämlich auch der Umstand, dass das verängstigte Opfer bei einem lebensgefährdenden Angriff auf seine körperliche Unversehrtheit aus Furcht vor schweren Verletzungen unbesonnen reagiert[64] und beispielsweise den Versuch unternimmt, sich durch einen riskanten Sprung aus dem Fenster oder durch die waghalsige Flucht über eine verkehrsreiche Straße vor dem Angreifer in Sicherheit zu bringen. Solche Reaktionen, die dem elementaren Selbsterhaltungstrieb des Menschen entspringen, sind bei *lebensgefährdenden* Misshandlungen iS des § 224 I Nr 5 ebenso naheliegend und deliktstypisch wie Fluchtversuche bei einer Freiheitsberaubung oder einer drohenden Vergewaltigung (vgl BGHSt 19, 382 zu § 239 III aF beim tödlichen Sprung des Op-

**300**

**301**

---

60  Näher *Engländer*, GA 08, 673; *Sowada*, Jura 03, 555.
61  BGHSt 14, 110; *Rengier*, BT II § 16 Rn 11.
62  RGSt 44, 137, 139; OGHSt 1, 357, 359.
63  Abl. *Maiwald*, JuS 84, 439; *Lackner/Kühl*, § 227 Rn 2; NK-*Paeffgen*, § 227 Rn 9 mwN.
64  Vgl den Sachverhalt in BGH NStZ 08, 278.

fers aus dem Entführungsauto; BGH 1 StR 203/60 vom 28.6.1960 zu § 177 III aF, wo die Frau nach einer längeren Hetzjagd bei der Flucht über Bahngeleise von einem Zug erfasst worden war[65]). Infolgedessen muss es auch im Bereich des § 227 zur Bejahung des tatbestandsspezifischen Gefahrenzusammenhangs zwischen Körperverletzungshandlung und Todesfolge genügen, dass der Tod unmittelbar durch einen Fluchtversuch herbeigeführt worden ist, den das Opfer bei einem **lebensgefährdendem Angriff** in naheliegender, nachvollziehbarer Weise aus Furcht vor **lebensgefährdendend Verletzungen** unternommen hat. Das Gleiche gilt für Ausweichbewegungen und sonstige Abwehrmaßnahmen des Angegriffenen[66].

**302**     *Anders* liegt es dagegen, wenn das Opfer **erst nach Beendigung des Angriffs** durch eigenes unvorsichtiges Verhalten den später zum Tode führenden Kausalverlauf in Gang setzt, indem es zB nach gelungener Flucht vom Tatort einen kürzeren, aber gefährlichen Heimweg (mit tödlichem Absturz) wählt oder trotz ärztlicher Warnung die ihm empfohlene Schutzimpfung gegen Wundstarrkrampf ablehnt. Birgt schon das körperverletzende Handeln des Täters das Risiko eines tödlichen Ausgangs in sich und schlägt diese Gefahr sich im Tod des **Opfers** nieder, soll dessen Ablehnung ärztlicher Behandlung den Zurechnungszusammenhang hingegen selbst dann nicht unterbrechen, wenn das – im Fall alkoholkranke und deshalb unfreie – Opfer den Ernst seiner Lage erkannt hat[67]. Dem ist indessen dann zu widersprechen, wenn die Unfreiheit des Opfers – wie im Fall der Alkoholkrankheit – nicht auf der Körperverletzung, sondern auf anderen Umständen beruht. Ob nach einer Körperverletzung der Tod letztlich durch den Täter, das Opfer selbst oder einen Dritten unmittelbar herbeigeführt wird, ist nicht (mehr) entscheidend, sondern ob die der begangenen Tat eigentümliche Gefahr für das Leben der verletzten Person sich in der Todesfolge verwirklicht hat (so BGH StV 98, 203). Im konkreten Fall hatten die Täter den vermeintlichen Leichnam des von ihnen vorsätzlich Misshandelten in einen Fluss geworfen, wo das Opfer ertrank. Da es „mit größerer Wahrscheinlichkeit" an den Misshandlungen *nicht* gestorben wäre, lehnte der BGH einen unmittelbaren Zusammenhang ab (siehe ferner BGH StV 93, 75; auch dort wurde eine Verwirklichung der eigentümlichen Gefahr verneint).

**303**     Eine differenzierende Betrachtung ist auch beim **Eingreifen Dritter** in den Geschehensablauf geboten[68]. Der spezifische Gefahr- und Zurechnungszusammenhang entfällt hier zB nicht schon dann, wenn Ärzte im Krankenhaus nach Einlieferung des Verletzten eine Hirnblutung nicht rechtzeitig erkennen, gebotene Maßnahmen versäumen und fahrlässig etwas Falsches tun[69].

**304**     Für § 227 ist kein Raum, wenn das Fehlverhalten des Dritten auf grober Fahrlässigkeit beruht oder wenn ein anderer die durch die Primärverletzung geschaffene hilflose Lage des Opfers vorsätzlich zu dessen Tötung ausnutzt.

**305**     Im **Fall 17** bestehen hiernach gegen eine Verurteilung des A wegen Körperverletzung mit Todesfolge (§ 227 iVm § 18) keine durchgreifenden Bedenken. Von ihrem *bisherigen* Standpunkt aus käme die Rechtsprechung lediglich zu einer Bestrafung nach Maßgabe der §§ 222; 223; 224 I Nr 2, II, 22; 52.

---

65  Näher dazu *Rengier*, Erfolgsqualifizierte Delikte und verwandte Erscheinungsformen, 1986, S. 197 ff.
66  Ebenso *Rengier*, Jura 86, 143 und BT II § 16 Rn 6; S/S-*Stree*, § 227 Rn 5; *Wolter*, GA 84, 443 und JuS 81, 168; aA *Laue*, JuS 03, 743; *Puppe*, AT I § 10 Rn 18.
67  So jedenfalls BGH NStZ 94, 394; zu Recht krit. *Otto*, Ernst A. Wolff-FS, S. 395, 398, 410.
68  Ebenso BGH NStZ 92, 333 mit krit. Anm. *Puppe*, JR 92, 511.
69  Vgl BGH MDR/D 76, 16; BGHSt 31, 96; siehe dazu auch *Roxin*, AT I, § 11 Rn 141 ff.

## 2. Fahrlässige Herbeiführung der schweren Folge

Nach §§ 227, 18 muss dem Täter hinsichtlich der **Todesfolge** wenigstens *Fahrlässig-* **306**
*keit* zur Last fallen. Da die Pflichtwidrigkeit des Handelns sich bei § 227 jedoch regelmäßig schon aus der Verwirklichung des **Grunddelikts** (§§ 223 bis 226) mit der daraus resultierenden Gefahr für das Leben des Opfers ergibt, bedarf es bei Prüfung der
Fahrlässigkeit neben der Erkennbarkeit des tatbestandsspezifischen Gefahrzusam-
menhanges (vgl *Wolter*, JuS 81, 168, 171) *meistens* nur noch einer Bejahung der generellen und individuellen *Vorhersehbarkeit* des tödlichen Ausgangs[70]; näher *Wessels/
Beulke*, AT Rn 693, 879.

§ 227 kann auch durch **Unterlassen** in Garantenstellung verwirklicht werden, wie etwa bei man- **307**
gelhafter Ernährung und Versorgung eines Kleinkindes seitens der Mutter (BGH MDR/H 82,
624). Vorausgesetzt wird hier aber, dass erst durch das Unterlassen der gebotenen Handlung eine
Todesgefahr geschaffen (BGH NJW 95, 3194 mit krit. Anm. *Wolters*, JR 96, 471) oder erheblich
erhöht worden ist (so jedenfalls BGH NStZ 06, 686). Denn nur dann entspricht das Unterlassen
dem positiven Tun (§ 13 I Halbsatz 2) und weist die im Unterlassen liegende Körperverletzung
die spezifische Gefährlichkeit auf, der § 227 entgegenwirken will. Zum Vorsatz des Unterlas-
sungstäters siehe BGHSt 41, 113, 118 mit Anm. *Hirsch*, NStZ 96, 37.

## 3. Verhältnis zu den Tötungsdelikten

§ 227 geht im Falle seiner Anwendbarkeit dem § 222 als *lex specialis* vor (BGHSt 8, **308**
54). Ist bei Verwirklichung des § 223 *Eventualvorsatz* hinsichtlich der darauf beruhenden Todesfolge gegeben, wird § 227 durch §§ 212, 211 verdrängt[71]. Lässt sich
nicht klären, ob der Tod des Opfers die Folge der vom Tötungsvorsatz oder der nur
vom Körperverletzungsvorsatz getragenen Einwirkung ist, kommt Tateinheit zwischen § 227 und Tötungsversuch in Betracht (BGHSt 35, 305). Der Todeserfolg soll
§ 227 und §§ 212, 13 zur Tateinheit verbinden können (so BGH NStZ 00, 29). Bei
Prüfung eines minder schweren Falles iS des § 227 II ist an § 213 Alt. 1 (Reizung zum
Zorn) zu denken (BGH NStZ-RR 97, 99).

---

**Körperverletzung mit Todesfolge, § 227**

**I. Tatbestandsmäßigkeit**
  1. **Objektiv und subjektiv tatbestandsmäßige Körperverletzung nach §§ 223–226**
  2. **Eintritt und Verursachung des Todes**
  3. **Objektive Zurechnung**
     a) **Zurechnung der schweren Folge zum Verhalten des Täters nach allgemeinen
        Zurechnungsregeln**
        Ⓟ Zurechnungszusammenhang bei Mitwirkung des Opfers oder Eingreifen
           Dritter

---

70  BGHSt 24, 213; BGH NStZ 82, 27; 86, 266; 01, 478. Zu einem Fall fehlender individueller Voraussseh-
    barkeit siehe BGHSt 51, 18, 21 f; krit. *Bosch*, JA 06, 743.
71  BGHSt 20, 269; aA SK-*Horn/Wolters*, § 227 Rn 18; instruktiv NK-*Paeffgen*, § 227 Rn 36; wie hier
    auch *Rengier*, BT II § 16 Rn 25.

**b) Tatbestandsspezifischer Gefahrzusammenhang zwischen der Körperverletzung und dem Tod der verletzten Person**

→ nach *hM* kann sich die Gefahr nicht nur aus dem Verletzungserfolg, sondern auch aus der Verletzungshandlung ergeben, dh ausreichen kann sogar eine nur versuchte Körperverletzung (sog. erfolgsqualifizierter Versuch)

4. **(wenigstens) Fahrlässigkeit hinsichtlich des Todes (§ 18)**

→ idR nur noch objektive Erkennbarkeit des Gefahrenzusammenhangs und objektive Vorhersehbarkeit der tödlichen Folge zu prüfen

**II. Rechtswidrigkeit**

**III. Schuld**

→ insb. subjektive Erkennbarkeit des Gefahrenzusammenhangs und subjektive Vorhersehbarkeit der tödlichen Folge

# VI. Körperverletzung im Amt

## 1. Täter und Tathandlungen

308a Als Täter dieses „unechten" Amtsdelikts (Rn 1095) ist nur ein Amtsträger iS § 11 I Nr 2 oder ein (Unter-)Offizier der Bundeswehr (§ 48 I WStG) qualifiziert. Für beteiligte Nichtamtsträger gilt § 28 II. Die Körperverletzung (vgl Rn 255, 257) muss *während der Ausübung des Dienstes* oder *in Beziehung auf den Dienst* begangen werden. Ersteres erfordert über den zeitlichen Zusammenhang hinaus auch einen sachlichen mit der Dienstausübung[72]. Mithin fallen rein privat motivierte Taten während der Dienstzeit mangels **Missbrauchs der Amtsgewalt** nicht unter § 340. *In Beziehung auf den Dienst* begangen ist die Tat, wenn sie außerhalb des Dienstes, aber in sachlichem Zusammenhang mit seiner Ausübung und unter Anmaßung dienstlichen Auftretens erfolgt[73].

## 2. Beteiligung

308b § 340 greift auch dann ein, wenn der Amtsträger die Körperverletzung nicht selbst als (Mit-) Täter begeht, sondern begehen lässt. Die Bedeutung dieser Verhaltenalternative ist in mehrfacher Hinsicht umstritten. Nach verbreiteter Ansicht soll sie die Konstellationen der mittelbaren Täterschaft[74] sowie die Teilnahme[75] erfassen; ferner jegliche Beteiligung durch Unterlassen bei bestehender Garantenpflicht[76]. Sieht man – naheliegend – die Aufgabe des Begehenlassens in der Gleichstellung der bloßen Teilnahme des Amtsträgers an der Körperverletzung mit deren täterschaftlicher Begehung, so sind die Strafrahmenmilderungen der §§ 13 II, 27 II 2 nicht anwendbar[77].

---

72 So die hL; siehe etwa NK-*Kuhlen*, § 340 Rn 8 mwN.
73 LK-*Hirsch*, § 340 Rn 6; MüKo-*Voßen*, § 340 Rn 11.
74 So etwa *Fischer*, § 340 Rn 2; LK-*Hirsch*, § 340 Rn 9; aA SK-*Horn/Wolters*, § 340 Rn 3a; S/S-*Cramer/Sternberg-Lieben*, § 340 Rn 4, jeweils mwN.
75 AA LK-*Hirsch*, § 340 Rn 10; *Otto*, BT § 19 Rn 5.
76 *Eisele*, BT I Rn 375; MüKo-*Voßen*, § 340 Rn 12; aA *Otto*, BT § 19 Rn 6; differenzierend *Fischer*, § 340 Rn 2b; S/S-*Cramer/Sternberg-Lieben*, § 340 Rn 4.
77 Siehe nur NK-*Kuhlen*, § 340 Rn 10.

## 3. Qualifikationen

Seit Einführung des § 340 III durch das **6. StrRG** 1998 rechtfertigt Einwilligung des Verletzten die Tat[78]. § 340 III, der Tateinheit mit den §§ 223–227, 229 ausschließt, stellt des Weiteren klar, dass eine Körperverletzung im Amt auch dann vorliegt, wenn der Amtsträger eine qualifizierte Körperverletzung begeht oder begehen lässt[79]. Für diese qualifizierten Fälle findet die etwas verschärfte Strafdrohung des § 340 I keine Fortsetzung[80].

**308c**

## VII. Die Misshandlung von Schutzbefohlenen

**Fall 18:** Der junge, vergnügungssüchtige Witwer W bewohnt mit seiner 8-jährigen Tochter T ein kleines Einfamilienhaus. Um sich ungestört auf dem mehrtägigen Schützenfest im Dorf tummeln zu können, möchte W die ängstliche und sensible T zu Verwandten in die Stadt bringen. Als T sich widersetzt, bricht W ihren Willen kurzerhand dadurch, dass er die T eine Stunde lang in den dunklen Keller sperrt, ihr dabei panische Angst vor Ratten und „Gespenstern" einflößt und sie erst herauslässt, als T Folgsamkeit gelobt hat.

Strafbarkeit des W gemäß §§ 223 ff? **Rn 314**

**309**

## 1. Verhältnis zu § 223

Das **6. StrRG** hat ua die Höchststrafen kräftig angehoben, den Versuch der Tat unter Strafe gestellt und die Strafzumessungsregel des § 223b II aF in qualifizierende Tatbestandsmerkmale umgestaltet, § 225 III. § 225 ist nicht lediglich ein erschwerter Fall der Körperverletzung, sondern ein *eigenständiger Vergehenstatbestand*. Sein besonderer Unrechtsgehalt und sein über § 223 hinausgehender Anwendungsbereich bei rein seelischen Einwirkungen lassen die Annahme von Tateinheit mit §§ 224, 226 und 227 zu[81] (vgl aber auch oben Rn 249).

**310**

## 2. Geschützter Personenkreis

§ 225 schützt **Minderjährige** und wegen Gebrechlichkeit oder Krankheit **wehrlose Personen**. Zwischen ihnen und dem Täter muss ein besonderes Schutz- oder Abhängigkeitsverhältnis der im Gesetz näher umschriebenen Art bestehen[82].

**311**

---

78  *Lackner/Kühl,* § 340 Rn 4; NK-*Kuhlen,* § 340 Rn 5; aA *Gössel/Dölling,* BT I § 76 Rn 4; MüKo-*Voßen,* § 340 Rn 28.
79  BT-Drucks. 13/8587, S. 83; S/S-*Cramer/Sternberg-Lieben,* § 340 Rn 7a.
80  Zu Recht krit. MüKo-*Voßen,* § 340 Rn 23 f; SK-*Horn/Wolters,* § 340 Rn 15.
81  BGHSt 41, 113; BGH NJW 99, 72; *Hirsch,* Anm. NStZ 96, 37; *Maurach/Schroeder,* BT I § 10 Rn 2, 10; *Lackner/Kühl,* § 225 Rn 10; *Wolfslast/Schmeissner,* Anm. JR 96, 338.
82  Dazu *Fischer,* § 225 Rn 4; SK-*Horn/Wolters,* § 225 Rn 3.

### 3. Tathandlungen

**312** Als **Tathandlung** nennt § 225 I neben dem **Quälen** und dem **rohen Misshandeln** die Herbeiführung einer Gesundheitsschädigung durch *böswillige* **Vernachlässigung der Sorgepflicht.**

**313** **Quälen** ist das Zufügen länger dauernder oder sich wiederholender Schmerzen oder Leiden körperlicher oder seelischer Art (BGHSt 41, 113; *Fischer*, § 225 Rn 8a).

**Roh** ist eine Misshandlung, die einer gefühllosen, fremde Leiden missachtenden Gesinnung entspringt und sich in Handlungsfolgen von erheblichem Gewicht für das körperliche Wohlbefinden des Opfers äußert (BGHSt 25, 277 mit Anm. *Jakobs*, NJW 74, 1829; *Küper*, BT S. 232).

**Böswillig** iS des § 225 handelt, wer die ihm obliegende Sorgepflicht aus besonders verwerflichen Gründen verletzt, wie etwa aus Hass, Bosheit, Geiz, rücksichtslosem Egoismus usw (BGHSt 3, 20; RGSt 72, 118; 70, 357). Daran fehlt es, wenn das Handeln oder Unterlassen des Täters nur auf Gleichgültigkeit oder Schwäche beruht (BGH NStZ 91, 234; *Fischer*, § 225 Rn 11).

**314** Das Verhalten des W erfüllt im **Fall 18** (neben §§ 239 I, 240 = *Einsperren* als Form der Freiheitsberaubung und als Mittel zur Abnötigung des Folgsamkeitsversprechens) den Tatbestand des § 223, soweit es sich *nicht* in der Zufügung *rein seelischer Qualen* erschöpft, sondern zugleich mit einer nicht unerheblichen Beeinträchtigung des körperlichen Wohlbefindens der T verbunden war, wie etwa mit starkem Herzklopfen, Zittern des Körpers, Magenbeschwerden usw als Folge der panischen Angstzustände (vgl BGHSt 48, 34, 36 f; BGH MDR/D 75, 22; RGSt 64, 113, 119; *Krey/M. Heinrich*, BT I Rn 190 mwN). Letzteres ist hier anzunehmen. Fraglich ist dagegen, ob W auch den Tatbestand des § 225 verwirklicht hat. Die 8-jährige T unterstand der Fürsorge wie der Obhut ihres leiblichen Vaters W, zu dessen Hausstand sie gehörte (vgl § 225 I Nr 1, 2). Im Verhalten des W dürfte ein „Quälen" iS des § 225 I zu sehen sein (vgl OLG Kiel Deutsche Justiz 34, 582; *Maurach/Schroeder*, BT I § 10 Rn 8; S/S-*Stree*, § 225 Rn 12). Auf der Hand liegt, dass quälende Maßnahmen vom elterlichen Erziehungsrecht nicht gedeckt werden (siehe § 1631 II BGB; ferner *Kühl*, AT § 9 Rn 66).

### 4. Qualifikationstatbestand

**315** Das **6. StrRG** hat den bisher nur selten (§§ 218 II 2 Nr 2, 330 S. 2 Nr 1, 2 aF, 330a I) verwendeten Begriff der **schweren Gesundheitsschädigung** in zahlreichen Vorschriften eingestellt (neben § 225 III Nr 1 ua in §§ 113 II 2 Nr 2, 121 III 2 Nr 3, 221 I, 239 III Nr 2, 315 III Nr 2, 315b III). Er reicht *weiter* als der Begriff der schweren Körperverletzung iS des § 226 I, den er vielfach ersetzt[83]. Eine Gesundheitsschädigung (dazu Rn 257) ist mithin nicht nur und erst dann **schwer**, wenn der Täter eine der in § 226 I aufgeführten Folgen herbeigeführt hat; vielmehr genügt schon, dass ein physischer oder psychischer Krankheitszustand bewirkt worden ist, der die Gesundheit des Opfers ernstlich, einschneidend und nachhaltig (insbesondere langwierig, lebensbedrohend oder qualvoll) beeinträchtigt. Eine erhebliche Beeinträchtigung der körperlichen oder geistigen Arbeitskraft für längere (oder: lange, so BT-Drucks. VI/3434,

---

83 AA *Stein*, Einführung, S. 102; die dort angeführten Materialien sind nicht eindeutig; die Frage ist klärungsbedürftig; vgl ferner *Rengier*, ZStW 111, (1999), 1, 24 und *Wolters*, JuS 98, 582, 584.

S. 13) Zeit reicht aus[84]. Die schwere Gesundheitsschädigung kann Tatbestandsmerkmal (zB in §§ 221 I, 239 III) oder nur Regelbeispiel einer Strafzumessungsvorschrift (so in §§ 113 II, 121 III; dazu Rn 221) sein; sie tritt als strafbegründender oder -schärfender Gefahrerfolg (§§ 221 I, 225 III), aber auch als qualifizierende Verletzungsfolge (§§ 239 III, 315 III) in Erscheinung.

Für § 225 III Nr 1 Alt. 2 genügt es, wenn der Täter die schutzbefohlene Person durch die Tat *in die Gefahr* einer schweren Gesundheitsschädigung *bringt*. § 225 III ist ein *qualifizierendes* **konkretes Gefährdungsdelikt**[85]. Zur Gefahr einer erheblichen Schädigung der körperlichen oder seelischen Entwicklung siehe S/S-*Lenckner*, § 171 Rn 5 und SK-*Horn*, § 171 Rn 3, zum Vorsatz *Lackner/Kühl*, § 225 Rn 9. **316**

## VIII. Die Rechtswidrigkeit der Körperverletzung

Für den Ausschluss der Rechtswidrigkeit bei Körperverletzungen gelten die allgemeinen Rechtfertigungsgründe. Praktische Bedeutung kommt hier vor allem der **Notwehr** (§ 32) und der **Einwilligung** der verletzten Person (§ 228) zu. Dem Vorschlag, den bisherigen § 226a zu streichen (*Freund*, ZStW 109 [1997], 473), ist der Gesetzgeber nicht gefolgt. **317**

Mit § 1631 II BGB idF des Gesetzes zur Ächtung der Gewalt in der Erziehung vom 2.11.2000 hat der Gesetzgeber das **elterliche Züchtigungsrecht** vollumfänglich beseitigen wollen (eingehend, auch zur Genese *Scheffler*, JahrbRuE 02, 279). Ob dies in Ansehung des primären Erziehungsrechts der Eltern (Art. 6 II GG) möglich war, wird das BVerfG zu klären haben. Umstritten ist seither, ob ein *elterliches Recht* zu maßvoller Züchtigung weiter besteht[86] oder ob es vollständig beseitigt worden ist[87]. Dabei sollte heute kein Zweifel darüber bestehen, dass Misshandlungen wie die „Tracht Prügel" (mit oder ohne Stock) nicht mehr gerechtfertigt werden können. Nach *Beulke*[88] soll nicht nur der vielzitierte „Klaps" sondern auch die aus erzieherischen Gründen verabreichte „maßvolle", wenn auch schmerzhafte „Backpfeife" mangels Unangemessenheit schon den Tatbestand nicht erfüllen[89]. Der Königsweg aus den Verlegenheiten, zu denen § 1631 II BGB nF im Strafrecht geführt hat, ist noch zu finden. **317a**

Zum Recht zu sonstigen Erziehungsmaßnahmen siehe *Wessels/Beulke*, AT Rn 391. Dazu, dass Ausbildern, Erziehern und Lehrern ein Züchtigungsrecht nicht zusteht, näher *Fischer*, § 223 Rn 19; S/S-*Eser*, § 223 Rn 24, 26.

---

84 Vgl *Küper*, BT S. 169 mwN und ZStW 111 (1999), 30, 37; LK-*Hirsch*, § 225 Rn 25; enger *Rengier*, BT II § 10 Rn 16a; anders LK-*Träger/Schluckebier*, § 239 Rn 35.
85 Zum Begriff eingehend *Küper*, BT S. 153; vgl auch *Jescheck/Weigend*, AT § 26 II 2 und *Wessels/Beulke*, AT Rn 27.
86 So *Krey/M. Heinrich*, BT I Rn 312; *Kühl*, AT § 9 Rn 77b; *Lackner/Kühl*, § 223 Rn 11.
87 LK-*Lilie*, § 223 Rn 10; MüKo-*Joecks*, § 223 Rn 65; *Riemer*, ZfJ 03, 328; *Roxin*, JuS 04, 177 und AT I, § 17 Rn 37 ff, 46; S/S-*Eser*, § 223 Rn 16.
88 Hanack-FS, S. 539; Schreiber-FS, S. 29 und in *Wessels/Beulke*, AT Rn 387 ff.
89 Krit. *Joecks*, aaO Rn 65 sowie *Eser*, aaO Rn 20, und hinsichtlich der Folgen dieser Konstruktion *Scheffler*, aaO S. 279, 297.

**318**  Die Einwilligung[90] des Dispositionsbefugten rechtfertigt eine Körperverletzung nur dann *nicht*, wenn die **Tat** gegen die **guten Sitten** verstößt, § 228. Das ist nach der vom 3. Strafsenat jüngst insoweit bestätigten hM dann der Fall, wenn *die Tat* „nach allgemein gültigen moralischen Maßstäben, die vernünftigerweise nicht in Frage gestellt werden können, mit dem eindeutigen Makel der Sittenwidrigkeit behaftet ist", mithin die Körperverletzung „gegen das Anstandsgefühl *aller* billig und gerecht Denkenden verstößt"[91]. Umstritten ist freilich, ob als Anknüpfungspunkt *nur* Art und Umfang der Körperverletzung heranzuziehen sind[92] oder *auch* bzw. vorrangig der mit ihr verfolgte Zweck[93] oder gar *ausschließlich* dieser Zweck[94]. Der 3. Senat meint hierzu, die Prüfung der Sittenwidrigkeit der Tat könne jedenfalls nicht allein daran anknüpfen, ob mit der Tat verwerfliche Zwecke verfolgt werden[95]. Ob derartige weitergehende Zwecke für das Sittenwidrigkeitsurteil überhaupt bedeutsam sein können, war im Fall nicht entscheidungserheblich. Der Senat stellt für die Beurteilung auf das besondere Gewicht des Rechtsgutsangriffs ab, namentlich den Umfang der körperlichen Misshandlung bzw Gesundheitsschädigung, und den Grad der damit verbundenen weiteren Leibes- oder Lebensgefahr für die verletzte Person[96]. Wird diese durch das Verhalten des Täters (im entschiedenen Fall: Injektion von Heroin[97]) objektiv voraussehbar in konkrete **Todesgefahr** gebracht, ist die Tat trotz Einwilligung rechtswidrig iS des § 228.

**318a**  Anlässlich eines Falles, in dem die zu sado-masochistischen Praktiken auffordernde Frau zu Tode kam, hält der 2. Strafsenat kurze Zeit später für die Beurteilung der Sittenwidrigkeit ebenfalls vorrangig das Gewicht des tatbestandlichen Rechtsgutsangriffs und damit ein objektives Kriterium für ausschlaggebend[98]. Während der Senat auch, was die Kriterien des Umfangs der eingetretenen Schädigung und des Grades der damit verbundenen weiteren Gefahren betrifft, mit dem 3. Senat übereinstimmt, lehnt er dessen Ausgangsthese, die „guten Sitten" seien in erster Linie durch die Feststellung bestehender Moralüberzeugungen zu ermitteln, ab[99]. Nur im Bereich gravierender Verletzungen, dh solchen, die in ihrem Gewicht an die in § 226 umschriebenen Folgen heranreichen, seien Eingriffe des Staates (§§ 228, 216) in die

---

90  Zu den Voraussetzungen näher *Wessels/Beulke*, AT Rn 370.

91  BGHSt 49, 34, 41 unter Berufung auf S/S-*Stree*, § 228 Rn 6 sowie auf BGHSt 4, 24, 32 und 88, 91; LK-*Hirsch*, § 228 Rn 6; siehe ferner BayObLG NJW 99, 372; *Roxin*, AT I, § 13 Rn 38 ff, 56. Zur Kritik an der Norm *Frisch*, Hirsch-FS, S. 485 und die Nachw. bei *Wessels/Beulke*, AT Rn 377.

92  *Fischer*, § 228 Rn 9a; LK-*Hirsch*, § 228 Rn 9, jeweils mwN.

93  *Lackner/Kühl*, § 228 Rn 10; S/S-*Stree*, § 228 Rn 7, 10.

94  SK-*Horn/Wolters*, § 228 Rn 9: Sittenwidrig ist nach diesen Autoren nur eine Körperverletzung, die zum Zweck der Vorbereitung, Vornahme, Verdeckung oder Vortäuschung einer Straftat unternommen wird.

95  BGHSt 49, 34, 42.

96  BGHSt 49, 34, 42.

97  Der Senat vermag nicht zu erkennen, dass der Konsum illegaler Drogen nach heute allgemein anerkannten, nicht anzweifelbaren Wertvorstellungen generell noch als unvereinbar mit den guten Sitten angesehen wird, so BGHSt 49, 34, 43.

98  BGHSt 49, 166, 171 f unter Berufung auf BGHSt 49, 34 und die hL; krit. *Jakobs*, Schroeder-FS, S. 507, 514, 516; gegen ihn, dem BGH zust. *Hirsch*, Amelung-FS, S. 181.

99  BGHSt 49, 166, 171 einerseits, BGHSt 49, 34, 41 andererseits; zu beiden Entscheidungen krit. *Kühl*, Schroeder-FS, S. 521, 528.

Dispositionsbefugnis des Rechtsgutsinhabers legitimierbar. Ein mit der Tat verfolgter positiver oder jedenfalls einsehbarer Zweck kompensiere allenfalls die negative Bewertung einer für sich betrachtet als sittenwidrig einzuordnenden Verletzung[100]. Diese vorsichtig-tastende Abkehr, insbesondere des 2. Senats, von der bisherigen Rechtsprechung ist zu begrüßen[101].

Inwieweit und bei welchen Sportarten im Rahmen des **Sports** die Einwilligung eine Rolle spielen kann, ist umstritten; hierzu und zur Frage der strafrechtlichen Verantwortlichkeit bei Sportwettkämpfen siehe *Eser*, JZ 78, 368; *Kubink*, JA 03, 257; LK-*Hirsch*, § 228 Rn 12; *Rössner*, Hirsch-FS, S. 313; *Schild*, Sportstrafrecht, 2002, S. 75 ff; zur ärztlichen Heilbehandlung vgl Rn 323 ff.

## IX.  Konkurrenzfragen

### 1.  Interne Konkurrenzprobleme

Innerhalb der gleichen Verwirklichungsstufe (= Vollendung bzw Versuch) besteht **319** **zwischen den einzelnen Körperverletzungstatbeständen** in aller Regel *Gesetzeseinheit*, wobei die schwerste Begehungsform den Vorrang genießt (BGH GA 75, 85; NJW 67, 297). Eine *vollendete* gefährliche Körperverletzung kann jedoch mit dem *Versuch* einer schweren Körperverletzung *tateinheitlich* zusammentreffen (BGHSt 21, 194). Auch eine lebensgefährdende Behandlung iS des § 224 I Nr 5 steht mit der durch sie verursachten schweren Körperverletzung iS des § 226 I in Tateinheit (BGH HRRS 09 Nr 147). § 340 I verdrängt als spezielleres Delikt § 223; im Übrigen siehe § 340 III[102].

### 2.  Verhältnis zu den Tötungsdelikten

Im Verhältnis zu den **Tötungsdelikten** bildet die Körperverletzung objektiv wie sub- **320** jektiv ein *notwendiges Durchgangsstadium* auf dem Weg zur Tötung. In jedem Tötungsvorsatz ist daher zwangsläufig ein Körperverletzungsvorsatz enthalten (BGHSt 16, 122; 21, 265; sog. *Einheitstheorie*). Gegenüber der **vollendeten Tötung** tritt die Körperverletzung als *subsidiäres Delikt* zurück. Nach der bisherigen Judikatur aller Strafsenate sollte dies auch beim Zusammentreffen eines Tötungsversuchs mit *vollendeter* Körperverletzung (§§ 223, 224, 226) gelten. Diese in mehrfacher Hinsicht sehr angreifbare Rechtsprechung[103] hat der 4. Strafsenat nach Durchführung des Anfrageverfahrens gemäß § 132 III 1, 3 GVG nunmehr aufgegeben[104]: „Eine mit einem versuchten Tötungsdelikt zusammentreffende vorsätzliche Körperverletzung tritt nicht zurück, sondern steht dazu in Tateinheit (Aufgabe von BGHSt 16, 122; 21, 265 und 22, 248)".

---

100   BGHSt 49, 166, 171.
101   Vgl ferner *Hardtung*, Jura 05, 401; *Hirsch*, Amelung-FS, S. 181; im Erg. auch *Duttge*, NJW 05, 260.
102   Dazu *Lackner/Kühl*, § 340 Rn 7; SK-*Horn*, § 340 Rn 14 und *Wolters*, JuS, 98, 582, 586.
103   Dazu *Wessels/Hettinger*, BT/1, 22. Aufl. 1999, Rn 320.
104   BGHSt 44, 196 mit zust. Anm. *Satzger*, JR 99, 203; krit. *Arzt/Weber*, BT § 2 Rn 86 f.

**321** Überlebt zB jemand einen Totschlagsversuch, weil der auf ihn abgefeuerte Schuss fehlgegangen ist (= folgenloser Versuch) oder aber neben einer ausgeheilten Kopfverletzung „nur" den Verlust des Sehvermögens zur Folge hatte (= folgenschwerer Versuch), so wird der gewichtige Unterschied im Unrechtsgehalt beider Fälle nunmehr bereits **in der Urteilsformel** (§§ 260 IV, 268 StPO) zum Ausdruck gebracht (Klarstellungsfunktion der Tateinheit). Dabei versteht sich von selbst, dass dem Täter das in den Bereich tatbestandlicher Überschneidung fallende Unrecht nur *einmal* angelastet werden kann (BGHSt GrS 39, 100, 109); hingegen sind – wie schon bisher (BGHSt 22, 248) – die Schwere der Verletzungen und der sonstigen verschuldeten Tatfolgen zu berücksichtigen (BGHSt 44, 196).

# § 6 Probleme der Heilbehandlung

**322** **Fall 19:** Nach einem Bericht der *Süddeutschen Zeitung* wurde vor etlichen Jahren ein 12-jähriger Junge J in einem Kopenhagener Krankenhaus irrtümlich an einem Leistenbruch operiert, obwohl er nur als Besucher in die Klinik gekommen war. Während die Mutter seinen dort liegenden Bruder besuchte, blieb J mit einer Bekannten B in dem zur Operationsabteilung gehörenden Wartezimmer. Zu dieser Zeit erwarteten der Assistenzarzt A und der Chirurg C einen Jungen gleichen Alters mit Namen „Allan" zu einer Leistenbruchoperation, die ambulant durchgeführt werden sollte. Die Frage des A, ob er „Allan" heiße, verneinte J. Gleichwohl nahm A ihn mit, ohne dass B darauf reagierte, weil sie glaubte, A wolle mit J spielen. J, der alles weitere widerspruchslos geschehen ließ, erhielt eine Narkose und wurde operiert. Wie sich dabei herausstellte, litt er tatsächlich an einem Leistenbruch; dieser war jedoch so geringfügig, dass der Chirurg C über die vermeintlich vorliegende Anordnung einer Operation erstaunt war.

Haben A und C (das Geschehen nach hier verlegt) sich strafbar gemacht? **Rn 331**

## I. Ärztliche Heilbehandlungsmaßnahmen

### 1. Rechtsprechungsübersicht

**323** Im Anschluss an RGSt 25, 375 erblickt die **Rechtsprechung** in *jedem* ärztlichen Eingriff, der die körperliche Unversehrtheit mehr als nur unerheblich beeinträchtigt, eine **tatbestandsmäßige Körperverletzung**, und zwar ohne Rücksicht darauf, ob die betreffende Maßnahme zu Heilzwecken angezeigt ist, sachgerecht ausgeführt wird und erfolgreich verläuft[1]. Von diesem Standpunkt aus entfällt bei einer nach den Regeln der ärztlichen Kunst vorgenommenen Behandlung lediglich die Rechtswidrigkeit, sofern der konkrete Eingriff auf Grund einer wirksam erteilten **Einwilligung** (vgl § 228), kraft **mutmaßlicher Einwilligung** oder im Rahmen eines **rechtfertigenden Notstandes** (§ 34) zulässig ist.

---

1  BGHSt 11, 111; 16, 309; 43, 306; BGH NStZ 96, 34.

Zur **Wirksamkeit** der Einwilligung siehe vor allem BGHSt 16, 309; BGH NJW 78, 1206 = Zahnextraktionsfall; krit. zur letztgenannten Entscheidung *Horn*, JuS 79, 29; *Hruschka*, JR 78, 519; *Rogall*, NJW 78, 2344; zust. dagegen *Bichlmeier*, JZ 80, 53; *M.-K. Meyer*, Ausschluss der Autonomie durch Irrtum, 1984, S. 218. Zur **mutmaßlichen** Einwilligung siehe BGHSt 35, 246 und 45, 219 mit Anm. *Hoyer*, JR 00, 473 sowie *G. Fischer*, Deutsch-FS, S. 545; *Kühl*, AT § 9 Rn 46 und *Wessels/Beulke*, AT Rn 380.

Noch nicht abschließend geklärt ist, ob und inwieweit es an der Strafbarkeit fehlen **324** kann, wenn die **ärztliche Aufklärung** zwar pflichtwidrig, gar vorsätzlich nicht ordnungsgemäß erfolgt ist, der Patient aber bei wahrheitsgemäßer Aufklärung in die lege artis durchgeführte Operation „eingewilligt hätte" (sog. **hypothetische Einwilligung;** vgl BGH StV 08, 189). Diese im Zivilrecht von der Rechtsprechung zum Arzthaftungsrecht entwickelte Figur[2] haben die Strafsenate des BGH in ihre Spruchpraxis übernommen, wobei dann, wenn zweifelhaft bleibt, ob der Patient eingewilligt hätte, *in dubio pro reo* zur Anwendung kommen soll[3]. In Fällen wissentlich unvollständiger oder fehlender Aufklärung soll, wenn diese Pflichtverletzung sich im Erfolg nicht niederschlägt, Strafbarkeit wegen versuchter Körperverletzung in Betracht kommen[4].

Die Gegenansicht lehnt das Konstrukt der hM ab[5]. Bestritten wird ua die Möglichkeit, einen hypothetischen Willen des Patienten festzustellen[6]; ferner, dass eine nachträgliche Zustimmung rechtfertigend wirken könne, insbesondere aber, dass nicht nur die Voraussetzungen der mutmaßlichen Einwilligung ausgehöhlt, sondern auch das Selbstbestimmungsrecht des Patienten partiell unterlaufen wird[7].

Zur angeblich eingeschränkten Verbindlichkeit des Vetos gegen eine **Bluttransfusion** siehe OLG **324a** München MedR 03, 174 mit zu Recht abl. Anm. *Bender*; vgl auch *Hessler*, MedR 03, 13. Zum Ganzen eingehend *Ulsenheimer*, Arztstrafrecht, Rn 57 ff, 90 ff, 94; *Tag*, Der Körperverletzungstatbestand im Spannungsfeld zwischen Patientenautonomie und Lex artis, 2000; zur **Fallbearbeitung** vgl *Bollacher/Stockburger*, Jura 06, 908.

## 2. Meinungsstand innerhalb der Rechtslehre

In der **Rechtslehre** überwiegt dagegen die Ansicht, dass zwar nicht jeder ärztliche **325** Eingriff (näher Rn 330), wohl aber jede **zu Heilzwecken vorgenommene Behandlung**, die nach den Erkenntnissen der medizinischen Wissenschaft angezeigt ist und deren Ausführung den Regeln der ärztlichen Kunst entspricht, schon *tatbestandlich* keine Körperverletzung darstellt; und zwar selbst dann nicht, wenn der angestrebte Heilerfolg ausbleibt („Tatbestandsausschluss").

---

2  Dazu *Sickor*, JA 08, 11; *Ulsenheimer*, Arztstrafrecht, Rn 131a ff.
3  BGH NStZ 96, 34 mit zust. Anm. *Ulsenheimer*, aaO S. 132 und *Rigizahn*, JR 96, 72; BGH StV 04, 376 mit krit. Anm. *Eisele*, JA 05, 252; zust. *Rönnau*, JZ 04, 801; abl. *Eisele*, BT I Rn 301; *Puppe*, GA 03, 764 und NK-*Paeffgen*, Rn 162 vor § 32; dagegen wiederum *Kuhlen*, JR 04, 227; zusf. LK-*Rönnau*, 12. Aufl. 2007, Rn 230 vor § 32.
4  *Kuhlen*, JR 04, 227, 229; im Erg. auch *Mitsch*, JZ 05, 279, 284 f.
5  Zu den Einwänden im Einzelnen ua *Bosch*, JA 08, 70; *Duttge* und *Gropp*, Schroeder-FS, S. 179, 197; *Jäger*, Jung-FS, S. 345.
6  *Puppe*, GA 03, 764.
7  S/S-*Eser*, § 223 Rn 40e; *Sternberg-Lieben*, StV 08, 189; dagegen wiederum LK-*Rönnau*, 12. Aufl. 2007, Rn 231 vor § 32.

**326**  Im Gegensatz zur Rechtsprechung stellt diese Ansicht bei der **Bewertung des Heileingriffs** nicht auf dessen Einzelakte (= Injektion, Betäubung, Einschnitt, Entfernung kranker Organe usw), sondern auf den **Gesamtakt** als Maßnahme zur Wiederherstellung oder Erhaltung des körperlichen Wohls ab. Bei dieser Betrachtungsweise ist die *erfolgreiche* Heilbehandlung keine Gesundheitsschädigung und in aller Regel auch keine Misshandlung iS der §§ 223 ff. **Misslingt** die Behandlung trotz Einhaltung der Regeln ärztlicher Kunst, so *verneint* jene vorwiegend vertretene Rechtslehre selbst bei einer Verschlechterung des körperlichen Zustandes den Körperverletzungs*vorsatz*, weil der Handlungswille nicht auf die Herbeiführung, sondern gerade auf die Vermeidung der nachteiligen Folgen gerichtet war. Mangels Verletzung der in diesem Verkehrskreis erforderlichen Sorgfalt fehlt es dann auch am Fahrlässigkeitstatbestand (§ 229). Schutz vor *eigenmächtiger* Heilbehandlung würden mithin nach dieser Ansicht allein die §§ 239, 240 bieten, die freilich in Fällen solcher Art zumeist versagen.

**327**  Von diesem Standpunkt in der Rechtslehre aus erfassen die §§ 223, 229 nur die **fehlerhaft** ausgeführte und das körperliche Wohl **verschlechternde Heilbehandlung**.

**328**  Im Einzelnen weichen die in der Rechtslehre vertretenen Ansichten aber im Ergebnis wie in der Begründung voneinander ab. Teils wird in anderer Weise zwischen *erfolgreichen* und *misslungenen* Eingriffen differenziert, teils werden mit **Substanzverlusten** verbundene Eingriffe stets den §§ 223 ff unterstellt (vgl S/S-*Eser*, § 223 Rn 31, 33). *Horn/Wolters* (SK, § 223 Rn 35 ff) unterscheiden zwischen der Verletzung des durch § 223 miterfassten „körperbezogenen Selbstbestimmungsrechts" und der unabhängig davon zu stellenden Frage, ob die Heilbehandlung zu einer „Gesundheitsverschlechterung" geführt hat. Maßnahmen, die kunstgerecht, aber ohne Einwilligung vorgenommen werden, sollen danach stets durch § 223 erfasst werden, allerdings auch *nur* nach *dieser* Vorschrift (nicht nach §§ 224 ff) strafbar sein, weil das Selbstbestimmungsrecht „nicht quantifizierbar" ist. *M.-K. Meyer* (Ausschluss der Autonomie durch Irrtum, 1984, S. 211 ff und GA 98, 415) grenzt zwischen voll einwilligungsbedürftigen Eingriffen, die mit **neuen Gefahren** verbunden sind oder zusätzliche Schmerzen erheblicher Art bewirken, und solchen ärztlichen Maßnahmen ab, die lediglich der **Gefahrverringerung**, der Schmerzbeseitigung oder der Amputation ohnehin funktionsuntüchtiger Körperbestandteile dienen, ohne zugleich neue Risiken zu begründen. Diese letztgenannten Eingriffe sollen von den Tatbeständen der §§ 223 ff nicht erfasst werden, der Zustimmung des Patienten also nur unter dem Blickwinkel des § 240 bedürfen, sodass Mängel, die der Aufklärung anhaften oder die Wirksamkeit der Einwilligung berühren, hier keine Bestrafung wegen Körperverletzung nach sich ziehen. Näher zum Ganzen: *Bockelmann*, Strafrecht des Arztes, 1968 und ZStW 93 (1981), 105; *Engisch*, ZStW 58 (1939), 1; *Eser*, Hirsch-FS, S. 465; *Arthur Kaufmann*, ZStW 73 (1961), 341; *Krauß*, Bockelmann-FS S. 557; *Lackner/Kühl*, § 223 Rn 8; LK-*Lilie*, Rn 3 vor § 223; *Schreiber*, Hirsch-FS, S. 713; *Ulsenheimer*, Arztstrafrecht.

**329**  Der Standpunkt der Rechtsprechung vermag nicht vollauf zu befriedigen (hier können die §§ 226, 227 im Einzelfall zu unangemessenen Ergebnissen oder zu Umgehungskonstruktionen führen, insbesondere bei einer an Mängeln leidenden „Einwilligung" des Patienten; aA *Cramer*, Lenckner-FS, S. 761, 778). Weit weniger überzeugen aber die den vielfältigen Ansätzen in der Rechtslehre entnehmbaren Vorschläge (krit. auch *Hardtung*, JuS 08, 864, 868 f; *Kargl*, GA 01, 538); der Rückgriff auf §§ 239, 240 kann dem Schutzbedürfnis des Patienten gegenüber *ärztlicher Eigenmacht* in weiten Bereichen nicht Rechnung tragen. Ansätze, diese komplizierte Materie zu regeln, reichen weit zurück (vgl etwa E 1925, § 238; E 1962, §§ 161, 162; AE BT § 123; *Blei*, JA 72, 91). Ein 1996 erneut unternommener Vorstoß eines „Referentenentwurfs" (des Vorentwurfs zu einem Entwurf des 6. StrRG, dort §§ 229, 230) ist frühzeitig gescheitert[8]. Schon der

---

8  Zu ihm *Cramer*, Lenckner-FS, S. 761; *Freund*, ZStW 109 (1997), 455; *Hirsch*, Zipf-GedS, S. 353; *Katzenmeier*, ZRP 97, 156; *M.-K. Meyer*, GA 98, 415; *Mitsch*, Strafrechtlicher Schutz gegen medizinische Behandlung, 2000; *E. Müller*, DRiZ 98, 155; *Schreiber*, Hirsch-FS, S. 713, 718; *F.-C. Schroeder*, Besondere Strafvorschriften gegen Eigenmächtige und Fehlerhafte Heilbehandlung?, 1998.

Entwurf der Bundesregierung vom 14.3.1997 (BR-Drucks. 164/97) griff diesen Vorschlag zu Recht nicht mehr auf. Die Aufgabe, eine bessere Lösung zu finden, bleibt dem Gesetzgeber gestellt (vgl auch LK-*Lilie*, Rn 6 vor § 223).

Ärztliche Eingriffe, die **experimentellen Zwecken** dienen, aus rein **kosmetischen**    **330**
**Gründen** erfolgen oder sonst *nicht* zum Zwecke der *Heilbehandlung* vorgenommen werden (vgl BGH NJW 78, 1206), fallen nach allgemeiner Ansicht stets unter §§ 223 ff, bedürfen also zu ihrer Rechtfertigung prinzipiell der **Einwilligung** des Betroffenen. Das Gleiche gilt für Maßnahmen zwecks Behandlung Dritter (zB Blutentnahme von Blutspendern). Zu den Voraussetzungen einer *mutmaßlichen* Einwilligung in die Erprobung neuer Therapiemethoden vgl *Köhler*, NJW 02, 853. Zum **Doping** siehe *Fischer*, § 228 Rn 23; *Heger*, JA 03, 76; *Kargl*, NStZ 07, 489; *Jahn*, ZIS 06, 57; *Roxin*, AT I § 13 Rn 48; *Schild*, Sportstrafrecht, 2002, S. 133 mwN; zu den Arten der Verantwortlichkeit für Doping *Szwarc*, Otto-FS, S. 179; zum Verbot von Arzneimitteln zu Dopingzwecken im Sport durch § 6a AMG siehe MüKo-*Freund*, § 6a AMG Rn 1, 30; *Lippert*, NJW 99, 837.

Im **Fall 19** könnte eine vorsätzliche oder fahrlässige Körperverletzung durch A und C in Be-    **331**
tracht kommen. Die **Rechtsprechung** würde bei A und C zur Strafbarkeit aus § 229 gelangen, weil beide fahrlässig eine rechtfertigende Sachlage für gegeben hielten (= irrige Annahme der Einwilligung in die Operation; vgl *Wessels/Beulke* AT Rn 470 ff). Einer Anklage stünde aber wohl § 153 I 1 StPO entgegen. Die Mehrheitsauffassung in der **Rechtslehre** würde die §§ 223, 229 daran scheitern lassen, dass die *erfolgreich* durchgeführte Operation des J zwar nicht unbedingt notwendig, immerhin jedoch medizinisch *vertretbar* war. Bei §§ 239, 240 würde die irrige Annahme des Einverständnisses in die Operation den subjektiven Tatbestand entfallen lassen (vgl dazu *Wessels/Beulke*, AT Rn 366), sodass A und C sich hiernach nicht strafbar gemacht hätten.

Zur ärztlichen **Aufklärungspflicht** siehe BGH NStZ 96, 34; JR 89, 286 und 93, 19; *Lackner/*    **332**
*Kühl*, § 228 Rn 14 mwN; *Puppe*, GA 03, 764; *Tröndle*, MDR 83, 881 mit zutreffender Warnung vor überspannten Anforderungen; *Ulsenheimer*, Arztstrafrecht, Rn 71 ff, 104 ff mwN. Kurz gesagt soll der Patient nicht lediglich „Objekt" ärztlicher Heilbehandlung sein, sondern *selbst* über das Ob und je nach Lage der Dinge auch über das Wie des Eingriffs zu bestimmen haben. Selbstbestimmung setzt indessen eine hinreichende Aufklärung über den **Befund**, die **Art** der geplanten Heilbehandlung und deren **typische Risiken** voraus.

Zu den Pflichten eines lediglich **beratenden Arztes** bei akut lebensgefährlicher Erkrankung eines    **333**
Patienten, der nicht bereit ist, sofort ein Krankenhaus aufzusuchen, siehe BGH NStZ 83, 313 mit Anm. *Lilie* (= JR 84, 293 mit Anm. *Kreuzer*). Zum Problemkreis des **Humanexperiments** und der klinischen **Arzneimittelprüfung** siehe *Deutsch*, NJW 95, 319; *Eser*, Schröder-GedS S. 191; *Höfling/Demel*, MedR 99, 540; *Rieger* in Roxin/Schroth (Hrsg.), Handbuch des Medizinstrafrechts, S. 527 mwN; *Klaus* und *Inge Tiedemann*, R. Schmitt-FS S. 139; *Ulsenheimer*, Arztstrafrecht, Rn 393 mwN. Lehrreich zum Ganzen auch *Schick*, Die strafrechtliche Verantwortung des Arztes, in: Arzt- und Arzneimittelhaftung in Österreich, 1992, S. 73 ff.

## II. Sonderregelungen im Bereich der Heilbehandlung

### 1. Kastration

**334** Für **Kastrationen** und andere Behandlungsmethoden gegen die Auswirkungen eines abnormen Geschlechtstriebes, die zur dauernden Funktionsunfähigkeit der Keimdrüsen führen können, gilt die im Kastrationsgesetz vom 15.8.1969 (BGBl I 1143) vorgesehene Sonderregelung (HK-GS/*Dölling*, § 228 Rn 23; SK-*Horn/Wolters*, § 228 Rn 19). Bei einer Entfernung der Keimdrüsen aus anderen Gründen, wie etwa im Falle einer Krebserkrankung, verbleibt es bei den allgemeinen Heilbehandlungsregeln (näher LK-*Hirsch*, § 228 Rn 42; S/S-*Eser*, § 223 Rn 54 ff).

### 2. Sterilisation

**335** Für **Sterilisationen** war eine Neuregelung in Vorbereitung, die bei Erlass des 5. StrRG jedoch vorerst wieder zurückgestellt worden ist (vgl BT-Drucks. VI/3434 zu den damals vorgeschlagenen §§ 226b-d). Gegenwärtig steht BGHSt 20, 81 hier jeder Straftatverfolgung im Wege (näher dazu *Maurach/Schroeder*, BT I § 8 Rn 38; NK-*Paeffgen*, § 228 Rn 99).

### 3. Geschlechtsumwandlung

**336** Eine „genitalkorrigierende" Operation (**Geschlechtsumwandlung**) stellt dann einen Heileingriff dar, wenn sie der Vermeidung schwerster seelischer und körperlicher Beeinträchtigungen dient; im Übrigen soll sie sittenwidrig sein (BGHZ 57, 63 [BVerfG NJW 79, 595 hat die Frage offen gelassen]; dagegen zu Recht NK-*Paeffgen*, § 228 Rn 103; zum Transsexuellengesetz vom 10.9.1980 siehe *Pfäfflin* in Roxin/Schroth (Hrsg.), Handbuch des Medizinstrafrechts, S. 499, 518 und *Sigusch*, NJW 80, 2740).

### 4. Organtransplantation

**337** Nach zahlreichen Entwürfen und kontrovers geführten Diskussionen ist am 1.12.1997 das Gesetz über die Spende, Entnahme und Übertragung von Organen (Transplantationsgesetz-TPG) in Kraft getreten, neu gefasst durch das Gewebegesetz (vom 20.7.2007). Es schreibt weitgehend die bisher hM fest (siehe auch Rn 19 ff), bringt aber auch einige Neuerungen (vgl *Lackner/Kühl*, § 228 Rn 23). Einen Überblick zum TPG bieten *Deutsch*, NJW 98, 777; *Dippel*, Hanack-FS, S. 665; *Dufková*, MedR 98, 304 und *Kühn*, MedR 98, 455, eine Kommentierung bei MüKo-*Tag*, TPG; zu den Strafvorschriften des TPG *Schroth*, JZ 97, 1149 mit Erwiderung von *Heger*, JZ 98, 506 sowie instruktiv *König* in Roxin/Schroth (Hrsg.), Handbuch des Medizinstrafrechts, S. 406. BVerfG NJW 99, 3399 hält § 8 I 2 TPG, der „Lebendorganspenden" nur verwandten oder nahe stehenden Personen gestattet, sowie die Strafbewehrung in § 19 II TPG für unbedenklich[9]. Ferner liege kein Grundrechtsverstoß allein darin, dass

---

9 Dazu *Sachs*, JuS 00, 393 sowie krit. *Gutmann*, NJW 99, 3387 und *Seidenath*, Anm. MedR 00, 33.

zur Abwehr einer postmortalen Organentnahme gem. § 2 II TPG ein Widerspruch erklärt werden müsse (BVerfG NJW 99, 3403; krit. *Rixen*, NJW 99, 3389). Zu den Ge-
webespenden siehe *Fischer*, § 168 Rn 13; § 228 Rn 24.

### 5. Hungerstreik und Zwangsernährung in Justizvollzugsanstalten

Eine Fülle von Problemen entsteht bei **ärztlichen Zwangsmaßnahmen** auf dem Ge-    **338**
biet der Gesundheitsfürsorge in Justizvollzugsanstalten sowie bei der Zwangsernäh-
rung im Falle eines „Hungerstreiks" (vgl zum Fall des Holger Meins OLG Koblenz
NJW 77, 1461).

Im Zielkonflikt zwischen den Erfordernissen des Gesundheitsschutzes und der Rücksichtnahme    **339**
auf die freie Willensbestimmung des Gefangenen bemüht § 101 StVollzG in der geänderten Fassung vom 27.2.1985 sich um einen tragbaren Kompromiss. Medizinische Untersuchung und Behandlung sowie Ernährung sind hiernach zwangsweise nur bei Lebensgefahr, bei schwerwiegender Gefahr für die Gesundheit des Gefangenen oder bei Gefahr für die Gesundheit anderer
Personen zulässig; die betreffenden Maßnahmen müssen für die Beteiligten zumutbar sein und dürfen
nicht mit erheblicher Gefahr für Leben oder Gesundheit des Gefangenen verbunden sein. Zur
Durchführung der Maßnahmen ist die Vollzugsbehörde **nicht verpflichtet, solange von einer
freien Willensbestimmung des Gefangenen ausgegangen werden kann.**

Zum Ganzen vgl *Calliess/Müller-Dietz*, Strafvollzugsgesetz, 10. Aufl. 2005, § 101 Rn 2; *Kaiser/*    **340**
*Schöch*, Strafvollzug, 5. Aufl. 2002, § 8 Rn 13; *Laubenthal*, Strafvollzug, 2. Aufl. 1998, Rn 644;
MüKo-*Schneider*, Rn 79 vor § 211. Zur ärztlichen Zwangsbehandlung anderweitig Untergebrach-
ter siehe *Baumann*, NJW 80, 1873; *Rüping*, JZ 82, 744.

# § 7    Die Beteiligung an einer Schlägerei

## I.    Systematik und Schutzzweck

**Fall 20:** Während des Schützenfestes in einer Kreisstadt entwickelt sich zwischen einigen    **341**
rauflustigen Burschengruppen aus verschiedenen Nachbardörfern eine handfeste Schlägerei.
Als der daran beteiligte A bemerkt, dass Messer gezückt werden, macht er sich davon. Beim
Eintreffen der Polizei, die den Tätlichkeiten ein Ende setzt, wird festgestellt, dass der Zuschauer Z bei dem Versuch, Frieden zu stiften, von einem Messerstich getroffen worden und
inzwischen verblutet ist. Wer ihm die tödliche Verletzung zugefügt hat, ist nicht zu ermitteln.
Im Zuge der Vernehmungen beruft A sich darauf, dass er den Kampfplatz schon vor der Ver-
wundung des Z verlassen habe. Der Raufbold R verteidigt sich mit der Behauptung, er habe
erst nachträglich, und zwar zu einem Zeitpunkt an der Schlägerei teilgenommen, als Z bereits
verletzt am Boden gelegen habe. Ob das zutrifft, lässt sich nicht klären.

Können A und R bestraft werden? **Rn 362**

Nach einigem Schwanken hat der Gesetzgeber die Beteiligung an einer Schlägerei    **342**
(§ 227 aF) mit kleinen sprachlichen Änderungen als § 231 beibehalten (zu den Gründen siehe den Bericht des Rechtsausschusses, BT-Drucks. 13/9064, S. 16 mwN). Da-

nach wird bestraft, wer sich schuldhaft an einer Schlägerei oder an einem von mehreren verübten Angriff beteiligt, sofern durch die tätliche Auseinandersetzung der Tod eines Menschen oder eine schwere Körperverletzung iS des § 226 verursacht worden ist.

**343**  § 231 ist als **abstraktes Gefährdungsdelikt**[1] konstruiert. Strafgrund ist die generelle **Gefährlichkeit** von Raufereien für Leib oder Leben. Da tätliche Auseinandersetzungen zwischen *mehr als zwei Personen* oft schwere Folgen haben und sich zumeist im Nachhinein nicht ermitteln lässt, wer die Verletzungsfolge verursacht hat, bedroht das Gesetz schon die *schuldhafte* **Beteiligung** als solche mit Strafe. Die **schwere Folge**, deren Eintritt unmittelbar auf der Schlägerei oder dem Angriff beruhen muss, bildet nach hM nur eine *objektive Bedingung der Strafbarkeit*, auf die sich der Vorsatz nicht zu beziehen braucht[2]. Ohne Bedeutung ist, ob gerade das Verhalten des Beteiligten für diese schwere Folge ursächlich geworden ist. Selbst wenn feststeht, dass ein anderer sie allein herbeigeführt hat, bleibt jeder schuldhaft Beteiligte nach § 231 strafbar (BGHSt 16, 130). Der Täter des Verletzungsdelikts ist daneben – je nach Lage des Falles – gemäß §§ 224, 226, 227 oder aber nach §§ 212, 211, 222 zu bestrafen (vgl RGSt 59, 107; siehe auch Rn 361). Lehrreich zum Ganzen *Henke*, Jura 85, 585; *Wagner*, JuS 95, 296; *Zopfs*, Jura 99, 172; eingehend ferner *Geisler*, Schuldprinzip, 1998, insbesondere S. 262 ff.

## II.  Der Schlägereitatbestand

### 1.  Die Tatbestandsalternativen

**344**  Der **Unrechtstatbestand** des § 231 erschöpft sich in der vorsätzlichen *Beteiligung an einer Schlägerei* oder an einem *von mehreren verübten Angriff*.

**345**  **Schlägerei** ist ein mit *gegenseitigen* Körperverletzungen verbundener Streit, an dem **mindestens drei** Personen physisch (aktiv) mitwirken[3].

**346**  Wechselseitige Körperverletzungen zwischen zwei Personen entwickeln sich zur Schlägerei iS des § 231, wenn ein Dritter hinzukommt und Tätlichkeiten gegen einen der Streitenden begeht (BGH GA 60, 213). Umgekehrt verliert eine tätliche Auseinandersetzung zwischen drei Personen ihren Charakter als Schlägerei, sobald ein Beteiligter sich entfernt (BGHSt 14, 132, 135; RG JW 38, 3157); in *dieser* Hinsicht gilt auch für § 231 der Grundsatz *„in dubio pro reo"* (OLG Köln NJW 62, 1688). Davon, ob ein Beteiligter schuldhaft in den Streit verwickelt worden ist, hängt zwar *seine Strafbarkeit* nach § 231, nicht aber der Begriff der Schlägerei ab (BGHSt 15, 369).

**347**  Unter einem **Angriff mehrerer** ist die in feindseliger Willensrichtung unmittelbar auf den Körper eines anderen *abzielende* Einwirkung durch mindestens **zwei Personen** zu verstehen[4]. Nicht erforderlich ist, dass es bereits zu Gewalttätigkeiten gekommen ist[5].

---

1  BGHSt 39, 305; besser: Gefährlichkeitsdelikt; dazu *Hettinger*, JuS 97, L 41, 42 und *Hirsch*, Tiedemann-FS, S. 145, jeweils mwN; vgl auch NK-*Paeffgen*, § 231 Rn 2.
2  MüKo-*Hohmann*, § 231 Rn 3; *Wessels/Beulke*, AT Rn 148; aA LK-*Hirsch*, § 231 Rn 1 mwN.
3  BGHSt 31, 124; 15, 369; vgl *Küper*, BT S. 262.
4  BGHSt 31, 124; BGH NJW 84, 621.
5  BGHSt 33, 100 mit krit. Anm. von *Günther*, JZ 85, 585 und *Schulz*, StV 86, 250; sehr weitgehend BGH NStZ-RR 00, 331.

Jeder Angreifer muss das Ziel verfolgen, den oder die Angegriffenen körperlich zu verletzen; bloße Drohungen genügen nicht. Im Unterschied zur Schlägerei setzt diese Begehungsweise keine gegenseitigen Tätlichkeiten voraus. Die Angreifer müssen auch nicht notwendig Mittäter iS des § 25 II sein, vielmehr genügt jedes Zusammenwirken, aus dem sich die Einheitlichkeit des Angriffs, des Angriffsobjekts und des Angriffswillens ergibt (BGHSt 31, 124; 33, 100; BGH NJW 84, 621). **348**

**Beteiligt** iS des § 231 ist nach hM (*Fischer*, § 231 Rn 8 mwN), wer am Tatort anwesend ist und durch physische oder psychische Mitwirkung an den gegen andere gerichteten Tätlichkeiten teilnimmt. Zur **Beteiligung** bedarf es keines „Mitschlagens" oder dergleichen; vielmehr genügt **jede aktive Anteilnahme** am Fortgang der Auseinandersetzung, wie etwa das Anfeuern der Streitenden, das Zureichen von Schlagwerkzeugen oder Wurfgeschossen sowie das Abhalten von Hilfe (RG JW 32, 948; BGHSt 15, 369). Nach aA soll die psychische Mitwirkung hingegen lediglich Teilnahme iS der §§ 26, 27 sein[6]. **349**

**Nicht beteiligt** ist, wer Frieden zu stiften sucht, Sanitätsdienste leistet oder nur aus Neugierde zuschaut, ohne Partei zu ergreifen und durch sein Verhalten den Streit zu schüren; ebenso wenig wer nur das Objekt des Angriffs bildet *und* sich auf *bloße Schutzwehr* beschränkt; wer dagegen zur Abwehr eines rechtswidrigen Angriffs in *Trutzwehr* zu Tätlichkeiten übergeht, ist **Beteiligter** (BGHSt 15, 369). **350**

Der **Vorsatz** muss neben der willentlichen Mitwirkung die Kenntnis derjenigen Tatumstände umfassen, aus denen das Vorliegen einer Schlägerei oder eines Angriffs mehrerer folgt. **351**

## 2. Vorwerfbare Beteiligung

Das 6. StrRG hat den letzten Satzteil des § 227 aF („falls er nicht ohne sein Verschulden hineingezogen worden ist") durch § 231 II ersetzt. Er soll klarstellen, dass Straffreiheit nur für denjenigen besteht, der an der Schlägerei oder an dem Angriff *zu keinem Zeitpunkt* in vorwerfbarer Weise beteiligt war[7]. Nicht vorwerfbar handelt, wer einem möglichen rechtswidrigen Angriff Dritter nicht ausweicht[8]. **352**

## 3. Berufung auf Notwehr

Bei der Berufung auf Notwehr ist sorgfältig zwischen der etwaigen Rechtfertigung *einzelner Verletzungshandlungen* und der davon ggf unberührt bleibenden **Strafbarkeit nach § 231** zu unterscheiden. **353**

Auch der schuldhaft Beteiligte, der sich im Laufe einer Prügelei plötzlich mit einem Messer oder dergleichen angegriffen sieht, kann sich nach allgemeinen Regeln auf § 32 berufen, soweit es um die Rechtmäßigkeit oder Rechtswidrigkeit *einzelner* Verteidigungshandlungen zur Angriffsabwehr geht[9]. Auf die Strafbarkeit nach § 231 hat das keinen Einfluss.

---

6   *Stree*, R. Schmitt-FS, S. 215, 220; siehe auch *Küper*, GA 97, 301, 326 und BT S. 264.
7   Vgl etwa *Eisele*, JR 01, 270 und *Hohmann/Sander*, BT II § 10 Rn 10, aber auch NK-*Paeffgen*, § 231 Rn 14 f.
8   RGSt 65, 163 und 340; näher *Fischer*, § 231 Rn 10.
9   Vgl RGSt 73, 341; 59, 264; S/S-*Stree*, § 231 Rn 9.

### 4. Objektive Bedingung der Strafbarkeit

**354**   **Objektive Bedingung der Strafbarkeit** (dazu *Wessels/Beulke*, AT Rn 148 mwN) ist, dass unmittelbar durch die Schlägerei oder den Angriff mehrerer der Tod eines Menschen oder eine schwere Körperverletzung verursacht worden ist. *Nicht* vorausgesetzt wird dabei:

**355**   a) dass die schwere Folge *rechtswidrig* herbeigeführt worden ist, vielmehr ist § 231 auch anwendbar, wenn diese Tatfolge auf einer Notwehrhandlung beruht und einen Angreifer trifft[10]; tötet ein an der Schlägerei Beteiligter einen Widersacher in Notwehr, so kann er nach § 231 strafbar sein[11];

**356**   b) dass die schwere Folge bei einem *Tatbeteiligten* eingetreten ist; es genügt, dass ein Zuschauer, ein herbeieilender Polizeibeamter oder – wie im **Fall 20** – ein Friedensstifter verletzt wird (BGH NJW 61, 1732);

**357**   c) dass ein ursächlicher Zusammenhang zwischen dem Tatbeitrag des einzelnen Beteiligten und dem Eintritt der schweren Folge besteht, denn Letztere braucht nur auf dem **Gesamtvorgang** der Schlägerei oder des Angriffs zu beruhen[12];

**358**   d) dass die schwere Folge für die Beteiligten *voraussehbar* war[13]. § 18 gilt hier nicht, da die besondere Tatfolge in § 231 nicht strafschärfend, sondern strafbegründend wirkt.

### 5. Zeitpunkt der Beteiligung

**359**   Nach hM ist es für die Strafbarkeit eines Beteiligten ohne Bedeutung, ob die Ursache für den Eintritt der schweren Folge **während, vor** oder **nach** seiner Beteiligung an der Schlägerei gesetzt worden ist[14]. Anders liegt es nur, wenn von seinem Hinzukommen oder Ausscheiden der Charakter des Geschehens als „Schlägerei" abhängt[15].

**360**   Vereinzelt wird *nur die Beteiligung während* des Verursachungszeitpunktes für ausreichend gehalten[16], während andere lediglich bei der *nachträglichen* Beteiligung die Strafbarkeit aus § 231 verneinen[17]. Beide Auffassungen sind mit dem Zweck des Gesetzes nicht zu vereinbaren, da sie bei Beweisschwierigkeiten jedem Beteiligten die Berufung darauf ermöglichen würden, dass er seine Beteiligung schon vor der Erfolgsverursachung aufgegeben habe oder dass er erst nach ihr hinzugekommen sei. Dem Versuch, sich mit solchen Schutzbehauptungen über den Grundsatz *in dubio pro reo* der Bestrafung zu entziehen, hat der Gesetzgeber aber gerade dadurch begegnen wollen, dass er die Strafbarkeit nach § 231 nicht von der Ursächlichkeit des *einzelnen* Tatbeitrags für die schwere Folge abhängig gemacht hat (dagegen LK-*Hirsch*, § 231 Rn 8).

---

10   BGHSt 33, 100 mit krit. Anm. *Günther*, JZ 85, 585 und *Schulz*, StV 86, 250.
11   BGHSt 39, 305; *Stree*, Anm. JR 94, 370; *Wagner*, JuS 95, 296; krit. *Rönnau/Bröckers*, GA 95, 549.
12   BGHSt 14, 132; 16, 130, 132; BGH NJW 84, 621.
13   BGH MDR 54, 371; *Lackner/Kühl*, § 231 Rn 5 und hM; aA LK-*Hirsch*, § 231 Rn 15.
14   BGHSt 14, 132; 16, 130; *Lackner/Kühl*, § 231 Rn 5; *Maurach/Schroeder*, BT I § 11 Rn 10.
15   Vgl RG JW 38, 3157; OLG Köln NJW 62, 1688.
16   *Krey/M. Heinrich*, BT I Rn 297; *Welzel*, Lb S. 297.
17   *Birkhahn*, MDR 62, 625; NK-*Paeffgen*, § 231 Rn 9; SK-*Horn*, § 231 Rn 8; S/S-*Stree*, § 231 Rn 15.

Zwischen § 231 und §§ 223 ff ist Tateinheit möglich (BGHSt 33, 100; S/S-*Stree*, § 231 **361** Rn 17; krit. dazu *Montenbruck*, JR 86, 138; aA *Maurach/Schroeder*, BT I § 11 Rn 5, 11).

Im **Fall 20** können A und R sich (ebenso wie die übrigen Beteiligten) nach § 231 I Alt. 1 straf- **362** bar gemacht haben. Beide waren, wenn auch zu verschiedenen Zeitpunkten, an der Schlägerei beteiligt, in deren Verlauf der Tod des um Friedensstiftung bemühten Z verursacht wurde. Da es nach hM nur hierauf ankommt, *versagt* somit der Einwand von A und R, die Ursache für den Tod des Z sei erst nach dem Ende bzw schon vor dem Beginn ihrer Beteiligung an der Schlä- gerei gesetzt worden. Beide sind nach § 231 zu bestrafen; daneben kommt Landfriedensbruch (§ 125 I) in Betracht.

## 4. Kapitel

# Straftaten gegen die persönliche Freiheit

## § 8 Nachstellung, Freiheitsberaubung, Nötigung, Bedrohung

**Fall 21:** Die Nachbarin N begibt sich zu einem Schwatz in die Wohnung der Frau F, die gerade **363** im Begriff ist, ihre 7 Monate alte Tochter T zum Mittagsschlaf hinzulegen. Verärgert darüber, dass F sich hierbei viel Zeit gelassen und ihr noch keinen Drink angeboten hat, bricht N einen Streit vom Zaun, in dessen Verlauf sie plötzlich die Tür zum Kinderzimmer abschließt und den Schlüssel an sich nimmt. Obwohl N den Zank allein verschuldet hat, erklärt sie, dass sie den Schlüssel nur zurückgebe, wenn F sich schuldig bekenne und sie um Verzeihung bitte. Da F das ablehnt, entfernt N sich unter Mitnahme des Schlüssels. F sieht keinen anderen Ausweg, als die Tür durch den Schlosser S öffnen zu lassen, dessen Werkstatt sich in der Nähe befindet und der einen Werklohn von 20 € berechnet. T schläft zu diesem Zeitpunkt noch friedlich.

Am Nachmittag bringt N den Schlüssel zurück. Der soeben heimgekommene Ehemann M droht ihr mit einer Strafanzeige, falls sie nicht bis zum Abend den Betrag von 20 € erstatte und sich schriftlich für ihr Verhalten entschuldige. Aus Furcht vor Strafe tut N beides.

Haben N und M sich strafbar gemacht? **Rn 371, 376, 398, 418, 420, 427, 432**

Ein Diebstahl (§ 242) des Schlüssels durch N scheidet mangels Zueignungsabsicht aus. In Be- tracht kommen jedoch Freiheitsdelikte (§§ 239, 240).

## I. Der Schutz der persönlichen Freiheit im Strafrecht

### 1. Systematischer Überblick

Das **6. StrRG** vom 26.1.1998 hat den 18. Abschnitt zum Teil beträchtlich geändert **364** (näher BT/1, 28. Aufl. 2004, Rn 364). Neben der Einführung des Tatbestands des Kin-

derhandels (§ 236) und der Umgestaltung der Kindesentziehung zur Entziehung Minderjähriger (§ 235) ordnet § 239 II nunmehr auch die Strafbarkeit der versuchten einfachen Freiheitsberaubung (§ 239 I) an. Das 37. StÄG vom 11.2.2005 hat die bisherigen Vorschriften über den Menschenhandel (§§ 180b, 181 aF) in erweiterter Form in
diesen Abschnitt übernommen (§§ 232–233b), § 234 I neu gefasst und § 240 IV Nr 1
um die Alt. 2 ergänzt. Das 40. StÄG vom 22.3.2007 hat in § 238 die Nachstellung unter Strafe gestellt.

**365**    Das StGB kennt kein geschlossenes System von Vorschriften zum Schutz der persönlichen Freiheit. Die im 18. Abschnitt enthaltene Gruppe von **Freiheitsdelikten** fasst
diejenigen Tatbestände zusammen, bei denen die **Freiheit der Person** *allein oder
vorrangig* geschützt wird. Richtungweisend für ihre systematische Einordnung
durch den Gesetzgeber war der Umstand, dass der Angriff auf die persönliche Freiheit des Opfers bei ihnen den eigentlichen **Kern** und nicht nur eine Begleiterscheinung **der Tat** bildet. Besonders deutlich ausgeprägt ist dies bei den Tatbeständen des
*Menschenraubes* (§ 234), der *Nachstellung* (§ 238), der *Freiheitsberaubung* (§ 239),
der *Nötigung* (§ 240) und der freiheitsgefährdenden *Bedrohung* (§ 241). Einen Überblick zur Systematik der Delikte zum Schutz der Freiheit geben *Maurach/Schroeder*,
BT I § 12 Rn 1 und *Schroeder*, JuS 09, 14.

**366**    Straftatbestände, bei denen der Angriff auf die Freiheit der Willensentschließung oder
Willensbetätigung das *Mittel* zur Verletzung eines **anderen Rechtsgutes** ist, wie etwa
beim Raub (= *Eigentumsdelikt)* oder bei der Erpressung (= *Vermögensdelikt),* sind
dem Systembereich jenes anderen Rechtsgutes zugeordnet.

**367**    Allerdings ist der Gesetzgeber insoweit nicht immer systemgerecht verfahren. So ist zB die Beziehung des § 235 zu den Freiheitsdelikten des 18. Abschnitts recht lose, da sein Schutzgegenstand nicht oder zumindest nicht vorrangig die persönliche Freiheit der dort genannten Minderjährigen, sondern die *freie Ausübung des Personensorgerechts* von Eltern oder einem Elternteil,
Vormündern und Pflegern, seit der Neufassung durch das 6. StrRG auch die körperliche oder seelische Entwicklung des entzogenen Kindes oder Jugendlichen ist (zu § 235 näher Rn 436). Andererseits sind manche Strafvorschriften, die in engem Zusammenhang zum Schutzgut der Freiheitsdelikte stehen, wegen ihrer speziellen Schutzrichtung außerhalb des 18. Abschnitts geregelt
(vgl etwa §§ 108, 177). Der erpresserische Menschenraub (§ 239a) bildet eine Mischform zwischen Freiheits- und Vermögensdelikt (näher *Wessels/Hillenkamp*, BT II Rn 740 f); zur Geiselnahme (§ 239b) siehe Rn 450. Zu §§ 232–233b vgl *F.-C. Schroeder*, NJW 05, 1393.

## 2. Geschützte Rechtsgüter

**368**    Geschütztes (höchstpersönliches; dazu MüKo-*v. Heintschel-Heinegg*, § 52 Rn 53)
Rechtsgut der Freiheitsdelikte ist generell die **Freiheit der Willensentschließung
und Willensbetätigung**.

**369**    In einigen Tatbeständen weist dieses Schutzgut Besonderheiten auf. So betrifft § 239 nur die Freiheit zur Veränderung des Aufenthaltsortes (= Fortbewegungsfreiheit), während die §§ 234a, 241a
einen Inbegriff von Persönlichkeitsrechten schützen, wie etwa die individuelle Freiheit, das Recht
auf Leben und körperliche Unversehrtheit sowie die wirtschaftliche Betätigungsfreiheit, und dadurch eine gewisse Sonderstellung einnehmen.

## II. Nachstellung

### 1. Schutzgut und Systematik

Das unter dem englischen Begriff „Stalking" bekannt gewordene systematische Ver- **369a**
folgen und Belästigen eines anderen Menschen war bislang nicht durch eine eigen-
ständige Strafvorschrift mit Strafe bedroht, sondern wurde lediglich in Teilaspekten
von anderen Straftatbeständen wie etwa § 123 (Hausfriedensbruch), § 177 (sexuelle
Nötigung), § 185 (Beleidigung), § 223 ff (Körperverletzung), § 240 (Nötigung), § 241
(Bedrohung), § 303 (Sachbeschädigung) sowie § 4 GewaltschutzG erfasst. Um bestehende Schutzlücken zu schließen, hat der Gesetzgeber sich deshalb entschlossen, mit
§ 238 eine spezielle Regelung für diese Fälle zu treffen. Die gesetzliche Fassung stellt
dabei einen Kompromiss zwischen den Entwürfen der Bundesregierung (BT-Drucks.
16/575) und des Bundesrats (BR-Drucks. 551/04) dar. Geschütztes Rechtsgut ist die
Freiheit der **persönlichen Lebensgestaltung**[1].

Das Grunddelikt ist normiert in § 238 I. Danach macht sich strafbar, wer durch unbe- **369b**
fugtes Nachstellen die Lebensgestaltung eines anderen Menschen schwerwiegend beeinträchtigt. Ausgestaltet ist der Tatbestand somit als **verhaltensgebundenes** (oder:
modalisiertes) **Erfolgsdelikt**. Darüber hinaus enthält Abs. 2 eine Qualifikation und
Abs. 3 eine Erfolgsqualifikation. Im Falle des **§ 238 I** wird die Tat nur **auf Antrag**
verfolgt, sofern nicht die Strafverfolgungsbehörde wegen des besonderen öffentlichen
Interesses ein Einschreiten von Amts wegen für geboten hält, § 238 IV (krit. zur Ausgestaltung *Buettner*, ZRP 08, 124).

### 2. Tathandlung des § 238 I

Tathandlung des § 238 I ist das **unbefugte Nachstellen**. Ein solches Nachstellen liegt **369c**
vor, wenn der Täter beharrlich eine oder mehrere Tatvarianten der Nr 1–5 verwirklicht. Erste Tatmodalität ist nach **Nr 1** das **Aufsuchen räumlicher Nähe**. Damit sind
physische Annäherungen an das Opfer gemeint wie etwa das Auflauern, Verfolgen,
Vor-dem-Haus-Stehen oder eine sonstige Präsenz in der Nähe der Wohnung oder der
Arbeitsstelle des Opfers[2]. Aufsuchen bedeutet, dass die Annäherung gezielt erfolgen
muss, dh eine zufällige zeitgleiche Anwesenheit zu anderen Zwecken wie etwa dem
Einkauf im Supermarkt oder dem Besuch im Kino genügt nicht (BT-Drucks 16/575,
S. 7). An einer solchen Zufälligkeit fehlt es freilich dann, wenn der Täter das vermeintlich unbeabsichtigte Zusammentreffen in Wirklichkeit geplant hat, also etwa
den Supermarkt stets zu den Zeiten aufsucht, zu denen das Opfer dort üblicherweise
seine Einkäufe tätigt[3]. Fraglich ist, ob für das Vorliegen einer räumlichen Nähe das
Opfer die Anwesenheit des Täters in irgendeiner Form *bemerkt* haben muss. Ein Teil

---

1  BT-Drucks. 16/575, S. 6; *Kindhäuser*, BT I § 18 Rn 12; *Krüger* (Hrsg.), Stalking als Straftatbestand,
   2007, S. 87 ff; *Lackner/Kühl*, § 238 Rn 1; *Valerius*, JuS 07, 319, 320 f; aA *Kinzig*, ZRP 06, 255, 257:
   „Freisein von Furcht"; *Mitsch*, NJW 07, 1237, 1238: „individueller Rechtsfrieden". Zur Legitimität der
   Norm *Fischer*, § 238 Rn 3a; krit. zur Regelung insgesamt *Rackow*, GA 08, 552.
2  Sichtweite fordern *Kinzig/Zander*, JA 07, 481, 483.
3  *Valerius*, JuS 07, 319, 321.

des Schrifttums bejaht dies im Hinblick auf den Schutzzweck des § 238 I[4]. Das erscheint jedoch nicht überzeugend. Eine schwerwiegende Beeinträchtigung der Lebensgestaltung kann sich auch ergeben, wenn das Opfer Kenntnis darüber erlangt, dass der Täter sich dauernd *heimlich* in seiner Nähe aufhält und sein Tun und Lassen auf Schritt und Tritt beobachtet.

**369d** Als nächste Tatvariante nennt **Nr 2** den **Versuch**, zum Opfer durch Mittel der Kommunikation, dh Anrufe, E-Mails, SMS, Briefe, schriftliche Botschaften an der Windschutzscheibe und dergleichen, oder über Dritte, also etwa Angehörige, Freunde oder Kollegen des Opfers, **Kontakt herzustellen. Nr 3** erfasst dagegen die **Kommunikation** des Täters unter dem Namen des Opfers, indem er unter missbräuchlicher Verwendung von dessen personenbezogenen Daten Bestellungen von Waren oder Dienstleistungen für das Opfer aufgibt oder Dritte veranlasst, mit dem Opfer Kontakt aufzunehmen. Unter letzteres fällt beispielsweise die Aufgabe einer Kontaktanzeige mit dem Angebot sexueller Dienstleistungen unter Nennung der Telefonnummer des Opfers. **Nr 4** stellt als weitere Tatvariante **Drohungen** des Täters für Leben, körperliche Unversehrtheit, Gesundheit oder die Fortbewegungsfreiheit des Opfers oder einer ihm nahestehenden Person unter Strafe.

**369e** Liegt keine der Tatmodalitäten der Nr 1–4 vor, verbleibt noch die *Auffangklausel* der **Nr 5**, der zufolge auch eine **andere vergleichbare Handlung** ein Nachstellen im Sinne des § 238 I darstellen kann. Ein solcher Auffangtatbestand ist nach Auffassung des Gesetzgebers erforderlich, um der für das Phänomen Stalking typischen Vielgestaltigkeit möglicher Verhaltensformen Rechnung tragen und auf neu auftretende Verhaltensweisen reagieren zu können (BT-Drucks. 16/3641, S. 30). Diese Begründung vermag indes nichts an der verfassungsrechtlich problematischen Unbestimmtheit der Auffangregel[5] zu ändern. Zudem erscheint auch die behauptete Notwendigkeit durchaus zweifelhaft, werden doch die in der Begründung des Bundesratsentwurfs (der Entwurf der Bundesregierung enthielt keine Auffangklausel) angeführten Beispiele weitestgehend von den Nr 1–4 des neuen §§ 238 I erfasst[6].

**369f** Bei diesen fünf Tatvarianten handelt es sich nur dann um ein Nachstellen, wenn der Täter die entsprechenden Verhaltensweisen **beharrlich** verwirklicht. Beharrlichkeit soll dabei nicht bereits bei bloßer Wiederholung gegeben sein, sondern darüber hinaus eine in der Tatbegehung zum Ausdruck kommende besondere Hartnäckigkeit und gesteigerte Gleichgültigkeit des Täters gegenüber dem gesetzlichen Verbot erfordern[7], die zugleich die Gefahr weiterer Begehung indiziert. Er müsse *mit dem Willen* han-

---

4 *Gazeas*, KJ 2006, 247, 256 f; *Krüger* (Hrsg.), Stalking als Straftatbestand, S. 113 f; *Mitsch*, NJW 2007, 1237, 1239; HK-GS/*Rössner/Krupna*, § 238 Rn 5; wie hier *Kindhäuser*, BT I § 18 Rn 16.
5 Ebenfalls krit. *Eiden*, ZIS 08, 123, 127; *Fischer*, § 238 Rn 5 ff, 17; *Gazeas*, KJ 06, 247, 257; *Kinzig/ Zander*, JA 07, 481, 485; *Mitsch*, NJW 07, 1237, 1239; *Rackow*, GA 08, 552, 565 f; *Vander*, KritV 06, 81, 90; zweifelnd auch *Kühl*, Seebode-FS, S. 61, 69 ff und in *Lackner/Kühl*, § 238 Rn 5; ambivalent *Krüger* (Hrsg.), Stalking als Straftatbestand, S. 149 ff; differenzierend *Neubacher/Seher*, JZ 07, 1029, 1032; die Auffangklausel befürwortet hingegen *Mosbacher*, NStZ 07, 665, 668.
6 Dazu näher *Krüger* (Hrsg.), Stalking als Straftatbestand, S. 141; *Peters*, NStZ 09, 238, 240 f.
7 Für eine rein objektive, die Gesinnung des Täters nicht mit einbeziehende Deutung der Beharrlichkeit *Mosbacher*, NStZ 07, 665; *Neubacher/Seher*, JZ 07, 1029, 1032.

deln, sich auch in Zukunft immer wieder entsprechend zu verhalten. Maßgeblich sei damit letztlich eine Gesamtwürdigung unter besonderer Berücksichtigung des zeitlichen Abstands zwischen den einzelnen Handlungen sowie deren innerer Zusammenhang (BT-Drucks. 16/575, S. 7)[8]. Nicht erforderlich ist, dass der Täter wiederholt dieselbe Tatvariante verwirklicht; beharrlich handelt auch derjenige, der abwechselnd die verschiedenen, in Nr 1–5 aufgeführten Möglichkeiten des Stalkings nutzt[9], also zB einmal dem Opfer auflauert, es ein andermal mit einem nächtlichen Anruf behelligt, dann wiederum in der Pizzeria 25 Familienpizzen zum Ausliefern ordert und schließlich das Opfer mit Entführung bedroht[10].

**Unbefugt** ist das Nachstellen, wenn der Täter sich weder auf eine amtliche oder privatautonome Befugnisnorm noch auf ein Einverständnis des Opfers berufen kann. Nach dem Willen des Gesetzgebers soll es sich bei dem Merkmal der Unbefugtheit hier nicht lediglich um einen Verweis auf die allgemeinen Rechtfertigungsgründe, sondern um ein *Tatbestandsmerkmal* handeln, das den Anwendungsbereich der Norm auf die strafwürdigen Fälle beschränkt (BT-Drucks. 16/575, S. 7)[11]. So erfüllt etwa der frisch Verliebte, der seiner Angebeteten mit deren Billigung pro Tag wenigstens 20 SMS mit heißen Liebesschwüren schickt, schon nicht den Tatbestand des § 238 I.

**369g**

### 3.  Taterfolg des § 238 I

Für die Strafbarkeit nach § 238 I genügt nicht das unerlaubte Nachstellen als solches. Durch dieses muss vielmehr auch eine **schwerwiegende Beeinträchtigung der Lebensgestaltung** des Opfers *verursacht* worden sein[12]. Erforderlich ist dafür im konkreten Kontext eine ins Gewicht fallende, gravierende und ernstzunehmende Beeinträchtigung, die über durchschnittliche, regelmäßig hinzunehmende und zumutbare Belastungen erheblich und objektiv messbar hinausgeht[13]. Hierzu zählt etwa das Verlassen der Wohnung nur noch in Begleitung Dritter oder ein Wechsel des Arbeitsplatzes bzw der Wohnung (BT-Drucks. 16/575, S. 8). Auch Veränderungen der Lebensumstände, die für sich betrachtet den geforderten Schweregrad nicht erreichen, können in ihrer Gesamtheit eine schwerwiegende Beeinträchtigung darstellen[14], also beispielsweise die Änderung der Telefonnummer und der E-Mail-Adresse, das Abschalten des Anrufbeantworters, Umwege beim Gang zum Arbeitsplatz oder zum Einkaufen und dergleichen.

**369h**

---

8   Kritisch zu diesem Merkmal *Lackner/Kühl*, § 238 Rn 3; *Mitsch*, NJW 07, 1237, 1240; befürwortend hingegen *Gazeas*, KJ 06, 247, 254.
9   Ebenso *Valerius*, JuS 07, 319, 322.
10  Mindestens fünf Handlungen fordern *Kinzig/Zander*, JA 07, 481, 484.
11  Dagegen aber *Mitsch*, NJW 07, 1237, 1240; *ders.*, Jura 07, 401 ff, der diesem Merkmal eine Doppelnatur zuschreibt; in den Fällen des § 238 I Nr 3 und 4, die ohne das Vorliegen eines Rechtfertigungsgrundes eindeutig strafwürdig seien, gehe es nur um die Rechtfertigungsebene, ansonsten um einen Tatbestandsausschluss; ebenso *Fischer*, § 238 Rn 26.
12  Näher dazu *Fischer*, § 238 Rn 21; SK-*Wolters*, § 238 Rn 6; *Steinberg*, JZ 06, 30, 32 f, hält das Merkmal der Lebensgestaltung mangels hinreichender Bestimmtheit für verfassungswidrig.
13  *Gazeas*, KJ 06, 247, 259; *Lackner/Kühl*, § 238 Rn 2; nach *Neubacher/Seher*, JZ 07, 1029, 1034, genügt bereits ein schwerwiegender Druck auf die bisherige Art der Lebensgestaltung, ohne dass es zu deren Änderung gekommen sein muss.
14  Ebenso *Kindhäuser*, BT I § 18 Rn 24; *Valerius*, JuS 07, 319, 323.

## 4.   Qualifikationen

**369i**   § 238 II qualifiziert die Tat, wenn durch sie das Opfer, ein Angehöriger des Opfers oder eine andere ihm nahestehende Person entweder in die Gefahr des Todes oder einer schweren Gesundheitsschädigung gebracht wird. Es handelt sich hierbei um eine als Gefährdungsdelikt ausgestaltete Qualifikation und nicht um eine Erfolgsqualifikation[15], so dass der Täter mit Gefährdungsvorsatz handeln muss[16]. Eine Erfolgsqualifikation enthält der Verbrechenstatbestand des § 238 III für den Fall, dass durch die Tat der Tod des Opfers, eines seiner Angehörigen oder einer anderen ihm nahestehenden Person verursacht wird[17], also beispielsweise das Opfer in einen – nicht freiverantwortlichen – Suizid getrieben wird oder auf der Flucht vor den Nachstellungen zu Tode kommt. Die ua auch bei der Aussetzung umstrittene Frage, ob der erfolgsqualifizierte Versuch, dh die fahrlässige Verursachung der Folge bei nicht vollständig verwirklichtem Grundtatbestand, auch dann strafbar sein kann, wenn der Versuch des Grunddelikts wie hier nicht strafbar ist, wird der BGH noch zu klären haben[18].

## III.   Die Freiheitsberaubung

### 1.   Schutzgut

**370**   **Schutzgut** des § 239 ist nach noch hM die **potenzielle persönliche Fortbewegungsfreiheit**[19] (nach Einführung des § 239 II durch das 6. StRG könnte das hinsichtlich der potenziellen Variante korrigiert werden[20]). Darunter ist die Freiheit zur Verwirklichung des Willens zu verstehen, den derzeitigen Aufenthaltsort zu verlassen und sich fortzubegeben. **Objekt** der Tat kann jeder Mensch sein, der im natürlichen Sinn die Fähigkeit besitzt, einen solchen Willensentschluss zu fassen und zu realisieren (was für ein 1-jähriges Kind verneint wird; *Küpper*, BT I S. 50), sei es auch nur mit technischen Hilfsmitteln (= Krücken, Rollstuhl) oder mit fremder Hilfe. Da es nach dieser hM nicht auf den aktuellen Willen des Betroffenen, sondern auf seine **potenzielle** Bewegungsfreiheit ankommt, genießt selbst derjenige den Schutz des § 239, der sich im Augenblick der Tat gar nicht fortbegeben will oder von seiner Einsperrung nichts merkt. Entscheidend ist allein, dass er sich *ohne* die Beeinträchtigung seiner Bewegungsmöglichkeit **fortbegeben könnte, wenn er es wollte** (BGHSt 32, 183, 188). Auch **Schlafende** und **Bewusstlose** können ihrer Freiheit, den Aufenthalt bei Wiedererlangung des Bewusstseins zu verändern, „beraubt" werden. Voraussetzung dafür ist aber, dass sich die Möglichkeit ihres Erwachens während der Einsperrung nicht mit

---

15   So unzutreffend *Valerius*, JuS 07, 319, 323; wie hier HK-GS/*Rössner/Krupna*, § 238 Rn 11.

16   *Gazeas*, KJ 06, 247, 260; *Lackner/Kühl*, § 238 Rn 10; *Mitsch*, Jura 07, 401, 406.

17   Grundsätzliche Kritik der Qualifikationstatbestände bei *Krüger* (Hrsg.), Stalking als Straftatbestand, S. 199 ff.

18   Eine Versuchsstrafbarkeit abl. *Fischer*, § 238 Rn 37; *Lackner/Kühl*, § 238 Rn 11; *Gazeas*, KJ 06, 247, 260 f; wohl bejahend dagegen *Mitsch*, Jura 07, 401, 406 f.

19   BGHSt 32, 183; 14, 314; S/S-*Eser*, § 239 Rn 1; zu einer Deutung als „Verfügbarkeit eines elementaren Bewegungsraums" siehe *Küper*, BT S. 143, 145.

20   Dazu *Eisele*, BT I Rn 408; *Fischer*, § 239 Rn 4 ff; *Joecks*, § 239 Rn 11; NK-*Sonnen*, § 239 Rn 7, 23.

Sicherheit ausschließen lässt *und* dass der Angriff auf ihre Fortbewegungsfreiheit nach dem Willen des Täters seine Wirksamkeit voll entfalten soll, wenn ihr Bewusstsein zurückkehrt (im Einzelnen streitig; vgl *Fahl*, Jura 98, 456, 460).

Die Gegenansicht stellt auf den aktuell-tatsächlichen Willen zur Ortsveränderung ab[21]; sie folgert dies aus der These „enger Verwandtschaft mit der Nötigung" (*Weber*, aaO) bzw daraus, dass § 239 einen „Spezialfall der Nötigung" (so *Fischer*, aaO) darstelle.

Zu den Argumenten pro et contra *Hillenkamp*, BT 6. Problem und *Küper*, BT S. 133; ferner *Kargl*, JZ 99, 72; *Park/Schwarz*, Jura 95, 294.

---

Im **Fall 21** kann N gegenüber T oder F eine Freiheitsberaubung (§ 239) begangen haben. Die **371** 7 Monate alte T war kein *taugliches Objekt* für eine Freiheitsberaubung, da *Kleinstkindern* im ersten Lebensjahr noch die Fähigkeit zur willkürlichen Veränderung ihres Aufenthaltsortes und zu hinreichend bestimmten Willensäußerungen in dieser Hinsicht fehlt. Ein Rückgriff auf den Willen des Sorgeberechtigten (= F) nach *Stellvertretungsregeln* scheidet aus, da § 239 gerade auf die **natürlichen Fähigkeiten des Betroffenen selbst** abstellt[22].

Zu prüfen bleibt, ob eine Freiheitsberaubung gegenüber F vorliegt, weil N ihr den Zutritt zum Kinderzimmer versperrt hat.

---

## 2. Tathandlungen

Als **Tathandlungen** umfasst § 239 das Einsperren und das auf andere Weise der Frei- **372** heit Berauben. Unter **Einsperren** ist das Verhindern des Verlassens eines Raumes (auch eines beweglichen) durch äußere Vorrichtungen oder sonstige Vorkehrungen zu verstehen (RGSt 7, 259). Unüberwindlich muss die Einsperrung nicht sein (näher BGH NStZ 01, 420, ua unter Bezugnahme auf die sehr weitgehende Entscheidung RGSt 8, 210).

Das der Freiheit **auf andere Weise** Berauben erfasst jedes Tun oder Unterlassen (§ 13; dazu LK-*Träger/Schluckebier*, § 239 Rn 17), durch das ein anderer Mensch unter *vollständiger Aufhebung* seiner Fortbewegungsfreiheit (so BGH NJW 93, 1807) daran gehindert wird, seinen Aufenthaltsort zu verlassen. Eine bloße *Erschwerung* reicht insoweit *nicht* aus, wohl aber, dass im Einzelfall das Überwinden der Hemmnisse **unzumutbar** gefährlich ist[23]. Hinsichtlich der Tatmittel kennt diese Begehungsform keine Begrenzung; in Betracht kommt insbesondere *Gewalt*, aber auch *Drohung*, soweit das angedrohte Übel den Grad einer gegenwärtigen Gefahr für Leben oder Leib erreicht (BGH NJW 93, 1809). Zur *List* siehe Rn 440 sowie S/S-*Eser*, § 239 Rn 6, aber auch *Fischer*, § 239 Rn 8.

**Beispiele:** Festhalten (OLG Hamm JMBl NW 64, 31), Anbinden oder Fesseln (RGSt 17, 127; **373** RG JW 25, 973), Betäubung oder Hypnose (RGSt 61, 239), Blockadeaktionen mit Einsperreffekt

---

21 Ua *Arzt/Weber*, BT § 9 Rn 13 ff; *Fischer*, § 239 Rn 5; NK-*Sonnen*, § 239 Rn 9; differenzierend *Bloy*, ZStW 96 (1984), 703; *Schumacher*, Stree/Wessels-FS, S. 431, 439; SK-*Horn* § 239 Rn 3 f.
22 BayObLG JZ 52, 237; LK-*Träger/Schluckebier*, § 239 Rn 6; aA *Welzel*, Lb S. 328.
23 SK-*Horn/Wolters*, § 239 Rn 5; weitergehend *Krey/M. Heinrich*, BT I Rn 314, jeweils mwN.

(OLG Köln NStZ 85, 550), Verhindern des Verlassens eines Fahrzeugs durch schnelles Fahren (BGH NStZ 05, 507), Veranlassung der Verhaftung durch eine unwahre Anzeige (BGHSt 3, 4); zur Kasuistik siehe LK-*Träger/Schluckebier*, § 239 Rn 15. Zur Tatbegehung in mittelbarer Täterschaft vgl SK-*Horn/Wolters*, § 239 Rn 7; zur Täuschung des Richters, dem die Entscheidung über eine Anstaltsunterbringung psychisch Kranker obliegt, siehe *Amelung/Brauer*, Anm. JR 85, 474, aber auch *Otto*, BT § 28 Rn 7.

**374** Da § 239 seiner Struktur nach ein Handeln **gegen oder ohne den Willen des Verletzten** voraussetzt, schließt das *Einverständnis* des Betroffenen schon die Tatbestandsmäßigkeit des Verhaltens und nicht erst dessen Rechtswidrigkeit aus[24]. Zum Widerruf des Einverständnisses siehe BGH NStZ 92, 33; 05, 507.

**375** Die Freiheitsberaubung ist kein Zustands-, sondern ein **Dauerdelikt** (vgl § 239 III Nr 1 und 2: „länger als eine Woche" und „während der Tat"; siehe auch LK-*Rissing-van Saan*, 12. Aufl. 2006, Rn 22, 49 vor § 52). *Vollendet* ist die Tat mit dem Eintritt des Freiheitsverlustes; *beendet* ist sie erst mit Wiederaufhebung der Freiheitsentziehung (BGHSt 20, 227). Ganz kurzfristige Eingriffe genügen regelmäßig nicht[25]. § 239 II bedroht nunmehr auch den Versuch der Tat nach § 239 I mit Strafe[26].

**376** Im **Fall 21** hat N die F **nicht eingesperrt**, sondern *ausgesperrt*, sie also nicht am Verlassen ihres Aufenthaltsortes gehindert, sondern ihr nur die Möglichkeit genommen, einen bestimmten Ort aufzusuchen (= in das Kinderzimmer hineinzugelangen). Ein solches Verhalten kann als **Nötigung** (§ 240) strafbar sein, erfüllt aber nicht den Tatbestand der Freiheitsberaubung.

### 3. Qualifikationen

**377** **Erschwerte Fälle** (= Verbrechen) enthalten die Absätze 3 und 4 des § 239. Bei § 239 III Nr 1 handelt es sich jetzt um einen *qualifizierten* Tatbestand (§§ 15, 23 I)[27]. Hingegen sind die in § 239 III Nr 2, IV nF geregelten Fälle Erfolgsqualifikationen geblieben. Hier braucht der *Vorsatz* des Täters nur die Verwirklichung des Grundtatbestandes (§ 239 I) zu umfassen, während im Übrigen gemäß § 18 Fahrlässigkeit genügt (vgl BGHSt 10, 306; 21, 288, 291). Im Rahmen des § 239 III aF reichte es nach BGHSt 19, 382 aus, dass der Tod des Opfers die *unmittelbare* Folge eines von ihm unternommenen **Fluchtversuchs** war (siehe dazu Rn 301); uU fiel unter § 239 III aF auch der Suizid (BGH LM Nr 3 zu § 346; S/S-*Eser*, § 239 Rn 12) oder die **Tötung** des Eingesperrten (BGHSt 28, 18). Jedenfalls der Tod des Opfers bei einem Fluchtversuch und auch seine Tötung sind in § 239 IV nF erfasst[28]. Der *Versuch*, eine Tat iS des § 239 III Nr 2, IV zu begehen, ist angesichts § 239 II jetzt unstreitig möglich[29].

---

24  Näher BGH NJW 93, 1807; *Lackner/Kühl*, § 239 Rn 5; *Wessels/Beulke*, AT Rn 366.
25  BGH NStZ 03, 371; LK-*Träger/Schluckebier*, § 239 Rn 18.
26  Zur auch auf § 223 II zutreffenden Kritik vgl *Nelles*, Einführung, S. 56; ferner *Arzt/Weber*, BT § 9 Rn 34; *Hettinger*, Entwicklungen, S. 34 mit Fn 144.
27  Näheres bei *Nelles*, Einführung, S. 56; wie hier auch *Fischer*, § 239 Rn 15; NK-*Sonnen*, § 239 Rn 27; für § 18 aber *Kühl*, AT § 17a Rn 7, LK-*Träger/Schluckebier*, § 239 Rn 33 und *Mitsch*, GA 09, 329, 334, jeweils mwN.
28  So auch LK-*Träger/Schluckebier*, § 239 Rn 37 f.
29  Ebenso *Rengier*, BT II § 22 Rn 24; aA aber *Bussmann*, GA 99, 21, 33.

## 4. Konkurrenzfragen

Bei Beurteilung der Konkurrenzfragen ist darauf abzustellen, ob die Freiheitsberau- **378** bung *notwendiger Bestandteil* oder *regelmäßige Begleiterscheinung* einer anderen Straftat ist *(= Gesetzeseinheit)* oder ob ihr innerhalb des deliktischen Geschehens **Eigenbedeutung** zukommt (= *Tateinheit*)[30].

Soll der Eingesperrte zu *mehr* als zur bloßen Duldung der Freiheitsberaubung genötigt werden, **379** wie etwa zum Unterzeichnen eines Wechsels oder einer Quittung, liegt Tateinheit zwischen § 239 und § 240 vor. Dagegen ist nur § 239 als das *speziellere* Gesetz anzuwenden, wenn lediglich bezweckt wird, das Opfer an der freien Wahl seines Aufenthaltsortes zu hindern. Gelingt Letzteres trotz des Einsatzes von Nötigungsmitteln nicht (A hält seine Bekannte B nach einem Streit fest, um ihr das Verlassen der Wohnung unmöglich zu machen; B reißt sich jedoch los und läuft fort), so stand das bisherige Fehlen der Versuchsstrafdrohung im Bereich des § 239 I der Strafbarkeit des **Nötigungsversuchs** (§§ 240 III, 22) nach hM nicht entgegen, weil § 239 I im Verhältnis zu § 240 keine *privilegierende* Bedeutung habe (näher BGHSt 30, 235 mit krit. Anm. *Jakobs,* JR 82, 206). Mit Einführung des § 239 II hat dieser Streit sich erledigt.

## IV. Die Nötigung

### 1. Schutzgut und Tathandlung

§ 240 schützt die **Freiheit der Willensentschließung und Willensbetätigung** vor **380** Angriffen, die *mit Gewalt* oder *durch Drohung mit einem empfindlichen Übel* begangen werden[31]. Einen *absoluten* Schutz kann und will das Strafrecht hier nicht bieten, weil die Freiheit selbst keine absolute und fest umrissene Größe ist. Das Leben in der Familie und in der Gemeinschaft kennt keine schrankenlosen Freiräume; niemand kann nach völlig freiem Belieben und in jeder Hinsicht tun und lassen, was er will. Die Handlungsfreiheit jedes Einzelnen wird begrenzt durch die Rechte anderer, die verfassungsmäßige Ordnung, das Sittengesetz und das Gebot zur mitmenschlichen Rücksichtnahme. Freiheitsschutz auf der einen Seite bedeutet zwangsläufig Freiheitseinschränkung auf der anderen Seite. § 240 reduziert den Einsatz des Strafrechts daher aus guten Gründen auf Angriffe, die mit Gewalt oder durch Drohung mit einem empfindlichen Übel unternommen werden und die so schwer wiegen, dass die Tat ein gesteigertes Unwerturteil verdient und als *verwerflich* zu bewerten ist (hM; ob die Norm gesetzestechnisch überzeugt, ist eine andere Frage). **Nötigen** heißt, dem Betroffenen (= „zu Nötigenden") ein seinem Willen widerstrebendes Verhalten (Handeln, Dulden oder Unterlassen) aufzwingen (dazu LK-*Träger/Altvater,* § 240 Rn 65).

Bezüglich der *Nötigungsmittel* verlangt § 240 I allerdings wesentlich weniger als die §§ 249, 252, **381** 255, die Gewalt *„gegen eine Person"* oder Drohung *„mit gegenwärtiger Gefahr für Leib oder Le-*

---

30 Näher BGHSt 18, 26; 28, 18; BGH NStZ-RR 03, 168; OLG Koblenz VRS 49 (1975), 347; *Otto,* Jura 89, 497; *Wessels/Beulke,* AT Rn 776, 791.

31 BVerfGE 73, 206, 237; enger ua *Hruschka,* JZ 95, 737, der nur die Freiheit der Willensbetätigung für geschützt hält; dagegen LK-*Träger/Altvater,* § 240 Rn 2, 39; NK-*Toepel,* § 240 Rn 14 ff; vgl auch *Kargl,* Roxin-FS, S. 905; für einen normativen Freiheitsbegriff *Lesch,* Rudolphi-FS, S. 483; dazu auch Rn 395.

*ben"* fordern. Verfassungsrechtlich ist das bisher nicht beanstandet worden. So hat das BVerfG bei der rechtlichen Beurteilung von **Sitzblockaden** die Vereinbarkeit des § 240 mit Art. 103 II GG bestätigt, zugleich jedoch eine **verfassungskonforme Auslegung und Anwendung** dieser Strafbestimmung in dem Sinne verlangt, dass die Bejahung nötigender Gewalt nicht schon ein Indiz für die Rechtswidrigkeit der Tat bilden dürfe; deren Bewertung müsse vielmehr unter Berücksichtigung aller Umstände des jeweiligen Einzelfalles anhand des § 240 II vorgenommen werden müsse (BVerfGE 73, 206; 76, 211; im gleichen Sinne BGHSt 34, 71; 35, 270). In seiner dritten „Sitzblockaden"-Entscheidung hat das BVerfG durch Beschluss vom 10.1.1995 (BVerfGE 92, 1) eine „erweiternde Auslegung" des Gewaltbegriffs in § 240 für verfassungswidrig erklärt, soweit es um **Sitzblockaden vor militärischen Einrichtungen** ging, mit denen vor etlichen Jahren gegen die Stationierung atomarer Raketen protestiert werden sollte und bei denen nach Ansicht des BVerfG die Gewalt *lediglich* in der körperlichen Anwesenheit einiger Demonstranten bestand und die daraus resultierende Zwangswirkung *nur psychischer* Natur war[32]. Das BVerfG hat hier offen gelassen, ob die Verwerflichkeitsklausel des § 240 II in vollem Umfang mit Art. 103 II GG vereinbar ist. In seiner vierten „Blockade"-Entscheidung BVerfGE 104, 92 (vgl Rn 392a) hat das Gericht diesen „Vorbehalt" nicht aufgegriffen, was zu bedauern ist (siehe auch Rn 434).

**382**   Nach § 240 I wird eine Nötigung mit Freiheitsstrafe bis zu 3 Jahren bestraft. In § 240 IV nF ist eine Strafzumessungsnorm mit Regelbeispielen eingestellt (zu dieser Gesetzgebungstechnik siehe Rn 221); nach ihr beträgt die Freiheitsstrafe in besonders schweren Fällen 6 Monate bis zu 5 Jahren. Zu den Beispielen siehe *Fischer*, § 240 Rn 58 ff; *Nelles*, Einführung, S. 59 mwN.

## 2.   Gewalt als Nötigungsmittel

**383**   **Gewalt** iS des § 240 ist nach dem derzeitigen Stand der Rechtsprechung der Fachgerichte der **körperlich wirkende Zwang** durch die Entfaltung von Kraft oder durch eine physische Einwirkung sonstiger Art, die nach ihrer Zielrichtung, Intensität und Wirkungsweise *dazu bestimmt und geeignet* ist, die Freiheit der Willensentschließung oder Willensbetätigung eines anderen aufzuheben oder zu beeinträchtigen[33].

**384**   a) Die Entwicklung des strafrechtlichen Gewaltbegriffs ist gekennzeichnet durch seine zunehmende Ausweitung zu einem Sammelbecken für alle Zwangsformen außerhalb der Drohungsalternative. In Anlehnung an die Umgangssprache vertrat das **Reichsgericht** ursprünglich – wenn auch nicht ausschließlich (*Küper*, BT S. 166) – einen rein körperlich-dynamischen Gewaltbegriff. **Gewalt** als Zwangsmittel war danach die **durch körperliche Kraft** erfolgende Einwirkung auf einen anderen zur Überwindung eines geleisteten oder erwarteten Widerstandes (RGSt 56, 87; 64, 113; 73, 343). An die Stärke des Kraftaufwandes wurden freilich, wie etwa im Falle des Einschließens (RGSt 13, 49; 27, 405; 73, 343) oder der Abgabe von Schreckschüssen (RGSt 60, 157; 66, 353), nur geringe Anforderungen gestellt. Gewaltanwendung wurde aber verneint beim heimlichen Beibringen betäubender Mittel (RGSt 58, 98; 72, 349). Mit dem Erfordernis der **Einwirkung auf einen anderen**, oft als Einwirkung *„auf den Körper"* bezeichnet (vgl RG GA Bd. 56 [1909], 222; 62 [1916], 131), war gemeint, dass **jede Gewalt**, auch die sog. **Sachgewalt**, sich wenigstens *mittelbar* **gegen die Person** des zu Nötigenden richten müsse (Beispiel: Aushängen von Fenstern und Türen, um den Mieter zum Auszug zu zwingen; vgl RGSt 20, 354; 27, 405). In RGSt 60, 157, 158 heißt es dazu klarstellend, die Anwendung von Gewalt erfordere *nicht* die unmittel-

---

32   Zum überwiegend kritischen Echo siehe die Nachweise bei *Küper*, BT S. 176 und *Lackner/Kühl*, § 240 Rn 2; krit. ferner *Simon*, Gesetzesauslegung, S. 444 ff.

33   Vgl BGHSt 41, 182 und BGH NJW 95, 2862; OLG Köln NJW 96, 472; OLG Stuttgart NJW 95, 2647; siehe auch die Ausführungen im Minderheitsvotum zu BVerfGE 92, 1, 20 ff und dazu *Buchwald*, DRiZ 97, 513, 517; zur erforderlichen Finalstruktur der Gewalt als Zwangsmittel *Küper*, BT S. 173; Grundwissen zum Gewaltbegriff bei *Swoboda*, JuS 08, 862.

bare Einwirkung „*auf den Körper*" des Genötigten, sei es durch Berührung oder eine andere die Sinne beeinflussende Tätigkeit, vielmehr genügten alle Handlungen, die von der Person, gegen die sie unmittelbar oder mittelbar gerichtet seien, als ein *nicht nur seelischer*, sondern **körperlicher Zwang** *empfunden* würden. Die Wegnahme von Sachen zur Erzwingung einer Leistung sah das RG nicht als Anwendung von Gewalt, sondern als Ausübung eines rein psychisch wirkenden Zwanges an (RGSt 3, 179: Wegnahme eines Sacks Hirse zur Durchsetzung eines Fährgeldanspruchs[34]).

Die Rechtsprechung des **Bundesgerichtshofes** ließ die vom RG für wesentlich gehaltenen Kriterien des Gewaltbegriffs teilweise fallen (dazu *Simon*, Gesetzesauslegung, S. 293). So wurde zunächst das Merkmal der *körperlichen Kraftentfaltung* aufgegeben und entschieden, dass auch das heimliche Beibringen betäubender Mittel Anwendung von Gewalt ist (BGHSt 1, 145). Außerdem sollte Gewalt gegen eine Person auch dann vorliegen können, wenn der Betroffene sie *nicht* als solche „*empfindet*" (BGHSt 4, 210; 16, 341; 25, 237 = Gewalt gegen Bewusstlose). Schließlich bezeichnete der BGH die **Zwangswirkung** als das letztlich entscheidende Kriterium des Gewaltbegriffs (BGHSt 8, 102; 19, 263). Den Abschluss dieser Entwicklung bildete dann die Gleichstellung zwischen **körperlich** und **psychisch wirkendem Zwang** im sog. Laepple-Fall (BGHSt 23, 46, 54 = Blockieren des Straßenverkehrs durch Sitzstreik an einem Verkehrsknotenpunkt). **385**

Von diesem Standpunkt aus lässt sich die Feststellung, ob ein bestimmtes Vorgehen als **Gewalt** iS eines Straftatbestandes anzusehen ist, nicht abstrakt, sondern nur im Wege einer **tatbestandskonformen Gesamtschau** treffen. Danach sind im Rahmen der räumlich-zeitlichen Gegebenheiten und im Verhältnis zur betroffenen Person stets umfassend zu würdigen: die **Art**, **Richtung** und **Intensität** des Angriffs, das Maß der von ihm ausgehenden **Zwangswirkung** und seine *Eignung* als **Zwangsmittel** im Hinblick auf das vom Tatbestand vorausgesetzte Ziel des Handelns (BGHSt 23, 46, 49; 32, 165; beachte Rn 392 ff). Welches Gewicht die Zwangswirkung im Einzelfall erreichen muss, hängt von der Eigenart des Delikts und **vom jeweiligen Straftatbestand** ab. Was beispielsweise für § 113 oder auch für § 240 ausreicht, genügt nicht ohne weiteres für andere Gewaltdelikte wie etwa § 177 oder § 255. **Besonderheiten** gelten nach der Rechtsprechung vor allem in folgenden Fällen: **386**

**Gewalt gegen eine Person** iS der §§ 249, 252, 255 erfordert keine unmittelbare Einwirkung auf den Körper des Opfers, wohl aber die *Einwirkung auf einen anderen*, die bei dem unmittelbar oder mittelbar Betroffenen nicht lediglich eine rein seelische, sondern auch eine **körperliche Zwangswirkung** auslöst (BGHSt 23, 126; BGH MDR/D 73, 555). Gewalt gegen eine Person iS dieser Vorschriften ist also *nur* der *körperlich* wirkende Zwang (Beispiele: Niederschlagen, Betäuben oder Einsperren des Opfers; vgl BGHSt 20, 194; RGSt 73, 343). **387**

Bei den **Sexualdelikten**, deren Tatbestand (wie etwa § 177 I Nr 1, 2) als Nötigungsmittel Gewalt oder Drohung mit gegenwärtiger Gefahr für Leib oder Leben voraussetzt, neigt die Rechtsprechung zu einer ähnlich *restriktiven* Auslegung des Gewaltbegriffs (krit. MüKo-*Renzikowski*, § 177 Rn 23). In Fällen *psychischer* Zwangswirkung verlangte sie bisher deren Herbeiführung durch **physische Kraftentfaltung**, ohne freilich an die „Erheblichkeit" des Kraftaufwandes hohe Anforderungen zu stellen (vgl BGH NStZ 95, 230; beachte BGH NStZ 99, 30); rein *verbale* Einwirkungen auf den Betroffenen genügen aber nicht (BGH NStZ 81, 218). Andererseits liegt schon **388**

---

34 Ähnlich OLG Köln StV 90, 266 und NJW 96, 472.

im **Einsperren** des Opfers oder (bislang) in dessen **Entführung** an eine abgelegene Stelle, wo Hilfe nicht zu erwarten ist, in aller Regel die Anwendung von **Gewalt** iS des § 177, sofern dieses Vorgehen als Mittel zu dem Zweck eingesetzt wird, die Duldung des Beischlafs bzw die Duldung oder Vornahme anderer sexueller Handlungen zu erzwingen[35]. Das 33. StÄG vom 1.7.1997 hat den Opferschutz noch dadurch verstärkt, dass § 177 I Nr 3 nF für den gesamten Bereich der sexuellen Nötigung einschließlich der Vergewaltigung neben Gewalt und Drohung als (gleichrangige, BGHSt 44, 228) Alternative auch das **Ausnutzen einer Lage** erfasst, in der das Opfer **der Einwirkung des Täters schutzlos ausgeliefert** ist[36]. Damit sollen vor allem Fälle erfasst werden, in denen das Opfer starr vor Schrecken oder aus Angst vor Gewalt die sexuellen Handlungen über sich ergehen lässt sowie solche, in denen das Opfer nur deshalb auf Widerstand verzichtet, weil es sich in einer hilflosen Lage befindet oder Widerstand gegen den überlegenen Täter aussichtslos erscheint[37].

**389**  Der Begriff der **Gewalttätigkeit** iS der §§ 124, 125 setzt die *Anwendung physischer Kraft* durch ein **aggressives Handeln** voraus, wie etwa das Schleudern von Steinen oder anderer Wurfgeschosse, das Durchbrechen einer Polizeikette oder das Umstürzen von Kraftwagen und dergleichen[38].

**390**  Was Gewalt zur **Nötigung von Verfassungsorganen**, also eines Kollektivs, iS des § 105 ist, lässt sich nur in Anlehnung an den Gewaltbegriff im Tatbestand des Hochverrats bestimmen (§§ 81, 82). Dies ergibt sich aus der besonderen Schutzrichtung und Funktion des § 105 im System des Staatsschutzrechts. Danach genügt es nicht, irgendeine mit körperlichen Einwirkungen verbundene Gewalt anzuwenden oder anzudrohen, um das Verfassungsorgan zu dem erstrebten Verhalten zu veranlassen. Will der Täter beispielsweise dadurch nötigen, dass er Gewalt nicht unmittelbar gegenüber dem Verfassungsorgan, sondern gegenüber Dritten oder gegen Sachen ausübt, verwirklicht er den Tatbestand des § 105 nur dann, wenn der hiervon ausgehende Druck geeignet erscheint, den entgegenstehenden Willen des Verfassungsorgans zu beugen. Die Bejahung dieser **Zwangseignung** hängt nicht allein von den rein faktischen Gegebenheiten ab; maßgebend ist vielmehr eine die **Pflichtenstellung des Verfassungsorgans** mit einbeziehende Bewertung der die Nötigungslage kennzeichnenden Umstände[39]. Dem **Schutz der** Willensfreiheit der **Mitglieder** der Verfassungsorgane dient § 106, der die Nötigung iS des § 240 verdrängt.

**391**  In der **Rechtslehre** wurde die zunehmende Ausdehnung des Gewaltbegriffs ua gebilligt von *Knodel*, Der Begriff der Gewalt im Strafrecht, 1962; LK-*Schäfer*, 10. Aufl., § 240 Rn 22 ff; S/S-*Eser*, Rn 7 ff vor § 234; SK-*Horn/Wolters*, § 240 Rn 9, 11 ff.

**392**  Die **Bedenken** gegen diese Entwicklung sind von *Geilen*[40] ausführlich dargestellt worden. Wie schon (in Rn 381) erwähnt, hat der 1. Senat des BVerfG entschieden, dass „die erweiternde Auslegung des Gewaltbegriffs in § 240 I StGB im Zusammenhang mit Sitzdemonstrationen gegen Art. 103 II GG verstößt" (BVerfGE 92, 1). Die Bindungswirkung dieses Richterspruchs beschränkt sich ausweislich seiner Entscheidungsgründe aber auf Sachverhalte, bei denen eine gegen Dritte gerichtete Verkehrs-

---

35  BGH StV 96, 29; GA 81, 168; 65, 57; dazu *Lackner/Kühl*, § 177 Rn 4.
36  Zu erwähnen ist, dass bereits dieses Gesetz den bisherigen Tatbestand der Vergewaltigung unsinnigerweise zum Regelbeispiel degradiert hatte, § 177 III 2 Nr 1 aF = § 177 II 2 Nr 1, mit der Ergänzung durch das 6. StrRG „oder an sich von ihm vornehmen lässt"; weitere Kritik bei *Schäfer*, Strafzumessung, Rn 495.
37  Vgl BT-Drucks. 13/7324, S. 6; BGHSt 45, 253; *F.-C. Schroeder*, JZ 99, 827.
38  BGHSt 23, 46, 51; BGH NJW 95, 2643; S/S-*Lenckner/Sternberg-Lieben*, § 125 Rn 5.
39  Näher BGHSt 32, 165 mit Anm. *Willms*, JR 84, 120; SK-*Rudolphi*, § 105 Rn 5 f, 12.
40  H. Mayer-FS S. 445 und JZ 70, 521; krit. ua auch *Keller*, JuS 84, 109; *Sommer*, NJW 85, 769; *Wolter*, NStZ 85, 193 und 245; umfassend *Paeffgen*, Grünwald-FS, S. 433.

behinderung sich *lediglich* aus der „körperlichen Anwesenheit" (= einem Verhalten ohne wesentlichen Kraftaufwand) der im Prinzip friedfertigen Demonstranten ergibt *und* die damit verbundene Zwangswirkung auf den oder die Betroffenen „nur *psychischer* Natur" ist[41]. Sie lässt nach Ansicht des BGH (siehe auch Rn 392a) somit **Straßenblockaden** unfriedlichen Charakters unberührt, bei denen **physische Hindernisse** errichtet werden oder ein Verkehrsstau verursacht wird, wobei die zuerst angehaltenen **Fahrzeuge als Barriere** mit dem Ziel benutzt werden, allen weiteren Kraftfahrern die Durchfahrt zu versperren. Hier werde nämlich **körperlich wirkender Zwang** ausgeübt mit der Folge, dass Gewaltanwendung vorliege und eine Bestrafung nach § 240 möglich sei[42]. BGHSt 44, 34, 39 bejaht Gewalt, wenn Demonstranten auf Bahngleisen einen Stahlkasten so befestigen, dass dieses physische Hindernis nicht oder allenfalls unter Inkaufnahme erheblicher Schäden überwunden werden kann. Ob man in Blockadefällen die Drohungsalternative fruchtbar machen kann, ist umstritten[43] (siehe auch Rn 396).

In seiner vierten „Blockade"-Entscheidung (BVerfGE 104, 92 mit zwei abweichenden Voten) hatte das BVerfG zwei Sachverhalte zu beurteilen. Im ersten Fall blockierten acht Personen die Hauptzufahrt der geplanten Wiederaufarbeitungsanlage in Wackersdorf, indem sie sich aneinander ketteten, wobei die beiden an den Enden der Gesamtkette Stehenden sich mit Schlössern an den Pfosten des Tores festmachten. Hierdurch wurden etliche Fahrzeugführer für geraume Zeit zum Warten veranlasst. Im zweiten Fall hatte der Anführer von etwa 600 Personen für mehr als einen Tag eine Bundesautobahn durch Autos, Wohnmobile und Busse vollständig zustellen lassen. Das BVerfG hat jeweils Gewalt bejaht: Im *ersten Fall* liege eine körperliche Kraftentfaltung in der Ankettung an die Pfosten, denn das habe der Demonstration eine über den psychischen Zwang hinausgehende Eignung gegeben, Dritten den Willen der Demonstranten aufzuzwingen. Die Ankettung habe den Blockierern die Möglichkeit genommen, beim Heranfahren von Kraftfahrzeugen auszuweichen, und die Räumung der Einfahrt erschwert. Das Hinzutreten einer solchen **physischen Barriere** erfülle das Gewaltmerkmal. Auf Grund der Begleitumstände sei die Abgrenzung zur rein psychischen Zwangswirkung in einer hinreichend deutlichen und vorhersehbaren Weise möglich. Das Tatbestandsmerkmal der Gewalt setze im Übrigen nicht das Überwiegen der Kraftentfaltung gegenüber der durch die bloße Anwesenheit von Personen ausgelösten psychischen Hemmung voraus. Im *zweiten Fall* stelle schon das Abstellen der Fahrzeuge die Errichtung eines Hindernisses durch körperliche Kraftentfaltung dar, von dem eine Zwangswirkung ausgehe, weshalb auf die sog. Zweite-Reihe-Rechtsprechung des BGH (BGHSt 41, 182) einzugehen nicht veranlasst sei[44].

**392a**

---

41  Eingehend zur Bindungswirkung *Rheinländer*, Bemmann-FS, S. 387.
42  So BGHSt 41, 182 (mit zust. Anm. *Krey/Jäger*, NStZ 95, 542) und BGH NJW 95, 2862; OLG Karlsruhe NJW 96, 1551; krit. *Amelung*, Anm. NStZ 96, 230; *Eisele*, BT I Rn 442; *Lesch*, Anm. StV 96, 152; *Hoyer*, JuS 96, 200; zust. *Fischer*, § 240 Rn 17 mwN; LK-*Träger/Altvater*, § 240 Rn 33, 47; *Otto*, BT § 27 Rn 11; *Tröndle*, BGH-Festgabe, S. 526; zusf. *Küper*, BT S. 176.
43  Dafür *Herzberg*, GA 96, 557; NK-*Toepel*, § 240 Rn 124; dagegen *Paeffgen*, Grünwald-FS, S. 433, 464 f; *F.-C. Schroeder*, Meurer-GedS, S. 237; ferner *Hoyer*, GA 97, 451 mit Erwiderung *Herzberg*, GA 98, 211.
44  Dazu *Fischer*, § 240 Rn 20; *Geppert*, Jura 06, 31, 35.

Dass dieser Beschluss den Gewaltbegriff seiner Klärung näher bringt, ist jedenfalls insoweit zu bezweifeln, als die Annahme einer strafbaren Nötigung im ersten Fall in Rede steht[45].

**393**  Ob es den Strafgerichten gelingt, dem Nötigungsmittel der Gewalt in § 240 künftig festere Konturen zu geben als bisher, bleibt abzuwarten. Bei Beachtung des Zusammenhangs, in den der Begriff in § 240 eingebettet ist, sollte dies möglich sein (überzeugend zur Vernachlässigung des Kontextes in der Rechtsprechung des BGH *Paeffgen*, Grünwald-FS, S. 433). Auch bei einer **restriktiven Auslegung** des Gewaltbegriffs werden Zweifel im Einzelfall jedoch wohl nicht immer zu vermeiden sein.

**394**  Unsicherheit herrscht insbesondere noch bei der Beurteilung von **Gewalt durch Einwirkung auf Sachen**; denn die Gewalt muss sich im Bereich des § 240 nicht notwendig unmittelbar gegen eine Person richten, wie schon §§ 249, 255 zeigen[46]. Problematisch sind hier vornehmlich die Fälle, in denen durch die Sacheinwirkung ein **abgeschlossener Zustand nachteiliger Art** geschaffen worden ist, der den Betroffenen nötigt, in bestimmter Weise zu reagieren (Beispiele: Zerstechen der Reifen eines Autos, um den Berechtigten an einer Fahrt zu hindern; Entwendung der Reisepapiere, um den anderen von einer geplanten Urlaubsreise abzuhalten). Zwar erschöpft eine solche Tat sich nicht in dem Angriff auf das fremde Eigentum oder den Sachbesitz, weil sie den Betroffenen zwingen soll, etwas Bestimmtes nicht zu tun; erforderlich ist jedoch, dass die Gewalt von dem zu Nötigenden als *körperlich wirkender Zwang* empfunden wird[47].

**395**  Nach ganz neuen Lösungen zum Gewaltbegriff sucht *Jakobs*[48] mit dem Vorschlag, Gewalt iS des § 240 als „Verletzung garantierter Rechte" (= Beeinträchtigung der garantierten Organisationsmittel einer Person) zu begreifen.

**396**  b) **Erscheinungsformen** der Gewalt iS des § 240 sind **vis absoluta** (hM; siehe *Küper*, BT S. 243, 422) und **vis compulsiva**. *Erstere* liegt vor beim Ausschalten der Willensbildung (zB durch Betäubung) oder beim Unmöglichmachen der Willensbetätigung (zB durch Fesselung, Festhalten, Errichten unüberwindlicher Hindernisse, nach hM auch durch Einsperren usw). *Vis compulsiva* dient dagegen dem Zweck, einen bestimmten Willensentschluss zu erzwingen: Durch den von dieser Gewaltanwendung ausgehenden, körperlich vermittelten Motivationsdruck soll der Wille des Opfers gebeugt und in die vom Täter gewünschte Richtung gelenkt werden, wie zB durch Schläge, Schreckschüsse (so RGSt 60, 157), akustisches Übertönen einer Vorlesung, die gesprengt oder umfunktioniert werden soll[49], oder im innerörtlichen Verkehr[50], durch bedrängendes Auffahren auf der Überholspur einer Autobahn[51] oder im innerörtlichen Verkehr[52], durch einen abrupten Fahrbahnwechsel oder überraschendes Abbremsen unmittelbar vor einem dichtauf folgenden Kraftwagen[53] und dergleichen

---

45  Siehe auch die abweichende Meinung von *Jaeger* und *Bryde*, BVerfGE 104, 92, 124; abl. ferner *Sinn*, Anm. aaO S. 1024, der für beide Fälle Gewalt verneint.

46  RGSt 7, 269, 271; S/S-*Eser*, Rn 7, 17 f vor § 234; vgl auch Rn 381, 384.

47  RGSt 20, 354, 356; *Lackner/Kühl*, § 240 Rn 11; vgl auch *Rengier*, BT II § 23 Rn 30; ausführlich *Huhn*, Nötigende Gewalt mit und gegen Sachen, 2007, S. 198 ff.

48  Hilde Kaufmann-GedS, S. 791; ähnlich *Lesch*, JA 95, 889; *Timpe*, Die Nötigung, 1989, S. 70 ff; gegen diesen Ansatz Kindhäuser, BT I § 12 Rn 18; *Paeffgen*, Grünwald-FS, S. 433, 459 ff.

49  So BGH NJW 82, 189 (dazu *F.-C. Schroeder*, JuS 82, 491, aber auch *Köhler*, NJW 83, 10 und *Rengier*, BT II § 23 Rn 27); KG JR 79, 162.

50  BVerfG NJW 07, 1669; krit. Würdigung bei *Bosch*, JA 07, 659.

51  So BGHSt 19, 263; OLG Düsseldorf NJW 96, 2245; OLG Karlsruhe NStZ-RR 98, 58.

52  BVerfG NJW 07, 1669; krit. Würdigung bei *Bosch*, JA 07, 659.

53  OLG Stuttgart NJW 95, 2647; beachte OLG Köln DAR 00, 84.

(siehe aber Rn 406). *Unwiderstehlich* braucht die kompulsive Gewalt *nicht* zu sein. Es kommt auch nicht darauf an, ob das Opfer sich ihr hätte widersetzen oder entziehen können; es genügt, dass sie zur Willensbeugung geeignet (und bestimmt) war. – Zu *verneinen* ist Gewalt, soweit zum Versperren von Zufahrten, Zugängen oder Wegen nur der Körper eingesetzt wird[54], aber etwa auch dann, wenn der Täter sich auf die Fronthaube eines Autos legt[55].

**Gewalt gegen Dritte**, die sich mittelbar gegen die Person des zu Nötigenden richtet, soll genügen (RGSt 17, 82), wenn sie geeignet ist, von diesem als Zwang empfunden zu werden (vgl *Krey/M. Heinrich*, BT I Rn 355 mwN). Wird jedoch auf den zu Nötigenden kein körperlich wirkender Zwang ausgeübt, kommt nur *Drohung* in Betracht (LK-*Träger/Altvater*, § 240 Rn 46; NK-*Toepel*, § 240 Rn 58).   **397**

> Im **Fall 21** macht das *Verschließen der Tür* es der F unmöglich, das Kinderzimmer zu betreten und ihr Obhutsrecht gegenüber T auszuüben. Darin liegt nach hM eine Gewaltanwendung (= *vis absoluta*), die sich unmittelbar gegen T und *mittelbar gegen* F richtet[56].   **398**

c) Zum Nötigen mit Gewalt gehört stets, dass die Einwirkung **ohne Einverständnis** des davon Betroffenen erfolgt. Bei § 240 wirkt das Einverständnis auch dann **tatbestandsausschließend**, wenn es durch *List* erschlichen ist[57].   **399**

d) **Subjektiv** setzt Nötigen mit Gewalt den *Willen* des Täters voraus, durch sein Vorgehen einen tatsächlich geleisteten oder erwarteten Widerstand des Betroffenen zu überwinden oder unmöglich zu machen (BGHSt 4, 210; RGSt 67, 183).   **400**

### 3. Drohung mit einem empfindlichen Übel

Nötigungsmittel iS des § 240 ist ferner die **Drohung mit einem empfindlichen Übel**. Davon ist die bloße *Warnung zu* unterscheiden:   **401**

**Drohung** ist das *auf Einschüchterung des Opfers gerichtete* Inaussichtstellen eines zukünftigen Übels, auf dessen Eintritt der Drohende sich Einfluss zuschreibt[58]. Eine bloße **Warnung** liegt vor, wenn jemand auf die Gefahren eines bestimmten Verhaltens oder auf ein damit verbundenes Übel hinweist, dessen Eintritt von seinem Willen oder Einfluss unabhängig ist (RGSt 54, 236; BGH NJW 57, 598). Da sich im Gewand einer Warnung eine Drohung verbergen kann, kommt es im Zweifelsfall weniger auf den Wortlaut als auf den Sinn der betreffenden Erklärung an.   **402**

Drohen kann man aber nicht nur mit Worten oder unmissverständlichen Gesten, sondern auch durch schlüssige Handlungen (*Fischer*, § 240 Rn 31). Infolgedessen *kann* sich bei einer *bereits verübten Gewalt* aus dem Gesamtverhalten des Täters konkludent die **Drohung** ergeben, die Übelszufügung fortzusetzen oder erneut körperlich wirkenden Zwang anzuwenden, falls ein bestimmtes Verlangen oder Vorhaben auf Widerstand stoßen sollte[59].   **403**

---

54  Vgl *Lackner/Kühl*, § 240 Rn 9.
55  AA BGH StV 02, 360; krit. dazu *Fischer*, § 240 Rn 20b.
56  Näher dazu BayObLG JZ 52, 237; *Fischer*, § 240 Rn 21; *Lackner/Kühl*, § 240 Rn 11; anders aber LK-*Träger/Altvater*, § 240 Rn 46: unmittelbare Gewalt auch gegenüber der F.
57  BGHSt 14, 81; BGH NJW 59, 1092; *Wessels/Beulke*, AT Rn 367.
58  BGHSt 16, 386; erweiternd *Puppe*, Anm. JZ 89, 596; instruktiv *Küper*, BT S. 105.
59  BGH NJW 84, 1632; vgl auch OLG Koblenz NJW 93, 1808.

**404** Ob der Drohende das angedrohte Übel verwirklichen kann oder will, ist gleichgültig. Entscheidend ist nur, dass die Drohung den *Anschein der Ernstlichkeit erweckt* und dass der Bedrohte ihre Verwirklichung wenigstens **für möglich halten** soll (BGHSt 16, 386; 26, 309). **Übel** ist jeder Nachteil, jede Einbuße an Werten. **Empfindlich** ist ein Übel, wenn mit ihm eine erhebliche Werteinbuße verbunden und der drohende Verlust bei objektiver Beurteilung unter Berücksichtigung der persönlichen Verhältnisse des Betroffenen *geeignet* ist, einen besonnenen Menschen zu dem mit der Drohung erstrebten Verhalten zu bestimmen (BGH NStZ 82, 287). Die **Eignung** des angekündigten Übels, den Bedrohten im Sinne des Täterverlangens zu motivieren (= Zwangseignung), richtet sich nicht nur nach den tatsächlichen Gegebenheiten. Sie bildet vielmehr eine *normative* Voraussetzung des Nötigungstatbestandes, an der es fehlt, wenn von dem Bedrohten in seiner Lage erwartet werden kann und muss, dass er der Bedrohung in besonnener Selbstbehauptung standhält[60]. Bedeutung gewinnt dies insbesondere in Fällen, in denen das angedrohte Übel in einem rechtlich erlaubten Verhalten besteht. Beispiele für ein empfindliches Übel bilden etwa die Androhung von Gewalt, von körperlichen Misshandlungen oder der Zerstörung bestimmter Wertgegenstände, von sonstigen wirtschaftlichen Nachteilen (Verlust des Arbeitsplatzes usw) oder die Ankündigung, eine Strafanzeige zu erstatten oder frühere Verfehlungen, kompromittierende Vorgänge und dergleichen an die Öffentlichkeit zu bringen. Soll das Übel einen **Dritten** treffen, so genügt es, dass sein Eintritt auch für den Drohungsempfänger ein empfindliches Übel wäre[61]. Entsprechendes gilt für eine Selbsttötungsandrohung (BGH NStZ 82, 286).

**405** Von der **Drohung** als dem Inaussichtstellen eines *künftigen* Übels unterscheidet sich die **Gewalt** in Form der *vis compulsiva* ua durch die *Gegenwärtigkeit* der körperlichen Zwangswirkung (siehe Rn 396 und *Geilen*, JZ 70, 521, 525 ff; *Küper*, BT S. 171). Während also die Übelszufügung bei der Drohung als *zukünftiges* Ereignis erst in Aussicht gestellt wird, wirkt der körperlich vermittelte Zwang im Falle der vis compulsiva bereits *gegenwärtig*. Erschöpft die ohne erheblichen Kraftaufwand erfolgende Einwirkung sich aber im Hervorrufen eines primär nur psychischen Zwangs, so ist Gewalt zu verneinen, da bereits der Begriff des Nötigens die Ausübung von Zwang auf den Willen Dritter enthält[62]. Schichtet man in dieser Weise vis compulsiva und Drohung voneinander ab, so erscheinen insoweit Überschneidungen ausgeschlossen.

**406** Ist BVerfGE 92, 1 darin zu folgen, dass die für die Drohungsalternative typische psychische Zwangswirkung nicht zugleich Gewalt iS der vis compulsiva begründen kann (siehe Rn 392, 405), so muss, da eine „nötigende" Zwangswirkung bei beiden Begehungsweisen intendiert ist, die vis compulsiva eine *„körperlich* vermittelte" sein. Wann eine solche Ausübung körperlichen Zwangs (immer den angestrebten Zweck mitgedacht) vorliegt, ist bisher nicht geklärt[63]. Die Lösung könnte in der Antwort auf

---

60  Vgl BGHSt 32, 165, 174; BGH MDR/H 92, 319; krit. *Amelung*, GA 99, 182, 192; *Lackner/Kühl*, § 240 Rn 13.
61  BGHSt 16, 316; BGH NStZ 94, 31; *Lackner/Kühl*, § 240 Rn 15.
62  BVerfGE 92,1; insoweit zust. *Krey*, JR 95, 265, 268; siehe auch LK-*Träger/Altvater*, § 240 Rn 26, 32; *Rengier*, BT II § 23 Rn 9, 14 ff.
63  Dazu *Lackner/Kühl*, § 240 Rn 10; weiterführend *Paeffgen*, Grünwald-FS, S. 433.

die schon von *Geilen* (JZ 70, 521, 528) gestellte Frage liegen, worauf im konkreten Fall der vom Nötigungsmittel ausgehende Einfluss auf die Willensbildung beruht. **Vis compulsiva** ist dann immer nur diejenige körperliche Zwangseinwirkung, die geeignet und gerade dazu bestimmt ist, iS des § 240 zu nötigen. Gewalt wird idR dann *auszuscheiden* haben, wenn die körperliche Auswirkung *die Folge* eines durch die bedrohliche Situation hervorgerufenen *psychischen* Prozesses ist. Aus dem Vorstehenden ist demnach zu folgern, dass jedenfalls in dem Bedrohen mit einer Schusswaffe keine Gewalt liegt (aA BGHSt 23, 126; 39, 133). Entsprechendes dürfte für das Erzwingen des Überholens gelten[64].

Das angedrohte Übel kann in einem **Tun**, aber auch in einem **Unterlassen** bestehen. **407** Bedeutung erlangt das etwa bei der Weigerung, bestimmte Arbeiten zu verrichten, bestellte Waren abzunehmen, einen Arbeit Suchenden einzustellen, die gewohnte Zahlung von Unterhalt fortzusetzen oder einen finanziell gefährdeten Fußballverein weiterhin mit Geldzuwendungen zu unterstützen, sofern der andere Teil die von ihm verlangten Zugeständnisse nicht machen oder sich sonst nicht in der gewünschten Weise verhalten sollte. Fraglich und umstritten ist indessen, ob in der Ankündigung einer derartigen **Unterlassung** nur dann die Drohung mit einem empfindlichen Übel liegt, wenn das angekündigte Unterlassen eine **Rechtspflicht zum ("positiven") Tun** verletzen würde, die Vornahme der Handlung, um deren Unterlassen es geht, also *rechtlich geboten* war. Vorherrschend war lange Zeit die zuletzt genannte Ansicht; von ihrem Standpunkt aus ist der Tatbestand des § 240 I nicht erfüllt, wenn jemand lediglich das Unterlassen von Handlungen ankündigt, deren Vornahme die Rechtsordnung in das *freie Belieben* des Einzelnen stellt[65].

Ein anschauliches **Beispiel** dafür bietet der vom OLG Hamburg (NJW 80, 2592) entschiedene **408** Fall: Gegen die 16-jährige Schülerin S schwebte ein Ermittlungsverfahren wegen Ladendiebstahls. Der bei der Staatsanwaltschaft beschäftigte A, der hiervon Kenntnis erlangt hatte, setzte sich mit S in Verbindung, die ihn für einen Rechtsanwalt hielt und annahm, er habe für die geschädigte Firma die Bearbeitung der Diebstahlsanzeige übernommen. Diesen Irrtum ausnutzend erklärte A, er werde die Strafanzeige zurückziehen, wenn S ihm zu Willen sei. In der Hoffnung, dadurch die Abwendung des Strafverfahrens zu erreichen, gestattete S dem A die Vornahme sexueller Handlungen. Das OLG Hamburg hat die Verurteilung des A wegen Beleidigung (§ 185) gebilligt, diejenige wegen Nötigung jedoch mit der Begründung aufgehoben, es fehle hier an einer **Drohung** iS des § 240. A habe nur in Aussicht gestellt, dass er der S nicht behilflich sein, sondern den Dingen ihren Lauf lassen und den Eintritt des Übels (in Gestalt des Strafverfahrens) **nicht abwenden** werde, falls S seinen Wünschen nicht nachkomme. Wer einen anderen in der Weise zu beeinflussen suche, dass er ihm eine **Hilfeleistung anbiete**, zu der *er rechtlich nicht verpflichtet* sei, weise lediglich auf eine schon bestehende Notlage hin und zeige einen **möglichen Ausweg** auf, *drohe* aber nicht mit einem von ihm zu verwirklichenden Übel.

Die Gegenmeinung, der der BGH sich 1983 angeschlossen hat (BGHSt 31, 195), ver- **409** legt die Lösung der erwähnten Fälle über eine **Ausweitung des Drohungsbegriffs** in

---

64 Wie hier *Fischer*, § 240 Rn 29; differenzierend *Eisele*, BT I Rn 438 f; relativierend LK-*Träger/Altvater*, § 240 Rn 32, 99; aA BGHSt 19, 263; vgl ferner OLG Karlsruhe NStZ-RR 98, 58 mwN.

65 So insbesondere BGH GA 60, 277; NStZ 82, 287; RGSt 14, 264; 63, 424; A/W-*Weber*, BT § 9 Rn 51; *Bockelmann*, BT II S. 106; *Lesch*, Rudolphi-FS, S. 483; *Schubarth*, JuS 81, 726 und Anm. NStZ 83, 312; SK-*Horn/Wolters*, § 240 Rn 16; ebenso (unter Hinweis auf das Autonomieprinzip) *Roxin*, JuS 64, 373.

den Bereich des § 240 II. Von diesem Standpunkt aus ist die Ankündigung eines Unterlassens ohne Rücksicht darauf, ob eine Pflicht zum Handeln besteht oder nicht, eine „Drohung" iS des § 240 I, wenn sie „sozialwidrig" als Druckmittel zu dem Zweck eingesetzt wird, den widerstrebenden Willen des Opfers in eine bestimmte Richtung zu lenken. Die „Auslesefunktion" des gesetzlichen Tatbestandes verkümmert hier weitgehend; Gewicht und Bedeutung hat allein die **Verwerflichkeitsprüfung**[66].

**410** Im Fall der Entscheidung BGHSt 31, 195 ging es ebenfalls um den Warenhausdiebstahl eines 16-jährigen Mädchens (B), das ein Umhängetuch im Wert von 40 DM entwendet hatte. B bat die beiden Kaufhausdetektive inständig, von einer Strafanzeige abzusehen, weil ihre Eltern sie „sonst totschlügen" und sie den Verlust einer ihr zugesagten Lehrstelle befürchten müsse. Nach der Entgegnung, dass sie zur Weiterleitung der Anzeige verpflichtet seien, gab einer der Detektive, der als Chef aufgetreten war, der B in Abwesenheit seines Kollegen zu verstehen, dass es vielleicht doch einen Weg gebe, ihr zu helfen; wenn „sie mit ihm schlafe, werde er die Anzeige unter den Tisch fallen lassen." B glaubte ihm und nahm die Verabredung zu einem späteren Zusammentreffen an, offenbarte sich in der Zwischenzeit aber einer Vertrauensperson, welche die Polizei einschaltete. Die Verurteilung des Angeklagten wegen **versuchter Nötigung** wurde vom OLG Stuttgart und vom BGH gebilligt. Der BGH hat die ihm zur Entscheidung vorgelegte Rechtsfrage, ob eine Drohung iS des § 240 auch in der Ankündigung liegen könne, ein *rechtlich nicht gebotenes* Handeln zu unterlassen, bejaht. Nach seiner Ansicht darf man die Drohung *mit* einem Unterlassen (= Begehungsdelikt) nicht von den gleichen Voraussetzungen abhängig machen wie eine Nötigung *durch* Unterlassen (= unechtes Unterlassungsdelikt). Bei der Drohung mit einem empfindlichen Übel könne der Täter vielfach offen lassen, ob er etwas „tun" oder „unterlassen" werde. Das spreche dafür, die Subsumtion unter das Merkmal der Drohung nicht an fragwürdige Unterscheidungen zu binden. Für den Motivationsdruck, der von einer Drohung ausgehe, sei es nicht entscheidend, ob der Täter etwas tun oder unterlassen wolle und ob das Tun oder Unterlassen rechtmäßig oder rechtswidrig sei; wesentlich sei allein, **welches Übel** als Folge *seines* Verhaltens (tatsächlich oder angeblich) eintreten werde. Die Kriterien, von denen gemäß § 240 I, II die Strafbarkeit einer Drohung abhänge, ließen sich wie folgt umschreiben:

**411** a) **Inhalt** der Drohung müsse ein **empfindliches Übel**, also ein Nachteil von solcher Erheblichkeit sein, dass seine Ankündigung geeignet erscheine, den Bedrohten im Sinne des Täterverlangens zu motivieren. Diese normative Voraussetzung entfalle, wenn von *diesem* Bedrohten in *seiner* Lage erwartet werden könne, dass er der Bedrohung in besonnener Selbstbehauptung standhalte.

**412** b) Der Täter müsse tatsächlich oder (zumindest) nach den Befürchtungen des Bedrohten **Herr des Geschehens** sein, und zwar derart, dass die Herbeiführung des angekündigten Übels in seiner Macht stehe.

**413** c) Die **Verquickung von Mittel und Zweck** müsse nach allen bei der Wertung zu berücksichtigenden Umständen **verwerflich** sein. Dieses Erfordernis, das im Wege einer konkret-normativen Betrachtung zu prüfen sei, führe zur Ausscheidung der „Unterlassungsfälle", in denen nur der Handlungsspielraum des Bedrohten erweitert, die Autonomie seiner Entschlüsse jedoch nicht in *strafwürdiger* Weise angetastet werde.

**414** Bei Sachverhalten, in denen es für den Effekt der Drohung belanglos ist, ob sie ein Tun oder ein Unterlassen zum Inhalt hat, glaubt *Wessels* (BT/1, 21. Aufl. 1997, Rn 399), dem BGH im Ergebnis folgen zu dürfen. Das gelte insbesondere bei Ankün-

---

66  Näher dazu BGHSt 31, 195; OLG Stuttgart NStZ 82, 161; *Fischer*, § 240 Rn 34; LK-*Träger/Altvater*, § 240 Rn 62; S/S-*Eser*, § 240 Rn 10, 20; *Stoffers*, JR 88, 492; differenzierend *F.-C. Schroeder*, JZ 83, 284; *Roxin*, Anm. JR 83, 333; *Volk*, JR 81, 274; *Zopfs*, JA 98, 813.

digungen des Täters, die *mehrdeutig* sind und die (wie in den geschilderten Diebstahlsfällen) auch so aufgefasst werden können, dass ein *aktives Tun* in Aussicht gestellt wird (wie etwa die *Weiterleitung* der Strafanzeige oder das *Weiterbetreiben* eines schon eingeleiteten Verfahrens; klärend *Zopfs*, JA 98, 813, 817). Die Begründung, auf die das Gericht seine geänderte Rechtsauffassung stützt, weckt jedoch Bedenken. Sie krankt daran, dass der BGH die tatbestandlichen Grenzen des § 240 I in den einschlägigen Unterlassungsfällen weit über Gebühr ausdehnt, um sodann auf dem Umweg über die Verwerflichkeitsprüfung (§ 240 II) das wieder herauszufiltern, was (ihm) *nicht strafwürdig* erscheint. Diese Methode verdient keine Zustimmung (im Bereich des § 181 Nr 1 wäre sie ohnedies zum Scheitern verurteilt, da die dort erfassten Drohungen nur der *allgemein gültigen* Rechtswidrigkeitsprüfung zugänglich sind). Die Anforderungen, die in begrifflicher Hinsicht und unter dem Blickwinkel des geschützten Rechtsgutes an die *Tatbestandsmäßigkeit* des Verhaltens zu stellen sind, dürfen nicht deshalb herabgesetzt und vernachlässigt werden, weil es auf anderen Wertungsstufen (= Rechtswidrigkeit und Schuld) noch „Regulative" gibt, die ein methodisch fragwürdiges Vorgehen wieder ausgleichen können (vgl etwa BGHSt 44, 68, 76). Ankündigungen, die nur den Handlungsspielraum des Betroffenen erweitern und die Autonomie seiner Willensentschlüsse nicht antasten, werden vom Unrechtstatbestand des § 240 I von vornherein nicht erfasst; sie bedürfen (entgegen BGHSt 31, 195, 201) keiner „Verwerflichkeitskontrolle", weil sie das durch § 240 geschützte Rechtsgut nicht verletzen. Ist das Verhalten des Täters seinem Sinn nach gar nicht darauf gerichtet, den anderen Teil „unter Druck zu setzen", ihn einzuschüchtern und seinen Willen zu beugen, liegt schon *tatbestandlich* keine Nötigung vor. An der exakten Prüfung, wann jemand iS des § 240, des § 253 oder des § 181 Nr 1 „droht" und wann er lediglich eine von ihm nicht geschuldete „Hilfeleistung anbietet" oder iS der §§ 331, 332 einen „Vorteil fordert", führt daher auch künftig kein Weg vorbei[67].

**Beispiel:** Ein Geschäftsstellenbeamter der Staatsanwaltschaft, der an einen Bekannten, gegen den bereits ein Ermittlungsverfahren läuft, herantritt und ihm gegen Zahlung von 2000 € die Vernichtung der Ermittlungsakten verspricht, macht sich der Bestechlichkeit (§ 332) schuldig, begeht mangels Drohung aber weder eine Nötigung noch eine Erpressung (näher *Zopfs*, JA 98, 813, 817). Es wäre verfehlt, aus BGHSt 31, 195 herleiten zu wollen, dass er „mit einem Unterlassen gedroht" habe. Da er (anders als in den oben mitgeteilten Fällen) mit der Einleitung des schwebenden Verfahrens und mit dessen Fortgang nichts zu tun hatte und einen solchen Eindruck auch nicht erweckt hat, liegt in seinem Verhalten keine Drohung, sondern nur das **Angebot**, dem Beschuldigten gegen Zahlung einer Vergütung **zu helfen** und ihm aus der schon bestehenden Zwangslage einen eventuell gangbaren Ausweg zu eröffnen. **415**

Die Ankündigung, **bestehende Beziehungen** geschäftlicher (BGHSt 44, 251) oder rein menschlicher Art (vgl BGH NStZ 82, 287) **abzubrechen** oder **ein bisher geübtes Verhalten einzustellen**, das (wie etwa fortlaufende freiwillige Geldzuwendungen) Erwartungen begründet und einen gewissen Vertrauenstatbestand geschaffen hat, will *Wessels* (BT/1, 21. Aufl. 1997, Rn 401) in aller Regel als Drohung iS des § 240 auffassen, wenn auf diese Weise Druck ausgeübt und der andere zu einem bestimmten Verhalten veranlasst werden soll. Für diese Einordnung spreche ua, **416**

---

67  Ebenfalls krit. zur Argumentation des BGH in BGHSt 31, 195: *Horn*, NStZ 83, 497; *Lackner/Kühl*, § 240 Rn 14; *Lesch*, Rudolphi-FS, S. 483; *Roxin*, Anm. JR 83, 333; *F.-C. Schroeder*, JZ 83, 284; *Schubarth*, Anm. NStZ 83, 312; *Zopfs*, JA 98, 813; zweifelnd BGHSt 44, 68, 75; vermittelnd *Arzt*, Lackner-FS S. 641; vgl auch *Maurach/Schroeder*, BT I § 13 Rn 28 mwN.

dass hier eine klare Grenzziehung zwischen in Aussicht gestelltem **Unterlassen** (= künftig „nichts mehr zu überweisen") und **aktivem Tun** (= die bisherigen Zahlungen umgehend „einzustellen") kaum möglich sei (so würde zB der Widerruf eines Dauerüberweisungsauftrags stets ein „Tun" voraussetzen; auch dazu weiterführend *Zopfs*, JA 98, 813, 818). Als Drohung erscheint hingegen die Ankündigung, eine bestimmte Handlung zu unterlassen, zu deren Vornahme man **rechtlich verpflichtet** ist (vgl Rn 407). Die Problematik ist keineswegs schon abschließend geklärt (lehrreiche Zusammenfassung des Diskussionsstands bei *Küper*, BT S. 110).

## 4. Nötigungserfolg

**417**  Da die auf Nötigung gerichtete Handlung des Täters darauf abzielt, den Betroffenen zu einem seinem Willen widerstrebenden Verhalten zu zwingen, muss **Folge** der Nötigungshandlung demnach ein **erzwungenes Verhalten** sein (= Tun, Dulden oder Unterlassen). Zwischen dem Einsatz des Nötigungsmittels und dem Nötigungserfolg muss ein *ursächlicher Zusammenhang* bestehen. Die Vollendung der Tat tritt mit dem abgenötigten Verhalten, also dann ein, wenn die Nötigungshandlung ihr Ziel *ganz oder teilweise* erreicht[68]. Bleibt die Nötigungshandlung ohne Erfolg, erreicht sie das Opfer nicht, geht das Opfer auf sie nur zum Schein ein oder tut es etwas anderes, als der Täter zu erreichen sucht, kommt *versuchte* Nötigung in Betracht.

**418**  Ihr Hauptziel, dass F sich schuldig bekannte und sie um Verzeihung bat, hat N im **Fall 21** nicht erreicht. Ihre Nötigungshandlung hatte jedoch insoweit „Erfolg", als F gezwungen war, die Ausübung ihres Obhutsrechts gegenüber T durch Betreten des Kinderzimmers zu unterlassen (= das Vorhandensein eines darauf gerichteten Willens der F vorausgesetzt) und den Schlosser S mit dem Öffnen der Tür zu beauftragen. Das eine wie das andere genügt zur Verwirklichung des objektiven Nötigungstatbestandes (vgl BGH GA 87, 28; MDR/D 72, 386).

## 5. Subjektiver Tatbestand

**419**  Der **subjektive Tatbestand** des § 240 I fordert **Vorsatz**, wobei nach hM auch hinsichtlich des abgenötigten Verhaltens *Eventualvorsatz* ausreicht[69]. Bei **Gewalt durch Einwirkung auf Sachen** wird man indessen ein *zielgerichtetes* **Handeln zu Nötigungszwecken** und eine diesbezügliche *Absicht* des Täters verlangen müssen[70]. Letzteres folgt mittelbar aus § 240 II, wo das Gesetz klar und unmissverständlich auf den „angestrebten Zweck" des Handelns abstellt.

**420**  Im **Fall 21** war die *Absicht* der N darauf gerichtet, die F im Wege der sog. Sachgewalt durch Verschließen der Tür und Wegnahme des Schlüssels zu einem bestimmten Verhalten zu nötigen. Darauf, dass F zeitweilig die Trennung von ihrem schlafenden Kind erdulden musste, kam es ihr zweifelsfrei an. In Bezug auf das Zuhilfeholen eines Schlossers hat N zumindest mit

---

68  Vgl BGH GA 87, 28; NJW 97, 1082; näher LK-*Träger/Altvater*, § 240 Rn 66.
69  BGHSt 5, 245; *Fischer*, § 240 Rn 53; aA *Geppert*, Jura 06, 31, 38; *Gössel/Dölling*, BT I § 18 Rn 15.
70  Vgl insoweit BGH JR 88, 75; BayObLG NJW 63, 1262; LK-*Träger/Altvater*, § 240 Rn 115; S/S-*Eser*, § 240 Rn 34; SK-*Horn/Wolters*, § 240 Rn 7.

Eventualvorsatz gehandelt, was ausreicht, falls die verübte Sachgewalt überhaupt auf einen bestimmten Nötigungserfolg abzielt. N hat daher den Tatbestand des § 240 I auch in subjektiver Hinsicht verwirklicht.

## 6. Rechtswidrigkeit der Nötigung

Die **Unrechtsbewertung** bildet das Hauptproblem des § 240, dessen Tatbestand **421** (Abs. 1) durch die Neufassung vom 29.5.1943 (RGBl I 339) eine solche Ausweitung erfahren hat, dass über eine besondere Rechtswidrigkeitsregel (Abs. 2) die Möglichkeit der Korrektur geschaffen werden musste.

Während es früher der Drohung mit einem *Verbrechen oder Vergehen* bedurfte, genügt nun die Drohung mit jedem empfindlichen Übel. Aus dieser Gesetzesänderung suchte man ein Argument für die Erweiterung auch des Gewaltbegriffs herzuleiten: Wenn schon die *Androhung* eines empfindlichen Übels den Tatbestand des § 240 erfülle, dann müsse die *Zufügung* des Übels erst recht (als Gewalt) ausreichen[71]. Dagegen sprechen neben der Entstehungsgeschichte des Gewaltbegriffs und dem Wortlaut, der die Gewalt gerade nicht als Zufügung eines empfindlichen Übels ausweist[72], eine Reihe weiterer Gründe[73].

Die hM erblickt in § 240 I einen **ergänzungsbedürftigen Tatbestand**, dessen Ver- **422** wirklichung nicht ohne weiteres die Rechtswidrigkeit der Tat indiziert.

Das gilt in erster Linie für die Fälle der Drohung, nach jetzt anerkannter Auffassung aber auch bei der Anwendung von Gewalt, wie etwa bei der gewaltsamen Verhinderung einer strafbaren oder sittenwidrigen Handlung[74].

Das **Rechtswidrigkeitsurteil** folgt hier demnach nicht schon aus dem Fehlen von **423** Rechtfertigungsgründen, sondern hängt von einer **gesamttatbewertenden Feststellung** ab, für die § 240 II als strafbarkeitseinschränkendes Korrektiv die gesetzliche Grundlage liefert[75]. Danach ist die Tat, sofern nicht bereits ein Rechtfertigungsgrund eingreift (wie zB § 34 StGB oder § 229 BGB), nur dann rechtswidrig, wenn die Anwendung der Gewalt oder die Androhung des Übels *zu dem angestrebten Zweck* **verwerflich** ist[76]. **Zweck** im Sinne dieser Vorschrift ist die Beeinträchtigung der Willensfreiheit des Opfers in bestimmter Richtung, dh das Verhalten, zu dem genötigt werden soll *(Nahziel)*. Daneben kann auch die besondere *subjektive* Zwecksetzung des Täters berücksichtigt werden[77], während dessen *Fernziele* nur für die Frage der Strafzumessung von Bedeutung sind[78].

---

71  Vgl zu diesem extensiven Gewaltbegriff *Knodel*, Der Begriff der Gewalt im Strafrecht, 1962, S. 54; SK-*Horn/Wolters*, § 240 Rn 9, 11a; *S/S-Eser*, Vor § 234 Rn 8.
72  *Köhler*, NJW 83, 10; *Küper*, BT S. 163; *Kindhäuser*, BT I § 12 Rn 16.
73  Näheres bei *Fischer*, § 240 Rn 12a; LK-*Träger/Altvater*, § 240 Rn 42, jeweils mwN.
74  Vgl BVerfGE 73, 206; 104, 92, 109 (zweifelnd *Haas* in ihrem abweichenden Votum, S. 120); BGHSt 17, 328; 34, 71; 35, 270, 275.
75  BVerfGE 73, 206, 255; BGHSt 35, 270, 276; krit. LK-*T. Walter*, 12. Aufl. 2007, Rn 56 vor § 13.
76  Vgl *Fischer*, § 240 Rn 38.
77  Vgl BGHSt 17, 329; 18, 389; BayObLG DAR 89, 273; OLG Zweibrücken GA 91, 323; *S/S-Eser*, § 240 Rn 21.
78  So BGHSt 35, 270; BayObLG NJW 93, 212, 213; OLG Koblenz NJW 88, 720; ebenso wohl BVerfGE 104, 92, 114; differenzierend *Lackner/Kühl*, § 240 Rn 18 ff mwN.

**424** Bei § 240 II ist zwischen den **Wertungsbestandteilen** und dem zu fällenden **Werturteil** selbst zu unterscheiden: Die Bewertungsgrundlagen bilden sachlich eine Ergänzung des Unrechtstatbestandes, während das Werturteil über die Verwerflichkeit der Zweck-Mittel-Relation systematisch nur die Rechtswidrigkeit der Tat betrifft (im Einzelnen streitig[79]). Bedeutung hat dies vor allem im **Irrtumsbereich**: Die irrige Annahme von Umständen, deren wirkliches Vorliegen die begangene Nötigung als nicht verwerflich erscheinen lassen würden, ist *zumindest* ebenso wie die irrige Annahme einer rechtfertigenden Sachlage analog § 16 I 1 nach den Regeln des Erlaubnistatumstandsirrtums zu behandeln[80]. Wer dagegen bei voller Sachverhaltskenntnis irrig zu der Ansicht gelangt, sein Verhalten sei nicht verwerflich, erliegt einem nach § 17 zu behandelnden Verbots- oder Erlaubnisirrtum (BGHSt 2, 194; SK-*Horn/Wolters*, § 240 Rn 54).

**425** Eine Nötigung, die durch einen Rechtfertigungsgrund gedeckt wird, kann nicht „verwerflich" sein. Auf § 240 II kommt es somit nur dann an, wenn **kein Rechtfertigungsgrund eingreift**[81].

**426** Die **Rechtswidrigkeit der Nötigung** ist nach § 240 II nicht einseitig im angewandten Zwangsmittel oder in dem angestrebten Zweck zu suchen, vielmehr sind beide zueinander in Beziehung zu setzen. Maßgebend ist die **Zweck-Mittel-Relation**[82]: die **Verknüpfung** zwischen dem *Mittel* der Gewalt (oder der Drohung) und dem *Nötigungszweck* muss rechtlich verwerflich sein. Der Begriff der **Verwerflichkeit** knüpft an sozialethische Wertungen an und setzt ein gesteigertes Unwerturteil voraus; rechtlich verwerflich ist danach, was *sozial unerträglich* und wegen seines grob anstößigen Charakters sozialethisch in *besonders hohem Maße* zu missbilligen ist[83].

**427** Im **Fall 21** war hiernach bewertet die von N begangene Nötigung **rechtswidrig** iS des § 240 II: Auf einen Rechtfertigungsgrund kann N sich nicht stützen. Die gewaltsame Trennung von Mutter und Kind zu dem Zweck, die F zur Abgabe eines aus purer Geltungssucht verlangten „Schuldbekenntnisses" zu veranlassen, ist grob anstößig und verwerflich. Da auch ein Schuldvorwurf gegen N zu erheben ist, hat diese sich nach § 240 strafbar gemacht.

Das Verhalten des M, der die N durch Drohung mit einer Strafanzeige zur Erstattung des Werklohns von 20 € und zur Abgabe einer schriftlichen Entschuldigung genötigt hat, erfüllt ebenfalls den Tatbestand des § 240 I. Erpressung (§ 253) als spezielleres Delikt scheidet aus, da N gemäß § 823 I BGB zur Erstattung der 20 € verpflichtet war. N erlitt keinen Schaden, weil das Freiwerden von der Verbindlichkeit die Hingabe des Geldes ausglich, und M handelte insoweit ohne Vorsatz; zudem erstrebte er keinen *rechtswidrigen* Vorteil (näher BGHSt 20, 136). Zu prüfen bleibt die *Rechtswidrigkeit* der Nötigung.

**428** Gezielte Eingriffe in die Bewegungsfreiheit anderer durch das aggressive Versperren von Verkehrsverbindungen verlieren ihren Charakter als strafwürdiges Nötigungsunrecht nicht etwa deshalb, weil dies aus verständlicher Sorge um die Erhaltung von Arbeitsplätzen oder in der Absicht geschieht, die Öffentlichkeit auf bestimmte Missstände aufmerksam zu machen oder die Bürger

---

79 Vgl BGHSt 31, 195, 200; BayObLG NJW 92, 521; LK-*Träger/Altvater*, § 240 Rn 69; S/S-*Eser*, § 240 Rn 16; krit. dazu *Günther*, Baumann-FS, S. 213.
80 Näher dazu BGH LM Nr 3 zu § 240 StGB; *Lackner/Kühl*, § 240 Rn 25; *Wessels/Beulke*, AT Rn 286.
81 Zutreffend *Bergmann*, Jura 85, 457, 462; *Küper*, BT S. 247; LK-*Träger/Altvater*, § 240 Rn 84; so im Aufbau auch BGHSt 39, 133, 136.
82 BGHSt 5, 254; 17, 328, 331; BayObLG wistra 05, 235; näher *Küper*, BT S. 244.
83 Vgl BGHSt 17, 328, 332; 18, 389, 391; 35, 270, 276; OLG Stuttgart NJW 91, 994; OLG Zweibrücken NJW 91, 53; *Lampe*, Stree/Wessels-FS, S. 449, 457; siehe auch *Fischer*, § 240 Rn 40 ff, der auf einen erhöhten Grad *sozialwidrigen* Handelns abstellt.

zum Nachdenken über die Gefahren der Atomkraft, der Luftverschmutzung, des Waldsterbens und dergleichen zu zwingen. Die Grundrechte der Meinungs- und Versammlungsfreiheit (Art. 5, 8 GG) erlauben Verkehrsbehinderungen nur, soweit sie eine *unvermeidbare Nebenwirkung* rechtmäßiger Demonstrationen sind (vgl *Lackner/Kühl*, § 240 Rn 22). Wer seine Aktionen jedoch so organisiert, dass er die davon Betroffenen nach Umfang, Intensität und Dauer der Zwangseinwirkung einer erheblichen Freiheitsbeeinträchtigung aussetzt und sie gezielt zu Werkzeugen seines Handelns macht, überschreitet nach hM die Grenze des sozial Erträglichen mit der Folge, dass sein Verhalten als rechtswidrig iS des § 240 II zu beurteilen ist[84].

Verwerflich iS des § 240 II handelt auch, wer den Vorrang staatlicher Zwangsmittel missachtet und sich als Einzelner ohne speziellen Rechtfertigungsgrund anmaßt, die Gesetzestreue anderer mit Gewalt zu erzwingen[85].   **429**

Hinsichtlich schuldrechtlicher Ersatzansprüche gilt Folgendes: Wo nicht ausnahmsweise ein Selbsthilferecht in Betracht kommt (vgl §§ 229, 230 BGB), gibt ein fälliger Anspruch dem Gläubiger nicht das Recht, den Schuldner *eigenmächtig* zur Leistung zu zwingen; er muss vielmehr beim Ausbleiben der Leistung den Klageweg beschreiten. Gleichwohl ist das Drohen mit einer *begründeten* Strafanzeige zur Durchsetzung eines mit der Straftat zusammenhängenden Ersatzanspruchs nicht verwerflich iS des § 240 II. Sofern nämlich der Sachverhalt, aus dem das Recht zur Strafanzeige hergeleitet wird, mit dem durch die Drohung verfolgten Zweck in einer *inneren Beziehung* steht, erscheint die Verknüpfung von Mittel und Zweck nicht willkürlich oder grob anstößig, vorausgesetzt, dass zwischen dem Gewicht der Drohung und dem angestrebten Zweck kein offensichtliches Missverhältnis besteht[86].   **430**

Um eine willkürliche und verwerfliche Verknüpfung würde es sich zB handeln, wenn ein Arbeitgeber seiner Buchhalterin nach Aufdeckung einer Unterschlagung für den Fall mit einer Strafanzeige droht, dass sie sich auf seine sexuellen Wünsche nicht einlässt.   **431**

Da M gegen die N in **Fall 21** einen Ersatzanspruch bezüglich des von ihm bezahlten Werklohns hatte, die erforderliche innere Beziehung also bestand, ist nach den Kriterien der hM ein Missverhältnis von Mittel und Zweck zu verneinen. Eine *schriftliche Entschuldigung* konnten weder M noch F von N verlangen, weil die Rechtsordnung einen solchen Anspruch nicht kennt. Die Durchsetzung eines *nicht* bestehenden Anspruchs mit den Mitteln des § 240 I ist zwar in aller Regel verwerflich; hier ist jedoch zu beachten, dass die Durchführung eines Strafverfahrens auch dem Zweck dient, dem durch die Straftat Verletzten eine ideelle Genugtuung zu verschaffen. Demnach erscheint es nicht missbilligenswert und verwerflich, für *den* Fall mit einer Strafanzeige zu drohen, dass der Straftäter sich weigern sollte, dem Verletzten in Form einer Entschuldigung Genugtuung zu leisten. Eine *Abbitte*, die einer entwürdigenden Demütigung gleichkäme, darf freilich nicht verlangt werden. Das Verhalten des M gegenüber N war somit auch insoweit nicht verwerflich und damit nicht rechtswidrig iS des § 240 II.   **432**

Zur strafrechtlichen Bewertung des „Anzapfens" gegenüber Herstellern oder Lieferanten nach § 240 StGB und § 12 UWG (das Gesetz zur Bekämpfung der Korruption   **433**

---

84  Näher dazu BayObLG NJW 93, 212; *Lenckner*, JuS 88, 349; *Otto*, NStZ 92, 568 mwN.
85  BGHSt 39, 133; *Roxin*, Anm. NStZ 93, 335.
86  Näher BGHSt 5, 254; BGH NJW 57, 596; BayObLG MDR 57, 309.

vom 13.8.1997 hat den bisherigen § 12 UWG gestrichen und durch § 299 StGB ersetzt[87]) siehe *Lampe*, Stree/Wessels-FS, S. 449. Zu den Konkurrenzfragen siehe *Fischer*, § 240 Rn 63.

---

**Nötigung, § 240**

**I. Tatbestandsmäßigkeit**
  **1. Objektiver Tatbestand**
    **a) Tatobjekt: ein anderer Mensch**
    **b) Tathandlung: Nötigen**
    **c) Tatmittel:**
      – **mit Gewalt**
        → körperlich wirkender Zwang in Form von vis absoluta
          oder vis compulsiva
        Ⓟ Straßenblockaden
        Ⓟ Gewalt gegen Sachen oder gegen Dritte
      – **oder durch Drohung mit einem empfindlichen Übel**
        → Inaussichtstellen eines zukünftigen Übels
        Ⓟ Androhung eines rechtlich erlaubten Verhaltens
        Ⓟ Androhung eines Unterlassens
    **d) Nötigungserfolg: zu einer Handlung, Duldung oder Unterlassung**
  **2. Subjektiver Tatbestand**

**II. Rechtswidrigkeit**
  *(1) Nichteingreifen von Rechtfertigungsgründen*
  *(2) Verwerflichkeitsklausel, § 240 II*
    → Verwerflichkeit der Mittel-Zweck-Relation
    Ⓟ nötigungsweise Durchsetzung schuldrechtlicher Ersatzansprüche

**III. Schuld**

**IV. Besonders schwerer Fall, § 240 IV**

---

## 7. Problemhinweise zum Selbststudium

**434**   **Gewaltanwendung durch ein Unterlassen:** BayObLG NJW 63, 1261; *Geilen*, H. Mayer-FS, S. 445, 452 ff; *Timpe*, JuS 92, 748.

**Nötigung im Straßenverkehr** (insbesondere beim Erzwingen oder Verhindern des Überholens auf Autobahnen sowie beim Zwang zum Abbremsen): BVerfG NJW 07, 1669; BGHSt 19, 263; 18, 389; BGH NJW 95, 3131 ff; OLG Stuttgart NJW 95, 2647; OLG Düsseldorf NZV 00, 301 und NJW 07, 3219 mit zu Recht abl. Anm. *König*, NZV 08, 46; BayObLG NZV 01, 527; *Haubrich*, NJW 89, 1197; *König*, NZV 05, 27; LK-*Träger/Altvater*, § 240 Rn 98 ff; *Maatz*, NZV 06, 337; *Voß-Broemme*, NZV 88, 2. Zur Frage der Notwehr gegen **verkehrsfremde** Eingriffe siehe OLG Schleswig NJW 84, 1470; BayObLG NJW 93, 211 mit abl. Besprechung *Heinrich*, JuS 94, 17.

**Erzwingen der Einfahrt in eine Parklücke:** BayObLG NJW 95, 2646; OLG Stuttgart NJW 66, 745; OLG Hamburg NJW 68, 662; OLG Köln NJW 79, 2056; *Lackner/Kühl*, § 240 Rn 9. Bei der Beurteilung dieser Fälle ist davon auszugehen, dass es nicht darauf ankommt, wer die Parklücke zuerst *entdeckt* hat, sondern dass demjenigen Kraftfahrer das **Vorrecht** zusteht, der die Parklücke

---

87   Dazu *Wessels/Hillenkamp*, BT II Rn 701.

**zuerst erreicht**, auch wenn er beim Einrangieren zunächst etwas vorfahren und zurücksetzen muss (§ 12 V StVO; OLG Düsseldorf NJW 87, 269 und NZV 92, 199). Dieses Vorrecht ist jedoch in aller Regel nicht erzwingbar, da das gesamte Straßenverkehrsrecht, dem es entspringt, unter dem Gebot der gegenseitigen Rücksichtnahme steht und es einem Verkehrsteilnehmer sogar zur Pflicht macht, auf eine ihm zustehende Befugnis zu verzichten, wenn sie nur um den Preis der Gefährdung oder Schädigung anderer wahrgenommen werden könnte, selbst wenn jener andere sich bei verkehrsbezogenen Vorgängen *verkehrswidrig* verhält (OLG Hamm NJW 70, 2074; LK-*Träger/Altvater*, § 240 Rn 101; aA *Jakobs,* AT 12/4). Ein Kraftfahrer, der mit seinem Pkw einen Fußgänger gewaltsam aus einer Parklücke herausdrückt, die dieser zuerst entdeckt hat und zu „reservieren" sucht, verwirklicht daher den Tatbestand des § 240 I, ohne sich auf Notwehr stützen zu können (näher *Eisele*, BT I Rn 471; *Fischer*, § 240 Rn 49; S/S-*Lenckner/Perron*, § 32 Rn 9 mwN). Ob sein Verhalten zugleich verwerflich iS des § 240 II ist, hängt weitgehend von den Umständen des Einzelfalles ab (insbesondere vom Ausmaß der Gefährdung des Betroffenen; vgl OLG Naumburg NZV 98, 163).

**Nötigung und Demonstrationsrecht:** BVerfGE 73, 206; 76, 211; 92, 1; 104, 92; BGHSt 34, 71; 35, 270; 41, 182; BGH NJW 95, 2862; S/S-*Eser*, § 240 Rn 26 ff mwN.

**Zum Überlegen:** Verlässt man einmal die Falllösungsperspektive und nimmt sozusagen unbefangen die Struktur des § 240 in den Blick, so zeigt sich, was der Große Senat schon 1952 auf den Punkt gebracht hat (BGHSt 2, 194): Der „Gesetzgeber" von 1943 hat die Grenzen des Nötigungstatbestandes so weit gezogen, dass dieser nunmehr auch ungezählte Fälle des täglichen Lebens erfasst, in denen die Nötigung trotz Drohung mit einem empfindlichen Übel für das natürliche Rechtsgefühl rechtmäßig ist, die Rechtmäßigkeit jedoch nicht aus einer besonderen rechtfertigenden Gegennorm hergeleitet werden kann. Hier fällt deshalb dem Richter die Aufgabe zu, an Stelle des Gesetzgebers durch unmittelbare Wertung zu entscheiden, ob die tatbestandsmäßige Nötigung im Einzelfall rechtswidrig ist oder nicht (BGHSt 2, 194, 195; die hM ist klar ausformuliert bei *Otto*, BT § 27 Rn 30). Würde man alle Tatbestände so weit („offen") fassen wie § 240, würde nur deutlicher, was § 240 schon de lege lata entgegenzuhalten ist: die **Unvereinbarkeit mit dem Programm des Grundgesetzes**, insbesondere Art. 103 II GG (instruktiv dazu *Jeand'Heur*, NJ 95, 465, 466). Eben darauf dürfte die Bemerkung des BVerfG zu § 240 II in der dritten Sitzblockadenentscheidung gezielt haben (siehe Rn 381). So gesehen geht es *nicht* um die Frage, ob man derartige Verhaltensweisen *bestrafen sollte*, sondern vorrangig um die, ob § 240 in der derzeitigen Fassung überhaupt mit der Verfassung vereinbar ist. Ist das zu verneinen, bleibt es dem Gesetzgeber unbenommen, den neu zu schaffenden Nötigungstatbestand so zu konzipieren, dass auch solche Verhaltensweisen erfasst sind. Auch die neueste „Blockaden"-Entscheidung BVerfGE 104, 92 zeigt bestenfalls die Schwierigkeit der gedanklichen Operationen auf, deren es bei Handhabung der Norm bedarf. „Soweit die gegensätzliche Beurteilung von Sitzdemonstrationen durch das Bundesverfassungsgericht und durch die Strafgerichte Unklarheiten und Unsicherheiten ausgelöst hat, beruhen diese letztlich auf der vielfach kritisierten Fassung des § 240 StGB und können nur vom Gesetzgeber beseitigt werden" (so BVerfGE 76, 211, 216). Er sollte tätig werden.

## V. Die Bedrohung

Die Regelung dient dem Schutz des *individuellen* Rechtsfriedens. Sie enthält ein **abstraktes** Freiheitsgefährdungsdelikt und ergänzt § 126[88]. Die Vorschrift weist zwei Tatbestände auf. Der Bedrohungstatbestand, § 241 I, setzt die Bedrohung eines Menschen mit einem Verbrechen iS des § 12 I voraus, die sich auch gegen eine – existie-

**434a**

---

88  BGH NStZ 06, 342; zur vermutlich nur geringen Präventionswirkung LK-*Träger/Schluckebier*, § 241 Rn 3.

rende[89] – dem Adressaten nahestehende Person (zB Lebensgefährte, Freund) richten kann. Für den Begriff der Drohung gilt das zur Nötigung Gesagte (Rn 402 ff). Auch hier ist erforderlich, dass zumindest der Anschein der Ernstlichkeit erweckt werden soll[90]. Vollendet ist die Tat, wenn die Drohung zur Kenntnis des Adressaten gelangt, der auch ihren Sinn erfassen muss.

Bedingter Vorsatz reicht aus, wobei der Täter sich bewusst sein muss, die Drohung könne bei dem Bedrohten die Befürchtung auslösen, das Angedrohte sei geplant[91]. Ob eine als ernstlich gewollte Drohung iS des § 241 vorliegt oder lediglich ein erkennbar leeres Gerede oder eine prahlerische Redensart – „Dich bohre ich ungespitzt in den Boden" – bedarf sorgfältiger Prüfung[92].

**434b**    Tathandlung des § 241 II ist das *Vortäuschen* des Bevorstehens der Verwirklichung eines gegen den Adressaten oder eine ihm nahestehende Person gerichteten Verbrechens, vor dem der Täter als Außenstehender zu *warnen* vorgibt. Der Vortäuschungstatbestand ist nicht verwirklicht, wenn die Tat tatsächlich bevorsteht. Hinsichtlich des Vortäuschens ist *sicheres Wissen* erforderlich.

**434c**    § 241 tritt hinter der (versuchten) Verwirklichung des angedrohten Verbrechens zurück[93]; ferner hinter Nötigungen (ua §§ 113, 177, 240, 253) und deren Versuch[94]. Mit §§ 126, 145d ist Tateinheit möglich.

# § 9    Entziehung Minderjähriger, Kinderhandel und Geiselnahme

**435**    **Fall 22:** A und B gelingt es, ohne vom Pförtner bemerkt zu werden, in ein von mehreren Familien bewohntes Haus zu gelangen. Nachdem sie sich nach einem geeigneten Opfer umgesehen haben, ergreifen sie ein 6 Monate altes, unbeaufsichtigtes Kind und stecken es in eine mitgebrachte Reisetasche, die sie verschließen, um so unbehelligt an der Pforte vorbeizukommen. Das Kind wollen sie für eine hohe Summe „verkaufen". Da der Pförtner kurzfristig nicht auf seinem Posten ist, können sie das Haus unbeobachtet verlassen. Als die Eltern kurze Zeit später nach Hause kommen, wird die Tat entdeckt.

Wie ist das Verhalten von A und B strafrechtlich zu beurteilen? **Rn 441, 444**

---

89    BVerfG NJW 95, 2776.
90    S/S-*Eser*, § 241 Rn 4.
91    LK-*Träger/Schluckebier*, § 241 Rn 17.
92    LK-*Träger/Schluckebier*, § 241 Rn 10; SK-*Horn/Wolters*, § 241 Rn 4.
93    LK-*Träger/Schluckebier*, § 241 Rn 27; aA SK-*Horn/Wolters*, § 241 Rn 3: Exklusivität.
94    BGH NStZ 06, 342; MüKo-*Gropp/Sinn*, § 241 Rn 17; aA S/S-*Eser*, § 241 Rn 16: klarstellende Tateinheit.

## I. Entziehung Minderjähriger

### 1. Neufassung und Systematik

Nachdem die Entführung gegen den Willen der Entführten (§ 237 StGB aF) bereits **436** durch das 33. StÄG vom 5.7.1997 aufgehoben worden war, hat das **6. StrRG** (siehe Rn 364) auch die Entführung mit Willen der Entführten und insoweit zusätzlich das bisherige Antragsrecht beseitigt (§§ 236, 238). Zu diesen weggefallenen Entführungsdelikten siehe LK-*Gribbohm,* Rn 2 vor § 234 sowie die Erläuterungen bei *Wessels,* BT/1, 21. Aufl. 1997, Rn 425 ff. Die zT neuen Formulierungen des Menschenraubs (§ 234, neu gefasst durch das 37. StÄG) dienen nur dem Zweck, zu einem möglichst einheitlichen Sprachgebrauch zu gelangen, streben mithin keine inhaltliche Änderung an. Eine solche stellt lediglich der neue § 234 II dar. Um den strafrechtlichen Schutz von Kindern gegen Entziehung zu verbessern, hat das 6. StrRG die Entziehung Minderjähriger (§ 235; bisher „Kindesentziehung") wesentlich umgestaltet (dazu eingehend BT-Drucks. 13/8587, S. 23, 38, 61, 83 sowie BT-Drucks. 13/9064, S. 15, 17).

Die Entziehung Minderjähriger ist ein *Dauerdelikt*[1]. Den *Vergehen* des § 235 I, II **437** (einschließlich der differenzierenden Versuchsregelung in Abs. 3) folgen in den Absätzen 4 und 5 eine Qualifikation und eine Erfolgsqualifikation, die Verbrechen iS des § 12 I sind. Für sie ist in Abs. 6 eine Strafzumessungsvorschrift eingestellt (dazu siehe Rn 82, 175). Im Gegensatz zu §§ 235, 238 aF ist § 235 nF, beschränkt auf die Vergehenstatbestände, nur noch als relatives Antragsdelikt ausgestaltet (§ 235 VII, zu dem § 77 III hinzuzulesen ist).

### 2. Schutzgüter, Tatobjekte, Täterkreis

§ 235 nF schützt nicht mehr nur das **elterliche oder sonstige familienrechtliche Sor** **438** **gerecht** der Eltern, des Vormunds oder des Pflegers (so BGHSt 39, 239 zu § 235 aF), sondern nunmehr unmittelbar **auch** die **ungestörte körperliche und seelische Entwicklung** des entzogenen jungen Menschen, was § 235 IV Nr 1 Alt. 2 zum Ausdruck bringen soll[2]. „**Tatobjekte**" iS des § 235 I Nr 1, IV, V sind Minderjährige, also Kinder (§§ 19, 176 I) *und* Jugendliche (§§ 10 StGB, 1 II Halbsatz 1 JGG), im Übrigen *nur* Kinder. Die Neufassung unterscheidet nach dem **Täterkreis** zwischen der Entziehung durch *Angehörige* (iS des § 11 I Nr 1), insbesondere Eltern einerseits und *außenstehenden Dritten* andererseits. Die Einführung von „einem Elternteil" in § 235 stellt klar, dass die Tat auch von einem Elternteil gegen den anderen begangen werden kann, sofern dieser (Mit-)Inhaber der Sorge ist oder ein Recht zum persönlichen Umgang mit dem Minderjährigen nach § 1684 BGB hat (BGHSt 44, 355). Entgegen einer Anregung des Bundesrats ist der Kreis der Sorgeberechtigten iS des § 235 nicht erweitert worden. Wer *sorgeberechtigt* ist, richtet sich nach der familienrechtlichen

---

1 RGSt 15, 340; BGH NStZ 06, 447; *Fischer,* § 235 Rn 6; *Frank,* § 235 Anm. II.
2 BT-Drucks. 13/8587, S. 38, 39; BGH NStZ 06, 447; NK-*Sonnen,* § 235 Rn 5; zu Unrecht aA *Nelles,* Einführung, S. 62; *Schumacher* in Schlüchter (Hrsg.), Bochumer Erläuterungen zum 6. StrRG, 1998, S. 52.

Lage im konkreten Fall (vgl §§ 1626, 1754, 1773, 1909, 1915 BGB). Für Angehörige als Täter verbleibt es im Rahmen des Abs. 1 bei der bisherigen Rechtslage (jetzt § 235 I Nr 1); die weiteren Absätze des § 235 gelten jedoch auch für sie (vgl *Nelles*, *Einführung*, S. 62 mwN). Hingegen bringt § 235 I Nr 2 für Taten Dritter zusätzlich eine bedeutende Ausweitung des Strafbarkeitsbereichs.

### 3. Tathandlungen und Tatmittel

**439**  **Tathandlungen** sind das Entziehen und das Vorenthalten. Eine **Entziehung** liegt vor, wenn die *Ausübung* des Personensorgerechts (dazu §§ 1631 ff BGB) durch *räumliche Trennung* für einen mehr als nur unerheblichen Zeitraum vereitelt oder wesentlich beeinträchtigt wird[3]. Welche Zeitdauer dafür notwendig ist, hängt vom Alter des Minderjährigen, dem Grad seiner Fürsorgebedürftigkeit sowie von den Umständen des Einzelfalls ab. Ein **Vorenthalten** ist gegeben, wenn der Täter die „Herausgabe" des Minderjährigen verweigert oder erschwert, zB durch dessen Beeinflussung, durch Verheimlichen des Aufenthaltsortes oder anderweitige Unterbringung, nicht hingegen durch bloße Gewährung von Unterkunft und Verpflegung[4].

**440**  **Tatmittel** iS des § 235 I Nr 1 sind *Gewalt* und *Drohung mit einem empfindlichen Übel*, die wie bei § 240 auszulegen sind (siehe Rn 383, 401), sowie *List*. **Listiges Handeln** umschreibt ein Verhalten, das darauf abzählt, unter geflissentlichem Verbergen der wahren Zwecke oder Mittel die Ziele des Täters durchzusetzen. Das setzt nach hM nicht notwendig eine Täuschung und Irrtumserregung voraus; es genügt, dass der Täter einen schon bestehenden Irrtum geschickt für seine Zwecke ausnutzt oder sonst zur Durchsetzung seines Ziels die von ihm verfolgte Absicht oder die ihrer Verwirklichung dienenden Mittel *geflissentlich verbirgt*[5]. § 235 I Nr 2 erfordert den Einsatz solcher Tatmittel nicht. Die neue Fallgruppe schließt eine Strafbarkeitslücke. Sie erfasst insbesondere die Fälle, in denen der Täter ein Kleinstkind unbeobachtet an sich bringt, um es zu behalten, einem Dritten zu überlassen oder zu „verkaufen", schließt aber Angehörige aus dem Täterkreis aus; die versuchte Tat ist hier mit Strafe bedroht, § 235 III.

**441**  Eine Entziehung iS des § 235 I Nr 1 ist im **Fall 22** zu verneinen, da die mittäterschaftlich handelnden A und B sich zwar einer List bedienen wollten, aber letztlich nicht mussten. Der Versuch einer solchen Tat ist nach § 235 III strafbar. Hingegen haben A und B § 235 I Nr 2 verwirklicht, da sie eine noch nicht 14 Jahre alte Person (Kind iS der §§ 235, 176 I, 19), ohne dessen Angehörige (§ 11 I Nr 1) zu sein, den Eltern entzogen haben. Eine Freiheitsberaubung (§ 239) kann zwar mit beliebigen Mitteln vollzogen werden; das erst 6 Monate alte Kind ist jedoch im Fall kein taugliches Tatobjekt (siehe Rn 370).

---

3  BGHSt 1, 199; 16, 58; BGH NStZ 96, 333; LK-*Gribbohm*, § 235 Rn 41.
4  Näher BT-Drucks. 13/8587, S. 38 mit Hinweis auf die Kommentierungen zu § 1632 BGB; *Nelles*, Einführung, S. 63; LK-*Gribbohm*, § 235 Rn 39, 64; SK-*Horn/Wolters*, § 235 Rn 6.
5  BGHSt 32, 267, 269; 44, 355, 360; BGH NStZ 96, 276; *Küper*, BT S. 230; enger *Bohnert*, GA 78, 353; *Krack*, List als Tatbestandsmerkmal, 1994, S. 19 ff.

§ 235 II stellt neu Fälle unter Strafe, in denen ein *Angehöriger* oder ein (außenstehen-    **442**
der) *Dritter* ein Kind entzieht, um es in das Ausland zu verbringen („aktive" Entführung nach Nr 1; beachte § 235 III), oder es dort dem Sorgeinhaber vorenthält („passive" Entführung, Nr 2; beachte § 5 Nr 6a). **Beispiele:** Der Täter verbringt das Kind
gegen den Willen des sorgeberechtigten Elternteils in einen anderen Staat (Nr 1). Ein
Elternteil, der nicht allein Inhaber der Sorge ist, nimmt im Einvernehmen mit dem anderen Elternteil das Kind auf eine Auslandsreise mit, weigert sich dort angekommen
aber, das Kind wieder in die Heimat zurückkehren zu lassen (Nr 2). Zum Vorsatz vgl
*Fischer*, § 235 Rn 13.

### 4. Qualifikationen

§ 235 IV Nr 1 entspricht § 225 III[6]. Nr 2 qualifiziert die Tat, wenn der Täter gegen    **443**
Entgelt (iS des § 11 I Nr 9; dazu krit. *Nelles*, Einführung, S. 65) *oder* in der Absicht
handelt, sich oder einen Dritten zu bereichern. Rechtswidrigkeit der beabsichtigten
(Dritt-)Bereicherung ist nicht erforderlich (aA für Taten Angehöriger *Nelles*, Einführung, S. 66 mwN). Die Verursachung des Todes des Opfers durch die Entziehung
(§ 235 V) erfordert nach § 18 wenigstens Fahrlässigkeit (dazu krit. LK-*Gribbohm*,
§ 235 Rn 90).

Da A und B im **Fall 22** bereits bei Begehung der Entziehungshandlung die Absicht hatten, sich    **444**
zu bereichern, greift § 235 IV Nr 2 ein. Diese Qualifikation geht der Verwirklichung des
Grunddelikts vor.

## II. Kinderhandel

### 1. Systematik und Schutzgut

Die durch das **6. StrRG** eingefügte und 2003 geänderte[7] Vorschrift geht auf eine Ini-    **445**
tiative des Bundesrats zurück: Erfahrungen aus der jüngsten Zeit zeigten, dass manche
Eltern aus reinem Profitstreben ihr Kind wie eine Ware verkauften, wodurch dieses
zum Objekt eines Handelsgeschäfts herabgewürdigt wird. Darin liegt eine eklatante
Verletzung der Menschenwürde (vgl BT-Drucks. 13/6038, S. 6). Einen solchen Handel („Kauf" oder „Tausch") bedroht § 236 I für Überlassende wie Aufnehmende mit
Strafe. § 236 II tritt an die Stelle des § 14a Adoptionsvermittlungsgesetz. § 236 IV
enthält qualifizierende Vergehenstatbestände: Nr 1 zielt auf den kommerziellen und
organisierten Kinderhandel, Nr 2 hat die *konkret* gefährdete besondere Schutzbedürf-
tigkeit des Kindes oder der vermittelten Person (unter 18 Jahren) zum Gegenstand.
Die versuchte Tat ist durchgehend mit Strafe bedroht. Milderungsmöglichkeiten sieht

---

6   Vgl Rn 315 und *Schumacher* in Schlüchter (Hrsg.), Bochumer Erläuterungen zum 6. StrRG, 1998,
S. 54.
7   Die Schutzaltersgrenze wurde von 14 auf 18 Jahre angehoben; Täter können nunmehr auch Vormünder
und Pflegeeltern sein; vgl *Fischer*, § 236 Rn 1, 3 mwN.

Abs. 5 vor (näher dazu *Fischer*, § 236 Rn 20). Geschütztes Rechtsgut ist die **unge-störte körperliche oder seelische Entwicklung des Kindes oder Jugendlichen** (vgl BT-Drucks. 13/8587, S. 40). Der Grundtatbestand setzt nicht voraus, dass das Kind, Mündel oder Pflegling im Einzelfall tatsächlich geschädigt wird; bei § 236 I handelt es sich um ein „abstraktes Gefährdungsdelikt"[8]. Hingegen dient § 236 II dem Zweck, die in § 5 I, IV 1 Adoptionsvermittlungsgesetz festgelegten Vermittlungsverbote straf-gesetzlich abzusichern[9].

### 2. Täterkreis, Tathandlungen und qualifizierende Merkmale

446 **Täter** nach § 236 I 1 können *nur* leibliche Eltern (oder ein Elternteil), Adoptiveltern und „Scheinväter" (vgl § 1591 BGB) sowie Vormünder und Pflegeeltern sein. Für Dritte kommt insoweit nur Teilnahme (dann § 28 I), illegale Vermittlungstätigkeit, uU auch § 235 in Betracht[10]. Der jeweilige Täter muss sein minderjähriges Kind, Mündel oder Pflegling einem anderen *auf Dauer überlassen*, und zwar unter grober Vernach-lässigung der Fürsorge- oder Erziehungspflicht. Diese, der in § 170 beschriebenen nachgebildete, objektiv und subjektiv schwerwiegende Pflichtverletzung soll verhin-dern, dass sozial akzeptierte Vorgänge (wie zB die Unterbringung eines Kindes bei Verwandten) in den Anwendungsbereich der Norm geraten. Da der Täter jedoch bei der Tat gegen Entgelt (§ 11 I Nr 9) oder in der Absicht handeln muss, sich oder einen Dritten zu bereichern, ist diese Einschränkung des Strafbarkeitsbereichs nur aus Satz 2 zu erklären. Danach macht nämlich der Aufnehmende sich nur strafbar, wenn er jene grobe Vernachlässigung kennt; mithin handelt es sich um ein Schlupfloch für den Entgelt gewährenden „Empfänger" des Kindes oder Jugendlichen, der sich darauf berufen kann, er habe lediglich den Eltern aus ihrer Not und dem Minderjährigen aus seinen erbärmlichen Verhältnissen heraushelfen wollen (vgl die zutreffende Kritik des Bundesrats an dieser begrenzenden Formel und die matte Entgegnung der Bundesre-gierung in BT-Drucks. 13/8587, S. 62, 84).

447 *Täter* iS des § 236 II sind „Vermittler", *Opfer* zu vermittelnde Personen unter 18 Jah-ren. *Unbefugt* verweist auf die Vermittlungsverbote in § 5 I, IV 1 Adoptionsvermitt-lungsgesetz. Satz 2 sieht eine Strafschärfung für den Fall vor, dass die vermittelte Per-son in einen anderen Lebenskreis verbracht wird.

448 Unter **Gewinnsucht** iS des § 236 IV Nr 1 ist die Steigerung des Erwerbssinns auf ein ungewöhnliches, ungesundes, sittlich anstößiges Maß zu verstehen[11]. Sie muss sich von der schon grundsätzlich nach § 236 I, II erforderlichen Bereicherungsabsicht sehr deutlich abheben, um die Schärfung zu rechtfertigen. **Gewerbsmäßig** handelt, wer sich aus wiederholter Tatbegehung eine fortlaufende Einnahmequelle von einigem Umfang und einer gewissen Dauer verschaffen will[12]. Zur Begehung als Mitglied ei-ner **Bande** siehe MüKo-*Wieck-Noodt*, § 236 Rn 50. Zu § 236 IV Nr 2 vgl Rn 445.

---

8  So BT-Drucks. 13/8587, S. 41; zur Terminologie vgl *Hettinger*, JuS 97, L 41, 42 mwN.
9  Siehe auch *Kreß*, NJW 98, 633, 642; SK-*Horn*, § 236 Rn 2, 8.
10  Siehe auch *Fischer*, § 236 Rn 3; *Nelles*, Einführung, S. 67.
11  So BGHSt 1, 388; BGH GA 53, 154; S/S-*Eser*, § 236 Rn 11.
12  BGHSt 1, 383; BGH NStZ 95, 85; *Fischer*, Rn 62 vor § 52.

## III. Die Geiselnahme

**Fall 23:** Der polizeilich gesuchte A lebt mit seiner Braut B und ihrer gemeinsamen, 5 Monate **449** alten Tochter T zusammen. Als Kriminalbeamte ihn eines Tages auf Grund eines Vollstreckungshaftbefehls festnehmen wollen, umklammert A die B mit raschem Armgriff, setzt ihr ein Brotmesser an den Hals und droht, sie zu töten, falls die Beamten nicht fortgingen und von der geplanten Verhaftung abließen. Nach fast zweistündigem Verhandeln, in dessen Verlauf A die B fortwährend weiter bedroht, geben die Beamten ihr Vorhaben auf, so dass A die Gelegenheit zur Flucht nutzen kann. Dass er sein Verhalten schon Tage zuvor mit B verabredet hatte und seine Drohung keinesfalls verwirklicht hätte, war den Beamten nicht bekannt.

**a)** Hat A sich strafbar gemacht? **Rn 455**

**b)** Wie läge es, wenn A im Einverständnis mit B die gemeinsame Tochter T ergriffen und in der geschilderten Weise mit deren Tötung gedroht hätte? **Rn 457**

### 1. Systematik und Schutzbereich

Die 1971 eingeführte Norm wies zunächst neben einer schon hohen Mindestfreiheits- **450** strafe von drei Jahren, in Anlehnung an den Erpresserischen Menschenraub (§ 239a), eine *Dreiecksstruktur* auf: Täter, Geisel und zu nötigender Dritter. 1989 wurde das Mindestmaß der Regelstrafe drastisch auf fünf Jahre erhöht, eine Strafzumessungs-vorschrift für minder schwere Fälle sowie als weiteres Drohungsmittel das der Freiheitsentziehung von über einer Woche Dauer eingeführt[13]. Die wichtigste Änderung war jedoch die Erweiterung des Anwendungsbereichs des § 239b (wie auch des § 239a) auf Zwei-Personen-Verhältnisse („um *ihn oder* einen Dritten"). Durch die Erstreckung des Schutzes vor Nötigung **auf das Opfer selbst** (= die „Geisel") sind bei solchen „Zweierbeziehungen" im Verhältnis zu §§ 253, 255 und zu § 177 Überschneidungen mit (zumindest) Konkurrenzproblemen entstanden, die der Gesetzgeber nicht bedacht hat. In der Folgezeit führte das zu divergierenden Entscheidungen und folgerichtig zu einem Beschluss des Großen Senats[14]. Die Entwicklung zu diesem Beschluss wie auch diejenige, die ihm folgte, zeigen exemplarisch die hohen Kosten, die Folge eines missratenen Gesetzes sind. Dass das **6. StrRG**, getragen von dem Ziel, Strafrahmen zu harmonisieren und die Rechtsanwendung zu erleichtern, die vielfach und zu Recht geforderte Abhilfe[15] nicht gebracht hat, ist nur mit der nicht zu entschuldigenden Eile des Gesetzgebungsverfahrens zu erklären.

**Geiselnahme** ist ein *Verbrechen* (beachte §§ 12 I, 23 I, 30 sowie § 138 I Nr 7). Im **451** Unterschied zum Erpresserischen Menschenraub (§ 239a; dazu *Wessels/Hillenkamp*, BT II Rn 740) verfolgt der Täter hier *andere* als Bereicherungszwecke. § 239b I Alt. 1 mit den Modalitäten des Entführens oder Sich-Bemächtigens ist als unvollkommen zweiaktiges Delikt konstruiert[16], während die Alt. 2 als zweiaktiges Delikt ausgestal-

---

13   Zur Entwicklung *Fahl*, Jura 96, 456 und MüKo-*Renzikowski*, § 239a Rn 13.
14   BGHSt 40, 350; näher Rn 458 und S/S-*Eser*, § 239a Rn 13a mwN.
15   Vgl nur *Freund*, ZStW 109 (1997), 455, 481; *Renzikowski*, Anm. JR 98, 126.
16   So BGHSt 40, 350, 355; vgl auch *F.-C. Schroeder*, Lenckner-FS, S. 333.

tet ist (*Maurach/Schroeder*, BT I § 15 Rn 20). § 239b II erklärt § 239a II-IV für entsprechend anwendbar, also auch die Erfolgsqualifikation des § 239a III. Angesichts der extrem hohen Mindeststrafe für den Regel- oder Normalfall einer Geiselnahme war die Einführung eines Sonderstrafrahmens für minder schwere Fälle (§ 239b II iVm § 239a II) eine Notwendigkeit; dass dessen Höchstmaß übereinstimmend mit demjenigen des Tatbestandes 15 Jahre beträgt, ist allerdings ein *grober* Gesetzgebungsfehler (zur Methode der Strafrahmenbildung vgl *Hettinger*, GA 95, 399 und in-Küper-FS, S. 95, jeweils mwN); der Abmilderung drohender Härten dient auch der entsprechend anwendbare § 239a IV (dazu *Fischer*, § 239a Rn 19).

**452** **Schutzgut** des § 239b ist neben der persönlichen Freiheit und Unversehrtheit der Geisel die Freiheit der Willensentschließung und Willensbetätigung dessen, der genötigt werden soll[17].


## 2. Tathandlungen und Tatvollendung

**453** Die *erste* Alternative des § 239b I setzt voraus, dass der Täter einen anderen entführt oder sich eines anderen bemächtigt, *um* ihn oder einen Dritten durch die Drohung mit dem Tod oder einer *schweren* Körperverletzung des Opfers (vgl dazu BGH NJW 90, 57) oder mit dessen Freiheitsentziehung von über einer Woche Dauer zu einer Handlung, Duldung oder Unterlassung *zu nötigen*. Beim Vorliegen dieser *Absicht* ist die Tat bereits mit der Entführung bzw dem Sichbemächtigen des Opfers **vollendet**. Zur Vollendung der *zweiten* Alternative des § 239b I gehört dagegen als zweiter Akt das Ausnutzen der gesetzlich umschriebenen Lage zu einer nicht nur versuchten[18] Nötigung. Der Täter muss *während* der durch das Entführen oder Sich-Bemächtigen geschaffenen, eine gewisse Stabilität aufweisenden Zwangslage nötigen wollen bzw in Alt. 2 die geschaffene Lage zu einer Nötigung ausnutzen[19].

**454** Die Tathandlung des **Entführens** als Vorstufe des Sichbemächtigens unterwirft das Opfer einer *Veränderung seines Aufenthaltsortes* mit der Wirkung, dass es der Herrschaftsgewalt des Täters ausgeliefert ist; hingegen bedarf es beim **Sich-Bemächtigen** einer solchen Ortsveränderung nicht. Eines anderen *bemächtigt* sich, wer ihn zwecks Benutzung als Geisel **physisch in seine Gewalt bringt**[20]. Bei einem Banküberfall genügt dafür, dass der Täter einen anwesenden Bankkunden mit seiner (Schein-)Waffe bedroht und in Schach hält[21]. Hat eine Person sich freiwillig zur Verfügung gestellt (**„Scheingeisel"**), so ist infolge des Einverständnisses § 239b zu verneinen[22].

---

17 *Lackner/Kühl*, § 239b Rn 1; MüKo-*Renzikowski*, § 239b Rn 1; ähnlich *Fischer*, § 239b Rn 2; *Maurach/Schroeder*, BT I § 15 Rn 19.

18 *Elsner*, JuS 06, 784, 787 f; *Maurach/Schroeder*, BT I § 15 Rn 24; MüKo-*Renzikowski*, § 239a Rn 68; SK-*Horn/Wolters*, § 239a Rn 15; aA BGHSt 26, 309; BGH NJW 97, 1082; NStZ 07, 32; LK-*Träger/Schluckebier*, § 239a Rn 20 und *Wolters*, Anm. StV 07, 356, 358.

19 Zu diesem Erfordernis eines funktionalen und zeitlichen Zusammenhangs siehe BGH StV 97, 302 und 303 sowie NStZ 99, 509, jeweils mit Hinweis auf BGHSt GrS 40, 350; weitergehend *Immel*, NStZ 01, 67.

20 BGH NStZ 96, 276; *Küper*, BT S. 130, 271 mwN.

21 Vgl BGH StV 99, 646 mit abl. Anm. *Renzikowski*; NStZ 99, 509; 86, 166; *Rengier*, GA 85, 314.

22 *Lackner/Kühl*, § 239a Rn 3; *Maurach/Schroeder*, BT I § 15 Rn 22; aA *Lampe*, Anm. JR 75, 425; offen gelassen in BGHSt 26, 70.

Ein **erpresserischer Menschenraub** (§ 239a) scheidet hier von vornherein aus, weil der Wille **455**
des A nicht auf eine Erpressung (§ 253), sondern auf eine Nötigung gerichtet war. In Betracht
kommt daher nur eine **Geiselnahme** (§ 239b). An einem Sich-Bemächtigen fehlt es im **Fall
23a**, weil B sich *freiwillig* und *nur zum Schein* als Geisel hat verwenden lassen. Das reicht (anders als im Falle des Geiseltausches für die sog. „**Ersatzgeisel**"; dazu LK-*Träger/Schlucke-
bier*, § 239a Rn 3) zur Verwirklichung des § 239b nicht aus. § 113 greift mangels Vorliegens
seiner Voraussetzungen (dazu Rn 628 f und *Küper*, BT S. 472) nicht ein, sodass A sich insoweit nach überwiegender Ansicht nur der vollendeten Nötigung (§ 240) der Beamten schuldig
gemacht hätte. Dazu genügt es, dass diese seine Drohung ernst nahmen und sich ihr beugten,
weil ihre Realisierung auch für sie selbst ein empfindliches Übel bedeutet hätte (= evtl. dienstliche Unannehmlichkeiten, Aufsehen erregende Presseveröffentlichungen usw; vgl auch BGH
NJW 90, 1055). Die Nötigungen stehen in Tateinheit (§ 52). Nach der Gegenansicht (siehe
Rn 629) versperrt der als abschließende Regelung verstandene § 113 den Rückgriff auf § 240.
Danach wäre auch eine Strafbarkeit wegen Nötigung zu verneinen.

**Objekt** einer Geiselnahme kann jeder andere sein, also auch des Täters eigenes Kind. **456**
Soweit eine physische Herrschaftsbeziehung zwischen dem Täter und dem späteren
Opfer bereits besteht, genügt für ein Sich-Bemächtigen, dass jene Herrschaft (Verfügungsgewalt) derart verstärkt wird, dass die bisherige Geborgenheit des Opfers zumindest erheblich vermindert ist.

Deshalb bleibt im **Fall 23b** Raum für § 239b. Da T dem Hausstand des A angehörte, insofern **457**
also schon vor dem Handeln eine Herrschaftsbeziehung iS körperlicher Verfügungsgewalt bestand, ist zu fragen, ob er sich ihrer iS des § 239b noch bemächtigen konnte. Unter Umständen
wie den im Fall geschilderten kann nur entscheidend sein, zu welchem **Zweck** die jeweilige
Herrschaftsgewalt ausgeübt wird und ob der Zugriff des Täters auf das Opfer dessen bisherige
Lage nachteilig verändert[23]. Während die bisherige Herrschaftsbeziehung zwischen A und T
dem Kind Schutz und Geborgenheit bot, war dies bei Verwendung der T als Geisel nicht mehr
der Fall. Selbst wenn A nicht gewillt war, seine Drohung in die Tat umzusetzen, hätte eine Zu-
spitzung der Situation je nach der Reaktion der Kriminalbeamten ernste Gefahren für das Kind
zur Folge haben können. Mit dem Ergreifen der T, um sie als **Geisel** *zu Nötigungszwecken* zu
benutzen und in der nach § 239b vorausgesetzten Weise zu bedrohen, hat A die bisherige Lage
der T nachhaltig verschlechtert und im Vergleich zur vorher bestehenden Herrschaftsbeziehung ein *andersartiges* Gewaltverhältnis begründet. Ein **Sich-Bemächtigen** iS des § 239b ist
daher zu bejahen. Zu prüfen bleibt, welchen Einfluss das *Einverständ*nis der B auf die Tatbestandsverwirklichung durch A hat. Da § 239b Kindern auch vor den eigenen Eltern Schutz gewähren will, kann das Einverständnis eines willensunfähigen Kleinkindes mit der Geiselnahme durch dessen gesetzlichen Vertreter oder Erziehungsberechtigten nicht ersetzt werden
(BGHSt 26, 70). Das Verhalten des A erfüllt somit alle Voraussetzungen der *ersten* Tatbestandsalternative des § 239b I. In **subjektiver Hinsicht** genügt es, dass A in den Beamten **Furcht**
vor einer Verwirklichung der beabsichtigten (und sodann geäußerten) Drohung hervorrufen
wollte (BGHSt 26, 309; LG Mainz MDR 84, 687).

Dass die Einwilligung der B die Rechtswidrigkeit der Tat nicht berührt, bedarf angesichts der
Schutzrichtung des § 239b keiner näheren Begründung. Die nach überwiegender Ansicht
(Rn 455, 629) zu bejahenden Nötigungen treten hinter § 239b zurück.

---

23  Vgl BGHSt 26, 70 mit Anm. *Lampe*, JR 75, 424; *Krey/Hellmann*, BT II Rn 334.

### 3. Probleme beim Zwei-Personen-Verhältnis

**458** Durch die Erweiterung der §§ 239a und 239b auf Zwei-Personen-Verhältnisse (siehe Rn 450) hat der Gesetzgeber der Rechtsprechung Probleme beschert, die von der Praxis trotz großer Anstrengungen nicht spurenlos aufgelöst werden können. Regelmäßig geht es um Fälle der räuberischen Erpressung (§ 255) oder der Vergewaltigung (§ 177 I, II 2 Nr 1[24]. Nimmt man hier auch § 239b und damit Tateinheit (§ 52) an, so hat das in solchen Sachgestaltungen auf Grund der Struktur des § 239b erhebliche Auswirkungen auf den Zeitpunkt der Tatvollendung, die Möglichkeit zum strafbefreienden Rücktritt von der versuchten Tat sowie die Höhe der Mindeststrafe. Die Bemühungen insbesondere des 1. Senats des BGH, über eine „einschränkende" Auslegung einen Ausweg aus dem Dilemma zu finden (BGHSt 39, 36 und 330; BGH NStZ 94, 284), stießen bald auf Widerspruch (vgl BGH NStZ 94, 283 und 430; *Renzikowski*, JZ 94, 492; *Tenckhoff/Baumann*, JuS 94, 836 mwN). Der Große Senat für Strafsachen (BGHSt 40, 350, 355) hat sodann die Streitfragen in dem Sinne entschieden, dass die Anwendbarkeit des § 239b I nicht von vornherein ausgeschlossen ist, wenn der Täter sein Opfer zum Zwecke einer Vergewaltigung oder sexuellen Nötigung entführt oder sich seiner bemächtigt. Nach Ansicht des GrS beschreibt der erste Halbsatz des § 239b I ein „unvollkommenes zweiaktiges Delikt", bei dem zwischen dem ersten (objektiv verwirklichten) Teilakt des Entführens oder des Sichbemächtigens und dem zweiten (nach Vorstellung des Täters noch zu verwirklichenden) Teilakt der angestrebten weitergehenden Nötigung ein *funktionaler* Zusammenhang bestehen muss: Der Täter muss beabsichtigen, die durch die Entführung oder das Sich-Bemächtigen **für das Opfer geschaffene, eine gewisse Stabilität erfordernde Lage** zur (weiteren) qualifizierten Drohung **auszunutzen** und **durch sie zu nötigen.** Am Entstehen einer solchen **„stabilen Zwischenlage"** und an der Möglichkeit, sie in der geschilderten Weise auszunutzen, kann es beim Sich-Bemächtigen eher fehlen als in den Fällen der Entführung und in Zwei-Personen-Verhältnissen eher als in Konstellationen mit drei Personen[25]. Maßgebend dafür sind die konkreten Tatumstände (dazu näher BGHSt 40, 350, 355 ff); aus ihnen ergibt sich, ob § 239b I seinem Wortlaut und seiner Struktur nach erfüllt ist oder nicht.

Es liegt auf der Hand, dass dieser Versuch, § 239b nF mit dem bisherigen Normenbestand zu harmonisieren, nicht voll überzeugen kann[26]. Eine eingehende Würdigung, auch der folgenden Rechtsprechung, findet sich bei *Küper*, BT S. 273 mwN.

### 4. Subjektiver Tatbestand

**458a** Erforderlich ist Vorsatz. Daneben setzt Alt. 1 beim Täter die oben (Rn 453) beschriebene Nötigungs*absicht* voraus. Zwischen der Entführung (oder dem Sichbemächti-

---

24 Diese Bestimmung bedarf – wie §§ 239a, 239b – *dringend* der Reform, auch zur Entlastung der Rechtspflege.
25 BGH NStZ 02, 31; vgl aber auch LK-*Träger/Schluckebier*, § 239a Rn 17a.
26 Näher zum Ganzen *Fahl*, Jura 96, 456; *Fischer*, § 239a Rn 8 ff; *Graul*, in: Vom unmöglichen Zustand des Strafrechts, 1995, S. 345; *Heinrich*, NStZ 97, 365; *Müller-Dietz*, JuS 96, 110; MüKo-*Renzikowski*, § 239a Rn 58 f; *Satzger*, Jura 07, 114, 117 ff; *Simon*, Gesetzesauslegung, S. 287, 442, 592.

gen) und der beabsichtigten Nötigung muss ein funktionaler und zeitlicher Zusammenhang derart bestehen, dass der Täter das Opfer oder einen Dritten während der Dauer der Tat nötigen will *und* die abgenötigte Handlung, Duldung oder Unterlassung *während der Dauer der Zwangslage* erfolgen soll[27]. Die zweiaktige Alt. 2 setzt statt der Absicht den weiteren Vorsatz voraus, die geschaffene Lage nunmehr zu einer Nötigung auszunutzen[28].

## 5. Erfolgsqualifizierung

Verursacht der Täter durch die Geiselnahme *wenigstens leichtfertig*[29] den Tod des Opfers, erhöht die Strafe sich auf lebenslange Freiheitsstrafe oder Freiheitsstrafe nicht unter zehn Jahren (§ 239b II iVm § 239a III).   **459**

Der Tatbestand der Geiselnahme erfasst Vorgänge, die regelmäßig eine besonders erhöhte Gefahr für das Leben der Menschen mit sich bringen, die sich für eine „gewisse" *Dauer* in fremder Hand befinden. Eine tatbestandsspezifische Gefahr dieser Art kann auch daraus erwachsen, dass die vom Täter geschaffene Zwangslage **Dritte** dazu veranlasst, risikoreiche Gegenmaßnahmen zu ergreifen. Infolgedessen ist § 239b II iVm § 239a III nicht nur dann anwendbar, wenn der Vorgang des „Sich-Bemächtigens" oder die damit für die Geisel geschaffene Lage (zB lebensgefährliche Unterbringung, unzureichende Ernährung oder Versorgung) zum Tode des Opfers führt. Die Qualifizierung greift vielmehr auch ein, wenn der Tod der Geisel als **Folge einer Befreiungsaktion** eintritt, die von ihr selbst, dem Adressaten der (angestrebten) Nötigung oder Dritten, namentlich von Polizeibeamten unternommen wird, um die Geiselnahme zu beenden[30]. Hier wird der *spezifische* Zusammenhang zwischen Grunddelikt und Todesfolge dadurch vermittelt, dass der tödliche Geschehensablauf **durch die andauernde Zwangslage ausgelöst** wird, die der Täter geschaffen hat und aufrecht erhält. Die Gefahr für das Leben der Geisel, die sich aus Gegenmaßnahmen zur Beseitigung eben dieser Zwangslage ergibt, gehört zu den tatbestandsspezifischen Risiken, die mit der Verwirklichung des Grundtatbestandes typischerweise einhergehen. Realisiert sie sich, muss der Täter, sofern ihm insoweit Leichtfertigkeit zur Last fällt, nach §§ 239b II, 239a III für den Tod der Geisel einstehen[31].   **460**

Nicht die vorgenannte Gefahr, sondern die Verkennung der Tatsituation ist dagegen der maßgebende Grund für den Eintritt der Todesfolge, wenn die Polizei gar nicht weiß, dass bei einem Banküberfall Geiseln genommen worden sind, ihr Einsatz somit nur den Zweck verfolgt, die Straftäter dingfest zu machen. Kommt es dabei zu einem Schusswechsel, in dessen Verlauf eine Geisel tödlich verletzt wird, weil der in Notwehr handelnde Polizeibeamte sie für einen der Täter hielt, ist nach BGHSt 33, 322, 325 für § 239b II kein Raum[32].   **461**

---

27 Näher dazu BGH StV 08, 249.
28 So auch SK-*Horn/Wolters*, § 239b Rn 8.
29 Zum Begriff BGHSt 33, 66; MüKo-*Renzikowski*, § 239a Rn 86; *Roxin*, AT I, § 24 Rn 81 und *Wessels/Beulke*, AT Rn 662.
30 BGHSt 33, 322; zu den Befugnissen der Polizeibeamten bei Geiselnahmen siehe *Sundermann*, NJW 88, 3192.
31 BGHSt 33, 322; *Laubenthal*, Jura 89, 99; SK-*Horn*, § 239a Rn 27 f.
32 Krit. LK-*Träger/Schluckebier*, § 239a Rn 25; zu den vielfältigen Streitfragen in diesem Bereich vgl die Nachweise bei S/S-*Eser*, § 239a Rn 30.

### 6. Konkurrenzfragen

**462** § 239b ist gegenüber § 239a *subsidiär*, wenn die Geiselnahme allein dem Zweck dient, durch Bedrohung des Opfers eine unrechtmäßige Bereicherung zu erlangen (BGHSt 25, 386). *Tateinheit* besteht hingegen dann, wenn die Tat sowohl dem Ziel eines unrechtmäßigen Vermögensvorteils als auch anderen Zwecken dient (BGHSt 26, 24; BGH NStZ 93, 39). §§ 239 I, 240 werden von § 239b verdrängt, § 222 von § 239b II iVm § 239a III[33].

---

**Geiselnahme, § 239b**

**A. § 239b I Alt. 1**
   **I. Tatbestandsmäßigkeit**
      **1. Objektiver Tatbestand**
         **a) Tatobjekt: ein anderer Mensch**
         **b) Tathandlung:**
            – **Entführen**
               → Veränderung des Aufenthaltsortes
            – **oder Sich-seiner-Bemächtigen**
               → physisch in seine Gewalt bringen, dh kein Ortswechsel erforderlich
      **2. Subjektiver Tatbestand**
         **a) Vorsatz bzgl 1**
         **b) Absicht zu einer qualifizierten Nötigung der Geisel oder eines Dritten (Drohung mit Tod oder § 226, Freiheitsentziehung von über einer Woche Dauer) und Absicht bzgl eines Nötigungserfolges (Tun, Dulden, Unterlassen)**
            ℗ Zwei-Personen-Verhältnis: nach *hM* funktionaler Zusammenhang zwischen einer durch die Tathandlung geschaffenen „stabilen Zwischenlage" und der geplanten Nötigung erforderlich
   **II. Rechtswidrigkeit**
   **III. Schuld**
   **IV. Tätige Reue, § 239b II iVm § 239a IV**
➔ **Erfolgsqualifikation: § 239b II iVm § 239a III**
    ℗ Tod als Folge einer Befreiungsaktion

**B. § 239b I Alt. 2**
   **I. Tatbestandsmäßigkeit**
      **1. Objektiver Tatbestand**
         **a) Tatobjekt: ein anderer Mensch**
         **b) Tathandlung:**
            **aa) Entführen oder Sich-seiner-Bemächtigen (noch ohne qualifizierte Nötigungsabsicht)**
            **bb) Ausnutzung der so geschaffenen Lage zu einer Nötigung der Geisel oder eines Dritten**
               → nach *hM* versuchte Nötigung ausreichend
      **2. Subjektiver Tatbestand**
   **II. Rechtswidrigkeit**
   **III. Schuld**
   **IV. Tätige Reue, § 239b II iVm § 239a IV**
➔ **Erfolgsqualifikation: § 239b II iVm § 239a III**

---

33  Vgl auch S/S-*Eser*, § 239b Rn 20; SK-*Horn*, § 239a Rn 19.

5. Kapitel

# Straftaten gegen die Ehre

## § 10   Der Ehrenschutz im Strafrecht

**Fall 24:** Bei einem Gespräch über die jüngsten Neuigkeiten erwähnt Frau F unter anderem,   **463**
dass die seit langem leer stehende Kellerwohnung im Hochhaus an die nicht in bestem Ruf stehende Familie Banausy vermietet worden sei. Die Nachbarin N antwortet darauf mit dem Aus-
ruf des Entsetzens: „Du lieber Himmel! Muss denn ausgerechnet diese Verbrecherbande hier
einziehen?"

Liegt in dieser Äußerung eine Beleidigung? Wenn ja, wessen Ehre ist verletzt: die der *Familie*
Banausy oder nur die der einzelnen Familienmitglieder? **Rn 471, 474**

### I.   Ehrbegriff, Ehrenschutz und Beleidigungsfähigkeit

#### 1.   Ehrbegriff und Schutzobjekt

**Schutzobjekt** der §§ 185–188 ist die **Ehre**[1]. Die hM versteht unter diesem umstritte-   **464**
nen, der Interpretation bedürftigen Begriff den **Wert**, der dem Menschen kraft seiner
**Personenwürde** und auf Grund seines **sittlich-sozialen Verhaltens zukommt** (sog.
*normativer* Ehrbegriff)[2]. Gegenstand des Strafrechtsschutzes ist nach hL weder das
bei Geltungssüchtigen oft übersteigerte subjektive Ehrgefühl noch der vom wirklichen Wert der Person (des „Ehrenträgers") nicht immer gedeckte gute Ruf in seiner
realen Existenz. Maßgebend und schutzwürdig ist allein der aus der **verdienten Wertgeltung** hervorgehende **Anspruch auf Achtung der Persönlichkeit**. Verletzt wird
dieser *Achtungsanspruch* durch die vorsätzliche Kundgabe eigener Missachtung oder
Nichtachtung (§ 185); gefährdet wird er durch das Behaupten oder Verbreiten ehrenrühriger Tatsachen gegenüber Dritten, dh durch das Ermöglichen oder Fördern fremder Missachtung (§§ 186–188).

Näher dazu (mit zT beträchtlichen Meinungsunterschieden) BGHSt 1, 288; 11, 67; 36, 145, 149;   **465**
*Hirsch*, Ehre und Beleidigung, 1967 und Ernst A. Wolff-FS, S. 125; NK-*Zaczyk*, Rn 1 vor § 185;
*Otto*, Jura 97, 139; *Schößler*, Anerkennung und Beleidigung, 1997; zusammenfassend *Geppert*,
Jura 83, 530, 580; *Küpper*, JA 85, 453; SK-*Rudolphi/Rogall*, Rn 1 ff, 8 vor § 185; *Tenckhoff*,
Grundfälle zum Beleidigungsrecht, JuS 88, 199 ff.

In der **Polizeilichen Kriminalstatistik** für 2006/2007/2008 nehmen die Beleidigungsdelikte in   **466**
der Bundesrepublik bei 187 524/193 092/193 617 erfassten Fällen mit einem Anteil von 3,0/3,1/
3,2% an der Gesamtkriminalität und einer Aufklärungsquote von 90,5/90,1/89,9% den 8. Platz in

---

1   Zur Historie instruktiv MüKo-*Regge*, Vor § 185 Rn 1 ff.
2   *Küper*, BT S. 118; krit. NK-*Zaczyk*, Rn 5 vor § 185 sowie auf der Basis eines funktionalen „wirklich-
    keitshaltigen" Ehrbegriffs *Amelung*, Die Ehre als Kommunikationsvoraussetzung, 2002, S. 38, 42.

der Rangfolge der Straftaten ein (die Statistik enthält die Staatsschutzdelikte nicht und registriert von den Verkehrsdelikten nur die §§ 315, 315b, 316c StGB sowie § 22a StVG; zum Rechtsschutzvakuum *Hirsch*, Ernst A. Wolff-FS, S. 125).

## 2. Beleidigungsfähigkeit natürlicher Personen

**467** **Beleidigungsfähig** ist jeder Mensch, auch das Kind oder ein geistig Erkrankter[3], *nicht* aber „der Tote". Das **Andenken Verstorbener** wird nach § 189 nur gegen Verunglimpfung, dh vor besonders schwerwiegenden Verletzungen geschützt (BGHSt 12, 364). Darüber, wer Adressat der Norm und was Schutzgut des § 189 ist, herrscht Streit[4]. Eine „fortbestehende" Ehre des Verstorbenen anzunehmen, ist jedenfalls nicht akzeptabel[5].

## 3. Beleidigungsfähigkeit von Personengemeinschaften und Verbänden

**468** Umstritten ist, ob auch Personengemeinschaften, Verbände, Behörden und juristische Personen **„passiv" beleidigungsfähig** sind[6]. Die Rechtsprechung dazu hat wiederholt geschwankt[7]. Die heute hM geht über die in § 194 III, IV geregelten Fälle verletzter, öffentlichrechtlich begründeter Autorität *weit* hinaus und billigt **allen Personengemeinschaften** und **Verbänden** unter Einschluss von Kapitalgesellschaften strafrechtlichen *Ehren*schutz zu, soweit sie eine rechtlich anerkannte soziale Funktion erfüllen und einen einheitlichen Willen bilden können[8]. Das ist Rechtsfortbildung in malam partem[9].

**469** **Beispiele:** Politische Parteien, Gewerkschaften, Arbeitgeberverbände, Industrie- und Handelskammern, die Bundeswehr[10], das Deutsche Rote Kreuz, Fakultäten, Ordensgemeinschaften, ein Bistum usw. Den Gegensatz dazu bilden *rein gesellige* Vereinigungen wie etwa ein Kegelklub, eine Stammtischrunde, ein Tanzzirkel und dergleichen; sie sind als solche nicht passiv beleidigungsfähig (vgl aber Rn 472 ff).

**470** Nicht außer Streit ist, ob die **Familie** eine beleidigungsfähige Gemeinschaft darstellt. Das wird vereinzelt bejaht[11] oder erwogen[12], überwiegend jedoch verneint[13]. Der letzt-

---

3    Vgl BGHSt 7, 129, 132; 23, 1, 3; SK-*Rudolphi/Rogall*, Rn 33 vor § 185.
4    Dazu BGHSt 40, 97, 105; *Lackner/Kühl*, § 189 Rn 1 mwN.
5    Vgl *Maurach/Maiwald*, BT I § 24 Rn 13; *Seelmann*, Ernst A. Wolff-FS, S. 481; aA *Hirsch*, Ernst A. Wolff-FS, S. 125, 141 und wohl *Otto*, BT § 33 Rn 1.
6    Bejahend *Kindhäuser*, BT I § 22 Rn 8; S/S-*Lenckner*, Vor § 185 Rn 3; verneinend NK-*Zaczyk*, Rn 12 vor § 185; SK-*Rudolphi/Rogall*, Rn 36 vor § 185, jeweils mwN; siehe auch *Fischer*, JZ 90, 68 und Rn 12a vor § 185.
7    Zu Recht verneinend RGSt 3, 246; 68, 120; anders RGSt 70, 140; 74, 268.
8    BGHSt 6, 186; sehr zurückhaltend demgegenüber BVerfGE 93, 266.
9    So auch *Gössel*, Schlüchter-GedS, S. 295, 304 mwN; nur im Erg. wie die hM *Amelung*, Die Ehre als Kommunikationsvoraussetzung, 2002, S. 53; differenzierend LK-*Hilgendorf*, Rn 27 vor § 185.
10   BGHSt 36, 83; auf Basis der hM lehrreich dazu *Geppert*, Jura 05, 244; *Dau*, NStZ 89, 361; *Maiwald*, JR 89, 485; ferner *Brammsen*, Anm. NStZ 90, 235.
11   *Mezger*, Anm. JZ 51, 521; *Welzel*, Anm. MDR 51, 501.
12   So ua von *Arthur Kaufmann*, ZStW 72 (1960), 418, 441.
13   BGH JZ 51, 520; SK-*Rudolphi/Rogall*, Rn 37 vor § 185; S/S-*Lenckner*, Rn 4 vor § 185.

genannten Auffassung ist zuzustimmen. Eine selbstständige *Familienehre* gibt es ebenso wenig wie eine *„Familienunehre"* als Gegenstück[14].

Im **Fall 24** hat die Äußerung der N beleidigenden Charakter iS des § 185 (näher unten Rn 501). Verletzt dadurch ist aber nicht die *„Familie"* Banausy als solche, vielmehr kommt nur eine Beleidigung der einzelnen Familienmitglieder unter der von N gebrauchten *Kollektivbezeichnung in* Betracht.    **471**

## 4. Beleidigung unter einer Kollektivbezeichnung

Die Strafbarkeit der **Beleidigung von Einzelpersonen unter einer Kollektivbezeichnung** bietet den Angehörigen von Personengemeinschaften, die nicht selbstständig iS des § 194 III, IV „beleidigungsfähig" sind, ausreichenden Strafrechtsschutz[15].    **472**

a) Ein solcher Fall liegt einmal dann vor, wenn der Täter **nur den Personenkreis bezeichnet**, auf den seine ehrenkränkende Äußerung sich bezieht (zB die „Bonner Abgeordneten", die „Frankfurter Polizei" usw). Hier ist jeder Einzelne, der dem genannten Kreis angehört und auf dessen Person die abwertende Äußerung gemünzt sein kann, in seiner Ehre verletzt und strafantragsberechtigt (§ 194 I). Vorausgesetzt wird aber, dass der betroffene Personenkreis zahlenmäßig überschaubar und auf Grund bestimmter Merkmale so klar umgrenzt ist, dass er **deutlich aus der Allgemeinheit hervortritt**[16]. Fehlt es daran, wie etwa bei einer pauschalen Beschimpfung „der Akademiker", „der Polizei" oder „der Kaufleute", so ist niemand beleidigt[17]. Dagegen genügt es zur Individualisierung des Einzelnen in der betreffenden Personengruppe idR, wenn ein zeitlicher oder örtlicher Zusammenhang mit einem bestimmten Vorkommnis erkennbar gemacht wird (so etwa, wenn die herabsetzende Äußerung sich auf die an einem bestimmten Einsatz beteiligten Polizeibeamten bezieht)[18].    **473**

Im **Fall 24** ist die von N gewählte Sammelbezeichnung genügend konkretisiert, so dass *jedes einzelne Mitglied* der Familie Banausy in seiner Ehre verletzt ist (§ 185). Ob N die in Betracht kommenden Einzelpersonen gekannt hat, ist belanglos; für den *Beleidigungsvorsatz* kommt es nur auf die Vorstellung an, dass die ehrenkränkende Äußerung *auf alle* unter die Kollektivbezeichnung fallenden Personen bezogen werden kann (vgl BGHSt 14, 48, 50).    **474**

b) Eine andere Form der Beleidigung unter einer Kollektivbezeichnung besteht darin, dass der Täter nur ein einzelnes Mitglied des von ihm genannten Personenkreises treffen will, jedoch **offenlässt, wer gemeint ist**, sodass jeder Einzelne betroffen sein kann. Auch hier muss der angesprochene **Personenkreis deutlich umgrenzt und**    **475**

---

14  Vgl auch *Otto*, BT § 31 Rn 18; treffend *Binding*, Lb des Gemeinen Deutschen Strafrechts BT, 1. Bd. 2. Aufl. 1902, S. 135, 140.
15  Näher *Geppert*, Jura 05, 244; S/S-*Lenckner*, Rn 5 ff vor § 185.
16  BGHSt 11, 207; 36, 83; BayObLG NJW 90, 921; OLG Düsseldorf MDR 81, 868.
17  Vgl BGHSt 2, 38; BayObLG NJW 90, 1742; vgl auch SK-*Rudolphi/Rogall*, Rn 41 vor § 185.
18  Näher dazu NK-*Zaczyk*, Rn 27, 30 vor § 185.

**hinreichend bestimmbar** sein, weil die Ehrenkränkung oder Verdächtigung sich sonst in der Unbestimmtheit verliert (vgl S/S-*Lenckner*, Rn 6 vor § 185).

**Beispiele:** „Im Vorstand der X-Fraktion sitzt ein Landesverräter" oder „zu den Kunden des in M aufgeflogenen Callgirl-Ringes gehört auch *ein bayerischer Staatsminister*" (näher BGHSt 14, 48; 19, 235).

### 5.  Mittelbare Beleidigung

476  Von einer **mittelbaren Beleidigung** spricht man, wenn eine Ehrenkränkung *außer* dem *unmittelbar* Betroffenen auch **Dritte** in ihrem Achtungsanspruch verletzt.

477  So liegt in der Beschimpfung eines Jungen als „Hurenbengel" nicht nur ein Angriff auf die Ehre des Kindes, sondern mittelbar auch (Vorsatz vorausgesetzt) eine Beleidigung seiner Mutter, die dadurch *als Hure* hingestellt wird (aA LK-*Hilgendorf*, Rn 34 vor § 185, der eine unmittelbare Beleidigung der Mutter bejaht). Die bisweilen ausufernde ältere Rechtsprechung, **sexuelle Angriffe auf Kinder** als eine Beleidigung *ihrer Eltern* zu behandeln[19] oder im **Ehebruch** einen Angriff auf die Ehre des betrogenen Ehegatten zu erblicken[20], sollte überholt sein[21]. Wo nicht besondere Umstände vorliegen, die auf Grund ihrer Eigenart gerade diesen Personen gegenüber eine Kundgabe der Missachtung enthalten, wäre es verfehlt, § 185 als **Lückenbüßer** heranzuziehen.

Davon zu unterscheiden ist die Frage, ob der betroffene **Jugendliche selbst unmittelbar** in seiner Ehre verletzt ist, wenn Erwachsene ihn mit seiner Zustimmung sexuell missbrauchen. Hier ist Raum für § 185, wenn die Art und Weise der sexuellen Handlungen oder die besonderen Begleitumstände der Tat eine herabsetzende Bewertung des Betroffenen und damit einen Angriff auf dessen Ehre enthalten[22].

478  BGHSt 36, 145, 150 (mit Anm. *Hillenkamp*, NStZ 89, 529 und *Otto*, JZ 89, 803) hat sodann für den Bereich sexueller oder sexualbezogener Handlungen den **Grundsatz** aufgestellt, dass § 185 nur dann erfüllt ist, wenn der Täter durch sein Verhalten zum Ausdruck bringt, der Betroffene weise einen seine Ehre mindernden Mangel auf[23]. Im Einzelnen gab es dazu unter den Strafsenaten des BGH aber zunächst offenbar noch Meinungsverschiedenheiten[24]. Zusammenfassend *Sick*, JZ 91, 330, die für eine klare Trennung zwischen **Ehrverletzungen** und Angriffen auf das **sexuelle Selbstbestimmungsrecht** eintritt.

## II.  Der Kundgabecharakter der Beleidigung

### 1.  Voraussetzungen der Kundgabe

479  Allen Erscheinungsformen der Beleidigung ist ihr Charakter als **Kundgabedelikt** gemeinsam: Ehrenkränkende Äußerungen müssen einen bestimmten oder objektiv bestimmbaren Inhalt haben, sich **an einen anderen richten** und **zur Kenntnisnahme**

---

19  RGSt 70, 248; BGHSt 7, 129; zurückhaltend dagegen BGHSt 16, 58, 62; BayObLG MDR 58, 264.
20  RGSt 70, 94; 75, 257; BGH NJW 52, 476.
21  Vgl *Arzt*, JuS 82, 717, 725; NK-*Zaczyk*, Rn 26 vor § 185 mwN; S/S-*Lenckner*, § 185 Rn 10.
22  BGH NStZ 86, 453 mit teils krit. Anm. *Hillenkamp*, JR 87, 126; *Laubenthal*, JuS 87, 700.
23  Vgl auch BGH NStZ 93, 182; 07, 218; *Fischer*, § 185  Rn 11; NK-*Zaczyk*, Rn 25 vor § 185; SK-*Rudolphi/Rogall*, Rn 46 vor § 185.
24  Vgl BGHSt 35, 76; BGH NJW 89, 3029; *Keller*, Anm. JR 92, 246; *Kiehl*, NJW 89, 3003; unzutreffend OLG Bamberg NStZ 07, 96; abl. auch *Fischer*, § 185 Rn 11b.

**durch andere** bestimmt sein. Daran fehlt es zB im Falle eines (zufällig belauschten) *Selbstgesprächs* oder bei *Tagebuchaufzeichnungen*, die privaten Zwecken dienen und nicht zur Kenntnis Dritter gelangen sollen (vgl RGSt 71, 159; BayObLG JZ 51, 786).

Entsprechendes gilt für **ehrverletzende Verhaltensweisen.** Wer sich zB unter dem Schutz der Dämmerung in einem öffentlichen Park an Liebespaare heranschleicht, um heimlich ihr Liebesspiel zu beobachten, begeht *mangels Kundgabe* keine Beleidigung, weil er gerade unentdeckt bleiben und verhindern will, dass andere von seinem Tun Kenntnis nehmen[25]. **480**

## 2. Ausführungen im Kreis eng Vertrauter

Fraglich ist, ob vertrauliche Äußerungen ehrenrührigen Inhalts über Dritte **im engsten Kreis**, insbesondere im engsten *Familienkreis*, wie etwa zwischen Eltern und Kindern oder unter Ehegatten, eine ehrverletzende **Kundgabe** iS der Beleidigungstatbestände darstellen. **481**

Während die ältere Rechtsprechung dies mit dem Hinweis bejahte, dass „Selbstzucht auch im Kreise der Familie geboten sei, Straflosigkeit aber ggf nach § 193 eintreten könne" (RGSt 71, 159), wird heute nach Art der *teleologischen Reduktion* – freilich mit unterschiedlicher Begrenzung und Begründung – in Fällen dieser Art fast durchweg schon die **Tatbestandsmäßigkeit** des Verhaltens verneint[26]. Zum Teil wird hier das Vorliegen einer „Kundgabe" geleugnet und eine Parallele zum Selbstgespräch gezogen[27]. Vereinzelt wird trotz Bejahung des objektiven Tatbestandes einer Beleidigung der „Kundgabevorsatz" verneint, sofern der Täter mit Vertraulichkeit gerechnet hatte *(Leppin,* JW 37, 2886). Überwiegend wird jedoch darauf abgestellt, dass beleidigende Äußerungen im engsten vertraulichen Kreis nicht „gegen die Wertgeltung des Betroffenen in der Allgemeinheit gerichtet" seien[28]. **482**

Keine dieser Begründungen vermag vollauf zu befriedigen. Das Vorliegen einer „Kundgabe" lässt sich weder objektiv noch subjektiv in Zweifel ziehen, da es um Äußerungen geht, die an einen anderen gerichtet, zur Kenntnisnahme durch ihn bestimmt und als solche gewollt sind (vgl RGSt 71, 159, 161). Die Ansicht, dass derartige Äußerungen im engsten Kreis nicht gegen die Wertgeltung des Ehrenträgers im sozialen Raum bzw in der Allgemeinheit gerichtet seien, trifft häufig, aber nicht immer zu, so insbesondere dann nicht, wenn der Anspruch auf Achtung der Persönlichkeit bis in den „engsten Kreis" hinein reicht und gerade dort Aktualität besitzt (vgl Rn 491). **483**

So sind strafbare Beleidigungen selbst im internen Familienkreis nicht von vornherein ausgeschlossen: Dass ein Ehegatte den anderen auch in den eigenen vier Wänden nicht etwa mit unflätigen Ausdrücken belegen darf und gegen § 185 verstößt, wenn er es gleichwohl tut, ist nahezu unbestritten (siehe aber *Hillenkamp,* Hirsch-FS, S. 555, 574). Daraus folgt, dass es in diesem Problemzusammenhang ganz auf die besonderen Umstände des Einzelfalles ankommt und dass nicht **484**

---

25  Vgl RGSt 73, 385; BayObLG NJW 62, 1782 und 80, 1969; lehrreich dazu *Schünemann,* JuS 79, 275; vgl auch *Hirsch,* Anm. JR 80, 115, 117; *Ritze,* JZ 80, 91; *Rogall,* Anm. NStZ 81, 102.

26  AA LK-*Hilgendorf,* § 185 Rn 14, der die Lösung auf der Rechtfertigungsebene sucht. BVerfG NJW 07, 1194 lässt die Frage aus verfassungsrechtlicher Sicht offen.

27  Vgl OLG Oldenburg GA 54, 284; *Krey/M. Heinrich,* BT I Rn 417; *Lackner/Kühl,* § 185 Rn 9; anders dagegen RGSt 71, 159, 161; ferner *Otto,* Schwinge-FS, S. 71, 87 und BT § 32 Rn 52 mwN, der § 34 heranzieht.

28  Vgl *Engisch,* GA 57, 326, 331; *Welzel,* Lb S. 308.

alle denkbaren Fallgestaltungen unterschiedslos mit der gleichen dogmatischen Zauberformel zu bewältigen sind (zutreffend *Engisch*, GA 57, 326).

**485** Der tiefere Grund für die im Ergebnis zu billigende Einschränkung der Beleidigungstatbestände für den genannten Bereich liegt darin, dass jeder Mensch **innerhalb seines engsten Lebenskreises** Raum für eine ungezwungene, *vertrauliche Aussprache* und ggf auch zum Entladen angestauter Emotionen in Bezug auf außenstehende Personen braucht, ohne dabei jedes Wort auf die Goldwaage legen zu müssen[29]. An dieser Lebensnotwendigkeit, die zur menschlichen Natur gehört, kann die Rechtsordnung nicht vorbeigehen. Daraus sind folgende Erkenntnisse abzuleiten:

**486** Der **privilegierungsbedürftige Lebenskreis** als Raum der *vertraulichen* Aussprache ist zumeist, aber nicht stets mit dem „engsten *Familienkreis*" identisch; er kann, insbesondere bei Alleinstehenden, auch **besonders enge Freundschaften** umfassen[30]. Andererseits zählt dazu nicht jedes Verschwiegenheit erheischende Vertrauensverhältnis im Bereich des sozialen Kontaktes; so zB regelmäßig *nicht* das Verhältnis zwischen Patient und Arzt oder Mandant und Anwalt, da hier dem Interesse an einer möglichst freien Aussprache durch § 193 hinreichend Rechnung getragen wird[31]. Zur Einschränkung des Ehrenschutzes besteht ferner kein Grund, wo innerhalb des engsten Kreises die **Vertraulichkeit nicht gewährleistet** ist, deren Wahrung vielmehr von vornherein zweifelhaft erscheint, wie etwa bei beleidigenden Äußerungen über Dritte im Verlauf ehelicher oder familiärer Auseinandersetzungen, insbesondere dann, wenn der Betroffene dem anderen Teil persönlich nahe steht (BayObLG MDR 56, 182). Von der Einschränkung müssen schließlich *verleumderische* Beleidigungen iS des § 187 ausgenommen bleiben, da es an einer Ehrabschneidung *wider besseres Wissen* auch im engsten Kreis kein schutzwürdiges Interesse gibt[32].

### 3. Vollendung der Ehrverletzung

**487** Zur **Vollendung** der Kundgabedelikte gehört, dass die Ehrverletzung zur Kenntnis eines anderen (= des „Ehrenträgers" oder eines Dritten) gelangt ist. Zu dieser Kenntniserlangung reicht die bloße sinnliche Wahrnehmung nicht aus[33]. Hinzukommen muss vielmehr das geistige Erfassen des ehrenrührigen Sinnes[34].

## III.  Die Verfolgbarkeit der Beleidigung

**488** Alle Beleidigungsdelikte sind **Antragsdelikte** (§ 194). Eine Ausnahme davon macht § 194 I 2 und II 2 für bestimmte Formen der Beleidigung bzw Verunglimpfung gegenüber NS-Verfolgten sowie Opfern einer Gewalt- und Willkürherrschaft (berechtigte

---

29  Wie hier BVerfGE 90, 255; *Hillenkamp*, Hirsch-FS, S. 555; *Maurach/Maiwald*, BT I § 24 Rn 31 f; SK-*Rudolphi/Rogall*, Rn 47 vor § 185; instruktiv *Wolff-Reske*, Jura 96, 184; ähnlich *Schendzielorz*, Umfang und Grenzen der straffreien Beleidigungssphäre, 1993, S. 94 ff mwN.

30  Ebenso BVerfGE 90, 255; S/S-*Lenckner*, Rn 9b vor § 185.

31  Vgl OLG Hamburg NStZ 90, 237; OLG Hamm NJW 71, 1852; beachte jedoch NK-*Zaczyk*, Rn 40 vor § 185.

32  Vgl RG GA Bd. 60 (1913), 440; *Hellmer*, GA 63, 129, 138; siehe als Parallele auch Art. 46 I 2 GG; aA *Hillenkamp*, Hirsch-FS, S. 555, 572.

33  AA S/S-*Lenckner*, § 185 Rn 16; *Schramm*, Lenckner-FS, S. 539; *Wessels*, BT/1, 21. Aufl. 1997, Rn 478.

34  So BGHSt 9, 17, 19; *Joecks*, § 185 Rn 18; LK-*Hilgendorf*, § 185 Rn 26.

Kritik bei NK-*Zaczyk*, § 194 Rn 2 mwN). § 194 III erweitert das Antragsrecht auf Dienstvorgesetzte und Behördenleiter. Im Falle des § 194 IV tritt die *Ermächtigung* der betroffenen Körperschaft an die Stelle des Strafantrags (siehe auch § 77e). Zur Strafverfolgung im Wege der *Privatklage* (ausgenommen davon § 194 IV) siehe §§ 374 I Nr 2, 376 StPO, aber auch Rn 252.

# § 11 Die Beleidigungstatbestände und ihre speziellen Rechtfertigungsgründe

## I. Systematischer Überblick

Der 14. Abschnitt des Besonderen Teils des StGB umfasst als **Straftatbestände** die **489** einfache und die tätliche Beleidigung (§ 185), die üble Nachrede (§ 186), die Verleumdung (§ 187), die politisch motivierte Ehrabschneidung (§ 188 als *Qualifikation* zu §§ 186, 187[1]) und die Verunglimpfung des Andenkens Verstorbener (§ 189). Innerhalb der §§ 186, 187 sind als **Erschwerungsgründe** die Fälle genannt, in denen die Tat öffentlich, durch Verbreiten von Schriften (§ 11 III) oder – nur im Falle des § 187 – in einer Versammlung begangen ist (zu **Aufbaufragen** siehe *Eppner/Hahn*, JA 06, 860).

Systematisch bildet § 185 nach hM **nicht** den *Grundtatbestand* der Beleidigungsdelikte, da seine **490** Merkmale nicht notwendig in den §§ 186 ff enthalten sind[2]: Während die *spezielleren* Tatbestände der §§ 186, 187 das Behaupten oder Verbreiten ehrenrühriger Tatsachen durch Kundgabe an Dritte voraussetzen (= A erzählt dem B, der C habe „eine Bank ausgeraubt"), erfasst § 185 alle Ehrverletzungen, die nicht unter §§ 186, 187 fallen. *Drei Begehungsformen* sind möglich: Äußerung eines beleidigenden Werturteils gegenüber dem Betroffenen B (du Lump, Schwein usw) oder gegenüber einem Dritten (B ist ein Lump, Schwein usw), nach hM auch die Behauptung einer ehrenrührigen Tatsache gegenüber dem Betroffenen selbst (Sie haben mir gestern meine Brieftasche gestohlen; dazu auch Rn 513). Zwischen § 185 und § 186 *kann* somit Tateinheit bestehen (BGHSt 12, 287, 292).

Die Darstellung beginnt mit den auf eine Tatsachenbehauptung abstellenden Delikten der Verleumdung (Rn 492) und der üblen Nachrede (Rn 497), gefolgt von der Beleidigung (Rn 507). Den Schluss bilden die besonderen Rechtfertigungsgründe im Bereich des Ehrenschutzes (Rn 514).

---

1  Dazu BayObLG NJW 82, 2511; zu den unterschiedlichen Bedeutungen des Begriffs Beleidigung im 14. Abschnitt siehe NK-*Zaczyk*, Rn 43 vor § 185.
2  Vgl nur NK-*Zaczyk*, § 186 Rn 38 f; S/S-*Lenckner*, § 186 Rn 21; anders *Gössel/Dölling*, BT I § 29 Rn 42; LK-*Hilgendorf*, Rn 43 vor § 185; *Tenckhoff*, JuS 88, 787, 792.

## II. Die Verleumdung

**491**    **Fall 25:** Frau F beobachtet mit Sorge, dass ihr Ehemann M dem hübschen Hausmädchen H sehr zugetan ist. Als ihre Eifersucht überhand nimmt, lässt sie sich unter geheimnisvollen Andeutungen zunächst absolute Verschwiegenheit durch M zusichern. Sodann teilt sie ihm bewusst wahrheitswidrig mit, H habe sie bestohlen; durch Zufall habe sie inzwischen erfahren, dass H auch in den früheren Dienstverhältnissen unehrlich gewesen sei und interne Dinge ausgeplaudert habe. M ist über diese Eröffnung bestürzt. Um nicht der Lüge überführt zu werden, schlägt F ihm vor, jedes Aufsehen zu vermeiden, kein Sterbenswort darüber zu sagen, sich nichts anmerken zu lassen und der H zum nächsten Termin mit einer unverfänglichen Begründung zu kündigen. Das geschieht.

Hat F sich strafbar gemacht? **Rn 495**

### 1. Verleumderische Beleidigung

**492**    § 187 erfordert zunächst in Beziehung auf einen anderen die Behauptung oder Verbreitung einer ehrenrührigen „unwahren Tatsache". **Tatsachen** sind im Unterschied zu bloßen Meinungsäußerungen und Werturteilen (dazu Rn 504) konkrete Vorgänge oder Zustände der *Vergangenheit* oder *Gegenwart*, die wahrnehmbar in die Wirklichkeit getreten und infolgedessen dem **Beweis zugänglich** sind (zB Handlungen des anderen). Dazu gehören auch sog. **innere Tatsachen** (Absichten, Motive usw), soweit sie zu bestimmten äußeren Geschehnissen in eine erkennbare Beziehung gesetzt werden[3]. Zukünftiges kann nicht Tatsache sein, wohl aber Gegenstand des aktuellen Meinens.

**493**    **Ehrenrührig** ist eine Tatsache, wenn sie *geeignet* ist, den Betroffenen verächtlich zu machen oder in der öffentlichen Meinung herabzuwürdigen[4]. **Behaupten** heißt, etwas als nach *eigener Überzeugung* gewiss oder richtig hinstellen, gleichgültig ob es als Produkt eigener Wahrnehmung erscheint oder nicht. Behauptungen sind auch in verklausulierter Form möglich: Wird zB nur eine *Vermutung* oder ein *Verdacht* ausgesprochen oder die Form der *Frage* gewählt, so kann sich darunter uU eine Tatsachenbehauptung verbergen[5]. **Verbreiten** bedeutet dagegen die Weitergabe von Mitteilungen als Gegenstand *fremden* Wissens (so die hM; weitergehend *Streng*, GA 85, 214, der Tatsachenmanipulationen mit einbezieht). Auch hier ist nicht die sprachliche Form, sondern der sachliche Gehalt entscheidend; so kann die Weitergabe eines Gerüchts als „*bloßes Gerücht*" genügen[6].

**494**    Wer den nach § 187 erforderlichen „Drittbezug" verbirgt und lediglich eine den Betroffenen kompromittierende Sachlage schafft, kann sich nach § 185 strafbar machen, begeht aber keine Verleumdung. **Beispiel:** M nennt in einem Zeitungsinserat, nach dessen Text „Modell-Hostess Jutta"

---

3  RGSt 41, 193; 55, 129; BGHSt 6, 357; 12, 287, 290; HK-GS/*Schneider*, § 186 Rn 2; *Küper*, BT S. 288; S/S-*Cramer/Perron*, § 263 Rn 8; *Wessels/Hillenkamp*, BT II Rn 494; vgl auch *Bitzilekis*, Hirsch-FS, S. 29.
4  OLG Karlsruhe NJW 05, 612, 614.
5  Vgl OLG Köln NJW 62, 1121; 63, 1634; OLG Hamm NJW 71, 853.
6  BVerfG NJW 04, 590 mwN; BGHSt 18, 182; OLG Hamm NJW 53, 596; zur Weitergabe im Interesse des Ehrenträgers siehe *Hansen*, JR 74, 406.

um Anruf für private schöne Stunden ersucht, die Telefonnummer seiner von ihm getrennt lebenden Ehefrau, die dadurch sexuellen Belästigungen ausgesetzt wird; näher BGH NStZ 84, 216; *Küper*, BT S. 300.

Der Täter muss **wider besseres Wissen** handeln, dh die Unwahrheit der behaupteten Tatsache *sicher* kennen. Diesbezüglich ist zumindest direkter Vorsatz erforderlich (RGSt 32, 302; NK-*Zaczyk*, § 187 Rn 3). Für die anderen objektiven Tatbestandsmerkmale genügt hingegen bedingter Vorsatz.

In Betracht kommt im **Fall 25** der Tatbestand der **Verleumdung** (§ 187). Durch ihre an M gerichtete Äußerung hat F in Beziehung auf H *wider besseres Wissen* eine **unwahre** Tatsache ehrenrühriger Art behauptet. Sie hat ihre Behauptung über H im „engsten Familienkreis" unter dem Siegel der *Vertraulichkeit* aufgestellt. Das hindert die Bejahung einer ehrverletzenden Kundgabe iS des § 187 nicht, weil der Anspruch der H auf Achtung ihrer Persönlichkeit auch und gerade innerhalb des Hausstandes von M und F, also in *dem* Lebens- und Sozialbereich aktuelle Bedeutung besitzt, in welchem der Angriff auf ihre Ehre erfolgt ist (vgl oben Rn 482).

Wie M ihre Ehrlichkeit und Zuverlässigkeit einschätzt, kann der H nicht gleichgültig sein, da diese Frage ihr Ansehen in höchstem Maße berührt. Dass F keinen Schutz vor Strafe verdient, wenn – wie oft in solchen Fällen – schließlich doch etwas durchsickert und nach außen dringt, liegt auf der Hand. Unter den hier gegebenen Umständen darf dem Verletzten nicht die Möglichkeit abgeschnitten werden, den Urheber der *verleumderischen* Beleidigung strafrechtlich zur Verantwortung zu ziehen. Auf § 193 kann F sich nicht berufen, da eine **Verleumdung** als bewusste Lüge nicht nach dieser Vorschrift *gerechtfertigt* sein, sondern in besonderen Ausnahmefällen lediglich *entschuldigt* werden kann (vgl S/S-*Lenckner*, § 193 Rn 2; einschränkend BGH NStZ 95, 78). Entschuldigungsgründe liegen nicht vor. F hat sich somit nach § 187 strafbar gemacht.

**495**

## 2. Kreditgefährdung und qualifizierte Verleumdung

§ 187 enthält ferner den Tatbestand der **Kreditgefährdung**. Er schützt nicht die Ehre, sondern das Vertrauen, das jemand hinsichtlich der Erfüllung seiner *vermögens*rechtlichen Verbindlichkeiten genießt (näher SK-*Rudolphi/Rogall*, § 187 Rn 10). Die Qualifikation des § 187 – öffentlich oder durch Verbreiten von Schriften (§ 11 III) – gilt für beide Tatbestände (NK-*Zaczyk*, § 187 Rn 8). **Öffentlich** begangen ist die Tat, wenn sie von einem größeren, individuell nicht begrenzten und durch nähere Beziehungen nicht verbundenen Kreis von tatsächlich Anwesenden unmittelbar wahrgenommen werden konnte (RGSt 38, 207; 63, 431; S/S-*Lenckner*, § 186 Rn 19).

**496**

## III. Die üble Nachrede

**Fall 26:** Die Witwe W hat ihre schwerhörige Schwester S, deren 30-jährige Tochter T und einige Nachbarinnen zum Kaffeekränzchen eingeladen. Im Verlauf der vielseitigen und bisweilen recht laut geführten Unterhaltung sagt W, sie habe vertraulich erfahren, dass der aus Ostpreußen stammende Ministerialbeamte M sich den Doktortitel unbefugt beigelegt habe, um rascher Karriere zu machen; in Wirklichkeit habe er nie promoviert. Schon kurzes Überlegen hätte W in Erinnerung gerufen, dass die Quelle ein neidischer, lügnerischer Mensch war. Den

**497**

Einwand der T, dass sie das nicht glauben könne, weist die Nachbarin N mit dem Hinweis zurück, diesem aufgeblasenen Scharlatan sei doch alles zuzutrauen; sie sei sogar davon überzeugt, dass M sich für Geld jedem ausländischen Geheimdienst zur Verfügung stellen würde, wenn er dazu Gelegenheit fände. Die Untermieterin U, die unbemerkt heimgekommen ist und das Gespräch belauscht hat, hinterbringt alles dem mit ihr befreundeten M.

Haben W und N sich strafbar gemacht, wenn nicht geklärt werden kann, ob M den Doktortitel ordnungsgemäß erworben hat? **Rn 503, 506, 512**

## 1. Unrechtstatbestand

**498**  **Tatsachenbegriff** und **Kundgabeformen** des § 186 entsprechen denen des § 187; das Gleiche gilt für die **Ehrenrührigkeit** der Tatsache. § 187 geht freilich insofern weiter, als er auch *kreditgefährdende* Tatsachen einschließt (siehe Rn 496). Der wesentliche Unterschied zwischen beiden Vorschriften besteht darin, dass die *Unwahrheit* der Tatsache bei § 187 Tatbestandsmerkmal ist und der Täter die Unwahrheit *positiv gekannt* haben muss. Wo der Grundsatz *in dubio pro reo* einer Verurteilung aus § 187 entgegensteht oder wo erwiesen ist, dass der Täter die ehrenrührige Tatsache für wahr gehalten hat, ist nur für § 186 Raum, dessen Anwendungsbereich das Behaupten und Verbreiten *nicht erweislich wahrer* Tatsachen umfasst.

## 2. Nichterweislichkeit der ehrenrührigen Tatsache

**499**  In § 186 ist die **Nichterweislichkeit** der Tatsache nach hM kein Tatbestandsmerkmal, sondern eine **objektive Bedingung der Strafbarkeit**, auf die der Vorsatz des Täters sich nicht zu erstrecken braucht[7].

**500**  An dem Grundsatz, dass das Gericht im Strafverfahren zur Erforschung der materiellen Wahrheit *von Amts wegen* Beweis zu erheben hat (§ 244 II StPO), ändert § 186 nichts. Den Angeklagten trifft somit keine Beweislast oder Beweisführungspflicht; er trägt hier allerdings das **Risiko einer ergebnislosen Wahrheitserforschung**. Gelingt der Wahrheitsbeweis, entfällt eine Bestrafung wegen übler Nachrede. Misslingt der Wahrheitsbeweis, so gehen nach hM alle diesbezüglichen Zweifel (entgegen dem *sonst* geltenden Grundsatz *in dubio pro reo)* **zulasten des Täters**. Sein guter Glaube an die Richtigkeit der ehrenrührigen Tatsache schütze ihn nicht vor Strafe, weil § 186 ihm in dieser Hinsicht das volle *Beweisrisiko* auferlege.

**501**  Damit stellt die hM an das tatbestandliche Unrecht zu geringe Anforderungen[8]. Um dem **Schuldprinzip** zu genügen, ist vorauszusetzen, dass der Täter *hinsichtlich der Unwahrheit* der von ihm behaupteten oder verbreiteten ehrenrührigen Tatsache **wenigstens sorgfaltspflichtwidrig** handelt[9]. Die herrschende Gegenansicht beruft sich

---

7  BGHSt 11, 273; OLG Hamm NJW 87, 1034; HK-GS/*Schneider,* § 186 Rn 13; *Hohmann/Sander,* BT II § 15 Rn 6; S/S-*Lenckner,* § 186 Rn 10; so auch *Wessels,* BT/1, 21. Aufl. 1997, Rn 492.

8  Eingehend *Geisler,* Schuldprinzip, S. 437, 451.

9  So *Hirsch,* Ehre und Beleidigung, 1967, S. 168 ff und Ernst A. Wolff-FS, S. 125, 145, dessen Ansicht zunehmend Zustimmung findet; vgl nur LK-*Hilgendorf,* § 186 Rn 4; MüKo-*Regge,* § 186 Rn 28; NK-*Zaczyk,* § 186 Rn 19 mwN).

auf die „klare Konzeption des Gesetzes" und die „Interessen des Verletzten", die durch die nunmehr auch hier vertretene Ansicht nicht genügend berücksichtigt würden[10]. Beide Aspekte sind historisch nachweisbar (wenngleich man zur Zeit der Entstehung des StGB mit Bezug auf §§ 186, 187 auch von culposer und doloser Verleumdung sprach); eine Abweichung vom Schuldprinzip heutiger Ausprägung rechtfertigen sie jedoch nicht.

Im Verfahren wegen übler Nachrede darf die **Erhebung des Wahrheitsbeweises** auch dann nicht unterbleiben, wenn der Angeklagte nach § 193 freizusprechen oder nach §§ 185, 192 zu verurteilen wäre, vielmehr genießt das Interesse des Verletzten an der Klärung des Sachverhalts und an der Wiederherstellung seines guten Rufes den Vorrang[11]. Der Wahrheitsbeweis ist erbracht, wenn *der* Tatsachenkern als wahr erwiesen ist, aus dem das Ehrverletzende der Äußerung folgt (BGHSt 18, 182). Handelt es sich dabei um den Vorwurf einer Straftat, sind die Beweisregeln des § 190 zu beachten.    **502**

W kann sich im **Fall 26** der **üblen Nachrede** (§ 186) schuldig gemacht haben. Sie hat ohne jegliche Prüfung ein über M umlaufendes Gerücht weiterverbreitet, das diesem eine Täuschung seiner Dienstvorgesetzten unterstellt, also ehrenrühriger Natur ist. Dessen war W sich auch bewusst. Ihr Verhalten erfüllt objektiv wie subjektiv den Unrechtstatbestand des § 186. Da auch nicht zu klären ist, ob M den Doktortitel ordnungsgemäß erworben oder dies nur vorgetäuscht hat, ist W wegen *übler Nachrede* zu bestrafen, falls Strafantrag gestellt wird. Eine „öffentlich" begangene üble Nachrede iS der qualifizierenden Tatbestandsalternative des § 186 liegt nicht vor (siehe Rn 496).    **503**

### 3. Abgrenzung zu beleidigenden Meinungsäußerungen

Den Gegensatz zu den äußeren und inneren Tatsachen (siehe Rn 492) bilden bloße **Meinungsäußerungen** und **Werturteile** ohne greifbaren Tatsachenkern. Ihr Inhalt ist im Unterschied zu jenen vergangenen oder gegenwärtigen, sinnlich wahrnehmbaren Vorgängen oder Zuständen gerade nicht dem Beweis zugänglich. Ihre Abgrenzung zur Tatsachenbehauptung bereitet jedoch wegen der fließenden Übergänge oftmals Schwierigkeiten[12].    **504**

Bezeichnet A in einem Gespräch mit B den C als „Dieb" oder „Betrüger", so kann im Gewande des Werturteils eine Tatsachenbehauptung vorliegen, *wenn* diese schlagwortartige Bezeichnung erkennbar auf einen *bestimmten Vorgang* bezogen ist, also etwas Greifbares dahinter steckt, das dem Beweise zugänglich ist[13]. Sagt A nur, er sei *überzeugt*, dass C ihm am letzten Wochenende 3 Dosen Spargel aus dem Keller entwendet habe, so ändert der Hinweis auf das innere Überzeugtsein am Vorliegen einer **Tatsachenbehauptung** iS des § 186 nichts; der Wahrheitsbeweis ist hier nicht etwa auf die Existenz dieser **Überzeugung**, sondern auf die ihr zu Grunde liegenden Tatsachen zu richten (= auf die angebliche Begehung des Diebstahls durch C). Hätte A dagegen gesagt, er sei überzeugt, dass C ihn *demnächst bestehlen werde*, so läge eine reine Meinungsäußerung iS    **505**

---

10   Ua *Geppert*, Jura, 02, 820; *Lackner/Kühl*, § 186 Rn 7a; ausführlich SK-*Rudolphi/Rogall*, § 186 Rn 20 ff; im Erg. auch *Amelung*, Die Ehre als Kommunikationsvoraussetzung, 2002, S. 59 ff.
11   BGHSt 11, 273; 27, 290; OLG Frankfurt NJW 89, 1367; *Graul*, NStZ 91, 457.
12   Vgl die Beispiele in BGHSt 6, 159 und 357; 11, 329; 12, 287; BGH NJW 82, 2246 und 2248; Bay-ObLG JR 95, 216; OLG Bremen StV 99, 534; dazu *Fischer*, § 186 Rn 3.
13   RGSt 68, 120, 122; *Otto*, Anm. JR 95, 218.

des § 185 vor. Solche Meinungsäußerungen können zutreffend oder falsch, aber (anders als Tatsachenbehauptungen) nicht *wahr* oder *unwahr* sein. Die Voraussage künftiger Ereignisse ist hier stets Meinungsäußerung, nicht Tatsachenbehauptung (beachte LK-*Hilgendorf*, § 185 Rn 4; Wessels/*Hillenkamp*, BT II Rn 494, 496).

**506** Die Äußerung der Nachbarin N im **Fall 26** fällt nur dann unter § 186, wenn sie eine **Tatsachenbehauptung** und nicht lediglich eine beleidigende Meinungsäußerung iS des § 185 enthält. Da diese Äußerung sich in einer derartigen reinen Meinungsäußerung sowie in dem Werturteil erschöpft, dass M ein „aufgeblasener Scharlatan" sei, dem man alles zutrauen könne, scheidet § 186 insoweit aus.

## IV. Die Beleidigung

**507** Mit Bestimmtheit lässt sich behaupten, dass der Tatbestand der Beleidigung, in der Kürze ein nicht zu übertreffendes Unikum, auf den an anderen (ebenfalls meist älteren) Tatbeständen geschulten Leser höchst unbestimmt wirkt. Dass er im Hinblick auf die gefestigte Rechtsprechung der Strafgerichte nicht gegen den Bestimmtheitsgrundsatz verstoße (so BVerfGE 93, 266, 290), bindet jene nicht zureichend und löst die Zweifel nicht auf (vgl *Ignor*, Der Straftatbestand der Beleidigung, 1995, S. 29, 158; *Simon*, Gesetzesauslegung, S. 430 ff). Hinreichend genau lässt der Begriff sich auch nicht mithilfe der anderen Regelungen des 14. Abschnitts bestimmen; und dass man ihn recht unterschiedlich deuten kann, zeigt die Diskussion. Seine Flexibilität ist sein Problem. Die nähere Strukturierung des Tatbestandes in Theorie und Praxis[14] ergibt:

### 1. Übersicht

**508** **Beleidigung** iS des § 185 ist die **Kundgabe von Missachtung oder Nichtachtung**

a) durch **Meinungsäußerungen** oder **Werturteile**, gleichgültig ob unmittelbar dem Verletzten (= *du Lump*) oder Dritten gegenüber (vgl die Äußerung der N über M im Kreis der Kaffeerunde im **Fall 27**; Kasuistik in allen Kommentaren);

b) durch **symbolische Handlungen** (= „Tippen an die Stirn": OLG Düsseldorf NJW 60, 1072) oder eine **ehrenkränkende Behandlung** (= Aufforderung zum *„Maulhalten"* an ein Vereinsmitglied und dergleichen);

c) durch die **Zumutung** strafbarer oder **unsittlicher Handlungen** (vgl BGHSt 36, 145; BGH NStZ 86, 453; 92, 33; vgl Rn 478) und sonstige Formen der Missachtung, in denen eine herabsetzende Bewertung zum Ausdruck kommt (vgl OLG Karlsruhe NJW 03, 1263 mwN; Überblick bei *Küper*, BT S. 79);

d) durch sog. **Formalbeleidigungen** iS des § 192 (Beispiel: Wahrheitsgemäße Schilderung von Intimitäten aus dem „Vorleben" der Braut oder des Bräutigams durch einen Hochzeitsgast zur Auflockerung seiner Tischrede);

---

14 *Lackner/Kühl*, § 185 Rn 1; siehe auch NK-*Zaczyk*, § 185 Rn 2; SK-*Rudolphi/Rogall*, § 185 Rn 2; zur Kritik vgl LK-*Dannecker*, 12. Aufl. 2007, § 1 Rn 185 ff, 201; *Maurach/Zipf*, AT I § 10 Rn 13.

e) durch das **Vorhalten ehrenrühriger Tatsachen** unmittelbar dem dadurch Verletzten gegenüber (= *Sie haben mir meine Uhr gestohlen!*);

f) sowie in **qualifizierter Form** durch *ehrverletzende* **Tätlichkeiten**, wie etwa durch Ohrfeigen, wenn darin dem objektiven Sinn nach eine *Missachtung* des *personalen Geltungswertes* zum Ausdruck kommt (dazu *Fischer*, § 185 Rn 18); ferner zB durch Spucken ins Gesicht (OLG Zweibrücken NJW 91, 240); dabei ist zu beachten, dass nicht in jeder Körperverletzung zugleich eine Beleidigung liegt.

Ob eine Äußerung einen beleidigenden Inhalt hat, bestimmt sich nach ihrem durch **509** Auslegung zu ermittelnden objektiven Sinngehalt, danach, wie ein unbefangener verständiger Dritter sie versteht[15]; bei einer *mehrdeutigen* Äußerung muss der Tatrichter die anderen Deutungsvarianten nachvollziehbar ausgeschlossen haben[16] (dazu auch Rn 518). Bloße Unhöflichkeit, Nachlässigkeit oder Taktlosigkeit im Umgang mit anderen ist noch keine *Missachtung* iS des § 185; das Gleiche gilt für unpassende Scherze, Fopperei und bloße Belästigungen (zB Werfen von Steinchen an ein Wohnungsfenster: BayObLG JR 63, 468; Beobachten in einer Toilettenkabine: OLG Düsseldorf NJW 01, 3562). Die Abgrenzung ist nicht immer leicht zu treffen (vgl BayObLG JZ 83, 463 zu dem Fall, dass der Inhaber einer öffentlichen Gaststätte ausländische Besuchswillige *ohne erkennbaren sachlichen Grund* zurückweist). Maßgebend für das Vorliegen einer Ehrenkränkung sind die Gesamtumstände des Einzelfalles.

Zu berücksichtigen sind in dieser Hinsicht ua Alter, Bildungsgrad und Stellung des Täters, etwa- **510** ige persönliche Beziehungen zwischen den Beteiligten, der Umgangston in den betreffenden Kreisen, die Ortsüblichkeit bestimmter Ausdrücke und das Gewicht, das dem Vorgang beizumessen ist. Verallgemeinerungen sind hier fehl am Platze; es kommt ganz darauf an, wer *was* zu wem sagt und unter welchen Umständen dies geschieht (vgl KG JR 84, 165 mit Anm. *Otto*; ferner LG Regensburg, NJW 06, 629 zur Bezeichnung von Polizeibeamten als „Bullen"; als „Clown", KG NStZ 05, 693; als „komischer Vogel" OLG Bamberg DAR 08, 531; zur Verwendung des „du" OLG Düsseldorf JR 90, 345 mit Anm. *Keller*; zum Vorwurf der „Wegelagerei" bei versteckter Radarmessung OLG Düsseldorf NStZ-RR 03, 295; zum Willkürvorwurf einer Strafverteidigerin gegenüber einem Richter OLG Düsseldorf NJW 98, 3214; zu Vorwürfen der Lüge, des Schauprozesses und der teilweisen Aktenvernichtung OLG Hamm NStZ-RR 06, 7; weitere Beispiele bei HK-GS/*Schneider*, § 185 Rn 22 ff).

Der **subjektive Tatbestand** erfordert, dass der **Vorsatz** des Täters die Eignung der **511** Kundgabe als Mittel der Ehrenkränkung und deren Wahrnehmung durch andere oder einen anderen umfasst. Eventualvorsatz genügt. Einer Beleidigungs*absicht* bedarf es nicht (LK-*Hilgendorf*, § 185 Rn 36).

Im **Fall 26** hat N eine Beleidigung iS des § 185 begangen, da ihre Meinungsäußerung (siehe **512** Rn 504) den Achtungsanspruch der M verletzt hat (vgl auch BGHSt 36, 145, 148).

---

15 BVerfGE 93, 266, 295; BGH NJW 00, 3421; BayObLG JR 97, 341 mit Anm. *Jakobs*; S/S-*Lenckner*, § 185 Rn 8.
16 BVerfG NStZ 01, 640; NJW 02, 3315; BayObLG NJW 05, 1291.

## 2.  Bedeutung des Wahrheitsbeweises

**513**   Umstritten ist, welche Bedeutung die **Wahrheit oder Unwahrheit** einer *allein dem Verletzten gegenüber* erfolgten Tatsachenbehauptung hat. Da § 185 nur den begründeten Achtungsanspruch im Rahmen der **verdienten Wertgeltung** schützt, enthält das Äußern der Wahrheit für sich allein keine Ehrenkränkung und keine Missachtungskundgabe. Etwas anderes kann sich gemäß § 192 nur aus der Form der Äußerung oder den **besonderen Umständen** ergeben. Im Vorhalt einer ehrenrührigen Tatsache *unmittelbar dem Betroffenen gegenüber* liegt jedoch objektiv eine Beleidigung iS des § 185, wenn die aufgestellte Behauptung nicht den Tatsachen entspricht. Die **Unwahrheit** ist ein ungeschriebenes **Tatbestandsmerkmal**, das vom **Vorsatz** des Täters umfasst sein muss und für das es im Rahmen des Wahrheitsbeweises bei dem Grundsatz *in dubio pro reo* verbleibt[17]. Eine Verurteilung nach § 185 scheidet daher auch dann aus, wenn sich die Wahrheits- oder Vorsatzfrage nicht klären lässt (siehe dazu auch *Küper*, BT S. 78).

## V.  Die besonderen Rechtfertigungsgründe im Bereich des Ehrenschutzes

**514**   **Fall 27:** A ist Inhaber einer Presseagentur, die Zeitungen mit Nachrichten beliefert. Als er von dem ihm als klatschsüchtig bekannten Kellner K die falsche Information erhält, der Taxifahrer T habe die Beförderung einer Frau mit der Begründung abgelehnt, „sie sei zu dick", gibt er das als Meldung weiter, obwohl ihm eine Nachfrage bei T problemlos möglich gewesen wäre. Zwei Abendblätter übernehmen diese Nachricht in großer Aufmachung und unter voller Namensnennung des T.

Strafbarkeit des A? **Rn 520**

Das Verhalten des A verwirklicht objektiv und subjektiv den **Tatbestand der üblen Nachrede** (§ 186); die Ehrenrührigkeit der verbreiteten Tatsache liegt darin, dass sie dem T ein gravierendes Versagen in Bezug auf seine Berufspflichten unterstellt.

## 1.  Allgemeine und besondere Rechtfertigungsgründe

**515**   Die **Rechtswidrigkeit** einer Ehrenkränkung kann nach allgemeinen Grundsätzen ausgeschlossen sein, so insbesondere im Falle der Notwehr[18] oder auf Grund einer wirksam erteilten **Einwilligung**[19], soweit nicht schon ein tatbestandsausschließendes Ein-

---

17   BayObLG NJW 59, 57; OLG Köln NJW 64, 2121; *Geppert*, Jura 02, 820, 823 f; SK-*Rudolphi/Rogall*, § 185 Rn 45; S/S-*Lenckner*, § 185 Rn 6; *Welp*, JuS 83, 865; anders LK-*Herdegen*, 10. Aufl., § 185 Rn 36 ff; *Tenckhoff*, JuS 89, 35 mwN.
18   BGHSt 3, 217; BayObLG NJW 91, 2031.
19   So BGHSt 11, 67, 72; 23, 1, 3.

verständnis anzunehmen ist[20]. Darüber hinaus normiert § 193 für den Bereich der Beleidigungsdelikte **besondere Rechtfertigungsgründe**, die nach hM dem Prinzip der **Güter- und Interessenabwägung** folgen und deren sachlicher Gehalt durch das **Grundrecht der freien Meinungsäußerung** mitbestimmt wird, soweit es um Fragen der öffentlichen Meinungsbildung geht[21]. Vereinzelt wird dabei auf den Gesichtspunkt des *erlaubten Risikos* zurückgegriffen[22].

Zu beachten ist hier, dass **sachliche Kritik** schon tatbestandsmäßig keine Beleidigung ist. Tadelnde Urteile, Vorhaltungen und Rügen bedürfen daher erst dann einer besonderen *Rechtfertigung*, wenn sie den Geltungsanspruch des Betroffenen verletzen (vgl LK-*Hilgendorf*, § 193 Rn 13).    **516**

## 2. Wahrnehmung berechtigter Interessen

Den praktisch wichtigsten Anwendungsfall des § 193 bildet die **Wahrnehmung berechtigter Interessen**. Dieser Rechtfertigungsgrund greift nur durch, wenn neben dem verfolgten *Interesse* auch die *Art seiner Wahrnehmung* den konkreten Umständen nach **berechtigt** ist und der Täter subjektiv *zum Zwecke* der Interessenwahrung gehandelt hat. Berechtigt in diesem Sinne sind Interessen des Einzelnen oder der Allgemeinheit, die dem Recht oder den guten Sitten nicht zuwiderlaufen[23]. Zur Anwendbarkeit des § 193 bei einer **Strafanzeige** siehe OLG Köln NJW 97, 1247 und *Fischer*, § 193 Rn 32.    **517**

Die hM bestimmt den Grundgedanken folgendermaßen: Die Handlung des Täters muss sich bei Abwägung der widerstreitenden Interessen und unter dem Blickwinkel der im Einzelfall tangierten Grundrechte als das **angemessene Mittel** zur Erreichung eines **berechtigten Zwecks** darstellen (BGHSt 18, 182; BVerfGE 24, 278). Bei Behauptungen tatsächlicher Art besteht im Rahmen der gegebenen Möglichkeiten und in den Grenzen der Zumutbarkeit eine **Prüf- und Erkundigungspflicht** in bezug auf ihren Wahrheitsgehalt (NK-*Zaczyk*, § 193 Rn 43); das gilt in erhöhtem Maße für Veröffentlichungen in der **Presse** und anderen **Massenmedien**[24]. **Leichtfertig** aufgestellte Behauptungen, haltlose Vermutungen oder unter *Verletzung der Nachforschungspflicht* erhobene Beschuldigungen genießen den Schutz des § 193 nicht[25]; ebenso wenig ein bewusst unvollständiger Bericht, der infolge des Verschweigens einer Tatsache im unbefangenen Durchschnittsleser einen falschen Eindruck erwecken kann[26]. Innerhalb ihrer Aufgabe, die Öffentlichkeit über allgemein interessierende Ereignisse und Angelegenheiten zu informieren, Kritik zu üben und auf andere Weise an der öffentli-    **518**

---

20  BGHSt 36, 83, 87; S/S-*Lenckner*, § 185 Rn 15.
21  Vgl BVerfGE 7, 198; 12, 113; 94, 1; BGHSt 12, 287, 293; 18, 182, 184; KG JR 80, 290; S/S-*Lenckner*, § 193 Rn 1, 15; SK-*Rudolphi/Rogall*, § 193 Rn 2; krit. *Merz*, Strafrechtlicher Ehrenschutz und Meinungsfreiheit, 1998, S. 72.
22  Vgl *Fischer*, § 193 Rn 1; *Hirsch*, ZStW 74 (1962), 100; krit. dazu *Geppert*, Jura 85, 25; *Wessels*, BT/1, 21. Aufl. 1997, Rn 507.
23  Näher *Seibert*, MDR 51, 709; S/S-*Lenckner*, § 193 Rn 9.
24  BGHSt 14, 48; OLG Stuttgart JZ 72, 745; *Lackner/Kühl*, § 193 Rn 11.
25  BVerfGE 12, 113, 130; S/S-*Lenckner*, § 193 Rn 18.
26  BGH(Z) NJW 06, 601.

chen Meinungsbildung mitzuwirken, sind Presse, Rundfunk und Fernsehen zur *wahrheitsgemäßen*, nicht einseitig verzerrten Berichterstattung verpflichtet. In den privaten Lebensbereich der Bürger dürfen sie ohne zwingenden Grund nicht eindringen (BGHSt 19, 235, 237). Vorgänge des Privatlebens werden nicht schon dadurch zu öffentlich interessierenden Angelegenheiten, dass sie Politiker oder sonstige Personen des öffentlichen Lebens betreffen, vielmehr müssen besondere Umstände hinzutreten, um sie zum Gegenstand eines berechtigten Allgemeininteresses zu machen (BGHSt 18, 182, 186; *Fuhrmann*, JuS 70, 70).

**518a**  Bei einer sog. **Pressefehde** („Recht zum Gegenschlag"), vor allem im politischen Meinungskampf, aber auch bei Äußerungen Einzelner zu tagespolitischen Fragen von erhöhtem öffentlichen Interesse (siehe oben Rn 236a), werden durch § 193 und Art. 5 GG auch kraftvolle Worte und herabsetzende Äußerungen, Vergleiche oder Wertungen gedeckt, sofern sie keinen Exzess enthalten, nicht ausschließlich der Kränkung des Gegners dienen und gemessen an dessen Verhalten noch als **adäquate Reaktion** anzusehen sind[27]. Die Grenze ist überschritten, wenn eine reine **Schmähkritik** vorliegt, es also nicht mehr um die Sache geht, sondern in erster Linie um die Diffamierung der Person des Angegriffenen[28]. Wer Soldaten der Bundeswehr als „potenzielle Mörder" bezeichnet, bedient sich einer ehrverletzenden, durch Art. 5 I 1 GG nicht gedeckten Schmähkritik, wenn seine Äußerung ihrem objektiven Sinn und den konkreten Begleitumständen nach nicht mehr als (nur in der Form überzogener) Beitrag zur Auseinandersetzung zwischen Wehrbereitschaft und Pazifismus zu verstehen ist, sondern eine Diffamierung und persönliche Herabsetzung der betroffenen Soldaten bezweckt[29].

Die Rechtsprechung des BVerfG neigt bei ehrverletzenden Äußerungen im öffentlichen Meinungskampf zu einer Überbewertung der Meinungsfreiheit auf Kosten des Ehrenschutzes. Krit. dazu *Campbell*, NStZ 95, 238; *Herdegen*, NJW 94, 2933; *Mager*, Jura 96, 405; *Otto*, Jura 97, 139; Anm. NStZ 96, 127 und NJW 06, 575; *Schmitt Glaeser*, NJW 96, 873; S/S-*Lenckner*, § 193 Rn 15, 16; *Stark*, JuS 95, 689 mwN; vgl auch *Dencker*, Bemmann-FS, S. 291 und *Fischer*, § 193 Rn 25 ff. Grundlegende Kritik an der hM, insbesondere der Rechtsprechung des BVerfG bei *Zaczyk*, Hirsch-FS, S. 819 und in NK, § 193 Rn 4, 6, 33; er sieht in § 193 einen dem erlaubten Risiko ähnlichen Fall, eine Regelung der Kollision zwischen Art. 5 I GG und dem Recht der Ehre, aaO Rn 3, 6.

**519**  Sind Ehrangriffe in **Kunstwerken**, Karikaturen oder satirischen Darstellungen enthalten, bedarf es nach hM[30] bei der Frage nach ihrer Rechtfertigung einer Abwägung zwischen dem Persönlichkeitsrecht des Betroffenen (Art. 2 I iVm Art. 1 I GG) und dem Grundrecht der Kunstfreiheit (Art. 5 III 1 GG). Was Kunst ist, lässt sich generell

---

27  Näher BVerfGE 24, 278; 42, 163; 43, 130; 82, 272; BVerfG JZ 80, 724 und 83, 100; BayObLG NStZ 83, 265 und JR 03, 33 mit Anm. *Zaczyk*; OLG Hamm NJW 82, 659; OLG Köln NJW 77, 398; OLG Koblenz NJW 78, 1816; *Otto*, JR 83, 1 und Jura 97, 139; *Brammsen*, Anm. NStZ 90, 235; SK-*Rudolphi/Rogall*, § 193 Rn 31.

28  BVerfG NJW 04, 590; OLG Karlsruhe NJW 05, 612; *Fischer*, § 193 Rn 18.

29  Näher dazu BVerfGE 93, 266 mit lesenswertem Sondervotum der Richterin *Haas*, aaO S. 313; BVerfG NJW 94, 2943; KG NJW 03, 685; vgl zur Frage der Schmähkritik auch BVerfG NStZ 01, 640; NJW 03, 3760; 09, 749; BGH NJW 00, 3421; 03, 2011.

30  Vgl *Fischer*, § 193 Rn 35 ff, aber auch NK-*Zaczyk*, § 193 Rn 39.

nicht definieren. Wesentlich für die künstlerische Betätigung ist aber „die freie schöpferische Gestaltung, in der Eindrücke, Erfahrungen und Erlebnisse des Künstlers durch das Medium einer bestimmten Formensprache zu unmittelbarer Anschauung gebracht werden" (näher BVerfGE 30, 173; 83, 130, 138; BGHSt 37, 55). Beim künstlerischen Schaffen wirken Intuition, Fantasie, Kunstverstand und Gestaltungskraft in der Weise zusammen, dass im hervorgebrachten Werk die individuelle Persönlichkeit des Künstlers und seine geistige Auseinandersetzung mit der Welt ihren Ausdruck finden. Art. 5 III 1 GG gewährleistet die Freiheit der Kunst zwar ohne Vorbehalt, aber nicht ohne Schranken. Mitbestimmend für ihre Grenzen sind die von der Verfassung ebenfalls geschützten Werte und Rechtsgüter, wie das Persönlichkeitsrecht und die Würde des Menschen unter Einschluss seiner Ehre. Schwerwiegende Beeinträchtigungen dieser Schutzgüter sind auch durch die Kunstfreiheit nicht gedeckt[31].

Im **Fall 27** scheidet eine Rechtfertigung nach § 193 aus, weil eine Berichterstattung mit schweren Vorwürfen gegen den Betroffenen nur in *Ausnahmefällen* unter *voller Namensnennung* erfolgen darf und A seiner **Erkundigungspflicht**, insbesondere durch die ihm mögliche und zumutbare vorherige *Rückfrage bei T selbst* (beachte dazu Rn 501; ferner NK-*Zaczyk*, § 193 Rn 43), nicht bzw nicht genügend nachgekommen ist[32]. A ist daher wegen öffentlicher übler Nachrede nach § 186 zu bestrafen, sofern T Strafantrag stellt.   **520**

Zu ehrenkränkenden Äußerungen eines Rechtsanwalts beim **„Kampf um das Recht"** im Rahmen seines Plädoyers oder eines Schriftsatzes und zum Recht des Angeklagten auf eine ungehinderte, wirksame Strafverteidigung siehe BGH NStZ 87, 554; OLG Bremen StV 99, 534; BVerfG StV 99, 532 und NJW 00, 3196 (**Kasuistik** bei *Fischer*, § 193 Rn 28; vgl auch *Beulke*, E. Müller-FS, S. 45 und *Ignor*, Schlüchter-GedS, S. 317). Ausführlich zu der nach hM erforderlichen Güterabwägung KG NStZ-RR 98, 12 (Begründung eines Befangenheitsantrags), BayObLG NStZ-RR 02, 40 und OLG Jena NJW 02, 1839 (Vorwurf der Rechtsbeugung); krit. *Merz*, Strafrechtlicher Ehrenschutz und Meinungsfreiheit, 1998, S. 72, 93, 139.   **521**

---

31  Näher BVerfGE 75, 369; 81, 278, 298; BayObLG MDR 94, 80 und JR 98, 384 mit zust. Anm. *Foth*; OLG Hamburg JR 85, 429; *Erhard*, Kunstfreiheit und Strafrecht, 1989; *Lackner/Kühl*, § 193 Rn 15 mwN.

32  Näher OLG Stuttgart JZ 72, 745; *Koebel*, JZ 66, 389; LK-*Hilgendorf*, § 193 Rn 23, 29.

6. Kapitel

# Straftaten gegen den persönlichen Lebens- und Geheimbereich und gegen sonstige persönliche Rechtsgüter

## § 12 Der Schutz des (höchst-)persönlichen Lebensbereichs und der privaten Geheimsphäre

### I. Systematischer Überblick

**522** Das EGStGB hat die §§ 201–205 als Nachfolgebestimmungen zu den §§ 298 bis 300 aF im 15. Abschnitt des Besonderen Teils des StGB zusammengefasst. Diese Normen sollen die besondere Bedeutung unterstreichen, die das Gesetz dem **Schutz der Privat- und Intimsphäre** in der modernen Gesellschaft mit ihren hochtechnisierten Einrichtungen beimisst (näher S/S-*Lenckner*, Rn 2 vor § 201). Neu hinzu kamen durch das 2. WiKG vom 15.5.1986 § 202a (geändert durch das 41. StÄG vom 7.8.2007), 1997 in aktualisierter Form die Verletzung des Post- und Fernmeldegeheimnisses, § 206 (= § 354 aF)[1], 2004 die Verletzung des höchstpersönlichen Lebensbereichs durch Bildaufnahmen, § 201a (dazu Rn 545a), 2006 § 203 II a und durch das 41. StÄG das Abfangen sowie das Vorbereiten des Ausspähens und Abfangens von Daten. Allen Tatbeständen dieses Abschnitts liegt die Erkenntnis zugrunde, dass der Mensch zur Entfaltung seiner Persönlichkeit eines Freiraumes bedarf, in dessen Grenzen die Rechtsordnung ihm die Vertraulichkeit des nichtöffentlich gesprochenen Wortes (§ 201), das Recht am eigenen Bild im neu kreierten *höchst*persönlichen Lebensbereich (§ 201a), die Wahrung des Briefgeheimnisses (§ 202) und den Schutz bestimmter Daten (§§ 202a–c), sonstiger Privatgeheimnisse (§§ 203, 204) sowie des Post- und Fernmeldegeheimnisses (§ 206) garantiert. Beachtung verdient, dass die gesetzlichen Überschriften (vgl § 260 IV 2 StPO) zu den einzelnen Vorschriften das jeweils geschützte Rechtsgut nur ungenau bezeichnen und infolgedessen die Reichweite des Strafrechtsschutzes nicht exakt verdeutlichen (zur bloßen *Hinweisfunktion* von gesetzlichen Überschriften siehe BGHSt 29, 220, 224; für gesetzliche Überschriften der Straftatbestände des StGB kann dem nicht zugestimmt werden).

**523** Innerhalb des § 201, dessen zweiter Absatz durch das 25. StÄG vom 20.8.1990 erweitert wurde, ist eine **Strafschärfung** für den Fall vorgesehen, dass ein **Amtsträger** oder ein für den öffentlichen Dienst besonders Verpflichteter die Vertraulichkeit des Wortes verletzt (§ 201 III iVm § 11 I Nr 2, 4 und § 28 II). Bei der Verletzung von Privatgeheimnissen wirkt das Vorliegen dieser *besonderen persönlichen Eigenschaft* dagegen nicht straferschwerend, sondern straf*begründend*

---

1 Dazu *Fischer*, § 206 Rn 2 ff; Welp, Lenckner-FS, S. 619.

(§ 203 II Nr 1, 2); eine **Qualifikation** kommt hier für alle Tätergruppen nur beim Handeln gegen Entgelt oder zu Bereicherungs- bzw Schädigungszwecken in Betracht (§ 203 V). Vom Erfordernis des *Strafantrags* für §§ 201–204 nimmt § 205 lediglich den Fall des § 201 III aus.

## II. Verletzung der Vertraulichkeit des Wortes

**Fall 28:** Nach einer vertraulichen Besprechung im Kreis der Firmenleitung eines Großunternehmens übergibt der Firmenchef F seiner Sekretärin S das im allseitigen Einverständnis aufgenommene Tonbandprotokoll mit dem Auftrag, es auszugsweise abzuschreiben. Unter Verletzung ihrer Verschwiegenheitpflicht offenbart S dem Betriebsratsmitglied B den Themenkatalog der Besprechung; außerdem gestattet sie ihm, bestimmte Teile des Tonbandes abzuhören.

Haben S und B sich nach § 201 strafbar gemacht? **Rn 537, 545**

524

### 1. Schutzzweck der Vertraulichkeit des Wortes

**Schutzzweck** des § 201 ist die Erhaltung der *Unbefangenheit mündlicher Äußerungen* und des Vertrauens auf die Flüchtigkeit des **nichtöffentlich** gesprochenen Wortes. Innerhalb seines persönlichen Lebensbereichs und der damit verbundenen Kommunikationssphäre soll niemand befürchten müssen, dass seine Worte der ihnen beigelegten Reichweite entkleidet und in eine jederzeit reproduzierbare Tonkonserve verwandelt werden[2]. Da sich in jedem Gespräch die Persönlichkeit des Sprechers mitteilt, hat er allein über die Reichweite seiner Worte, den Kreis der Adressaten sowie darüber zu bestimmen, ob seine Worte auf einem Tonträger festgehalten werden sollen oder nicht[3]. **Schutzobjekt** aller Einzeltatbestände des § 201 ist das **nichtöffentlich gesprochene Wort** eines anderen ohne Rücksicht darauf, ob das Gesagte wirklich ein *Geheimnis* darstellt.

525

**Mündliche Äußerungen in Wortform** bilden auch der *Gesang* und der *Sprechgesang*[4], nicht dagegen andere stimmliche Äußerungen wie Stöhnen oder Gähnen. Eine klare Grenzziehung in der Frage des Strafrechtsschutzes ermöglicht das Gesetz dadurch, dass es dem **gesprochenen Wort** (= § 201) das *geschriebene Wort* (= § 202) gegenüberstellt.

526

**Nichtöffentlich** ist eine Äußerung, wenn sie nicht an die Allgemeinheit gerichtet und für Außenstehende nicht oder nicht ohne besondere Mühe wahrnehmbar ist. Bei Gesprächen, Diskussionen oder Verhandlungen ist diese Voraussetzung gegeben, falls der Teilnehmerkreis *individuell begrenzt* („geschlossen") ist, also nicht dem beliebigen Zutritt offen steht. Ob der Gedankenaustausch in der rein persönlichen, beruflichen oder geschäftlichen Privatsphäre, im Umgang mit Behörden oder in einer sonstigen *persönlichkeitsbezogenen* Kommunikationssphäre, wie zB in einer nichtöffentlichen Gerichtsverhandlung, einer Parteivorstandssitzung, einer Fraktionsbesprechung oder dergleichen stattfindet, ist belanglos (vgl *Lackner/Kühl*, § 201 Rn 2 mwN).

527

---

2  *Gallas*, ZStW 75 (1963), 16 ff; S/S-*Lenckner*, § 201 Rn 2.
3  BGHSt 14, 358; BVerfGE 34, 238; BVerfG NJW 92, 815.
4  Zutreffend NK-*Kargl*, § 201 Rn 7; S/S-*Lenckner*, § 201 Rn 5; aA LK-*Schünemann*, § 201 Rn 6.

## 2. Tathandlungen des § 201 I

**528** a) **Tathandlung** in § 201 I Nr 1 ist das **Aufnehmen** des nichtöffentlich gesprochenen Wortes auf einen Tonträger (= Tonband, Schallplatte usw) zur jederzeit reproduzierbaren Wiedergabe. Entsprechend seiner Schutzfunktion erfasst der Tatbestand des § 201 I Nr 1 nur die *im Augenblick des Sprechens* gemachte Tonaufnahme, nicht dagegen das Kopieren bereits vorhandener Tonkonserven. Im letztgenannten Fall fehlt es an der **Unmittelbarkeit des Eingriffs** in die Privat- und Persönlichkeitssphäre des Sprechers, auf die es hier entscheidend ankommt[5]. Gegen das Kopieren schon hergestellter Tonaufnahmen bieten nur § 201 I Nr 2 und § 202a unter den *dort genannten Voraussetzungen* (hinreichend) Schutz.

**529** Den Hauptanwendungsfall des § 201 I Nr 1 bildet die *heimlich, ohne Wissen* des Sprechers gemachte Tonaufnahme. Der Tatbestand ist darauf aber nicht beschränkt; er schließt auch das *mit Wissen* eines Gesprächspartners erfolgende Aufnehmen seiner Worte ein (wichtig bei ausdrücklich erklärtem Widerspruch des Sprechers)[6].

**530** b) Der Tatbestand des § 201 I Nr 2 ist erfüllt, wenn der Täter eine unter Verstoß gegen § 201 I Nr 1 hergestellte Tonaufnahme **gebraucht** oder einem **Dritten zugänglich macht.**

**531** **Gebrauchen** ist das Verwenden der Tonaufnahme zum Abspielen oder Kopieren. Einem Dritten ist die Aufnahme *zugänglich gemacht*, wenn ihm die Möglichkeit verschafft wird, von der akustischen Reproduktion Kenntnis zu nehmen oder die Tonaufnahme sonst wie zu verwenden (insbesondere zum Kopieren). Die *bloße Mitteilung* des *Inhalts* einer Tonaufnahme an Dritte ist weder ein „Gebrauchen" noch ein „Zugänglichmachen" iS des § 201 I Nr 2, da ein Offenbaren dieser Art aus dem Schutzbereich des § 201 herausfällt (Schutz in solcher Hinsicht bietet zB § 203 in den dort abgesteckten Grenzen). Zur bei Nr 2 umstrittenen Reichweite des Blankettbegriffs „unbefugt" siehe BT-Drucks. 7/550, S. 236 und Rn 532, 534.

## 3. Unbefugtheit des Handelns

**532** Umstritten ist, ob die **Einwilligung** des Betroffenen den Tatbestand des § 201 I entfallen lässt oder nur die **Rechtswidrigkeit** der Tat berührt. Die hM sieht bei den §§ 201, 201a, 202, 204, 206 in der dort jeweils vorausgesetzten **Unbefugtheit** des Handelns kein Tatbestandsmerkmal, sondern nur den Hinweis des Gesetzgebers auf das allgemeine Deliktsmerkmal der **Rechtswidrigkeit**[7] (zu § 201a siehe Rn 545a, 545 f). Danach bildet die *Befugnis* zur Vornahme der Tathandlung einen **Rechtfertigungsgrund**; sie kann sich aus einer speziellen Regelung (zB §§ 81a, 100a ff StPO) oder aus den allgemein anerkannten Rechtfertigungsgründen ergeben.

**533** In Betracht kommen vor allem die ausdrücklich oder stillschweigend erteilte **Einwilligung** des Betroffenen (Letztere liegt idR vor, wenn der Sprechende weiß oder damit rechnet, dass seine Worte durch Tonträger festgehalten werden), die **mutmaßliche Einwilligung** (bedeutsam im

---

5  Ebenso S/S-*Lenckner*, § 201 Rn 12 mwN.
6  Näher OLG Schleswig NStZ 92, 399; Thüring. OLG NStZ 95, 502; LK-*Schünemann*, § 201 Rn 9, 11; *Joerden*, JR 96, 265; anders S/S-*Lenckner*, § 201 Rn 13, 14, der für Fälle dieser Art auf § 240 verweist.
7  Vgl BGHSt 31, 304, 306; LK-*Schünemann*, § 201 Rn 9, 27; SK-*Hoyer*, Rn 13 vor § 201.

Rahmen der Gepflogenheiten des geschäftlichen Verkehrs bei *telefonischen* Bestellungen, Lieferungsvereinbarungen, Mängelrügen usw), **Notwehr** (Identifizierung der Stimme eines anrufenden Erpressers zur Abwehr eines fortdauernden Angriffs iS des § 239a; vgl dazu *Amelung*, GA 82, 381, 401), die Regeln des **rechtfertigenden Notstandes** (§ 34) und die **Wahrnehmung berechtigter Interessen** nach den Grundsätzen der Güter- und Pflichtenabwägung (insbesondere in notwehrähnlichen Situationen zwecks Erlangung von Beweismitteln)[8].

Nach anderer Auffassung soll die Einwilligung des Betroffenen (*Lenckner*, Baumann-FS, S. 135, 146) oder auch dessen mutmaßliche Einwilligung im Bereich der §§ 201 ff nicht erst die Rechtswidrigkeit der Tat entfallen lassen, sondern schon zum Tatbestandsausschluss führen (vgl *Maurach/Maiwald*, BT I § 29 Rn 13, 45, 59 mwN).    **534**

Zweifelhaft ist, was § 201 I Nr 2 seinem mehrdeutigen Wortlaut nach unter einer *„so hergestellten"* Aufnahme versteht: ob damit lediglich auf den Gesetzestext innerhalb der Nr 1 des § 201 I verwiesen wird oder ob die Verweisung darüber hinausgehend auch das (*beiden* Nummern *vorangestellte*) Merkmal *„unbefugt"* mit einbezieht, also eine **unbefugt hergestellte** Tonaufnahme voraussetzt.    **535**

Die Ansichten dazu sind geteilt. Für die letztgenannte Auslegung spricht, dass § 201 I Nr 2 typische Verwertungshandlungen erfassen will, die eine vorausgegangene, im Wege des unmittelbaren Eingriffs bewirkte *Persönlichkeitsverletzung* erneut aktualisieren. Eine strafwürdige Unrechtsperpetuierung ist aber nur bei solchen Tatobjekten gegeben, die ihrerseits mit dem Makel der **unbefugten Herstellung** behaftet sind[9]. Im Übrigen will § 201 I Nr 2 ohnehin nicht jede Indiskretion durch Vertrauenspersonen erfassen, so insbesondere nicht mündliche oder schriftliche Mitteilungen über den Inhalt von Tonaufnahmen.    **536**

Im **Fall 28** ist für § 201 I Nr 1 kein Raum. Das Verhalten der S kann aber unter Nr 2 fallen. Voraussetzung dafür wäre jedoch, dass S eine *unbefugt* hergestellte Aufnahme gebraucht hat, was nicht der Fall ist. S hätte dem B sogar eine Abschrift des Tonbandprotokolls überlassen können, ohne dadurch gegen § 201 I Nr 2 zu verstoßen. Das pflichtwidrige *Gestatten* des *Abhörens* einer *befugt* hergestellten Tonaufnahme unterscheidet sich davon im Unrechts- oder Strafwürdigkeitsgehalt aber nicht wesentlich. Im Fall 29 fehlt es demnach bereits an einem tauglichen Tatobjekt iS des § 201 I Nr 2; damit entfällt eine Verwirklichung dieses Tatbestandes durch S. Zu prüfen bleibt, ob ein Verstoß des B gegen § 201 II vorliegt und ob S ihm dazu Beihilfe geleistet hat.    **537**

## 4. Taten iS des § 201 II

Nach § 201 II Nr 1 wird bestraft, wer unbefugt das *nicht zu seiner Kenntnis bestimmte* nichtöffentlich gesprochene Wort eines anderen **mit einem Abhörgerät** abhört. Gedacht ist dabei vor allem an Täter, die nicht zum Kreis der Gesprächspartner zählen, deren Äußerungen jedoch durch Missbrauch der Technik *externen* Wahrnehmungs- und Kontrollmöglichkeiten unterworfen (vgl *Arzt*, Der strafrechtliche Schutz der Intimsphäre, 1970, S. 244).    **538**

---

8 Näher dazu BVerfGE 34, 238; BGHSt 14, 358; 19, 193 und 325; 31, 304, 307; 34, 39; KG JR 81, 254; *Klug*, Sarstedt-FS, S. 101; *Nelles*, Stree/Wessels-FS, S. 719.
9 Ebenso ua *Lackner/Kühl*, § 201 Rn 9a; NK-*Kargl*, § 201 Rn 12; vgl dazu auch OLG Düsseldorf NJW 95, 975.

**539**   Mündliche Äußerungen sind **nicht zur Kenntnis des Abhörenden bestimmt**, wenn er von ihnen weder durch **Zuhören beim Sprechen** noch durch spätere **Übermittlung ihres Inhalts** Kenntnis erlangen soll[10].

**540**   Die **Tathandlung** besteht bei § 201 II Nr 1 im Abhören mit einem Abhörgerät. Das einfache Belauschen fremder Gespräche ohne Anwendung von Abhörgeräten ist straflos.

**541**   **Abhörgeräte** iS des § 201 II sind technische Vorrichtungen jeder Art, die das gesprochene Wort über dessen normalen Klangbereich hinaus durch Verstärkung oder Übertragung unmittelbar hörbar machen und nicht zur *verkehrsüblichen* Ausstattung gebräuchlicher Kommunikationsmittel gehören (vgl E 1962 aaO S. 332). Darunter fallen *versteckt angebrachte* Mikrofonanlagen, Mikrosender (sog. *„Wanzen"* und *„Minispione"*), Einrichtungen zur Tonübermittlung mithilfe von Laserstrahlen oder zum „Anzapfen" von Telefonleitungen und dergleichen. Sind derartige Abhörgeräte zugleich mit Tonaufnahmevorrichtungen gekoppelt, greift neben § 201 II Nr 1 auch § 201 I Nr 1 ein (vgl S/S-*Lenckner*, § 201 Rn 19 f).

**542**   Verkehrsübliche **Mithöreinrichtungen** in privaten oder geschäftlichen Telefonanlagen sind nach hM keine „Abhörgeräte" iS des § 201 II Nr 1[11]. Den **grundrechtlichen Schutz** des gesprochenen Wortes berührt das aber nicht; er wird durch die bloße Kenntnis von einer Mithör*möglichkeit* bei der Benutzung eines Diensttelefons noch nicht beseitigt (näher BVerfG NJW 92, 815 zur *gerichtlichen Verwertbarkeit* von Kenntnissen, die ein Arbeitgeber durch Mithören erlangt hatte).

**543**   Unter den Tatbestand des § 201 II Nr 1 fallen nur Abhörvorgänge, die einen **unmittelbaren Eingriff** in die Privatsphäre *im Augenblick des Gesprächs* darstellen. Wer sich lediglich vom Inhalt einer schon existierenden Tonaufnahme durch deren Abspielen Kenntnis verschafft, ohne dazu berechtigt zu sein, verstößt nicht gegen diese Vorschrift. Schutz gegen eine unbefugte Kenntnisverschaffung dieser Art bietet das Gesetz nur unter den Voraussetzungen des § 202a.

**544**   § 201 II Nr 2 bedroht denjenigen mit Strafe, der das unbefugt aufgenommene oder abgehörte nichtöffentlich gesprochene Wort eines anderen im Wortlaut oder seinem wesentlichen Inhalt nach **öffentlich mitteilt**. Durch diesen neuartigen *Indiskretionstatbestand* soll vor allem die Verbreitung der illegal erlangten Kenntnis über den Gesprächsinhalt in den Massenmedien unterbunden werden. Strafbar ist die Tat aber nur, wenn die öffentliche Mitteilung *geeignet* ist, berechtigte Interessen eines anderen zu beeinträchtigen; gerechtfertigt ist sie ausnahmsweise dann, wenn die öffentliche Mitteilung zur Wahrnehmung *überragender* öffentlicher Interessen gemacht wird (§ 201 II S. 2, 3). Näher zum Ganzen sowie zum 25. StÄG vom 20.8.1990 *Lenckner*, Baumann-FS, S. 135.

**545**   Im **Fall 28** sollten die auf dem Tonband festgehaltenen Äußerungen dem B weder als Zuhörer noch als Abhörer zur Kenntnis gelangen. Das Abhören der *befugt* hergestellten Tonaufnahme wird jedoch von § 201 II Nr 1 nicht erfasst, sodass B und S sich nicht nach § 201 strafbar gemacht haben.

---

10   Begründung zu § 183 II E 1962, BT-Drucks. IV/650, S. 332; LK-*Schünemann*, § 201 Rn 20 f; enger S/S-*Lenckner*, § 201 Rn 21; SK-*Hoyer*, § 201 Rn 22.
11   BGHSt 39, 335, 343; BGH NJW 82, 1397; OLG Hamm StV 88, 374 mit Anm. *Krehl*; SK-*Hoyer*, § 201 Rn 24; anders S/S-*Lenckner*, § 201 Rn 19.

## III. Verletzung des höchstpersönlichen Lebensbereichs durch Bildaufnahmen

### 1. Rechtsgut und Schutzbereich

Das Recht auf Wahrung des persönlichen Lebensbereichs vor Bildaufnahmen war strafrechtlich bisher im Wesentlichen nur hinsichtlich der Verbreitung und öffentlichen Zur-Schau-Stellung eines Bildnisses ohne Einwilligung der abgebildeten Person durch § 33 iVm §§ 22, 23 KUG geschützt. Eine Bildaufnahme ohne Einwilligung der Person herzustellen und auch die Weitergabe an Dritte war nicht strafbar. Das 36. StÄG[12] von 2004 unternimmt es, mit § 201a die Strafbarkeitslücke in gebotenem Maße zu schließen (näher zu den Unterschieden *Koch*, GA 05, 589, 592 ff). Die Norm ist auch eine Reaktion auf die Entwicklung (Digitalisierung, Miniaturisierung) der Videotechnik, ua mit der Möglichkeit, unbefugt hergestellte Bilder im Internet in „Echtzeit" weltweit zu verbreiten[13]. Während es im 15. Abschnitt bisher um die Verletzung des persönlichen Lebens- und Geheimbereichs ging (siehe Rn 522), schützt § 201a hinsichtlich des Rechts am eigenen Bild nur den **höchstpersönlichen Lebensbereich**, der sich inhaltlich an dem durch die höchstrichterliche Rechtsprechung näher ausgeformten Begriff der Intimsphäre orientieren können soll (so BT-Drucks. 15/2466, S. 5)[14]. Die Norm erfasst nur Bildaufnahmen, die von dem Betroffenen in seinem „persönlichen Rückzugsbereich", nämlich einer Wohnung oder einem gegen Einblick besonders geschützten Raum, gefertigt werden[15]. Die Grenzen dieses Bereichs wird die Rechtsprechung abzustecken haben. Jedenfalls Krankheit, Tod und Sexualität sind dem höchstpersönlichen Lebensbereich zuzurechnen (BT-Drucks., aaO). Wer mit Hilfe eines Teleobjektivs heimlich die Hausfrau in der Badewanne ablichtet, verletzt diesen Bereich ebenso wie derjenige, der durch ein Fenster die im Trauerhaus um den Verstorbenen versammelte Familie filmt. Gleiches gilt etwa für heimliche Aufnahmen in Saunen, Solarien oder Umkleidekabinen.

**545a**

Der Begriff der **Wohnung** ist enger als bei § 123 zu bestimmen, nämlich als Zentrum des höchstpersönlichen Lebensbereichs[16]. Er umfasst eigene und fremde Wohnungen sowie Gäste- und Hotelzimmer (BT-Drucks. 15/2466, S. 5 und 15/2995, S. 5)[17], nicht aber der – sei es auch beschränkten – Öffentlichkeit zugängliche Räumlichkeiten wie etwa Geschäfts- oder Diensträume. Unter einem gegen Einblicke besonders geschütz-

**545b**

---

12  BT-Drucks. 15/2466 (fraktionsübergreifender Entwurf) und 15/2995 (Beschlussempfehlung und Bericht des Rechtsausschusses); zu den vorherigen Entwürfen *Wendt*, AfP 04, 181.

13  Näher *Borgmann*, NJW 04, 2133; *Bosch*, JZ 05, 377; *Ernst*, NJW 04, 1277; *Kühl*, AfP 04, 190.

14  Krit. hierzu *Borgmann*, aaO S. 2134; *Bosch*, aaO S. 379; *Fischer*, § 201a Rn 2 f; *Kühl*, aaO S. 193; *Lackner/Kühl*, § 201 a Rn 1, 3; *Wolter*, Schünemann-Symposium, S. 225; zust. hingegen NK-*Kargl*, § 201a Rn 12.

15  BT-Drucks. 15/2995, S. 5; 15/2466, S. 4; 15/1891, S. 6 (Gesetzentwurf des BR); vgl auch *Meyer-Goßner*, § 171b GVG Rn 3; für zu eng gefasst halten den Schutzbereich *Hoyer*, ZIS 08, 206 und *Lackner/Kühl*, § 201a Rn 2; zust. hingegen *Eisele*, JR 05, 6, 8.

16  So auch SK-*Hoyer*, § 201 Rn 14; ähnlich *Lackner/Kühl*, § 201a Rn 2; NK-*Kargl*, § 201a Rn 4; aA *Eisele*, JR 05, 6, 8 und in BT I Rn 671; *Koch*, GA 05, 89, 99; S/S-*Lenckner*, § 201a Rn 5.

17  So auch HK-GS/*Tag*, § 201a Rn 5; hingegen zählen *Borgmann*, NJW 04, 2133 und *Bosch*, JZ 05, 377, 379 zum gegen Einblick besonders geschützten Raum auch die Gäste- oder Hotelzimmer, *Koch*, GA 05, 89, 99 zudem noch Nebenräume wie Garagen und Keller.

ten **Raum** zu verstehen sind ua Toiletten, Umkleidekabinen und ärztliche Behandlungszimmer, uU auch ein Garten, nämlich dann, wenn er durch einen hohen Sichtschutz Dritten den Einblick von außen verwehrt (BT-Drucks. 15/2466, S. 5 und 15/1891, S. 7)[18]. Im Schutzbereich muss nur der Betroffene sich aufhalten, die Tat kann hingegen von einem beliebigen Ort aus begangen werden.

### 2. Tathandlungen des § 201a I

**545c**  **Tathandlungen** in § 201a I sind das (unbefugte) Herstellen oder Übertragen von Bildaufnahmen. **Herstellen** meint die Handlungen, mit denen das Bild auf einem Bild- oder Datenträger abgespeichert wird (BT-Drucks. 15/2466, S. 5)[19]. Mit der Modalität **Übertragen** soll klargestellt werden, dass auch Echtzeitübertragungen, zB mittels sog. Webcams oder Spycams ohne dauernde Speicherung der aufgenommenen Bilder einbezogen sind (BT-Drucks., aaO). Weder beim Herstellen noch beim Übertragen ist erforderlich, dass der Täter die Aufnahme zur Kenntnis nimmt.

**545d**  **Unbefugt** werden die Bildaufnahmen hergestellt oder übertragen, wenn eine *Einwilligung* des Betroffenen oder ein anderer Rechtfertigungsgrund fehlt[20].

### 3. Tathandlungen des § 201a II

**545e**  **Gebraucht** ist eine durch eine Tat nach § 201a I, also unbefugt hergestellte Bildaufnahme dann, wenn eine der technischen Möglichkeiten des Bildträgers ausgenutzt wird (zB Speichern, Archivieren oder Kopieren, auch Fotomontagen; vgl BT-Drucks. 15/2466, S. 5). Diese Tatvariante ist für denjenigen bedeutsam, der die Bildaufnahme nicht hergestellt hat. **Zugänglich gemacht** ist die Bildaufnahme dann, wenn einem Dritten der Zugriff auf das Bild ermöglicht wird. Genügen soll insoweit aber auch, dass ihm die Kenntnisnahme vom Gegenstand des Bildes ermöglicht wird. Begründet wird das damit, dass die Nutzung einer Bildaufnahme ebenso strafwürdig sei wie deren Herstellung (BT-Drucks. 15/2466, S. 5).

Beide Tathandlungen sind *zu weit* gefasst. Wenn nämlich die **unbefugte Beobachtung** als solche, der sog. *„freche Blick"*, nicht strafbar sein soll (so BT-Drucks. 15/2446, S. 4 und schon 15/1891, S. 6), ist nicht begründbar, warum für einen Dritten, der zB von einem Foto Kenntnis nimmt, die Strafbarkeitszone früher beginnen soll, wenn er nur weiß oder billigend in Kauf nimmt, dass diese Aufnahme unbefugt hergestellt worden ist. Um einen Wertungswiderspruch[21] zu vermeiden, muss der Anwendungsbereich des § 201a II für den Dritten auf die Fälle beschränkt werden, in de-

---

18  *Eisele,* aaO S. 6.; NK-*Kargl,* § 201a Rn 5; SK-Hoyer, § 201a Rn 16; zweifelnd *Flechsig,* ZUM 04, 605, 610.

19  Hierzu und zum im Erg. nicht unter Strafe gestellten bloßen Beobachten *Eisele,* JR 05, 6, 9; *Fischer,* § 201a Rn 12; *Kühl,* AfP 04, 190, 194.

20  *Eisele,* JR 05, 6, 10; *Lackner/Kühl,* § 201a Rn 9; ferner oben Rn 529, 532; zumindest missverständlich BT-Drucks. 15/2466, S. 5.

21  Das Beobachten der Person selbst ist für den Dritten nicht strafbar, das Betrachten des Fotos hingegen erscheint vom Wortlaut erfasst; aA *Flechsig,* ZUM 04, 605, 614.

nen dieser sich den Zugriff auf den Bildträger verschafft hat und so eine neue, wiederum typische Verbreitungsgefahr hinsichtlich des Bildes geschaffen ist[22].

Dem unbefugten Handeln eines Täters unter den Voraussetzungen des § 201a I gleich- **545f** stellen will **Abs. 3** den Fall, dass jemand eine **befugt** hergestellte Bildaufnahme eines anderen **wissentlich unbefugt** einem Dritten **zugänglich macht** (zu dieser Handlung siehe Rn 545 e). Dabei soll „wissentlich unbefugt" so zu verstehen sein, dass der Begriff „unbefugt" echtes Tatbestandsmerkmal ist (so der Rechtsausschuss, BT-Drucks. 15/2995, S. 6; vgl dazu Rn 545 g). § 201a III will sicherstellen, dass eine Person, die zB in eine Aktaufnahme in einer Wohnung eingewilligt hat, die Einwilligung in eine Weitergabe im privaten Kreis[23] von vornherein untersagen oder auch später, etwa nach Auflösung einer längeren Beziehung, widerrufen kann.

Die Regelung passt nicht recht zum Zweck der Norm[24]. Wer sich beispielsweise von **545g** einem ehedem Vertrauten in einem Hotelzimmer in intimer Pose ablichten ließ, soll allein wegen dieser Örtlichkeit einen weitreichenden strafrechtlichen Schutz erlangen, auch gegenüber Dritten, die in den Besitz des Fotos gelangt sind. Dass hier strafbares Unrecht vom Bereich des nicht Strafbaren scharf geschieden wäre, lässt sich nicht sagen. Wenig klar ist auch das Erfordernis, dass der Täter wissentlich unbefugt handeln muss[25]. Für die Einordnung in den Tatbestand (siehe Rn 545 f) wird angeführt, dass die Tatbeschreibung im Übrigen kein typisches Unrecht erkennen lasse[26].

## IV. Verletzung des Briefgeheimnisses

**Fall 29:** Die bei Frau F als Untermieterin wohnende Studentin S erhält nach den „Semester- **546** ferien" in rascher Folge mehrere Luftpostbriefe ohne Absenderangabe. Um zu erfahren, wer an S schreibt und worum es geht, holt F einen ihr soeben vom Postboten übergebenen Brief aus dem nicht vollständig zugeklebten Umschlag, indem sie den dünnen Briefbogen mithilfe einer langen Haarnadel aufrollt und geschickt aus dem Umschlag herauszieht, ohne diesen zu beschädigen. Beim Lesen stellt F enttäuscht fest, dass der mit „Juanito" unterzeichnete Brief in spanischer Sprache abgefasst ist, die sie nicht beherrscht. Darauf befördert sie den Briefbogen auf die genannte Weise in den Umschlag zurück.

**a)** Hat F sich strafbar gemacht?

**b)** Wie liegt es, wenn F nur den verschlossenen Schreibtisch der S geöffnet, einen der gesuchten Briefe herausgenommen und beim Lesen die oben erwähnte Feststellung über seinen Inhalt getroffen hat? **Rn 556**

---

22  So zutreffend *Bosch*, JZ 05, 377, 380 f.; im Erg. ebenso *Koch*, GA 05, 589, 601; zur Abgrenzung vom Verbreiten iS des § 33 KUG siehe *Dreier/Schulze*, Urheberrechtsgesetz, 2004, § 22 KUG Rn 9.
23  Die unbefugte Verbreitung oder öffentliche Zur-Schau-Stellung befugt oder unbefugt hergestellter Bildaufnahmen ist schon gem. § 33 KUG strafbar.
24  Sehr krit. *Bosch*, JZ 05, 377, 381; Zweifel auch bei *Koch*, GA 05, 589, 601 und *Kühl*, AfP 04, 190, 195.
25  Zu diesem dogmatisch nicht durchdachten „Schnellschuss" *Kühl*, aaO S. 195; krit. auch *Eisele*, JR 05, 6, 10: „Bruch im System"; sehr krit. *Bosch*, aaO S. 382 ff.
26  *Kühl*, aaO S. 196; *Lackner/Kühl*, § 201a Rn 8.

## 1. Geschützte Objekte

**547**  § 202 I, II, der an die Stelle des § 299 aF getreten ist, **hat den Schutz des Briefgeheimnisses** wesentlich erweitert und auf die *Abwehr gleich gearteter Eingriffe in die Privatsphäre* für einen neu abgegrenzten Kreis von Schutzgegenständen ausgedehnt. **Gegenstand der Tat** können außer *Briefen* und *Schriftstücken* auch *Abbildungen* sein (vgl § 202 III).

**548**  **Brief** ist die schriftliche Mitteilung von Person zu Person. Der Begriff bildet nur einen Unterfall des Schriftstücks, das jede durch Schriftzeichen verkörperte Gedankenerklärung umfasst (also auch Tagebücher, Notizen, Abrechnungen, Planskizzen usw). Da § 202 jedoch nur dem Schutz eines bestimmten Teils des persönlichen Lebens- und Geheimbereichs dienen soll, scheiden solche Schriftstücke aus, denen jeder Persönlichkeitsbezug fehlt (zB Briefmarken, Banknoten, Reklamezettel, Gebrauchsanweisungen und dergleichen). Andererseits braucht das Schriftstück kein *Geheimnis* im materiellen Sinn zu enthalten. Die amtliche Überschrift des Gesetzes zu § 202 ist danach in mehrfacher Hinsicht ungenau (näher *S/S-Lenckner*, § 202 Rn 2).

**549**  Gemeinsam für alle Tatobjekte gilt, dass sie im Zeitpunkt der Tatbegehung **nicht zur Kenntnis des Täters bestimmt sein dürfen.** Maßgebend ist die Bestimmung dessen, dem das Verfügungsrecht über den betreffenden Gegenstand zusteht; das muss nicht notwendig der Eigentümer sein (vgl *Maurach/Maiwald*, BT I § 29 Rn 20). Bei Briefen liegt das Bestimmungsrecht zunächst beim Absender, nach Zugang jedoch allein beim Adressaten. **Geschützt** sind die in Betracht kommenden Objekte, wenn sie entweder iS des § 202 I *verschlossen* oder iS des § 202 II durch ein *verschlossenes Behältnis gegen Kenntnisnahme besonders gesichert* sind.

**550**  **Verschlossen** (§ 202 I) ist ein Gegenstand, wenn er mit einer *an ihm befindlichen* Vorkehrung versehen ist, die dem Vordringen zu seinem Inhalt ein Hindernis entgegensetzt (zB Versiegelung, Verschluss durch einen zugeklebten Umschlag usw). Offene, jedoch in einem Behältnis *eingeschlossene* Briefe, Schriftstücke und dergleichen genießen Schutz nach § 202 II. **Behältnis** ist ein zur Aufnahme von Sachen dienendes, aber *nicht* zum Betreten durch Menschen bestimmtes Raumgebilde (= Kassette, Koffer, Schreibtisch, Schrank: BGHSt 1, 158, 163). Verschlossene Räume, die zum Betreten durch Menschen bestimmt sind, bieten den in ihnen offen aufbewahrten Schriftstücken usw nicht durch § 202 II, sondern lediglich im Rahmen des § 123 Schutz.

## 2. Tathandlungen

**551**  **Tathandlung** bei § 202 I Nr 1 ist das **Öffnen** des verschlossenen Tatobjekts. Ausreichend dafür ist jede Aufhebung oder Überwindung des Verschlusses, so dass eine Kenntnisnahme vom Inhalt *möglich* ist. Der Kenntnisnahme selbst bedarf es hier nicht (= *Gefährdungstatbestand*). Dadurch soll dem Täter die praktisch nicht zu widerlegende Ausrede abgeschnitten werden, er habe den Brief zwar geöffnet, aber nicht gelesen (vgl *Herzberg*, JuS 84, 369, 371). Es kommt auch nicht darauf an, ob der Verschluss gewaltsam erbrochen oder beschädigt worden ist (RGSt 20, 375; 54, 295).

**552**  § 202 I Nr 2 setzt dagegen voraus, dass der Täter **sich vom Inhalt** des Schutzgegenstandes ohne Öffnung des Verschlusses *unter Anwendung technischer Mittel* tatsächlich **Kenntnis verschafft** (siehe noch Rn 553). Gedacht ist hierbei an die Anwendung von Chemikalien oder die Benutzung besonderer Durchleuchtungseinrichtungen. Es genügt nicht, dass der Täter den Briefumschlag gegen das Licht oder eine normale Lampe hält und auf diese Weise vom Inhalt Kenntnis nimmt.

Der Tatbestand des § 202 II ist als *zweiaktiges* Delikt ausgestaltet. Der Täter muss das **553** verschlossene Behältnis *zum Zwecke der Kenntnisnahme* auf beliebige Art öffnen (zB mit dem richtigen Schlüssel oder einem hierfür nicht bestimmten Werkzeug) *und* sodann vom Inhalt des Schriftstücks usw Kenntnis nehmen. Wer Geld stehlen will und zu *diesem Zweck* ein Behältnis erbricht, darauf jedoch die darin vorgefundenen Briefe liest, erfüllt mithin den Tatbestand des § 202 II nicht.

Fraglich ist, wann eine **Kenntnisverschaffung** iS des § 202 II (ebenso bei § 202 I **554** Nr 2) **gelungen** ist. Nach allg. Ansicht genügt, dass der Täter den Brief teilweise gelesen hat. Streitig ist aber, ob cr das Gelesene dem Sinngehalt nach verstanden haben muss (so *S/S-Lenckner*, § 202 Rn 10/11) oder ob es ausreicht, dass er im Wege der *visuellen Wahrnehmung* bis zum Inhalt des betreffenden Objekts vorgedrungen ist (so *Blei*, JA 74, 601, 606; *Lackner/Kühl*, § 202 Rn 4). Den Vorzug verdient die letztgenannte Auffassung, da der Eintritt der Rechtsgutsverletzung nicht von den Sprachkenntnissen des Täters, sondern nur vom erfolgreichen Gebrauch seiner Sinnesorgane abhängig gemacht werden kann (siehe dazu aber auch LK-*Schünemann*, § 202 Rn 21, der erst ungefähre Einordnung des Inhalts genügen lassen will) und der Wortlaut (vgl auch § 202 III) zur engeren Deutung nicht zwingt.

### 3. Unbefugtheit des Handelns

In allen Fällen des § 202 muss der Täter **unbefugt** gehandelt haben. Dieses Merkmal **555** betrifft (wie bei den übrigen Tatbeständen im 15. Abschnitt des StGB; beachte aber Rn 545 f) die **Rechtswidrigkeit** der Tat, doch schließt die *Einwilligung* des Verletzten *hier* bereits den Tatbestand aus, weil sie bewirkt, dass das Schriftstück usw nunmehr *zur Kenntnis des Täters bestimmt* ist (*Fischer*, § 202 Rn 7, 13).

Im **Fall 29a** hat F den Tatbestand des § 202 I Nr 1 objektiv wie subjektiv, im **Fall 29b** den Tat- **556** bestand des § 202 II voll verwirklicht. Die Gegenmeinung stünde hier vor der Frage, ob die geforderte Kenntnisverschaffung nicht deshalb gelungen ist, weil F den Namen *„Juanito"* gelesen hat und daraus auf einen Spanier als Briefschreiber schließen konnte. Zu beachten bleibt, dass eine Strafverfolgung *nur auf Antrag* der S stattfinden würde (§ 205 I). Zum Verhältnis des § 202 zu den Eigentumsdelikten siehe BGH JZ 77, 237; *Küper*, JZ 77, 464.

## V. Ausspähen und Abfangen von Daten; Vorbereitungshandlungen

Das 2. WiKG vom 15.5.1986 (BGBl I 721) hat den 15. Abschnitt des StGB durch **557** § 202a ergänzt, das **Ausspähen von Daten**. Nach dieser Vorschrift wird mit Freiheitsstrafe bis zu 3 Jahren oder mit Geldstrafe bestraft, wer unbefugt Daten, die nicht für ihn bestimmt und die gegen unberechtigten Zugang besonders gesichert sind, sich odcr cinem anderen unter Überwindung der Zugangssicherung verschafft.

Wer unbefugt sich oder einem anderen unter Anwendung von technischen Mitteln nicht für ihn bestimmte Daten aus einer nicht öffentlichen Datenübermittlung oder aus der elektromagnetischen Abstrahlung einer Datenverarbeitungsanlage verschafft, wird gem. § 202b, **Abfangen von Daten**, mit Freiheitsstrafe bis zu zwei Jahren oder mit Geldstrafe bestraft, wenn die Tat nicht in anderen Vorschriften mit schwererer Strafe bedroht ist. § 202c, **Vorbereiten des Ausspähens und Abfangens von Daten**, stellt schon die beschriebenen Vorbereitungshandlungen unter Strafe (Höchstmaß der Freiheitsstrafe hier ein Jahr). Nach Abs. 2 gilt § 149 II, III entsprechend.

**558**  **Daten** im Sinne dieser Straftatbestände sind auf Grund der Legaldefinition in § 202a II nur solche Informationen, die elektronisch, magnetisch oder sonst nicht unmittelbar wahrnehmbar gespeichert sind oder übermittelt werden (dazu § 3 IV BDSG; vgl auch MüKo-*Graf*, § 202a Rn 8 f). Für unmittelbar *wahrnehmbare* Daten verbleibt es (wie bisher) bei dem durch §§ 201, 202 gewährleisteten Schutz.

**559**  § 202a erfasst alle Fälle der sog. Computerspionage und des unbefugten Datenabrufs ohne Rücksicht darauf, ob es sich um personenbezogene Daten handelt oder nicht und ob mit der Tat eine Verletzung des persönlichen Lebens- oder Geheimbereichs verbunden ist (vgl *Lackner/Kühl*, § 202a Rn 1). Vorausgesetzt wird, dass die betreffenden Daten gegen unberechtigten Zugang „besonders gesichert" sind. Das Interesse des Verfügungsberechtigten an ihrer Geheimhaltung muss also durch entsprechende Sicherungsvorkehrungen (zB Passwort, Magnetkarte, Tastaturschloss) zum Ausdruck gebracht werden (dazu *Bühler*, MDR 87, 448; zum Überwinden dieser Sicherung *Fischer*, § 202a Rn 8, 11b; LK-*Schünemann*, § 202a Rn 14–16). Anders als § 202 I Nr 2, II verlangt § 202a nicht, dass der Täter vom Inhalt der Daten Kenntnis nimmt; so genügt es beispielsweise, dass er die Daten einem anderen verschafft (*Lackner/Kühl*, § 202a Rn 5). Die Tat ist Antragsdelikt (§ 205 I). Der Versuch ist nicht mit Strafe bedroht.

§ 202b schützt das formelle Geheimhaltungsinteresse des Verfügungsberechtigten, soweit es sich aus einem allgemeinen Recht auf Nichtöffentlichkeit privater Kommunikation auch außerhalb besonderer Manifestationen des Geheimhaltungswillens ergibt (vgl BT-Drucks. 16/3656, S. 11). Die Norm erfasst alle Arten nichtöffentlicher, nicht besonders gesicherter Datenübertragung (ua E-Mail, Fax, Telefon). Die Subsidiaritätsklausel hat als vorrangig insbesondere Taten nach §§ 201, 202a im Auge.

§ 202c bedroht bestimmte besonders gefährliche *Vorbereitungs*handlungen mit Strafe; speziell zu § 202c I Nr 1 instruktiv *Rengier*, BT II § 31 Rn 37 ff; zu Nr 2 siehe BT-Drucks. aaO und *Fischer*, § 202c Rn 6.

Lehrreich zum Ganzen *Hilgendorf/Frank/Valerius*, Computer- und Internetstrafrecht. Ein Grundriss, 2005; *Malek*, Strafsachen im Internet, 2005, Rn 145 ff; *Schulze-Heiming*, Der strafrechtliche Schutz der Computerdaten gegen die Angriffsformen der Spionage usw, 1995; *Schreibauer/Hessel*, Das 41. StÄG zur Bekämpfung der Computerkriminalität, Kommunikation und Recht, 2007, 616 ff.

## VI. Verletzung und Verwertung fremder Privatgeheimnisse

**Fall 30:** F begibt sich zu dem Frauenarzt Dr. A in Behandlung. In einer der beiden Umkleide- **560** kabinen stellt sie Schuhe und Einkaufstasche auf den Boden. Die Trennwand beider Kabinen reicht nicht ganz bis zum Fußboden. Nach der Untersuchung entdeckt sie, dass die Geldbörse mit 100 € Inhalt aus ihrer Tasche verschwunden ist. Allem Anschein nach ist sie das Opfer einer diebischen Patientin des A geworden, die sich zwischenzeitlich in der Nebenkabine angekleidet hat. F verlangt von der Sprechstundenhilfe S Auskunft über den Namen und die Adresse derjenigen Patientin, die zuletzt die Nebenkabine benutzt und mittlerweile die Praxis verlassen hat. S könnte diese Auskunft erteilen, will das jedoch nur tun, wenn A zustimmt.

A möchte wissen, ob er die Erlaubnis dazu erteilen darf, ohne gegen § 203 zu verstoßen.
**Rn 570**

### 1. Schutzrichtung und Schutzgegenstände

§ 203 fasst als Nachfolgebestimmung zu § 300 aF dessen erweiterten Anwendungsbe- **561** reich mit einer neu geschaffenen Regelung über die Verletzung von Privatgeheimnissen durch Amtsträger und amtsnahe Personen in einer Vorschrift zusammen[27]. Unter Strafe gestellt ist *nicht das Ausspähen* fremder Geheimnisse, sondern nur deren unbefugtes **Offenbaren** durch den Schweigepflichtigen (instruktiv dazu OLG Köln NJW 62, 686). Da es sich um ein *Sonderdelikt* handelt, kommen als Täter nur die im Gesetz abschließend aufgezählten Personen in Betracht; für Teilnehmer, die nicht selbst schweigepflichtig sind, ist § 28 I zu beachten[28]. Näher zur ärztlichen Schweigepflicht *Langkeit*, NStZ 94, 6; *Ulsenheimer*, Arztstrafrecht, Rn 360; zur *externen* Verarbeitung der für Berufszwecke erhobenen Daten siehe das Gutachten des Deutschen Richterbundes, DRiZ 07, 244. Zur Gesamtproblematik des Schutzes von Privatgeheimnissen siehe *Rogall*, NStZ 83, 1; *Schünemann*, ZStW 90 (1978), 11.

**Schutzgegenstand** des § 203 ist ein **fremdes Geheimnis** (vgl dazu S/S-*Lenckner*, **562** § 203 Rn 3), *namentlich* ein zum persönlichen Lebensbereich gehörendes Geheimnis sowie ein Betriebs- oder Geschäftsgeheimnis, das dem Schweigepflichtigen in seiner jeweils genannten Eigenschaft als Arzt, Rechtsanwalt, Amtsträger usw **anvertraut** worden oder sonst **bekannt geworden** ist.

**Geheimnisse** iS des § 203 I, II sind Tatsachen, die nur einem *begrenzten* Kreis *bekannt* sind und **563** an deren Geheimhaltung eine Privatperson (= der Geheimnisinhaber oder -geschützte) ein schutzwürdiges Interesse hat (vgl BGHSt 41, 140, 142). Auf Art und Inhalt des Geheimnisses kommt es, wie „namentlich" und auch die aufgeführten schweigepflichtigen Personengruppen zeigen, nicht an; die geheimhaltungswürdigen Tatsachen können auch *Dritte* betreffen (so wenn eine Patientin ihrem Arzt den Mann namhaft macht, der sie mit einer Geschlechtskrankheit angesteckt hat; vgl *Hackel*, NJW 69, 2257); zur umstrittenen Reichweite des Schutzes sog. **Drittgeheimnisse** *Fischer*, § 203 Rn 9 mwN.

---

27 Das Gesetz vom 22.8.2006 hat durch § 203 II a auch Datenschutz-Beauftragte iS des § 4 f II BDSG in den Kreis möglicher Täter aufgenommen; näher *Tröndle/Fischer*, § 203 Rn 29a ff.
28 HK-GS/*Tag*, § 203 Rn 10; *Schmitz*, JA 96, 949, 951.

**564**   § 203 II 2 erweitert den Anwendungsbereich über die Privatgeheimnisse hinaus auf **Einzelangaben** über *persönliche oder sachliche Verhältnisse,* die für Aufgaben der **öffentlichen Verwaltung** erfasst worden sind. *Offenkundige Tatsachen fallen allerdings nicht in den Schutzbereich des § 203 II 2.* **Offenkundig** iS des § 203 sind solche Tatsachen, von denen verständige und erfahrene Menschen ohne weiteres Kenntnis haben oder von denen sie sich jederzeit durch Benutzung allgemein zugänglicher, zuverlässiger Quellen unschwer überzeugen können (BT-Drucks. 7/550, S. 243). Zu diesen Quellen zählen öffentliche Register *nicht,* wenn die Einsichtnahme von der Darlegung eines *berechtigten Interesses* abhängt (wie zB bei einer Registerauskunft zu Fahrzeug- und Halterdaten nach § 39 I StVG; eingehend dazu BGHSt 48, 28). Zur Sonderregelung im Bundesdatenschutzgesetz siehe *Büllesbach,* NJW 91, 2593; *Gola,* NJW 98, 3750; *Simitis,* NJW 98, 2473.

**565**   Der **Schweigepflichtige** muss von den Geheimnissen oder Einzelangaben gerade *in seiner Eigenschaft* als Arzt, Rechtsanwalt, Amtsträger usw durch vertrauliche Mitteilung oder in anderer Weise Kenntnis erhalten haben. Zwischen der Kenntniserlangung und der beruflichen oder amtlichen Tätigkeit muss ein *innerer Zusammenhang* bestehen[29].

## 2.   Begriff des Offenbarens

**566**   **Tathandlung** ist das **Offenbaren** des fremden Privatgeheimnisses. Dazu genügt jede *Bekanntgabe der geheimhaltungsbedürftigen Tatsachen* an einen anderen, der davon keine, zumindest noch keine sichere Kenntnis besitzt (RGSt 26, 5; 38, 62; BGH NJW 95, 2915). Vorausgesetzt wird zudem, dass dabei die *Person* dessen erkennbar gemacht wird, auf den sich das Geheimnis bezieht. Vollendet und zudem beendet ist die Tat mit dem unbefugten Offenbaren (BGH NStZ 93, 538).

**567**   Die Form der Bekanntgabe ist belanglos (= mündliche oder schriftliche Mitteilung, Gewährung von Akteneinsicht, Weitergabe von Überstücken einer Anklageschrift an Außenstehende, pflichtwidriges Unterlassen usw; vgl OLG Köln JR 80, 382). Ein Offenbaren liegt auch in der Weitergabe des Geheimnisses an Personen, die ihrerseits der Schweigepflicht nach § 203 unterliegen[30]. In dieser Hinsicht sind allerdings Einschränkungen in § 203 II 2 Halbsatz 2 vorgesehen, während im Übrigen nur zu fragen bleibt, ob das Offenbaren *befugt* war oder nicht.

## 3.   Unbefugtheit des Handelns

**568**   Eine **Offenbarungsbefugnis** kann sich aus der *Erfüllung von Rechtspflichten* ergeben (zB gemäß § 138, den Vorschriften des Bundesseuchengesetzes oder des Gesetzes zur Bekämpfung der Geschlechtskrankheiten usw), ferner kraft *Einwilligung* des Geheimnisinhabers oder *mutmaßlicher Einwilligung,* nach den *Grundsätzen der Güter- und Pflichtenabwägung* bei Wahrnehmung berechtigter Interessen[31], aus *presserecht-*

---

29   Vgl OLG Karlsruhe NJW 84, 676, aber auch *Lackner/Kühl,* § 203 Rn 16 mwN.
30   Näher BayObLG NStZ 95, 187 mit Anm. *Fabricius,* StV 96, 485 und *Gropp,* JR 96, 478; OVG Lüneburg NJW 75, 2263.
31   BGHSt 1, 366; BGH MDR 56, 625; NJW 68, 2288; *Rogall,* NStZ 83, 1, 6; beachte aber S/S-*Lenckner,* § 203 Rn 30.

*licher Auskunftspflicht*[32], aus § 49b IV BRAO, der die Abtretung von Honorarforderungen an andere Rechtsanwälte erlaubt[33] oder aus den sonst einschlägigen Rechtfertigungsgründen. Zur ärztlichen Schweigepflicht und ihren Grenzen in HIV-Fällen siehe OLG Frankfurt NStZ 01, 150 (mit abl. Anm. *Wolfslast*) und MedR 00, 196 (mit abl. Anm. *Engländer*, MedR 01, 143) sowie LK-*Zieschang*, § 34 Rn 68a.

Das **Zeugnisverweigerungsrecht** nach §§ 53, 53a StPO, 383 ZPO ermöglicht dem Schweige-    569
pflichtigen die Wahrung des Geheimnisses auch vor Gericht. Macht er von diesem Recht keinen Gebrauch, so ist die Preisgabe des Geheimnisses nicht schon deshalb rechtmäßig, weil sie im Rahmen einer Zeugenaussage erfolgt ist; befugt ist die Offenbarung vielmehr nur bei Vorliegen eines Rechtfertigungsgrundes[34]. Das Zeugnisverweigerungsrecht entfällt mit einer Entbindung des Zeugen von seiner Verpflichtung zur Verschwiegenheit (§§ 53 II, 53a II StPO, 385 II ZPO). Materiellrechtlich liegt in der *Aussagegenehmigung* eine die Offenbarung *rechtfertigende Einwilligung*. Ihre Erteilung ist grundsätzlich Sache dessen, auf den sich das Geheimnis bezieht; ob und unter welchen Umständen bei sog. **Drittgeheimnissen** die Erlaubnis des Anvertrauenden allein ausreicht (so OLG Köln MDR 83, 599), ist umstritten[35]. Bei Geheimnissen, die den persönlichen Lebensbereich betreffen, geht die Einwilligungsbefugnis als *höchstpersönliches* Recht nicht auf die Erben über (vgl § 203 IV; BGH NJW 83, 2627).

---

Im **Fall 30** haben A und S den *Namen* der Patientin, die des Diebstahls der Geldbörse verdäch-    570
tig ist, im Zusammenhang mit ihrer beruflichen Tätigkeit erfahren (§ 203 I Nr 1, III 1). Fraglich ist, ob auch der Name eines Patienten ein fremdes Geheimnis iS dieser Vorschrift sein kann.

Die Antwort darauf hängt vom Einzelfall ab. Schon der Umstand, *dass* jemand überhaupt einen Arzt aufgesucht hat, kann geheimhaltungswürdig sein, wenn daraus für den Patienten unangenehme Rückschlüsse gezogen werden könnten[36]. Beispiele dafür bilden das Aufsuchen eines Facharztes für Haut- und Geschlechtskrankheiten oder die Behandlung eines verletzten Straftäters durch einen Unfallarzt[37]. Das Interesse des Patienten daran, dass sein Name nicht preisgegeben wird, ist aber nicht immer *objektiv anerkennenswert und schutzwürdig*. So dann nicht, wenn er sich (wie F im **Fall 30**) dem dringenden Verdacht ausgesetzt hat, die ärztliche Vertrauenssphäre zum Nachteil anderer Patienten zur Begehung einer Straftat missbraucht zu haben (vgl LK-*Schünemann*, § 203 Rn 28; krit. NK-*Kargl*, § 203 Rn 7). Für Fälle dieser Art hat das LG Köln (näher NJW 59, 1598) eine Schweigpflicht des Arztes und seiner Sprechstundengehilfin aus § 203 I Nr 1, III 2 zutreffend verneint.

---

## 4. Verwertung fremder Geheimnisse

§ 204 stellt die unbefugte **Verwertung fremder Privatgeheimnisse** unter Strafe. Tä-    571
ter können nur Schweigepflichtige (§ 203) sein. **Verwerten** bedeutet das *wirtschaftliche* Ausnutzen des Geheimnisses zum Zwecke der Gewinnerzielung, und zwar *anders* als durch ein *Offenbaren*.

---

32  OLG Hamm NJW 00, 1278; S/S-*Lenckner*, § 203 Rn 53a.
33  BGH(Z) NJW 07, 1196 mit Anm. *Kühl*, JZ 07, 1059.
34  Näher BGHSt 9, 59; *Lenckner*, NJW 65, 321; *Michalowski*, ZStW 109 (1997), 519.
35  Näher dazu *Hackel*, NJW 69, 2257; *Maurach/Maiwald*, BT I § 29 Rn 25; *Rogall*, Anm. NStZ 83, 413.
36  LG Köln NJW 59, 1598; LG Aurich NJW 71, 252.
37  Zum Letzteren siehe BGHSt 33, 148 mit zust. Anm. *Rogall*, NStZ 85, 374.

Das Verkaufen fremder Geheimnisse im Wege ihres Offenbarens fällt nicht unter § 204, sondern unter § 203 V (Entwurfsbegründung EGStGB, BT-Drucks. 7/550, S. 244). § 204 erfasst dagegen den Fall, dass ein Patentanwalt Erfindungen seiner Mandanten im eigenen Betrieb wirtschaftlich ausbeutet (näher S/S-*Lenckner*, § 204 Rn 5/6).

# § 13  Der Hausfriedensbruch

**572**  **Fall 31:** Frau F und ihr Ehemann M bereiten in ihrem Mietbungalow eine Silvesterparty vor. Die am Stadttheater beschäftigte Nachbarstochter T würde daran gern teilnehmen, weil sie sich für einige der eingeladenen Herren interessiert. Star des Abends soll der Opernsänger B sein. Mit der unwahren Behauptung, B habe ein Auge auf sie geworfen und rechne fest damit, dass sie ebenfalls anwesend sei, erschwindelt T sich die erhoffte Einladung. Bei Kenntnis der wahren Sachlage hätten F und M sie nicht zu sich gebeten, weil ihnen diese Art Interesse der T an Männern suspekt ist.

Am Neujahrstag überrascht der ebenfalls eingeladene Schwiegervater V den M mit der Eröffnung, dass er auf Wunsch der F bis zum Dreikönigsfest bleiben wolle. M fühlt sich hintergangen. Nach einer heftigen Auseinandersetzung fordert er den V mit Nachdruck auf, das Haus bis zum Abend zu verlassen. V lässt sich jedoch nicht erweichen und reist erst am Dreikönigstag wieder ab, wobei er sich der Zustimmung von F sicher weiß.

Haben T und V sich des Hausfriedensbruchs schuldig gemacht? **Rn 586, 589, 594, 596**

## I.  Einfacher Hausfriedensbruch

### 1.  Begriff und Bedeutung des Hausrechts

**573**  Entgegen der Überschrift zum 7. Abschnitt des Besonderen Teils des StGB bezweckt § 123 nicht den Schutz der öffentlichen Ordnung, sondern des **Hausrechts**. Kern des Hausrechts ist die **Freiheit der Entscheidung** darüber, wer sich innerhalb der geschützten Räume und des befriedeten Besitztums aufhalten darf und wer nicht. Der Hausfriedensbruch ist somit ein Freiheitsdelikt[1].

**574**  Hinsichtlich des geschützten Rechtsguts gilt für die **Wohnung** trotz ihrer *besonderen Funktion* als Stätte des Familienlebens und der Selbstverwirklichung des Einzelnen im Prinzip das Gleiche wie für die sonst durch § 123 geschützten Räumlichkeiten[2]. In allen Fällen richtet der Angriff sich gegen die **Bestimmungsfreiheit des Hausrechtsinhabers** und sein **Interesse an einer ungestörten Besitzausübung**.

---

1  OLG Hamm NJW 82, 2676; OLG Köln JR 84, 28; HK-GS/*Hartmann*, § 123 Rn 2; MüKo-*Schäfer*, § 124 Rn 1, 6 mit Hinw. auf § 4 GewSchG; zusf. *Bernsmann*, Jura 81, 337, 403, 465; *Geppert*, Jura 89, 378; vgl ferner *Amelung*, ZStW 98 (1986), 355, nach dessen Ansicht § 123 „physisch gesicherte Territorialität" schützt, die ein besonderes Maß an Freiheit ermöglicht.

2  Vgl dazu *Amelung*, aaO S. 404; anders *Schall*, Die Schutzfunktion der Strafbestimmung gegen den Hausfriedensbruch, 1974, S. 35 ff.

Inhaber des Hausrechts ist derjenige, dem kraft seiner Verfügungsgewalt das Bestimmungsrecht innerhalb des geschützten Bereichs zusteht (für mehrere Berechtigte siehe Rn 595). Das braucht nicht der Eigentümer und nicht stets der unmittelbare Besitzer zu sein; wer sich beispielsweise den Besitz mittels verbotener Eigenmacht verschafft, erlangt dadurch kein Hausrecht (vgl LK-*Lilie*, § 123 Rn 27 mwN). **575**

Bei **Mieträumen** steht das Hausrecht dem *Mieter* zu, und zwar auch gegenüber dem Hauseigentümer, der nicht befugt ist, die dem Mieter überlassenen Räume *eigenmächtig* zu betreten. Ob und inwieweit der Vermieter missliebigen Besuchern des Mieters den Zutritt zum Haus verwehren darf, ist umstritten[3]. Zu Untermietverhältnissen innerhalb einer Wohnung siehe die Darstellung bei *Krey/M. Heinrich*, BT I Rn 441. **576**

Die **Ausübung** des Hausrechts kann anderen Personen **übertragen** werden, die sich dann in den Grenzen der ihnen erteilten Ermächtigung halten müssen (vgl LK-*Lilie*, § 123 Rn 37; S/S-*Lenckner*, § 123 Rn 21). **577**

## 2. Geschützte Räumlichkeiten

Zum **geschützten Bereich** gehören die Wohnung, die Geschäftsräume, das befriedete Besitztum und abgeschlossene Räume, die zum öffentlichen Dienst oder Verkehr bestimmt sind. **578**

**Wohnung** ist der Inbegriff der Räumlichkeiten, die einzelnen oder mehreren Personen als Unterkunft dienen oder zur Benutzung freistehen, einschließlich der zugehörigen **Nebenräume** wie Treppen, Keller, Wasch- und Trockenräume; sie gehören auch bei Mehrfamilienhäusern als integrierende Bestandteile zu den Wohnungen[4]. Auch bewegliche Sachen können Wohnung in diesem Sinne sein, so zB Wohnwagen und -mobile oder Campingzelte, nicht jedoch Kraftfahrzeuge, die *nur* Beförderungsmittel sind. **579**

Nach hM werden auch *nicht* eingehegte Hofräume, Hausgärten, Abstellplätze und dergleichen (sog. offene **„Zubehörflächen"**) erfasst, wenn sie infolge ihrer unmittelbaren Anbindung in erkennbarem Zusammenhang mit einer Wohnung (oder Geschäftsräumen; dazu Rn 581) stehen[5]. Umstritten ist nur, ob sie schon am Schutz dieser Räumlichkeiten teilnehmen[6] oder einen Sonderfall „befriedeten" Besitztums darstellen[7].

**Geschäftsräume** sind Räumlichkeiten, die bestimmungsgemäß für gewerbliche, künstlerische, wissenschaftliche oder ähnliche Zwecke verwendet werden (RGSt 32, 371; OLG Köln NJW 82, 2740). **580**

Eine in das Gebäude eines Kaufhauses hineinversetzte **Passage**, die einen geschützten Eingangsbereich für das Kaufhaus darstellt und in der sich während der Geschäftszeit Verkaufsstände be- **581**

---

3  Näher dazu OLG Braunschweig NJW 66, 263 mit abl. Anm. *Schröder*; OLG Hamm GA 61, 181; HK-GS/*Hartmann*, § 123 Rn 5 f; LK-*Lilie*, § 123 Rn 28 ff; *Schall*, Die Schutzfunktion der Strafbestimmung gegen den Hausfriedensbruch, 1974, S. 137; S/S-*Lenckner/Sternberg-Lieben*, § 123 Rn 17.

4  RGSt 1, 121; S/S-*Lenckner/Sternberg-Lieben*, § 123 Rn 4; aA *Behm*, GA 02, 153: befriedetes Besitztum.

5  Näher HK-GS/*Hartmann*, § 123 Rn 9; abl. *Amelung*, NJW 86, 2075, 2079; *Behm*, GA 02, 153, jeweils mwN; anders auch NK-*Ostendorf*, § 123 Rn 22.

6  So RGSt 20, 150, 154; 36, 395, 398; *Lackner/Kühl*, § 123 Rn 3.

7  So *Frank*, § 123 Anm. I 3; *Müller-Christmann*, JuS 87, 19; S/S-*Lenckner/Sternberg-Lieben*, § 123 Rn 6.

finden, kann **„Zubehörfläche"** der Geschäftsräume sein und an deren Schutz teilhaben, wenn sie nach ihrer räumlichen und funktionalen Zuordnung für jedermann erkennbar zu ihnen gehört[8].

**582**  **Befriedetes Besitztum** ist ein Grundstück, wenn es durch zusammenhängende, nicht unbedingt lückenlose Schutzwehren (= Mauer, Zaun, Hecke usw) in äußerlich erkennbarer Weise gegen das willkürliche Betreten durch andere gesichert ist[9].

**Beispiele:** Friedhöfe, Lagerplätze, Feldscheunen, Ställe, Gärten (soweit Letztere nicht erkennbar zur Wohnung gehören und schon an deren Schutz teilnehmen; vgl Rn 579). Leerstehende, zum **Abbruch bestimmte Wohnhäuser** und Fabrikgebäude gehören ebenfalls zum befriedeten Besitztum, solange ihre Umgrenzung insgesamt den Charakter einer zusammenhängenden Sperrvorrichtung gegen das Betreten durch Unbefugte noch nicht vollständig verloren hat[10]. Ob eine, wenn auch nicht gänzlich lückenlose, so doch den Willen des Berechtigten ausreichend erkennbar machende Einfriedung besteht, hängt von den konkreten Gegebenheiten im Einzelfall ab (so ist ein abbruchreifes Gebäude idR nicht mehr eingefriedet, wenn sämtliche Türen und Fenster herausgebrochen sind, OLG Stuttgart NStZ 83, 123). Bloße Warn- oder Verbotstafeln begründen für sich allein keine Befriedung iS des § 123 (vgl BayObLG NJW 95, 270). **Kein** befriedetes Besitztum sind unterirdische Fußgängerpassagen oder unterhalb des Straßenniveaus liegende Passagen, die nur dem Fußgängerverkehr als Zugang zu U- und S-Bahnanlagen sowie zu sonstigen von der Öffentlichkeit genutzten Einrichtungen dienen (OLG Frankfurt/M. NJW 06, 1746).

**583**  Unter die zum **öffentlichen Dienst oder Verkehr** bestimmten Räume fallen ua Gerichtssäle, Behördenräume, Schulen, Kirchen öffentlichrechtlicher Religionsgemeinschaften, Bahnhofshallen, Wartesäle, Eisenbahnabteile, Straßenbahnen, Omnibusse des Linienverkehrs usw[11]. Zur Problematik eines **Hausverbots** im Universitäts- und Schulbereich siehe BGH NStZ 82, 158; OLG Karlsruhe JZ 77, 478; OLG Hamburg NJW 80, 1007; LK-*Lilie*, § 123 Rn 39 ff, 56 f mwN. Zur Kollission eines Hausverbots mit dem Beförderungsanspruch (vgl § 22 PersonenbeförderungsG) in Passagen, die sowohl den Zutritt zu Läden ermöglichen als auch einziger Durchgang zu einem Bahnhof sind, siehe OLG Frankfurt/M. NJW 06, 1746, 1749 f.

### 3.  Tathandlungen

**584**  a) Die **Tathandlung** besteht bei der ersten Alternative des § 123 I im **Eindringen**. Die hM versteht darunter zutreffend ein *Betreten gegen den Willen des Berechtigten*[12].

---

8  OLG Oldenburg JR 86, 79 mit Anm. *Bloy;* ebenso *Lackner/Kühl*, § 123 Rn 3; im Erg. auch *Müller-Christmann*, JuS 87, 19; abl. *Amelung*, Anm. JZ 86, 247; *Behm*, GA 86, 547 und JuS 87, 950; SK-*Rudolphi/Stein*, § 123 Rn 36a.

9  Vgl RGSt 11, 293; 20, 150; 36, 395; OLG Hamm NJW 82, 2676; OLG Frankfurt/M. NJW 06, 1746, 1747 f; HK-GS/*Hartmann*, § 123 Rn 9.

10  OLG Hamm NJW 82, 1824; OLG Köln NJW 82, 2674; LK-*Lilie*, § 123 Rn 18 f; *Schall*, NStZ 83, 241; *Seier*, JA 82, 232; hM.

11  BGH NJW 82, 947; OLG Jena NJW 06, 1892; BayObLG JZ 77, 311; OLG Stuttgart NJW 69, 1776; eingehend S/S-*Lenckner/Sternberg-Lieben*, § 123 Rn 20.

12  Näher BGH MDR/D 68, 551; *Bohnert*, GA 83, 1; *Hanack*, JuS 64, 352; *Maurach/Maiwald*, BT I § 30 Rn 8, 13; S/S-*Lenckner/Sternberg-Lieben*, § 123 Rn 11; *Stückemann*, JR 73, 414.

Die Minderheitsmeinung, die auf ein Handeln *„ohne"* Willen des Berechtigten abstellt[13], unterscheidet sich davon mehr in der Formulierung als im praktischen Ergebnis.

Demgegenüber hält *Kargl* (JZ 99, 930) ein solches „Erfordernis der Willensbarriere" für unerheblich; er interpretiert Eindringen als das Überwinden der mit den Tatobjekten verbundenen Schutzwehren; s. ferner *Schild*, NStZ 86, 346.

Ob der entgegenstehende Wille *ausdrücklich erklärt* wird oder sich sonst aus den Um-     **585**
ständen ergibt (= *mutmaßlicher Wille*), ist gleichgültig. Unerheblich ist auch, ob die Tat
offen oder heimlich begangen wird, ob der Täter dabei ein Hindernis zu überwinden
hat und ob er mit dem ganzen Körper oder nur mit einem Teil desselben eindringt[14].

> Im **Fall 31** hat T die Wohnung von M und F nicht gegen, sondern mit deren Willen betreten,     **586**
> weil sie von beiden zur Silvesterparty *eingeladen* worden war. Fraglich ist aber, wie der Um-
> stand sich auswirkt, dass T diese Einladung durch Täuschung erschlichen hatte.

Am Merkmal des Eindringens **fehlt** es, wenn der Inhaber des Hausrechts mit dem Be-     **587**
treten seiner Wohnung oder sonstigen Räumlichkeiten **einverstanden** ist; seine **Erlaubnis** schließt nicht erst die Rechtswidrigkeit (so nach seinem Ansatz folgerichtig
*Kargl*, JZ 99, 930, 937 f), sondern bereits den Tatbestand des § 123 aus (= *tatbestandsausschließendes* **Einverständnis**; näher *Wessels/Beulke*, AT Rn 366). Dies gilt
selbst bei einem durch *Täuschung erschlichenen*, aber freiwillig zustande gekommenen Einverständnis, da es auch hier an einem real entgegenstehenden Willen des Berechtigten fehlt, dessen Überwindung in Betracht kommen könnte[15].

Die Gegenmeinung, die insoweit auf den *„wahren Willen"* des Berechtigten zurückgreifen will[16],     **588**
überzeugt nicht. Sie verkennt, dass für einen Rückgriff auf den *mutmaßlichen* oder *hypothetischen*
Willen kein Raum ist, wo der Berechtigte seinen **wirklichen Willen ausdrücklich erklärt** hat.
Die Ansicht, dass es beim erschlichenen Einverständnis an einer *bewussten* und *freiwilligen* Dis-
position des Hausrechtsinhabers über seine Privatsphäre fehle (*Amelung/Schall*, JuS 75, 567), ist
unzutreffend: Wer andere zum Betreten seiner Wohnung einlädt, tut dies *bewusst*, auch wenn er
getäuscht worden ist, und *freiwillig* ist sein Verhalten schon deshalb, weil es nicht abgenötigt, sondern gerade *frei von Zwang* ist. Die Gegenmeinung scheitert auch daran, dass sie sich nicht auf
§ 123 beschränken ließe, vielmehr beim „Wegnehmen" in § 242 ebenfalls auf den „wahren Willen" des getäuschten Gewahrsamsinhabers zurückgreifen müsste; danach läge im Abschwindeln
von Sachen nicht mehr Betrug (§ 263), sondern Diebstahl (§ 242), was offensichtlich verfehlt
wäre.

> Im **Fall 31** verwirklicht das Verhalten der T somit nicht den Tatbestand des § 123 I Alt. 1, weil     **589**
> T in die Wohnung von M und F nicht *„eingedrungen"* ist.

Das Betreten fremder Räume zur Begehung von Straftaten erfüllt zumeist die Merk-     **590**
male des Hausfriedensbruchs. Besonderheiten ergeben sich insoweit jedoch bei Räum-

---

13   *Schröder*, JR 67, 305; SK-*Rudolphi/Stein*, § 123 Rn 13.
14   BGH MDR/D 55, 144; RGSt 39, 440; LK-*Lilie*, § 123 Rn 48.
15   Vgl LK-*Lilie*, § 123 Rn 50 f; MüKo-*Schäfer*, § 123 Rn 29; SK-*Rudolphi/Stein*, § 123 Rn 18b; S/S-
     *Lenckner/Sternberg-Lieben*, § 123 Rn 22 mwN; zur umstrittenen Verfassungsmäßigkeit des 110c
     StPO siehe *Frister*, StV 93, 151; *Ranft*, Jura 93, 449, im Übrigen die StPO-Kommentare.
16   OLG München NJW 72, 2275; *Amelung/Schall* JuS 75, 565.

lichkeiten, die aufgrund einer **generellen Erlaubnis** dem allgemeinen Publikumsverkehr offenstehen, wie etwa Warenhäuser, Ausstellungsräume und dergleichen.

**591** Die **Verfolgung eines widerrechtlichen oder unerwünschten Zwecks** reicht für sich allein nicht aus, um das Betreten zum „Eindringen" zu machen. Hausfriedensbruch kommt in Fällen dieser Art allenfalls dann in Betracht, wenn das **äußere Erscheinungsbild** des Betretens von dem Verhalten abweicht, das durch die *generelle Zutrittserlaubnis gedeckt* ist, wie etwa bei einem überfallartigen Eindringen mit Masken und Waffen zwecks Kassenraubs (vgl dazu *Hillenkamp*, BT 8. Problem mwN; S/S-*Lenckner/Sternberg-Lieben*, § 123 Rn 26).

**592** Die erste Alternative des § 123 I kann nach überwiegender Ansicht auch durch **Unterlassen** (§ 13) verwirklicht werden; so zB dort, wo jemand eine zeitlich begrenzte Aufenthaltserlaubnis vorsätzlich überschreitet oder erst nachträglich erkennt, dass er den geschützten Ort gegen den Willen des Berechtigten betreten hat[17]. Weitgehend außer Streit ist der Fall, dass ein Garant die zu überwachende Person nicht am Eindringen hindert (anders LK-*Lilie*, § 123 Rn 59). Zum Ganzen *Küper*, BT S. 125.

**593** b) Die subsidiär eingreifende *zweite* Alternative des § 123 bedroht den Fall des **unbefugten Verweilens** mit Strafe. Zur Tatbestandsmäßigkeit des Verhaltens genügt hier, dass der **Täter sich nicht entfernt**, obwohl er vom Berechtigten *dazu aufgefordert* worden ist („echtes" Unterlassen). **Berechtigte** in diesem Sinne sind neben dem Hausrechtsinhaber alle Personen, die ihn im Willen vertreten oder die sonst, insbesondere kraft Familienzugehörigkeit, im konkreten Fall zur Wahrung des Hausrechts berufen sind. Letzteres kann auch für minderjährige Kinder zutreffen (BGHSt 21, 224).

**594** Im **Fall 31** ist V nur von M zum Verlassen der Wohnung aufgefordert worden, während F mit seinem weiteren Verweilen einverstanden war. Da bei Ehewohnungen das Hausrecht den Ehegatten *gemeinsam* zusteht, ist zu prüfen, wie sich Meinungsverschiedenheiten mehrerer Mitberechtigter im Rahmen des § 123 auswirken.

**595** Grundsätzlich ist **jeder Mitberechtigte** befugt, anderen Personen den Aufenthalt zu gestatten. Die Mitberechtigung mehrerer hat also nicht zur Folge, dass das Hausrecht nur gemeinsam ausgeübt werden könnte. Im Verhältnis der Mitberechtigten untereinander gilt neben der Verpflichtung zur gegenseitigen Rücksichtnahme bei Meinungsverschiedenheiten das **Prinzip der Zumutbarkeit** (aA NK-*Ostendorf*, § 123 Rn 36). Soweit es ihm zuzumuten ist, hat jeder Mitberechtigte die Anwesenheit von Personen zu dulden, denen ein anderer Mitberechtigter dies gestattet hat. Eine rechtsmissbräuchliche, den anderen Teil unzumutbar belastende Ausübung des Erlaubnisrechts schafft dagegen keine Befugnis zum Verweilen[18].

**596** So braucht kein Ehegatte den Liebhaber des anderen in der gemeinsamen Wohnung zu dulden (vgl BGHZ 6, 360). Ein Besuch durch die *nächsten Familienangehörigen* des anderen Ehegatten

---

17  Näher BGHSt 21, 224; HK-GS/*Hartmann*, § 123 Rn 19; MüKo-*Schäfer*, § 123 Rn 26; S/S-*Lenckner/Sternberg-Lieben*, § 123 Rn 13; anders *Fischer*, § 123 Rn 25 f; *Geppert*, Jura 89, 378, 382; *Herzberg/Hardtung*, JuS 94, 492; LK-*Lilie*, § 123 Rn 58; SK-*Rudolphi*, § 123 Rn 19.
18  Näher dazu OLG Hamm NJW 55, 761; 65, 2067; *Heinrich*, JR 97, 89; LK-*Lilie*, § 123 Rn 33 f; S/S-*Lenckner/Sternberg-Lieben*, § 123 Rn 18; aA SK-*Rudolphi/Stein*, § 123 Rn 16a.

ist regelmäßig hinzunehmen, freilich nicht für einen über Gebühr langen Zeitraum. Immerhin sind die Grenzen der Zumutbarkeit hier relativ weit zu ziehen.

Im **Fall 31** sind sie durch F bei der Aufenthaltsgestattung für ihren Vater V nicht überschritten.

## 4. Tatbestandsvorsatz

In **subjektiver Hinsicht** setzen beide Tatbestandsalternativen des § 123 I *vorsätzliches* Handeln voraus. Dazu gehört das Bewusstsein, gegen den Willen des Berechtigten in geschützte Räumlichkeiten einzudringen oder dort zu verweilen. Eventualvorsatz genügt. Zur Irrtumsproblematik siehe OLG Hamburg JR 78, 291 mit Anm. *Gössel* sowie S/S-*Lenckner/Sternberg-Lieben*, § 123 Rn 34. **597**

## 5. Rechtswidrigkeit

Der Hinweis im Gesetz auf die *Widerrechtlichkeit* des Eindringens und das *Fehlen der Befugnis* zum Verweilen betrifft nur die **Rechtswidrigkeit der Tat** (vgl OLG Hamburg NJW 80, 1007). Diese entfällt im Rahmen der allgemein anerkannten Rechtfertigungsgründe, insbesondere aufgrund privat- oder öffentlich-rechtlicher Befugnisse, die dem Hausrecht vorgehen. **598**

Wer in die Wohnung seines verreisten Nachbarn eindringt, um dort einen durch Kurzschluss ausgelösten Brand zu löschen, handelt zwar tatbestandsmäßig iS des § 123 I, ist aber durch **mutmaßliche Einwilligung** gerechtfertigt. In Betracht kommt hier ferner das Betreten fremder Wohnungen durch den Gerichtsvollzieher zwecks Pfändung (§ 758 ZPO) oder durch die Organe der Strafverfolgung zum Zwecke der Durchsuchung, Beschlagnahme, Verhaftung und dergleichen (vgl §§ 102, 104 StPO). **599**

Das **Erlöschen einer vertraglichen Aufenthaltsbefugnis** macht ein weiteres Verweilen innerhalb der geschützten Räumlichkeiten zumeist, aber nicht notwendig unbefugt. Bei Ablauf eines Mietvertrages, aus dem sich auch nach seinem Erlöschen noch Schutzwirkungen ergeben können, endet das durch Besitzüberlassung begründete Hausrecht des bisherigen Mieters in der Regel erst mit der Besitzaufgabe (RGSt 36, 322; *Maurach/Maiwald*, BT I § 30 Rn 20). Ausnahmen davon sind aber denkbar, wie etwa dort, wo die bisherigen Mieter das Haus für „besetzt" erklären, es verbarrikadieren und sich eigenmächtig Herrschaftsrechte anmaßen (so OLG Düsseldorf JR 92, 165 mit Anm. *Dölling*). **600**

Daran, dass die sog. „Instandbesetzung" leerstehender Wohnhäuser den Tatbestand des § 123 verwirklicht (= Eindringen in das **befriedete Besitztum** eines anderen; siehe Rn 582) und **nicht gerechtfertigt** werden kann, lässt sich ernsthaft nicht zweifeln. Missstände im Wohnungswesen, städtebauliche Fehlplanungen und Verstöße gegen die Sozialbindung des Eigentums (Art. 14 II GG) geben dem einzelnen Bürger kein Recht zur Selbsthilfe und zur Eigenmacht. Hier für Abhilfe zu sorgen, ist Aufgabe des Gesetzgebers und der gesetzesvollziehenden Verwaltung[19]. **601**

---

19  Näher AG Wiesbaden NJW 91, 188; *Degenhart*, JuS 82, 330; *Schall*, NStZ 83, 241; *Seier*, JA 82, 232 mwN; krit. NK-*Ostendorf*, § 123 Rn 18, 23.

Zur Frage der Rechtfertigung des Eindringens in eine Kirche und der Störung der Religionsausübung durch „Wahrnehmung" von Art. 4 GG und zur Abwägung mit widerstreitenden Grundrechten Dritter siehe OLG Jena NJW 06, 1892.

### 6. Strafantrag und Konkurrenzfragen

**602**  Der einfache Hausfriedensbruch (§ 123 I) ist Strafantrags- (§ 123 II) und Privatklagedelikt (§ 374 I Nr 1 StPO). Zu den **Konkurrenzproblemen**, die sich aus der Natur des Hausfriedensbruchs als *Dauerdelikt* ergeben, siehe S/S-*Lenckner/Sternberg-Lieben*, § 123 Rn 36; *Wessels/Beulke*, AT Rn 779. Zur Bedeutung des § 123 in der **Fallprüfung** siehe *Hohmann/Sander*, BT II § 13 Rn 1, aber auch BGH NJW 02, 150.

## II. Schwerer Hausfriedensbruch

**603**  Der **Qualifikationstatbestand** des § 124 bildet eine *Mischform* zwischen Hausfriedensbruch (§ 123) und Landfriedensbruch (§ 125). Strafschärfend wirkt, dass der Hausfriedensbruch hier von einer *aggressiven Menschenmenge* begangen wird, die in der Absicht handelt, mit vereinten Kräften **Gewalttätigkeiten** *gegen Personen oder Sachen* zu begehen (dazu Rn 389 und *Lackner/Kühl*, § 124 Rn 5). Geschützte Rechtsgüter sind das Hausrecht sowie die öffentliche Sicherheit und Ordnung.

**604**  Unter einer **Menschenmenge** ist eine größere, nicht sofort überschaubare Anzahl von Personen zu verstehen, bei der es auf das Hinzukommen oder Weggehen eines Einzelnen nicht mehr ankommt (BGHSt 33, 306; BGH NStZ 93, 538). Der BGH hat diese Voraussetzung schon bei einer Gruppe von 10 Personen für gegeben gehalten, wenn besondere Umstände (zB Unübersichtlichkeit auf Grund räumlicher Enge) es dem Außenstehenden unmöglich machen, die Größe der Menge und die von ihr ausgehende Gefahr zu erfassen (BGH NStZ 94, 483; 02, 538; anders NK-*Ostendorf*, § 124 Rn 7). Kennzeichnend für eine Zusammenrottung ist neben der räumlichen Vereinigung die feindselige Übereinstimmung des Willens zur friedensstörenden Aggression (vgl BGH NJW 54, 1694). Die Zusammenrottung einer Menschenmenge kann sich auch aus einer zunächst friedlichen Versammlung entwickeln (BGH NJW 53, 1031). Zum Begriff der *Gewalttätigkeit* vgl BGHSt 23, 46. 51 und MüKo-*Schäfer*, § 125 Rn 20.

**605**  Zur **Täterschaft** nach § 124 gehört die persönliche Beteiligung an der *Zusammenrottung* und an dem *Eindringen* der Menge in der tatbestandlich umschriebenen Absicht. Dabei genügt es, dass der Einzelne durch seine Anwesenheit und Hilfsbereitschaft eine das Eindringen anderer unterstützende Tätigkeit entwickelt (RGSt 55, 35; S/S-*Lenckner/Sternberg-Lieben*, § 124 Rn 19).

Zum Problemkreis Landfriedensbruch (§ 125) und **Demonstrationsfreiheit** siehe BGHSt 32, 165, 178; BGH NJW 95, 2643; *Arzt*, JA 82, 269; *Kühl*, NJW 86, 874; *Werle*, Lackner-FS, S. 481; umfassend LK-*v. Bubnoff*, Rn 20 ff vor § 125 mwN.

Teil II

# Straftaten gegen Gemeinschaftswerte

7. Kapitel

# Straftaten gegen die Staatsgewalt und die öffentliche Ordnung

## § 14 Amtsanmaßung und Widerstand gegen die Staatsgewalt

### I. Amtsanmaßung

**Fall 32:** Auf Grund einer Wette zieht der als Spaßvogel bekannte Schneidermeister S die ihm zum Ausbessern übergebene Uniform des Polizeibeamten P an, nimmt eine Trillerpfeife sowie eine Spielzeugkelle zur Hand und begibt sich auf die verkehrsreiche Straße, die im Blickfeld seiner Werkstatt liegt. Dort führt er unter den Augen seiner Lehrlinge und Gesellen eine Verkehrskontrolle durch, in deren Verlauf er mehreren angehaltenen Autofahrern nach Prüfung ihrer Fahrzeugpapiere mündliche Verwarnungen erteilt.

Hat S sich strafbar gemacht? **Rn 618**

**606**

### 1. Rechtsgut und Schutzzweck

§ 132 schützt nach hM die **Autorität des Staates und seiner Organe**[1]. Die Vorschrift will eine Gefährdung des allgemeinen *Vertrauens in die Echtheit und Zuverlässigkeit von Hoheitsakten* verhindern. Gefahren in dieser Hinsicht drohen, wenn hoheitliche Funktionen von Unbefugten ausgeübt werden und der Schein amtlichen Handelns für Tätigkeiten erweckt wird, die in Wahrheit nicht unter der Kontrolle der innerstaatlichen Organe gestanden haben (vgl BGHSt 12, 30; 40, 8). Keine derartigen Gefahren drohen, wenn jemand als „Reichspräsident" Personalausweise des „Deutschen Reiches" ausstellt (OLG Stuttgart StraFo 06, 255).

**607**

### 2. Begehungsformen

Der **Tatbestand** des § 132 enthält zwei Alternativen, von denen die erste *lex specialis* im Verhältnis zur zweiten ist (OLG Stuttgart StraFo 06, 255; LK-*Krauß*, 12. Aufl. 2009, § 132 Rn 43; MüKo-*Hohmann*, § 132 Rn 5; für Konsumtion *Lackner/Kühl*, § 132 Rn 10; für *Exklusivität* dagegen *Küper*, BT S. 16).

**608**

---

1 BGHSt 40, 8, 12; LK-*Krauß*, 12. Aufl. 2009, § 132 Rn 1; MüKo-*Hohmann*, § 132 Rn 1; aA NK-*Ostendorf*, § 132 Rn 4: Schutz der bürgerlichen Freiheit vor pseudostaatlicher Machtausübung.

**609**  a) Die *erste* Alternative ist erfüllt, wenn der Täter sich unbefugt mit der **Ausübung eines inländischen öffentlichen Amtes befasst**. Das setzt zweierlei voraus: Der Täter muss sich als Inhaber eines öffentlichen, nicht notwendig eines existierenden Amtes ausgeben, das er in Wirklichkeit nicht bekleidet, mag er auch ein anderes innehaben (RGSt 18, 430; BGHSt 3, 241). Außerdem muss er auf Grund dieser Vortäuschung eine Handlung vornehmen, die *nur* kraft eines öffentlichen Amtes vorgenommen werden darf; dabei ist ohne Bedeutung, ob diese Handlung dem angemaßten Amt entspricht oder in den Zuständigkeitsbereich eines anderen Amtes fällt.

**610**  So etwa, wenn sich jemand als Kriminalbeamter ausgibt *und* eine Durchsuchung, Beschlagnahme oder Verhaftung vornimmt[2] oder eine vorläufige Festnahme nach § 127 StPO (RGSt 2, 292). Das bloße Auftreten als Kriminalbeamter oder als Staatsanwalt (KG NJW 07, 1989) ohne Vornahme einer „Amtshandlung" genügt ebenso wenig wie das Vorzeigen eines Geldstücks als Dienstmarke (BGH GA 67, 114) oder das Vorspiegeln amtlicher Eigenschaft bei rein privaten oder fiskalischen Tätigkeiten (wie zB beim Wareneinkauf, BGHSt 12, 30).

**611**  b) Die *zweite* Alternative des § 132 greift ein, wenn jemand den Anschein hoheitlichen Handelns dadurch erweckt, dass er *ohne Vorspiegelung der Amtsinhaberschaft* unbefugt eine Handlung vornimmt, die nach den sie begleitenden Umständen bei einem objektiven Betrachter den **Anschein einer Amtshandlung** hervorruft und deshalb mit einer solchen verwechselbar ist (BGHSt 40, 8, 13; LK-*Krauß*, 12. Aufl. 2009, § 132 Rn 30). In diesem Fall maßt der Täter sich nicht ein Amt an, sondern nur die den Staatsorganen vorbehaltene *Handlungsbefugnis*.

**612**  Hierher gehört das heimliche Aufstellen oder Abändern[3] amtlicher Verkehrszeichen durch eine Privatperson, die Verbreitung nachgemachter amtlicher Schreiben[4], nicht jedoch die Vornahme einer Durchsuchung oder Beschlagnahme durch einen Privatdetektiv, der dabei auch als solcher auftritt[5].

### 3.  Unbefugtheit des Handelns

**613**  Beide Begehungsformen setzen ein **unbefugtes** Tätigwerden voraus. Unbefugt handelt, wer nicht durch seine Amtsstellung oder kraft anderweitiger Ermächtigung zur Vornahme der Amtshandlung berechtigt ist.

Zweifelhaft ist, ob das Merkmal *unbefugt* auch bei dieser Vorschrift nur die Rechtswidrigkeit der Tat betrifft oder als **Tatbestandsmerkmal** aufzufassen ist. Die hM nimmt das Letztere mit der Begründung an, dass die Unbefugtheit des Handelns dem Delikt der Amtsanmaßung überhaupt erst den Charakter als *Unrechtstypus* verleihe. Danach muss der *Tatbestandsvorsatz* die Vorstellung des Täters umfassen, zur Vornahme der Amtshandlung mangels entsprechender Amtsstellung nicht befugt zu sein (näher LK-*Krauß*, 12. Aufl. 2009, § 132 Rn 25, 40 mwN).

---

2  RG JW 35, 2960 Nr 18; OLG Karlsruhe NStZ-RR 02, 301; S/S-*Cramer/Sternberg-Lieben*, § 132 Rn 5; *Krüger* Anm. NStZ 89, 477.
3  So OLG Köln NJW 99, 1042 mit abl. Anm. *Wrage*, NStZ 00, 32; zust. hingegen MüKo-*Hohmann*, § 132 Rn 21.
4  *Oetker*, NJW 84, 1602; LG Paderborn NJW 89, 178.
5  So noch RGSt 59, 291, 295 und hier bis zur 27. Aufl.

## 4. Täterschaft

**Täter** der Amtsanmaßung kann *jeder* sein, auch ein Amtsträger, sofern er sich im   **614**
Rahmen der Tathandlung ein ihm nicht zustehendes Amt oder Befugnisse anmaßt, die
mit seinem Amt nicht verbunden sind[6]. Ein Verstoß gegen § 132 scheidet aber aus,
wenn ein Amtsträger bei generell gegebener Zuständigkeit nur die Grenzen überschreitet, die ihm durch *innerdienstliche* Regelungen in Bezug auf die konkrete Amtshandlung gesetzt sind[7]. Ebenso genügt es nicht, dass er im Rahmen seiner sachlichen
Zuständigkeit die Amtshandlung *pflichtwidrig* vornimmt[8].

# II. Missbrauch von Titeln, Berufsbezeichnungen und Abzeichen

§ 132a bezweckt in erster Linie den **Schutz der Allgemeinheit** vor Hochstaplern, die   **615**
sich durch falsche Titel und Bezeichnungen den Schein besonderer Funktionen, Fähigkeiten und Vertrauenswürdigkeit geben[9]. Die Aufzählung der in- und ausländischen Titel, Berufsbezeichnungen, Abzeichen usw in Abs. 1 regelt den strafgesetzli-
chen Schutz abschließend (*Fischer*, § 132a Rn 2).

Bei § 132a I Nr 1–3 liegt ein **Führen** von Titeln oder Bezeichnungen nur vor, wenn der Täter   **616**
selbst sie im Umgang mit anderen durch aktives Verhalten **in Anspruch nimmt**, und zwar so,
dass dadurch die **Interessen der Allgemeinheit** berührt werden[10]. Das bloße Dulden einer entsprechenden Anrede vonseiten Dritter genügt nicht. Es reicht auch nicht aus, dass sich jemand im
ausschließlich privaten Bereich bei einer einmaligen Gelegenheit nur gegenüber einer einzelnen
Person wahrheitswidrig zB als promovierter Rechtsanwalt bezeichnet (BGHSt 31, 61). Zum **Tragen** einer Uniform iS des § 132a I Nr 4 gehört, dass nach außen der Eindruck erweckt wird, sie
stehe dem Täter zu. Insoweit genügt schon das einmalige Tragen in der Öffentlichkeit[11].

Zur systematischen Einordnung des Merkmals **unbefugt** wird man in den Fällen des § 132a den   **617**
gleichen Standpunkt einnehmen müssen wie zu § 132 (vgl Rn 613). Ein *vorsätzlicher* Verstoß gegen § 132a kommt daher nur in Betracht, wenn der Täter weiß oder in Kauf nimmt, dass in seiner
Person die Voraussetzungen nicht erfüllt sind, von denen die *Befugnis* zum Führen des Titels oder
zum Tragen der Uniform usw abhängt. Zur **Irrtumsproblematik** vgl BGHSt 14, 223, 228; KG
JR 64, 68; LK-*Krauß*, 12. Aufl. 2009, § 132a Rn 69.

Im **Fall 32** hat S die erste Begehungsform des § 132 verwirklicht, da er die Durchführung der   **618**
Verkehrskontrolle nebst der Erteilung von Verwarnungen erkennbar mit der Vorspiegelung
verbunden hat, Polizeibeamter zu sein (vgl BGH GA 64, 151).

Außerdem hat S die Polizeiuniform des P in Kenntnis aller wesentlichen Tatumstände unbefugt getragen. Er hat sich daher auch nach § 132a I Nr 4 strafbar gemacht (= Tateinheit mit
§ 132).

---

6   BGHSt 3, 241; 12, 85.
7   BGHSt 3, 241, 244; 44, 186; BayObLG JR 04, 73 mit zust. Anm. *Sternberg-Lieben*.
8   Vgl RGSt 56, 234; 67, 226.
9   BGHSt 31, 61; 36, 277; OLG Oldenburg JR 84, 468 mit Anm. *Meurer*; KG NJW 07, 1989; *Fischer*,
    § 132a Rn 2; krit. NK-*Ostendorf*, § 132a Rn 4.
10  BGHSt 26, 267; BayObLG MDR 73, 778 und NJW 79, 2359; OLG Saarbrücken NStZ 92, 236; OLG
    Jena OLG-NL 98, 95.
11  RGSt 61, 7; LK-*Krauß*, 12. Aufl. 2009, § 132a Rn 63.

## III.  Widerstand gegen Vollstreckungsbeamte

**619**  **Fall 33:** A ist im Dezember 1995 auf Grund einer im Oktober 1995 erhobenen Abänderungsklage (§ 323 ZPO) verurteilt worden, seiner aus erster Ehe stammenden volljährigen Tochter T über den früher zuerkannten Betrag hinaus monatlich weitere 70 DM Unterhalt zu zahlen. Da das Urteil *keinen Anfangstermin* nennt, überweist A den Mehrbetrag entsprechend dem Rat seines Anwalts erst ab Januar 1996 an T. Eines Tages erscheint der Gerichtsvollzieher Z bei A, um im Auftrag der T den Betrag von 140 DM für die der Klageerhebung folgenden Monate *November und Dezember 1995* beizutreiben. Der Zutritt zum Haus wird ihm jedoch durch einen neben der Haustür angebundenen Schäferhund versperrt, der ihn wütend anbellt. Einer wiederholten Aufforderung des Z, den Hund zu entfernen und ihm zum Zwecke der Zwangsvollstreckung Einlass zu gewähren, kommt der aus dem Fenster schauende A nicht nach. Als A außerdem erklärt, sich jeder Vollstreckung widersetzen zu wollen, geht Z fort, kehrt aber bald darauf mit zwei Polizeibeamten zurück. In der Zwischenzeit hat die Ehefrau des A (= F) den Hund entfernt. Nachdem Z unter dem Schutz seiner Begleiter in das Haus gelangt ist, reagieren A und F auf alle Beschwichtigungsversuche mit Tätlichkeiten: Beide Polizisten werden von ihnen bedroht, geschlagen und getreten. Währenddessen gelingt es dem unbehelligt bleibenden Z, eine goldene Taschenuhr des A zu pfänden.

Haben A und F sich nach § 113 strafbar gemacht? **Rn 641 f**

### 1.  Rechtsgut und Schutzzweck

**620**  Die heutige Fassung des § 113 beruht auf dem 3. StrRG vom 20.5.1970 (dazu *Dreher*, NJW 70, 1153); das EGStGB hat sich auf sprachliche Korrekturen beschränkt. Die Vorschrift soll dem **Schutz der rechtmäßig betätigten Vollstreckungsgewalt** des Staates[12] und **der zu ihrer Ausübung berufenen Organe** dienen[13].

**621**  Vollstreckungsorgane iS des § 113 handeln für alle Bürger im Dienst der staatlichen Ordnung, ohne deren Aufrechterhaltung das Recht selbst gefährdet wäre. Daran, dass ihre Entschlusskraft bei pflichtgemäßer Amtsausübung gestärkt und ihnen bei der Durchsetzung rechtmäßiger Vollzugsakte kein Widerstand entgegengesetzt wird, ist die Allgemeinheit in hohem Maße interessiert (BGHSt 21, 334, 365). Diesen Schutzgedanken hat das 3. StrRG, nachdem schon 1943 der bis dahin *mildere* § 240 massiv verschärft worden war, im Verhältnis zur Nötigung weiter verwässert (zur Entstehungsgeschichte instruktiv NK-*Paeffgen*, § 113 Rn 1 und *Zopfs*, GA 00, 257). Durch seine Strafdrohung und die günstigere Irrtumsregelung bewertet § 113 im Vergleich zu § 240 nunmehr Nötigungshandlungen gegen Vollstreckungsbeamte in dem erklärten Bestreben milder, einem *begreiflichen Erregungszustand* des von der Vollstreckung Betroffenen mit Nachsicht zu begegnen (BT-Drucks. VI/502, S. 3). Dass diese Erwägung aber zumindest dort versagt, wo *Dritte* einer nicht unmittelbar gegen sie gerichteten Vollstreckung gewaltsam entgegentreten, hat man geflissentlich übersehen. Auch in anderen Fällen führt die Umgestaltung des § 113 zu einer *„Privilegierungsvorschrift"* (so BT-Drucks., aaO) zu Ungereimtheiten gegenüber § 240, die sich nur schwer beheben lassen (näher Rn 629).

---

12  Nur insoweit wie die hM *Deiters*, GA 02, 259; MüKo-*Bosch*, § 113 Rn 2; NK-*Paeffgen*, § 113 Rn 3 ff, 6.
13  RGSt 41, 82, 85; S/S-*Eser*, § 113 Rn 2; anders SK-*Horn/Wolters*, § 113 Rn 2 f.

## 2. Anwendungsbereich

**Geschützt** werden nur *inländische* **Amtsträger** iS des § 11 I Nr 2 und **Soldaten** der 622 Bundeswehr, soweit sie im Einzelfall zur **Vollstreckung** von Gesetzen, Rechtsverordnungen, Urteilen, Gerichtsbeschlüssen oder Verfügungen berufen sind (näher LK-*Rosenau*, 12. Aufl. 2009, § 113 Rn 13, 16). § 114 *erstreckt* den Anwendungsbereich des § 113 auf Taten, die sich gegen Vollstreckungshandlungen bestimmter Nichtamtsträger (Abs. 1; etwa bestätigte Jagdaufseher nach § 25 II Bundesjagdgesetz) oder gegen Personen richten, die zur Unterstützung bei der Diensthandlung zugezogen worden sind (Abs. 2; zB Zeugen bei Durchsuchungen gemäß §§ 105 StPO, 759 ZPO). Ihnen sollte (vgl BT-Drucks. VI/502, S. 6) gleicher Schutz gewährt werden wie den Amtsträgern, die sich in Erfüllung hoheitlicher Aufgaben gesteigerten Gefahren aussetzen. Mit Einführung des § 223 II ist dieser Erwägung (zu ihr krit. LK-*Rosenau*, 12. Aufl. 2009, § 114 Rn 2 mwN) vollends der Boden entzogen.

## 3. Begriff der Vollstreckungshandlung

Der **Tatbestand** des § 113 I setzt voraus, dass der dort umschriebene Widerstand **bei** 623 **der Vornahme einer Vollstreckungshandlung** geleistet wird. Angriffe, die sich gegen *andere Amts*handlungen oder eine erst künftig drohende Vollstreckung richten, werden nicht durch § 113, sondern durch § 240 erfasst.

**Vollstreckungshandlung** ist jede Tätigkeit der dazu berufenen Organe, die *zur Regelung* 624 *eines Einzelfalles* auf die Vollziehung der in § 113 I genannten Rechtsnormen oder Hoheitsakte gerichtet ist, also der Verwirklichung des notfalls im Zwangswege durchzusetzenden Staatswillens dient (BGHSt 25, 313; BGH NJW 82, 2081).

Darunter fällt zB die Vollstreckungstätigkeit des Gerichtsvollziehers (RGSt 41, 82; BGHSt 5, 93), 625 die Durchführung polizeilicher Razzien (KG NJW 75, 887) und die Ausübung von Vollziehungsfunktionen durch Polizei- oder Zollbeamte (BGHSt 21, 334). Weitere Beispiele bei *Fischer*, § 113 Rn 13 f. Den **Gegensatz** dazu bildet die **schlichte Gesetzesanwendung**, wie etwa die keinem konkreten Einsatz dienende *Streifenfahrt*, die *bloße Ermittlungstätigkeit* von Polizeibeamten (näher BGHSt 25, 313) oder der Kontrollgang von Soldaten der Bundeswehr (BGH GA 83, 411).

Die konkrete Vollstreckungshandlung muss bereits begonnen haben oder wenigstens 626 unmittelbar bevorstehen (RGSt 41, 181; BGHSt 18, 133). Sie darf noch nicht beendet sein (RGSt 41, 82). Eine Vollstreckungshandlung ist so lange nicht beendet, wie das Verhalten des Vollstreckungsbeamten noch in so engem Zusammenhang mit der Durchsetzung des Staatswillens steht, dass es nach natürlicher Lebensauffassung als Bestandteil der zur Regelung des Einzelfalls ergriffenen Maßnahme angesehen werden kann. Geht beispielsweise ein Polizeibeamter von einem Gelände, das er zur Vornahme einer bestimmten Vollstreckungshandlung betreten hat, zu seinem am Rand dieses Geländes abgestellten Dienstfahrzeug zurück, so gehört auch sein **Rückweg** zur Vollstreckungshandlung iS des § 113 (BGH NJW 82, 2081; MüKo-*Bosch*, § 113 Rn 15).

### 4. Tathandlungen und Täterschaft

**627** **Tathandlungen** können sein: das gegen die Diensthandlung gerichtete **Widerstandleisten** mit Gewalt oder durch Drohung mit Gewalt sowie der **tätliche Angriff** auf den Amtsträger oder die ihm gleichgestellten Personen.

**628** Den Begriff des **Widerstandleistens** erfüllt jede **aktive Tätigkeit**, die die Durchführung der Vollstreckungsmaßnahme *verhindern* oder *erschweren* soll (BGHSt 18, 133). Zwischen erfolgreichen und erfolglosen Widerstandshandlungen macht § 113 keinen Unterschied (sog. unechtes Unternehmensdelikt). Zum **Gewaltbegriff** siehe Rn 383 ff; unter Gewalt ist hier die durch tätiges Handeln gegen die Person des Vollstreckenden gerichtete Kraftäußerung mit *körperlicher* Zwangswirkung zu verstehen[14]. Rein *passiver* Widerstand (= bloßer Ungehorsam) genügt nicht[15]. Widerstand mit Gewalt leistet beispielsweise der Schuldner, der den eine Sachpfändung vornehmenden Gerichtsvollzieher niederschlägt, nicht aber, wer lediglich die Fahrzeugtüren von innen verriegelt und dadurch eine Diensthandlung verhindert[16].

**629** **Drohung** mit Gewalt ist die Ankündigung bevorstehender Gewaltanwendung (iS Rn 628), wobei es genügt, wenn der bedrohte Amtsträger, Soldat oder nach § 114 Gleichgestellte jene für ernst halten soll. Die Androhung oder Anwendung von Gewalt nur gegenüber Dritten reicht nicht aus (aA NK-*Paeffgen*, § 113 Rn 30 mwN). Ob ein **Rückgriff auf § 240** zulässig ist, wenn der Täter nicht mit Gewalt, sondern nur mit einem *empfindlichen Übel* droht, ist streitig[17]. Die erstgenannte Auffassung macht geltend, dass § 240 durch den spezieller formulierten § 113 nur dann verdrängt werde, wenn dessen Voraussetzungen gegeben sind, und dass Vollstreckungsbeamte gegen Nötigung ebenso Schutz verdienen wie andere Staatsbürger. Zu Gunsten des Täters sei dann aber § 113 III, IV *analog* anzuwenden; außerdem dürfe in diesem Fall bei einer Bestrafung aus § 240 der Strafrahmen des § 113 nicht überschritten werden. Diese Deutung verkennt die **Eigenständigkeit** des „spezielleren" § 113[18].

**630** **Tätlicher Angriff** ist jede in feindseliger Absicht unmittelbar auf den Körper des Betroffenen zielende Einwirkung ohne Rücksicht auf den Erfolg. Zur Körperberührung braucht es nicht zu kommen; schon das Ausholen zum Schlag oder der fehlgehende Wurf einer Flasche genügen (näher LK-*Rosenau*, 12. Aufl. 2009, § 113 Rn 26). Nach dem Wortlaut muss der tätliche Angriff nicht auf ein Widerstandleisten gegen die Vollstreckungshandlung abzielen (so die hM, etwa S/S-*Eser*, § 113 Rn 47; aA NK-*Paeffgen*, § 113 Rn 31).

**631** **Täter** des § 113 kann nach hM *jeder*, also nicht nur der unmittelbar von der Vollstreckung Betroffene sein[19]. Sein **Vorsatz** braucht sich nur auf die in § 113 I genannten Tatbestandsmerkmale zu beziehen, nicht dagegen auf die in § 113 III erwähnte *Recht-*

---

14  Vgl NK-*Paeffgen*, § 113 Rn 23; weniger eng S/S-*Eser*, § 113 Rn 42.
15  Näher LK-*Rosenau*, 12. Aufl. 2009, § 113 Rn 23, 24.
16  AA OLG Düsseldorf NZV 96, 458 mit abl. Anm. *Seier/Rohlfs*.
17  Bejahend OLG Hamm NStZ 95, 547; *Lackner/Kühl*, § 113 Rn 26; *Wessels*, BT/1, 21. Aufl. 1997, Rn 618; verneinend A/W-*Hilgendorf*, BT § 45 Rn 25; *Backes/Ransiek*, JuS 89, 624, 629; *Deiters*, GA 02, 259; *Fischer*, § 113 Rn 2; *Küpper*, BT I S. 139 f; LK-*Rosenau*, 12. Aufl. 2009, § 113 Rn 95; MüKo-*Bosch*, § 113 Rn 23, 64; NK-*Paeffgen*, § 113 Rn 90; S/S-*Eser*, § 113 Rn 43, 45, 68; SK-*Horn/Wolters*, § 113 Rn 23; Übersicht bei *Hillenkamp*, BT 9. Problem.
18  Näher *Zopfs*, GA 00, 527, 535; siehe auch *Küper*, BT S. 472 mit Hinweis auf BGHSt 30, 235.
19  MüKo-*Bosch*, § 113 Rn 6; anders zum Widerstandleisten ua *Sander*, JR 95, 491 mwN.

*mäßigkeit* der Vollstreckungshandlung. Umstritten ist die Rechtsfolge, wenn der Täter nicht weiß, dass er einem Amtsträger gegenübersteht (etwa im Falle einer vorläufigen Festnahme nach § 127 StPO durch eine Zivilstreife der Polizei); nach überwiegender Meinung ist entsprechend der Vorstellung des Täters auf § 240 zurückzugreifen[20], während nach aA §§ 113; 240 I, III, 22; 52 gegeben sein sollen[21].

## 5.  Rechtmäßigkeit der Vollstreckungshandlung

**Fehlt es an der Rechtmäßigkeit** der Vollstreckungshandlung, ist die Tat **nicht nach**   **632**
**§ 113** strafbar; dies gilt auch dann, wenn der Täter die Diensthandlung *irrig* für *rechtmäßig* gehalten hat (§ 113 III). Die Strafbarkeit nach anderen Vorschriften (zB nach §§ 223 ff) bleibt davon unberührt; insoweit gelten die allgemeinen Regeln (insbesondere zur Anwendbarkeit des § 32).

Die systematische Stellung des § 113 III gegenüber § 113 I spricht dafür, in der **Recht-**   **633**
**mäßigkeit** der Vollstreckungshandlung **kein Tatbestandsmerkmal** zu sehen, sondern nur eine durch § 113 IV *modifizierte* **objektive Bedingung der Strafbarkeit**, die sich seit der Neugestaltung durch das 3. StrRG wegen ihrer *atypischen Irrtumsregelung* einer reibungslosen Einordnung in die herkömmlichen Begriffskategorien des Strafrechts entzieht[22]. Allgemein anerkannt ist in der Rechtslehre aber lediglich, dass in diesem Bereich für einen Tatumstandsirrtum iS des § 16 I 1 kein Raum ist; im Übrigen gehen die Meinungen weit auseinander. Manche sehen in der Rechtmäßigkeit der Amtsausübung ein **unrechtskonstituierendes Tatbestandselement**, das man aus rein „kriminalpolitischen" Erwägungen dem Vorsatzerfordernis entzogen habe[23]. Das überzeugt nicht, weil dem Reformgesetzgeber ein Verstoß gegen das verfassungsrechtlich verankerte Schuldprinzip unterstellt wird. Um Letzterem Rechnung zu tragen, deutet *Eser* (S/S, § 113 Rn 20) § 113 insoweit als Vorsatz-Sorgfaltswidrigkeits-Kombination, wozu aber § 113 IV 2 nicht passt. Nach anderer Ansicht soll § 113 III einen **Rechtfertigungsgrund** für Widerstandshandlungen iS des § 113 I bilden[24]. Für diese Deutung werden die Reformdiskussion und gewisse Parallelen zu § 22 WStG ins Feld geführt. Gegen sie spricht jedoch, dass § 22 WStG eine ganz andere Verbotsmaterie betrifft (= nicht Nötigungsakte und tätliche Angriffe iS der §§ 24, 25 WStG, sondern den *bloßen Ungehorsam* iS der §§ 19–21 WStG) und dass § 113 III die Formulierung des § 22 I WStG *(= „handelt nicht rechtswidrig")* nicht übernommen, sondern durch eine neutrale Fassung *(= „ist nicht … strafbar")* ersetzt hat. Hinzu kommt, dass § 113 III keinerlei subjektives Rechtfertigungselement aufweist, vielmehr allein auf die **objektive Sachlage** abstellt, und dass § 113 IV die irrige Annahme des Täters,

---

20  Näher LK-*Rosenau*, 12. Aufl. 2009, § 113 Rn 96 mwN; differenzierend S/S-*Eser*, § 113 Rn 51.
21  *Maurach/Schroeder* BT II § 71 Rn 18.
22  Vgl KG NJW 72, 781; *Blei*, BT § 102 III 1; *Hohmann/Sander*, BT II § 26 Rn 14, 21; siehe ferner BGHSt 21, 334, 365; *Gössel/Dölling*, BT I § 63 Rn 10; LK-*Rönnau*, 12. Aufl. 2006, Rn 44 vor § 32; krit. MüKo-*Bosch*, § 113 Rn 27 mwN; Überblick bei NK-*Paeffgen*, § 113 Rn 63 ff.
23  AK-*Zielinski*, § 113 Rn 18; *Kindhäuser*, BT I § 36 Rn 44; *Naucke*, Dreher-FS, S. 459, 471; siehe auch SK-*Rudolphi*, § 136 Rn 30.
24  *Dreher*, Schröder-GedS, S. 359, 376 und JR 84, 401; LK-*Rosenau*, 12. Aufl. 2009, § 113 Rn 23; MüKo-*Bosch*, § 113 Rn 30; *Paeffgen*, JZ 79, 516, 521 und NK § 113 Rn 70.

die Amtshandlung sei unrechtmäßig, gerade abweichend von den Grundsätzen behandelt, die für den Irrtum über die Voraussetzungen eines Rechtfertigungsgrundes gelten würden. Für den Fall, dass eine Vollstreckungshandlung aus Rechtsgründen nicht rechtmäßig ist, der Vollstreckungsbeamte indes rechtmäßig zu handeln glaubt und sich einem **tätlichen Angriff** ausgesetzt sieht, den man mit Fäusten und Schlagwerkzeugen gegen ihn unternimmt, würde die *Rechtfertigungsthese* schließlich auch ein ganz schiefes Bild vermitteln: Von ihrem Standpunkt aus wäre der tätliche Angriff hier nach § 113 III *erlaubt* und *gerechtfertigt*, zugleich aber im Bereich der §§ 223, 224 unter dem Blickwinkel des § 32 *nicht erlaubt* und *rechtswidrig*, weil Notwehr in so rabiater Form gegen einen Amtsträger (mit Rücksicht auf die zur Verfügung stehenden Rechtsbehelfe) weder erforderlich noch geboten ist (gegen die Rechtfertigungsthese auch *Schünemann*, Grundfragen des modernen Strafrechtssystems, 1984, S. 16). Zu einer modifizierten Rechtfertigungslösung gelangt die von *Hirsch* (Klug-FS, S. 235) näher begründete Ansicht, die Straflosigkeit des Widerstandes gegen eine *nicht rechtmäßige* Diensthandlung bedeute nur eine indirekte Verweisung auf die **Notwehrbefugnis** und die Möglichkeit einer Rechtfertigung nach den dort geltenden Regeln, wozu insbesondere die „Erforderlichkeit" der konkreten Widerstandshandlung gehöre.

**634** Für die **praktische Rechtsanwendung** ist der vorerwähnte Meinungsstreit *ohne Bedeutung*[25], da das Gesetz die einschlägigen Rechtsfolgen in § 113 III, IV **abschließend geregelt** und sich auf eine *pragmatische Lösung* des Interessenkonflikts beschränkt hat (vgl dazu auch *Lackner/Kühl*, § 113 Rn 7; SK-*Horn/Wolters*, § 113 Rn 22). Wer dem hier vertretenen Standpunkt zur systematischen Einordnung des § 113 III folgt, prüft beim **Aufbau** im Anschluss an die Tatbestandsmäßigkeit (§ 113 I) sofort die *Rechtmäßigkeit* der Vollstreckungshandlung (§ 113 III als sog. Tatbestandsannex; vgl *Arzt/Weber*, BT § 45 Rn 9, 32 und *Wessels/Beulke*, AT Rn 872). Fehlt sie, scheidet eine Bestrafung des Widerstandleistenden nach § 113 aus, ohne dass Rechtswidrigkeit und Schuld insoweit noch einer Erörterung bedürfen (bitte am vorstehend mitgeteilten Beispielsfall für den tätlichen Angriff erproben).

**635** Die **Rechtmäßigkeit** einer unter § 113 I fallenden Diensthandlung hängt von Voraussetzungen ab, die nach hM entsprechend dem Zweck der Regelung spezifisch *strafrechtlich* zu bestimmen sind (*Küper*, BT S. 424; krit. NK-*Paeffgen*, § 113 Rn 35, 40 ff). Von diesem sog. **strafrechtlichen Rechtmäßigkeitsbegriff** des § 113, bei dem es nicht unbedingt auf die materielle Richtigkeit des Eingriffs, sondern auf dessen *formale* Rechtmäßigkeit ankommt (näher Rn 638–640), ist auch der Reformgesetzgeber ausgegangen. Die gegen ihn erhobene Kritik mag in gewissen Einzelfragen begründet sein, geht im Kern jedoch fehl (wie die Entscheidung OLG Karlsruhe NJW 74, 2142 überzeugend belegt).

**636** Der strafrechtliche Rechtmäßigkeitsbegriff trägt dem besonderen Schutzzweck des § 113 und dem Gesichtspunkt Rechnung, dass Vollstreckungsbeamte oft unter schwierigen Bedingungen eine schnelle Entscheidung treffen und diese möglichst

---

25 Theoretisch müsste der Streit Auswirkungen auf Unrechts- und Schuldumfang und damit auf die Strafzumessung haben, so zutreffend NK-*Paeffgen*, § 113 Rn 63; doch ist die Strafzumessungsdogmatik weit davon entfernt, eine solche Wirkungsdifferenz über Worte hinaus auch sachlich überprüfbar abbilden zu können. Wie hier MüKo-*Bosch*, § 113 Rn 26.

wirkungsvoll durchsetzen müssen, ohne dass sie in der Lage sind, umfassend und in eigener Verantwortung alle Voraussetzungen zu prüfen, von denen sachlich die Richtigkeit der konkreten Vollstreckungsmaßnahme abhängt. Dies gilt nicht nur bei plötzlich auftretenden Störungen der öffentlichen Sicherheit und Ordnung, sondern auch in Fällen, in denen untergeordneten Beamten der Vollzug und die Durchsetzung polizeilicher Anordnungen übertragen wird, deren materielle Rechtmäßigkeit von ihnen gar nicht nachgeprüft werden kann. Würde man hier jeweils den strengeren *verwaltungsrechtlichen* Rechtmäßigkeitsbegriff zu Grunde legen, sähe der Vollstreckungsbeamte sich mit einem Risiko belastet, das seine Initiative zum Schaden der Allgemeinheit lähmen könnte. Jeder verständig denkende Bürger wird sich den daraus folgenden Notwendigkeiten und, falls er selbst betroffen sein sollte, der Einsicht nicht verschließen, dass § 113 ihm in den dort normierten Grenzen *handgreiflichen* Widerstand gegen den *formal rechtmäßig* handelnden Beamten untersagt und ihn darauf verweist, sich mit den **zulässigen Rechtsbehelfen** gegen sachlich ungerechtfertigte Maßnahmen zur Wehr zu setzen.

Näher zur **hM** BGHSt 4, 161; 21, 334; 24, 125, 130; BayObLG JR 89, 24; KG StV 01, 260; 05, 669; OLG Celle NJW 71, 154; OLG Köln NStZ 86, 234; *Fischer*, § 113 Rn 11 ff; *Günther*, NJW 73, 309; LK-*Rosenau*, 12. Aufl. 2009, § 113 Rn 34 ff; *Rühl*, JuS 99, 521, 528 (zu BVerfGE 92, 191); S/S-*Eser*, § 113 Rn 21 ff; *Vitt*, ZStW 106 (1994), 581; weitere Nachweise bei *Küper*, BT S. 424 ff. **637**

Zur **Gegenansicht** (mit erheblichen Divergenzen untereinander) siehe *Amelung* JuS 86, 329; *Arzt/ Weber*, BT § 45 Rn 37 ff; *Backes/Ransiek*, JuS 89, 624; *Eisele*, BT I Rn 1237; *Krey/M. Heinrich*, BT I Rn 510 ff; LK-*Rönnau*, 12. Aufl. 2006, Rn 43 ff, 237 vor § 32; MüKo-*Bosch*, § 133 Rn 34 f; *Ostendorf*, JZ 81, 165; *Otto*, BT § 91 Rn 15; *Reinhart*, NJW 97, 911 und StV 95, 101 (unter Berufung auf BVerfGE 92, 191 und 87, 399); *Roxin*, Pfeiffer-FS, S. 45; *Schünemann*, JA 72, 703, 710, 775; *Thiele*, JR 75, 353 und JR 79, 397; *Wagner*, JuS 75, 224; *Weber*, JuS 97, 1080 (zu BVerfGE 92, 191).

Das **BVerfG** verlangt für die Sanktionierung einer *Ordnungswidrigkeit* neuerdings in Fällen der Nichtbefolgung einer (dort jeweils versammlungsrechtlichen) Anordnung deren nachträgliche Überprüfung auf ihre materielle Rechtmäßigkeit in vollem Umfang (BVerfGE 87, 399; 92, 191); *insoweit* könnten die „verkürzten Voraussetzungen des sog. strafrechtlichen Rechtsmäßigkeitsbegriffs" (dazu Rn 636) nicht gelten.

Neuerdings hat das Gericht festgestellt, es sei grundsätzlich verfassungsrechtlich nicht zu beanstanden, dass die Fachgerichte im Rahmen des § 113 III von einem *eingeschränkten* Rechtmäßigkeitsmaßstab ausgehen. Soweit es sich um Maßnahmen im Schutzbereich eines Grundrechts handelt, dürfen *strafrechtliche* Sanktionen allerdings nur unter Berücksichtigung des Schutzgehalts des Grundrechts verhängt werden (BVerfG NVwZ 07, 1180 mit krit. Anm. *Niehaus/Achelpöhler*, StV 08, 71).

Im Einzelnen ist entscheidend, ob der Amtsträger sich in den Grenzen seiner *sachlichen* und *örtlichen* **Zuständigkeit** gehalten[26], die *wesentlichen* **Förmlichkeiten** gewahrt[27] (vgl auch Rn 640), bei Prüfung der sachlichen Voraussetzungen für sein Einschreiten ein ihm ggf zukommendes **Ermessen** *pflichtgemäß ausgeübt* und seine **638**

---

26  BGHSt 4, 110; RGSt 40, 212.
27  BGHSt 5, 93; 21, 334, 361; KG StV 01, 260; BVerfGE 51, 97.

Diensthandlung hiernach eingerichtet[28] sowie bei Befehls- oder Auftragsverhältnissen eine für ihn *verbindliche* **Weisung** im Vertrauen auf deren Rechtmäßigkeit **befolgt** hat[29].

**639** Sind die in dieser Hinsicht zu stellenden Anforderungen erfüllt, so ist die Diensthandlung iS des § 113 auch dann **rechtmäßig**, wenn der Amtsträger die **Sachlage im Ergebnis falsch beurteilt** hat und die Voraussetzungen für sein Einschreiten in Wirklichkeit nicht vorgelegen haben[30]. Fehlende Zuständigkeit des Amtsträgers, Missachtung wesentlicher Formvorschriften und andere gewichtige Mängel, wie etwa willkürliche Ausübung der Hoheitsgewalt, Verkennung der *rechtlichen Grenzen* von Amtsbefugnissen, machen die Vollstreckungshandlung dagegen **unrechtmäßig**[31]; ebenso pflichtwidriges („fahrlässiges") Verhalten bei Prüfung der *tatsächlichen* Voraussetzungen und der Erforderlichkeit des Einschreitens[32]. Gegen idS rechtswidrige Vollstreckungsmaßnahmen kann nach allgemeinen Regeln **Notwehr** zulässig sein[33].

**640** Zu den wesentlichen Förmlichkeiten, die ein **Gerichtsvollzieher** im Hinblick auf § 113 III zu beachten hat, zählen neben den in §§ 750, 751 ZPO genannten Vollstreckungsvoraussetzungen vor allem die nach § 758 I und IV ZPO nF notwendige Anordnung des **Richters** zur **Wohnungsdurchsuchung** gemäß § 758 ZPO[34], die **Zuziehung von Zeugen** im Falle des § 759 ZPO (soweit der Schuldner dies nicht gerade zu vereiteln sucht, vgl BGHSt 5, 93), ferner die **Übergabe** einer **beglaubigten Abschrift des Haftbefehls** gemäß § 909 I 2 ZPO nF. Zur Durchsuchung nach § 105 II StPO siehe BGH NStZ 86, 84; BayObLG JZ 80, 109[35]; zur vorläufigen Festnahme gemäß § 127 I StPO vgl KG StV 01, 260. Zur Vollstreckung eines **Vorführungsbefehls** iS des § 134 StPO siehe BGH MDR/H 80, 984[36]. Wollen Polizeibeamte Vollstreckungsmaßnahmen gegen Teilnehmer einer Versammlung durchführen, setzt das die vorherige Auflösung dieser Versammlung oder den Ausschluss jener Teilnehmer aus ihr voraus (BVerfG NVwZ 07, 1180).

**641** Im **Fall 33** ist zwischen dem Widerstand gegen die Zwangsvollstreckungshandlung des Gerichtsvollziehers Z und dem tätlichen Angriff auf die Polizeibeamten wie folgt zu unterscheiden:

a) A hat sich zunächst geweigert, den neben der Haustür angebundenen Hund zu entfernen. Dieses Verhalten erfüllte zwar den sehr weiten Begriff des *Widerstandes* iS der §§ 758 III, 759 ZPO, dessen Vorliegen die Zuziehung eines Polizeibeamten oder zweier Zeugen erforderlich machte[37]. Als bloßes **Unterlassen** und *passiver Widerstand* genügte es den Tatbestandsvoraussetzungen des § 113 I jedoch nicht, sofern sich der Hund wie gewohnt oder rein zufällig an der

---

28  BGHSt 21, 334, 363; RGSt 61, 297.
29  BGHSt 4, 161; KG NJW 72, 781; vgl auch *Jescheck/Weigend*, AT § 35 II.
30  BGHSt 21, 334, 363; BayObLG JZ 80, 109; OLG Celle NJW 79, 57.
31  Vgl KG GA 75, 213; *Fischer*, § 113 Rn 18; LK-*Rosenau*, 12. Aufl. 2009, § 113 Rn 52.
32  *Lackner/Kühl*, § 113 Rn 12 mwN; LK-*Hirsch*, Rn 145 vor § 32; *differenzierend* S/S-*Eser*, § 113 Rn 28, 29; *grob* fahrlässiges Verhalten fordern BayObLG JR 89, 24; *Wessels*, BT/1, 21. Aufl. 1997, Rn 629.
33  Vgl BGH MDR/H 80, 984; KG GA 75, 213.
34  Was schon vor In-Kraft-Treten des § 758a ZPO zum 1.1.1999 galt; vgl BVerfGE 51, 97 und *Wessels*, BT/1, 21. Aufl. 1997, Rn 630.
35  Lehrreich dazu *Küper*, JZ 80, 633; krit. dagegen *Thiele*, Anm. JR 81, 30.
36  Insgesamt ein leider wichtiger Komplex für die Examensvorbereitung; instruktiv zum Ganzen *Geppert*, Jura 89, 274.
37  Vgl BGHSt 5, 93; OLG Hamm MDR 51, 440 und NStZ 96, 281.

betreffenden Stelle befand[38]. **Aktiver Widerstand** mit Gewalt wäre aber dann geleistet worden, wenn A den Zugang zum Haus planmäßig vor Z versperrt hätte, da die *gezielte Vorbereitung* des Widerstandes zur Verhinderung oder Erschwerung einer *unmittelbar bevorstehenden Diensthandlung* durch Schaffung eines bei der Vollstreckung wirksam werdenden Hindernisses ein **vorweggenommenes tätiges Handeln** iS des § 113 I darstellt (BGHSt 18, 133). Im letztgenannten Fall wäre A freilich nicht strafbar, weil die von Z vorgenommene Zwangsvollstreckung iS des § 113 III nicht rechtmäßig war: Für die Monate November und Dezember 1975 lag, was Z verkannt hatte, aus Rechtsgründen gar **kein Vollstreckungstitel** über erhöhte Unterhaltsleistungen gegen A vor; denn das im Dezember 1975 ergangene Abänderungsurteil enthielt eine (nach § 323 III ZPO mögliche) Verurteilung für die seinem Erlass *vorausgehende* Zeit nicht. Damit *fehlte* es hier an einer **wesentlichen Voraussetzung der Zwangsvollstreckung** (vgl §§ 704, 750 ZPO)[39].

b) Der **tätliche Angriff**, den A und F auf die Polizeibeamten unternommen haben, verwirk-  **642**
licht den Tatbestand des § 113 I. Z hatte beide Beamte nach § 758 III ZPO zu seinem Schutz zugezogen. Sie befanden sich daher als **Amtsträger** *„bei"* dem Vollzug der ihnen gesetzlich obliegenden Aufgaben zwecks Regelung eines Einzelfalles, als sie von A und F attackiert wurden. Für die Frage der **Rechtmäßigkeit ihres Einschreitens** ist es unerheblich, dass Z die konkrete Zwangsvollstreckung nicht durchführen durfte. Zur Prüfung der rechtlichen Voraussetzungen dieser Zwangsvollstreckung (§§ 704, 750 ZPO) waren die Polizeibeamten weder verpflichtet noch auf Grund ihrer Vorbildung im Stande. Da sie die sachlichen Voraussetzungen für *ihr Handeln* bei *pflichtgemäßer* Prüfung des von Z ausgehenden Ersuchens um Amtshilfe für gegeben halten durften und für gegeben gehalten haben, war ihre Diensthandlung (anders als die des Z) **rechtmäßig**. Mit Rücksicht darauf, dass ihr Vorgehen von A und F offenbar *irrig* als rechtswidrig angesehen wurde, ist jedoch zu prüfen, ob der tätliche Angriff gemäß § 113 IV straflos bleibt. Dies hat das OLG Köln in der bereits erwähnten Fallentscheidung (NJW 75, 889) unter Hinweis auf die hier zu bejahende **Zumutbarkeit des Gebrauchs von Rechtsbehelfen** (§§ 113 IV 2 StGB, 766 ZPO) im Ergebnis zutreffend verneint.

## 6. Irrtumsregelung

§ 113 IV orientiert sich in groben Zügen an der Regelung des Verbotsirrtums (§ 17),  **643**
weicht davon aber in mehrfacher Hinsicht ab und enthält eine abschließende **Sonderregelung** eigener Art[40].

Der Täter muss hier (anders als bei § 17) *positiv* angenommen haben, dass die Vollstreckungshandlung nicht rechtmäßig sei. Worauf diese Fehlvorstellung beruht, ist gleichgültig (S/S-*Eser*, § 113 Rn 55). Die **Unvermeidbarkeit** des Irrtums schützt (abweichend von § 17) für sich allein nicht vor Strafe; der Schuldvorwurf entfällt vielmehr nur unter der *zusätzlichen* Voraussetzung, dass es dem Täter **nicht zuzumuten** war, sich **mit Rechtsbehelfen** zu wehren (§ 113 IV 2 Halbs. 1 = sog. *Rechtsbehelfsklausel*). War ihm dies zuzumuten, so kann das Gericht die Strafe gemäß § 49 II mildern oder von einer Bestrafung nach § 113 absehen. Diese Milderungsmöglichkeit ist auch bei **Vermeidbarkeit** des Irrtums gegeben; ein Absehen von der Bestrafung nach § 113 ist aber auf Fälle von *geringer Schuld* beschränkt (§ 113 IV 1).

---

38  Dazu OLG Neustadt GA 61, 60; NK-*Paeffgen*, § 113 Rn 26.
39  Näher OLG Köln NJW 75, 889.
40  Dazu LK-*Rosenau*, 12. Aufl. 2009, § 113 Rn 67 ff; *Maurach/Schroeder*, BT II § 70 Rn 26.

## 7. Regelbeispiele für besonders schwere Fälle

**644** **Fall 34:** An einem Novemberabend wird der Autofahrer A von dem Polizeibeamten P, der mit zwei anderen Beamten eine allgemeine Verkehrskontrolle durchführt, durch Zeichen mit einem beleuchteten Anhaltestab zum Halten aufgefordert. Da er seine Fahrzeugpapiere nicht bei sich führt und die Reifen seines Autos abgefahren sind, sucht A sich der Kontrolle zu entziehen. Er bremst seinen Kraftwagen zunächst ab, nähert sich langsam und fährt dann plötzlich mit Vollgas auf P zu, um ihn zum Ausweichen zu zwingen. Während P zur Seite springt, reißt A sein Steuer herum, da er den P weder anfahren noch überfahren will. Nach kurzer Verfolgungsjagd wird A gestellt.

Strafbarkeit des A? **Rn 647**

**645** In **besonders schweren Fällen** des Widerstandes, für die § 113 II **Regelbeispiele** nennt (siehe zu diesen eigenartigen Rechtsfolgenmodifikationen schon Rn 82, 221), tritt eine Strafschärfung ein. Der andere **Beteiligte** iS des § 113 II 2 Nr 1 muss am Tatort anwesend sein. Nach bisher hM sollte der Begriff **Waffe** hier die gefährlichen Werkzeuge umfassen, die den Qualifikationsgrund des § 224 I Nr 2 nF ausmachen[41]. Das BVerfG hat für § 113 II dieses extensive Verständnis des Waffenbegriffs verworfen[42]: Der allgemeine Sprachgebrauch bezeichne Gegenstände als Waffen, wenn ihre primäre Zweckbestimmung darin liege, im Weg des Angriffs oder der Verteidigung zur Bekämpfung anderer eingesetzt zu werden oder wenn eine solche Verwendung – wie etwa bei Keulen oder Messern – zumindest typisch sei[43]. Anders als bei § 224 I Nr 2 muss die Waffe nicht konkret verwendet werden; vielmehr genügt zur Verwirklichung bereits die Absicht, sie bei „Bedarf" in latent gefährlicher, dh auch realisierbarer Weise als *Drohungsmittel* einzusetzen[44]. **Beisichführen** erfordert nach hM nicht, dass die Waffe zur Tat mitgebracht wird; ausreichen soll vielmehr, dass sie räumlich so „zur Verfügung" steht, dass der Täter sich ihrer ohne nennenswerten Zeitaufwand und ohne besondere Schwierigkeiten („jederzeit") bedienen kann[45]. Der Rechtsprechung genügt – jedenfalls bei Absichtsdelikten iS der §§ 244, 250 aF – ein Beisichführen zu irgendeinem Zeitpunkt zwischen Versuchsbeginn und Beendigung der Tat[46]; unabhängig davon, ob diese Deutung dort zutrifft[47], bildet bei § 113 die Vollendung der Tat mangels einer Beendigungsphase in diesem Sinne die Zäsur.

**646** Das Regelbeispiel des § 113 II 2 Nr 2 verlangt *eigenhändige* Begehung (BGHSt 27, 56; aA MüKo-*Bosch*, § 113 Rn 76). Zur **Gewalttätigkeit** siehe Rn 389, zur *Gefahr einer schweren Gesundheitsschädigung* vgl Rn 315, 316. Der Täter muss den Angegriffenen analog § 15 (quasi-) vorsätzlich in eine dieser Gefahren gebracht haben[48].

---

41 So OLG Celle NStZ-RR 97, 265; *Fischer*, § 113 Rn 38; mit beachtlichen Gründen aA NK-*Paeffgen*, § 113 Rn 85.
42 BVerfG NJW 08, 3627 mit zust. Anm. *Wörner*, ZJS 09, 236; so schon NK-*Paeffgen*, § 113 Rn 85.
43 Massive Kritik an der Entscheidung bei *Simon*, Anm. NStZ 09, 84; *Foth*, Anm. NStZ-RR 09, 138; krit. auch *Koch/Wirth*, ZJS 09, 90 und *Kudlich*, Anm. JR 09, 210.
44 *Küper*, BT S. 438; LK-*Rosenau*, 12, Aufl. 2009, § 113 Rn 78.
45 BGHSt 31, 105 mit Anm. *Hruschka*, JZ 83, 217; zu § 30a II Nr 2 BtMG unhaltbar BGHSt 43, 8 mit abl. Anm. *Zaczyk*, JR 98, 256.
46 BGHSt 20, 194; 31, 105; BGH StV 88, 429; dazu *Wessels/Beulke*, AT Rn 591.
47 Krit. ua LK-*Herdegen*, § 250 Rn 11 mwN; ferner *Küper*, BT S. 73.
48 BGHSt 26, 176, 180; LK-*Rosenau*, 12. Aufl. 2009, § 113 Rn 88; ebenso NK-*Paeffgen*, § 113 Rn 87; ferner *Hettinger*, JuS 97, L 41, 45.

A hat im **Fall 34** *nur* nach der *bisherigen* Rechtsprechung einen *gefährlichen Eingriff in den* **647**
*Straßenverkehr* (§ 315b I Nr 3) begangen. Gezieltes Zufahren auf einen Halt gebietenden Polizeibeamten, um ihn zur Freigabe der Fahrbahn zu nötigen, erfüllte hiernach die Voraussetzungen dieser Vorschrift auch dann, wenn der Täter eine Verletzung des konkret gefährdeten
Beamten zu vermeiden sucht (BGHSt 26, 176; 22, 67; näher Rn 979a, 980).

Das Verhalten des A verwirklicht den Tatbestand des § 113 I, nach bisher hM auch die Regelbeispielsmerkmale des § 113 II 2 Nr 1. **Vollstreckungshandlung** iS des § 113 I ist auch eine
**allgemeine Verkehrskontrolle**, zu deren Durchführung Polizeibeamte nach § 36 V StVO ermächtigt sind (BGHSt 25, 313). In dem gezielten Zufahren auf P liegt ein *Widerstandleisten*
durch *Drohen* mit Gewalt (aA die hM, die Gewalt bejaht; vgl LK-*Rosenau*, 12. Aufl. 2009,
§ 113 Rn 14 f mwN) und zugleich ein *tätlicher Angriff*.

Dass ein Kraftfahrzeug bei der Tat als Waffe iS des § 113 II 2 Nr 1 benutzt werden kann, war
der bisher hM nicht zweifelhaft (BGHSt 26, 176; OLG Karlsruhe Die Justiz 81, 239). Dieser
ausdehnenden Deutung des Begriffs Waffe hat das BVerfG nunmehr ein Ende bereitet (vgl
Rn 645). Dass das Gericht im Anschluss an sein Verdikt über die bisherige Praxis auf die Möglichkeit der Annahme eines *unbenannten* besonders schweren Falls hinweist, beleuchtet
schlaglichtartig das Problematische dieser Gesetzgebungstechnik in ihrer derzeitigen Gestalt.

Die Voraussetzungen des § 113 II 2 Nr 2 wiederum wären nur erfüllt, *falls* A den P (*entspre-*
*chend* § 15: also quasi-) *vorsätzlich* in die Gefahr des Todes oder einer schweren Körperverletzung gebracht hätte[49].

## IV. Gefangenenbefreiung

**Fall 35:** Der Uhrmachergeselle U ist zu Unrecht in den Verdacht der Hehlerei geraten und in **648**
Untersuchungshaft genommen worden. Der von seiner Unschuld überzeugte Aufseher A hat
ihn durch den Hinweis, dass er nach dem letzten Rundgang das Zuschließen seiner Zellentür
„vergessen" werde, zur Flucht verleitet. Alles weitere verläuft wie vorgesehen, doch wird U im
Hof der Untersuchungshaftanstalt bei dem Versuch, über die Mauer zu klettern, entdeckt und
wieder inhaftiert.

Haben A und U sich strafbar gemacht? **Rn 656, 658**

### 1. Schutzgut und Begriff des Gefangenen

**Schutzgut** des Tatbestandes der **Gefangenenbefreiung** (§ 120) ist die zuvor begrün- **649**
dete *staatliche Verwahrungsgewalt* über die in Gewahrsam genommene Person, nicht
die Rechtspflege (vgl BGHSt 9, 62, 64; KG JR 80, 513; LK-*Rosenau*, 12. Aufl. 2009,
§ 120 Rn 8).

Der **Grundtatbestand** (§ 120 I) umfasst neben der eigentlichen Gefangenenbefreiung zwei als **650**
täterschaftlich ausgestaltete *Teilnahme*handlungen an einer (tatbestandslosen) Selbstbefreiung
des Gefangenen. Der **Qualifikationstatbestand** des § 120 II (= Vergehen) knüpft an die beson-

---

49  Zur analogen Anwendung der §§ 15, 16 auf Regelbeispiele siehe *Hettinger*, JuS 97, L 41, 44 f mit
    Fn 18; *Zieschang*, Jura 99, 561, 566.

dere Pflichtenstellung des Täters (§ 11 I Nr 2, 4) an, setzt im Übrigen aber die Begehungsformen des § 120 I voraus. Der Versuch ist in allen Fällen mit Strafe bedroht (§ 120 III).

**651**  **Gefangener** ist, wer sich zwecks Ahndung einer Verfehlung oder zur Erzwingung von prozessualen Pflichten kraft richterlicher, polizeilicher oder sonst zuständiger Hoheitsgewalt in formell zulässiger Weise *in staatlichem Gewahrsam* befindet. Hinzu kommen Kriegsgefangene und Internierte.

**652**  Unter § 120 I, II fallen zB Straf- und Untersuchungsgefangene[50], von einem Straftatverfolgungsorgan nach § 127 StPO vorläufig Festgenommene[51], *nicht* aber von *Privatpersonen* nach § 127 I StPO Festgenommene[52]; ferner sind Gefangene in diesem Sinne Personen, die sich nach §§ 51, 70 StPO, §§ 177, 178 GVG oder §§ 380, 390, 888, 890 ZPO in Zwangs- oder Ordnungshaft befinden. Wer gemäß § 81a StPO zur Entnahme einer Blutprobe zum Arzt gebracht wird, ist nicht Gefangener iS des § 120 (BayObLG JZ 84, 343).

Einem Gefangenen iS des § 120 I, II *steht* nach § 120 IV *gleich*, wer sonst **auf behördliche Anordnung** in einer **Anstalt verwahrt** wird (zB nach §§ 63, 64 Untergebrachte, Sicherungsverwahrte und dergleichen; vgl BGHSt 37, 388).

**653**  Die Gefangenschaft oder Anstaltsverwahrung **beginnt** mit der *formell* ordnungsmäßigen Ingewahrsamnahme ohne Rücksicht auf deren sachliche Begründetheit (BGH GA 65, 205); sie **endet** mit der *tatsächlichen* Aufhebung des Gewahrsamsverhältnisses. Ist der staatliche Gewahrsam über einen vorläufig Festgenommenen formell ordnungsmäßig begründet worden, so kann weder der Versuch seiner Befreiung noch eine dabei begangene Körperverletzung unter dem Gesichtspunkt der Nothilfe (§ 32) gerechtfertigt werden (KG JR 80, 513).

## 2. Tathandlungen und Täterschaft

**654**  Die **Tathandlung** besteht nach § 120 I darin, dass ein anderer den Gefangenen auf beliebige Weise aus dem staatlichen Gewahrsam *befreit*, ihn zum Entweichen *verleitet* (= dazu anstiftet) oder dabei *fördert* (= zur Selbstbefreiung durch Rat oder Tat Hilfe leistet). Für den subjektiven Tatbestand ist *Vorsatz* erforderlich. **Täter** des § 120 I kann mit Ausnahme des Gefangenen selbst (vgl BGHSt 4, 396, 400) grundsätzlich jeder andere sein, auch ein Mitgefangener (beachte Rn 656). Die Strafschärfung nach § 120 II ist dagegen auf den durch eine besondere Pflichtbindung gekennzeichneten Täterkreis begrenzt.

**655**  Nicht zum Kreis der tauglichen Täter einer Gefangenenbefreiung dürfte – so *Wessels*, BT/1, 21. Aufl. 1997, Rn 647 – freilich die Bundesregierung gehören, wenn sie (wie im Fall Peter Lorenz geschehen) unter dem Druck einer Geiselnahme im Einvernehmen mit der zuständigen Landesregierung zu Austauschzwecken die Freilassung inhaftierter Strafgefangener anordnet. Dies folge daraus, dass § 120 die Verletzung von Hoheitsrechten voraussetzt und dass die obersten Träger dieser Hoheitsrechte nicht „gegen sich selbst" handeln können (anders *Krey*, ZRP 75, 97; *Küper*, Darf sich der Staat erpressen lassen?, 1986, S. 17 mwN; LK-*Rosenau*, 12. Aufl. 2009, § 120 Rn 55; MüKo-*Bosch*, § 120 Rn 30).

---

50  Vgl BGHSt 9, 62; RGSt 19, 330.
51  BGHSt 20, 305, 307; KG JR 80, 513.
52  RGSt 67, 298.

Im **Fall 35** ist für eine **Strafvereitelung** nach § 258 I von vornherein kein Raum, da hier die **656**
*sachlichen* Voraussetzungen für eine *Bestrafung* oder für die *Anordnung einer Maßnahme*
(§ 11 I Nr 8) wirklich vorliegen müssen. Hingegen war U zwar *zu Unrecht*, aber in **formell** *zulässiger Weise* in staatlichen Gewahrsam genommen worden, mithin Gefangener iS des
§ 120 I.

Eine Strafbarkeit des U nach § 120 scheidet im Fall jedoch schon deshalb aus, weil die **Selbstbefreiung** (abgesehen von § 121 I Nr 2) nicht mit Strafe bedroht ist. **Nicht strafbar** ist demgemäß auch die wechselseitige Hilfe, die Mitgefangene sich bei einer gemeinsamen Flucht
zwecks Erlangung der eigenen Freiheit leisten (vgl BGHSt 17, 369; OLG Celle JZ 61, 263).
Das Gleiche muss für die *Anstiftungshandlung* eines Gefangenen gelten, der andere zu seiner
Befreiung oder zur darauf abzielenden Beihilfe bestimmt (näher LK-*Rosenau,* 12. Aufl. 2009,
§ 120 Rn 58; S/S-*Eser,* § 120 Rn 15; zu eng, wenngleich mit dem Wortlaut vereinbar BGHSt
17, 369, 373; Überblick bei *Küper,* BT S. 56).

**Vollendet** ist die Tat bei allen Begehungsformen des § 120 erst dann, wenn der Gefan- **657**
gene – sei es auch nur vorübergehend – seine uneingeschränkte Freiheit wiedererlangt
hat, dem staatlichen Gewahrsam also vollständig entzogen oder entronnen ist (vgl
RGSt 25, 65; BGH NStZ-RR 00, 139).

Im **Fall 35** ist U nur bis auf den Hof der Untersuchungshaftanstalt gelangt; das Überklettern **658**
der Mauer ist ihm nicht gelungen. A, der ihn zur Flucht verleitet und dabei aktiv unterstützt
hat, ist somit nur wegen *versuchter* Gefangenenbefreiung nach §§ 120 I-III, 22 zu bestrafen.

Im **Strafvollzug**, der ein Behandlungssystem mit vielfältigen Lockerungsmöglichkeiten vorsieht **659**
und darauf ausgerichtet ist, den Gefangenen schrittweise wieder an die Verhältnisse in der Freiheit
heranzuführen (vgl §§ 3, 7, 11, 13 StVollzG), besteht die Gefangenschaft auch bei Lockerungs-
maßnahmen und freien Vollzugsformen bis zur Haftentlassung fort (vgl BGHSt 37, 388). Infolgedessen bleibt hier Raum für ein „Befreien" oder ein „Fördern beim Entweichen"; so zumindest
dann, wenn gegenständliche Freiheitseinschränkungen beseitigt oder Maßnahmen zur Überwa-
chung der Bewegungsfreiheit des Betroffenen wirkungslos gemacht werden. Ein Befreien kann
auch in der Form einer Entlassung aus der Verwahrung geschehen, wobei jedoch rechtsförmliche,
von den *zuständigen* Organen angeordnete Entlassungen grundsätzlich ausscheiden, selbst wenn
sie dem materiellen Recht widersprechen.

Im Einzelnen ist dazu aber manches noch nicht abschließend geklärt. Zweifelhaft und umstritten **660**
ist beispielsweise, ob oder inwieweit auch **Freigang** und **Hafturlaub** die Gefangenen- bzw Ver-
wahrteneigenschaft unberührt lassen[53].

## V. Gefangenenmeuterei

Im Vergehenstatbestand der **Gefangenenmeuterei** (§ 121) sind **Schutzgüter** die Ver- **661**
wahrungsgewalt des Staates iS des § 120 (vgl Rn 649) sowie die in Abs. 1 Nr 1 genannten Personen (LK-*Rosenau,* 12. Auf. 2009, § 121 Rn 4; krit. MüKo-*Bosch* § 121

---

53  Siehe dazu ua BGHSt 37, 388; *Laubenthal,* JuS 89, 827; LK-*Rosenau,* 12. Aufl. 2009, § 120 Rn 25;
    *Rössner,* JZ 84, 1065; *Zielinski,* Anm. StV 92, 227.

Rn 1). **Täter** können nur Gefangene[54] (zum Begriff siehe Rn 651) oder in der Sicherungsverwahrung Untergebrachte (§ 121 IV) sein. Der Tatbestand beschreibt kein eigenhändiges, wohl aber ein *Sonder*delikt. Für Außenstehende, die nur Teilnehmer sein können, gilt nach hL § 28 I nicht (SK-*Horn*, § 121 Rn 13 mwN).

**662** **Sich-Zusammenrotten** meint das räumliche Zusammentreten oder Zusammenhalten von nach hM *mindestens* zwei[55] Gefangenen zu dem erkennbaren Zweck eines gemeinschaftlichen gewaltsamen oder bedrohlichen Handelns iS des § 121 I (zweifelhaft OLG Karlsruhe NStZ 99, 136). Der strafbare *Versuch* der Gefangenenmeuterei (§ 121 II) beginnt erst mit dem unmittelbaren Ansetzen zur eigentlichen Meutereihandlung (RGSt 54, 313; LK-*Rosenau*, 12. Aufl. 2009, § 121 Rn 22), die **mit vereinten Kräften** erfolgen muss; für Letzteres genügt eine von dem die Rotte beherrschenden Willen getragene Handlung Einzelner (RGSt 30, 391). Zu den Meutereihandlungen des § 121 I Nr 1 siehe Rn 380, 383, 401 und 630; Nr 2 und 3 sind praktisch nur bedeutsam, wenn der Ausbruch oder das Verhelfen dazu ohne eine Tathandlung iS der Nr 1 begangen werden (S/S-*Eser*, § 121 Rn 11). Zur **Vollendung** der Tat gehört jedenfalls in der ersten Begehungsform des § 121 I Nr 1 der Eintritt des Nötigungserfolges (§ 240) und bei den Nr 2, 3 das **Gelingen des Ausbruchs** (dazu BGH MDR/D 75, 542).

**663** § 121 III enthält eine Strafzumessungsvorschrift mit drei Regelbeispielen (zum Begriff Rn 221). *Andere Beteiligte* können Täter und Teilnehmer sein (LK-*Rosenau*, 12. Aufl. 2009, § 121 Rn 66). **Schusswaffe** iS der Nr 1 ist jedes Gerät, das geeignet und allgemein dazu bestimmt ist, Menschen körperlich zu verletzen, und mit dem ein festes, mechanisch wirkendes Geschoss mittels Explosions- oder Luftdruck durch einen Lauf getrieben wird. Nach der Rechtsprechung sollen auch chemisch wirkende Waffen wie etwa Gaspistolen erfasst sein[56]. Die Schusswaffe muss einsatzfähig, Munition mindestens griffbereit sein[57]. Zum Beisichführen im Übrigen siehe Rn 645, zu § 121 III 2 Nr 2, 3 vgl Rn 646. *Anderer* iS der Nr 3 kann auch ein Unbeteiligter sein. Zum Regelbeispiel des § 121 III 2 Nr 1 bei einem gescheiterten Versuch der Gefangenenmeuterei siehe BGH NStZ 95, 339 mit Anm. *Wolters*.

---

54 BGHSt 20, 305; *Tenkhoff/Arloth*, JuS 85, 129.
55 NK-*Ostendorf*, § 121 Rn 8: mehr als zwei; dagegen LK-*Rosenau*, 12. Aufl. 2009, § 121 Rn 17, der „teleologisch" argumentiert. Eine Rotte ist nun aber eine Schar, weshalb der alten aA zu folgen ist; anders noch die 32. Aufl.
56 BGHSt 24, 136; LK-*Krauß*, 12. Aufl. 2009, § 125a Rn 7.
57 BGHSt 3, 229; BGH NStZ 81, 301.

# § 15 Siegel-, Verstrickungs- und Verwahrungsbruch

**Fall 36:** Im Auftrag des Gläubigers G hat der Gerichtsvollzieher Z auf Grund eines vollstreckbaren Zahlungstitels bei dem Schuldner S einen antiken Schreibtisch gepfändet, den er nach ordnungsgemäßer Anlegung des Pfandsiegels im Gewahrsam des S belassen hat. Bald darauf bemerkt S, dass die Siegelmarke sich von der glatten Oberfläche des Schreibtisches gelöst hat und abgefallen ist; er hebt sie auf und nimmt sie zu seinen Unterlagen. Am anderen Tag veräußert S den Schreibtisch an den gutgläubigen E, der in Unkenntnis der Pfändung einen hohen Preis bietet und das Liebhaberstück sogleich abholen lässt.

Strafbarkeit des S? **Rn 669, 674, 677, 684**

664

## I. Siegelbruch

Das EGStGB hat die bisherigen Vorschriften über Siegel- und Verstrickungsbruch (§§ 136, 137 aF) in § 136 nF vereinigt, um die Einzelfragen zur Rechtmäßigkeit der Siegelanlegung, Pfändung und Beschlagnahme in Anlehnung an § 113 III, IV für beide Tatbestände einheitlich regeln zu können (vgl § 136 III, IV).

665

**Schutzgut** des § 136 II ist die im Siegel manifestierte *staatliche Autorität* (S/S-Cramer/Sternberg-Lieben, § 136 Rn 18 mwN), **Tatobjekt** ein dienstliches Siegel, das von einer Behörde (dazu *Fischer*, § 11 Rn 29) oder einem Amtsträger (§ 11 I Nr 2) *angelegt* ist, um Sachen in Beschlag zu nehmen, dienstlich zu verschließen oder zu bezeichnen.

666

**Anlegen** bedeutet die mechanische Verbindung des Siegels mit einem Gegenstand (RGSt 61, 101). Bei einer **Pfändung** nach § 808 II 2 ZPO geschieht das idR durch Aufkleben der Siegelmarke; auch das Anheften mit einer Stecknadel am Innenfutter im Ärmel eines Pelzmantels kann genügen (BGH MDR/D 52, 658).

667

Die **Tathandlung** besteht darin, dass das Siegel vorsätzlich *beschädigt, abgelöst* oder zB durch Überkleben *unkenntlich* gemacht wird. Daneben kommt das *Unwirksammachen* des durch ein Siegel bewirkten Verschlusses in Betracht, wie etwa das Einsteigen in einen versiegelten Raum nach Eindrücken eines Fensters. Zur **Rechtmäßigkeit** der Siegelanlegung gilt das zu § 113 Gesagte entsprechend (vgl Rn 633 ff); maßgebend ist auch hier die formelle Rechtmäßigkeit, nicht das Vorliegen der materiellen Wirksamkeitsvoraussetzungen (näher *Niemeyer*, JZ 76, 314).

668

Im **Fall 36** ist das von Z angelegte Pfandsiegel von selbst abgefallen; es am Pfandobjekt wieder anzubringen, war nicht Aufgabe des S. Für § 136 II ist daher kein Raum.

669

## II. Verstrickungsbruch

### 1. Schutzgut und Schutzgegenstand

**670**   **Schutzgut** des Verstrickungsbruchs (§ 136 I) ist die mit einer formell wirksamen Pfändung oder Beschlagnahme entstehende *staatliche Herrschaftsgewalt*[1].

**671**   § 136 I bezweckt den Schutz der durch eine **öffentlich-rechtliche Verstrickung** begründeten **amtlichen Verfügungsgewalt**. Im Gegensatz dazu dienen die (in Übungsfällen oft mit zu erörternden) §§ 288, 289 dem Schutz von Vermögensrechten: Beim **Vereiteln der Zwangsvollstreckung** (§ 288) geht es um das vollstreckungsfähige und *sachlich begründete* Recht des Einzelgläubigers auf Befriedigung aus dem Schuldnervermögen (vgl BGHSt 16, 330, 333 f), bei der **Pfandkehr** (§ 289) um *private* Pfand- und Besitzrechte oder ähnliche Berechtigungen[2].

**672**   **Gegenstand** der Tat können nach hM nur **Sachen**, nicht auch Forderungen sein[3]. Was im Einzelnen zur *formellen* **Wirksamkeit** der Pfändung oder Beschlagnahme notwendig ist, richtet sich nach den einschlägigen Vorschriften. Zumeist, aber nicht immer (vgl § 20 ZVG und § 80 I InsO, der mit Außer-Kraft-Treten der KO zum 1.1.1999 deren § 6 ersetzt hat), bedarf es zur Herbeiführung der **Verstrickung** einer Inbesitznahme[4].

**673**   Die Pfändung der im Gewahrsam des Schuldners befindlichen Sachen wird nach §§ 803, 808 ZPO dadurch bewirkt, dass der Gerichtsvollzieher sie **in Besitz nimmt** (näher S/S-*Cramer/Sternberg-Lieben*, § 136 Rn 8). Werden die Pfandobjekte sodann (wie im Fall 37) im Gewahrsam des Schuldners belassen, muss die Pfändung durch Anlegung von Siegeln oder auf sonstige Weise (zB durch Anbringen von Pfandtafeln) **ersichtlich gemacht** werden; ein Verstoß hiergegen führt zur Unwirksamkeit[5]. Die Pfändung schuldnerfremder oder unpfändbarer Sachen gibt nur den vorgesehenen Rechtsbehelf (§ 771 bzw § 766 ZPO), berührt aber den Eintritt der Verstrickung nicht[6]. Lehrreich zur Auswirkung zivilprozessualer Vollstreckungsfehler auf die Strafbarkeit nach § 136 *Geppert/Weaver*, Jura 00, 46.

**674**   Im **Fall 36** hatte Z den Schreibtisch ordnungsgemäß gepfändet. Das *nachträgliche Abfallen* des Pfandsiegels war auf den Fortbestand der Verstrickung ohne Einfluss (vgl OLG Hamm NJW 56, 1889; LK-*Krauß*, 12. Aufl. 2009, § 136 Rn 19).

### 2. Begehungsformen und Täterschaft

**675**   **Begangen** wird die Tat dadurch, dass die gepfändete oder beschlagnahmte Sache vorsätzlich zerstört, beschädigt, unbrauchbar gemacht oder in anderer Weise **der Verstrickung tatsächlich entzogen** wird. Ob das dauernd oder nur vorübergehend, ganz

---

1   Vgl BGHSt 5, 155; LK-*Krauß*, 12. Aufl. 2009, § 136 Rn 1.
2   Vgl RGSt 17, 358; 38, 174; näher *Wessels/Hillenkamp*, BT II Rn 439 ff, 446 ff.
3   LK- *Krauß*, 12. Aufl. 2009, § 136 Rn 5; *Maurach/Schroeder*, BT II § 73 Rn 14.
4   Näher BGHSt 15, 149; RGSt 65, 249.; MüKo-*Hohmann*, § 136 Rn 9.
5   RGZ 37, 341; 126, 346; RGSt 61, 101.
6   RGSt 9, 403; 61, 367; OLG Hamm NJW 56, 1889.

oder teilweise sowie mit oder ohne räumliche Entfernung der Sache geschieht, ist gleichgültig. Maßgebend ist allein, dass die *Ausübung der amtlichen Verfügungsgewalt* **vereitelt** oder in nicht ganz unbedeutender Weise **erschwert** wird[7]. **Täter** kann außer dem Betroffenen jeder Dritte, auch der *Gerichtsvollzieher* selbst sein, da er die einmal erfolgte Pfändung nur auf gerichtliche Anordnung oder auf Weisung des Gläubigers wieder aufheben darf[8].

Anders liegt es, wenn ein Polizeibeamter aus eigener Veranlassung ohne Weisung eines Vorgesetzten nach den Vorschriften der StPO eine Sache beschlagnahmt hat und **ihm noch die alleinige Entscheidungsbefugnis über deren Freigabe** zusteht. In einem solchen Fall kommt nach BGHSt 5, 155 uU ein Verstoß gegen § 133 I, III, nicht jedoch gegen § 136 I (= § 137 aF) in Betracht. **676**

> Im **Fall 36** hat S sich nach § 136 I strafbar gemacht. Er hat den durch Z gepfändeten Schreibtisch der Verstrickung entzogen, indem er ihn an den *gutgläubigen* E veräußert und zum Abholen übergeben hat. Mit dem Erwerb **lastenfreien Eigentums** durch E nach §§ 929, 136, 135 II, 932, 936 BGB erlosch hier die Verstrickung sogar vollständig (vgl OLG Hamm NJW 56, 1889). **677**
>
> Fraglich ist, ob S sich auch des Verwahrungsbruchs (§ 133 I) schuldig gemacht hat.

## III. Verwahrungsbruch

Die durch das EGStGB neugefasste Vorschrift des § 133 schützt nach hM die **Herrschaftsgewalt** über Sachen (dazu Rn 679) in **dienstlicher oder kirchenamtlicher Verwahrung** *und* zugleich das **allgemeine Vertrauen** in die Sicherheit einer solchen Aufbewahrung[9]. **Dienstliche Verwahrung** iS des § 133 I setzt voraus, dass *fürsorgliche* **Hoheitsgewalt** den betreffenden Gegenstand in Besitz genommen hat, um ihn *unversehrt zu erhalten* und vor unbefugtem Zugriff zu bewahren, solange der amtliche Verwahrungsbesitz andauert[10]. **Post-** und **Bahnsendungen** sind seit der Umwandlung von Post und Bahn in Aktiengesellschaften mit *privatrechtlichen* Benutzungsverhältnissen nicht mehr „dienstlich" verwahrt; für sie ist der Schutz des § 133 entfallen[11]. **678**

Gegenstand der Verwahrung können neben **Schriftstücken** bewegliche **Sachen** aller Art sein, auch vertretbare und verbrauchbare Sachen, sofern sie ihrer *körperlichen Identität* nach und nicht nur der Gattung nach zurückgegeben werden sollen. **679**

Den Gegensatz zum dienstlichen Verwahrungsbesitz mit seiner besonderen Bestandserhaltungsfunktion bildet der im innerdienstlichen Interesse begründete *schlichtamtliche Gewahrsam* von Behörden und öffentlichen Körperschaften, wie er etwa am Dienstinventar, an den zum Verbrauch **680**

---

7  OLG Hamm NJW 80, 2537; *Geppert*, Jura 87, 35 und 102.
8  BGHSt 3, 306; 5, 155, 157; anders für den Fall einer förmlichen Freigabe SK-*Rudolphi*, § 136 Rn 15 mwN.
9  BGHSt 38, 381; 5, 155, 159; MüKo-*Hohmann*, § 133 Rn 1; krit. zum zweiten Aspekt *Maurach/Schroeder*, BT II § 73 Rn 5.
10  BGHSt 18, 312; BayObLG JZ 88, 726.
11  Näher LK-*Krauß*, 12. Aufl. 2009, § 133 Rn 9.

bestimmten Formblättern und Schreibmaterialien (RGSt 52, 240; 72, 172) oder an dem zur Auszahlung bereitgehaltenen Geld in öffentlichen Kassen besteht (BGHSt 18, 312). Für diesen *allgemeinen Amtsbesitz* gilt der Schutz des § 133 nicht, ebenso wenig wie für Gegenstände, die zur Veräußerung oder zur Vernichtung vorgesehen sind (BGHSt 38, 381; 33, 190; 18, 312; 9, 64).

**681**  Die Begehungsformen des § 133 I decken sich weitgehend mit denen des § 136 I (vgl BGH GA 78, 206). Der **dienstlichen Verfügung entzogen** wird eine Sache, wenn dem Berechtigten oder einem Mitberechtigten (wie etwa dem Dienstvorgesetzten) die Möglichkeit des ungehinderten Zugriffs und der bestimmungsgemäßen Verwendung genommen oder erheblich erschwert wird (BGHSt 35, 340). Das kann im Wege der widerrechtlichen Zueignung, des Beiseiteschaffens, des Versteckens innerhalb der Amtsräume oder auch dadurch geschehen, dass Schriftstücke in eine falsche Akte gelegt werden (näher LK-*Krauß*, 12. Aufl. 2009, § 133 Rn 26 ff). Bei einer Freigabe durch den Verfügungsberechtigten oder bei der Herausgabe an einen berechtigten Empfänger greift § 133 allerdings nicht ein, selbst dann nicht, wenn der Verfügungsberechtigte dazu durch Täuschung veranlasst worden ist (vgl OLG Düsseldorf NStZ 81, 25). **Täter** eines Verwahrungsbruchs kann jeder sein, auch der Sacheigentümer oder ein Dritter, dem die Sache im Rahmen des Aufbewahrungszwecks dienstlich übergeben worden ist.

**682**  **Qualifiziert** ist die Tat nach § 133 III für **Amtsträger** und Personen iS des § 11 I Nr 4, sofern ihnen die Sache aufgrund dieser besonderen Eigenschaft *anvertraut* oder *zugänglich* war. Hier gewinnt der Umstand Bedeutung, dass Schutzgut des § 133 auch das allgemeine Vertrauen in die Zuverlässigkeit der amtlichen Verwahrung ist[12]. Zu beachten ist dabei, dass ein dienstordnungswidriges Verhalten unter dem Blickwinkel des § 133 nicht ohne weiteres den Schluss nahelegt, der Amtsträger habe die im Verwahrungsbesitz befindliche Sache der dienstlichen Verfügung entzogen. Maßgebend in dieser Hinsicht ist vielmehr, ob sein Verhalten die Auffindbarkeit der Sache und die Möglichkeit des jederzeitigen Zugriffs auf sie zwecks bestimmungsgemäßer Verwendung **nachhaltig erschwert** hat oder nicht. Daran fehlt es nach Ansicht des BGH, wenn der dienstlich verwahrte Gegenstand ohne ins Gewicht fallende Hindernisse für den Dienstvorgesetzten des Täters oder für einen sonst Berechtigten erreichbar bleibt, selbst wenn dieser zunächst danach suchen muss[13].

**683**  Gepfändete Gegenstände, die der Gerichtsvollzieher nach Inbesitznahme zur Pfandkammer bringt, befinden sich in dienstlicher Verwahrung, *nicht* aber Pfandobjekte, die gemäß § 808 II ZPO im Gewahrsam des Schuldners belassen werden[14].

**684**  Im **Fall 36** hat S sich somit nicht nach § 133 I strafbar gemacht.

Zu der Frage, ob S einen Betrug (§ 263) gegenüber E begangen hat, vgl BGHSt 3, 370; 15, 83; 21, 112 (näher dazu *Wessels/Hillenkamp*, BT II Rn 574 ff).

---

12  Näher BGHSt 5, 155, 160; RGSt 64, 2; 61, 334.
13  Vgl BGHSt 35, 340; krit. dazu *Brammsen*, Jura 89, 81.
14  Ebenso *Küper*, BT S. 421; *Rengier*, BT II § 57 Rn 9; S/S-*Cramer/Sternberg-Lieben*, § 133 Rn 9.

8. Kapitel

# Straftaten gegen die Rechtspflege

## § 16 Falschverdächtigung, Vortäuschen einer Straftat und Strafvereitelung

### I. Falsche Verdächtigung

**Fall 37:** Infolge einer Unachtsamkeit beschädigt Berufskraftfahrer B an einem Freitag mit seinem Privatauto einen am Straßenrand ordnungsgemäß geparkten Kraftwagen. Da niemand den Unfall beobachtet hat und der Schaden an beiden Fahrzeugen beträchtlich ist, entfernt B sich alsbald vom Unfallort und fährt nach Hause. Als er am Sonntag seiner von einer Kur zurückkehrenden Ehefrau F davon berichtet, fordert diese ihn auf, falls Polizeibeamte kämen, auszusagen, dass sie gefahren sei; tue er dies nicht, sei zu befürchten, dass „sein Führerschein weg" sei. Dem zwei Tage später im Zuge der Ermittlungen fragenden Polizeiobermeister P erklärt B, seine Ehefrau F habe den Unfall verursacht, was sodann auch die F dem P bestätigt.

Wie ist der Fall strafrechtlich zu beurteilen? **Rn 702**

685

### 1. Geschützte Rechtsgüter

Was der **Schutzzweck** der **falschen Verdächtigung** ist, ist umstritten. Nach hM besitzt § 164 eine **Doppelnatur**: Die Vorschrift schützt die *innerstaatliche* **Rechtspflege** gegen Irreführung und unbegründete Inanspruchnahme, dient daneben aber auch dem **Schutz des Einzelnen**, der nicht das Opfer eines ungerechtfertigten behördlichen Untersuchungsverfahrens oder sonstiger Maßnahmen hoheitlicher Art werden soll (= Straftat gegen die Allgemeinheit *und* gegen die Einzelperson)[1].

686

Gegen diese „dualistische" Deutung wenden sich zwei „monistische" Ansätze, die jeweils eines der nach hM nebeneinander geschützten Rechtsgüter zum alleinigen Schutzgut, das andere zum bloßen Schutzreflex erklären. Die eine Ansicht stellt auf die staatliche *Rechtspflege* in ihrer (Autorität und) Funktionsfähigkeit als geschütztes Rechtsgut ab[2], während die (monistische) Gegenmeinung nur *Individualgüter* als geschützt ansieht[3].

687

In der Zuordnung des Delikts (mit wechselndem Inhalt) wurde im Verlauf der Jahrhunderte ein einheitlicher Standpunkt nicht gefunden[4]. Das Zwitterhafte auch des heutigen § 164 zeigt sich bereits an seiner Einordnung im Anschluss an die Aussage-

688

---

1   Siehe BGHSt 5, 66; 9, 240; BGH NJW 52, 1385; LK-*Ruß*, § 164 Rn 1.
2   *Langer*, GA 87, 289; *Maurach/Schroeder*, BT II § 99 Rn 5; MüKo-*Zopfs*, § 164 Rn 2 ff, 4; SK-*Rudolphi/Rogall*, § 164 Rn 1, jeweils mwN; so auch RGSt 23, 371; 59, 34.
3   So ua *Hirsch*, Schröder-GedS, S. 307; NK-*Vormbaum*, § 164 Rn 10; *Schmidhäuser*, BT 6/6.
4   Vgl den knappen Überblick zur Gesetzgebung bei *Maurach/Schroeder*, BT II § 99 Rn 1; ferner *Temme*, Lb des Preußischen Strafrechts, 1853, S. 765; *v. Wächter*, Deutsches Strafrecht, 1881, S. 499.

delikte einerseits, an der Bekanntgabe der Verurteilung (§ 165) auf Verlangen des Verletzten andererseits. Eben dem wird die Interpretation der hM gerecht. Allerdings versteht sie das Nebeneinander beider Schutzzwecke **alternativ** in dem Sinne, dass schon die „Verletzung" eines von ihnen zur Erfüllung des Tatbestandes ausreicht[5]. Das führt zu einer weiten Ausdehnung des Strafbarkeitsbereichs, entspricht aber der Entwicklung der Norm seit 1870 (dazu NK-*Vormbaum*, § 164 Rn 2 ff). De lege lata ist die hM deshalb, soweit ersichtlich, nicht als falsch zu erweisen.

**689** Bedeutung gewinnt die Verkoppelung disparater Schutzzwecke in einer Norm (deren Typus demnach nicht einheitlich bestimmt werden kann) bei der Irreführung inländischer Behörden iS des § 11 I Nr 7 (dazu *Fischer*, § 11 Rn 29) *mit Einwilligung des Verdächtigten*, wo der Angriff auf *die Rechtspflege* nach hM strafbar bleibt[6], und bei der Falschverdächtigung gegenüber ausländischen (= durch § 164 nicht geschützten) Behörden, wo allein der *Schutz des Verdächtigten* vor Zwangsmaßnahmen in Betracht kommt (vgl BGH NJW 52, 1385). Näher zum Ganzen *Geerds*, Jura 85, 617; *Geilen*, Jura 84, 251, 300.

**690** Innerhalb des § 164 geht der Abs. 1 dem Abs. 2 als *lex specialis* vor. Sofern eine **rechtswidrige Tat** iS des § 11 I Nr 5 oder eine *Dienstpflichtverletzung* den Gegenstand der Verdächtigung bildet, ist daher nur § 164 I anwendbar[7]. Zum Verfahren vgl insoweit § 154e StPO. In jedem Fall muss die Tat sich gegen **einen anderen**, dh gegen eine **bestimmte** lebende Person richten, die nicht mit Namen genannt, aber so weit erkennbar gemacht sein muss, dass ihre Ermittlung möglich ist (BGHSt 13, 219). Bei einer falschen **Selbstbezichtigung** oder Anzeige *gegen Unbekannt* ist deshalb nur Raum für den subsidiär geltenden § 145d (vgl BGHSt 6, 251).

## 2. Tathandlung nach § 164 I

**691** Den **objektiven Tatbestand** des § 164 I verwirklicht, wer einen anderen bei einer *Behörde*, einem zur Entgegennahme von Anzeigen zuständigen *Amtsträger* oder *militärischen Vorgesetzten* oder *öffentlich* einer **rechtswidrigen Tat** oder der Verletzung einer Dienstpflicht verdächtigt. **Subjektiv** muss der Täter *wider besseres Wissen* handeln und *in der Absicht*, ein behördliches Verfahren oder andere behördliche Maßnahmen gegen den Verdächtigten herbeizuführen oder fortdauern zu lassen; nach hM soll insoweit sicheres Wissen genügen (vgl S/S-*Lenckner*, § 164 Rn 32 mwN).

**692** Unter **Verdächtigen** ist jedes Tätigwerden zu verstehen, durch das ein Verdacht auf eine **bestimmte andere Person** gelenkt oder ein bereits bestehender Verdacht verstärkt wird (BGHSt 14, 240, 246). Ob das Hervorrufen, Hinlenken oder Bestärken des Verdachts ausdrücklich oder konkludent, dh durch eine **Behauptung tatsächlicher Art** oder durch das **Schaffen einer verdächtigenden Beweislage** erfolgt, ist nach hM gleichgültig.

---

5  Näher *Schröder*, NJW 65, 1888; zur *kumulativen* Deutung, nach der jeweils beide Zwecke betroffen sein müssen, *Frank*, § 164 Anm. I; dagegen *Langer*, Die falsche Verdächtigung, 1973, S. 36 ff. und MüKo-*Zopfs*, § 164 Rn 2 f.
6  BGHSt 5, 66; OLG Düsseldorf NJW 62, 1263.
7  RG JW 35, 864 Nr 14; OLG Frankfurt HESt 2, 258; S/S-*Lenckner*, § 164 Rn 3.

**Beispiele** dafür bilden neben der objektiv unwahren Anzeige das Zuspielen von Fangbriefen in die Hand eines Unschuldigen[8], das Zuleiten falschen Beweismaterials an die Organe der Straftatverfolgung[9], die Abgabe eines Geständnisses unter falschem Namen (wobei es entscheidend auf die damit verfolgte Absicht des Täters ankommt[10]), das Zurücklassen fremder Ausweispapiere am Tatort, um den Tatverdacht auf deren Inhaber zu lenken, und dergleichen[11]. Wesentlich ist nach hM dabei, dass der Täter jeweils Tatsachen behauptet oder Fakten „sprechen" lässt, die mit der Wirklichkeit nicht übereinstimmen und die geeignet sind, den für ein behördliches Einschreiten erforderlichen Verdachtsgrad zu begründen[12]. **693**

Demgegenüber hält *Langer* (Lackner-FS, S. 541) bloße Beweismittelmanipulationen für nicht ausreichend. Für diese Ansicht spricht, dass der 1933 eingeführte Abs. 2 als Tathandlung das Aufstellen einer *sonstigen* Behauptung tatsächlicher Art fordert. Die darin liegende Einschränkung des Verdächtigens iS des § 164 I wurde offenbar erst anlässlich der Beratungen zur Reform des Strafrechts bemerkt und als Problem empfunden (dazu *Langer*, aaO S. 541, 544), führte aber nicht zur Korrektur des Abs. 2. Diesem Befund hat die Auslegung zu folgen (Art. 103 II, 97 I GG; im Erg. ebenso NK-*Vormbaum*, § 164 Rn 21; zweifelnd *Lackner/Kühl*, § 164 Rn 4; dagegen MüKo-*Zopfs*, § 164 Rn 22). **694**

**Eignung** ist zu bejahen, wenn die behaupteten Tatsachen den für behördliches Einschreiten *erforderlichen Verdachtsgrad* begründen (vgl nur §§ 152 II, 160 I, 163 I StPO sowie § 17 I 1 BDG)[13]. Daran fehlt es, wenn schon nach dem Inhalt der verdächtigenden Äußerung ausgeschlossen ist, dass sie zu der beabsichtigten behördlichen Reaktion führen kann (OLG Hamm NStZ-RR 02, 168). Enthalten die Angaben des Täters etwa zugleich Tatsachen, die das Vorliegen einer rechtswidrigen Tat iS des § 11 I Nr 5 ausschließen (zB die Voraussetzungen eines Rechtfertigungsgrundes), oder solche, die sie entschuldigen (§ 35) oder die sonst eine Sanktionierungs- oder Verfolgungsmöglichkeit beseitigen (wie ein Rücktritt, Verjährung oder ein anderes Verfahrenshindernis), so fehlt diese Eignung, ein Verfahren oder Maßnahmen iS des § 164 I herbeizuführen (näher S/S-*Lenckner*, § 164 Rn 10). Zum **Verschweigen** rechtfertigender Umstände bei zutreffender Schilderung eines tatbestandserheblichen Verhaltens instruktiv OLG Karlsruhe NStZ-RR 97, 37; zur Wissentlichkeit siehe OLG Brandenburg NJW 97, 141. Ob § 164 I anwendbar ist, wenn der Täter Umstände verschweigt, die die Schuld, die Sanktionierungs- oder Verfolgungsmöglichkeit betreffen, ist umstritten[14]. **695**

Von der Fremdverdächtigung iS des § 164 I ist die bloße **Selbstbegünstigung** zu unterscheiden, durch die jemand einen *gegen ihn bestehenden Tatverdacht* zu entkräften oder von sich abzulenken sucht. Da niemand verpflichtet ist, sich selbst zu belasten, **696**

---

8  BGHSt 9, 240; *Herzberg*, ZStW 85 (1973), 867.
9  Vgl insoweit aber auch RG HRR 38, Nr 1568; OLG Frankfurt HESt 2, 258; OLG Köln NJW 52, 117.
10  BGHSt 18, 204; KG JR 89, 26.
11  Näher LK-*Ruß*, § 164 Rn 5 f; *Welp*, JuS 67, 507, 510.
12  *Hohmann/Sander*, BT II § 23 Rn 10 ff; *Kindhäuser*, BT I § 52 Rn 7; MüKo-*Zopfs*, § 164 Rn 21; SK-*Rudolphi/Rogall*, § 164 Rn 12; *Wessels*, BT/1, 21. Aufl. 1997, Rn 679.
13  NK-*Vormbaum*, § 164 Rn 14, 29; SK-*Rudolphi/Rogall*, § 164, Rn 14.
14  Bejahend die hM; vgl nur LK-*Ruß*, § 164 Rn 15 mwN; aA SK-*Rudolphi/Rogall*, § 164 Rn 24, nach denen in solchen Fällen nur § 164 II in Betracht kommen soll; differenz. S/S-*Lenckner*, § 164 Rn 10.

liegt im bloßen Bestreiten der Täterschaft durch einfaches oder motiviertes Leugnen selbst dann keine Verdächtigung iS des § 164 I, wenn dadurch zwangsläufig andere in den Verdacht der Täterschaft geraten.

**697**  Abgrenzungsschwierigkeiten ergeben sich hierbei, wenn der Sachlage nach feststeht, dass bei einer bestimmten Straftat wie etwa bei einem Verstoß gegen § 142 von zwei tatverdächtigen Personen (zB Fahrzeuginsassen) eine notwendigerweise der Täter gewesen ist. § 164 I scheidet hier nicht nur im Falle des *Leugnens*, sondern auch dann aus, wenn jeder der beiden Tatverdächtigen den anderen *ausdrücklich* als den Fahrer des Kraftfahrzeuges und damit als Täter bezeichnet, weil allein dadurch die Beweislage nicht verändert und der aus der gegebenen Sachlage folgende Tatverdacht nicht verstärkt wird[15]. **Anders** liegt es nach hM jedoch dort, wo einer der Tatverdächtigen **die Beweislage** zum Nachteil des anderen **verfälscht** (vgl den Sachverhalt in OLG Hamm VRS 32 [1967], 441) oder wo beide in einverständlichem Zusammenwirken den Nichtfahrer als Täter bezichtigen und so den in die falsche Richtung gelenkten Tatverdacht verstärken[16]. Entsprechendes gilt, wenn ein Angeklagter im Strafverfahren entgegen der Aussage eines Belastungszeugen seine Täterschaft nicht lediglich abstreitet oder motiviert leugnet, sondern (über die Selbstverteidigung hinausgehend) den Zeugen durch bewusst wahrheitswidrige Behauptungen **positiv der Falschaussage** bezichtigt oder gar wider besseres Wissen eine Strafanzeige gegen ihn erstattet. Wer in dieser Weise einen unbegründeten Tatverdacht gegen den Zeugen konstruiert, verdächtigt ihn iS des § 164 und überschreitet die Grenze dessen, was noch als zulässige Selbstbegünstigung zu Verteidigungszwecken hingenommen werden kann[17].

**698**  § 164 I setzt eine falsche, dh **objektiv unwahre** Verdächtigung voraus. Ob dafür die Unrichtigkeit des unterbreiteten Tatsachenmaterials genügt oder ob es darüber hinaus *auch* auf die **Unschuld des Betroffenen** ankommt, ist zweifelhaft und umstritten. Unter Berufung auf den Gesetzeswortlaut vertritt die **Rechtsprechung** den letztgenannten Standpunkt. Sie sieht eine Verdächtigung nur dann als falsch an, wenn sie ihrem Inhalt nach zumindest in einem wesentlichen Punkt mit der Wirklichkeit nicht übereinstimmt *und* der Beschuldigte die Handlung, die man ihm anlastet, nicht begangen hat. Wer etwa der Wahrheit zuwider behauptet, den Beschuldigten bei der Tat beobachtet zu haben, oder wer sonst falsche Beweismittel bzw Beweisanzeichen für die rechtswidrige Tat eines anderen vorbringt, erfüllt danach den Tatbestand des § 164 I nicht, wenn der Verdächtigte die betreffende Tat wirklich oder möglicherweise begangen hat[18].

**699**  Im Gegensatz dazu nimmt die **Rechtslehre** überwiegend an, dass es nicht auf die Unwahrheit der Beschuldigung als solcher, sondern auf die **Unwahrheit der vorgebrachten Verdachtstatsachen** ankomme, weil auch ein Schuldiger Anspruch darauf habe, nicht auf Grund falschen Beweismaterials in ein Verfahren verwickelt zu werden[19].

---

15  Näher OLG Düsseldorf JZ 92, 978 mit krit. Anm. *Mitsch*; LK-*Ruß*, § 164 Rn 6; MüKo-*Zopfs*, § 164 Rn 26; S/S-*Lenckner*, § 164 Rn 5.
16  Vgl OLG Celle NJW 64, 733; *Kuhlen*, JuS 90, 396.
17  Zutreffend *Keller*, Anm. JR 86, 30 zu BayObLG NJW 86, 441; ähnlich *Langer*, JZ 87, 804 und Lackner-FS, S. 541, 568; SK-*Rudolphi/Rogall*, § 164 Rn 16.
18  BGHSt 35, 50; OLG Rostock NStZ 05, 335; ebenso *Fischer*, § 164 Rn 6; *Schilling*, GA 84, 345 und Armin Kaufmann-GedS, S. 595.
19  Vgl *Deutscher*, JuS 88, 526; *Fezer*, Anm. NStZ 88, 177; *Küper*, BT S. 345; *Langer*, Tröndle-FS, S. 265; MüKo-*Zopfs*, § 164 Rn 34; NK-*Vormbaum*, § 164 Rn 50; *Otto*, Jura 00, 217; S/S-*Lenckner*, § 164 Rn 16.

Bloße Übertreibungen, das Weglassen von Nebensächlichkeiten oder die entstellte **700** Wiedergabe von belanglosen Begleitumständen machen eine Anschuldigung noch nicht falsch[20]. Anders liegt es – folgt man der Rechtslehre (Rn 699) – beim Hinzudichten tatbestandsrelevanter Erschwerungsgründe oder zB bei der Darstellung einer Körperverletzung als Raubüberfall. Maßgebend ist dann die Richtigkeit oder Unrichtigkeit des die Verdachtsgrundlage bildenden **Tatsachenkerns**[21]. Wo jemand aus wahren tatsächlichen Angaben nur falsche rechtliche Schlüsse zieht und irrig einen Verdacht herleitet, fehlt es an einer Falschverdächtigung iS des § 164 I[22].

Tatbestandsverwirklichung durch *pflichtwidriges* **Unterlassen** ist nach hM möglich[23]. **701**

**Beispiel:** Fortdauernlassen eines Ermittlungsverfahrens, das auf Grund einer gutgläubig erstatteten, inzwischen aber als falsch erkannten Beschuldigung eingeleitet worden ist.

Im **Fall 37** hat B seine Ehefrau F bei einer zur Entgegennahme von Anzeigen zuständigen **702** Stelle (§ 158 StPO) durch unwahre Angaben der Begehung einer rechtswidrigen Tat (§ 142) verdächtigt und einen bis dahin dem Täterkreis nach noch unbestimmten **Tatverdacht auf sie gelenkt**. Das ist *wider besseres Wissen* geschehen und in der *Absicht*, ein Ermittlungsverfahren gegen F herbeizuführen (§§ 163, 152 II StPO).

Am **subjektiven Tatbestand** fehlt es hier nicht etwa deshalb, weil B im Endeffekt nur sich selbst vor einer Strafverfolgung schützen wollte. Für die in § 164 I genannte **Absicht**, die nicht mit dem *Beweggrund* oder *Motiv* des Handelns verwechselt werden darf, genügt nach hM der **zielgerichtete Wille**[24]. Die Herbeiführung des Ermittlungsverfahrens gegen F bildete in diesem Sinne ein von B angestrebtes Zwischenziel auf dem Wege zu seinem Endziel.

Hiernach hat B den Tatbestand des § 164 I voll verwirklicht. Ob ihm die Irreführung der Straftatverfolgungsorgane gelungen ist oder nicht, spielt für die **Tatvollendung** keine Rolle (vgl S/S-*Lenckner*, § 164 Rn 35). Fraglich ist aber, ob auf Grund der „**Einwilligung**" der F nicht die **Rechtswidrigkeit** der Tat entfällt.

Rechtfertigende Kraft hätte jene, in der Aufforderung zu falschem Anschuldigen liegende Billigung nur gehabt, wenn F zur Verfügung über die betroffenen Rechtsgüter befugt gewesen wäre. Das ist jedoch nicht der Fall, soweit § 164 I dem **Schutz der innerstaatlichen Rechtspflege** dient. Eine Falschverdächtigung ist daher auch dann rechtswidrig und strafbar, wenn der Verdächtigte mit der Tat einverstanden war; seine Einwilligung beseitigt nur das Bekanntmachungsrecht aus § 165 (BGHSt 5, 66; OLG Düsseldorf NJW 62, 1263; anders diejenigen, die durch § 164 nur Individualgüter geschützt sehen; vgl Rn 687). B hat sich somit gemäß § 164 I strafbar gemacht, der § 145 d II Nr 1 verdrängt.

F hat den B in strafbarer Weise zur Falschverdächtigung **angestiftet** (§§ 164 I, 26; näher RGSt 59, 34). Dahinter tritt der Verstoß gegen § 145d II Nr 1, der in ihrer wahrheitswidrigen Selbstbezichtigung liegt, zurück. Einer Bestrafung aus § 258 I, IV steht das *Angehörigenprivileg* des § 258 VI entgegen.

---

20 Vgl BGH JR 53, 181; BayObLG NJW 56, 273.
21 Siehe *Lackner/Kühl*, § 164 Rn 7; SK-*Rudolphi/Rogall*, § 164 Rn 28 mwN.
22 RGSt 71, 167, 169; KG JR 63, 351; OLG Köln MDR 61, 618.
23 BGHSt 14, 240, 246; *Kindhäuser*, BT I § 52 Rn 14; S/S-*Lenckner*, § 164 Rn 21; aA NK-*Vormbaum*, § 164 Rn 22; SK-*Rudolphi/Rogall*, § 164 Rn 17.
24 BGHSt 13, 219; 18, 204; BayObLG JR 86, 28; vgl auch NK-*Vormbaum*, § 164 Rn 62 ff und *Wessels/Beulke*, AT Rn 211.

### 3. Tathandlung nach § 164 II

**703** Der **Tatbestand des § 164 II** erweitert den Anwendungsbereich der Vorschrift auf das Aufstellen einer **sonstigen Behauptung tatsächlicher Art**, die **geeignet** ist, ein behördliches Verfahren oder andere behördliche Maßnahmen gegen den Verdächtigten herbeizuführen, wie etwa ein Verfahren nach dem OWiG oder die Entziehung einer Konzession[25]. Anders als bei § 164 I genügt das Schaffen einer falschen Beweislage hier auch nach hM angesichts des Erfordernisses einer Behauptung nicht (SK-*Rudolphi/Rogall*, § 164 Rn 28). In **subjektiver Hinsicht** besteht zwischen § 164 I und II kein Unterschied.

---

**Falsche Verdächtigung, § 164**

   **I. Tatbestandsmäßigkeit**
     **1. Objektiver Tatbestand**
       **a) Tatobjekt: ein anderer Mensch**
       **b) Tathandlung:**
          **aa) – einer rechtswidrigen Tat oder der Verletzung einer Dienstpflicht Verdächtigen (Abs. 1)**
             Ⓟ reine Beweismittelmanipulation
             Ⓟ Abgrenzung zur bloßen Selbstbegünstigung
             Ⓟ falsche Verdachtstatsachen bei schuldigem Betroffenen
          **– oder eine sonstige Behauptung tatsächlicher Art Aufstellen, die zum Herbeiführen oder Fortdauern behördlicher Verfahren oder Maßnahmen geeignet ist (Abs. 2)**
          **bb) bei einer Behörde, einem zur Entgegennahme von Anzeigen zuständigen Amtsträger, einem militärischen Vorgesetzten oder öffentlich**
     **2. Subjektiver Tatbestand**
       **a) wider besseres Wissen: mindestens direkter Vorsatz bzgl 1**
       **b) Absicht, ein behördliches Verfahren oder andere behördliche Maßnahmen gegen ihn herbeizuführen oder fortdauern zu lassen**
         → direkter Vorsatz nach *hM* ausreichend
   **II. Rechtswidrigkeit**
   **III. Schuld**

---

## II. Vortäuschen einer Straftat

**704** **Fall 38:** D ist auf einem Volksfest Opfer eines Taschendiebstahls geworden. Die entwendete Geldbörse hatte 100 € enthalten. Er erstattet auf dem nächsten Polizeirevier Strafanzeige. Um seinem Anliegen Nachdruck zu verleihen, behauptet D, der unbekannte Täter habe ihn am Rand des Festgeländes hinterrücks zu Boden gestreckt und sodann die Geldbörse samt Inhalt an sich genommen.

Hat D sich strafbar gemacht? **Rn 708, 711**

---

25  BGH MDR/H 78, 623; BayObLG NJW 58, 1103; näher NK-*Vormbaum*, § 164 Rn 75 ff.

## 1. Schutzzwecke

§ 145d I Nr 1 und II Nr 1 sind 1943 zur Schließung von Lücken des § 164 eingeführt **705** worden (RGSt 71, 306; *Maurach/Schroeder*, BT II § 99 Rn 2). Die jeweilige Nr 1 der Norm schützt die **Rechtspflege** vor *ungerechtfertigter* („*sinnloser*") *Inanspruchnahme* des inländischen staatlichen Verfolgungsapparats und der damit verbundenen Schwächung der Verfolgungsintensität[26]. Hierdurch soll ein unnützes Tätigwerden der zuständigen Organe verhindert werden (BGHSt 6, 251; 19, 305). Das 14. StÄG vom 22.4.1976 hat den Normbereich ausgedehnt auf *angeblich bevorstehende* rechtswidrige Taten der in § 126 I genannten Art (näher *Stree*, NJW 76, 1177, 1181). Dadurch sind die *Präventiv*organe, namentlich die Polizeibehörden, einbezogen worden.

## 2. Tathandlungen

a) § 145d I hat in Nr 1 das *Vor*täuschen der **Begehung** einer iS des § 11 I Nr 5 rechts- **706** widrigen Tat, in Nr 2 des **Bevorstehens** einer Tat iS des § 126 I zum Gegenstand. **Vortäuschen** ist das Erregen oder (im Unterschied zu § 164; siehe Rn 694) Verstärken des Verdachts einer rechtswidrigen Tat durch (auch konkludente) Tatsachenbehauptung, durch Schaffen einer verdachtserregenden Beweislage oder Selbstbezichtigung (*Küper*, BT S. 428 mwN). Es muss *geeignet* sein, eine Behörde oder zuständige Stelle zum *sinnlosen* Einschreiten zu veranlassen; ob es hierzu kommt, ist unerheblich. Die vorgetäuschte Tat darf *nicht* begangen worden sein, denn nur dann ist die Anspruchnahme der zuständigen Organe ungerechtfertigt (SK-*Rudolphi/Rogall*, § 145d Rn 17).

Zur Entgegennahme von Anzeigen zuständige Stellen sind neben Behörden iS des **707** § 11 I Nr 7 (dazu *Fischer*, § 11 Rn 29) ua bestimmte militärische Dienststellen, nach hL auch Untersuchungsausschüsse der Parlamente. Die zuständige Stelle muss nicht unmittelbar Adressat der Täuschungshandlung sein (so kann etwa das Verschicken angeblicher Milzbrandbriefe an Dritte, die dann eine Polizeidienststelle informieren, genügen[27]). Der Täter muss vortäuschen, dass eine **rechtswidrige** Tat (§ 11 I Nr 5, 23 I, 30, wobei strafbare Teilnahme genügt) *begangen* worden ist. Besteht schon nach den Angaben selbst kein Grund zu Ermittlungen (Entschuldigungsgrund, Verjährung usw), so ist der Tatbestand nicht erfüllt[28].

Da D schon keine *bestimmte* Person verdächtigt hat, scheidet im **Fall 38** § 164 aus. In Betracht **708** kommt jedoch § 145d I Nr 1. D hat die Strafanzeige (§ 158 StPO) auf einem Polizeirevier, dh einer iS des § 145 zuständigen Stelle erstattet. Die Anzeige betraf rechtswidrige Taten iS des § 11 I Nr 5, nämlich einen tateinheitlich mit Körperverletzung begangenen Raub. Solche Taten (im materiellen Sinn) bzw eine solche Tat (im prozessualen Sinn; zur Unterscheidung siehe *Beulke*, Strafprozessrecht, Rn 512 ff) waren nicht begangen worden, wohl aber ein Diebstahl. Da auch er eine rechtswidrige Tat iS des § 11 I Nr 5 ist, scheint auf den ersten Blick § 145d I Nr 1 in Anbetracht des zum Schutzzweck Gesagten (siehe Rn 705) nicht verwirklicht zu sein.

---

26  BGH NStZ 84, 360; BayObLG NJW 88, 83; krit. zur Legitimation *Stübinger*, GA 04, 338.
27  Vgl OLG Frankfurt NStZ-RR 02, 209; *Hoffmann*, GA 02, 385, 393; ferner *Schramm*, NJW 02, 419.
28  Näher SK-*Rudolphi/Rogall*, § 145d Rn 16; aA S/S-*Stree/Sternberg-Lieben*, § 145d Rn 7.

> Denn zwar war bezogen auf die angezeigten Taten ein falscher Verdacht erweckt; der Anzeige lag aber mit dem begangenen Diebstahl eine rechtswidrige Tat zu Grunde. Zu fragen ist, ob § 145d I Nr 1 gleichwohl zum Zuge kommt.

**709** Noch nicht abschließend geklärt ist, ob und gegebenenfalls ab wann der hervorgerufene Verdacht als „falsch" zu bewerten ist, wenn eine rechtswidrige Tat zwar vorliegt, jedoch die vorgetäuschte nicht mit ihr übereinstimmt (Täuschung mit „Wahrheitskern")[29]. Die **Rechtsprechung** verneint § 145d I Nr 1 dann, wenn die falsche Schilderung nur eine Übertreibung oder Vergröberung einer tatsächlich begangenen rechtswidrigen Tat darstellt. Das soll zB der Fall sein beim Hinzudichten eines Faustschlags zu einem begangenen schweren Raub, bei der Vortäuschung von Tatumständen, die zur Bejahung eines qualifizierten Tatbestandes führen müssten (so OLG Hamm NJW 71, 1342), der Darstellung einer lediglich strafbar versuchten Tat als vollendet (OLG Hamm NStZ 87, 558) oder der Vorspiegelung eines höheren Beutewerts beim Diebstahl (OLG Hamm NJW 82, 60; BayObLG NJW 88, 83). Die Grenze zu § 145d I Nr 1 soll überschritten sein, wenn die Tat durch die hinzugefügten unrichtigen Angaben ein *völlig anderes Gepräge*, einen anderen „Charakter" erhält. In solchem Fall liege der Umfang der erforderlichen Maßnahmen, vom Zeitpunkt der Tathandlung aus beurteilt, hinsichtlich des vorgetäuschten Delikts erheblich über demjenigen hinsichtlich des begangenen Delikts (so OLG Karlsruhe MDR 92, 1166 mit instruktiver Darstellung des Meinungsstands). Als gegenüber solcher Pragmatik klareren normativen Maßstab hat *Krümpelmann*[30] das Umfälschen eines Vergehens zum Verbrechen (iS des § 12 I) vorgeschlagen, *Stree*[31] das Aufbauschen eines Antrags- oder Privatklagedelikts zum Offizialdelikt[32].

**710** Den Abgrenzungsbemühungen der Rechtsprechung fehlt ein rechtsklarer Maßstab. Nicht zureichend begründet erscheinen aber auch die Vorschläge der Rechtslehre; denn eine rein teleologische Argumentation kann den gesuchten Maßstab nur unter Vernachlässigung des Gesetzeswortlauts, dh norm*bildend* behaupten. Nach geltendem Recht unterliegen die Organe der Straftatverfolgung dem **Legalitätsprinzip** (§§ 152 II, 160 I, 163 I StPO). Dass die Intensität der Verfolgung von Straftaten sich in der Praxis nach der Schwere der Tat richtet (bei leichten Vergehen teilweise faktisch sogar ausfällt), kann folglich über die *Strafbarkeit* nach § 145d I Nr 1 nicht entscheiden, denn eine „rechtswidrige Tat" liegt tatsächlich vor (zu Sachgestaltungen, in denen dies, auch mit Blick auf die erforderliche Wissentlichkeit, zu verneinen ist, siehe SK-*Rudolphi/Rogall*, § 145d Rn 19). Was gesucht wird, ist demnach eine sachgemäße Differenzierung, die im Gesetz gerade fehlt. Sie in den Begriff der rechtswidrigen Tat teleologisch hineinzulesen, bedeutet aber, die Strafbarkeit über den Wortlaut und -sinn hinaus auszudehnen[33].

---

29 Dazu eingehend *Krümpelmann*, ZStW 96 (1984), 999; NK-*Schild*, § 145d Rn 14.
30 ZStW 96 (1984), 999, 1022 und JuS 85, 763.
31 Anm. NStZ 87, 559.
32 Abl. zu beiden Ansätzen OLG Hamm NStZ 87, 558; anders OLG Karlsruhe MDR 92, 1166, das sie als Indizien für die von der Rechtsprechung geforderte Charakterveränderung einsetzen will.
33 Vgl auch SK-*Rudolphi/Rogall*, § 145d Rn 18–20; ihnen zust. *Geppert*, Jura 00, 383; *Otto*, BT § 95 Rn 14; differenzierend MüKo-*Zopfs*, § 145d Rn 24 f.

Im **Fall 38** hat D sich nicht gemäß § 145d I Nr 1 strafbar gemacht. Nach den Kriterien *Krüm-* **711**
*pelmanns* und *Strees* (die Tat war ein Offizialdelikt, da der gestohlene Geldbetrag nicht mehr
geringwertig iS des § 248a war) sowie der neueren Rechtsprechung wäre § 145d I Nr 1 hingegen zu bejahen.

**Fall 39:** Der Architekt A, dem die Fahrerlaubnis entzogen worden ist, befährt mit seinem **712**
Kraftwagen eine Landstraße. Seine Braut B, die kürzlich ihren Führerschein erworben hat, be-
gleitet ihn als Beifahrerin. Als ein von links kommender und in der Dämmerung unerkannt
bleibender Motorradfahrer plötzlich unter Missachtung der Vorfahrt die Fahrbahn überquert,
wird A zu so heftigem Bremsen gezwungen, dass sein Wagen auf dem nassen Pflaster ins
Schleudern gerät und im Graben landet. A und B bleiben unverletzt. Beim Eintreffen der Polizei gibt B sich absprachegemäß als Fahrerin aus, während A ihre Angaben bekräftigt.

Strafrechtliche Beurteilung der Falschangaben? **Rn 716**

§ 164 I scheidet hier schon deshalb aus, weil B eine gültige Fahrerlaubnis besitzt, durch A also
nicht einer **rechtswidrigen Tat** verdächtigt worden ist. Für das Vorliegen einer Ordnungswidrigkeit in ihrer Person fehlt ebenfalls jeder Anhaltspunkt, sodass auch § 164 II außer Betracht
bleibt.

A kann sich aber (abgesehen von dem Verstoß gegen § 21 I Nr 1 StVG) nach § 145d II Nr 1
strafbar gemacht haben.

b) Eine **Täuschungshandlung** iS des § 145d II Nr 1 liegt vor, wenn der Tatverdacht **713**
auf Unbeteiligte gelenkt wird oder die Straftatverfolgungsorgane durch konkrete
Falschangaben zu **unnützen Maßnahmen in der falschen Richtung** veranlasst werden sollen (*Kühl*, Anm. JR 85, 296 hält Abs. 2 Nr 1 angesichts § 164 für überflüssig).

Geht die Initiative dazu vom Täter selbst aus, kann die Tat auch durch eine mit kon- **714**
kreten Hinweisen verbundene **Strafanzeige gegen Unbekannt** begangen werden[34].
Die bloße Abwehr eines bereits bestehenden Tatverdachts im Wege des *Leugnens*
oder durch Berufung auf den *„großen Unbekannten"* genügt aber nicht[35], da § 145d II
Nr 1 nicht jede Erschwerung der Strafverfolgung pönalisieren will. Ein nicht in die
Strafanstalt zurückgekehrter Strafgefangener, der gegenüber einer Polizeistreife eine
an Ort und Stelle begangene Straftat einräumt, dabei aber falsche Angaben über seine
Person lediglich macht, um zu verhindern, dass er sofort festgenommen und in die
Haftanstalt zurückgebracht wird, den wahren Sachverhalt sodann jedoch alsbald auf-
klärt, verstößt zwar gegen § 111 I OWiG, macht sich aber nicht nach § 145d II Nr 1
strafbar[36]. Wer den Verdacht vom Täter oder einem Tatbeteiligten abzulenken sucht,
*ohne* die Behörde *unmittelbar auf eine falsche Fährte zu weisen*, macht sich ebenfalls
nicht nach § 145d II Nr 1, uU aber wegen Strafvereitelung nach § 258 strafbar[37]. Bedeutung gewinnt dies beispielsweise dann, wenn das Ablenken des Tatverdachts da-

---

34  BGHSt 6, 251, 255; *Otto*, BT § 95 Rn 18.
35  OLG Celle NJW 61, 1416; MüKo-*Zopfs*, § 145d Rn 35 mwN.
36  KG JR 89, 26; vgl auch LG Dresden NZV 98, 217 mit abl. Anm. *Saal*.
37  Vgl OLG Zweibrücken NStZ 91, 530; aA *Geppert*, Jura 00, 383, 387.

durch geschieht, dass man dem Verdächtigen ein falsches Alibi verschafft[38]. § 145d tritt zurück, soweit die Tat in den §§ 164, 258, 258a mit Strafe bedroht ist (= *spezielle* Subsidiarität). Nach der *ratio legis* gilt dies aber nur, wo tatsächlich eine **Bestrafung** aus dem schwereren Gesetz erfolgt. Scheitert eine solche Bestrafung an § 258 V, VI, bleibt § 145d anwendbar[39]. Dies folgt daraus, dass der Verstoß gegen § 145d II Nr 1 die Strafverfolgungsorgane zu unnützen Maßnahmen in der falschen Richtung veranlasst und insoweit über die Verletzung des in § 258 geschützten Rechtsguts hinaus zusätzliches Strafunrecht verwirklicht.

**715** Umstritten ist, ob § 145d II Nr 1 eine *wirklich begangene* Tat voraussetzt[40] oder ob es genügt, dass der Täuschende beim **Vorliegen konkreter Verdachtsgründe** die Tatbegehung **irrig annimmt**[41].

**716** Im **Fall 39** hat A durch seine unrichtigen Angaben das **Vorliegen** einer **rechtswidrigen Tat** iS des § 11 I Nr 5 *schlechthin* geleugnet, die Polizei also nicht etwa zu *unnützen Maßnahmen in der falschen Richtung* veranlassen, sondern gerade zur **Einstellung jeglicher Ermittlungen** bewegen wollen. Ein solches Verhalten fällt nicht unter § 145d II Nr 1 (BGHSt 19, 305, 307). Auch B hat nicht gegen diese Vorschrift verstoßen, da sie über die bloße Entlastung des A nicht hinausgegangen ist; bei § 258 kommt ihr das Angehörigenprivileg zugute (§§ 258 VI, 11 I Nr 1a)

---

**Vortäuschen einer Straftat, § 145d**

**I. Tatbestandsmäßigkeit**
  **1. Objektiver Tatbestand**
    **a) Tathandlung:**
      – **Vortäuschen der Begehung einer rechtswidrigen Tat (Abs. 1 Nr 1)**
        ℗ Täuschung mit Wahrheitskern
      – **oder des Bevorstehens einer in § 126 I genannten Tat (Abs. 1 Nr 2)**
      – **oder Täuschung über den Beteiligten an einer rechtswidrigen Tat (Abs. 2 Nr 1)**
        ℗ Strafanzeige gegen Unbekannt durch den Täter selbst
        ℗ irrige Annahme einer Tat bei Vorliegen konkreter Verdachtsgründe
      – **oder Täuschung über den Beteiligten an einer bevorstehenden Tat iS des § 126 I (Abs. 2 Nr 2)**
    **b) bei einer Behörde oder einer zur Entgegennahme von Anzeigen zuständigen Stelle**
  **2. Subjektiver Tatbestand:**
    **a) Vorsatz bzgl 1**
    **b) wider besseres Wissen bzgl der Unrichtigkeit der Behauptung**
**II. Rechtswidrigkeit**
**III. Schuld**

---

38 BayObLG JR 85, 294 mit Anm. *Kühl.*
39 OLG Celle JR 81, 34; BayObLG NJW 84, 2302 und 78, 2563; *Kuhlen,* JuS 90, 396; *Rudolphi,* JuS 79, 859, 862; *Stree,* Anm. JR 79, 253.
40 So OLG Frankfurt NJW 75, 1895; *Fischer,* § 145d Rn 7; *Kindhäuser,* BT I § 53 Rn 18; *Otto,* BT § 95 Rn 20.
41 So OLG Hamm NJW 63, 2138 mit Anm. *Morner,* NJW 64, 310; S/S-*Stree/Sternberg-Lieben,* § 145d Rn 13; differenzierend SK-*Rudolphi/Rogall,* § 145d Rn 24; Überblick bei *Küper,* BT S. 296.

# III. Strafvereitelung

**Fall 40:** Gegen den Musiker M ist Anklage wegen Meineides erhoben worden, nachdem seine Ehefrau F ihn auf Grund eines ehelichen Zerwürfnisses angezeigt und durch die Preisgabe von Tatsachen belastet hat, die M ihr anvertraut hatte. Kurz vor der Hauptverhandlung eröffnet M seinem Strafverteidiger S, dass er sein bisheriges Bestreiten aufgeben und ein Geständnis ablegen wolle, weil er sich inzwischen mit F ausgesöhnt habe und seine Richter zur Milde stimmen möchte. S rät ihm davon dringend ab, da er mit einem Freispruch rechnet, falls F nunmehr die Aussage verweigert. Um in dieser Hinsicht Klarheit zu gewinnen, lässt er sich von F eine entsprechende Zusage geben. Dem Rat des S folgend, verweigert M in der Hauptverhandlung jede Einlassung zur Sache, während F von ihrem Zeugnisverweigerungsrecht Gebrauch macht. M wird aus tatsächlichen Gründen freigesprochen.

Hat S sich der Strafvereitelung schuldig gemacht, wenn er von der Begründetheit der Anklage überzeugt war? **Rn 730**

**717**

## 1. Systematischer Überblick

Das EGStGB hat die frühere Zusammenfassung der *persönlichen* und *sachlichen* Begünstigung in § 257 aF beseitigt. Die Neufassung des § 257 betrifft nur noch den Fall der *sachlichen* Begünstigung (dazu *Wessels/Hillenkamp*, BT II Rn 799 ff), während die *persönliche* Begünstigung nunmehr (verbunden mit einer wesentlichen Umgestaltung) unter der neuen Bezeichnung **Strafvereitelung** in §§ 258, 258a geregelt worden ist (eingehend zur Entwicklungsgeschichte *Altenhain*, Das Anschlussdelikt, 2000, S. 5 ff; krit. zur erfolgsbezogenen Fassung des § 258 und für eine Reform nach dem Vorbild des § 120 *Rudolphi*, Kleinknecht-FS, S. 379; siehe auch BT/1, 31. Aufl. 2007, Rn 718).

**718**

§ 258 schützt die innerstaatliche **Strafrechtspflege** (BGHSt 45, 97), aber nicht deren ungestörtes Funktionieren um seiner selbst willen, sondern nur gegen Verhaltensweisen, die eine alsbaldige Verwirklichung des **sachlich begründeten Ahndungsrechts** oder einer Maßnahme (§ 11 I Nr 8) vereiteln, das aus der Begehung einer Straftat oder einer rechtswidrigen Tat iS des § 11 I Nr 5 erwächst[42]. Der besseren Übersicht wegen wird in § 258 I und II zwischen **Verfolgungs-** und **Vollstreckungsvereitelung** unterschieden (dementsprechend zu beachten sind §§ 77, 78). Die jetzige Ausgestaltung zum Erfolgsdelikt mit Versuchsstrafbarkeit (§ 258 IV) lässt dem Täter bis zum Eintritt des Vereitelungserfolges die Möglichkeit des strafbefreienden Rücktritts (§ 24). Nach § 258 I, II muss die Tat zu Gunsten **eines anderen** begangen werden; wer nur sich *selbst* der strafrechtlichen Verfolgung oder Vollstreckung entzieht, handelt nicht tatbestandsmäßig. Der notstandsähnlichen Lage dessen, der durch die Tatbestandsverwirklichung *zugleich für sich selbst* einen Vereitelungserfolg erstrebt, trägt § 258 V durch Gewährung eines *persönlichen Strafausschließungsgrundes* Rechnung. Straffrei bleibt ferner, wer die Tat zu Gunsten eines Angehörigen begeht (§ 258 VI; dazu Rn 735).

**719**

Der **Qualifikationstatbestand** des § 258a bildet für die dort genannten Amtsträger ein „uneigentliches" Amtsdelikt (siehe Rn 736, 737).

**720**

---

42  *Lackner/Kühl*, § 258 Rn 1, 11; näher *Rudolphi*, JuS 79, 859, 861.

## 2. Verfolgungsvereitelung

**721**  Eine **Verfolgungsvereitelung** (§ 258 I) begeht, wer absichtlich oder wissentlich ganz oder zum Teil vereitelt, dass ein anderer dem Strafgesetz gemäß wegen einer rechtswidrigen Tat (§ 11 I Nr 5) bestraft oder einer Maßnahme (§ 11 I Nr 8) unterworfen wird. Die Vereitelungshandlung muss sich somit auf eine **Vortat** beziehen, aus der ein *strafgesetzlich begründetes* Recht zur Bestrafung oder Anordnung einer Maßnahme gegen denjenigen erwachsen ist, der dem Zugriff der Strafrechtspflege entzogen werden soll.

**722**  Wer einem anderen Beistand leistet, den er nur *irrigerweise* für strafbar hält, begeht keine vollendete, sondern allenfalls eine versuchte Strafvereitelung (zur Grenzziehung zwischen *untauglichem* Versuch und **Wahndelikt** siehe BayObLG JR 81, 296 mit krit. *Anm. Stree*; LK-*Ruß*, § 258 Rn 22, 29). Greift jemand in rechtswidriger Weise in ein schwebendes Strafverfahren ein, um einen **zu Unrecht** Beschuldigten und auch von ihm für unschuldig Gehaltenen der drohenden Verurteilung zu entziehen, so scheidet ein Verstoß gegen § 258 I aus, weil sein Verhalten sich nicht gegen ein *wirklich bestehendes* Ahndungsrecht des Staates richtet. Das Gericht, das über eine **Verfolgungsvereitelung** iS des § 258 I befindet, hat (anders als im Falle des § 258 II) die Begehung der Vortat nebst all ihren Voraussetzungen *selbstständig zu prüfen*, ohne dabei an eine schon erfolgte Verurteilung oder Freisprechung des Vortäters gebunden zu sein[43].

**723**  Welche Merkmale die **Vortat** aufweisen muss, hängt davon ab, ob die Vereitelungshandlung die **Bestrafung** des Vortäters oder nur die **Anordnung einer Maßnahme** iS des § 11 I Nr 8 betrifft.

Während der Vortäter im letztgenannten Fall zumeist nicht schuldhaft gehandelt zu haben braucht (vgl zB §§ 63, 64, 73), setzt die Vereitelung seiner **Bestrafung** eine *schuldhaft* begangene Straftat voraus, bei der weder ein Strafausschließungs- oder Strafaufhebungsgrund eingreift noch ein endgültig wirkendes Verfolgungshindernis besteht. Näher zu den Einzelproblemen der Vortat sowie zur Abgrenzung zwischen Strafvereitelung und Beihilfe zur Vortat einerseits *Maurach/Maiwald*, BT II § 100 Rn 12 und LK-*Ruß*, § 258 Rn 7 andererseits, der zutreffend Beihilfe nach Vollendung der Tat ablehnt[44].

**724**  Die **Tathandlung** des „Vereitelns" kann in einem Tun oder, soweit eine besondere Rechtspflicht zum Tätigwerden iS des § 13 existiert (verneint von BGHSt 43, 82 für Strafvollzugsbeamte, die Straftaten von Bediensteten an Gefangenen nicht anzeigen[45]), auch in einem Unterlassen bestehen[46]. Sie muss ihrer Art und Zielsetzung nach darauf ausgerichtet sein, die Realisierung des in § 258 I umschriebenen Ahndungs- oder Anordnungsrechts durch eine **Besserstellung des Vortäters** ganz oder teilweise zu verhindern. Bloßes Zusammenleben mit einem polizeilich gesuchten Straftäter genügt dafür nicht[47]; ebenso wenig andere sozialadäquate, auch

---

43  BGH MDR/D 69, 194; RGSt 58, 290; teilweise anders *Zaczyk*, GA 88, 356, der bei *freisprechenden* Urteilen eine Bindungswirkung bejaht, sofern nicht ein Wiederaufnahmegrund vorliegt.
44  AA die hM, etwa *Wessels*, BT/1. 21. Aufl. 1997, Rn 704.
45  Zust. *Rudolphi*, Anm. NStZ 97, 599; *Seebode*, Anm. JR 98, 338.
46  Vgl dazu BGHSt 4, 167; OLG Hamburg NStZ 96, 102 mit zust. Anm. *Klesczewski* und krit. Anm. *Küpper*, JR 96, 524; S/S-*Stree*, § 258 Rn 19; zum Unterlassen einer Festnahme durch Polizeibeamte außerhalb der Dienstausübung OLG Koblenz, NStZ-RR 98, 332.
47  BGH NJW 84, 135 mit Anm. *Rudolphi*, JR 84, 337.

berufstypische Verhaltensweisen, wobei hier viel von den konkreten Umständen abhängt[48].

Wer nicht einen anderen, sondern nur **sich selbst** der strafrechtlichen Verfolgung entzieht, handelt **725** nicht tatbestandsmäßig. Wo die Grenze zwischen der nicht strafbaren Teilnahme an einer tatbestandslosen Selbstbegünstigung und strafbarer Täterschaft iS des § 258 verläuft, ist umstritten und noch nicht abschließend geklärt[49]. Wer den Vortäter, der bereits mit seiner Verhaftung rechnet, zur Flucht überredet oder ihn in anderer Weise ohne Besserstellung gegenüber den Straftatverfolgungsorganen psychisch unterstützt, gewährt ihm noch nicht den Beistand, dessen Ausschaltung § 258 bezweckt. Wer jedoch über das bloße Fördern solcher Selbstbegünstigungshandlungen hinausgeht, die **Besserstellung des Vortäters** anstrebt und gerade dadurch zur Strafvereitelung beiträgt, dass er den Vortäter beispielsweise auf eine bevorstehende Verhaftung oder Durchsuchung hinweist, ihm bei der Beseitigung von Überführungsstücken hilft, ihm eine andere Unterkunft als Versteck verschafft[50] oder ihm Geld, gefälschte Ausweispapiere und dergleichen zum Zwecke der Flucht besorgt, macht sich je nach den Umständen der versuchten oder vollendeten Strafvereitelung schuldig[51]. Typische Vereitelungshandlungen sind ferner die Beseitigung von Tatspuren, das Trüben von Beweisquellen sowie die Behinderung der Strafverfolgung durch irreführende Angaben oder Falschaussagen vor Gericht[52]. Zu den Grenzen der **Strafverteidigung** siehe Rn 730.

**Vollendet** ist die Tat mit Eintritt des Vereitelungserfolges. Dazu kommt es nach hM **726** nicht erst, wenn Strafen oder Maßnahmen als Rechtsfolgen der Vortat *endgültig* nicht mehr verhängt werden können, sondern schon dann, wenn das strafgesetzlich begründete Ahndungsrecht ganz oder teilweise *für geraume Zeit* nicht verwirklicht worden ist[53]. Es genügt somit, dass der Begünstigte besser gestellt worden ist und dass die Strafe oder Maßnahme später, als dies sonst möglich gewesen wäre, verhängt oder vollstreckt wird[54]. Eine **Teilvereitelung** ist ua gegeben, wenn die Tat bewirkt, dass die Verurteilung nur wegen Vergehens statt wegen Verbrechens erfolgt, dass Erschwerungsgründe unberücksichtigt bleiben oder dass Strafmilderungsgründe zu Unrecht angenommen werden (Beispiel bei *Satzger*, Jura 07, 754, 758).

Fraglich ist, welche Zeitspanne den Begriff der **„geraumen Zeit"** erfüllt. Die untere Grenze **727** dürfte hier bei 2 Wochen (mit Blick auf § 229 I StPO für drei Wochen *Jahn*, JZ 06, 1134, 1136; ebenso *Eisele*, BT II Rn 1054) anzusetzen sein, da eine Verzögerung der Ermittlungen oder der Festnahme für sich allein nicht genügt, vielmehr feststehen muss, dass die „Bestrafung" des Täters oder die Verhängung der Maßnahme ohne die Vereitelungshandlung geraume Zeit früher erfolgt wäre (KG JR 85, 24). Ist Letzteres, wie wohl häufig (man denke an die Terminierung der Gerichte) nicht nachweisbar, kommt nach dem Grundsatz *in dubio pro reo* allenfalls ein Strafvereitelungsversuch in Betracht (BGH wistra 95, 143).

---

48 Näher zu der noch wenig geklärten Problematik *Frisch*, Lüderssen-FS, S. 539; *Lackner/Kühl*, § 258 Rn 3; NK-*Altenhain*, § 258 Rn 26; *Otto*, Lenckner-FS, S. 193, 215.

49 Zur Kritik an der hM siehe insoweit *Rudolphi*, Kleinknecht-FS, S. 330; die hM verteidigend *Küper*, Schroeder-FS, S. 555.

50 Vgl OLG Koblenz NJW 82, 2785; OLG Stuttgart NJW 81, 1569.

51 So die hM; LK-*Ruß*, § 258 Rn 35.

52 RGSt 54, 41; BayObLG NJW 66, 2177.

53 BGHSt 45, 97, 100; 15, 18, 21; BGH NJW 84, 135; *Fischer*, § 258 Rn 8; mit beachtlicher Begründung gegen eine solche „Strafvereitelung auf Zeit" *Wappler*, Der Erfolg der Strafvereitelung (§ 258 Abs. 1 StGB), 1998, S. 169, 184; NK-*Altenhain*, § 258 Rn 48 ff; *Vormbaum*, Küper-FS, S. 663.

54 Vgl BGH wistra 95, 143; OLG Koblenz NJW 82, 2785; *Dölling*, Anm. JR 00, 379; *Frisch*, JuS 83, 915 und NJW 83, 2471; *Maurach/Maiwald*, BT II § 100 Rn 15; S/S-*Stree*, § 258 Rn 16; krit. zu diesem Zeitmoment *Lenckner*, Schröder-GedS. S. 339, 342; *Rudolphi*, JuS 79, 859; SK-*Hoyer*, § 258 Rn 13 ff; siehe dazu auch *Küper*, BT S. 356.

**728**    Ein **Versuch** (§ 258 IV) liegt erst vor, wenn der Täter zu der auf Herbeiführung des Vereitelungserfolges gerichteten Handlung unmittelbar ansetzt. Die bloße Zusage eines Zeugen gegenüber dem Strafverteidiger, den Angeklagten durch eine unrichtige Aussage vor Gericht zu entlasten, reicht dazu nicht aus; die Grenze zwischen Vorbereitung und Versuch wird in einem solchen Fall erst mit dem **Beginn der Falschaussage** überschritten[55]. Anders verhält es sich, wenn ein **Strafverteidiger** im Vorverfahren Zeugen benennt, die er zu falschen Angaben bewogen hat; hier kann nach hM schon der Antrag auf deren Vernehmung einen Versuch begründen[56].

**729**    **Subjektiv** muss der Täter *absichtlich* oder *wissentlich* gehandelt, dh die Besserstellung des Vortäters *erstrebt* oder als die sichere Folge seines Verhaltens vorausgesehen haben[57]. Hinsichtlich der Vortat genügt dagegen *Eventualvorsatz*, wobei es präziser Einzelkenntnisse nicht bedarf[58].

**730**    Im **Fall 40** hat S dem M von einem Geständnis abgeraten und ihn veranlasst, von seinem **Schweigerecht** nach § 243 IV 1 StPO Gebrauch zu machen (vgl dazu *Wessels*, JuS 66, 169). Zudem hat S auf die **Ausübung des Zeugnisverweigerungsrechts** nach § 52 I Nr 2 StPO durch F hingewirkt. Darin liegt jedoch kein Verstoß gegen § 258 I StGB. Denn als Beistand des Beschuldigten (§ 137 I StPO) und als Organ der Rechtspflege (§ 1 BRAO) darf ein **Strafverteidiger** sich selbst dann für die Freisprechung seines Mandanten einsetzen, wenn er von dessen Schuld überzeugt ist oder dieser ihm seine Schuld eingestanden hat. Dies folgt daraus, dass er bei der Geltendmachung aller für den Beschuldigten sprechenden Umstände einer besonderen Schweigepflicht unterliegt (§ 203 I Nr 3 StGB) und dass auch das Gesetz den Freispruch des Angeklagten verlangt, wenn dessen Schuld sich in justizförmiger Weise nach dem Ergebnis der Beweisaufnahme nicht zweifelsfrei feststellen lässt. Es ist dem Verteidiger auch nicht verwehrt, aussagebereite Zeugen zum Gebrauch ihres Zeugnisverweigerungsrechts zu bewegen, sofern er sich dabei **nicht unlauterer Methoden** bedient (= Zwang, Drohung, Einschüchterung, Täuschung usw). Er muss sich nur jeder bewussten Verdunkelung der wahren Sachlage und einer Behinderung der Wahrheitserforschung durch **prozessual unzulässige Mittel** enthalten. So darf er keine Falschaussage herbeiführen und den Beschuldigten zum *wahrheitswidrigen* Widerruf eines Geständnisses bestimmen; von der Pflicht zur Wahrhaftigkeit und vom Verdunkelungsverbot ist der Strafverteidiger nach hM nämlich nicht freigestellt[59]. Nach BGHSt 46, 53 wird prozessual zulässiges Handeln eines Verteidigers, das auf eine sachgerechte Strafverteidigung abzielt, schon vom Tatbestand des § 258 I nicht erfasst[60].

---

55  BGHSt 31, 10 mit abl. Anm. *Beulke*, NStZ 82, 330; BayObLG NJW 86, 202; auf der Basis der Tatherrschaftslehre stellt die Frage sich so nicht, *Lackner/Kühl*, § 258 Rn 10; vgl ferner LK-*Ruß*, § 258 Rn 20b.

56  BGH NStZ 83, 503 mit Anm. *Beulke*; ebenso BGH StV 87, 195; dazu *Fischer*, § 258 Rn 16, 21; vgl auch OLG Karlsruhe MDR 93, 368.

57  Näher BGHSt 46, 53, 58; KG JR 85, 24.

58  Vgl BGHSt 45, 97, 100; OLG Düsseldorf NJW 64, 2123; S/S-*Stree*, § 258 Rn 23.

59  Näher BGHSt 2, 375; 10, 393; 29, 99, 107; 38, 345; 46, 53; BGH wistra 99, 140; NStZ 06, 510; OLG Karlsruhe StV 91, 519; *Beulke*, Strafprozessrecht, Rn 174 ff; *Maurach/Maiwald*, BT II § 100 Rn 20; *Müller-Dietz*, Jura 79, 242; anders *Fezer*, Stree/Wessels-FS, S. 663, 681. Siehe zu diesem Komplex auch BVerfG StV 06, 522; *Hammerstein*, NStZ 97, 12; *Jahn*, ZRP 98, 103; *Liemersdorf*, MDR 89, 204; *Paulus*, NStZ 92, 305; *Dessecker*, GA 05, 142; *Scheffler*, StV 92, 299 und 93, 470; *Stumpf*, NStZ 97, 7 und wistra 01, 123; zusf. *Beulke*, Roxin-FS, S. 1173; *Fischer*, § 258 Rn 8 ff; SK-*Hoyer*, § 258 Rn 24 ff.

60  Ebenso BVerfG StV 06, 522; *Beulke*, Strafprozessrecht, Rn 174; *Lackner/Kühl*, § 258 Rn 8 mwN.

## 3. Vollstreckungsvereitelung

Die **Vollstreckungsvereitelung** (§ 258 II) betrifft das Ob, Wann und Wieweit der   **731**
gegen einen anderen **rechtskräftig** verhängten Strafe oder Maßnahme. Anders als
im Fall des § 258 I kommt es hier nicht darauf an, ob die Vortat wirklich begangen
worden ist. Die insoweit ergangene Entscheidung ist von dem mit der Vollstreckungsvereitelung befassten Gericht auf ihre *sachliche Richtigkeit* **nicht nachzu-
prüfen**[61].

Typische Vereitelungshandlungen zu § 258 II sind das Verbergen des rechtskräftig Verurteilten,   **732**
seine Befreiung aus staatlichem Gewahrsam, Fluchthilfe und das Verbüßen der gegen ihn verhängten Freiheitsstrafe durch einen anderen. Umstritten ist, ob auch die **Zahlung einer Geldstrafe für andere** unter § 258 II fällt[62]. Die bejahende Ansicht geht davon aus, dass die Geldstrafe den Verurteilten persönlich treffen und spezial-präventiv beeinflussen soll; dem Sinn und
Zweck des § 258 II entspreche es daher, ihre Zahlung durch andere *unmittelbar* aus deren Vermögen zu unterbinden. Der BGH hat jedoch entschieden, Vollstreckungsvereitelung begehe
nur, wer durch Eingriffe in den **äußeren Ablauf des Vollstreckungsverfahrens** (hier also in
die „Beitreibung" der Geldstrafe) bewirke, dass die Strafe oder Maßnahme ganz oder zum Teil
mindestens für geraume Zeit nicht verwirklicht werden könne; die bloße „Strafzweckvereite-
lung" werde von § 258 II nicht erfasst[63]. Damit hat diese Streitfrage ihre Bedeutung für die Praxis verloren.

## 4. Persönlicher Strafausschließungsgrund

Der im Schuldbereich wurzelnde **persönliche Strafausschließungsgrund des**   **733**
**§ 258 V** greift unter den dort genannten Voraussetzungen ohne Rücksicht darauf ein,
ob das Selbsthilfestreben des Täters überwiegt oder nicht und ob die Tathandlung
sich auf dieselbe Vortat oder auf verschiedene Vortaten bezieht (vgl BGH NStZ 96,
39). Das Gesetz geht hier von dem Grundsatz aus, dass jede Strafvereitelung, die *zugleich zum Zwecke des Selbstschutzes* begangen wird, straffrei bleiben soll[64]. Aus dem
Fehlen einer dem § 257 III 2 entsprechenden Regelung folgt weiter, dass der Vortäter
auch dann nicht nach § 258 I, II bestraft wird, wenn er zu *seinen Gunsten* Unbeteiligte
zur Strafvereitelung **anstiftet**.

Straffrei bleibt nach § 258 V *nur die Strafvereitelung* als solche, nicht aber eine damit zusammen-   **734**
treffende sonstige Straftat, wie etwa eine Falschverdächtigung, ein Betrug, eine Falschaussage vor
Gericht, ein Verstoß gegen § 145d II Nr 1 oder Widerstand gegen Vollstreckungsbeamte iS des
§ 113[65].

---

61  RGSt 73, 331; S/S-*Stree*, § 258 Rn 26; aA NK-*Altenhain*, § 258 Rn 61.
62  Bejahend OLG Frankfurt StV 90, 112; *Hillenkamp*, Lackner-FS, S. 455, 466; LK-*Ruß*, § 258 Rn 24a;
    verneinend *Engels*, Jura 81, 581; *Otto*, BT § 96 Rn 16; SK-*Hoyer*, § 258 Rn 21.
63  BGHSt 37, 226; zust. *Müller-Christmann*, JuS 92, 379; *Satzger*, Jura 07, 754, 762; abl. *Hillenkamp*,
    Anm. JR 92, 74; *Scholl*, NStZ 99, 599; S/S-*Stree*, § 258 Rn 28a; differenzierend *Wodicka*,
    Anm. NStZ 91, 487.
64  Vgl insoweit auch BGHSt 43, 356 sowie *Lackner/Kühl*, § 258 Rn 16 mwN.
65  Näher BayObLG NJW 78, 2563; OLG Celle JR 81, 34; *Rudolphi*, JuS 79, 859.

### 5. Angehörigenprivileg

**735** Nicht strafbar ist schließlich die Strafvereitelung, die jemand ausschließlich oder wenigstens zugleich *zu Gunsten eines Angehörigen* begeht (§§ 258 VI, 11 I Nr 1). Ein wirksames Verlöbnis und ein darauf gegründetes Angehörigenverhältnis iS des § 258 VI kommt aber nicht zu Stande zwischen Personen, die noch mit einem anderen Partner verheiratet sind[66]. Das in Rn 734 Gesagte gilt auch im Bereich des § 258 VI. Zu den einschlägigen Irrtumsfragen siehe *Wessels/Beulke*, AT Rn 498 ff.

Ob das Angehörigenprivileg auch **Begünstigungshandlungen** iS des § 257 deckt, sofern sie lediglich Mittel zum Zwecke der Strafvereitelung sind, ist umstritten[67].

---

**Strafvereitelung, § 258**

**A. Verfolgungsvereitelung (Abs. 1)**
    **I. Tatbestandsmäßigkeit**
        **1. Objektiver Tatbestand**
            **a) tatbestandsmäßige, rechtswidrige und schuldhafte Vortat eines anderen**
                → bei Vereitelung von Maßnahmen iS des § 11 I Nr 8 kein schuldhaftes Handeln erforderlich
            **b) Verhindern der Bestrafung bzw der Maßnahme ganz oder zum Teil**
                → Vollendung bereits bei Verhinderung für geraume Zeit
                ℗ Abgrenzung zu zulässigem Handeln des Strafverteidigers
        **2. Subjektiver Tatbestand**
            **a) zumindest bedingter Vorsatz bzgl der Vortat**
            **b) Absicht oder sicheres Wissen bzgl des Vereitelns**
    **II. Rechtswidrigkeit**
    **III. Schuld**
    **IV. Persönliche Strafausschließungsgründe, § 258 V, VI**

→ **Qualifikation: § 258a**

**B. Vollstreckungsvereitelung (Abs. 2)**
    **I. Tatbestandsmäßigkeit**
        **1. Objektiver Tatbestand**
            **a) gegen einen anderen rechtskräftig verhängte Strafe oder Maßnahme**
                → sachliche Richtigkeit der Entscheidung unerheblich
            **b) Verhindern der Vollstreckung ganz oder zum Teil**
                ℗ Zahlung einer Geldstrafe für andere
        **2. Subjektiver Tatbestand**
            **a) zumindest bedingter Vorsatz bzgl der Strafe/Maßnahme**
            **b) Absicht oder sicheres Wissen bzgl des Vereitelns**
    **II. Rechtswidrigkeit**
    **III. Schuld**
    **IV. Persönliche Strafausschließungsgründe, § 258 V, VI**

→ **Qualifikation: § 258a StGB**

---

66 BGH NStZ 83, 565; NJW 84, 135; BayObLG NJW 83, 831.
67 Siehe BGH NStZ 00, 259; bejahend S/S-*Stree*, § 258 Rn 37; aA LK-*Ruß*, § 258 Rn 32 mwN.

## 6. Strafvereitelung im Amt

Eine **Strafvereitelung im Amt** (§ 258a), bei der allein die besondere Tätereigenschaft das *qualifizierende Merkmal* iS des § 28 II bildet, kann ua dadurch begangen werden, dass der zur Mitwirkung bei dem Verfahren oder bei der Vollstreckung berufene **Amtsträger** die Durchführung des Verfahrens oder der Vollstreckung vereitelt, etwa Akten beiseite schafft oder durch Unterdrückung erschwerender Umstände auf eine mildere Bestrafung hinwirkt[68].  **736**

Tathandlung und Taterfolg richten sich nach dem Grundtatbestand des § 258 I, II. Als Täter kommen insbesondere Ermittlungspersonen der Staatsanwaltschaft (§ 152 GVG), Staatsanwälte, Strafrichter und Amtsträger im Bereich der Vollzugsbehörde in Betracht. Umstritten ist, ob und inwieweit ein Amtsträger im Rahmen des § 258a *verpflichtet* ist (§ 13), sein **außerdienstlich** erlangtes Wissen über eine Straftat dienstlich zu verwenden. Die hM bejaht hier eine Offenbarungspflicht zB eines Polizeibeamten, wenn eine **Abwägung** zwischen dem öffentlichen Interesse an der Straftatverfolgung und dem privaten Interesse des Amtsträgers am Schutz seiner Privatsphäre angesichts der Schwere der Straftat ein Überwiegen des öffentlichen Interesses ergibt. Letzteres wird bejaht für die Katalogtaten des § 138, aber auch für andere „erhebliche" Straftaten, etwa schwere Körperverletzungen, für nicht auf den Einzelfall beschränkten Handel mit harten Drogen oder sonstige Taten mit besonderem Unrechtsgehalt oder hohem wirtschaftlichen Schaden[69]. Die Gegenansicht lehnt eine solche Differenzierung ab, weil sie zu unbestimmt sei, um darauf prozessuale Verfolgungspflichten zu gründen[70]. Zu beachten ist, dass § 258a III die Anwendbarkeit des **§ 258 V** (anders als die des § 258 III, VI) nicht ausschließt. Daraus folgt, dass ein Amtsträger nicht nach §§ 258 I, II, 258a bestraft wird, wenn er durch die Tat *zugleich* eine Strafvereitelung zu *seinen eigenen Gunsten* erstrebt[71]. Straffreiheit nach § 258 V scheidet allerdings aus, wenn der Amtsträger erst mit dem Strafgesetz in Konflikt gerät, nachdem er bereits im Stande und verpflichtet war, gegen den Vortäter einzuschreiten; so etwa, wenn er den auf frischer Tat festgenommenen Dieb gegen Hingabe eines Beuteanteils laufen lässt[72].  **737**

# § 17   Aussagedelikte

## I.   Schutzgut und Systematik

*Ziel* der im 9. Abschnitt erfassten Verfahren, insbesondere der Gerichte, aber auch bestimmter Verwaltungsbehörden und anderer innerstaatlicher Stellen, ist jeweils die Entscheidung nach Gesetz und Recht. Schutzgut der §§ 153 ff ist nach hM jedoch nur eine der Voraussetzungen solcher Entscheidungen, nämlich das **öffentliche Interesse**  **738**

---

68   Näher zu § 258a *Satzger*, Jura 07, 754, 762 f.
69   Vgl BVerfG JZ 04, 303 mit abl. Anm. *Seebode*; BGHSt 38, 388 (mit abl. Anm. *Mitsch*, NStZ 93, 384); 12, 277; 5, 225; BGH NJW 89, 914; OLG Karlsruhe NStZ 88, 503; LK-*Ruß*, § 258a Rn 7; NK-*Altenhain*, § 258a Rn 7.
70   *Meyer-Goßner*, StPO, § 160 Rn 10; MüKo-*Cramer*, § 258a Rn 7; *Laubenthal*, JuS 93, 907, 911, jeweils mwN.
71   Vgl BGHSt 6, 20; LK-*Ruß*, § 258a Rn 12.
72   Näher BGHSt 4, 167; 5, 155, 167; S/S-*Stree*, § 258a Rn 21.

**an einer wahrheitsgemäßen Tatsachenfeststellung**[1]. Wie die §§ 153, 154 und insbesondere 156 zeigen[2], ist Schutzgut *nicht nur* die Rechtspflege[3]; doch stellt die staatliche Rechtspflege das Hauptanwendungsgebiet der Aussagedelikte dar[4]. Das Gesetz vom 31.10.2008 hat den bisherigen § 163 ohne Änderung in die leere Stelle des § 161 umgebettet, § 162 mit einer teilweise neuen Regelung belegt („Internationale Gerichte; nationale Untersuchungsausschüsse") sowie die erst 2001 als § 153 II eingeführte Bestimmung in § 162 II übernommen (zur Kritik dieser Bestimmung siehe *Fischer*, § 162 Rn 5).

**739**  Die §§ 153 ff beschreiben *schlichte Tätigkeitsdelikte*. Da schon die falsche Angabe als solche die Strafbarkeit begründet, das Gesetz also nicht bis zur (konkreten Gefahr einer) sachlich unrichtigen Tatsachenfeststellung oder Entscheidung zuwartet, sieht die hM in diesen Taten *abstrakte Gefährdungsdelikte*[5] und im Hinblick auf § 160 in den §§ 153–156, 163 *eigenhändige* Delikte[6], wobei Mittäterschaft auch bei § 156 nicht möglich ist[7].

**740**  Der strafrechtliche Schutz ist im Bemühen, die tatsächlichen Grundlagen richtigen Entscheidens zu sichern, nahezu flächendeckend ausgestaltet. Von der Strafbarkeit ausgenommen bleiben lediglich die versuchte sowie die fahrlässige uneidliche Falschaussage. Verbrechen iS der §§ 12 I, 23 I, 30 sind nur §§ 154, 155. Eine Besonderheit stellt § 159 dar; wegen der Gefährdetheit der Entscheidungsgrundlagen wird schon die versuchte Anstiftung zu §§ 153, 156 abweichend vom Grundsatz des § 30 I mit Strafe bedroht. § 157 sieht für Zeugen und Sachverständige in den dort beschriebenen Konfliktlagen einen besonderen *Strafmilderungsgrund* vor, während § 158 einen Fall des *Rücktritts nach formeller Vollendung* zum Gegenstand hat (siehe auch § 161 II). In Fällen des § 153 ist für den Eidesunmündigen (§ 60 Nr 1 StPO) § 157 II zu beachten.

## II.  Falschheit der Aussage

**741**  Über die richtige Bestimmung des Begriffs der falschen Aussage oder Angabe gehen die Meinungen weit auseinander (zu den drei Hauptrichtungen näher *Hillenkamp,* BT 10. Problem). Grundlage aller Ansichten ist die These, dass eine Aussage dann falsch ist, wenn ihr Inhalt (das Was) sich mit ihrem Gegenstand (dem Worüber) nicht deckt. Streit besteht erst darüber, was der *Gegenstand* der Aussage ist, nach dem die Falschheit (die Diskrepanz zum Inhalt) der Aussage bestimmt werden muss (eingehend *Küper*, BT S. 31).

---

1  BGHSt 8, 301, 309; 10, 142; S/S-*Lenckner*, Rn 2 vor § 153 mwN; anders MüKo-*H.E. Müller*, Rn 9 vor § 153.
2  Näher S/S-*Lenckner*, § 154 Rn 11; § 156 Rn 1/2, 6 ff.
3  Siehe *Paulus*, Küchenhoff-GedS, S. 435, 450.
4  Vgl aber auch *Maurach/Schroeder*, BT II § 75 Rn 9 ff.
5  Zum Begriff siehe *Hettinger*, JuS 97, L 41, 42 mwN; nur im Erg. ebenso *H.E. Müller*, Falsche Zeugenaussage und Beteiligungslehre, 2000, S. 125, 144.
6  S/S-*Lenckner*, Rn 2a vor § 153 mwN.
7  NK-*Vormbaum/Zwiehoff*, § 156 Rn 66.

## 1. Objektive Deutung

Nach hM ist eine Aussage iS der §§ 153–162 **falsch**, wenn sie **mit der Wirklichkeit** **742** **nicht übereinstimmt**. Ob dies der Fall ist, ergibt ein Vergleich zwischen ihrem Inhalt und der objektiven Sachlage. Maßstab ist die Wirklichkeit (einschließlich sog. *innerer* Tatsachen; dazu Rn 492), nicht die Vorstellung der Aussageperson von ihr[8].

## 2. Subjektive Deutung

Im Gegensatz dazu stellt die subjektive Deutung auf die **Diskrepanz zwischen Aus-** **743** **sageinhalt und Wissen** (oder Meinen) ab. Eine Aussage ist hiernach *falsch*, wenn sie von dem aktuellen Vorstellungsbild und Wissen des Aussagenden abweicht. Nach dieser Ansicht besteht die Pflicht der Aussageperson darin auszusagen, was sie aus eigenem Erleben über das Beweisthema weiß, weil ihr die Wirklichkeit überhaupt nur durch das Medium eigenen subjektiven Erlebens zugänglich sei[9].

## 3. Pflichtmodelle

Nach den (unter dem Sammelbegriff „Pflichttheorie") diskutierten *Pflichtmodellen* **744** ist eine Aussage dann *falsch*, wenn der Aussagende seine **prozessuale Wahrheits-** **pflicht verletzt** hat, dh wenn seine Aussage nicht das Wissen wiedergibt, das er bei kritischer Prüfung seines Erinnerungs- bzw Wahrnehmungsvermögens hätte reproduzieren können[10].

Einer grundlegenden Kritik hat *Paulus* alle bisher vertretenen Modelle einschließlich **745** ihrer Varianten unterzogen (Küchenhoff-GedS, S. 435, 440); nach ihm ist eine Aussage *falsch*, wenn ihr Inhalt mit ihrem gesetzlich vorgeschriebenen (Fälle des § 156) oder prozessual zugelassenen (Fälle gerichtlicher Beweisverfahren) Gegenstand nicht übereinstimmt.

## 4. Aussagegegenstand

**Gegenstand** der Aussage können nach hM *äußere* und *innere* **Tatsachen** (siehe **746** Rn 492), bei einem Sachverständigen auch Werturteile sein (näher *Maurach/Schroeder*, BT II § 75 Rn 21, 22). Hingegen betrifft für die subjektive Deutung und die Pflichtmodelle jede Aussage „Tatsachen des Innenlebens", ein Erlebnisbild, mag es auch selbst wiederum auf eine äußere oder innere Tatsache bezogen sein (*Otto*, BT § 97 Rn 10). Wird ein Vorgang wahrheitswidrig als Gegenstand eigener Wahrnehmung dargestellt (= „ich habe es selbst gesehen") oder ein unsicheres Erinnerungsbild

---

8    BGHSt 7, 147; OLG Koblenz NStZ 84, 551 mit Anm. *Bohnert*, JR 84, 425; LK-*Ruß*, Rn 13 vor § 153; *Maurach/Schroeder*, BT II § 75 Rn 14, 16; S/S-*Lenckner*, Rn 6 ff vor § 153; *Wolf*, JuS 91, 177; krit. *Otto*, BT § 97 Rn 8; *Paulus*, Küchenhoff-GedS, S. 435, 444; *Stein*, Rudolphi-FS, S. 553, 567.
9    Vgl OLG Bremen NJW 60, 1827; *Gallas*, GA 57, 315; krit. *Maurach/Schroeder*, BT II § 75 Rn 18; S/S-*Lenckner*, Rn 6 vor § 153.
10   So *Otto*, JuS 84, 161 und BT § 97 Rn 7 mwN; *Schmidhäuser*, BT 23/10; differenzierend NK-*Vormbaum*, § 153 Rn 79 ff; zur Kritik siehe *Maurach/Schroeder*, BT II § 75 Rn 19; *Wolf*, JuS 91, 177, 180.

als frei von Zweifeln wiedergegeben (= „ich erinnere mich noch ganz genau, dass es so und so war"), so ist die Aussage nach allen Ansichten falsch (hinsichtlich der hM krit. *Paulus*, Küchenhoff-GedS, S. 435, 444). Der **Wahrheitspflicht** unterliegen nur die Angaben, die **Gegenstand der Vernehmung** sind (näher Rn 748).

747 **Fall 41:** Um eine von ihrem Sohn S begangene Unterschlagung zu verdecken, hat die Witwe W den Arbeiter A bei der Polizei wider besseres Wissen des Betruges bezichtigt. Nachdem gegen A Anklage erhoben worden ist, wiederholt W als Zeugin in der mit einem Freispruch endenden Hauptverhandlung ihre belastenden Angaben, um sich und S nicht bloßzustellen. Auch im Berufungsverfahren vor dem LG bleibt sie bei ihrer falschen Aussage, die sie in dieser Instanz mit dem Eide bekräftigt.

Das LG vernimmt und vereidigt eine Reihe weiterer Zeugen, darunter die Zweigstellenleiterin Z. Vor dem Termin, auf den die Sache sodann vertagt worden ist, geht dem Vorsitzenden V ein Schreiben zu, in welchem Z mitteilt, dass sie bei ihrer Vernehmung zur Person ihr Lebensalter um 5 Jahre zu niedrig (= mit 39 statt mit 44 Jahren) angegeben habe. Zu ihrer Entschuldigung führt Z an, bei all ihren Bekannten gelte sie als 39-Jährige; da einige von ihnen als Zuhörer zugegen gewesen seien, habe sie nicht den Mut gefunden, ihr wirkliches Alter zu offenbaren. Ihr sei zwar klar gewesen, dass sie insoweit nichts Falsches habe sagen dürfen; sie habe aber geglaubt, dass die Eidesleistung sich nur auf die Vernehmung zur Sache und nicht auf die Angaben zur Person beziehe.

Haben W und Z sich strafbar gemacht? **Rn 752, 761, 764**

Durch die wissentlich unwahre Beschuldigung gegenüber der Polizei hat W sich zum Nachteil des A der *Falschverdächtigung* (§ 164 I) schuldig gemacht. Näher zu prüfen ist § 153.

748 Während der Zeuge im **Strafverfahren** formlos mit dem Gegenstand der Untersuchung und seiner Vernehmung vertraut gemacht zu werden pflegt (§ 69 StPO), wird der Vernehmungsgegenstand im Zivilprozess durch den *Beweisbeschluss* förmlich begrenzt (§§ 358, 359 ZPO; anders uU bei § 273 II Nr 4 ZPO). Seiner formlosen Erweiterung im Fragewege steht aber nichts entgegen (vgl § 397 ZPO). Tatsachen, nach denen der Richter oder mit seiner Zustimmung ein Verfahrensbeteiligter den Zeugen *fragt*, gehören stets zum Vernehmungsgegenstand, und zwar ohne Rücksicht auf ihre Bedeutung oder Erheblichkeit[11]. *Unbefragt* hat der Aussagende bei der Mitteilung seines Wissens alle Tatsachen anzugeben, die mit dem Gegenstand seiner Vernehmung in einem *untrennbaren Sachzusammenhang* stehen und für das konkrete Beweisthema erkennbar von Bedeutung sind. Entscheidungserhebliche Umstände dieser Art dürfen auch ohne ausdrückliche Befragung nicht verschwiegen werden; geschieht es gleichwohl, ist die Aussage *unvollständig* und daher *falsch* (vgl §§ 64 StPO, 392 ZPO). Eigene Mutmaßungen oder seinen Verdacht zu einem äußeren Geschehen braucht der Zeuge aber nicht mitzuteilen (BGH StV 90, 110). **Spontane Äußerungen** eines Zeugen, die für die Entscheidung erheblich sein können, aber *außerhalb* des Vernehmungsgegenstandes liegen, werden von der Wahrheitspflicht nur erfasst, wenn sie auf eine *nachträgliche Erweiterung* des Beweisthemas durch den vernehmenden Richter hin aufrechterhalten werden[12]. Soweit Bekundungen im Ausdruck *mehrdeutig* sind, muss ihr objektiver Sinngehalt durch Auslegung ermittelt werden (RGSt 63, 49, 51).

---

11  BGHSt 2, 90; KG JR 78, 77; siehe dazu auch BGH wistra 91, 264 sowie *Paulus*, Küchenhoff-GedS, S. 435, 452.

12  BGHSt 25, 244 mit Anm. *Demuth*, NJW 74, 757 und *Rudolphi*, JR 74, 293; BGH NStZ 82, 464; für generelle Wahrheitspflicht MüKo-*Müller*, § 153 Rn 20; instruktiv zu diesem Problemkreis *Bruns*, GA 60, 161.

## III.  Falsche uneidliche Aussage

Zum objektiven **Tatbestand** des § 153 gehört, dass jemand als **Zeuge** oder **Sachver**       749
**ständiger** vor *Gericht* oder einer anderen zur eidlichen Vernehmung von Zeugen oder
Sachverständigen *zuständigen Stelle* uneidlich **falsch aussagt**. § 153 erfasst somit
nicht *Angeklagte* (§ 157 StPO) oder *eine Partei* im Zivilprozess. Zur Falschheit und
dem Gegenstand der Aussage siehe Rn 741, 746. Zu den Gerichten gehören auch die
Disziplinar-, nicht aber die Schiedsgerichte[13].

Für den **Vorsatz** des Täters ist das Bewusstsein erforderlich, etwas Unwahres ausge       750
sagt oder eine beweiserhebliche, zum Vernehmungsgegenstand gehörende Tatsache
verschwiegen zu haben (vgl BGHSt 2, 90, 92). Darüber hinaus muss der Vorsatz sich
auf die Zuständigkeit der vernehmenden Stelle iS des § 153 erstrecken.

**Vollendet** ist die uneidliche Falschaussage erst, wenn die **Vernehmung abgeschlos**       751
**sen** ist. Dies ist der Fall, wenn der Aussagende seine Bekundung beendet hat, von den
Verfahrensbeteiligten keine Fragen mehr an ihn gerichtet werden und der vernehmende
Richter in endgültiger Weise zu erkennen gegeben hat, dass er von dem Zeugen oder
Sachverständigen keine weiteren Angaben zum Vernehmungsgegenstand erwartet[14].
Danach ist es denkbar, dass *eine* Vernehmung sich über mehrere Termine erstreckt (vgl
BGH NStZ 84, 418); ebenso ist es möglich, dass ein Zeuge in *einem* Verhandlungstermin mehrmals abschließend gehört wird (BGHSt 4, 172, 177). In aller Regel fällt der
endgültige Abschluss der Vernehmung im jeweiligen Rechtszug jedoch mit der **Be**
**schlussfassung zur Frage der Vereidigung** zusammen. Stellt der Zeuge oder Sachverständige unwahre Angaben *vor dem Abschluss seiner Vernehmung* richtig, entfällt
eine Bestrafung nach § 153, weil seine Bekundung nicht mehr falsch und die nur versuchte Tat nicht mit Strafe bedroht ist; nach diesem Zeitpunkt hat die Berichtigung nur
für die Anwendbarkeit des § 158 Bedeutung (vgl BGHSt GrS 8, 301, 314).

Im **Fall 41** hat W durch ihre Falschangaben vor der Polizei nicht gegen § 153 verstoßen, weil       752
Polizei und Staatsanwaltschaft **keine Zuständigkeit** iS dieser Vorschrift besitzen (vgl § 161a I
3 StPO). Dagegen hat W sich durch ihre falsche Zeugenaussage im ersten Rechtszug nach
§ 153 strafbar gemacht (bzgl des Verhältnisses zu § 154 und zur Anwendbarkeit des § 157
siehe Rn 761).

## IV.  Meineid

### 1.  Überblick

Der **Meineid** (§ 154) ist eine erschwerte Form der Falschaussage. Zu ihm kommt es       753
durch eine Verbindung von **unwahrer Aussage** und **Eid**. Im Verhältnis zu § 153 ist
§ 154 zT ein *qualifizierter Tatbestand* (BGHSt 8, 301, 309), zT aber auch *eigenstän*

---

13   LK-*Hilgendorf*, 12. Aufl. 2007, § 11 Rn 64; näher *Maurach/Schroeder*, BT II § 75 Rn 32.
14   BGHSt 8, 301, 314; siehe auch BayObLG StV 89, 251.

*diges Delikt* (näher NK-*Vormbaum*, § 154 Rn 4 mwN). **Täter** kann hier, mit Ausnahme des Beschuldigten selbst (BGHSt 10, 8), **jeder Eidesmündige** sein, der auf Grund seiner *Verstandesreife* eine genügende Vorstellung von der Bedeutung des Eides besitzt und im Verfahren als Zeuge, Sachverständiger *oder Zivilprozesspartei* (§ 452 ZPO) vereidigt wird. Auch der Dolmetscher unterfällt § 154[15].

**754** Die hM sieht auch eidesunmündige Personen unter 16 Jahren (§ 60 Nr 1 StPO *erste* Alternative) als *taugliche Täter* eines Meineides an[16]. Dem ist *nicht* zuzustimmen, da die Einführung der Altersgrenze im Gesetz eine unwiderlegliche Vermutung dafür begründet, dass Jugendlichen unter 16 Jahren die erforderliche Einsicht in den besonderen Unrechtsgehalt eines Eidesdelikts fehlt[17].

**755** Bei Einhaltung der *wesentlichen Förmlichkeiten* (§§ 64–67 StPO, 481 ff. ZPO) hindern etwaige **Verfahrensverstöße** durch die zur Eidesabnahme zuständige Stelle die Anwendbarkeit der §§ 153, 154 nach hM nicht[18]; insbesondere Verstöße gegen Belehrungspflichten (etwa §§ 52 III, 55 II StPO), aber auch solche gegen § 60 Nr 2 StPO, sind strafmildernd zu berücksichtigen[19]. Nach aA ist bei Verletzung strafprozessualer Vorschriften, wenn das die Unverwertbarkeit der Aussage zur Folge hat, schon die Tatbestandsmäßigkeit nach §§ 153 ff zu verneinen[20].

## 2. Tathandlung und Konkurrenzen

**756** Die **Tathandlung** besteht darin, dass der Täter vor Gericht oder vor einer anderen zur Eidesabnahme zuständigen Stelle vorsätzlich **falsch schwört**. § 154 meint damit das Beschwören einer **falschen Aussage** im oben dargelegten Sinn (vgl Rn 741). Zu beachten ist, dass bei der Vernehmung von **Zeugen** auch die **Angaben zur Person** (§ 68 StPO) der Wahrheitspflicht unterliegen und von der **Eidesleistung mit umfasst** werden (vgl §§ 64 ff StPO). Im Gegensatz dazu bezieht der *Sachverständigeneid* sich nach §§ 79 StPO, 410 ZPO nur auf die *Erstattung des Gutachtens* und nicht auf die Vernehmung zur Person, die allein durch § 153 StGB strafbewehrt ist (RGSt 20, 235; NK-*Vormbaum*, § 153 Rn 14).

**757** Ob jemand mit *religiöser* Beteuerung oder ohne sie schwört, ist gleichgültig (vgl § 64 StPO). § 155 stellt dem Eid die ihn ersetzende *Bekräftigung* und die Berufung auf eine frühere Eidesleistung oder Bekräftigung gleich (vgl dazu §§ 65, 67 StPO; krit. *Grünwald*, R. Schmitt-FS, S. 311). Anders als §§ 391 ff, 410, 452 ZPO unterscheiden die §§ 57 ff StPO sprachlich korrekt zwischen der Vereidigung einer Person und der *Beeidigung* ihrer *Aussage*.

---

15  LK-*Ruß*, § 154 Rn 5; aA *Fischer*, § 154 Rn 9.
16  RGSt 36, 278; BGHSt 10, 142, 144; LK-*Ruß*, § 154 Rn 10.
17  Näher *Hruschka/Kässer*, JuS 72, 709; *Maurach/Schroeder*, BT II § 75 Rn 23; MüKo-*Müller*, § 154 Rn 13; S/S-*Lenckner*, Rn 25 vor § 153 mwN.
18  BGHSt 10, 142; 16, 232; KG JR 78, 77; *Lackner/Kühl*, Rn 6 vor § 153; differenzierend MüKo-*Müller*, § 153 Rn 30; § 154 Rn 23; *Otto*, BT § 97 Rn 28.
19  BGH wistra 93, 258; OLG Karlsruhe StV 03, 505 mit krit. Anm. *H.E. Müller*.
20  *Geppert*, Jura 02, 173, 175; SK-*Rudolphi*, Rn 32 ff. vor § 153; *Otto*, BT § 97 Rn 28, für den Fall, dass das Gericht die Unverwertbarkeit der Aussage habe erkennen können; anders *H.E. Müller*, NStZ 02, 356: Billigt die vom Gericht nicht beachtete Verfahrensnorm dem Zeugen in Konfliktlagen ein Aussage-, Auskunfts- oder Eidesverweigerungsrecht zu, soll bei Verstoß für den Unwissenden von Strafe obligatorisch abgesehen werden; ferner MüKo-*Müller*, § 154 Rn 23 ff.

**Vollendet** ist die Tat beim Regelfall des *Nacheides* mit Durchführung der Vereidi- **758** gung. Der *versuchte* Meineid beginnt also nicht schon mit der Falschaussage, sondern erst mit dem Beginn der Eidesleistung[21]. Zum *Voreid* (§ 189 GVG; möglich auch nach § 410 I ZPO) siehe A/W-*Hilgendorf*, BT § 47 Rn 68 und *Hohmann/Sander*, BT II § 22 Rn 8, 12.

Aussage und Eidesabnahme müssen nach § 154 vor Gericht oder einer sonst **zustän- 759 digen Stelle** erfolgen (dazu S/S-*Lenckner*, § 154 Rn 10). Neben der *allgemeinen* Zuständigkeit zur **eidlichen Vernehmung** wird dabei vorausgesetzt, dass das Gesetz einen Eid dieser Art **in dem betreffenden Verfahren** überhaupt zulässt[22].

Daran fehlt es bei der Eidesabnahme durch einen Staatsanwalt (§ 161a I 3 StPO), Re- **760** ferendar (§ 10 GVG) oder Rechtspfleger (§ 4 II Nr 1 RPflG) sowie nach hM bei der Vereidigung von *Verfahrensbeteiligten* im Verfahren der freiwilligen Gerichtsbarkeit (vgl § 15 FGG)[23]. Bei irriger Annahme der tatsächlichen Voraussetzungen der Zuständigkeit durch den Täter ist ein *untauglicher Versuch* (§§ 154, 22, 23 I, 12 I) gegeben. Zur umstrittenen Abgrenzung zum **Wahndelikt** siehe *Otto*, BT § 97 Rn 45; NK-*Puppe*, § 16 Rn 23; S/S-*Lenckner*, § 154 Rn 15, jeweils mwN.

> Im **Fall 41** hat W ihre Falschaussage vor dem Berufungsgericht *wiederholt* und im Anschluss **761** daran **beschworen**. Da diese Vernehmung vor der Eidesleistung abgeschlossen war, liegt ein erneuter Verstoß gegen § 153 vor, der jedoch in dem nachfolgenden **Meineid** aufgeht, sodass die Bestrafung allein aus § 154 erfolgt (BGHSt 8, 301, 310 ff). Die Verwirklichung des § 153 *im ersten Rechtszug* steht dazu in *Tatmehrheit* (der Differenzierung in BGHSt GrS 8, 301, 310 ff, derzufolge je nach den konkreten Umständen auch eine fortgesetzte Tat in Betracht kommen soll, dürfte mit Aufgabe des Fortsetzungszusammenhangs durch BGHSt GrS 40, 138 der Boden entzogen sein; vgl SK-*Rudolphi*, § 157 Rn 10).
>
> In jedem Falle ist der W aber im Rahmen der Strafzumessung das Vorliegen eines **Aussagenotstandes iS des § 157** zugute zu halten, da sie vor Gericht die Unwahrheit gesagt hat, um von ihrem Sohn S die Gefahr einer Bestrafung nach § 246 und von sich selbst die Gefahr einer Bestrafung nach § 164 I abzuwenden; die Anwendung des § 157 wird nicht dadurch ausgeschlossen, dass der Täter sich auf §§ 52, 55 StPO hätte berufen können[24] oder dass er den Aussagenotstand schuldhaft herbeigeführt hat[25]. § 157 käme hinsichtlich des Meineids der W in der Berufungsinstanz also auch dann in Betracht, wenn sie diesen nur geschworen hätte, um nicht wegen ihrer Falschaussage in der ersten Instanz bestraft zu werden (krit. S/S-*Lenckner*, § 157 Rn 11). Nicht anwendbar ist § 157 allerdings auf einen Meineid, der zur Verdeckung einer uneidlichen Falschaussage in *derselben* Instanz geschworen wurde, da es sich bei dieser Falschaussage auf Grund ihrer tatbestandlichen Einheit mit dem Meineid um keine dem Meineid *vorausgegangene selbstständige* Straftat handelt (BGHSt 8, 301, 318 ff).
>
> Daran, dass Z sich gemäß § 153 strafbar gemacht hat, ist schon auf Grund ihrer eigenen Einlassung nicht zu zweifeln. Bei § 154 fehlt es dagegen am *subjektiven* Tatbestand: Hier muss der *Vorsatz* des Täters sich darauf erstrecken, dass die Aussage falsch ist, dass der unrichtige Aussageteil unter den Eid fällt und dass die Zuständigkeit zur Eidesabnahme gegeben ist

---

21  BGHSt 1, 241, 243 f; 31, 178, 182.
22  BGHSt 3, 235 und 248; 10, 142 und 272; 12, 56.
23  BGHSt 10, 272; 12, 56; OLG Hamm NStZ 84, 551; S/S-*Lenckner*, § 154 Rn 9 mwN.
24  BGH StV 95, 250; BayObLG NStZ-RR 99, 174.
25  BGHSt 7, 332; BGH StV 95, 249 f; wistra 07, 64.

(BGHSt 1, 148; 3, 248). Z wusste aber nicht, dass die Eidesleistung auch ihre **Angaben zur Person** umfasste (= *vorsatzausschließender* Tatumstandsirrtum iS des § 16 I)[26], sodass neben § 153 nur für § 163 Raum bleibt.

**762** Nach dem **Sinn** des § 157 kommt es trotz des missverständlichen Gesetzeswortlauts nicht darauf an, ob mit der Falschaussage die Gefahr, *überhaupt* bestraft zu werden, abgewendet werden soll oder ob es dem Aussagenden lediglich darum geht, eine *mildere* Bestrafung zu erreichen (zB wegen eines minder schweren Falles des Totschlags nach §§ 212, 213 statt wegen Mordes nach § 211; vgl BGHSt 29, 298). § 157 I setzt nicht voraus, dass die dort erwähnte Gefahr objektiv droht; maßgebend ist allein das uU irrige Vorstellungsbild des Aussagenden (BGH NStZ-RR 08, 9; zust. *Kudlich* JA 08, 233; *Meyer-Goßner*, Anm. StraFo 06, 32), wobei auch hier der Grundsatz *in dubio pro reo* gilt (BGH NJW 88, 2391). Zum Kreis der „Angehörigen" zählen nicht Personen, die in einer nicht ehelichen Lebensgemeinschaft zusammenleben; auch für eine analoge Anwendung des § 157 ist insoweit kein Raum (BayObLG NJW 86, 202).

## V. Fahrlässiger Falscheid

**763** Der **fahrlässige Falscheid** ist nach § 162 I strafbar (krit. A/W-*Hilgendorf*, BT § 47 Rn 91). Bei einem **Zeugen** kann im Zivilprozess die **Verletzung der Sorgfaltspflicht** auch darauf beruhen, dass er es entgegen § 378 ZPO unterlassen hat, ihm zur Verfügung stehende Aufzeichnungen oder Unterlagen einzusehen (so S/S-*Lenckner*, § 163 Rn 3). Vor allem kommt hier aber in Betracht, dass der Zeuge es *während seiner Vernehmung* aus Nachlässigkeit an der gebotenen Anspannung seines Gedächtnisses fehlen lässt, dass er bei seiner Aussage erkennbare Fehlerquellen hinsichtlich seiner Wahrnehmungsmöglichkeiten nicht berücksichtigt oder dass er bei *Zweifeln über den Umfang seiner Wahrheits- und Eidespflicht* davon Abstand nimmt, sich durch den vernehmenden Richter im Wege der Rückfrage belehren zu lassen (zur Rechtsprechung siehe LK-*Ruß*, § 163 Rn 5 ff; S/S-*Lenckner*, § 163 Rn 3 ff).

**764** Diese objektiven Sorgfaltsanforderungen hat Z im **Fall 41** nicht erfüllt. Das gereicht ihr unter Berücksichtigung ihres Bildungsstandes auch persönlich zum Vorwurf. Insgesamt hat Z sich somit nach §§ 153, 161, 52 schuldig gemacht (BGHSt 4, 214).

Soweit es um die Strafbarkeit nach § 161 I geht, hat Z jedoch dadurch **Straflosigkeit** erlangt, dass sie die falschen Angaben über ihr Lebensalter noch **rechtzeitig berichtigt** hat (§§ 161 II, 158 = *persönlicher Strafaufhebungsgrund*). Hinsichtlich der uneidlichen Falschaussage (§ 153) *kann* das Gericht gemäß § 158 I nach seinem Ermessen die Strafe mildern oder ganz von Strafe absehen.

**765** Die Vergünstigung des § 158 ist nicht auf den Täter beschränkt; sie kommt auch dem *Anstifter* und *Gehilfen* zugute, sofern diese in eigener Person die dort genannten Vor-

---

26  BGHSt 4, 214; RGSt 60, 407; *Ebert*, JuS 70, 400, 405.

aussetzungen erfüllen[27]. Die Berichtigung, mit der die frühere Falschaussage durch eine wahrheitsgemäße Darstellung ersetzt wird, muss in allen wesentlichen Punkten vollständig und richtig sein[28]. Sie verlangt indessen kein Schuldeingeständnis. Daher kann es beispielsweise genügen, dass ein Zeuge mit der Erklärung, „so etwas nicht oder es nicht so gesagt zu haben", von seinen bisherigen Falschangaben **eindeutig abrückt** und sie zugleich durch eine **wahrheitsgemäße Aussage** ersetzt[29]. Ist nicht zu klären, ob die Berichtigung der Wahrheit entspricht, greift § 158 schon nach dem Grundsatz *in dubio pro reo* ein[30].

**Verspätet** ist eine Berichtigung, wenn sie bei der die *Instanz abschließenden* Sachentscheidung **766** nicht mehr verwertet werden kann[31], wenn aus der Tat bereits ein Nachteil für einen anderen entstanden ist oder wenn sie erst erfolgt, nachdem eine Anzeige gegen den Täter erstattet oder eine Untersuchung gegen ihn eingeleitet worden ist (§ 158 II; näher SK-*Rudolphi*, § 158 Rn 6). Zur Berichtigung einer Falschaussage nach Abschluss der Vernehmung, aber vor dem Ende ihrer Beeidigung oder Bekräftigung siehe *Vormbaum*, JR 89, 133.

## VI. Falsche Versicherung an Eides statt

**Fall 42:** In einem Verfahren nach §§ 900 IV, 807 ZPO gibt der Schuldner S in dem dort vor- **767** gesehenen Vermögensverzeichnis ein unter Eigentumsvorbehalt erworbenes Farbfernsehgerät als noch in seinem Besitz befindlich an, obwohl er es kurz zuvor an einen gutgläubigen Dritten, der ihn für den Eigentümer hielt, veräußert hat. Sodann versichert S vor dem Rechtspfleger des zuständigen Amtsgerichts die Richtigkeit und Vollständigkeit der von ihm verlangten Angaben an Eides statt.

Hat S sich nach § 156 strafbar gemacht? **Rn 771, 774**

### 1. Bedeutung

Die **falsche Versicherung an Eides statt** (§ 156) bildet neben der uneidlichen Falsch- **768** aussage und dem Meineid den dritten Grundtyp der Aussagedelikte.

**Eidesstattliche Versicherungen**, die in mündlicher wie in schriftlicher Form abgegeben werden können, sind ein wichtiges Mittel zur **Glaubhaftmachung** tatsächlicher Behauptungen (vgl §§ 294, 920 II, 936 ZPO, 56, 74 III StPO; instruktiv *Paulus*, Küchenhoff-GedS, S. 435, 451). Besondere Bedeutung kommt ihnen im Zwangsvollstreckungsverfahren zu (vgl §§ 707, 719, 769 ZPO), wo sie als Ersatz für den 1970 weggefallenen *Offenbarungseid* ein zusätzliches Anwendungsgebiet gefunden haben (§§ 807 II, 883 II ZPO). Werden in ein und demselben Verfahren *mehrere* falsche eidesstattliche Versicherungen abgegeben, rechtfertigt das allein nicht die Annahme einer einheitlichen Tat (BGHSt 45, 16). Zum Arrest- und einstweiligen Verfügungsverfahren siehe BayObLG JR 96, 292 mit krit. Anm. *Vormbaum/Zwiehoff; Blomeyer*, JR 76, 441; zur Geschichte des Delikts NK-*Vormbaum*, § 156 Rn 2 f.

---

27  BGH NJW 51, 727; BGHSt 4, 172.
28  Vgl BGHSt 9, 99; 18, 348; 21, 115.
29  Vgl OLG Hamburg NJW 81, 237; *Rudolphi*, Anm. JR 81, 384.
30  Vgl BayObLG JZ 76, 33 mit Anm. *Stree*, JR 76, 470; *Küper*, NJW 76, 1828.
31  BGH JZ 54, 171; OLG Hamm NJW 50, 358.

## 2. Zuständigkeit der Behörde

**769** Die **Zuständigkeit** zur Abnahme einer Versicherung an Eides statt ist auch im Falle des § 156 ein normatives **Tatbestandsmerkmal**, das vom Vorsatz des Täters mit umfasst sein muss. Erforderlich ist zunächst die *allgemeine* Zuständigkeit der Behörde, Versicherungen dieser Art *überhaupt* abzunehmen. Vorausgesetzt wird ferner, dass die konkrete Versicherung über den **Gegenstand**, auf den sie sich bezieht, und in dem **Verfahren**, um das es sich handelt, abgegeben werden darf[32] und dass sie rechtlich nicht völlig wirkungslos ist[33]. Staatsanwaltschaft und Polizei sind hiernach keine zuständigen Behörden iS des § 156 (RGSt 37, 209). Im **Strafverfahren** entbehren eidesstattliche Versicherungen des *Beschuldigten* schlechthin jeder Rechtswirkung (vgl BayObLG NStZ 90, 340); bei ihrer Abgabe durch andere Personen gilt dies nur, soweit sie die *Schuldfrage* betreffen[34].

**770** **Abgegeben** ist die Versicherung, sobald sie in den Machtbereich derjenigen Behörde gelangt ist, an die sie gerichtet war; der Kenntnisnahme von ihrem Inhalt bedarf es nicht (RGSt 49, 47; 70, 130; BGHSt 45, 16).

**771** Im **Fall 42** ergibt sich die Zuständigkeit des Rechtspflegers zur Abnahme der eidesstattlichen Versicherung aus § 900 IV, 1 ZPO iVm § 20 Nr 17 RPflG. Bei der Frage, ob S eine *falsche* Versicherung abgegeben hat, kommt es entscheidend auf den durch § 807 I, II ZPO festgelegten **Umfang der Offenbarungspflicht** an.

## 3. Vermögensoffenbarung nach § 807 ZPO

**772** Nach § 807 I ZPO hat der Schuldner im Termin zur Abgabe der eidesstattlichen Versicherung (§ 900 ZPO) ein **Verzeichnis seines gegenwärtigen Vermögens** vorzulegen, das dem *Zweck* dient, dem betreibenden Gläubiger Kenntnis vom Vorhandensein solcher Vermögensgegenstände zu verschaffen, die *möglicherweise* seinem **Zugriff im Wege der Zwangsvollstreckung** wegen einer Geldforderung unterliegen (BGHSt 8, 399). Da es nicht Sache des Schuldners ist, die Erfolgsaussichten einer Vollstreckung zu beurteilen, sind (begrenzt durch § 807 II 2 ZPO) auch unpfändbare Gegenstände, zur Zeit uneinbringliche Forderungen, anfechtbare Rechte und mit Drittrechten überlastete oder aus sonstigen Gründen als wertlos erscheinende Gegenstände anzugeben, es sei denn, dass die Unpfändbarkeit außer Zweifel steht und eine Austauschpfändung nicht in Betracht kommt oder dass die Wertlosigkeit des Gegenstandes nach objektivem Maßstab offensichtlich ist (vgl § 807 II 2 ZPO; BGHSt 13, 345, 349). **Anwartschaften** aus bedingter Übereignung wie etwa an Sachen, die auf Abzahlung gekauft und unter Eigentumsvorbehalt erworben sind, unterliegen ebenfalls der Offenbarungspflicht, solange das Anwartschaftsrecht fortbesteht, mag auch der Restkaufpreis höher sein als der Zeitwert des betreffenden Gegenstandes (BGHSt 13, 345; 15, 128). Früher vorhanden gewesene Vermögensstücke sind nur insoweit offen-

---

32 Dazu *Maurach/Schroeder*, BT II § 75 Rn 63 ff.
33 BGHSt 5, 69; 17, 303; 24, 38.
34 BGHSt 17, 303; 24, 38; *Schubath*, MDR 72, 744.

barungspflichtig, als über sie in der durch § 807 II 1 Nr 1 und Nr 2 bezeichneten Weise verfügt worden ist. In jedem Fall bestimmt aber **nur das Gesetz selbst** den Umfang der Offenbarungspflicht; durch Fragen des Rechtspflegers oder des im Termin anwesenden Gläubigers kann der Kreis der offenbarungspflichtigen Gegenstände **nicht erweitert** werden (BGHSt 14, 345, 348).

a) **Falsch** ist die nach § 807 III ZPO abzugebende Versicherung, wenn das Vermö-   773
gensverzeichnis **unvollständig** oder sonst **unrichtig** ist. Unrichtig wird das Verzeichnis nicht nur durch das *Verheimlichen* von Vermögenswerten, sondern auch durch die Aufnahme nicht existierender Gegenstände oder erdichteter Forderungen, weil der Gläubiger auf diese Weise zu unnützen und zwecklosen Vollstreckungsmaßnahmen veranlasst werden kann[35]. Die *Aufnahme* eines Gegenstandes in das Verzeichnis ist daher uU ebenso gefährlich wie die *Nichtaufnahme*; infolgedessen empfiehlt es sich für den Schuldner, etwaige Zweifel in dieser Hinsicht nebst ihren Gründen im Vermögensverzeichnis darzulegen.

Im **Fall 42** waren **Anwartschaftsrecht** und **Besitz** des S am Fernsehgerät mit dessen Veräuße-   774
rung an einen gutgläubigen Erwerber erloschen (vgl §§ 929, 932 BGB). S hat ein *unrichtiges Verzeichnis* und eine *falsche* eidesstattliche Versicherung abgegeben, weil er einen endgültig aus seinem Vermögen ausgeschiedenen Gegenstand wahrheitswidrig *als noch vorhanden* bezeichnet hat. Er hat sich daher bei vorsätzlicher Begehung nach § 156, im Fahrlässigkeitsfall nach § 163 I strafbar gemacht (näher BGHSt 7, 375; was dort zum *Offenbarungseid* ausgeführt ist, gilt sinngemäß auch für § 156).

b) Die **persönlichen Verhältnisse** des Schuldners gehören lediglich insoweit zu den   775
durch § 807 ZPO „*verlangten* Angaben", als sie den **Bestand seines offenbarungspflichtigen Vermögens** betreffen. Falsche Angaben in dieser Hinsicht fallen somit nur dann unter §§ 156 StGB, 807 ZPO, wenn sie geeignet sind, dem betreibenden Gläubiger den Zugriff auf Vermögensstücke des Schuldners zu erschweren oder unmöglich zu machen (BGHSt 11, 223; 37, 340). Letzteres kann der Fall sein, wenn der Schuldner unrichtige Angaben über seinen Beruf und seine Arbeitsbeziehungen macht, zB einen in Wirklichkeit nicht ausgeübten Beruf angibt oder seinen tatsächlichen Beruf verschweigt und dadurch den Gläubigerzugriff vereitelt oder erschwert (vgl *Fischer*, § 156 Rn 13).

## 4. Umfang der Wahrheitspflicht in sonstigen Fällen

In sonstigen Fällen bestimmt sich der Umfang der prozessualen Wahrheitspflicht bei   776
eidesstattlichen Versicherungen nach der Eigenart des jeweiligen Verfahrens und dem in Betracht kommenden Verfahrensgegenstand (instruktiv OLG Frankfurt NStZ-RR 98, 72). Bei einer **unverlangt** abgegebenen Versicherung an Eides statt kommt es darauf an, welches Beweisthema sich *der Erklärende selbst* gestellt hat und ob in diesem Rahmen Tatsachen unrichtig dargestellt oder verschwiegen wurden, deren richtige und vollständige Mitteilung in einem wesentlichen Punkt den Aussagegehalt der ei-

---

35   BGHSt 7, 375; 8, 399; OLG Hamm NJW 61, 421.

desstattlichen Versicherung entscheidend verändert hätte[36]. *Spontane Angaben*, die für den Gegenstand und den Ausgang des Verfahrens ohne jede mögliche Bedeutung sind, werden von der Wahrheitspflicht nicht erfasst.

## VII. Teilnahmeprobleme und Verleitung zur Falschaussage

777 **Fall 43:** Nach erbitterten Erbstreitigkeiten klagt der obsiegende Erbe E gegen seinen Bruder B auf Ersatz des Schadens, der ihm beim Betrieb einer Brutmaschine in seiner Geflügelfarm durch Unterbrechung der Stromzufuhr von dritter Hand zugefügt worden ist. B bestreitet der Wahrheit zuwider die ihm zur Last gelegte Tat. Als Tatzeugin kommt nur eine Schwägerin (S) der Parteien in Frage, die sich auf Bitten des B bereit erklärt, zu seinen Gunsten falsch auszusagen und ihre Angaben ggf zu beschwören. Im Termin zur Beweisaufnahme löst S ihr Versprechen ein; wider Erwarten wird sie jedoch nicht vereidigt. Der von B zum Termin gestellte Zeuge Z verschafft diesem unter Eid für die Tatzeit ein Alibi. Dazu hatte B ihn in der Annahme überredet, dass Z infolge eines Erinnerungsfehlers von der Richtigkeit seiner Bekundung überzeugt sein werde; in Wirklichkeit handelt Z bei seiner Vernehmung wider besseres Wissen.

Strafbarkeit der Beteiligten? **Rn 779, 784**

### 1. Anstiftung zu Aussagedelikten

778 Täter der Aussagedelikte kann nur sein, wer in eigener Person falsche Angaben macht („Eigenhändigkeit der Tatbegehung"; siehe Rn 739). Außenstehende kommen deshalb nur als Anstifter oder Gehilfen in Betracht. Insoweit gelten die allgemeinen Regeln (*Heinrich*, JuS 95, 1115).

779 S hat sich im **Fall 43** der uneidlichen Falschaussage schuldig gemacht (§ 153). Des Weiteren hat sie sich zu einem Meineid, dh zur Begehung eines *Verbrechens* bereit erklärt (§§ 30 II Alt. 1, 12 I, 154). Beide Straftaten stehen zueinander in Tatmehrheit (§ 53).

B ist nach allgemeinen Regeln wegen *vollendeter Anstiftung* zur uneidlichen Falschaussage (§§ 26, 153) und wegen einer in Tateinheit (§ 52) dazu stehenden *versuchten Anstiftung* zum Meineid zu bestrafen (§§ 30 II, 154, 12 I). Näher BGHSt 9, 131; *Wessels/Beulke*, AT Rn 551, 561. Umstritten ist, ob die Wahrheitspflicht des Aussagenden ein besonderes persönliches Merkmal ist[37].

### 2. Versuchte Anstiftung zur Falschaussage

780 Der Grundsatz, dass die **versuchte Anstiftung** nur bei **Verbrechen** mit Strafe bedroht ist (§ 30 I), erfährt durch § 159 eine Ausnahme. Diese Vorschrift *erweitert* den Anwendungsbereich der §§ 30 I, 31 I Nr 1, II auf die **Vergehenstatbestände der §§ 153,**

---

36 BGH JR 90, 479 mit Anm. *Keller*; LK-*Ruß*, § 156 Rn 17; SK-*Rudolphi*, § 156 Rn 10; anders OLG Düsseldorf NJW 85, 1848; S/S-*Lenckner*, § 156 Rn 5.

37 Verneinend MüKo-*Müller*, Rn 19 f vor § 153; bejahend LK-*Schünemann*, 12. Aufl. 2007, § 28 Rn 61, jeweils mwN.

**156**. Das mag man für erforderlich halten (so *Dreher*, JZ 53, 421, 425); es erweckt aber Bedenken, weil das Gesetz den *Versuch* der Tat bei §§ 153, 156 nicht mit Strafe bedroht, während der Versuch eines Verbrechens stets strafbar ist (vgl auch *Maurach/ Schroeder*, BT II § 75 Rn 88).

Die Rechtsprechung sucht diese Bedenken dadurch zu mildern, dass sie eine Bestrafung nach § 159 nur dann für gerechtfertigt hält, wenn die in Aussicht genommene Haupttat im Falle ihrer Begehung den Tatbestand des § 153 oder des § 156 voll verwirklicht hätte. Praktische Bedeutung gewinnt das vor allem bei irriger Annahme der in §§ 153, 156 vorausgesetzten *Zuständigkeit*. Nach BGHSt 24, 38 scheidet eine Bestrafung wegen **versuchter Anstiftung gemäß § 159 aus**, wenn die geplante Haupttat so, wie der Anzustiftende sie begehen sollte, nur zu einem untauglichen Versuch der §§ 153, 156 hätte führen können; das Gleiche soll gelten, falls die Haupttat das Stadium des **untauglichen Versuchs** tatsächlich erreicht hat[38]. Die dafür gegebene Begründung ist jedoch nicht haltbar, weil sie in Widerspruch zu dem steht, was im Rahmen des § 30 I allgemein anerkannt ist (vgl *Schröder*, JZ 71, 563). Im Ergebnis ist eine *teleologische Reduktion* des § 159 als unzulässiger Weg einer Korrektur des als falsch erachteten Gesetzes abzulehnen[39]. **781**

## 3. Verleitung zur Falschaussage

Als Ersatz für die bei Aussagedelikten entfallende Heranziehung der mittelbaren Täterschaft greift hier der Sondertatbestand der **Verleitung zur Falschaussage (§ 160)** ein, der im Bereich der §§ 153, 154, 156 eine Bestrafung des Hintermannes ermöglicht. **782**

Die Ansichten über den sachlichen Gehalt des § 160 gehen auseinander[40]. Zum richtigen Verständnis dieser Vorschrift führt (neben den bereits angesprochenen konstruktiven Erwägungen) erst die Erkenntnis, dass § 160 wegen seiner überaus milden Strafdrohung gegenüber den wesentlich strengeren §§ 153 ff in Verbindung mit §§ 26, 30, 159 lediglich eine **Ergänzungsfunktion** besitzt. Dies heißt, dass für § 160 nur dort Raum bleibt, wo nach allgemeinen Regeln weder **Anstiftung** noch **versuchte Anstiftung** zum einschlägigen Aussagedelikt in Betracht kommt. Das ist immer dann der Fall, wenn der Tatveranlasser die Aussageperson für **gutgläubig** gehalten hat. War sein Wille dagegen darauf gerichtet, den anderen zu einer *vorsätzlich* falschen Aussage zu bewegen, greifen die §§ 26, 30, 159 in Verbindung mit §§ 153 ff durch, sodass wegen **Anstiftung** bzw **versuchter Anstiftung** zum Aussagedelikt zu bestrafen ist. Dabei verbleibt es auch in solchen Fällen, in denen der Aussagende nicht *schuldhaft* handelt und der Hintermann davon Kenntnis hat, wo also *konstruktiv* mittelbare Täterschaft gegeben wäre (zutreffend S/S-*Lenckner*, § 160 Rn 1, 2). Fraglich ist, ob eine Fehleinschätzung der Sachlage durch den Hintermann im Rahmen des § 160 zur Deliktsvollendung oder lediglich zum Versuch führt. Die neuere Rechtsprechung nimmt eine **vollendete** und nicht nur *versuchte* **Verleitung zum Falscheid** auch dann an, wenn entgegen der Vorstellung des Verleitenden der Verleitete *vorsätzlich* falsch **783**

---

38  Zust. *H.E. Müller*, Falsche Zeugenaussage und Beteiligungslehre, 2000, S. 372, 376; *Vormbaum*, GA 86, 353; abl. LK-*Ruß*, § 159 Rn 1a; S/S-*Lenckner*, § 159 Rn 4.
39  *Otto*, BT § 97 Rn 79 mwN; zweifelnd *Fischer*, § 159 Rn 6; aA *Kindhäuser*, BT I § 48 Rn 6; *Maurach/ Schroeder*, BT II § 75 Rn 89; *Wessels*, BT/1, 21. Aufl. 1997, Rn 760.
40  Näher *Gallas*, Engisch-FS, S. 600; *Hruschka*, JZ 67, 210; *Hruschka/Kässer*, JuS 72, 709, 713.

schwört[41]. Dem ist *nicht* zuzustimmen, auch wenn der Verleitende die **Gefährdung der Rechtspflege** als von ihm gewollten Erfolg durch Herbeiführung einer *objektiv falschen Aussage* erreicht und die Bewertung seines Verhaltens iS der **Tatvollendung** daran scheitert, dass der Verleitete in subjektiver Hinsicht **mehr tut**, als er tun soll, dh *vorsätzlich* statt *gutgläubig* falsch aussagt. Nach den allgemeinen dogmatischen Grundsätzen, an denen festzuhalten ist, liegt lediglich eine strafbar *versuchte* Verleitung vor[42].

Im **umgekehrten Fall** (= entgegen der Vorstellung des Veranlassers ist der Verleitete nicht bös-, sondern gutgläubig) handelt es sich um einen *Anstiftungsversuch*, sodass die Bestrafung des Hintermannes nach §§ 30 I, 154 bzw nach § 159 in Verbindung mit §§ 153, 156 erfolgt.

**784**  Z hat sich im **Fall 43** des Meineides schuldig gemacht. Urheber dieser Tat war B, der die Voraussetzungen der *Anstiftung* (§§ 26, 154) jedoch nicht erfüllt, weil sein Vorsatz nicht darauf gerichtet war, den Z zu einer *vorsätzlichen* Eidesverletzung zu bestimmen; nach der Vorstellung des B sollte Z gerade *gutgläubig* falsch aussagen. Da Z nicht iS des § 160 I verleitet worden ist, scheidet Vollendung aus. B kann insoweit nur gemäß §§ 160 I, II, 22 bestraft werden. Zwischen dieser Tat des B und seinen anderen besteht Tatmehrheit (§ 53).

**785**  Der **objektive Tatbestand** des § 160 setzt lediglich die Herbeiführung einer *objektiv falschen* Aussage, eidesstattlichen Versicherung oder Eidesleistung im Wege des „Verleitens" voraus. Die dazu erforderliche Einwirkung auf den Willen des zu Verleitenden kann durch beliebige Mittel (zB durch eine gezielte Täuschung, das Ausnutzen eines schon bestehenden Irrtums, eine Drohung oder dergleichen) erfolgen. Dabei kann auch ein Mittelsmann (etwa als Überbringer eines schriftlichen oder mündlichen Aussageersuchens) eingeschaltet werden, dessen Gut- oder Bösgläubigkeit dann allein für die Frage seiner eigenen Strafbarkeit Bedeutung hat (im Einzelnen ist hier noch vieles ungeklärt und umstritten[43]). Der **Verleitungsvorsatz** muss die Verwirklichung des objektiven Unrechtstatbestandes umfassen, wegen der besonderen Funktion des § 160 aber außerdem darauf gerichtet sein, dass der zu Verleitende *gutgläubig* falsch aussagen soll. Objektiver und subjektiver Tatbestand des § 160 sind nach hM (die hier allerdings abgelehnt wird; vgl Rn 783) ausnahmsweise nicht in vollem Umfange deckungsgleich[44].

## 4.  Beihilfe durch Tun und durch Unterlassen

**786**  Für die **Beihilfe** zu Aussagedelikten durch *positives Tun* gelten keinerlei Besonderheiten; zu denken ist hier insbesondere an Fälle, in denen ein schon zur falschen Aussage

---

41  BGHSt 21, 116; ebenso *Küpper*, BT I S. 134 f; *Lackner/Kühl*, § 160 Rn 4; LK-*Ruß*, § 160 Rn 2; S/S-*Lenckner*, § 160 Rn 9; *Wessels*, BT/1, 21. Aufl. 1997, Rn 762.

42  Vgl *Eschenbach*, Jura 93, 407; *Gallas*, Engisch-FS, S. 619; *Geppert*, Jura 02, 173, 179; HK-GS/ *M. Heinrich*, § 160 Rn 3; *Maurach/Schroeder*, BT II § 75 Rn 102; MüKo-*Müller*, § 160 Rn 16; *Otto*, BT § 97 Rn 92; wohl auch *Fischer*, § 160 Rn 7.

43  Vgl dazu LK-*Ruß*, § 160 Rn 5 f; NK-*Vormbaum*, § 160 Rn 8; S/S-*Lenckner*, § 160 Rn 7; SK-*Rudolphi*, § 160 Rn 4, 6.

44  Näher SK-*Rudolphi*, § 160 Rn 7; *Wessels/Beulke*, AT Rn 208 f.

Entschlossener in seinem Vorhaben durch Rat oder Tat bestärkt wird[45]. Sehr umstritten ist dagegen, wann und unter welchen Voraussetzungen **Beihilfe durch Unterlassen** kraft **Garantenstellung** anzunehmen ist. Die Rechtsprechung dazu hat wiederholt gewechselt. Anerkannt ist, dass der **Zeuge** prozessual unter *eigener Verantwortung* steht und dass die Garantenstellung einer Prozesspartei sich nicht allein mit ihrer Wahrheitspflicht (§ 138 ZPO) begründen lässt (BGHSt 4, 327). Die zu weit gehende Ansicht, dass die Prozesspartei eine in ihrer Gegenwart stattfindende Falschaussage schon dann verhindern müsse, wenn sie durch ihr wahrheitswidriges Bestreiten die Vernehmung eines vom Prozessgegner benannten Zeugen veranlasst habe (BGHSt 3, 18; RGSt 75, 271), ist inzwischen mit Recht **aufgegeben** worden (BGHSt 17, 321). Eine Garantenstellung aus vorangegangenem Tun wird jetzt bejaht, wenn der Verfahrensbeteiligte den Zeugen pflichtwidrig in eine **besondere**, dem Prozess nicht mehr eigentümliche *(inadäquate)* Gefahr der **Falschaussage** gebracht hat[46].

9. Kapitel

# Urkundenstraftaten

## § 18 Fälschung von Urkunden, technischen Aufzeichnungen und beweiserheblichen Daten

**Fall 44:** Im Hochgefühl des gerade erreichten Volljährigkeitsalters bleibt der 18-jährige Unterprimaner U zur Karnevalszeit an 2 Tagen dem Unterricht fern. Im Sekretariat der Schule gibt er eine von ihm verfasste und unterzeichnete sog. Entschuldigung ab, in der er sein Fernbleiben wahrheitswidrig damit begründet, dass er an Brechdurchfall gelitten habe. Die mit ihm befreundete Sekundanerin S meint dazu, das grenze an Urkundenfälschung. U hält es für abwegig, eine Entschuldigung als Urkunde im Sinne des Strafrechts anzusehen.

Wer hat Recht? **Rn 803**

**787**

Das **6. StrRG** (siehe Rn 244) hat die bisherigen §§ 271–273 in § 271 zusammengefasst und die Strafrahmen neu gestaltet. Der Erfassung professioneller, insbesondere organisierter Begehung dienen die Qualifikationen der §§ 267 IV, 275 II, 276 II sowie 268 V und 269 III; insoweit ist auch der Anwendungsbereich des § 282 erweitert worden. Neu eingeführt wurde das Verändern von amtlichen Ausweisen (§ 273). Einreisende, die belastende Vermerke in amtlichen Ausweisen oder Seiten aus diesen entfernen usw, machen sich nunmehr strafbar (näher BT-Drucks. 13/8587, S. 66). In die Strafzumessungsvorschrift des § 267 III sind vier Regelbeispiele (zum Begriff siehe

**788**

---

45  BGH MDR/D 74, 14; näher *Heinrich*, JuS 95, 1115, 1118 mwN; zu einem Fall „mittelbarer" Beihilfe zu uneidlicher Falschaussage OLG Bamberg NJW 06, 2935, 2937.

46  BGHSt 17, 321; 14, 229; BGH NStZ 93, 489; OLG Düsseldorf NJW 94, 272; OLG Hamm NJW 92, 1977; OLG Köln NStZ 90, 594; näher zur Problematik *Bartholme*, JA 98, 204; *Geppert*, Jura 02, 173, 178; *Heinrich*, JuS 95, 1115; *Kelker*, Jura 96, 89; *Scheffler*, GA 93, 341; *Seebode*, Anm. NStZ 93, 83; krit. zum Kriterium der Schaffung einer inadäquaten Gefahr *H.E. Müller*, Falsche Zeugenaussage und Beteiligungslehre, 2000, S. 302 ff.

Rn 221) aufgenommen und ist das Höchstmaß der Freiheitsstrafe auf 10 Jahre abgesenkt worden. (Der immer noch weite Strafrahmen ist Ergebnis der Reform vom 29.5.1943, die die damaligen §§ 267–270 im § 267 nF zusammenfasste.) Zu § 267 III, V siehe die Erläuterungen bei *Fischer*, § 267 Rn 35 ff und § 263 Rn 131 sowie bei *Wessels/Hillenkamp*, BT II Rn 588 ff zu § 263.

## I. Rechtsgut, Schutzrichtung und Urkundenbegriff

### 1. Rechtsgut und Schutzrichtungen

**789**  Geschütztes **Rechtsgut** der im 23. Abschnitt des StGB geregelten Delikte ist nach hM die **Sicherheit und Zuverlässigkeit des Rechtsverkehrs** mit Urkunden, technischen Aufzeichnungen und Daten als **Beweismitteln**[1]. Wo eine **Urkunde** Tatobjekt ist, lassen sich **vier** verschiedene **Schutzrichtungen** unterscheiden: Das Vertrauen auf die *Echtheit und Unverfälschtheit* wird bei allen Urkunden ohne Rücksicht auf ihre Erscheinungsform geschützt (§ 267). Im Gegensatz dazu genießt das Vertrauen auf die *inhaltliche Wahrheit* der urkundlichen Erklärung nur in bestimmten Fällen Schutz, und zwar in erster Linie bei *öffentlichen* Urkunden (§§ 348, 271, 276, 276a, 277 Alt. 1, 278, 279). Allein um die Bestandserhaltung, die jederzeitige Verfügbarkeit und die *äußere Unversehrtheit* der Urkunde geht es im Schutzbereich der §§ 273, 274 I Nr 1, während § 281 Schutz vor *missbräuchlicher Verwendung* nur bei (echten) Ausweispapieren bietet[2].

### 2. Die Merkmale des Urkundenbegriffs

**790**  **Urkunde** im Sinne des materiellen Strafrechts ist nach hM jede **verkörperte Gedankenerklärung**, die zum Beweis im Rechtsverkehr **geeignet** und **bestimmt** ist und die ihren **Aussteller erkennen lässt**[3]. *Echt* ist die Urkunde, wenn sie den wirklichen Aussteller (den Erklärenden) erkennen lässt[4].

**791**  Eine Minderheitsmeinung im Schrifttum misst nur den in **Schriftform** verkörperten Gedankenerklärungen Urkundeneigenschaft zu[5]. Trotz mehrerer Anläufe zur Reform ist es bisher beim weiteren gesetzlichen Begriff geblieben (vgl *Schwartz*, Das StGB für das Deutsche Reich, 1914, § 267 Anm. 2). Praktische Bedeutung hat dieser Theorienstreit für die von der hM bejahte Frage einer Einbeziehung der sog. **Beweiszeichen** in den Urkundenbegriff (näher Rn 804).

**792**  a) Ihren besonderen Wert als Beweismittel gewinnt die **Urkunde** durch ihre **Perpetuierungsfunktion**, dh durch die hinreichend feste Verbindung der ihr zugrunde lie-

---

1  Vgl BGHSt 2, 50, 52; LK-*Gribbohm*, Rn 6 vor § 267; aA *Jakobs*, Urkundenfälschung, 2000, S. 5 ff, 95; MüKo-*Erb*, § 267 Rn 2 ff; *Kargl*, JA 03, 604, 609; NK-*Puppe*, § 267 Rn 6 ff; zur problematischen Überschrift *Maurach/Schroeder*, BT II § 65 Rn 1 und SK-*Hoyer*, Rn 4 vor § 267.

2  Näher zum Ganzen *Freund*, Urkundenstraftaten, 1996, Rn 1 ff = JuS 93, 731; Serie: Grundfälle zu den Urkundendelikten.

3  BGHSt 3, 82; 4, 284; 13, 235, 239; S/S-*Cramer/Heine*, § 267 Rn 2 mwN; krit. dazu NK-*Puppe*, § 267 Rn 17 ff; anders auch MüKo-*Erb*, § 267 Rn 25, 107.

4  Vgl auch *Maurach/Schroeder*, BT II § 65 Rn 46; SK-*Hoyer*, § 267 Rn 4.

5  Vgl *Kienapfel*, Urkunden im Strafrecht, 1967, S. 349 ff; *Otto*, BT § 70 Rn 9; *Samson*, Urkunde und Beweiszeichen, 1968, S. 94 ff sowie JuS 70, 369; *Schmidhäuser*, BT 14/10; *Welzel*, Lb S. 403.

genden Gedankenerklärung mit einem körperlichen Gegenstand (näher S/S-*Cramer/ Heine*, § 267 Rn 3, 6). *Mündliche* Gedankenäußerungen entbehren dieser stofflichen Verkörperung; das gesprochene Wort bleibt flüchtig und vergänglich.

Durch ihren **gedanklichen Inhalt** unterscheidet die **Urkunde** sich vom Augenscheinsobjekt und   **793** von der selbsttätig durch ein Gerät bewirkten *technischen Aufzeichnung* iS des § 268. **Augenscheinsobjekte** sind sachliche Beweismittel, die aufgrund ihrer *Existenz und Beschaffenheit* bestimmte Schlussfolgerungen zulassen und so zum Beweis von Tatsachen dienen (= Fingerabdrücke, Fußspuren, Blutflecke an der Kleidung usw: RGSt 17, 103; *Schilling*, Der strafrechtl. Schutz des Augenscheins, 1965). Zur technischen Aufzeichnung siehe Rn 859 ff.

**Tonbänder, Schallplatten** und **Magnetbänder** sind zwar zur Fixierung menschlicher Gedanken   **794** geeignet; ihnen fehlt die Urkundeneigenschaft jedoch deshalb, weil es bei Urkunden entscheidend auf die Möglichkeit *optisch-visueller* Wahrnehmung ihres Inhalts ankommt (krit. *Freund*, Urkundenstraftaten, 1996, Rn 88). Entsprechendes gilt für elektronisch gespeicherte Daten (siehe Rn 558).

b) Von wesentlicher Bedeutung für den Urkundenbegriff ist weiter, dass die verkör-   **795** perte Gedankenerklärung zum **Beweise im Rechtsverkehr geeignet und bestimmt** ist (= **Beweisfunktion** der Urkunde; krit. MüKo-*Erb*, § 267 Rn 107, 111).

Die **Eignung** zum Beweis für eine *rechtlich erhebliche Tatsache* ist allein nach objektiven Kriterien zu beurteilen (BGH GA 71, 180). Dabei spielt es keine Rolle, ob die Urkunde gerade zum Beweis desjenigen Rechtsverhältnisses herangezogen wird, für das sie ursprünglich bestimmt war. So können zB Briefe mit deliktischem Inhalt beweisgeeignet sein, obwohl sie dazu nach dem Willen ihres Ausstellers gewiss nicht vorgesehen waren (S/S-*Cramer/Heine*, § 267 Rn 9 mwN). *Klassen- und Prüfungsarbeiten* sind geeignet, Beweis für bestimmte Kenntnisse ihres Verfassers zu erbringen (BGHSt 17, 297; RGSt 68, 240; BayObLG JZ 81, 201; aA MüKo-*Erb*, § 267 Rn 75).

Beweiseignung ist nicht gleichbedeutend mit Beweiskraft. Zum **Beweis geeignet** ist   **796** eine verkörperte Gedankenerklärung bereits dann, wenn sie für sich allein oder in Verbindung mit anderen Umständen bei der Überzeugungsbildung *mitbestimmend ins Gewicht fallen kann*; nicht notwendig ist, dass sie vollen Beweis liefert. Wie weit dagegen die *Beweiskraft* einer Urkunde reicht, ergibt sich aus §§ 415–419 ZPO. **Zu beachten** ist, dass die Frage der Beweiseignung bei *unechten* Urkunden (etwa einem gefälschten Testament) unter der *gedachten* Voraussetzung ihrer Echtheit zu stellen und zu beantworten ist. Bei der Herstellung eines unechten Abiturzeugnisses geht es somit darum, ob dieses Zeugnis im Falle seiner Echtheit geeignet wäre, Beweis für das Bestehen der Reifeprüfung zu erbringen (weitere Beispiele: RGSt 32, 56; 62, 218; RG LZ 1920, 393).

Die für den Urkundenbegriff erforderliche **Beweisbestimmung** kann schon von vorn-   **797** herein durch den Aussteller oder erst nachträglich durch einen Dritten getroffen werden, sofern diesem von Rechts wegen die Möglichkeit eröffnet ist, mit der Urkunde Beweis zu erbringen. Im ersten Fall spricht man von **Absichts-** und im zweiten Fall von **Zufallsurkunden.** Diese Unterscheidung ist aber terminologisch missverständlich und sachlich entbehrlich (vgl *Kargl*, JA 03, 604; MüKo-*Erb*, § 267 Rn 33; NK-*Puppe*, § 267 Rn 9 ff).

Zur **Beweisbestimmung** bedarf es auch bei sog. *Absichtsurkunden* keines zielgerich-   **798** teten Handelns; vielmehr genügt die Einführung der urkundlichen Erklärung in den

Rechtsverkehr mit dem Bewusstsein, dass ein anderer eine rechtliche Reaktion daran knüpfen und sie zu Beweiszwecken benutzen kann.

**799**  Praktische Bedeutung erlangt das vor allem bei den sog. **Deliktsurkunden**, die einen strafbaren oder sonstwie deliktischen Inhalt aufweisen, wie etwa beleidigende oder betrügerische Schreiben. Hier lässt sich das Vorhandensein der Beweisbestimmung nicht mit der Begründung verneinen, dass dem Aussteller die *Absicht* gefehlt habe, dem Empfänger ein Beweismittel zu verschaffen[6].

**800**  Solange die **Beweisbestimmung nicht getroffen** ist, liegt noch keine Urkunde vor (BGHSt 13, 235). Wichtig ist das bei persönlichen Aufzeichnungen, Erinnerungsnotizen, Privatbriefen, bloßen **Urkundenentwürfen** und als **Collagen** zusammengefügten Fotokopiervorlagen[7]. Entfällt die Beweisbestimmung schlechthin, wie etwa beim Aussondern von Akten oder von benutzten Fahrkarten zum Einstampfen, so endet damit die Urkundeneigenschaft (OLG Köln MDR 60, 946); anders aber, wenn der Berechtigte die ursprüngliche Beweisbestimmung lediglich ändert[8].

**801**  c) Schließlich muss die verkörperte Gedankenerklärung ihren **Aussteller** *bezeichnen* oder sonst *erkennbar machen*, dh auf eine **bestimmte Person** oder Behörde (BGHSt 7, 149, 152) hinweisen, die als Urheber und Garant hinter der urkundlichen Erklärung steht (= **Garantiefunktion** der Urkunde). Aussteller in diesem Sinne ist nicht, wer die Urkunde *körperlich hergestellt* hat, sondern derjenige, dem das urkundlich Erklärte im Rechtsverkehr **zugerechnet** wird und von dem die Erklärung in *diesem* Sinne **geistig herrührt**, weil er sich zu ihr als Urheber bekennt (= sog. *Geistigkeitstheorie*[9]). Bedeutung hat die Vergeistigung des Ausstellerbegriffs vornehmlich beim Einsatz von Schreibgehilfen und in Fällen der Stellvertretung[10], ferner bei Computerausdrucken in Gestalt von Rechnungen, Gehaltsabrechnungen, Steuerbescheiden, Parkscheinen und dergleichen (näher *Zielinski*, Armin Kaufmann-GedS, S. 605 mwN).

**802**  Wo das Gesetz nicht etwas anderes bestimmt, wie etwa bei der Errichtung eines Testaments (§ 2247 BGB), braucht die Urkunde nicht eigenhändig unterschrieben zu sein; auch beim Fehlen jeder Unterzeichnung genügt es, dass sich die Person des Ausstellers dem Gesamtzusammenhang nach aus dem Urkundeninhalt ergibt[11]. Zu verneinen ist die Urkundsqualität bei **anonymen Schreiben** und **relativer Anonymität** unter Verwendung eines Decknamens, sofern dessen Gebrauch jeden Zweifel daran ausschließt, dass der Urheber anonym bleiben will. Wer etwa einen „Personenausweis" des „Deutschen Reiches" verwendet, den „i.V. der Polizeipräsident in Groß-Berlin" am 11.7.2005 ausgestellt haben soll, gebraucht mangels wirklichkeitsnahen Anscheins eines behördlichen Dokuments keine Urkunde. Hier ist offenkundig, dass niemand hinter der Erklärung steht[12]. Die Verwendung eines frei erfundenen oder häufig vorkommenden Namens (zB *Meier, Müller, Schulze*) hindert die Bejahung der Urkundeneigenschaft jedoch dann nicht, wenn der Eindruck erweckt wird, dass ein bestimmter Träger dieses Namens zu der betreffenden Erklärung stehe[13].

---

6   Näher RGSt 32, 56; 62, 218; BGH LM Nr 18 zu § 267; S/S-*Cramer/Heine*, § 267 Rn 14 f.
7   Vgl RGSt 57, 310; BGHSt 3, 82; BGH wistra 03, 231; OLG Bremen NJW 62, 1455; BayObLG NJW 92, 3311; S/S-*Cramer/Heine*, § 267 Rn 42a.
8   Lesenswert dazu BGHSt 4, 284; siehe auch *Maurach/Schroeder*, BT II § 65 Rn 34.
9   BGHSt 13, 382, 385; MüKo-*Erb*, § 267 Rn 124 f; *Otto*, BT § 70 Rn 10; *Samson*, JA 79, 526, 660; hM; krit. zur Bezeichnung NK-*Puppe*, § 267 Rn 63.
10   Vgl RGSt 75, 46; OLG Koblenz NJW 95, 1625.
11   BGH GA 63, 16; BayObLG NJW 88, 2190; OLG Köln StraFo 01, 352.
12   OLG Koblenz NStZ-RR 08, 120 mwN.
13   BGHSt 5, 149; RGSt 46, 297; MüKo-*Erb*, § 267 Rn 150.

Im **Fall 44** erfüllt die von U abgegebene Entschuldigung alle Merkmale des Urkundenbegriffs; insbesondere war sie dazu bestimmt und geeignet, eine rechtlich erhebliche Tatsache (= die Einhaltung der Schulordnung durch U) zu beweisen. Diese Urkunde war jedoch *echt*.

**803**

Einen Straftatbestand hat U also nicht verwirklicht, da die Entschuldigung von ihm als dem angegebenen Aussteller herrührte und § 267, der hier allein in Betracht käme, den Fall der **schriftlichen Lüge** (= das Herstellen einer inhaltlich unwahren, aber *echten* Urkunde) **nicht** erfasst. Näher dazu Rn 821 ff; siehe zum Ganzen auch den Rechtsprechungsbericht von *Puppe*, JZ 91, 447, 550 und JZ 97, 490.

## 3. Beweis- und Kennzeichen

**Urkunden** im strafrechtlichen Sinne sind nach hM **nicht nur Gedankenäußerungen** *in Schriftform* (siehe Rn 790 f), **sondern auch** die mit einem körperlichen Gegenstand fest verbundenen **Beweiszeichen**, die eine menschliche Gedankenerklärung verkörpern, ihren Aussteller erkennen lassen und nach Gesetz, Herkommen oder Vereinbarung der Beteiligten geeignet und bestimmt sind, zum Beweis für eine rechtlich erhebliche Tatsache zu dienen[14].

**804**

**Beispiele:** Motor- und Fahrgestellnummern von Kraftfahrzeugen (BGHSt 9, 235; 16, 94), amtlich ausgegebene Kennzeichenschilder (BGHSt 18, 66, 70; BayObLG VRS 53 [1977], 351), die Prüfplakette des TÜV (BayObLG NJW 66, 748), das Künstlerzeichen auf einem Gemälde (RGSt 76, 28), bei hinreichend fester Verbindung auch Preisauszeichnungen an Waren (RGSt 53, 237 und 327; OLG Köln NJW 73, 1807 und 79, 729) und dergleichen. Die **Einbeziehung dieser Beweiszeichen** in den **Urkundenstrafschutz** beruht darauf, dass der Geschäftsverkehr auf *wortvertretende* Abkürzungen, Bezeichnungen und Symbole nicht verzichten kann und dass die Allgemeinheit ihnen hinsichtlich ihres Beweiswertes das gleiche Vertrauen entgegenbringt wie Urkunden in Schriftform (siehe dazu *Freund*, Urkundenstraftaten, 1996, Rn 90 ff; *Puppe*, Jura 80, 18). Damit allein ist freilich die Strafbarkeit noch nicht zureichend begründet.

**805**

Das Gegenstück zu den urkundengleichen Beweiszeichen bilden die nicht zum Urkundenbereich zählenden **Kennzeichen** sowie Identitäts- und Herkunftszeichen, die nicht für bestimmte rechtliche Beziehungen Beweis erbringen sollen, sondern ihrer **Funktion** nach lediglich der *unterscheidenden Kennzeichnung*, der *Sicherung* oder dem *Verschluss* von Sachen dienen, wie etwa ein Wäschemonogramm, Eigentümerzeichen in Büchern, Dienststempel auf Inventarstücken, Plomben an Postsäcken usw (vgl BGHSt 2, 370; RGSt 64, 48).

**806**

Ob im Einzelfall ein **Beweiszeichen** oder nur ein **Kennzeichen** vorliegt, lässt sich nicht vom Begriff, sondern allein von der **Funktion des Zeichens** her bestimmen (vgl etwa zu Plomben an Stromzählern als *Beweiszeichen* RGSt 50, 191)[15].

**807**

---

14   BGHSt 13, 235, 239; 16, 94; vgl *Küper*, BT S. 318.
15   Krit. zum Ganzen *Maurach/Schroeder*, BT II § 65 Rn 26 ff; MüKo-*Erb*, § 267 Rn 78; NK-*Puppe*, § 267 Rn 32 ff.

## 4. Durchschriften, Ausfertigungen, Abschriften, Fotokopien, Telefaxe

808 Ob und wieweit **Vervielfältigungsstücke** Urkundenqualität besitzen, hängt von ihrer Ausgestaltung ab. Wird auf technischem Wege eine Mehrheit von Exemplaren hergestellt, so ist jedes Einzelstück eine Urkunde iS des § 267, wenn es den Anforderungen des Urkundenbegriffs genügt und es sich insgesamt um gleichwertige Verkörperungen derselben Erklärung des Ausstellers handelt[16]. **Durchschriften** werden im Rechtsverkehr als Urkunden anerkannt, da sie die Originalerklärung des Ausstellers verkörpern und gerade zu dem Zweck hergestellt werden, mehrere Exemplare der Urkunde als Beweismittel zur Verfügung zu haben[17].

809 **Ausfertigungen** einer Urkunde, deren Original in den Akten des Gerichts oder in notarieller Verwahrung verbleibt, treten im Rechtsverkehr an die Stelle der Urschrift; ihre Urkundeneigenschaft steht somit außer Zweifel (vgl §§ 317 II, 724 ZPO, 20 I BNotO, 47 BeurkG).

810 *Einfache* **Abschriften** sind dagegen keine Urkunden, da sie als solche nicht erkennen lassen, von wem sie herrühren, und nichts anderes darstellen als eine *Reproduktion* des Originals, ohne dass jemand die Gewähr für ihre Richtigkeit übernimmt[18]. Anders liegt es bei **beglaubigten** Abschriften, deren originalgetreue Wiedergabe bescheinigt wird und bei denen der **Beglaubigungsvermerk** alle Erfordernisse des Urkundenbegriffs erfüllt[19].

811 **Fotokopien** ohne Beglaubigungsvermerk besitzen keine Urkundenqualität, soweit sie wie einfache Abschriften nur schlichte Reproduktionen des Originals sind und sich in dessen Wiedergabe erschöpfen[20] (zum sog. **mittelbaren** Gebrauch einer Urkunde siehe Rn 852). Anders liegt es nach hM, wenn eine fotografische Reproduktion als *angeblich vom Aussteller herrührende Urschrift* hergestellt wird und durch eine geschickte Manipulation den Anschein einer Originalurkunde erwecken soll[21]. **Beispiel:** Jemand erwarb Bezirksmonatskarten der vormaligen Deutschen Bundesbahn und stellte von ihnen Farbfotokopien her, die er als Fahrausweis benutzte; zugleich gab er die Originalfahrkarten gegen Erstattung des Fahrpreises an die Bahn zurück[22]. Lehrreich zum Ganzen auch *Welp*, Stree/Wessels-FS, S. 511, der die Urkundeneigenschaft von Kopien dann bejaht, wenn sie vom Aussteller des Originals herrühren und mit seinem Willen in den Rechtsverkehr gelangen *oder* wenn sie einem Original zum Verwechseln ähnlich sind. Zur Problematik des Missbrauchs „gescannter" Unterschriften siehe *Fischer,* § 267 Rn 12d mwN.

---

16 Vgl LG Paderborn NJW 89, 178; *Küper*, BT S. 324; *Welp*, Stree/Wessels-FS, S. 511, 519.
17 RG JW 38, 1161; KG wistra 84, 233; OLG Hamm NJW 73, 1809; MüKo-*Erb*, § 267 Rn 91.
18 BGHSt 2, 50; LK-*Gribbohm*, § 267 Rn 105.
19 RGSt 34, 360; *Maurach/Schroeder*, BT II § 65 Rn 39; S/S-*Cramer/Heine*, § 267 Rn 40a.
20 BGHSt 24, 140; BayObLG NStZ 94, 88 und NJW 92, 3311; *Geppert*, Jura 90, 271; krit. dazu *Freund*, JuS 91, 723 und StV 01, 234; Gegenkritik bei *Erb*, GA 98, 577 und Anm. NStZ 01, 317; für eine Gleichstellung der Kopie nunmehr auch NK-*Puppe*, § 267 Rn 50.
21 OLG Stuttgart NJW 06, 2869 mwN; *Fischer*, § 267 Rn 12c mwN.
22 Siehe dazu BayObLG GA 89, 134 mit Anm. *Lampe*, StV 89, 207; *Zaczyk*, NJW 89, 2515; MüKo-*Erb*, § 267 Rn 96, 170 ff.

Für *Fernkopien* im herkömmlichen **Telefax**-Verfahren ist noch ungeklärt, ob und in- **811a** wieweit sie Urkunden sein können. Da hier ein Schriftstück vom Sendegerät eingelesen und vom Empfangsgerät wiedergegeben wird, handelt es sich bei dem Ausdruck grundsätzlich nur um eine *Kopie* des Schriftstücks[23]. Wer nun aber Kopien den Urkunden gleichstellt, sieht auch in der Fernkopie eine solche[24]. Eine andere Ansicht nimmt Urkundencharakter dann an, wenn auf dem Ausdruck infolge der eingeschalteten Faxkennung der Absender erkennbar wird, weil damit die Garantiefunktion erfüllt sei (sog. Zweitausfertigung); Urkundenqualität habe auch die Übermittlung einer Urkunde, die nicht vom Absender stamme, denn hier bilde dessen Kennung die Garantieerklärung für die originalgetreue Wiedergabe, sei das Fax mithin einer *beglaubigten* Kopie gleichzusetzen[25].

Einfacher ist das **Computerfax** einzuordnen. Bei diesem gibt es keine Faxvorlage. Die im Sendegerät gespeicherten Daten können vielmehr am Empfangsgerät ausgedruckt werden und sind dann die Fernanfertigung eines Originals, also eine Urkunde, sofern der Text auch die übrigen Merkmale des Begriffs erfüllt[26].

## 5.  Vordrucke und Urkundenentwürfe

**Vordrucke** und **Formulare** bilden vor ihrer Ausfüllung noch keine Urkunden[27]. Aus **812** diesem Grunde ist das Herstellen falscher Vordrucke für Euroschecks und Euroscheckkarten in Sondervorschriften mit Strafe bedroht (§ 152a I). Mangels Beweisbestimmung fehlt die Urkundeneigenschaft ferner bei einem bloßen **Urkundenentwurf**[28]. Dazu zählte beispielsweise eine ausgefüllte Postanweisung, *bevor* sie durch Übergabe an den im Schalterdienst tätigen Angestellten in den Rechtsverkehr gelangte (RGSt 67, 90, 92). Auch ein vollständiges und schon unterzeichnetes Schriftstück *kann* nur ein **Entwurf** sein, sofern der Entstehungsvorgang den rein vorläufigen Charakter des Erklärten verdeutlicht und die verkörperte Erklärung noch zur ausschließlichen Verfügung des Ausstellers steht, wie etwa die in Erwartung einer Zahlung *im Voraus* angefertigte Quittung oder ein vorsorglich ausgefülltes Wechselformular (vgl LK-*Gribbohm*, § 267 Rn 19 mwN).

---

23   OLG Zweibrücken NJW 98, 2918 mit für den Fall zust. Bespr. von *Beckemper*, JuS 00, 123; OLG Oldenburg StraFo 09, 80; *Eisele*, BT II Rn 1173; *Fischer*, § 267 Rn 12d; LK-*Gribbohm*, § 267 Rn 122, 125.
24   *Freund*, Urkundenstraftaten, Rn 127; NK-*Puppe*, § 267 Rn 49.
25   SK-*Hoyer*, § 267 Rn 21; S/S-*Cramer/Heine*, § 267 Rn 43; zT anders differenzierend *Beckemper*, JuS 00, 123, 127; ihr zust. *Rengier*, BT II § 32 Rn 28; siehe auch LK-*Gribbohm*, § 267 Rn 122 f; instruktiv zu diesen Ansätzen *Küper*, BT S. 324, der zutr. auf die „erheblichen Differenzen im einzelnen" hinweist; ferner *Beck*, JA 07, 423.
26   So zutr. *Küper*, BT S. 323; ferner MüKo-*Erb*, § 267 Rn 106; LK-*Gribbohm*, § 267 Rn 127.
27   BGHSt 13, 235; LG Berlin wistra 85, 241.
28   Vgl RGSt 57, 310; 61, 161; OLG Bremen NJW 62, 1455; näher MüKo-*Erb*, § 267 Rn 85.

## II. Besondere Formen der Urkunde

### 1. Private und öffentliche Urkunden

813 Bei §§ 267, 274 I Nr 1 ist die Unterscheidung zwischen **Privaturkunden** und **öffentlichen Urkunden** ohne Bedeutung. Unter §§ 271, 348 fallen dagegen nur *öffentliche* Urkunden (näher dazu Rn 905 ff).

### 2. Gesamturkunden

814 Werden in einem Schriftstück mehrere **Einzelurkunden** zusammengefasst, so verlieren sie nicht ohne weiteres ihre Selbstständigkeit.

815 Eine **Gesamturkunde** entsteht nach hM, wenn mehrere Einzelurkunden in dauerhafter Form so zu einem **einheitlichen Ganzen** verbunden werden, dass sie über ihre Einzelbestandteile hinaus einen *selbstständigen*, für sich bestehenden Erklärungsinhalt aufweisen und nach Gesetz, Herkommen oder Vereinbarung der Beteiligten dazu bestimmt sind, ein **erschöpfendes Bild** über einen bestimmten Kreis fortwährender Rechtsbeziehungen zu vermitteln[29]. Aufgabe einer Gesamturkunde soll es sein, auch dafür Beweis zu erbringen, dass *andere* als die in ihr enthaltenen Rechtsvorgänge *nicht* erfolgt sind.

Gesamturkunden sind nach der Rechtsprechung zB Sparkassenbücher (BGHSt 19, 19), kaufmännische Handelsbücher (RGSt 50, 420; 69, 396); Personalakten (OLG Düsseldorf NStZ 81, 25) und das Einwohnermeldeverzeichnis (BGH JR 54, 308), **nicht** aber ein Reisepass (BayObLG NJW 90, 264), die Handakten eines Rechtsanwalts (BGHSt 3, 395, 399), Briefwahlunterlagen und dergleichen (aA *Greiser*, NJW 78, 927 im Anschluss an BGHSt 12, 108, 112). Zur Krankenakte siehe *Ulsenheimer*, Arztstrafrecht, Rn 391a.

### 3. Zusammengesetzte Urkunden

816 Von einer **zusammengesetzten Urkunde** spricht man, wenn eine verkörperte Gedankenerklärung *mit ihrem Bezugsobjekt* **räumlich fest** (= nicht notwendig untrennbar) zu einer **Beweismitteleinheit** derart verbunden ist, dass beide zusammen einen einheitlichen Beweis- und Erklärungsinhalt in sich vereinigen[30].

Das ist ua der Fall beim Anbringen eines Beglaubigungsvermerks auf einer Abschrift, bei der Anlegung eines Pfandsiegels am Pfandobjekt, bei amtlichen Kennzeichen iS des § 8 FZV an Kraftfahrzeugen (nicht aber bei den roten Kennzeichen iS des § 28 FZV [bis zum 1.3.2007: gem. § 28 StVZO], die anderen Zwecken dienen: BGHSt 34, 375; krit. dazu *Puppe*, JZ 91, 447) sowie bei einer hinreichend festen Verbindung zwischen Preisschild und Ware (RGSt 53, 237 und 327; OLG Köln NJW 73, 1807 und 79, 729; näher unten Rn 842 ff). Nach OLG Köln[31] sind *Verkehrszeichen* – hier Streckenverbotszeichen 274; § 41 StVO – keine (zusammengesetzten) Urkunden[32].

---

29  BGHSt 4, 60; RGSt 60, 17; 67, 245; 69, 396; aA *Lampe*, GA 64, 321; MüKo-*Erb*, § 267 Rn 58; *Puppe*, Jura 80, 18, 22 und NK, § 267 Rn 41.
30  Vgl BGHSt 5, 75, 79; OLG Stuttgart NJW 78, 715; *Küper*, BT S. 325; LK-*Gribbohm*, § 267 Rn 100; *Maurach/Schroeder*, BT II § 65 Rn 24, 42 zieht „trägerbezogene Erklärung" vor.
31  NJW 99, 1042 mit zust. Anm. *Jahn*, JA 99, 98.
32  AA *Dedy*, Anm. NZV 99, 136; *Kucera*, JuS 00, 208; *Wrage*, Anm. NStZ 00, 32.

## III. Herstellen unechter Urkunden

**Fall 45:** Der Schuldner S hat seinem Gläubiger G ein Darlehen von 2000 € gegen Quittung   **817**
zurückgezahlt, jedoch vergessen, sich den von ihm ausgestellten Schuldschein zurückgeben zu
lassen. Nach dem Tode des G besteht dessen Alleinerbe E gutgläubig auf der Einlösung des im
Nachlass vorgefundenen Schuldscheins. Um nicht noch einmal zahlen zu müssen, stellt S die
nicht auffindbare Quittung in der Weise wieder her, dass er ein von ihm selbst ausgefülltes Formular mit der Unterschrift des G versieht. E schöpft keinen Argwohn und gibt den Schuldschein bei Vorlage der Quittung an S zurück.

Strafbarkeit des S? Unterschied gegenüber dem **Fall 44**? **Rn 824, 838**

**Fall 46:** Im Auftrag der erkrankten Rentnerin R geht Frau F zur Rentenzahlstelle, wo sie unter   **818**
Vorlage der ihr von R übergebenen Rentenkarte das Geld abholt und dessen Empfang in der
Weise bestätigt, dass sie in der Auszahlungsliste mit dem Namen der R quittiert. Sodann liefert
F das Geld ordnungsgemäß bei R ab.

Verstößt das Verhalten der F gegen § 267? **Rn 831**

**Fall 47:** Der Handelsvertreter H hat sein Auto zur Inspektion in die Werkstatt gebracht. Im   **819**
Ablagefach befindet sich ein Scheckheft, in welchem das oberste Formular bereits mit der
Blankounterschrift des H versehen ist. Der Lehrling L nimmt diesen Scheck an sich, vervoll-
ständigt ihn durch Eintragung eines Betrages von 100 € und legt ihn seiner Sparkasse zur Einlösung vor, die den Betrag seinem Konto gutschreibt.

Hat L (abgesehen von sonstigen Delikten) eine Urkundenfälschung begangen?
**Rn 833, 838**

Eine Urkundenfälschung begeht, wer zur *Täuschung im Rechtsverkehr* eine unechte   **820**
Urkunde herstellt, eine echte Urkunde verfälscht oder eine unechte bzw verfälschte
Urkunde gebraucht (§ 267 I).

### 1. Echtheit und Unechtheit von Urkunden

Eine Urkunde ist **unecht**, wenn sie nicht von demjenigen herrührt, der aus ihr als Aus-   **821**
steller („Erklärender") hervorgeht. **Echt** ist sie dagegen, wenn sie von demjenigen
stammt, der sich aus ihr als Urheber der verkörperten Gedankenerklärung ergibt.
Kennzeichnend für das Herstellen einer unechten Urkunde ist das Anstreben einer
sog. **Identitätstäuschung**, dh ein Handeln zum Zwecke der Herbeiführung oder Aufrechterhaltung eines Irrtums über die **Person des wirklichen Ausstellers**[33]. Unerheblich ist, ob die als Aussteller genannte Person überhaupt existiert oder nicht. Es
kommt auch nicht darauf an, ob der Adressat der Erklärung sich unter dem angebli-
chen Aussteller eine bestimmte Person als Namensträger *vorstellen* kann. Es genügt
vielmehr, dass der Eindruck erweckt wird, eine *bestimmte* Person mit dem betreffenden Namen wolle sich zu der urkundlichen Erklärung als Aussteller bekennen (RGSt
46, 297).

---

33   BGHSt 1, 117, 121; 33, 159; 40, 203; BGH NStZ 93, 491; *Freund*, Urkundenstraftaten, 1996,
     Rn 136 ff; krit. dazu NK-*Puppe*, § 267 Rn 79.

822 **Aussteller** von Urkunden können aber nicht nur Menschen, sondern auch **Behörden** als solche sein. Wer einer Urkunde den Anschein gibt, dass sie von einer bestimmten, für ihre Herstellung zuständigen Behörde herrühre, während dies in Wirklichkeit nicht zutrifft, täuscht darüber, wer ihr Aussteller ist, stellt also eine *unechte* Urkunde her[34]. An einer Urkunde fehlt es, wenn als Aussteller eine erkennbar nicht (mehr) existente Behörde genannt ist (vgl Rn 802).

823 Bei dem **Merkmal der Unechtheit** geht es allein um die Frage der **Urheberschaft** und nicht etwa um die *Wahrheit* der urkundlichen Erklärung (verkannt von OLG Düsseldorf JR 98, 478 mit abl. Anm. *Krack*). Eine Urkunde kann **echt** sein, obwohl sie etwas Unwahres bezeugt (so die „Entschuldigung" des U im **Fall 44**). Umgekehrt kann eine *inhaltlich wahre* Urkunde unecht sein, wenn ihr wirklicher Aussteller nicht mit der Person identisch ist, von der sie herzurühren scheint.

824 Im **Fall 45** kommt das Herstellen einer unechten Urkunde in Betracht: S hatte das Darlehen bereits an G zurückgezahlt und G hatte den Empfang des Geldes schriftlich bestätigt. Infolgedessen entsprach die von S angefertigte und dem E vorgelegte Quittung *inhaltlich* durchaus der Wahrheit. Gleichwohl war sie als Urkunde **unecht**, weil sie den Anschein erweckte, von der Hand des G zu stammen, während sie in Wirklichkeit von S hergestellt war und von ihm als Aussteller herrührte.

825 Wer sich beim Anfertigen einer Klausur in der juristischen Staatsprüfung eine **fremde geistige Leistung zu Eigen macht**, indem er die von einem Dritten angefertigte und geschriebene Lösung (= Urkundenentwurf) mit seiner Unterschrift oder (was der Unterschrift gleichkommt) mit seiner Platzziffer versieht, um sie sodann beim Aufsichtsbeamten als seine Arbeit abzugeben, stellt eine **inhaltlich unwahre**, aber keine *unechte* Urkunde her[35]. Dies folgt daraus, dass es hier an einer Täuschung über die Person des Ausstellers fehlt, weil der Prüfling unter den gegebenen Umständen selbst zum „Aussteller" der abgegebenen Arbeit wird und als Garant hinter der urkundlichen Erklärung steht. Seine konkludente Behauptung, dass er die Lösung selbst erarbeitet und niedergeschrieben habe, entbehrt lediglich der Wahrheit, macht die Klausurarbeit als Urkunde jedoch nicht unecht iS des § 267.

826 Wer die fremde Unterschrift unter einer Urkunde ausradiert und durch seine eigene Unterschrift ersetzt, macht die fremde Gedankenerklärung zu seiner eigenen und stellt damit eine *echte* Urkunde her, verstößt also nicht gegen § 267, sondern allenfalls gegen § 274 I Nr 1, sofern dessen sonstige Voraussetzungen erfüllt sind[36].

827 a) Das Herstellen unechter Urkunden geschieht bei Schriftstücken idR durch **Zeichnen mit falschem Namen**. Unbedingt notwendig ist das aber nicht, denn auch beim Gebrauch des *richtigen* Namens kann eine Urkunde **unecht** sein, wie etwa dann, wenn der Täter sich zwecks Täuschung nicht seines Rufnamens, sondern eines sonst nicht gebrauchten Vornamens bedient[37] oder wenn er durch Zusätze zu seiner Unterschrift den Anschein erweckt, der **Aussteller sei eine andere Person** (zB durch den Zusatz „sen." oder durch Beifügung eines Behörden- oder Firmenstempels; vgl BGHSt 17, 11). An-

---

34 Vgl BGHSt 7, 149, 152; 9, 44, 46; *Lackner/Kühl*, § 267 Rn 19; aA *Otto*, JuS 87, 761, 765.
35 BayObLG JZ 81, 201; dazu *F.-C. Schroeder*, JuS 81, 417.
36 Vgl BGH NJW 54, 1375; zum Aufkopieren des Briefkopfes des eigenen Instituts auf den Befundbericht eines Fremdlabors siehe BGH StraFo 03, 215.
37 BGHSt 40, 203; zust. *Puppe*, JZ 97, 490, 491 f mwN; *Meurer*, NJW 95, 1655; aA *Hohmann/Sander*, BT II § 17 Rn 41.

dererseits führt die Verwendung eines falschen Namens nicht zwangsläufig zur Urkundenfälschung, vielmehr kann beim *Fehlen einer Identitätstäuschung* auch eine bloße **Namenstäuschung** vorliegen, die durch § 267 nicht erfasst wird.

So etwa, wenn jemand zum Zwecke des *Untertauchens* einen ihm nicht zustehenden Namen **828** führt, in seinem neuen Lebenskreis mit diesem Namen identifiziert wird und darunter alle Geschäfte abwickelt (= Täuschung „über" den Namen)[38]. Das Gleiche soll nach hM dort gelten, wo die Wahrheit der Namensangabe für die jeweilige Beweissituation unter Berücksichtigung des Verwendungszwecks der Urkunde ohne jede Bedeutung ist und die Beteiligten kein Interesse daran haben, dass der Urkundenaussteller sich seines richtigen Namens bedient[39]. In Betracht kommt das etwa, wenn das Auftreten unter falschem Namen *ausschließlich* der Wahrung des Inkognitos dient und nicht die Gefahr begründet, dass der Vertragspartner ins *Leere* greift, wenn er sich an den Aussteller der urkundlichen Erklärung halten will (**Beispiel:** Ein Minister verbringt seinen Sommerurlaub *inkognito* in einem kleinen Schwarzwalddorf, oder ein verheirateter Fabrikant verlebt das Wochenende mit seiner Sekretärin in einem Hotel, wo beide sich als Ehepaar ausgeben und unter Angabe eines falschen Namens in das Gästebuch eintragen). **Anders** liegt es dagegen, wenn das Zeichnen mit falschem Namen dem Täter die *Möglichkeit offen halten soll*, sich der Inanspruchnahme aus seinen urkundlich geschlossenen Vertragsverpflichtungen durch den Einwand zu entziehen, dass er mit dem Namenszeichner nicht identisch sei (= Täuschung „mit" falschem Namen über die Person des Ausstellers). **Beispiel:** Absteigen im Hotel unter falschem Namen, um ohne Bezahlung verschwinden zu können[40]. Diese auf den (wandelbaren) Willen des Täters und fehlendes Interesse des Adressaten abstellende Differenzierung (eine Art „verständnisvolle" Reduktion) ist schwerlich haltbar[41].

b) Wer eine urkundliche Erklärung **für einen anderen** abgibt und **mit dessen Namen** **829** zeichnet, stellt nach hM keine unechte, sondern eine **echte Urkunde** her, wenn er den Namensträger *vertreten* will, wenn dieser sich *vertreten lassen will* (sich somit zu der für ihn abgegebenen Erklärung bekennt) und wenn der Unterzeichnende den Namensträger *rechtlich vertreten darf*[42].

**Unzulässig** ist eine derartige Stellvertretung nach allgemeiner Ansicht, wenn die *eigenhändig-* **830** *persönliche* Herstellung oder Unterzeichnung der Urkunde gesetzlich vorgeschrieben ist oder im Rechtsverkehr vorausgesetzt wird, wie etwa beim eigenhändigen Testament (§ 2247 BGB; RGSt 57, 235), bei Prüfungsarbeiten (RGSt 68, 240; BayObLG JZ 81, 201), bei Abgabe einer eidesstattlichen Versicherung (RGSt 69, 117) und bei sog. eigenhändigen Lebensläufen (OLG Oldenburg JR 52, 410). Ein vom Erblasser nicht selbst geschriebenes, wohl aber *eigenhändig unterschriebenes* Testament ist zwar **formungültig**, aber nicht unecht (S/S-*Cramer/Heine*, § 267 Rn 59). Die Unterzeichnung einer Urkunde für eine andere Person in offener Stellvertretung (dh mit eigenem Namen unter Offenlegung des Vertretungsverhältnisses) ist nach Ansicht des BGH nicht deshalb als Urkundenfälschung iS der ersten Alternative des § 267 I anzusehen, weil das Vertretungsverhältnis in Wahrheit nicht besteht. Eine *solche* Urkunde weist nach ihrem Inhalt und Erscheinungsbild als **ihren Aussteller** grundsätzlich nicht den Vertretenen, sondern den **Erklä-**

---

38  Vgl RGSt 48, 238, 241; BGHSt 1, 117, 121.
39  BGHSt 33, 159; OLG Celle NJW 86, 2772; *Wessels*, BT/1, 21. Aufl. 1997, Rn 804.
40  Vgl BGH MDR/D 73, 556; *Arzt/Weber*, BT § 31 Rn 14; *Otto*, JuS 87, 761, 767 und BT, § 70 Rn 45.
41  Näher NK-*Puppe*, § 267 Rn 70; ferner *Samson*, JA 79, 526, 659; S/S-*Cramer/Heine*, § 267 Rn 48 ff; *Seier*, JA 79, 133, 137.
42  Näher RGSt 75, 46; 76, 125; BGHSt 33, 159, 161; BayObLG NJW 89, 2142 und 88, 1401; OLG Stuttgart NJW 81, 1223; *Maurach/Schroeder*, BT II § 65 Rn 50, 51; *Samson*, JuS 70, 369, 375; krit. dazu *Otto*, JuS 87, 761, 764; *Paeffgen*, Anm. JR 86, 114; *Puppe*, JR 81, 441, Jura 86, 22, JuS 89, 361 und NK, § 267 Rn 66; SK-*Hoyer*, § 267 Rn 47 ff.

**renden** aus (BGH NStZ 93, 491). Die wahrheitswidrige Behauptung der Vertretungsbefugnis stellt unter diesen Umständen nur eine „schriftliche Lüge" dar, die vom Tatbestand des § 267 nicht erfasst wird.

831    Im **Fall 46** hat F den Rentenbetrag im Auftrag der R in Empfang genommen und *mit dem Namen der R* quittiert. Hierin könnte das Herstellen einer unechten Urkunde liegen. Für die Frage, wer **Aussteller** dieser Quittungsurkunde ist, kommt es nicht entscheidend darauf an, dass F den Herstellungsakt körperlich vollzogen hat; maßgebend ist vielmehr, von wem die Empfangsbestätigung in dem Sinne **„geistig" herrührt**, dass der Betreffende gleichsam als Garant hinter ihr steht und sie rechtlich als eigene Erklärung gegen sich gelten lassen muss (= sog. *Geistigkeitstheorie*; siehe Rn 801). Das ist in diesem Falle R, weil ihr nach hM das Handeln der F nach Stellvertretungsregeln zuzurechnen ist (vgl aber auch SK-*Hoyer*, § 267 Rn 51).

832    c) Herstellen einer unechten Urkunde ist auch die sog. **Blankettfälschung**. Sie liegt vor, wenn der Täter einem Blankett *ohne Erlaubnis* oder gegen die Anordnung des als Aussteller Erscheinenden einen urkundlichen Inhalt gibt (BGHSt 5, 295; MüKo-*Erb*, § 267 Rn 121; *Weiß*, Jura 93, 288).

833    Die sog. Identitätstäuschung ergibt sich im **Fall 47** daraus, dass L den Anschein erweckt, der von ihm eigenmächtig vervollständigte Text des Schecks rühre von H als Aussteller her. Mithin hat L eine unechte Urkunde hergestellt.

834    d) Zur Herbeiführung einer *Unterschrift* durch **Täuschung** oder **Zwang** siehe *Lampe*, NJW 78, 679; SK-*Hoyer*, § 267 Rn 43; MüKo-*Erb*, § 267 Rn 127; *F.-C. Schroeder*, GA 74, 225; krit. dazu *Blei*, JA 74, 673.

835    e) Zu den Rechtsfragen, die bei einer **Telegrammfälschung** bedeutsam werden (= Benutzung eines Postbediensteten als Schreibhilfe, Unterscheidung zwischen Aufgabe- und Ankunftstelegramm), siehe RGSt 66, 365; 57, 321; MüKo-*Erb*, § 267 Rn 127; *Schöning*, Telegramm und Fernschreiben im Urkundenstrafrecht, 1985.

## 2.  Subjektive Tatbestandsmerkmale

836    In **subjektiver Hinsicht** wird vorausgesetzt, dass der Täter *vorsätzlich* und *zur Täuschung im Rechtsverkehr* gehandelt hat. Zum Vorsatz gehört die Kenntnis der wesentlichen Umstände, aus denen sich die Urkundeneigenschaft ergibt[43]. Zur Täuschung im Rechtsverkehr handelt, wer irgendeinen anderen über die Echtheit (oder Unverfälschtheit) der Urkunde zu täuschen sucht und ihn dadurch **zu einem rechtserheblichen Verhalten veranlassen** will[44].

837    Der Wille, die Polizei irrezuführen, Strafverfolgungsmaßnahmen zu verhindern oder die Steuerbehörde im Falle einer Geschäftsüberprüfung zu täuschen, reicht aus[45]. Wer dagegen nur Angehörige beruhigen (RGSt 47, 199), die Gunst eines Mädchens gewinnen (RGSt 64, 95) oder dem

---

43    Näher BGHSt 13, 235; 38, 345; MüKo-*Erb*, § 267 Rn 201.
44    BGHSt 5, 149; 33, 105; OLG Köln NJW 83, 769.
45    BGH NJW 53, 955; BGH LM Nr 18 zu § 267; BGHSt 5, 149.

Liebhaber ein jüngeres Lebensalter vorschwindeln will (BayObLG MDR 58, 264), hat zwar eine Täuschung im *mitmenschlichen Bereich* im Sinn, erstrebt aber keine **Täuschung im Rechtsverkehr**.

Einer **Täuschungsabsicht** ieS des *Daraufankommens* bedarf es nach hM nicht[46]. Genügen soll vielmehr für alle Begehungsformen des § 267 der **Wille zur Täuschung** in Gestalt des *dolus directus* und in dem Bewusstsein eines sicheren Eintritts des vorgestellten Täuschungserfolges[47].

In den oben gebildeten **Fällen 45** und **47** sind alle subjektiven Tatbestandsmerkmale des § 267 I gegeben: **838**

Im **Fall 45** ging es dem S darum, den E durch Täuschung über die Echtheit der Quittung von einer Weiterverfolgung des Rückzahlungsanspruchs abzuhalten. Im **Fall 47** verfolgte L das Ziel, seine Sparkasse und die Bank des H über die Echtheit des Schecks zu täuschen und dadurch dessen Einlösung zu erwirken. Beide haben sich daher wegen Herstellens einer unechten Urkunde strafbar gemacht.

§ 270 stellt der Täuschung im Rechtsverkehr die **fälschliche Beeinflussung einer** **839** **Datenverarbeitung** im Rechtsverkehr gleich. Bedeutsam wird das beispielsweise, wenn jemand eine unechte Urkunde zu dem Zweck herstellt, sie als Unterlage für die Datenverarbeitung einer im Rechtsverkehr eingesetzten Anlage zu verwenden, soweit bei deren Einsatz keine Kontrolle durch einen Menschen stattfindet (siehe dazu BGHSt 40, 203; *Meurer*, NJW 95, 1655).

## IV. Verfälschen echter Urkunden

**Fall 48:** In der Kabine eines Kaufhauses, das weitgehend auf Selbstbedienung eingestellt ist, **840** probiert der Kunde K mehrere Skihosen an. Ausweislich der Preisschilder, die durch einen Nylonfaden mit Knebelende an den Kleidungsstücken befestigt sind, soll die teuerste Markenhose 199 € und eine schlichte Stoffhose 99 € kosten. Nach mehreren vergeblichen Versuchen gelingt es K, die Preisschilder dieser beiden Hosen auszutauschen. Seine Manipulation wird jedoch entdeckt, als er die Markenhose mit dem ausgewechselten Preisschild von 99 € an der Kasse zur Bezahlung vorlegt.

Hat K sich der Urkundenfälschung schuldig gemacht? **Rn 845**

**Fall 49:** Der Schüler S hat eine für seine Versetzung wichtige Klassenarbeit in Mathematik **841** ohne vollständige Lösung abgeben müssen, weil er mit der letzten Aufgabe nicht fertig geworden ist. Bevor der Mathematiklehrer M sich mit der Durchsicht und Bewertung der Arbeiten befassen kann, nutzt S die freundschaftlichen Beziehungen seiner Mutter zu der bei M beschäftigten Hausgehilfin H wie folgt aus: Nachdem er sich vergewissert hat, dass „die Luft rein" ist, eilt S zur Wohnung des M, wo H ihn erwartet und ihm Gelegenheit gibt, seine Lösung in dem von ihr schon bereitgelegten Klassenarbeitsheft zu vervollständigen.

Verstößt das Verhalten des S gegen § 267? **Rn 850**

---

46  Anders BayObLG NJW 67, 1476; *Maurach/Schroeder*, BT II § 65 Rn 73; SK-*Hoyer*, § 267 Rn 91.
47  Ebenso jetzt BayObLG NJW 98, 2917; vgl auch *Küper*, BT S. 293; *Lackner/Kühl*, § 267 Rn 25; S/S-*Cramer/Heine*, § 267 Rn 91; weitergehend MüKo-*Erb*, § 267 Rn 209; NK-*Puppe*, § 267 Rn 102; offen gelassen in BGHSt 5, 149, 152.

## 1. Verfälschungstatbestand

**842** Die zweite Begehungsform des § 267 I setzt als Tatobjekt eine echte Urkunde voraus. **Verfälschung** ist nach hM jede (unbefugte, nachträgliche) **Veränderung der Beweisrichtung** und des **gedanklichen Inhalts** einer **echten Urkunde**, so dass diese nach dem Eingriff etwas anderes zum Ausdruck bringt als vorher. Es muss der Anschein erweckt werden, dass die Urkunde *von vornherein* den ihr nachträglich beigelegten Inhalt gehabt und dass der Aussteller die urkundliche Erklärung **von Anfang an** in der jetzt vorliegenden Form abgegeben habe[48]. Allerdings darf die Urkunde durch die Tat ihre **Beweiseignung** und **Urkundenqualität** nicht völlig verlieren. Wo das geschieht und dieser Mangel nicht sogleich wieder behoben wird, ist für den Verfälschungstatbestand des § 267 kein Raum, aber zu prüfen, ob stattdessen die Voraussetzungen des § 274 I Nr 1 erfüllt sind. **Beispiel:** Vollständiges Ausradieren der Angaben über die *Fahrzeugklasse* in einem Führerschein alter Machart, um bei einer Verkehrskontrolle durch wahrheitswidrige Behauptungen eine Fahrerlaubnis der nächsthöheren Klasse vorzuspiegeln; lehrreich dazu, insbesondere zu dem Umstand, dass Führerscheine (siehe auch Rn 889) ihrem rechtmäßigen Inhaber „ausschließlich gehören" und daher keine tauglichen Tatobjekte iS des § 274 I Nr 1 sind: OLG Braunschweig NJW 60, 1120; *Lackner*/Kühl, § 274 Rn 2 mwN; Weber, Jura 82, 66. Diese Strafbarkeitslücke hat § 273 geschlossen.

**843** Eine Urkunde verfälscht nicht, wer Kraftfahrzeugkennzeichen mit sog. **Antiblitzmitteln** versieht (BGHSt 45, 197 mwN und zust. Anm. *Kudlich*, JZ 00, 426, der auf § 22 I Nr 3 StVG hinweist). Zum Beseitigen von Entwertungsvermerken auf Fahrkarten siehe *F.-C. Schroeder*, JuS 91, 301 und *Ranft*, Jura 93, 84. Zur Abgrenzung zwischen der ersten und zweiten Alternative des § 267 I bei der nachträglichen Ergänzung von zunächst unvollständig gelassenen Rechnungsdurchschriften siehe OLG Hamm NJW 73, 1809.

**844** Soweit im **Verfälschen** zugleich das Herstellen einer unechten Urkunde liegt, tritt die erste Alternative des § 267 I zurück. Wer nicht eine echte, sondern eine unechte Urkunde verfälscht, stellt (erneut) eine unechte Urkunde her und ist nur nach der ersten Alternative strafbar (vgl RGSt 68, 94; MüKo-*Erb*, § 267 Rn 179).

**845** Im **Fall 48** bildete die *räumlich feste Verbindung* des Preisschildes über 99 € mit der Stoffhose eine **zusammengesetzte Urkunde** (vgl Rn 816), die geeignet und bestimmt war, Beweis für die Höhe des Kaufpreises zu erbringen. Diese **echte Urkunde** hat K **verfälscht**, indem er das Bezugsobjekt der Preisauszeichnung über 99 € durch das Entfernen der Stoffhose und das Verbinden mit der Markenhose austauschte, so die bisherige Beweisrichtung veränderte und den Anschein erweckte, die Geschäftsleitung des Kaufhauses habe der betreffenden Urkunde von Anfang an den jetzt aus ihr ersichtlichen Aussagegehalt beigelegt. Würde man das Verhalten des K in seine Einzelakte zerlegen, so könnte man in dem *ersten Handlungsabschnitt* (= Abtrennung der Stoffhose vom zugehörigen Preisschild) auch eine Urkundenvernichtung iS des § 274 I Nr 1 und im *zweiten Handlungsabschnitt* (= Verbinden der Markenhose mit dem falschen Preisschild über 99 €) das Herstellen einer unechten Urkunde iS der ersten Alternative des § 267 I erblicken. Einer solchen Beurteilung stünde jedoch entgegen, dass die genannten

---

48   BGHSt 9, 235; BGH GA 63, 16; zum Streitstand siehe Rn 847 f und *Küper*, BT S. 336.

Einzelakte bei natürlicher Betrachtung Bestandteil einer einzigen, *einheitlichen* Tathandlung sind, deren **Gesamtvollzug** den **Verfälschungstatbestand** verwirklicht, wobei der Verstoß gegen § 274 I Nr 1 nur das *Mittel* zur Verfälschung darstellt und aus diesem Grunde hinter § 267 zurücktritt[49]. Dass K zur Täuschung im Rechtsverkehr gehandelt hat, weil er an der Kasse die *Unverfälschtheit* der mit ihrem Bezugsobjekt verbundenen Preisauszeichnung vorspiegeln und dadurch die Geltendmachung des Kaufpreisanspruchs in der richtigen Höhe vereiteln wollte, steht außer Zweifel. Bei der darüber hinaus erfolgten *Manipulation* an dem auf 199 € lautenden *Preisschild*, das jetzt mit der billigen Stoffhose verbunden ist, dürfte es dagegen am subjektiven Tatbestand des § 267 I fehlen.

Vorsicht ist in Fällen dieser Art beim Stichwort der **zusammengesetzten Urkunde**   **846** geboten, wenn das Preisschild nur **an** der **Verpackung** (wie etwa an einem die Ware umhüllenden Karton oder an einer Klarsichthülle), nicht aber *an der Ware selbst* befestigt ist:

In einem vom OLG Köln (NJW 79, 729) entschiedenen Fall hatte der Angeklagte in einem Supermarkt zwei Oberhemden, die sich in Klarsichthüllen mit aufgeklebten Preisschildern befanden, in der Weise ausgetauscht, dass er das teurere Hemd (29,90 DM) in die Hülle mit dem niedrigeren Preis (17,90 DM) steckte. An der Kasse zahlte er sodann nur den geringeren Preis für das wertvollere Hemd. Das OLG vermisste in dem angefochtenen Urteil, das Betrug in Tateinheit mit Urkundenfälschung angenommen hatte, zu § 267 ausreichende Feststellungen. Es führt dazu aus: „Unzweifelhaft bestand zwischen dem Preisschild und der Verpackung eine feste Verbindung. Das angefochtene Urteil lässt aber offen, ob auch zwischen der **Verpackung** und dem **Inhalt** eine feste Verbindung bestand. Insoweit lässt sich nicht ausschließen, dass das Hemd lediglich lose in der offenen Klarsichthülle lag. Dies würde aber als feste Verbindung nicht ausreichen, da sich die Preisauszeichnung nicht auf die Verpackung, sondern auf deren Inhalt bezieht. Nicht die Verpackung ist das Bezugsobjekt, das die Gedankenerklärung des Beweiszeichens individualisiert, sondern **das Oberhemd**, das zum Preis von 29,90 DM zum Kauf angeboten war. Hieran würde sich auch nichts ändern, wenn die Hülle durch eine lose Lasche oder Klappe das Hemd vor zufälligem Herausrutschen schützen würde oder wenn die Hülle bereits als Teil der angebotenen Ware anzusehen wäre. Eine feste **Verbindung** hätte nur bestanden, wenn die Öffnung der Klarsichthülle verschweißt oder durch Klebestreifen so **verschlossen** gewesen wäre, dass Hemd und Verpackung auch äußerlich als **feste Beweiseinheit** anzusehen gewesen wären." Zu anderen typischen Sachverhalten, zB Austausch gestempelter Kennzeichen an einem Kraftfahrzeug, siehe S/S-*Cramer/Heine*, § 267 Rn 36a, 44, 65a.

## 2. Tatbegehung durch den Aussteller

Wird die Tat durch eine andere Person als den Aussteller begangen, so lässt sich das   **847** Verfälschen als Unterfall der *ersten* Begehungsform des § 267 I auffassen, weil das Endprodukt eine *unechte* Urkunde darstellt und der Eindruck erweckt wird, dass die urkundliche Erklärung in ihrer jetzigen Form vom ursprünglichen Aussteller herrühre. In Fällen dieser Art tritt die erste Alternative des § 267 I hinter den spezielleren Verfälschungstatbestand zurück (siehe Rn 842, 844). **Bedeutsamkeit** gewinnt der Verfälschungstatbestand nach hM jedoch dann, wenn jemand eine von ihm selbst ausge-

---

49  So *Peters*, Anm. NJW 68, 1894; vgl ferner BGHSt 9, 235; 16, 94; OLG Köln NJW 73, 1807 und 79, 729; *Geppert*, Jura 88, 158; NK-*Puppe*, § 274 Rn 18.

stellte Urkunde **nach dem Erlöschen seines Abänderungsrechts** zur Täuschung im Rechtsverkehr verändert[50].

**848**  Nach aA soll auch der **Verfälschungstatbestand** eine *Identitätstäuschung* voraussetzen und nur erfüllt sein, wenn der Anschein erweckt wird, dass der jetzige Inhalt der Urkunde vom Aussteller stamme[51]. Diese Auffassung vermag freilich nicht zu begründen, warum § 267 den (von ihrem Standpunkt aus überflüssigen) Verfälschungstatbestand überhaupt enthält[52]. Die Frage ist klärungsbedürftig.

**849**  Wann die Abänderungsbefugnis des Ausstellers **endet**, hängt von den Umständen ab. Maßgebend ist, ob die Urkunde bereits in der Weise in den Rechtsverkehr gelangt ist, dass sie nicht mehr der alleinigen Verfügung des Ausstellers unterliegt und dass **ein anderer ein Recht auf ihren unverfälschten Fortbestand erlangt** hat.

**850**  Im **Fall 49** war die von S geschriebene Klassenarbeit dazu bestimmt und geeignet, das Vorhandensein der für die Versetzung erforderlichen Kenntnisse im Fach Mathematik zu beweisen (näher BGHSt 17, 297). Mit der **Abgabe** dieser Arbeit zum Zwecke ihrer Bewertung durch M war die Ergänzungs- und Abänderungsbefugnis des S erloschen; von diesem Augenblick an bestand ein Recht der Schule auf ihren unveränderten und unverfälschten Fortbestand. Das Verhalten des S erfüllt daher objektiv wie subjektiv wie den **Verfälschungstatbestand** des § 267 I. Dazu hat H ihm Beihilfe geleistet. Für die *erste* Alternative des § 267 I ist hier kein Raum, weil die Klassenarbeit in ihrer früheren wie jetzigen Gestalt von S als Aussteller herrührt, also nicht *unecht* ist. (§ 274 I Nr 1 [Beschädigen] würde jedenfalls verdrängt; vgl Rn 898.)

## V.  Gebrauchen unechter oder verfälschter Urkunden

### 1.  Gebrauchmachen

**851**  **Gebraucht** iS der *dritten* Begehungsform des § 267 I ist eine Urkunde, wenn **sie selbst** und nicht nur ihre schlichte Abschrift oder Ablichtung dem zu Täuschenden in der Weise *zugänglich gemacht* wird, dass er die **Möglichkeit zur Kenntnisnahme** hat; auf die tatsächliche Einsichtnahme kommt es nicht an[53]. Wer einen Führerschein, in welchem an die Stelle der Klasse 4 eine gefälschte Eintragung der Klasse 3 gesetzt ist, bei der Benutzung eines Fahrzeugs, für das die Fahrerlaubnis der Klasse 4 ausreicht, einem Polizeibeamten vorzeigt, **gebraucht** eine verfälschte Urkunde und handelt dabei auch **zur Täuschung im Rechtsverkehr**[54]. Dass er die Fahrerlaubnis der Klasse 4 wirklich besitzt, ist belanglos, weil er das **Vorhandensein der Fahrerlaubnis** nicht anders als durch den *verfälschten* Teil des Führerscheins dartun kann und

---

50  BGHSt 13, 382, 386; RGSt 74, 341; 60, 187; *Kargl*, JA 03, 604, 607; *Lackner/Kühl*, § 267 Rn 21 mwN.

51  *Kienapfel*, Jura 83, 185; *Lampe*, GA 64, 321, 330; MüKo-*Erb*, § 267 Rn 191; NK-*Puppe*, § 267 Rn 89; S/S-*Cramer/Heine*, § 267 Rn 68; SK-*Hoyer*, § 267 Rn 81 mwN.

52  Für dessen Streichung *Kargl*, JA 03, 604, 610 f.

53  BGHSt 2, 50; 36, 64 mit Anm. *Puppe*, JZ 89, 596; LK-*Gribbohm*, § 267 Rn 220 ff; *Maurach/Schroeder*, BT II § 65 Rn 70; vgl aber auch *Jakobs*, Urkundenfälschung, 2000, S. 89.

54  BGHSt 33, 105 mit Anm. *Kühl*, JR 86, 297; OLG Köln NJW 81, 64 gegen OLG Hamm NJW 76, 2222.

weil er mit der Aushändigung des Führerscheins an den kontrollierenden Polizeibeamten konkludent zum Ausdruck bringt, dass ihm der Führerschein *in der jetzt vorliegenden Form* von der zuständigen Verwaltungsbehörde erteilt worden sei (vgl zum Ganzen auch *Weber,* Jura 82, 66).

In der Vorlage einer *unbeglaubigten* Fotokopie liegt kein („mittelbarer") Gebrauch der vorhandenen Originalurkunde[55]. Das Benutzen eines Kraftwagens mit gefälschten Kennzeichen ist bereits ein vollendetes Gebrauchmachen (BGHSt 18, 66, 70), nicht aber das bloße Beisichführen eines gefälschten Führerscheins für den Fall einer (bisher ausgebliebenen) Verkehrskontrolle, weil die unechte oder verfälschte Urkunde wenigstens **in den Machtbereich des zu Täuschenden gelangt sein** muss (BGHSt 36, 64; BGH GA 73, 179). **852**

## 2. Konkurrenzfragen

Bei der umstrittenen Frage nach dem **Verhältnis** der ersten beiden Begehungsformen des § 267 I **zum Gebrauchmachen** ist wie folgt zu unterscheiden: **853**

a) Hat der Täter (wie oben in den Fällen 45, 47, 48 und 49) von vornherein **einen ganz bestimmten** Gebrauch des Falsifikats ins Auge gefasst und sodann realisiert, so wird die *schon* mit dem Herstellungs- oder Verfälschungsakt *vollendete* Straftat erst durch den konkreten Gebrauch *beendet.* Es liegt dann nur *eine* Urkundenfälschung (§ 267 I), dh **eine einheitliche Tat** im Rechtssinne vor (BGHSt 5, 291; SK-*Hoyer,* § 267 Rn 113 f). Da Herstellen und Verfälschen materiell Vorbereitungshandlungen sind, ist in solchen Fällen auf den *Gebrauch* abzustellen.

b) Das zu a) Gesagte gilt auch, wenn es sich um **mehrere** Urkunden handelt, die der Täter zum Zwecke desselben (einmaligen) Gebrauchs gefälscht hat (BGH wistra 08, 182; S/S-*Cramer/ Heine,* § 267 Rn 79c; *Fischer,* § 267 Rn 44).

c) Wer eine unechte Urkunde herstellt oder eine echte Urkunde verfälscht, deren Verwendung zu diesem Zeitpunkt aber nur in allgemeinen Umrissen geplant hat, begeht durch den späteren Gebrauch eine **neue selbstständige Straftat**, die zum vorausgegangenen Fälschungsakt im Verhältnis der Tatmehrheit steht (BGHSt 5, 291; 17, 97; *Lackner/Kühl,* § 267 Rn 27).

d) **Mehrere Fälle des Gebrauchs** einer gefälschten Urkunde bilden grundsätzlich mehrere selbstständige Handlungen (= Tatmehrheit); für die Annahme eines Fortsetzungszusammenhanges (vgl BGHSt 17, 97) ist nach der neuen Rechtsprechung des BGH (BGHSt GrS 40, 138) kein Raum mehr (ebenso HK-GS/*A. Koch,* § 267 Rn 33).

---

| Urkundenfälschung, § 267 |
|---|
| **I. Tatbestandsmäßigkeit**<br> **1. Objektiver Tatbestand**<br>　　**a) Tatobjekt: Urkunde**<br>　　　*(1) verkörperte Gedankenerklärung (Perpetuierungsfunktion)*<br>　　　　Ⓟ Abgrenzung Beweiszeichen/Kennzeichen<br>　　　　Ⓟ Gesamturkunden, zusammengesetzte Urkunden |

---

55  BGHSt 20, 17 für § 281; *Hohmann/Sander,* BT II § 17 Rn 48; *Jescheck,* GA 55, 97, 105; MüKo-*Erb,* § 267 Rn 198; SK-*Hoyer,* § 267 Rn 88; aA BGHSt 5, 291; BGH NJW 78, 2042; BayObLG NJW 91, 2163; *Eisele,* BT II Rn 1195; wohl auch *Fischer,* § 267 Rn 24; offen gelassen in BGHSt 24, 140, 142.

> *(2) zum Beweis im Rechtsverkehr geeignet und bestimmt (Beweisfunktion)*
> → nicht nur Absichtsurkunden, sondern auch Zufallsurkunden
> ℗ Vordrucke, Urkundenentwürfe
> *(3) lässt ihren Aussteller erkennen (Garantiefunktion)*
> → derjenige, von dem die Erklärung geistig herrührt
> ℗ Durchschriften, einfache und beglaubigte Abschriften, Fotokopien, Telefax
> **b) Tathandlung:**
> **aa) eine unechte Urkunde herstellen**
> → Identitätstäuschung
> ℗ Abgrenzung von schriftlicher Lüge, bloßer Namenstäuschung
> ℗ Stellvertretung
> **bb) oder eine echte Urkunde verfälschen**
> → Veränderung der Beweisrichtung und des gedanklichen Inhalts
> ℗ Abgrenzung von der Urkundenunterdrückung
> ℗ Tatbegehung durch den Aussteller
> **cc) oder eine unechte oder verfälschte Urkunde gebrauchen**
> → Möglichkeit der Kenntnisnahme des zu Täuschenden
> **2. Subjektiver Tatbestand**
> **a) Vorsatz bzgl 1**
> **b) Absicht, die Urkunde zur Täuschung im Rechtsverkehr zu gebrauchen**
> → direkter Vorsatz nach *hM* ausreichend
>
> **II. Rechtswidrigkeit**
>
> **III. Schuld**
>
> **IV. Besonders schwerer Fall, § 267 III**
>
> ➔ **Qualifikation: § 267 IV**

## VI. Vorbereitung der Fälschung und Missbrauch von amtlichen Ausweisen

### 1. Vorbereitungshandlungen zum Missbrauch

**854** § 275 stellt als **Vorbereitung zur Urkundenfälschung**, deren erste beiden Modalitäten materiell schon Vorbereitungshandlungen sind, bestimmte Verhaltensweisen unter Strafe, soweit sie der Fälschung von amtlichen Ausweisen dienen sollen. Sie decken sich weitgehend mit denjenigen des § 149 I. Lässt sich *nur* eine entsprechende Eignung feststellen, greift § 127 I 1 OWiG ein. **Amtliche Ausweise** (auch ausländische) sind ausschließlich oder jedenfalls auch zum Zweck des Nachweises der Identität einer Person oder ihrer persönlichen Verhältnisse ausgestellte amtliche Urkunden, zB Pässe, Personal-, Dienst- und Studentenausweise; ferner Führerscheine, nicht aber Scheck- und Kreditkarten (vgl auch § 276a). Vordrucke für amtliche Ausweise iS des § 275 I Nr 3 meint Schriftstücke, die zur Vervollständigung durch Einzelangaben bestimmt sind, auch bereits teilweise ausgefüllte (BT-Drucks. 12/6853, S. 29). Gemäß § 275 III sind die Regelungen des § 149 II, III zur tätigen Reue entsprechend anwendbar.

Hingegen erfasst § 276 Verhaltensweisen, die auf den **Missbrauch** von unechten, be-    855
reits verfälschten oder falsch beurkundeten **amtlichen Ausweisen** (ergänzend:
§ 276a) **abzielen**, wobei hinsichtlich der letzteren Alternative unerheblich ist, ob die
falsche Beurkundung mit oder ohne Wissen des ausstellenden Amtsträgers erfolgt ist.
§ 276 I Nr 1 ist wie § 275 I letzte Alt. als *Unternehmensdelikt* (§ 11 I Nr 6) ausgestaltet. Die Tathandlungen des Abs. 1 Nr 2 entsprechen denjenigen des § 149. Insoweit ist
zusätzlich die Absicht erforderlich, den Gebrauch des falschen oder falsch beurkundeten Ausweises zur Täuschung im Rechtsverkehr zu ermöglichen. Gegenüber zumindest strafbar versuchten Urkundsdelikten ist § 276 *subsidiär* (MüKo-*Erb*, § 276
Rn 5); mit § 263 ist Tateinheit möglich (*Fischer*, § 276 Rn 8). Auch das Verändern
von amtlichen Ausweisen iS des § 273 I Nr 1 gehört insofern hierher, als es, wenn zur
Täuschung im Rechtsverkehr erfolgt, bereits die Strafbarkeit begründet, soweit nicht
schon § 267 oder § 274 eingreift (siehe die Subsidiaritätsklausel § 273 I am Ende; vgl
etwa den Sachverhalt bei BayObLG StV 97, 355).

## 2. Missbrauch von Ausweispapieren

**Fall 50:** Dem Autofahrer A ist wegen Trunkenheit im Verkehr die Fahrerlaubnis entzogen    856
worden. Während sein Bruder B, der ihm zum Verwechseln ähnlich sieht, im Krankenhaus
liegt, nimmt A heimlich dessen Führerschein an sich und sucht in der Nachbarstadt die Fahr-
zeugvermietung F auf. Dort tritt er unter dem Namen des B auf und mietet gegen Vorlage des
Führerscheins für zwei Tage einen Kraftwagen, mit dem er einen Abstecher zur Ostsee macht.
Um einen Teil des Kilometergeldes zu sparen, löst A zeitweilig die Verbindung zwischen Ta-
chometer und Tachometerwelle, sodass der Kilometerzähler des Wagens bei der Rückgabe nur
eine Fahrstrecke von 180 km statt der in Wirklichkeit zurückgelegten 600 km anzeigt.

Strafbarkeit des A? **Rn 858, 865**

**Ausweispapiere** iS des § 281 sind neben amtlichen Ausweisen (siehe Rn 854)    857
nach Abs. 2 auch solche, die im Verkehr als Ausweis verwendet werden, so etwa
Versicherungs- und Werksausweise, Taufscheine, Diplome, Führerscheine und Be-
hindertenausweise mit Lichtbild und Unterschrift[56]. Die Papiere müssen **echte**
sein. Zum *Gebrauchen* siehe Rn 851. *Überlassen* erfordert Übertragung der Verfügungsgewalt derart, dass dem anderen der Gebrauch ermöglicht wird (KG NJW 53,
1274). Im **subjektiven Bereich** setzt § 281 neben dem Tatbestandsvorsatz *zweierlei* voraus: Der Täter muss den Eindruck erwecken wollen, mit der Person identisch
zu sein, für die der Ausweis ausgestellt ist. Des Weiteren muss sein Wille darauf
gerichtet sein, den zu Täuschenden zu einem rechtlich erheblichen Verhalten zu bestimmen[57].

---

56  Dazu OLG Koblenz VRS 55 (1978), 428; AG Nürnberg DAR 05, 410; *Lackner/Kühl,* § 281 Rn 2; vgl
    auch *Hecker*, GA 97, 525.
57  Näher BGH MDR/D 69, 360; zu den Teilnahmefragen im Rahmen des § 281 siehe *R. Schmitt*, NJW
    77, 1811.

**858** Im **Fall 50** enthält die Wegnahme des Führerscheins aus dem Gewahrsam des B zur vorübergehenden Nutzung lediglich eine nicht strafbare Gebrauchsanmaßung (vgl *Wessels*, NJW 65, 1153). Seine Vorlage zwecks Anmietung eines Kraftwagens könnte nach § 281 strafbar sein. *Führerscheine* sind Ausweispapiere iS dieser Vorschrift. A hat den für B ausgestellten *echten* Führerschein F vorgelegt, ihn also gebraucht. Dabei wollte er über seine Identität täuschen und F zur Vermietung und Überlassung des Fahrzeugs, mithin einem rechtlich erheblichen Verhalten bestimmen. Demnach hat A sich gemäß § 281 strafbar gemacht (zu der Frage, ob insoweit auch ein sog. *Besitzbetrug* in Betracht kommt, vgl BGHSt 21, 112). Das nachfolgende *Fahren ohne Fahrerlaubnis* (§ 21 I Nr 1 StVG) steht dazu im Verhältnis der Tatmehrheit (§ 53). Zu prüfen bleibt, ob in der Manipulation an der Tachometerwelle ein Verstoß gegen § 268 I, III liegt.

## VII. Fälschung technischer Aufzeichnungen

### 1. Schutzgut und Tatbestandsaufbau

**859** Die Strafvorschrift über die **Fälschung technischer Aufzeichnungen** (§ 268) schützt, ähnlich wie § 267, die **Sicherheit und Zuverlässigkeit des Beweisverkehrs** mit technischen Aufzeichnungen. Im Einzelnen geht es hier um den **Schutz des Vertrauens** darauf, dass ein Gegenstand, der im Rechtsverkehr als *technische Aufzeichnung* präsentiert wird, in dieser Form *ohne Manipulation* entstanden ist und *gerade deshalb* (dh als Ergebnis eines automatisierten, von störender Einwirkung freien Vorganges) die Vermutung der inhaltlichen Richtigkeit für sich hat (BGHSt 28, 300; 40, 26). Die Richtigkeit selbst liegt allerdings außerhalb dieses unmittelbaren Schutzzwecks; auf sie kommt es daher bei der Anwendung und Auslegung des § 268 nicht an.

**860** Der **Tatbestandsaufbau** des § 268 entspricht weitgehend dem des § 267. Bedenken gegen diese Parallelkonstruktion unter dem Blickwinkel des *Echtheitsschutzes* ergeben sich jedoch daraus, dass **technische Aufzeichnungen** im Gegensatz zu Urkunden weder eine Gedankenerklärung verkörpern noch auf eine Person als Aussteller hinweisen, also zur Gruppe der **Augenscheinsobjekte** gehören, wo sie im Vergleich zu den *natürlichen* Augenscheinsbeweismitteln (zB Fingerabdrücken, Fußspuren) eine Sonderstellung einnehmen.

**861** § 268 ist durch das 1. StrRG in das StGB eingefügt worden, um angesichts der fortschreitenden technischen Entwicklung Lücken im Strafrechtsschutz zu schließen. Im Mittelpunkt der Reformüberlegungen stand die zunehmende Verwendung von Geräten, die *selbsttätig* rechtlich erhebliche Zustände oder Vorgänge sowie Mess- und Rechenwerte in Aufzeichnungsform festhalten. Als Beispiele dafür wurden im Gesetzgebungsverfahren Waagen mit selbsttätigem Druckwerk, Zählwerke mit Druckvorrichtung, Manometer mit automatischer Aufzeichnung, Fahrtenschreiber, Elektrokardiogramme und Aufzeichnungen Daten verarbeitender Maschinen genannt. Die **praktische Bedeutung** des § 268 ist indessen relativ gering geblieben (vgl auch MüKo-*Erb*, § 268 Rn 5); die mangelnde Klarheit seiner dogmatischen Grundkonzeption hat zahlreiche Streitfragen ins Leben gerufen. Die Rechtsprechung dazu wird von Unsicherheit beherrscht. Der BGH hat seinen Standpunkt zum Begriff der technischen Aufzeichnung inzwischen grundlegend revidiert (BGHSt 29, 204); er neigt jetzt dazu, den Anwendungsbereich des § 268 so weit wie möglich einzuschränken. Zu **Grundfällen** siehe *Freund*, JuS 94, 207.

## 2. Begriff der technischen Aufzeichnung

Der **Begriff** der technischen Aufzeichnung ist in § 268 II gesetzlich definiert. Unter **862** einer „Darstellung" im dort genannten Sinn ist nach jetzt hM nur eine **Aufzeichnung** zu verstehen, bei der die *gerätautonom* produzierte Information in einem selbstständig verkörperten, vom Gerät **abtrennbaren Stück** enthalten ist (BGHSt 29, 204). Bloße *Anzeigegeräte* fallen danach (im Gegensatz zu echten „Aufzeichnungsgeräten") nicht unter § 268.

Die **Gegenansicht**, die zunächst auch vom BGH vertreten wurde, lässt als technische Aufzeich- **863** nung jede Darstellung von einer gewissen **Dauerhaftigkeit** genügen, deren Verwendbarkeit als Beweismittel über ihren Entstehungszeitpunkt hinaus erhalten bleibt[58]. Bedeutung hat dies vor allem für **Anzeigegeräte**, die (wie etwa Gas- und Wasseruhren oder Strom- und Kilometerzähler) den jeweiligen Stand eines fortlaufenden Messvorganges wiedergeben und den errechneten Endwert solange unverändert festhalten, bis der Messvorgang bei erneuter Inbetriebnahme fortgesetzt wird. Bei ihnen lässt sich eine hinreichend dauerhafte Verkörperung der Darstellung mit der Begründung bejahen, dass der vorangegangene Messwert bei erneuter Ingangsetzung des Geräts nicht ersatzlos gelöscht wird, sondern im Wege der kontinuierlichen Addition in die nachfolgenden Messwerte mit eingeht. Demgegenüber fehlt jegliche **Perpetuierung** bei einer rein *optischen* Anzeige von Messwerten, wie etwa beim Zeigerstand einer Waage oder eines Geschwindigkeitsmessers, und auch bei der ablesbaren Anzeige von Messwerten auf Geräten, die nach jedem Einzelvorgang auf den Nullstand zurückläuft, wie dies bei der Ziffernanzeige einer Waage oder dem Zählwerk der Benzinuhr an Zapfsäulen der Fall ist. Hier ist für § 268 nach einhelliger Ansicht kein Raum, sofern diese Geräte ihr Messergebnis nicht in anderer Weise perpetuieren, wie etwa in Form gedruckter Aufzeichnungen oder dergleichen (zB in Gestalt von Wiegekarten nebst Gebührenberechnung oder eines gedruckten Benzinabrechnungsbelegs beim Selbsttanken).

Die Gründe, die in BGHSt 29, 204 (bitte lesen!) für die hM angeführt werden, stehen **864** zum Teil auf schwachen Füßen: Der *Wortlaut* des Gesetzes ist unergiebig, da die Begriffe „Aufzeichnung" und „Darstellung" in Bezug auf technische Geräte mehrdeutig sind. Der *Wille des Gesetzgebers* ist so dunkel wie die gesamte Entstehungsgeschichte des § 268; die hier interessierende Frage der **Abtrennbarkeit** des Aufzeichnungsergebnisses vom Aufzeichnungsgerät ist nirgendwo klar angesprochen. Die *systematische* Anlehnung des § 268 an § 267 und die Parallelität zum Urkundenbegriff rechtfertigen zwar den Schluss, dass nur Darstellungen von einer gewissen Dauerhaftigkeit den gesetzlichen Anforderungen genügen. Daraus folgt aber nicht unbedingt, dass die Verkörperung und Perpetuierung in einem selbstständigen, vom Aufzeichnungsgerät *abtrennbaren* Zeichenträger ihren Niederschlag finden müssen; die Sicherung des Beweiswertes einer technischen Aufzeichnung ist wohl nicht nur im letztgenannten Fall gewährleistet. Fraglich ist ferner, ob § 268 (wie es in BGHSt 29, 204, 210 heißt) seinem Sinn und Zweck nach lediglich Diagramme von „besonderer Vollkommenheit und Zuverlässigkeit" schützen soll; denn dass zB ein Fahrtenschreiber weniger störanfällig sei und zuverlässiger arbeite als ein Kilometerzähler, lässt sich schwerlich behaupten. Zustimmung verdient die hM letztlich aber deshalb, weil es nicht geboten erscheint, Messgeräte herkömmlicher Art mit einer ablesbaren **Anzeige** von Werten wie

---

58   OLG Frankfurt NJW 79, 118 mit zust. Anm. *Sonnen*, JA 79, 168; S/S-*Cramer/Heine*, § 268 Rn 9; SK-*Hoyer*, § 268 Rn 9 mwN.

Gas- und Wasseruhren oder Strom- und Kilometerzähler sowie **reine Anzeigegeräte** ähnlicher Art durch § 268 vor Manipulationen und verfälschenden Eingriffen zu schützen, da insoweit bereits durch §§ 242, 248c, 263, 266 ein hinreichender Strafrechtsschutz besteht. Das Bemühen, den Anwendungsbereich des § 268 nicht ausufern zu lassen, sondern einzuschränken, verdient daher Unterstützung.

865 Im **Fall 50** richtete die störende Einwirkung des A auf die Anzeigeeinrichtung des Kilometerzählers durch die Manipulation an der Tachometerwelle sich somit nicht gegen ein taugliches Tatobjekt iS des § 268 I, III, sodass nur ein vollendeter oder versuchter Betrug zulasten der F in Betracht kommt[59].

Wer der Gegenansicht[60] den Vorzug gibt, muss prüfen, ob im **Fall 51** die sonstigen Voraussetzungen des § 268 I, III erfüllt sind; dazu Rn 875.

866 Wesentlich für den Begriff der technischen Aufzeichnung ist weiter, dass der Aufzeichnungsvorgang durch ein technisches Gerät ganz oder zum Teil **selbsttätig bewirkt** wird. Was das Gesetz darunter versteht, ist zweifelhaft und umstritten.

867 Die Legaldefinition in § 268 II erfasst alle voll- oder teilautomatisch arbeitenden Geräte, bei denen das **Prinzip der Automation** an die Stelle der menschlichen Eigenleistung getreten ist. Da das Gesetz sich mit der *teilweisen* Selbsttätigkeit des Gerätes begnügt, ist eine menschliche Mitwirkung bei der Herstellung technischer Aufzeichnungen nicht ausgeschlossen. Sie darf nur nicht so weit gehen, dass der Mensch (wie bei der Benutzung einer elektrischen Schreibmaschine) den Inhalt der Aufzeichnung selbst bestimmt. Die **Selbsttätigkeit des Geräts** beginnt dort, wo es die aufgenommenen Impulse und die ihm eingegebenen Anfangsdaten in *gerätautonomer* Weise *umsetzt oder verarbeitet*. Im Sinne des § 268 II bewirkt ein Gerät seine Aufzeichnungen **selbsttätig**, wenn es durch einen in Konstruktion oder Programmierung *festgelegten automatischen Vorgang* das Vorliegen bestimmter Phänomene registriert, eingegebene Daten in bestimmter Weise umwandelt oder verarbeitet (zB addiert oder multipliziert), die zur Herstellung einer bestimmten Information erforderlichen Zeichen auswählt und auf diese Weise den das Ergebnis bildenden Aufzeichnungsinhalt konkret gestaltet[61].

868 **Fotokopien** (BGHSt 24, 140, 142), Fotografien, Tonbandaufzeichnungen sowie Film- und Fernsehaufnahmen sind **keine** technischen Aufzeichnungen iS des § 268 II, wenn die Leistung des Geräts sich in der bloßen Perpetuierung und Wiedergabe eines von Menschen unmittelbar erfassbaren Vorganges oder Zustandes erschöpft[62]. Zu **bejahen** sind die Begriffsmerkmale des § 268 II dagegen bei Aufzeichnungen durch vollautomatisch arbeitende Kameras innerhalb der **Verkehrsüberwachung** (= Geschwindigkeits- oder Rotlichtkontrollen; vgl NK-*Puppe*, § 268 Rn 15), durch **Fahrtenschreiber** (vgl BGHSt 40, 26) oder im medizinischen Bereich durch Röntgengeräte, Elektrokardiographen und dergleichen.

---

59  BGHSt 29, 204; *Krey/M. Heinrich*, BT I Rn 724; LK-*Gribbohm*, § 268 Rn 6; NK-*Puppe*, § 268 Rn 24 mwN.
60  OLG Frankfurt NJW 79, 118; LG Marburg MDR 73, 65; S/S-*Cramer/Heine*, § 268 Rn 9 mwN.
61  Vgl dazu LK-*Gribbohm*, § 268 Rn 15 ff; enger NK-*Puppe*, § 268 Rn 18 ff.
62  *Erb*, GA 98, 577; LK-*Gribbohm*, § 268 Rn 17; ebenso jetzt S/S-*Cramer/Heine*, § 268 Rn 17; aA NK-*Puppe*, § 267 Rn 49 f.

Schließlich muss die in dieser Weise bewirkte Aufzeichnung ihren **Gegenstand**, dh 869
ihr Bezugsobjekt allgemein oder für Eingeweihte **erkennen** lassen und **zum Beweis**
für eine rechtlich erhebliche Tatsache **bestimmt** sein. Die Erkennbarkeit des Bezugs-
objekts kann sich unmittelbar aus der Aufzeichnung (zB durch gleichzeitige Abbil-
dung des Verkehrssünders bei der Radarmessung), aus einer räumlich-festen Verbindung zu ihr oder aus einem erläuternden Beziehungsvermerk ergeben, wie etwa aus
der Namenseintragung auf einem EKG (vgl LK-*Gribbohm*, § 268 Rn 19 mwN).

## 3. Tathandlungen

Die **Handlungsmodalitäten** des § 268 I entsprechen denen des § 267 I. Der Herstel- 870
lung einer unechten technischen Aufzeichnung stellt § 268 III den Fall gleich, dass
der Täter durch *störende Einwirkung auf den Aufzeichnungsvorgang* das Ergebnis der
Aufzeichnung beeinflusst. Diese Gleichstellungsklausel, die den Gedanken des inhaltlichen Wahrheitsschutzes mit der in § 268 I gewählten Grundkonzeption des
**Echtheitsschutzes** zu verbinden sucht, zwingt dazu, den in § 267 I vorgeprägten Begriff der *Unechtheit* für den Bereich des § 268 zu modifizieren.

**Unecht** ist eine **technische Aufzeichnung**, wenn sie überhaupt nicht oder nicht so, 871
wie sie vorliegt, das Ergebnis eines *in seiner Selbsttätigkeit* **von Störungshandlun-
gen unbeeinflussten Aufzeichnungsvorganges** ist, obwohl sie diesen Anschein erweckt. Das gilt insbesondere bei einer manuellen Nachahmung[63].

Versteht man das Merkmal der Unechtheit für alle Fallgestaltungen des § 268 einheitlich in diesem Sinne, so ist die in § 268 III besonders erwähnte „störende Einwirkung auf den Aufzeichnungsvorgang" nur ein Unterfall des **Herstellens** einer unechten Aufzeichnung[64].

Liefert ein nicht ordnungsgemäß arbeitendes Gerät auf Grund technischer Mängel, in- 872
folge eines *Versagens seiner Einrichtungen* oder eines sonstigen **Eigendefekts** falsche
Ergebnisse, so sind seine Aufzeichnungen zwar *inhaltlich unrichtig*, aber **nicht unecht**. Ihre Herstellung unter bewusster Ausnutzung dieses Defekts ist nicht tatbestandsmäßig iS des § 268 I Nr 1 *erste* Alternative[65]. Wer von ihnen in Kenntnis ihrer
Unrichtigkeit Gebrauch macht, verstößt nicht gegen § 268 I Nr 2, kann sich aber des
Betruges (§ 263) schuldig machen.

Aus dem **Schutzzweck** des § 268 folgt, dass Manipulationen, die den selbsttätig-fehlerfreien 873
Funktionsablauf des Geräts nicht berühren, keine „Unechtheit" der Aufzeichnung begründen.
Wer beispielsweise auf den Schaublättern eines Fahrtenschreibers einen falschen Fahrernamen
einträgt, stellt diese Aufzeichnungen zwar in einen unrichtigen, irreführenden Beweisbezug, verstößt dadurch aber nicht gegen § 268 I Nr 1 oder III[66]; allerdings kommt in solchen Fällen § 267
in Betracht[67]. Tauscht ein allein Fahrender, um die Einhaltung der Lenk- und Ruhezeiten vorzu-
täuschen, ein im Beifahrerfach befindliches, mit seinem Namen versehenes Schaublatt gegen das

---

63  Vgl BGHSt 28, 300; LK-*Gribbohm*, § 268 Rn 26; *Widmaier*, NJW 70, 1358; aA *Lampe*, NJW 70,
    1097, 1101.
64  Vgl *Lackner/Kühl*, § 268 Rn 8; *Fischer*, § 268 Rn 13.
65  BGHSt 28, 300; BayObLG VRS 55 (1978), 425.
66  Vgl KG VRS 57 (1979), 121; siehe auch OLG Stuttgart NZV 00, 96.
67  BayObLG NZV 99, 344; OLG Karlsruhe VRS 97 (1999), 166.

bisher im Fahrerfach des Fahrtenschreibers eingelegte namenlose Schaublatt aus, so ist der Tatbestand des § 267 nicht erfüllt (OLG Karlsruhe NStZ 02, 652).

**874** Manches von dem, was im Zeitalter der Computertechnik als besonders gefährlich erscheint, wird somit durch § 268 nicht erfasst. Wer einem Computer lediglich falsche Daten eingibt und das für seine Zwecke zum Schaden anderer ausnutzt, macht sich nicht nach § 268 strafbar, weil das Schaffen fehlerhafter Arbeitsvoraussetzungen keine *störende Einwirkung auf den Aufzeichnungsvorgang* als solchen darstellt, also nur zur Entstehung unrichtiger, **nicht** aber zur Herstellung **unechter** Aufzeichnungen führt. Diese Strafbarkeitslücke ist durch das 2. WiKG vom 15.5.1986 (BGBl I 721) mithilfe der §§ 269, 263a geschlossen worden.

**875** § 268 III setzt voraus, dass die störende Einwirkung den **selbsttätig-fehlerfreien Funktionsablauf** des Aufzeichnungsvorganges in Mitleidenschaft zieht und dass der Eingriff das **Aufzeichnungsergebnis nachteilig beeinflusst**. Zu welchem Zeitpunkt und auf welche Weise das im Einzelnen geschieht, ist gleichgültig[68]. Wird durch Verwenden einer *„Gegenblitzanlage"* die Gewinnung eines verwertbaren Fotos des Fahrers anlässlich einer Radarkontrolle verhindert, fehlt es an einer störenden Einwirkung auf den Aufzeichnungsvorgang iS des § 268 III; das Foto ist zwar unbrauchbar, aber echt[69]. Wer mit der oben (zu Rn 863) erwähnten **Minderheitsmeinung** in der Anzeige eines Kilometerzählers eine technische Aufzeichnung iS des § 268 erblickt, müsste im **Fall 51** die Manipulation des A an der Tachometerwelle als störende Einwirkung auf den Aufzeichnungsvorgang gelten lassen und ein tatbestandsmäßiges Handeln gemäß § 268 I Nr 1, 2, III bejahen.

### 4. Subjektiver Tatbestand

**876** Zum **Vorsatz** und zur **Täuschungsabsicht** gilt hier das Gleiche wie zu § 267 (vgl Rn 836). Zwischen § 268 und § 267 kann uU Tateinheit in Betracht kommen.

Der **Vorsatz** des Täters muss die Umstände mit einschließen, aus denen die Unechtheit der technischen Aufzeichnung folgt. Dazu gehört im Falle des § 268 III die Vorstellung, dass der Aufzeichnungsvorgang von Menschenhand durch eine *störende Einwirkung* nachteilig beeinflusst worden ist. Eventualvorsatz in dieser Hinsicht genügt.

### 5. Begehen durch Unterlassen

**877** Fraglich ist, ob und inwieweit § 268 III auch durch ein **Unterlassen** in Garantenstellung verwirklicht werden kann. Die Antwort darauf ergibt sich aus dem oben entwickelten Unechtheitsbegriff und aus dem Erfordernis eines **menschlichen Eingriffs** in den selbsttätigen Funktionsablauf des betreffenden Geräts. Folgende Fallgruppen sind dabei zu unterscheiden:

**878** a) Ein Aufzeichnungsgerät iS des § 268, wie etwa ein Fahrtenschreiber, ist infolge **menschlicher Einwirkung** (durch gezielte Manipulation oder durch bloße Unachtsamkeit im Umgang mit dem Gerät) von eigener oder dritter Hand gestört. Wer dieses Gerät, das jetzt **unechte** Aufzeichnungen

---

68  Vgl dazu BGHSt 40, 26; BayObLG NZV 95, 287.
69  OLG München NStZ 06, 576; LG Flensburg DAR 00, 132; zust. *Geppert*, DAR 00, 106; aA AG Tiergarten JR 00, 386.

liefert, in Kenntnis aller Tatumstände und zur Täuschung im Rechtsverkehr in Betrieb nimmt, verwirklicht den Tatbestand des § 268 I Nr 1 *erste* Alternative in Verbindung mit § 268 III im Wege des **aktiven Tuns** (= Herstellung einer unechten technischen Aufzeichnung). Das Gleiche gilt, wenn der Täter das Zugrundeliegen einer störenden Einwirkung nicht positiv gekannt, aber in Rechnung gestellt und insoweit mit *Eventualvorsatz* gehandelt hat. Die Frage des pflichtwidrigen Unterlassens und der „Entstörung" des Geräts vor seiner Inbetriebnahme taucht hier gar nicht auf, weil ein **Begehungsdelikt** vorliegt (näher BGHSt 28, 300, 304).

b) Die Störung des Geräts beruht auf dem Versagen seiner Einrichtungen, dh auf einem sog. **Eigendefekt**. Wer eine solche Störung zur Täuschung im Rechtsverkehr vorsätzlich **ausnutzt** und das Gerät in Betrieb nimmt oder die Inbetriebnahme seitens Dritter zulässt, verstößt in keinem Falle gegen § 268, weil das **Ingangsetzen** eines *defekten* Geräts für sich allein keine „störende Einwirkung" iS des § 268 III ist und die so hergestellten Aufzeichnungen nur **inhaltlich unrichtig**, aber nicht „unecht" sind (BGHSt 28, 300, 306).   **879**

c) Mangels Tatbestandsvorsatzes entfällt eine Bestrafung nach § 268, wenn objektiv ein Sachverhalt der erstgenannten Art (Rn 878) vorliegt, der Täter das Vorhandensein der menschlichen Einwirkung auf den Aufzeichnungsvorgang aber weder kennt noch in Rechnung stellt, sondern *irrig* vom Vorliegen eines **Eigendefekts** ausgeht.   **880**

d) Zur Problematik des **unechten Unterlassungsdelikts** gelangt man somit erst in den Fällen, in denen ein Garant **störende Einwirkungen Dritter** pflichtwidrig nicht verhindert, obwohl er es könnte, oder wenn er die Inbetriebnahme eines Aufzeichnungsgeräts zur Täuschung im Rechtsverkehr geschehen lässt, ohne die ihm bekannte störende Wirkung **fremder Eingriffe** oder eines eigenen *unvorsätzlichen* Eingriffs zu beseitigen. Hier ist ein Verstoß gegen § 268 nach den Regeln der unechten Unterlassungsdelikte möglich (vgl BGHSt 28, 300, 307). Grundlage der **Garantenstellung** kann insoweit neben dem eigenen pflichtwidrigen Vorverhalten die Verantwortlichkeit für Gefahrenquellen im eigenen Herrschaftsbereich sein[70].   **881**

## VIII. Fälschung beweiserheblicher Daten

Wer zur Täuschung im Rechtsverkehr beweiserhebliche Daten so speichert oder verändert, dass bei ihrer Wahrnehmung eine unechte oder verfälschte Urkunde vorliegen würde, oder wer derart gespeicherte oder veränderte Daten gebraucht, wird nach §§ 269, 270 mit Freiheitsstrafe bis zu 5 Jahren oder mit Geldstrafe bestraft. Der Versuch ist mit Strafe bedroht; § 267 III, IV gilt entsprechend.   **882**

§ 269 bezweckt die **Verhinderung von Missbräuchen bei der Verwendung von Datenverarbeitungsanlagen**, die im Wirtschaftsverkehr oder in anderen Bereichen zum Einsatz gelangen. Gegenstand der Tat sind *beweiserhebliche* **Daten** (= Informationen, die sich codieren lassen, einschließlich der Verarbeitung dienender Programme), die elektronisch, magnetisch oder sonst nicht unmittelbar wahrnehmbar gespeichert oder übermittelt werden, wie etwa Stammdaten von Geschäftskunden, Angaben über den Kontostand bei Gehalts- und Bankkonten, oder über die Eigentumsverhältnisse an Grundstücken, Daten des Bundeszentralregisters, der Personenstandsregister, der Fahndungsdateien und dergleichen[71]. Mit Ausnahme der Wahrnehmbarkeit müssen die   **883**

---

70 Wie hier *Lackner/Kühl*, § 268 Rn 9; *Maurach/Schroeder*, BT II § 65 Rn 87; aA MüKo-*Erb*, § 268 Rn 45.
71 Dazu *Lackner/Kühl*, § 263a Rn 3; S/S-*Cramer/Heine*, § 269 Rn 6.

manipulierten Daten alle Elemente einer falschen (= unechten oder verfälschten) Urkunde aufweisen. Insbesondere muss ihr Aussteller erkennbar sein, dh derjenige, dem die Daten („geistig") zuzurechnen sind (*Otto*, BT § 70 Rn 61). Dem Herstellen einer unechten Urkunde entspricht bei § 269 das Speichern unechter Daten, dem Verfälschen einer echten Urkunde das Verändern bereits vorhandener Daten, wobei das Hinzufügen oder Löschen von einzelnen Daten genügen kann (S/S-*Cramer/Heine*, § 269 Rn 17). Gebraucht sind falsche Daten, wenn sie dem zu Täuschenden zur Kenntnis gebracht oder verfügbar gemacht werden, zB durch Sichtbarmachen am Bildschirm oder Ermöglichung ungehinderten Abrufs (*Möhrenschlager*, wistra 86, 128, 135).

**884**  Der Schutz des § 269 setzt bereits mit der Eingabephase ein; er umfasst auch Manipulationen, die in einer unrichtigen Programmgestaltung bestehen und die bei einem Vergleich mit § 267 dem Herstellen einer unechten Urkunde entsprechen würden. Die Daten müssen hiernach so gespeichert oder verändert werden, dass sie in ausgedruckter Form bei visueller Wahrnehmung eine Urkundenfälschung iS des § 267 darstellen würden, unter dem Blickwinkel der Urheberschaft mithin „unecht" sind[72]. Damit soll erreicht werden, dass Verhaltensweisen, die im Bereich des § 267 eine straflose „schriftliche Lüge" darstellen, auch im Rahmen des § 269 straflos bleiben[73]. Zum sog. *Phishing*, dem Versuch, durch Versenden von E-Mails dem Empfänger sensible Daten abzulisten, siehe *Eisele*, BT II Rn 1248 ff und *Fischer*, § 269 Rn 5a, jeweils mwN. Zu den Konkurrenzverhältnissen zwischen §§ 267–269 siehe *Lackner/Kühl*, § 269 Rn 12 mwN; **Fälle** bei *Freund*, JuS 94, 207, 209; *Meier*, Jura 91, 142 und *Rengier*, BT II § 35.

# § 19  Urkundenunterdrückung und Falschbeurkundung

## I. Vernichtung und Unterdrückung von Urkunden, technischen Aufzeichnungen und beweiserheblichen Daten

**885**  **Fall 51:** Der Autoneuling A hat beim Zurücksetzen aus einer Parklücke den VW des Kraftfahrers K am Kotflügel erfasst und beschädigt. Nach längerem Warten klemmt A seine Visitenkarte mit einem kurzen Hinweis auf das Kennzeichen seines Fahrzeuges und auf seine Bereitschaft, für den Schaden aufzukommen, unter den Scheibenwischer des VW. Sodann fährt er fort, um einen wichtigen Termin nicht zu versäumen. Dass ihm sein Bekannter B von der anderen Straßenseite aus zuwinkt, nimmt A nicht wahr. B ahnt, was geschehen ist; um dem A weiteren Ärger zu ersparen, nimmt er die Visitenkarte vom VW weg und steckt sie ein.

Hat B sich strafbar gemacht?

In Betracht kommt eine Urkundenunterdrückung nach § 274 I Nr 1. **Rn 894, 897**

---

72  Zum Aufladen von Telefonkarten lehrreich BGH StV 04, 21.
73  Näher dazu *Möhrenschlager*, wistra 86, 128, 134; *Welp*, CR 92, 291, 354.

## 1. Schutzzweck

Die **Urkundenunterdrückung** iS des § 274 I Nr 1 dient dem *Bestandsschutz* von Urkunden und technischen Aufzeichnungen. Anders als bei §§ 267, 268 geht es dem Täter hier nicht um die Erlangung, sondern um die Beseitigung oder Beeinträchtigung eines Beweismittels. Die Tat richtet sich gegen die **Beweisführungsbefugnis eines anderen**, nicht gegen den Beweisverkehr im Allgemeinen. Infolgedessen bildet die *Einwilligung* des Berechtigten, sofern sie nicht aus besonderen Gründen (zB wegen eines sittenwidrigen Missbrauchs der Vertretungsmacht: BGHSt 6, 251) unwirksam ist, einen **Rechtfertigungsgrund**[1]. 

886

Die **Gegenmeinung** nimmt an, dass § 274 I Nr 1 den Bestandsschutz allein im *allgemeinen* Interesse gewähre. Demzufolge soll die Einwilligung des Betroffenen nicht rechtfertigend wirken, sondern zum „alleinigen Gehören" der Urkunde, dh zum Tatbestandsausschluss führen[2]. Die Besonderheiten, die § 274 I Nr 1 in objektiver und in subjektiver Hinsicht von § 267 abheben, dürften indessen mehr für die Ansicht sprechen, dass § 274 I Nr 1 dem Schutz von Individualinteressen dient.

887

## 2. Gegenstand der Tat in § 274 I Nr 1

**Gegenstand** der Tat in § 274 I Nr 1 sind nur **echte** Urkunden und technische Aufzeichnungen, die dem Täter **nicht** oder **nicht ausschließlich gehören**.

888

**Falsifikate**, die lediglich in ihrer Eigenschaft als *schlichte Augenscheinsobjekte* Beweis für das Vorliegen einer strafbaren Handlung erbringen sollen, genießen nur nach §§ 133, 303 Schutz.

Mit „Gehören" meint das Gesetz hier nicht die (dinglichen) Eigentumsverhältnisse, sondern das **Recht**, die Urkunde oder technische Aufzeichnung **zum Beweis zu gebrauchen**. Täter kann daher auch der Eigentümer sein, falls die Rechtsordnung ihm die Verpflichtung auferlegt, die Urkunde usw für die Beweisführung durch einen anderen herauszugeben oder bereitzuhalten (zB gemäß § 810 BGB oder §§ 421 ff ZPO)[3]. 

889

Bei **Ausweispapieren** bleiben *rein öffentlichrechtliche* Vorlagepflichten, die den Aufgaben der Verwaltung oder der polizeilichen Kontrolle dienen, in dieser Beziehung unberücksichtigt, sodass Reisepässe, Personalausweise und Führerscheine ihrem **rechtmäßigen Inhaber** iS des § 274 I Nr 1 „ausschließlich gehören"[4].

## 3. Tathandlungen

**Tathandlung** kann ein Vernichten, Beschädigen oder Unterdrücken sein.

890

**Vernichten** bedeutet die völlige Beseitigung der *beweiserheblichen* Substanz, wie etwa durch Zerstörung, Unleserlichmachen oder Trennung einer zusammengesetzten Urkunde[5].

891

---

1 NK-*Puppe*, § 274 Rn 1, 15; S/S-*Cramer/Heine*, § 274 Rn 11; krit. *Duttge*, Jura 06, 15, 19.
2 *Kienapfel*, Jura 83, 185, 188; LK-*Gribbohm*, § 274 Rn 1, 53.
3 Vgl BGHSt 6, 251; 29, 192; BayObLG NJW 68, 1896; ferner SK-*Hoyer*, § 274 Rn 9.
4 BayObLG NJW 90, 264; StV 97, 335; *Küper*, BT S. 330; NK-*Puppe*, § 274 Rn 3.
5 Vgl BGH NJW 54, 1375; OLG Braunschweig NJW 60, 1120; *Fischer*, § 274 Rn 3.

**892**  **Beschädigen** meint hier die Beeinträchtigung des Beweiswertes (RGSt 59, 321; *Eisele*, BT II Rn 1258); fehlt es daran, bleibt nur Raum für § 303 I Alt 1.

**893**  Ein **Unterdrücken** liegt in jeder Handlung, durch die dem Beweisführungsberechtigten die Benutzung des Beweismittels dauernd oder zeitweilig entzogen oder vorenthalten wird[6].

**894**  Im **Fall 51** erfüllte die von A am VW des K angebrachte Visitenkarte alle Merkmale des Urkundenbegriffs: Als Aussteller hatte A darin zum Ausdruck gebracht, den Schaden am VW verursacht zu haben und dafür einstehen zu wollen. Diese Erklärung war dazu bestimmt und geeignet, Beweis für den Ersatzanspruch des K gegen A zu erbringen. Zur Zeit der Wegnahme durch B gehörte diese Urkunde ungeachtet der Eigentumsverhältnisse dem A *nicht mehr ausschließlich* iS des § 274 I Nr 1, weil sie bereits in den Machtbereich des K gelangt war und dieser das *ihm nicht mehr entziehbare Recht* erworben hatte, sie zum Beweise zu gebrauchen[7]. Da nicht anzunehmen ist, dass B die Visitenkarte sich oder einem Dritten zueignen wollte, kommt hier ein Unterdrücken in Frage.

**895**  Zum **Vorsatz** gehört neben der Kenntnis aller Tatumstände, dass der Beeinträchtigungswille sich gegen die Funktion des Tatobjekts als *Beweismittel* richtet (andernfalls kann § 303 eingreifen). Hinzukommen muss die **Absicht**, dem Betroffenen dadurch (insbesondere durch die Verschlechterung seiner Beweislage: OLG Köln VRS 50 [1976], 421) **Nachteil zuzufügen**, wobei es sich nicht um einen Vermögensnachteil zu handeln braucht (BGHSt 29, 192). Eine Vereitelung des staatlichen Straf- oder Bußgeldanspruchs genügt insoweit nicht[8].

**896**  Die hM deutet den Absichtsbegriff auch hier als direkten Vorsatz (Wissentlichkeit). Danach genügt die Vorstellung, dass die Tat notwendigerweise einen fremden Nachteil zur Folge haben wird[9].

**897**  Im **Fall 51** ist bei B am Vorliegen dieser Erfordernisse nicht zu zweifeln; die evtl. Vorstellung, im Interesse des A so handeln zu dürfen, könnte allenfalls zur Annahme eines *vermeidbaren Verbotsirrtums* führen.

### 4. Konkurrenzfragen

**898**  Dem § 303 geht § 274 I Nr 1 vor[10]; im Verhältnis zu § 133 ist mit Rücksicht auf dessen besondere Schutzrichtung Tateinheit möglich. Durch die *Aneignungsdelikte* (§§ 242, 246, 249) wird § 274 I Nr 1 regelmäßig verdrängt; in Ausnahmefällen kann

---

6   RGSt 39, 405; 49, 144; 57, 310; OLG Koblenz NStZ 95, 50; MüKo-*Freund*, § 274 Rn 42.
7   Näher BayObLG NJW 68, 1896; OLG Celle NJW 66, 557; weitergehend AG Karlsruhe NJW 00, 87; NK-*Puppe*, § 274 Rn 5 f.
8   OLG Düsseldorf JR 91, 250; BayObLG NJW 97, 1592; S/S-*Cramer/Heine*, § 274 Rn 16; anders *Bottke*, Anm. JR 91, 252; NK-*Puppe*, § 274 Rn 14; *Schneider*, NStZ 93, 16.
9   BGH NJW 53, 1924; BayObLG NJW 68, 1896; *Eisele*, BT II Rn 1260; *Küper*, BT S. 241; aA MüKo-*Freund*, § 274 Rn 49; *Otto*, BT § 72 Rn 5; SK-*Hoyer*, § 274 Rn 17.
10  Näheres bei *Dingler*, JA 04, 810.

aber Tateinheit wie Tatmehrheit in Betracht kommen[11]. Bildet der Eingriff in eine echte Urkunde nur das Mittel zu deren Verfälschung, tritt § 274 I Nr 1 hinter § 267 zurück (= Konsumtion); anders *Geppert*, Jura 88, 158.

---

**Urkundenunterdrückung, § 274 I Nr 1**

  **I. Tatbestandsmäßigkeit**
    **1. Objektiver Tatbestand**
      **a) Tatobjekt: echte Urkunde oder technische Aufzeichnung, die**
        **dem Täter überhaupt nicht oder nicht ausschließlich gehört**
        → „gehören" bezeichnet nicht das Eigentum, sondern das Beweisführungsrecht
      **b) Tathandlung:**
        – **vernichten**
        – **oder beschädigen**
        – **oder unterdrücken**
    **2. Subjektiver Tatbestand**
      **a) Vorsatz bzgl 1**
      **b) Absicht, einem anderen Nachteil zuzufügen**
      → direkter Vorsatz nach *hM* ausreichend

 **II. Rechtswidrigkeit**

 **III. Schuld**

---

### 5. Tatobjekt und Tathandlungen in § 274 I Nr 2

Nach § 274 I Nr 2 macht sich strafbar, wer **beweiserhebliche Daten** iS des § 202a,   **899**
über die er nicht oder nicht ausschließlich verfügen darf, in der Absicht, einem anderen Nachteil zuzufügen, löscht, unterdrückt, unbrauchbar macht oder verändert[12]. Dieser Straftatbestand ist durch das 2. WiKG als Ergänzung zu § 269 in das StGB eingefügt und dem Vorbild des § 274 I Nr 1 angepasst worden.

## II. Falschbeurkundung

---

**Fall 52:** Als Kaufpreis für ein Grundstück hat K an den Eigentümer E im Voraus 80 000 € ge-   **900**
zahlt. Um Steuern zu sparen, geben E und K bei der Beurkundung des Kaufvertrages durch den ahnungslosen Notar N den Kaufpreis nur mit 50 000 € an.

**a)** Haben E und K sich nach § 271 strafbar gemacht?

**b)** Würde sich die Beurteilung ändern, wenn N die Beurkundung in Kenntnis der wahren Höhe des Kaufpreises vorgenommen hätte? **Rn 915**

---

**Fall 53:** Der aus Ostpreußen stammende Architekt A und seine Braut B schließen vor dem   **901**
Standesbeamten S die Ehe. Als Trauzeugen wirken T und Z mit. Dass A schon einmal verhei-

---

11  Näher BGH NJW 55, 876; GA 56, 318; OLG Köln NJW 73, 1807.
12  Näher *Otto*, BT § 72 Rn 9; SK-*Hoyer*, § 274 Rn 18; Fälle bei *Freund*, JuS 94, 207, 210.

ratet war und die kinderlose Ehe aus dem alleinigen Verschulden seiner früheren Frau geschieden worden ist, weiß außer ihm keiner der Beteiligten. Bei der Bestellung des Aufgebots hatte A eidesstattlich versichert, er sei noch nicht verheiratet gewesen. Demgemäß bezeichnet S den Familienstand des A bei Beurkundung der Ehe schließung im Heiratsbuch als „ledig". Auf Befragen geben T und Z ihr Lebensalter mit 26 bzw 17 Jahren an. Da Minderjährige als Trauzeugen nicht mitwirken sollen, trägt S bei den Angaben zur Person des Z im Heiratsbuch kurzerhand „18 Jahre alt" ein. Er geht zutreffend davon aus, dass die Beteiligten bei der Unterschriftsleistung darauf nicht achten werden.

Strafbarkeit von A und S? **Rn 911**

## 1. Überblick

**902** Im Gegensatz zu § 267 schützen die §§ 271, 348 den Rechtsverkehr nicht vor unechten, sondern vor **inhaltlich unwahren** Beweismitteln, soweit es sich um **öffentliche** Urkunden, Bücher, Dateien oder Register handelt. Durch diesen **Wahrheitsschutz** will das Gesetz das allgemeine Vertrauen in die besondere Beweiskraft öffentlicher Urkunden sichern[13].

**903** Die Vornahme der Beurkundung ist Sache eines **Amtsträgers** (§ 11 I Nr 2). Ist dieser *bösgläubig*, wird er als Täter wegen **Falschbeurkundung im Amt** (§ 348) bestraft. Etwaige Tatbeteiligte ohne *Amtsträgereigenschaft* können nur Anstifter oder Gehilfen sein, wobei ihnen die Strafmilderung nach § 28 I zugute kommt.

**904** Bedient ein **Nichtbeamter** sich eines *gutgläubig* handelnden Amtsträgers zur Herbeiführung einer inhaltlich unwahren Beurkundung oder einer ihr gleichstehenden Speicherung in Dateien, so liegt ein Fall der **mittelbaren Falschbeurkundung** vor (§ 271). Das Gleiche soll nach hL gelten, wenn ein Außenstehender einen *schuldunfähigen* Amtsträger wissentlich *als Werkzeug* zur Tat benutzt oder wenn er sich über die Gut- bzw Bösgläubigkeit des Amtsträgers irrt[14].

## 2. Besonderheiten öffentlicher Urkunden

**905** **Gegenstand** der Tat sind *öffentliche* Urkunden, Bücher, Dateien und Register, in keinem Fall also Privaturkunden. **Öffentliche Urkunden** sind solche, die von einer öffentlichen Behörde oder von einer mit öffentlichem Glauben versehenen Person (wie zB von einem Notar, § 20 BNotO) innerhalb ihrer sachlichen Zuständigkeit in der vorgeschriebenen Form aufgenommen sind. Diese Definition des § 415 ZPO gilt auch für das Strafrecht[15] (beachte Rn 907).

**906** **Ausländische** öffentliche Urkunden werden nach hM zumindest insoweit von § 271 erfasst, als es sich um ihren **Gebrauch im Inland** handelt[16]. Sie haben die gleiche Beweiskraft wie inländische Urkunden (BVerwG NJW 87, 1159). Siehe zum Ganzen auch *F.-C. Schroeder*, NJW 90, 1406.

---

13  RGSt 66, 407; 72, 201, 205; NK-*Puppe*, § 271 Rn 3; SK-*Hoyer*, § 271 Rn 2.
14  Vgl LK-*Gribbohm*, § 271 Rn 75; SK-*Hoyer*, § 271 Rn 5; *Wessels*, BT/1, 21. Aufl. 1997, Rn 878; zu Recht gegen die Deutung des Bewirkens iS einer allgemeinen Urheberschaft NK-*Puppe*, § 271 Rn 41.
15  BGHSt 19, 19; BayObLG NStZ 93, 591; *Küper*, BT S. 322.
16  RGSt 68, 300; KG JR 80, 516; OLG Düsseldorf NStZ 83, 221; MüKo-*Freund*, § 271 Rn 16; aA S/S-*Cramer/Heine*, § 271 Rn 1; *Wiedenbrüg*, NJW 73, 301.

Im Einzelnen ist für den Bereich der Falschbeurkundung Folgendes zu beachten:

a) Unter §§ 348, 271 fallen *nur* **öffentliche** Urkunden, *aber nicht jede* öffentliche Ur- **907**
kunde ist zwangsläufig taugliches Objekt einer Straftat dieser Art. Vom **Schutzzweck**
der genannten Vorschriften werden allein diejenigen öffentlichen Urkunden erfasst,
die *für den Rechtsverkehr nach außen bestimmt* sind und dem Zweck dienen, **Beweis**
**für und gegen jedermann** zu erbringen, dh gegenüber beliebigen Dritten[17].

Den Gegensatz dazu bilden die sog. **schlicht amtlichen** Urkunden, die nicht für den Rechtsver- **908**
kehr nach außen, sondern lediglich für den *inneren Dienstbetrieb* bestimmt sind und die vornehmlich der Kontrolle, Ordnung und Übersicht der Geschäftsführung dienen[18].

**Beispiel** aus der Zwangsvollstreckung: Der **Gerichtsvollzieher** ist Urkundsperson iS der §§ 348, **909**
271 (sehr instruktiv dazu OLG Frankfurt NJW 63, 773). Die von ihm nach § 762 ZPO aufzuneh-
menden **Pfändungs- und Versteigerungsprotokolle** sind für den Rechtsverkehr nach außen zum
Beweis für und gegen Dritte bestimmt (RGSt 60, 27; OLG Hamm NJW 59, 1333).

**Schlicht amtliche Urkunden** sind dagegen die Eintragungen im Dienstregister und im Kassen-
buch, die für den *inneren Dienstbetrieb* geführt werden und der Aufsichtsbehörde eine Übersicht
über die dem Gerichtsvollzieher erteilten Aufträge, deren Erledigung, die Einnahmen und Ausga-
ben usw bieten sollen (RGSt 68, 201).

b) Selbst wenn eine öffentliche Urkunde für den Rechtsverkehr nach außen bestimmt **910**
ist, nehmen **nicht alle ihre Einzelbestandteile** zwangsläufig an der *erhöhten Beweis-*
*kraft* teil, deren Schutz die §§ 348, 271 bezwecken. **Beurkundet** im dort gemeinten
Sinn sind lediglich diejenigen Erklärungen, Vorgänge und Tatsachen, auf **die sich die**
**Beweiskraft** der jeweiligen öffentlichen Urkunde **erstreckt**[19]. Welche Teile der Beurkundung das sind und wie weit deren besondere Beweiskraft reicht, hängt von den
einschlägigen Vorschriften ab[20]. Die Verkehrsanschauung kann für sich genommen
die besondere Beweiskraft nicht begründen, sondern nur ergänzend zur Klärung des
Sinns und Zwecks der Vorschriften herangezogen werden[21].

Im **Fall 53** ist das anhand des § 60 PStG zu klären: Nach dieser Bestimmung beweisen die **Per-** **911**
**sonenstandsbücher** bei ordnungsgemäßer Führung Eheschließung, Geburt und Tod sowie die
*darüber gemachten näheren Angaben*. Welche Angaben das bei Eintragungen in das **Heirats-**
**buch** sind, regelt § 11 I PStG. Nur die dort aufgeführten Angaben werden in den durch § 60 I
PStG abgesteckten Grenzen **„beurkundet"**. Dazu zählt die in § 11 I PStG nicht vorgesehene
Erklärung des A, dass er *ledig* sei, nicht. A hat sich daher nicht nach § 271 strafbar gemacht,
obwohl er über seinen Familienstand bewusst falsche Angaben gemacht hat, die in das Heirats-
buch übernommen worden sind (bitte dazu lesen: BGHSt 6, 380). Da für § 169 ebenfalls kein
Raum ist, weil die Falschangaben des A nicht den Personenstand *eines anderen* betreffen, kann
A nur wegen Abgabe einer falschen eidesstattlichen Versicherung bestraft werden (§§ 156
StGB, 5 III 3 PStG).

---

17  BGHSt 6, 380; 12, 88; 17, 66; 19, 19 und 87; lehrreich dazu *F. Meyer*, Dreher-FS, S. 425; krit. zum
    Aussagegehalt dieser Formel NK-*Puppe*, § 271 Rn 8 f.
18  Vgl RGSt 53, 224; 67, 256; 68, 201; 71, 46; LK-*Gribbohm*, § 271 Rn 24 ff.
19  BGHSt GrS 22, 201, 203; 12, 88; 6, 380; OLG Zweibrücken NJW 04, 2912; *Fischer*, § 271 Rn 10.
20  Vgl BGHSt 42, 131; 44, 186; 47, 39; BGH NStZ 96, 231.
21  BGHSt 44, 186; NK-*Puppe*, § 271 Rn 10; § 348 Rn 4.

**„Beurkundet"** iS des § 348 ist auch nicht etwa die unrichtige Eintragung im Heiratsbuch zum Lebensalter des Z: Zwar ist eine diesbezügliche Eintragung in § 11 I Nr 1 PStG vorgesehen. Insoweit sind jedoch für den Umfang der Beweiskraft die durch § 60 PStG gezogenen Grenzen zu beachten, die sich beim Heiratsbuch nur auf die **Eheschließung selbst** und die *„darüber"* gemachten näheren Angaben beziehen. Trauzeugen machen vor dem Standesbeamten aber lediglich Angaben zu *ihrer* Person, nicht jedoch über die Eheschließung (BGHSt 12, 88). Infolgedessen hat S sich im **Fall 53** trotz seines ordnungswidrigen Verhaltens nicht nach § 348 strafbar gemacht.

912 Eine **Zulassungsbescheinigung** (§§ 11, 12 FZV (vor dem 1.3.2007 = Fahrzeugschein, §§ 23, 24 StVZO aF) beweist nicht zu öffentlichem Glauben, dass die Angaben zur Person des Zulassungsinhabers richtig sind (BGHSt GrS 22, 201) oder dass die Fabrikationskennzeichen (Fahrgestell- und Motornummern) wirklich vom Hersteller des Fahrzeugs herrühren (BGHSt 20, 186). Bei ihrer Ausstellung wird iS der §§ 271, 348 StGB nur „beurkundet", unter welchem amtlichen Kennzeichen das in ihm beschriebene Fahrzeug zum Verkehr auf öffentlichen Straßen zugelassen ist (BGHSt GrS 22, 201) und wann die Anmeldung zur nächsten Hauptuntersuchung (§ 29 StVZO) zu erfolgen hat (BGHSt 26, 9). Die öffentliche Beweiskraft erstreckt sich auch auf die Identität des Fahrzeugs, da die Zulassungsbehörde gemäß § 6 VIII FZV verpflichtet ist, die Identität vor Erstellen der Bescheinigung und vor der Zulassung zu überprüfen. Weiterhin *nicht* vom öffentlichen Glauben erfasst wird die Fahrzeugidentifikationsnummer (sic!)[22].

In der Erteilung der **TÜV-Plakette** trotz schwerer Mängel soll keine Falschbeurkundung im Amt liegen, wenn die rechtlich erhebliche Tatsache des Zeitpunkts der nächsten Hauptuntersuchung zutreffend bestimmt ist (so BayObLG NStZ 99, 575 mit abl. Anm. *Puppe*). Die öffentliche Beweiskraft des **Führerscheins** erstreckt sich auf die Erteilung einer bestimmten Fahrerlaubnis (§ 5 StVZO aF) und auf den Nachweis, dass sein Inhaber mit der im Führerschein bezeichneten Person identisch ist (BGHSt 25, 95). Sie umfasst insoweit auch die Richtigkeit des diese Person betreffenden Geburtsdatums (BGHSt 34, 299; anders *Ranft*, Anm. JR 88, 383 und MüKo-*Freund*, § 271 Rn 22), nicht aber die Berechtigung zum Führen des Doktortitels (BGH NJW 55, 839) oder die Existenz einer ausländischen Fahrerlaubnis bei einem Erteilungsvermerk iS des § 15 StVZO aF (BGHSt 25, 95; 33, 190). Die erhöhte Beweiskraft der amtlichen Meldebestätigung erstreckt sich nicht darauf, dass der Angemeldete an dem angegebenen Ort auch wohnt (OLG München wistra 06, 194). Zur reichhaltigen Kasuistik siehe *Tröndle/Fischer*, § 271 Rn 10 ff.

### 3. Mittelbare Falschbeurkundung

913 Die erforderliche **Tathandlung** umschreibt § 271 in sehr umständlicher Weise. Kurz gesagt muss der Täter vorsätzlich **bewirken**, dass ein Amtsträger etwas inhaltlich **Unwahres zu öffentlichem Glauben beurkundet** oder **in Dateien speichert**, *ohne* dass

---

22  BGH DAR 09, 95; *Hentsche/Dauer*, Straßenverkehrsrecht, § 11 FZV Rn 2, 5.

eine strafbare Teilnahme an einer *Falschbeurkundung im Amt* (§§ 348, 26, 27) vorliegt (vgl dazu Rn 903).

Vereinzelt wird angenommen, dass § 271 in seiner auf **Dateien** erweiterten Fassung bei der Tat- **914** handlung nicht mehr unbedingt das Mitwirken eines Amtsträgers voraussetze, vielmehr auch dann eingreife, wenn ein Außenstehender in öffentliche Dateien eindringe und dort eigenhändig falsche Daten eingebe oder gespeicherte Daten verändere (*Möhrenschlager*, wistra 86, 128, 136). Dem widerspricht aber die unverändert gebliebene Struktur des § 271 und die in seiner Überschrift klar zum Ausdruck gebrachte Beschränkung seines Schutzbereichs auf die mittelbare Herbeiführung des Taterfolges (zutreffend NK-*Puppe*, § 271 Rn 29; S/S-*Cramer/Heine*, § 271 Rn 26). Hinzu kommt, dass die erwähnte Umdeutung des § 271 (selbst wenn sie zulässig wäre) entbehrlich ist, weil die eigenhändige Manipulation durch Außenstehende bereits von § 269 erfasst wird.

Bei der Gesetzesanwendung ist mit größter Sorgfalt zu prüfen, *worauf* die besondere **915** Beweiskraft der Beurkundung oder Datenspeicherung sich erstreckt. Zu unterscheiden ist dabei wie folgt:

a) Wird lediglich zu öffentlichem Glauben beurkundet, dass jemand eine Erklärung des betreffenden Inhalts **abgegeben** hat, umfasst die Beweiskraft nur die Abgabe dieser Erklärung und nicht mehr.

> So liegt es im **Fall 52**: Nach §§ 313 BGB, 20 BNotO war durch N zu beurkunden, welche Erklärung E und K vor ihm **abgegeben** hatten. Da diese Erklärung tatsächlich dahin ging, dass der Kaufpreis für das Grundstück 50 000 € betrage, und N das – wie erklärt – zu Protokoll genommen hat, *fehlt* es an einer *Falschbeurkundung* iS der §§ 271, 348. Selbst wenn N gewusst haben sollte, dass als Kaufpreis 80 000 € vorgesehen und gezahlt waren, ändert sich nichts daran, dass er die Erklärung nicht falsch, sondern *richtig*, nämlich so beurkundet hat, wie E und K sie vor ihm *abgegeben* haben. Dass N seine Mitwirkung im **Fall 52b** nach § 14 II BNotO hätte versagen müssen, berührt die Strafbarkeitsfrage iS des § 348 StGB nicht[23].

b) Wird dagegen zu öffentlichem Glauben beurkundet, dass eine **bestimmte Person** **916** eine Erklärung bestimmten Inhalts abgegeben hat, schließt die Beweiskraft der öffentlichen Urkunde auch die *Personenidentität* des Erklärenden mit ein.

> So etwa, wenn im **Fall 53** eine *andere Person* sich als E ausgegeben und unter dem Namen des E dessen Grundstück an K verkauft hätte, denn bei der **Beurkundung rechtsgeschäftlicher Willenserklärungen** bezieht der öffentliche Glaube sich auch auf die **Identität der Vertragspartner** (RGSt 66, 356; 72, 226; vgl dazu § 10 BeurkG). Bei Unterzeichnung der Niederschrift durch diese Person greift außerdem § 267 ein (RGSt 39, 346).

c) Wird darüber hinaus beurkundet, dass die abgegebene Erklärung **ihrem Inhalt** **917** **nach richtig** ist und von einer **bestimmten Person** stammt, bezieht die Beweiskraft der öffentlichen Urkunde sich auf die *Personenidentität* des Erklärenden, die *Abgabe* der betreffenden Erklärung *und* auf die *inhaltliche Wahrheit* des Erklärten.

In Betracht kommt das ua nach § 60 PStG bei den in § 11 I Nr 1 PStG vorgesehenen Angaben der Eheschließenden (vgl BGHSt 6, 380).

---

23   Vgl BGH NStZ 86, 550 mit Anm. *Schumann*, JZ 87, 523; BayObLG NJW 55, 1567.

**918**   d) Wie weit insbesondere im Strafverfahren bei einer Verurteilung unter falschem Namen die **Beweiskraft von Protokollen, Beschlüssen und Urteilen** reicht, ist umstritten.

Die Rechtsprechung neigt hier mit Recht zur Zurückhaltung und sieht nur als bewiesen an, dass entsprechende **Namensangaben erfolgt** sind und dass seitens des Gerichts Personenidentität **angenommen** worden ist[24]. Falsche Namensangaben bei Eintragungen im **Gefangenenbuch** fallen dagegen unter § 271, weil die Feststellung der Personenidentität für den Haftvollzug wesentlich ist[25].

---

**Mittelbare Falschbeurkundung, § 271 I**

  **I. Tatbestandsmäßigkeit**
    **1. Objektiver Tatbestand**
      **a) Tatobjekt: öffentliche Urkunde**
        → *für den Rechtsverkehr nach außen bestimmt zum Zweck, für und gegen jedermann Beweis zu erbringen*
      **b) Bewirken einer unwahren Beurkundung bzw Speicherung (Abs. 1)**
        ℗ Reichweite der Beweiskraft
    **2. Subjektiver Tatbestand**

  **II. Rechtswidrigkeit**

  **III. Schuld**

---

10. Kapitel

# Geld- und Wertzeichenfälschung

## § 20   Geldfälschung, Inverkehrbringen von Falschgeld, Fälschung von Wertzeichen, Zahlungskarten und Euroscheckvordrucken

**919**   **Fall 54:** Auf Grund einer Wette hat der Werkkunstschullehrer W eine 2-€-Münze nachgemacht, die er im Kreis seiner Kegelbrüder bewundern lassen und dann vernichten will. Im Verlauf des Kegelabends bringt sein Freund F das Falschgeldstück heimlich in seinen Besitz, um es zusammen mit echten Geldstücken zum Einwurf in einen Automaten zu verwenden. Während der Heimfahrt hält F an einem Zigarettenautomaten unweit einer Tankstelle an. Nach mehreren Versuchen, den Münzmechanismus zu überwinden, wirft F die falsche Münze verärgert fort. Am nächsten Morgen findet der Tankwart T die Münze, hält sie für echt und steckt sie ein. Erst eine Bemerkung des Lehrlings L bringt ihn auf den Gedanken, seinen Fund ge-

---

24   Vgl RGSt 11, 126, 188 und 314; 41, 189 und 201; 46, 112; OLG Hamm NJW 77, 592; dazu NK-*Puppe*, § 271 Rn 18.
25   BGH GA 66, 280; RGSt 52, 140; OLG Hamm NJW 56, 602.

nauer zu untersuchen. Als T und L dabei die Überzeugung gewinnen, dass es sich um Falschgeld handeln müsse, erbietet L sich, die Münze für T abzusetzen, falls diesem dazu der Mut fehlen sollte. T geht auf den Vorschlag ein. In seinem Auftrag begibt L sich zum Markt und besorgt bei der Händlerin H, die das falsche Geldstück arglos annimmt, frisches Obst, das T im Lauf des Tages verzehrt.

Wie ist der Sachverhalt strafrechtlich zu beurteilen? **Rn 935, 938**

## I. Überblick

Die Vorschriften des 8. Abschnitts im StGB schützen das *Allgemeininteresse an der* **920** *Sicherheit und Zuverlässigkeit des Rechtsverkehrs* im Umgang mit **Geld, amtlichen Wertzeichen, Zahlungskarten, Euroschecks** und bestimmten **Wertpapieren** des Inlands und fremder Währungsgebiete[1]. Das 35. StÄG vom 22.12.2003 hat ua in § 146 I Nr 2 die Tatbestandsalternative des Feilhaltens aufgenommen, in § 151 Nr 5 die bisherige Beschränkung auf solche Reiseschecks, die schon im Wertpapiervordruck auf eine bestimmte Geldsumme lauten, beseitigt, den Regelungsgehalt des bisherigen §§ 152a unter neuer Überschrift als § 152b beibehalten und in einem neuen Vergehenstatbestand die Fälschung von nicht garantierten Zahlungskarten, Schecks und Wechseln eingeführt[2]. Mit dem Wegfall der Garantiefunktion von Euroscheckkarten zum 1.1.2002 ist auch deren Ausgabe eingestellt worden. Die Einbeziehung der Euroscheckvordrucke in § 152b I dient der Erfassung von Altfällen[3].

Wegen der besonderen Gefährlichkeit der hier einschlägigen Fälschungshandlungen ist der **921** **Rechtsschutz weit vorverlegt**: §§ 149 I, 152a V und § 152b V dehnen den Strafbarkeitsbereich auf eine Reihe deliktstypischer *Vorbereitungs*handlungen aus (näher zur bisherigen Rechtslage *Hefendehl*, JR 96, 353). Um dem Täter, der einen dieser besonderen Tatbestände erfüllt hat, noch einen Anreiz zur Umkehr zu geben, hält das Gesetz ihm die Möglichkeit offen, unter den Voraussetzungen des § 149 II, III durch **tätige Reue** Straffreiheit zu erlangen. In den §§ 146 I, 148 I wird bereits das *Nachmachen, Verfälschen* und *Sichverschaffen* der dort genannten Tatobjekte unter Einschluss des *Tatversuchs* mit Strafe bedroht, sofern die Handlung in der Absicht begangen wird, die Falsifikate als echt in den Verkehr gelangen zu lassen (siehe auch NK-*Puppe*, § 146 Rn 1). Eine ähnliche Regelung ist in §§ 152a und 152b vorgesehen. Für die in § 6 Nr 7 aufgeführten Taten gilt das deutsche Strafrecht auch dann, wenn sie im Ausland begangen worden sind (dazu *Jescheck/Weigend*, AT § 18 III 4); die meisten sind darüber hinaus nach § 138 Nr 4 anzeigepflichtig.

## II. Geldfälschung

### 1. Begriff des Geldes

**Geld** im Rechtssinn ist jedes von einem Staat oder von einer durch ihn ermächtigten **922** Stelle als Wertträger beglaubigte und zum Umlauf im öffentlichen Verkehr bestimmte

---

1 BGHSt 42, 162, 169; siehe auch LK-*Ruß*, Rn 6 vor § 146; MüKo-*Erb*, Rn 2 vor § 146.
2 Dazu *Fischer*, Rn 1 vor § 146, § 151 Rn 7, § 152a Rn 1.
3 BT-Drucks. 15/1720, S. 10; *Fischer*, § 152b Rn 7; *Wessels/Hillenkamp*, BT I Rn 794; vgl auch *Baier*, ZRP 01, 454.

Zahlungsmittel ohne Rücksicht auf einen allgemeinen Annahmezwang[4]. Die von der Republik Südafrika ausgegebenen Krügerrand-Goldmünzen, die an Stelle eines Nennwerts nur die Angabe ihres Feingoldgehalts tragen, erfüllen diese Voraussetzungen mangels Umlauffähigkeit nicht (BGHSt 32, 198). *Außer Kurs* gesetzte Geldscheine und Münzen, die häufig als Sammelobjekte weiter im Handel sind, verlieren mit dem Erlöschen der Einlösungspflicht ihre Geldeigenschaft. Zu mit der Einführung des **Euro** zusammenhängenden Fragen siehe LK-*Ruß*, § 146 Rn 4a; *C. Schröder*, NJW 98, 3179; *Vogel*, ZRP 02, 7.

**923**  Bei den Geldfälschungsdelikten handelt es sich nach allgemeiner Ansicht um **Sonderfälle der Urkundenfälschung** (vgl BGHSt 27, 255, 258). Der Begriff des Falschgeldes ist daher gleichbedeutend mit dem des *unechten* Geldes, das nicht oder zumindest nicht in der vorliegenden Form vom Inhaber des Währungsmonopols, sondern von einer anderen Person als Aussteller stammt (näher *Wessels*, Bockelmann-FS, S. 669, 672). Die §§ 146 bis 151 sind auch auf Geld, Wertzeichen und Wertpapiere eines fremden Währungsgebiets anzuwenden (§ 152).

**924**  **Echt** sind Geldscheine und Geldmünzen (auch bei Anfertigung in der Münzstätte eines Landes) nur dann, wenn ihre Herstellung durch einen **staatlichen Auftrag** gedeckt ist und die in ihnen verkörperte Gedankenerklärung, dass und in welcher Höhe sie gesetzliche Zahlungsmittel sind, vom Träger des Geldmonopols „geistig herrührt" (BGHSt 27, 255; LK-*Ruß*, § 146 Rn 10).

## 2. Tathandlungen

**925**  Die **Geldfälschung** (§ 146) ist *Verbrechen*. Die **Tathandlungen** gliedert das Gesetz wie folgt:

**926**  a) § 146 I Nr 1 erfasst das **Nachmachen** von Geld *in der Absicht*, es als echt in Verkehr zu bringen oder ein solches Inverkehrbringen zu ermöglichen, und außerdem das **Verfälschen echten Geldes** in dieser Absicht. Geld ist **nachgemacht**, wenn die Falsifikate den Anschein gültiger Zahlungsmittel erwecken, mit echtem Geld verwechselt werden können und im gewöhnlichen Verkehr den Arglosen zu täuschen vermögen, ohne dass in dieser Hinsicht (von ganz plumpen Fälschungen abgesehen; *Lackner/Kühl*, § 146 Rn 4, 12) allzu hohe Anforderungen zu stellen sind. Dass entsprechendes Geld überhaupt als Zahlungsmittel existiert, wird nicht vorausgesetzt; entscheidend ist nur die **Verwechslungsgefahr**[5]. Unter § 146 I Nr 1 Alt. 1 fällt auch das Herstellen sog. *Systemnoten*, dh das Zusammenkleben verkürzter Einzelteile von echten Banknoten (näher BGHSt 23, 229).

**927**  Ein **Verfälschen** ist gegeben, wenn **echtes Geld** so verändert wird, dass es als Zahlungsmittel einen höheren Wert zu haben scheint und in dieser Hinsicht mit dem Makel der Unechtheit behaftet ist (vgl RGSt 68, 65, 69; Überblick bei *Küper*, BT S. 162).

---

4  BGHSt 23, 229, 231; 19, 357; 12, 344; krit. dazu *Geisler*, GA 81, 497.
5  BGH NJW 95, 1844; enger *Otto*, BT § 75 Rn 5.

b) Nach § 146 I Nr 2 wird bestraft, wer Falschgeld in der Absicht **sich verschafft** 928
oder **feilhält**, es als echt in den Verkehr gelangen zu lassen.

Falsches Geld **verschafft sich** nach hM[6], wer es *in Kenntnis der Unechtheit* zu eigenen Zwecken in seinen Besitz oder sonstwie **in seine Verfügungs- oder Mitverfügungsgewalt** bringt, wobei hinsichtlich der *Unechtheit* des Geldes auch *Eventualvorsatz* genügt (BGHSt 2, 116; 3, 154). Diese Voraussetzungen können auch erfüllt sein,
wenn jemand Falschgeld, das er zahlungshalber hingegeben hatte, wieder **zurück-
nimmt**, weil der andere die Unechtheit des Geldes erkannt hat[7]. Ob das **Sichverschaffen** im Wege des *abgeleiteten* oder des *originären* Besitzerwerbs erfolgt, wie etwa
durch Unterschlagung, Diebstahl, Fund oder dergleichen, ist gleichgültig[8].

An einem **Sichverschaffen fehlt** es, wenn jemand Falschgeld nicht zur Verfügung für 929
eigene Zwecke, sondern nur erhält, um es etwa **als Fremdbesitzer** für einen anderen
zu verwahren[9], nach hM aber auch dann, wenn er es **als Mittelsmann**, Transport- und
Verteilungsgehilfe oder Empfangsbote eines anderen weiterleitet[10]. Zur Frage, wie ein
solcher Mittelsmann bei Kenntnis der Unechtheit des Geldes im Zeitpunkt des Weiter-
leitens zu bestrafen ist, siehe Rn 937. Ein Mittelsmann, der eigenmächtig die „Kauf-
preisforderung" erhöht, verfolgt insoweit ein eigenes Verwertungsinteresse am Erlös
und erfüllt damit das Merkmal des Sichverschaffens[11]; ebenso derjenige, der dem bisherigen Gewahrsamsinhaber vor oder bei der Übernahme vorgespiegelt hat, er werde
mit dem Falschgeld nur nach dessen Weisungen verfahren[12].

Zur Angleichung des Schutzbereichs an § 152a I Nr 2 hat das 35. StÄG § 146 I Nr 2 929a
um die Tatbestandsalternative des Feilhaltens ergänzt. **Feilhalten** ist das äußerlich als
solches erkennbare Bereitstellen zum Zweck des Verkaufs. Mit dieser Alternative[13]
sollen insbesondere Fälle des Vorrätighaltens zum Zweck des Verkaufs an *Bösgläubige* erfasst werden[14].

c) Den Tatbestand des § 146 I Nr 3 erfüllt, wer falsches Geld, das er unter den Vor- 930
aussetzungen der Nr 1 oder 2 nachgemacht, verfälscht oder sich verschafft hat, **als
echt in Verkehr bringt**. Ein **Inverkehrbringen** in diesem Sinne ist jeder Vorgang,
durch den der Täter das Falschgeld derart *aus seinem Gewahrsam* oder *aus seiner
sonstigen Verfügungsgewalt* entlässt, dass ein anderer tatsächlich in die Lage versetzt
wird, sich seiner zu bemächtigen und mit ihm nach *eigenem* Belieben umzugehen
(RGSt 67, 167; BGH NJW 95, 1845). Darunter fällt nach hM neben der Rückgabe an

---

6  BGH wistra 05, 303; S/S-*Stree/Sternberg-Lieben*, § 146 Rn 15; aA NK-*Puppe*, § 146 Rn 20 f; näher
   zu ihrem Ansatz unten Rn 941a.
7  BGHSt 42, 162, 168 f; BGH NJW 95, 1845 mit krit. Anm. *Wohlers*, StV 96, 28.
8  RGSt 67, 294; LK-*Ruß*, § 146 Rn 20; anders *Frister*, GA 94, 553, der einen „quasi-rechtsgeschäftli-
   chen, entgeltlichen Erwerb" verlangt; vgl auch NK-*Puppe*, § 146 Rn 21 ff.
9  Vgl BGH wistra 05, 303; LK-*Ruß*, § 146 Rn 20; *Wessels*, Bockelmann-FS, S. 669, 673; aA BGHSt 35,
   21, ausdrücklich aufgegeben durch BGHSt 44, 62 mit Anm. *Puppe*, NStZ 98, 460.
10  BGHSt 3, 154; BGH GA 84, 427.
11  So BGH 1 StR 623/98; siehe auch SK-*Rudolphi/Stein*, § 146 Rn 9.
12  BGHSt 3, 154; LK-*Ruß*, § 146 Rn 29.
13  Vgl auch §§ 148 I Nr 3, 149 I sowie zum Begriff BGHSt 23, 286, 288.
14  So BT-Drucks. 15/1720, S. 8; krit. *Fischer*, § 146 Rn 14.

den Lieferanten (BGH wistra 02, 382) auch der Verkauf nachgemachter Münzen an einen Sammler (BGHSt 27, 255, 259; BGH JR 76, 294 mit krit. Anm. *Dreher*), ebenso der Einwurf in einen Automaten oder Opferstock (BGH NJW 52, 311; *Döll*, NJW 52, 289), unter Umständen sogar das Wegwerfen des Falschgeldes, sofern es an allgemein zugänglichen Orten geschieht und ein beliebiger Dritter dadurch in die Lage versetzt wird, sich des Falschgeldes zu bemächtigen und es als echt in Verkehr zu bringen[15]. Die Übergabe an einen **verdeckten Ermittler** ist nur als versuchte Tat zu werten, weil das Falschgeld hier unmittelbar in amtlichen Gewahrsam gelangt (BGHSt 34, 108; BGH wistra 02, 339).

**931** Zum **Inverkehrbringen** gehört, dass der Inverkehrbringende seine bisherige Verfügungsgewalt *vollständig* aufgibt und dass der Wechsel der Verfügungsgewalt sich im **Außenverhältnis** vollzieht. Rein *interne Vorgänge*, wie etwa die Übergabe des Falschgeldes durch den Fälscher an seine Verteilungsgehilfen oder eine Gewahrsamsverschiebung unter Mittätern bilden für sich allein *kein Inverkehrbringen* iS der §§ 146 I Nr 3, 147, weil der „Verkehr" nicht berührt wird, solange das Falschgeld in der Verfügungsgewalt des Täters oder eines Mittäters verbleibt[16].

**932** **Als echt** wird falsches Geld anerkanntermaßen dann in Verkehr gebracht, wenn die Weiterleitung **unter Vorspiegelung seiner Echtheit** geschieht. Fraglich und *sehr umstritten* ist dagegen, ob es stets einer Täuschung des Empfängers bedarf oder ob auch die Weitergabe an einen **Eingeweihten** (im Außenverhältnis und zu dessen *freier* Verfügung) mit dem Willen genügt, *ihm* ein solches Inverkehrbringen **zu ermöglichen**, sodass die Übergabe an ihn den ersten Schritt des Einschleusens von Falschgeld als Zahlungsmittel darstellen würde. Diese Streitfrage ist insbesondere für den Anwendungsbereich des § 147 von Bedeutung.

**933** Die Vertreter der **engeren Auffassung** lehnen ein Inverkehrbringen in diesen Fällen ab und berufen sich auf den Wortlaut und die Systematik der §§ 146, 147. Schon der Sprachgebrauch lege mit der Formulierung „als echt" nahe, dass die Weitergabe an einen Eingeweihten nicht erfasst sei, denn dieser erhalte das Falschgeld „als unecht"[17]. Verstärkt wird diese Erwägung durch einen systematischen Aspekt: Während im subjektiven Tatbestand des § 146 I Nr 1, 2 zwischen den Tathandlungen „**Inverkehrbringen** als echt" und „**Ermöglichen** eines *solchen* Inverkehrbringens" unterschieden wird, **fehlt** in den §§ 146 I Nr 3, 147 die Variante des Ermöglichens, die die Problemfälle ohne weiteres erfassen würde. In einem Umkehrschluss wird deshalb angenommen, dass der Gesetzgeber seinen Sprachgebrauch iS der engeren Auffassung festgelegt habe[18]. Die **weitere Auffassung** beruft sich demgegenüber auf die Entste-

---

15 Nach BGHSt 35, 21 soll selbst das Einwerfen in den Abfalleimer einer Autobahnraststätte genügen; zust. *Hauser*, Anm. NStZ 88, 453; krit. dagegen *Maurach/Schroeder*, BT II § 67 Rn 26 mwN; NK-*Puppe*, § 146 Rn 41.
16 BGH MDR/D 71, 16; *S/S-Stree/Sternberg-Lieben*, § 146 Rn 21.
17 LG Kempten NJW 79, 225; OLG Stuttgart NJW 80, 2089; *Bockelmann*, BT III S. 127; MüKo-*Erb*, § 146 Rn 39; NK-*Puppe*, § 146 Rn 34; *Otto*, Anm. JR 81, 82.
18 *Prittwitz*, NStZ 89, 8, 10; *Puppe*, JZ 86, 992, 994; SK-*Rudolphi/Stein*, § 146 Rn 12; *Stein/Onusseit*, JuS 80, 104, 105.

hungsgeschichte des EGStGB[19] sowie auf teleologische Argumente. Die Beratungen des Sonderausschusses für die Strafrechtsreform lassen in der Tat die Absicht erkennen, die bereits für die alte Gesetzesfassung[20] bestehende Streitfrage zu klären. Durch das Tatbestandsmerkmal des Ermöglichens sollte der „denkbaren Auslegung", die Weitergabe an Eingeweihte iS Rn 932 sei nicht erfasst, die Grundlage entzogen werden (BT-Drucks. 7/550, S. 226). Auch die weiteren Beratungen geben Anhaltspunkte dafür, dass der Sonderausschuss die Problematik nunmehr als geklärt ansah (BT-Drucks. 7/1261, S. 13). Unter teleologischem Blickwinkel weist die **weitere Auffassung** auf sonst entstehende Ungereimtheiten hin. Zum einen sei kein Grund ersichtlich, für den Bereich der „Gefährdungsdelikte" (§ 146 I Nr 1, 2) die beabsichtigte Weitergabe an Dritte genügen zu lassen, bei den „Vollzugsdelikten" (§§ 146 I Nr 3, 147) dagegen nicht[21]. Zum anderen führe die **engere Auffassung** zu einem Wertungswiderspruch: Überlasse der Täter das von ihm als echt empfangene Falschgeld einem eingeweihten Dritten, drohe ihm nämlich eine Bestrafung wegen Teilnahme an der Tat seines Mittelsmannes, idR eines Verbrechens (§§ 146 Nr 2, 3, 27); bringe der Täter das Falschgeld hingegen selbst in Verkehr, greife lediglich der mildere § 147[22]. Zudem entstünden Strafbarkeitslücken in den Fällen, in denen der Eingeweihte sich als Polizeibeamter herausstelle, da die Lösung über § 27 dann an der fehlenden Haupttat scheitere (BGHSt 29, 311, 315). Dem Wortlautkriterium misst die weite Auffassung keine Bedeutung zu: Der „allgemeine Sprachgebrauch" erlaube es, auch in der Weitergabe an Eingeweihte ein Inverkehrbringen „als echt" zu sehen[23], und den Gegenschluss aus § 146 I Nr 1, 2 habe der Gesetzgeber nicht gewollt[24]. Teilweise wird das Fehlen der Ermöglichungsvariante in den §§ 146 I Nr 3, 147 als **Redaktionsversehen** behandelt und „im Wege der Auslegung" korrigiert[25].

Die weite Auffassung der hM verdient in ihrem Bemühen, den gesetzgeberischen Willen zur Geltung zu bringen, zwar grundsätzlich Zustimmung; diese endet jedoch dort, wo das Ergebnis mit dem Wortlaut der §§ 146 I Nr 3, 147 nicht mehr vereinbar ist. Was die hM an Argumenten anführt, dient *nicht mehr der Auslegung*, sondern der **Berichtigung** des Gesetzestextes; dieser entscheidende Mangel kann durch historische und teleologische Gründe zwar verdeckt, aber nicht behoben werden. Selbst wenn man mit einem, freilich nur behaupteten „allgemeinen Sprachgebrauch" im Abschieben von Falschgeld an einen Eingeweihten schon ein „Inverkehrbringen als echt" statt einer Teilnahme an der Tat dieses Dritten sehen wollte, gebührt der spezifischen gesetzlichen Begrifflichkeit der Vorrang. Was im Gesetzestext nicht zum Ausdruck kommt, darf deshalb nicht berichtigend in ihn hineingelesen werden, grundsätzlich auch zu Gunsten des Täters nicht. Korrekturen von ungewollten oder unbilligen Er-

**933a**

19   BGHSt 29, 311; 35, 21, 23; 42, 162, 168; BGH MDR/H 82, 101; LK-*Ruß*, § 147 Rn 3; S/S-*Stree/Sternberg-Lieben*, § 146 Rn 22; *Wessels*, Bockelmann-FS, S. 669, 676 ff (und BT/1, 21. Aufl. 1997, Rn 907).
20   Vgl BGHSt 1, 143; RGSt 69, 3, 8 sowie NK-*Puppe*, § 146 Rn 34.
21   BGHSt 29, 311, 314; LK-*Ruß*, § 147 Rn 3 f.
22   *Eisele*, BT II Rn 1333; LK-*Ruß*, § 147 Rn 4; *Wessels*, Bockelmann-FS, S. 669, 677.
23   BGHSt 29, 311, 313; *Rengier*, BT II § 39 Rn 24.
24   BGHSt 29, 311, 314; OLG Düsseldorf JR 86, 512.
25   *Wessels*, Bockelmann-FS, S. 669, 677.

gebnissen stehen nur dem Gesetzgeber zu (ebenso NK-*Puppe*, § 146 Rn 35). Da das Ermöglichen des Inverkehrbringens als echt neben diesem Inverkehrbringen selbst zwar in § 146 I Nr 1 und hierauf Bezug nehmend in Nr 2, nicht aber auch in den §§ 146 I Nr 3, 147 aufgeführt ist, muss die Auslegung diesem unterschiedlichen Sprachgebrauch Rechnung tragen[26].

Unmittelbar ist das Analogieverbot des Art. 103 II GG jedenfalls dann betroffen, wenn ein Täter, der sich Falschgeld iS des § 146 I Nr 2 verschafft hat, dieses nach und nach einem Eingeweihten aushändigt, der es seinerseits in Umlauf bringen will; denn die hM muss hier folgerichtig bereits in der jeweiligen Übergabe an den Bösgläubigen ein Inverkehrbringen als echt sehen (vgl BGHSt 42, 162, 167 f). Schon deshalb kann eine nur einheitlich mögliche Korrektur des Wortlauts auch nicht über die Annahme eines „Redaktionsversehens"[27] erfolgen. Das Ergebnis ist zu bedauern, aber unvermeidbare Folge eines vom Gesetzgeber selbst zu beseitigenden Fehlers. Siehe dazu auch Rn 941.

**934** Praktische Bedeutung besitzt § 146 I Nr 3 neben § 146 I Nr 1, 2 vor allem dann, wenn jemand *nach seiner rechtskräftigen Verurteilung* wegen eines Geldfälschungsdelikts den noch vorhandenen, versteckt gehaltenen Bestand an Falschgeld absetzt (aA NK-*Puppe*, § 146 Rn 32), oder wenn das Inverkehrbringen **auf einem neuen Tatentschluss** beruht, der nach zwischenzeitlicher Aufgabe der ursprünglichen Verbreitungsabsicht gefasst worden ist.

**935** Im **Fall 54** ist die Anwendbarkeit des § 146 auf das Verhalten der Beteiligten wie folgt zu beurteilen:

W hat objektiv den Tatbestand des § 146 I Nr 1 verwirklicht; es fehlt aber an den subjektiven Tatbestandserfordernissen, weil er den Fälschungsakt nicht in der *Absicht* ausgeführt hat, die nachgemachte 2-€-Münze als echt in den Verkehr gelangen zu lassen (zum *Absichtsbegriffs* selbst vgl BGH NJW 52, 311). W hat sich daher nicht strafbar gemacht.

Das Verhalten des F erfüllt alle objektiven und subjektiven Tatbestandsmerkmale des § 146 I Nr 2 (= **Sichverschaffen** von Falschgeld). Der durch Entwendung des falschen Geldstücks begangene Diebstahl (§ 242) steht dazu im Verhältnis der Tateinheit (§ 52). Das spätere Einwerfen in die Zigarettenautomaten ist kein *vollendetes*, sondern nur ein *versuchtes* Inverkehrbringen iS des § 146 I Nr 3: Zwar kann der Vollendungszeitpunkt schon erreicht sein, wenn jemand ein ihm übergebenes Geldstück als unecht erkennt und es aus diesem Grunde sofort zurückweist, da es nur noch an ihm liegt, ob das Falschgeld in seiner Hand verbleibt oder nicht (vgl RGSt 67, 167). Im **Fall 54** stand dem Automatenaufsteller der Zugriff auf das Falschgeldstück jedoch gerade nicht frei, weil der Münzprüfmechanismus dafür sorgte, dass die von F benutzte Münze bei jedem Einwurf sogleich wieder ausgeworfen wurde. Dieser *Versuch* des Inverkehrbringens (§§ 146 I Nr 3, 22, 23 I, 12 I) geht in der Tatvollendung nach § 146 I Nr 3 durch Wegwerfen des Geldstücks in der Nähe des Tankstellengeländes auf, *sofern* man darin mit BGHSt 35, 21 ein vollendetes Inverkehrbringen erblickt. Die Verstöße gegen § 146 I Nr 2 und Nr 3 bilden hier zusammen *ein einheitliches* Delikt. Innerhalb des § 146 I

---

26  Dazu auch *Puppe*, JZ 86, 992, 994, die sich dort unmittelbar auf das Analogieverbot beruft; ebenso SK-*Rudolphi/Stein*, § 146 Rn 12; vgl ferner *Maurach/Schroeder*, BT II § 67 Rn 27; MüKo-*Erb*, § 146 Rn 39 ff; eingehend *Simon*, Gesetzesauslegung, S. 71, 135, 363, 400.

27  Dazu *Jahr*, Arthur Kaufmann-FS, S. 141; *Lackner*, Heidelberg-FS, S. 39, 51 ff.

sind die **Konkurrenzfragen** in ähnlicher Weise zu beurteilen wie im Bereich des § 267 (vgl dazu BGHSt 34, 108; 35, 21, 27; 42, 162, 170; ferner *Lackner/Kühl*, § 146 Rn 14 sowie oben Rn 853). Zur Frage des Versuchs eines Diebstahls oder eines Automatenmissbrauchs vgl *Wessels/Hillenkamp*, BT II Rn 674 mwN.

Bei L fehlt es nach hM (siehe Rn 928) an einem *Sichverschaffen* iS des § 146 I Nr 2, denn er übte den Gewahrsam nur als *Besitzdiener* für den Tankwart T aus, ohne selbst die geringste Mitverfügungsgewalt zu eigenen Zwecken erlangt zu haben (vgl BGHSt 3, 154 und § 855 BGB).

T hat sich nicht nach § 146 I Nr 2 strafbar gemacht, weil er die *Unechtheit* des gefundenen Geldstücks bei **Begründung seiner Verfügungsgewalt** nicht kannte. Damit entfällt auch § 146 I Nr 3. Zur Frage einer Unterschlagung nach § 246 I nF siehe *Küper*, BT S. 493; vgl auch §§ 965 II, 973 II BGB. Zu § 147 siehe Rn 938.

## III. Inverkehrbringen von Falschgeld

### 1. Verhältnis des § 147 zu § 146 I Nr 3

§ 147 stellt nach hM als Ergänzung zu § 146 I Nr 3 alle dort nicht erfassten oder mangels Beweises nicht anders zu erfassenden Fälle des **Inverkehrbringens von Falschgeld** unter Strafe. Die Tat ist lediglich *Vergehen*.    **936**

### 2. Anwendungsbereich des § 147

Die Voraussetzungen des § 147 sind beispielsweise dann gegeben, wenn jemand falsches Geld als echt in Verkehr bringt, das er **ohne** die in § 146 I Nr 1, 2 geforderte **Verbreitungsabsicht** hergestellt oder sich verschafft hat. Nur unter § 147 fällt auch, wer **gutgläubig erlangtes** Falschgeld *nach erkannter oder vermuteter Unechtheit* selbst als echt in Verkehr bringt. Problematisch ist die Anwendbarkeit des § 147 dagegen, wenn das Falschgeld durch einen **eingeweihten Dritten** abgeschoben wird. Die hM bejaht aus den in Rn 933 erörterten Gründen für beide Beteiligten eine täterschaftliche Bestrafung aus § 147. Die Handlung des Weitergebenden wird jedoch meist als Teilnahme einzustufen sein: Erfolgt die Weitergabe des Falschgeldes an den Dritten zu dessen *selbstständiger* Verfügung, liegt immer eine Teilnahme an dessen Straftat nach § 146 I Nr 2 und ggf Nr 3 (Verbrechen!) vor. Handelt der Dritte hingegen **auf Weisung** des Weitergebenden, ist er nur nach § 147 strafbar, sodass der Weitergebende dann – je nach den konkreten Tatumständen und der zur Abgrenzung Täterschaft/Teilnahme vertretenen Auffassung (dazu *Wessels/Beulke*, AT Rn 510 ff) – entweder Mittäter oder Teilnehmer an dieser Straftat nach § 147 ist[28].    **937**

Ein *Versuch* des Inverkehrbringens kommt erst in Betracht, wenn der Täter Handlungen vornimmt, die nach seiner Vorstellung unmittelbar zur Aufgabe des eigenen Gewahrsams am Falschgeld zu Gunsten des Abnehmers führen sollen (BGH wistra 03, 177).

---

28  Vgl SK-*Rudolphi/Stein*, § 146 Rn 13; ferner NK-*Puppe*, § 147 Rn 3 ff.

**938**  In Bezug auf L und T bleibt im **Fall 54** § 147 zu erörtern. Außerdem kommt ein Betrug gegenüber der Händlerin H in Betracht (§ 263). L ist nach §§ 147, 263, 52 zu bestrafen. Er hat die von T gefundene und zunächst für echt gehaltene Münze nach erkannter Unechtheit zur Bezahlung des Obstes verwendet, mithin als echt in Verkehr gebracht. Der Umstand, dass L keinerlei eigene Verfügungsgewalt erstrebte, den Gewahrsam vielmehr für T ausübte und nur dessen Vorteil im Auge hatte, spricht nicht gegen diese Beurteilung, weil § 147 (anders als § 146 I Nr 2) kein „Sichverschaffen" und keine eigennützige Verfügungsgewalt des Täters, sondern nur ein **tatsächliches Innehaben** des Falschgeldes voraussetzt und L das Merkmal des „Inverkehrbringens als echt" **eigenhändig** verwirklicht hat. Zu § 147 gilt hier im Ergebnis nichts anderes als zu § 263, wo die Täterschaft des L auch nicht daran scheitert, dass die Vorteile der Tat nur dem T zugute kommen sollten. Zwischen § 147 und § 263 besteht *keine Gesetzeseinheit*, sondern mit Rücksicht auf die Verschiedenheit der Rechtsgüter **Tateinheit** (vgl BGHSt 3, 154, 156; 31, 380). Ob T Mittäter oder Anstifter des L war, hängt davon ab, welche Anforderungen man an die Täterschaft stellt. Eine Bestrafung auf Grund der vorhergehenden Übergabe der Münze durch T an seinen Mittelsmann L scheidet aus, da dies nur eine rein *interne* Gewahrsamsverschiebung und noch kein Inverkehrbringen iS des § 147 darstellt (vgl BGH MDR/D 71, 16). Maßgeblich ist damit allein das Inverkehrbringen durch L. Verlangt man für Täterschaft eine wesentliche Mitwirkung im Ausführungsstadium (vgl LK-*Schünemann*, 12. Aufl. 2007, § 25 Rn 182 ff mwN), wäre T lediglich als Anstifter gemäß §§ 147, 263, 26 strafbar. Lässt man dagegen das wesentliche Mitgestalten des Tatablaufes im Vorfeld ausreichen, wäre T als Mittäter zu bestrafen.

### 3. Fallbeispiele

**939**  Die praktischen Auswirkungen des Meinungsstreits zu § 147 lassen sich anhand eines weiteren Fallbeispiels in gedrängter Kürze wie folgt verdeutlichen:

a) **Ausgangsfall:** Nach mehreren Einkäufen, die er im Laufe des Tages gemacht hat, stellt A fest, dass man ihm irgendwo mit dem Wechselgeld einen gefälschten 50-€-Schein untergeschoben hat. Da er darauf nicht „sitzen bleiben" möchte, verwendet er ihn beim Kauf einer Kiste Zigarren im Geschäft des G zum Bezahlen, ohne dass G die Unechtheit des Geldscheins erkennt.

> Für § 146 I Nr 2, 3 ist hier kein Raum, da A beim Erwerb des Geldscheins gutgläubig war, dh dessen Unechtheit bei Begründung seiner Verfügungsgewalt nicht kannte. Durch die Weitergabe an den arglosen G hat A sich aber nach § 147 strafbar gemacht; außerdem hat er einen Betrug zum Nachteil des G begangen (§§ 263, 52).

**940**  b) **Fallabwandlung:** A traut sich nicht, den Falschgeldschein selbst in Verkehr zu bringen. Bei der Diskussion dieser Frage im Familienkreis erklärt der Sohn S, dass er „für den Vater einspringen" und ihm mithilfe des Falschgeldes bei G eine Kiste Zigarren besorgen werde, was dann auch geschieht.

> Die Übergabe des 50-€-Scheines durch A an S berührt als rein *interner* Vorgang noch nicht den Verkehr nach außen; die Frage, ob A Falschgeld „als echt" in Verkehr gebracht hat, wird somit für *diesen* Zeitpunkt gar nicht aktuell (BGH MDR/D 71, 16).

Die Voraussetzungen des § 146 I Nr 2, 3 liegen nach hM (siehe Rn 928) bei S nicht vor, da er den Geldschein nicht zur freien Verfügung und nicht für *eigene* Rechnung übernommen, sondern allein im Interesse und **für Rechnung des A** gehandelt hat.

Kraft bewussten und gewollten Zusammenwirkens haben A – *sofern* man seinen Tatbeitrag im Vorbereitungsstadium ausreichen lässt – und S sich als Mittäter gemäß §§ 147, 263, 52 strafbar gemacht (vgl BGH MDR/H 82, 101, 102; krit. NK-*Puppe*, § 146 Rn 21, 36 und § 147 Rn 16).

c) **Weitere Fallabwandlung:** Bei der Erörterung im Familienkreis gibt A zu verstehen, dass er mit der „heiklen Sache" nichts mehr zu tun haben möchte. Als S über soviel Ängstlichkeit den Kopf schüttelt, schenkt A ihm den 50-€-Schein mit der Bemerkung, S möge das Geld für *eigene* Zwecke verwenden; er selbst wolle definitiv aus dem Spiel bleiben.          **941**

Hier hat A seine bisherige Verfügungsgewalt zu Gunsten des S vollständig aufgegeben; infolgedessen handelt es sich nicht mehr um einen rein internen Gewahrsamswechsel, sondern um einen **nach außen** wirkenden Vorgang, der den „Verkehr" iS der §§ 146, 147 betrifft.

Durch die Annahme des Geldscheins als Geschenk hat S sich nach § 146 I Nr 2 strafbar gemacht (= Begründung freier Verfügungsgewalt für eigene Rechnung in Kenntnis der Unechtheit des Geldes und in der Absicht, es als echt in Verkehr zu bringen bzw dies durch andere zu ermöglichen). Bringt S das Falschgeld dann in Verkehr, verwirklicht er außerdem § 146 I Nr 3.

Bei A stellt sich die Frage, ob er sich der **Beihilfe** zum *Verbrechen* des S (§§ 146 I Nr 2, 27) schuldig gemacht hat oder ob in der Weitergabe des Geldscheins an S ein Inverkehrbringen „als echt" liegt, so dass A lediglich als **Täter** des in § 147 normierten Vergehens bestraft werden kann. Die hM (Nachweise in Rn 933) beschreitet den zweiten Weg; eine daneben vorliegende Teilnahme des A an den Taten des S schließt sie auf Grund einer „Sperrwirkung" des § 147 aus (LK-*Ruß*, § 147 Rn 8). Sie erreicht damit im Hinblick auf den Ausgangsfall, in dem A das Falschgeld selbst abgeschoben hat, ein stimmiges Ergebnis, muss allerdings eine mit dem Gesetzeswortlaut vereinbare Begründung erneut (vgl Rn 933a und NK-*Puppe*, § 147 Rn 14) schuldig bleiben. A ist deshalb gemäß §§ 146 I Nr 2, 27 strafbar (ebenso *Maurach/ Schroeder*, BT II § 67 Rn 27). Da jedoch im Vergleich zum Ausgangsfall (Rn 939) eine strengere Bestrafung (vgl die Strafrahmen des § 147 und der §§ 146 I, 49 I Nr 3!) nicht angemessen erscheint und der Gesetzgeber mit § 147 eine Privilegierung gerade dieser Fälle bezweckt hat, wird erwogen, in einer Analogie zugunsten des Täters den Strafrahmen des § 147 heranzuziehen (SK-*Rudolphi/Stein*, § 147 Rn 6; weitere Lösungen bei *Otto*, JR 81, 82, 85 f; *Stein/Onusseit*, JuS 80, 104, 107).

Einen anderen Begründungsweg beschreitet *Puppe*. Einerseits sieht sie – wie hier – in der Weitergabe an den Eingeweihten kein Inverkehrbringen als echt. Andererseits lässt sie für ein Sichverschaffen das Erlangen der *faktischen* Verfügungsgewalt genügen (NK-*Puppe*, § 146 Rn 20), sodass der Dritte eigentlich und unabhängig davon, ob er im eigenen oder fremden Interesse verfügen will, nach § 146 I Nr 2 und der Abschiebende als Teilnehmer an dieser Tat zu bestrafen wären. Weiter verlangt sie dann aber für § 146 Nr 2 als zusätzliches *ungeschriebenes* Tatbestandsmerkmal, dass der Täter sich das Falschgeld von einem *Vortäter* verschafft (NK-*Puppe*, § 146 Rn 28). Daran fehlt es, wenn der Abschiebende das Falschgeld gutgläubig erworben hat. In diesen Fällen soll dann lediglich eine Strafbarkeit des eingeweihten Dritten nach § 147 in Betracht kommen, wenn er das Geld in Verkehr bringt, sowie eine Teilnahme des Abschiebenden an dieser Tat.          **941a**

## IV.  Wertpapier- und Wertzeichenfälschung

### 1.  Geschützte Wertpapiere

**942**  § 151 erstreckt den Schutz der Geldfälschungstatbestände auf bestimmte Wertpapiere (Inhaber- und Orderschuldverschreibungen, Aktien, Anteilscheine, Reiseschecks und dergleichen), die im Gesetz (Nr 1–5) näher umschrieben und abschließend aufgezählt sind.

Die Existenz dieser Vorschrift beruht auf der Überlegung, dass es gewisse Wertpapiere gibt, die im Geschäftsverkehr wegen ihres massenhaften Vorkommens und ihrer (dem Papiergeld ähnlichen) Ausstattung besonderes Vertrauen genießen und deshalb zu einer gewissen Oberflächlichkeit bei der Echtheitsprüfung verleiten. Ein solcher (über § 267 hinausgehender) Schutz ist indessen nur dann gerechtfertigt, wenn die betreffenden Papiere „durch Druck und Papierart **gegen Nachahmung besonders gesichert**" sind. Die im Börsenverkehr der Bundesrepublik Deutschland gehandelten Wertpapiere entsprechen im Allgemeinen diesen speziellen Anforderungen. Zur Tathandlung des **Nachmachens** ist erwähnenswert, dass die Falsifikate kein wirklich vorhandenes Vorbild voraussetzen, also Phantasieprodukte darstellen können; wesentlich ist (wie bei der Geldfälschung) allein die **Verwechslungsgefahr**[29].

### 2.  Fälschung amtlicher Wertzeichen

**943**  Durch die neue Vorschrift des § 148 hat der Gesetzgeber die früher verstreut getroffenen Regelungen zum **Schutz amtlicher Wertzeichen** in *einer* Strafbestimmung zusammengefasst. In enger Anlehnung an das Vorbild des § 146 normiert § 148 I die eigentlichen Fälle der **Wertzeichenfälschung**, während § 148 II das missbräuchliche Verwenden und Inverkehrbringen *bereits verwendeter* Wertzeichen nach Beseitigung des Entwertungszeichens mit Strafe bedroht.

**944**  **Gegenstand** der Tat sind **amtliche Wertzeichen**. Dazu gehören alle vom Staat oder von einer Körperschaft des öffentlichen Rechts herausgegebenen oder zugelassenen Marken und Zeichen, die einen bestimmten Geldwert verkörpern, öffentlichen Glauben genießen und die Zahlung von Gebühren, Steuern, Abgaben und dergleichen nachweisen sollen, wie zB Beitragsmarken der Sozialversicherung, Gerichtskostenmarken, Stempelabdrücke usw[30]. Seit der Privatisierung der Post sind Briefmarken keine amtlichen Wertzeichen mehr[31]. Zwischen § 148 I und § 263 kommt Tateinheit in Betracht (BGHSt 31, 380).

**945**  Bei der Wiederverwendung von Briefmarken, an denen das Entwertungszeichen beseitigt worden ist, lag *bisher* ein **vollendeter Verstoß** gegen § 148 II vor, sobald die betreffende neue Sendung (Brief, Päckchen) durch Einwurf in den Briefkasten oder Abgabe am Postschalter in den Bereich der Postverwaltung gelangt war.

---

29  Näher BGH NJW 81, 1567 und 1965; NStZ 87, 504; *Stree*, Anm. JR 81, 427; krit. *Otto*, Anm. NStZ 81, 478.
30  BGHSt 32, 68, 75; BGH NJW 84, 2772.
31  *Fischer*, § 148 Rn 2; eingehend dazu *Bohnert*, NJW 98, 2879; *G. Schmidt*, ZStW 111 (1999), 388; aA NK-*Puppe*, § 148 Rn 9.

## V. Fälschung von Zahlungskarten ua

Um neuen Erscheinungsformen der Kriminalität, die im *Vorfeld* der Urkundendelikte **946** liegen und sich auf den Geldverkehr beziehen, wirksam begegnen zu können, hatte der Gesetzgeber im 2. WiKG den Straftatbestand des § 152a geschaffen und diese Vorschrift durch das 6. StrRG vollständig neu gefasst[32]. Das 35. StÄG (siehe Rn 920) hat durch Einführung des § 152a nF bisher noch bestehende Strafbarkeitslücken geschlossen. § 152a nF und § 152b (bisher § 152a) bezwecken den Schutz des besonderen Rechtsguts der **Sicherheit und Funktionsfähigkeit des bargeldlosen Zahlungsverkehrs** (vgl BT-Drucks. 13/8587, S. 29)[33].

§ 152a nF soll den Grundtatbestand für Fälschungshandlungen im Zusammenhang **946a** mit den in Abs. 1 Nr 1 genannten Objekten bilden; neben *Schecks* und *Wechseln* erfasst sind von einem Kredit- oder Finanzdienstleistungsinstitut herausgegebene, in besonderer Weise gegen Nachahmung gesicherte *Zahlungskarten* **ohne Garantiefunktion**, also solche, die den Inhaber oder Benutzer in die Lage versetzen, Geld oder einen monetären Wert zu übertragen[34]. Nicht hierzu gehören reine Leistungskarten, zB solche, die nur den Ausdruck von Kontoauszügen oder den Zutritt zu bestimmten Räumlichkeiten ermöglichen. Auch Telefonkarten sind von dieser Norm nicht erfasst, vgl § 152a IV Nr 1. *Schecks* und *Wechsel* sind nur dem Schutz des neuen § 152a unterstellt, weil sie – anders als der Reisescheck iS des § 151 Nr 5 – dem Geld nicht derart angenähert sind, dass sie dessen Strafschutz unterworfen werden sollten; da von Privatpersonen oder -unternehmen individuell ausgestellt, sind nach Ansicht des Gesetzgebers die Gefahren beim Umlauf nicht mit denen von Geld vergleichbar, zudem es vielfach an einer besonderen Sicherung iS des § 151 fehlt[35].

Der neu eingefügte § 152b übernimmt den Inhalt des bisherigen § 152a, erfasst mithin **946b** die wegen ihrer universalen Verwendbarkeit als nahezu geldgleiches Zahlungsmittel besonders gefährdeten *Zahlungskarten* **mit Garantiefunktion** iS des § 152b IV, also solche Karten, die auch gegenüber anderen als dem Aussteller benutzt werden können („Drei-Partner-System"). Weil diesen Zahlungsmitteln *mit* Garantiefunktion ein großes Vertrauen entgegengebracht wird, stellen ihre Fälschung und Verfälschung „eine hohe abstrakte Gefährdung für den Zahlungsverkehr" dar[36], weshalb § 152b Verbrechen iS des § 12 I bleibt. Kreditkarten im Drei-Partner-System sind zB American-Express-Card, Eurocard oder Diners-Klub; *Zahlungskarte* mit Garantiefunktion ist ua auch die **Maestro**-Karte, die die Euroscheckkarte ersetzt hat und die Funktionen von Zahlungs- und Kreditkarte in sich vereint[37]. Zu den Euroscheckkarten siehe Rn 920; *sonstige Karten* sind nach dem gegenwärtigen Entwicklungsstand bestimmte aufladbare Geldkarten („elektronische Geldbörsen"), wobei die allgemein gehaltene Defini-

---

32  Vgl BT-Drucks. 13/8587, S. 29.
33  S/S-*Stree/Sternberg-Lieben*, § 152a Rn 1; anders NK-*Puppe*, § 152a Rn 3 und § 152b Rn 1: geschützt sind (Daten-)Urkunden (§§ 267, 269), daneben das Vermögen des Gläubigers oder Kartenausstellers.
34  BT-Drucks. 15/1720, S. 9; näher *Fischer*, § 152a Rn 4 ff.
35  So BT-Drucks. 15/1720, S. 9; dazu näher *Fischer*, § 152a Rn 6 ff.
36  So BT-Drucks. 15/1720, S. 9.
37  *Fischer*, § 152b Rn 5.

tion die Vorschrift für systemkonforme Entwicklungen im Bereich des „bargeldlosen" Zahlungsverkehrs offen halten will[38].

**947** *Falsch* sind die Karten, Schecks, Wechsel oder Vordrucke, wenn sie nicht von dem aus ihnen ersichtlichen Aussteller herrühren. Hierbei verstand der BGH[39] unter Euroscheckvordrucken *nicht nur* Blanko-Euroschecks, sondern *auch* Vordrucke mit unberechtigt ergänzter Kodierzeile (= Scheck- und Kontonummer sowie Bankleitzahl), da Vordrucke erst durch den Aufdruck zumindest der Kontonummer verwendbar waren[40]. Als **Tathandlungen** erfasst § 152a I, auf den § 152b I insoweit Bezug nimmt, besonders gefährliche Fälschungs- und Verbreitungshandlungen, wobei der Schutz von Zahlungskarten vor Fälschung bzw Verfälschung im Vordergrund steht. Zum Nachmachen siehe Rn 926. *Verfälschen* setzt eine Veränderung an einer *echten* Karte voraus (zB des Gültigkeitsdatums, des Inhabernamens, bei Geldkarten die Erhöhung der elektronischen Werteinheiten usw; vgl auch BGHSt 46, 146). *Sich oder einem anderen Verschaffen* meint das Erlangen alleiniger oder gemeinsamer Verfügungsgewalt für sich oder einen Dritten, *Feilhalten* das äußerlich erkennbare Bereithalten zum Verkauf an Dritte (regelmäßig Bösgläubige; siehe auch Rn 929a), *Überlassen* die Übertragung des Gewahrsams (auch durch Duldung; RGSt 59, 214, 217) und *Gebrauchen* das zu § 267 Gesagte (siehe Rn 851). Zwar verwenden §§ 152a, 152b (wie zB auch §§ 132a, 133, 174 ff, 306, 314) für die Tatobjekte die Mehrzahl; der Tatbestand soll jedoch bereits dann erfüllt sein, wenn die Handlung sich auf *eine* Zahlungskarte, *einen* Scheck oder Wechsel oder *einen* Euroscheckvordruck bezieht[41]. Jeweils muss der Täter mit (zumindest bedingtem) Vorsatz handeln sowie zur Täuschung im Rechtsverkehr bzw um eine solche Täuschung zu ermöglichen. Gebraucht der Täter falsche Karten, Schecks, Wechsel oder Vordrucke, die er sich in dieser Absicht in einem Akt verschafft hat, so liegt nur eine Tat im Sinn des § 152a I Nr 2 oder des § 152b I vor (BGH StV 00, 666; wistra 05, 177).

§ 152a III qualifiziert Taten nach Abs. 1; § 152b ist eine Qualifikation zu § 152a, soweit die Zahlungskarte mit Garantiefunktion von einem Institut iS des § 152a IV Nr 1 herausgegeben worden ist, im Übrigen selbst Grundtatbestand[42]. Für minder schwere Fälle des § 152b I, II sieht dessen Abs. 3 Strafzumessungsbestimmungen (vgl Rn 175) vor. Durch § 152a V bzw § 152b V werden Vorbereitungshandlungen zu diesen (Vorfeld-) Taten unter Strafe gestellt, wobei das Gesetz nach den Maßstäben des § 149 unterscheidet, sowie die Einzugsmöglichkeit nach § 150 II eröffnet.

11. Kapitel

# Gemeingefährliche Straftaten und Verkehrsdelikte

**948** Das **6. StrRG** vom 26.1.1998 hat den (nach Einfügung des 26. Abschnitts: Straftaten gegen den Wettbewerb) 28. Abschnitt des Besonderen Teils des StGB in wesentlichen, auch für die Ausbildung bedeutsamen Teilen umgestaltet. Insbesondere die Brandstiftungsdelikte zeigen sich in neuer Gestalt (dieser Reformteil ist *so* misslungen, dass er der Überarbeitung bedarf; vgl nur S/S-*Heine*, Rn 1 vor § 306 und BT/1, 30. Aufl.

---

38  BT-Drucks. 13/8587, S. 29.
39  BGHSt 46, 48 mit abl. Anm. *Krack*, NStZ 01, 139.
40  *Fischer*, § 152a Rn 8.
41  So BGHSt 46, 146 mit insoweit abl. Anm. *Puppe*, JZ 01, 471 mwN; zust. hingegen *Simon*, Gesetzesauslegung, S. 55 f; so jetzt auch NK-*Puppe*, § 152b Rn 5.
42  Zu den umstrittenen Konkurrenzfragen vgl *Fischer*, § 152a Rn 20 ff und § 152b Rn 14.

Rn 948). § 313 nF fasst die bisherigen §§ 312–314 zusammen, wobei das Tatbestandsmerkmal der gemeinen Gefahr durch die heute übliche Gefahrformel „Gefahr für Leib oder Leben eines anderen Menschen oder für Sachen von bedeutendem Wert" ersetzt worden ist (vgl BT-Drucks. 13/8587, S. 50). Die schon bislang im jeweiligen Sachzusammenhang stehenden Regelungen der tätigen Reue finden sich nunmehr in § 306e (§ 310 aF) sowie wenig übersichtlich in § 314a (§ 311e aF) und § 320. Unverändert blieben §§ 315c, 316, 316b, 323a und 323c, weitgehend auch §§ 315–315b, 316c-319.

Die Überschrift des 28. Abschnitts zeigt immer noch an, dass die **Gemeingefährlich-** **949** **keit** des Verhaltens die Klammer für die im Einzelnen unterschiedlich strukturierten Straftatbestände bilden soll[1]. Dieses gesetzgeberische Motiv ist bei der Interpretation einiger Vorschriften im Auge zu behalten. Als Begriff des Tatbestandes taucht die *gemeine Gefahr* nurmehr in §§ 145 und 323c auf (ferner im Regelbeispiel des § 243 I 2 Nr 6). Kennzeichnend für sie ist die Entfesselung von Naturgewalten oder technischen Kräften, deren Auswirkungen der Täter regelmäßig nicht zu begrenzen vermag und die ihrer Art nach geeignet sind, eine größere, *unbestimmte Anzahl von Menschen* oder von *bedeutenden Sachwerten* zu gefährden (vgl auch LK-*Spendel*, § 323c Rn 58 ff mwN; zur Streichung des Begriffs in den §§ 315 ff siehe LK-*Wolff*, § 312 Rn 1; zur Entwicklung der gemeingefährlichen Straftaten sehr instruktiv *Maurach/ Schroeder*, BT II § 50 Rn 1 ff).

Die Begriffe **Gefahr, Gefährdung** und **Gefährlichkeit** werden im StGB sowie in **950** Rechtspraxis und -lehre nicht einheitlich gebraucht; Sinngehalt und Zweck sind aus der jeweiligen Bestimmung abzuleiten (grundlegend *Hirsch*, Arthur Kaufmann-FS, S. 545 und in Probleme, S. 623; vgl auch *Fischer*, Rn 18 f vor § 13). Im 28. Abschnitt ist die Kenntnis des Unterschieds zwischen *konkreten* und *abstrakten* **Gefährdungsdelikten** (für Letztere besser: *Gefährlichkeits*delikte; dazu *Hettinger*, JuS 97, L 41, 42 mwN) von großer Bedeutung.

# § 21 Brandstiftung

**Fall 55:** Der arbeitslose A hat sich einer Gruppe von Nichtsesshaften angeschlossen, die von **951** Zeit zu Zeit mit Wissen des Bauern B in dessen mit Heu und Stroh angefüllter Scheune übernachtet, in der regelmäßig auch der als „Wermutbruder" bekannte W zu schlafen pflegt. Eines Nachts zündet der leicht angetrunkene A im Verlauf eines Wortgeplänkels aus Übermut das in der Scheune lagernde Stroh an, um seinen Schlafgenossen einen gehörigen Schrecken einzujagen. Als die Flamme auflodert, schlägt A – wie geplant – sofort mit seiner Jacke in die Glut, um das Feuer im Keim zu ersticken. Das gelingt ihm jedoch nicht. Trotz aller Anstrengung vermag er auch mithilfe seiner Kumpane und des herbeigerufenen Bauern B nicht zu verhindern, dass die Scheune ein Raub der Flammen wird. Dabei findet der volltrunken im hinteren Scheunenteil schlafende W den Tod. A war – wie die Übrigen – der Meinung, dass W sich rechtzeitig in Sicherheit gebracht habe.

Strafbarkeit des A? **Rn 960, 967, 970, 974**

---

1 Näher *Frank*, Anm. I, II vor § 306; MüKo-*Radtke*, Rn 2 ff vor § 306.

## I. Systematischer Überblick

**952** Das 6. StrRG hat die Brandstiftungsdelikte neu geordnet, zT auch „reformiert" (insbesondere ging es um den schon lange als nicht gelungen kritisierten § 308 aF; zu ihm zuletzt *Geppert*, R. Schmitt-FS, S. 187; siehe auch BT-Drucks. 13/8587, S. 25, 68, 86), sich aber substanziell vom bisherigen Recht letztlich nicht sehr weit entfernt[2]; immerhin aber doch so weit, dass die Rechtsprechung schon alsbald einige der Rätsel hat lösen müssen (lies § 2 III sowie § 354a StPO). Die Entwicklung, die die Diskussion um die Reform im Gesetzgebungsverfahren genommen hat, ist bedauerlich. Die Ergebnisse spiegeln die hektische Eile wider, welche das Zustandekommen nicht nur dieses wichtigen Abschnitts des 6. StrRG geprägt hat[3]. Einmal mehr wurden der Rechtsprechung unausgegorene Regelungen überantwortet, die ihr eine gesetzgeber*vertretende* Rolle zumuten (zu „Strafrahmenrätseln" *Fischer*, NStZ 99, 13). Der hierdurch vorprogrammierte Streit im Bemühen um eine sachgemäße Auslegung hatte denn auch in der Rechtslehre alsbald begonnen (vgl die Darstellung bei *Stein*, Einführung, S. 75).

**953** Der Abschnitt wird eröffnet von einem Spezialfall der Sachbeschädigung[4]. Schon die („einfache" vorsätzliche) **Brandstiftung** (§ 306; bisher § 308 I Alt. 1) ist ein *Verbrechenstatbestand*, weil jedenfalls der Gesetzgeber davon ausgeht (postuliert), dass auch ihr „ein Element der Gemeingefährlichkeit bzw -schädlichkeit anhaftet" (BT-Drucks. 13/8587, S. 87; BGH NJW 01, 765)[5]. Die (eigentliche) **schwere Brandstiftung** (§ 306a) übernimmt den Regelungsgehalt des § 306 aF, geht darüber aber hinaus. § 306a II unterstellt Fälle des § 306 der schweren Brandstiftung, wenn durch die Tat ein anderer Mensch in die Gefahr einer Gesundheitsschädigung gebracht wird. Eine *Erfolgsqualifikation* hierzu und *zu* § 306 stellt die **besonders schwere Brandstiftung** (§§ 306b I, 18)[6] dar, während § 306b II unter den in drei Nummern beschriebenen Voraussetzungen Taten nach § 306a *qualifiziert*. § 306b tritt an die Stelle des § 307 Nr 2, 3 aF, dessen hohe Strafdrohung er nicht übernommen hat. Sie bleibt der **Brandstiftung mit Todesfolge** vorbehalten (§ 306c, wobei die Einbeziehung des § 306 als Ausgangstat höchst problematisch ist; näher *Stein*, Einführung, S. 101), die wie § 307 Nr 1 aF als *erfolgsqualifiziertes Delikt* ausgestaltet ist, aber im Unterschied zu diesem *wenigstens leichtfertige* Verursachung voraussetzt. Das **Herbeiführen einer Brandgefahr** nach § 306f I ist ein *Eigentumsgefährdungsdelikt* im Vorfeld des § 306 I, während § 306f II das Vorfeld des § 306a II im Auge hat. Fahrlässiges Herbeiführen ist nur für Taten nach § 306f I unter Strafe gestellt (§ 306f III Alt. 1); verursacht der Täter in Fällen des Abs. 2 die Gefahr fahrlässig, so wird auch er bestraft

---

2 Überblick bei *Geppert*, Jura 98, 597 und LK-*Wolff*, 12. Aufl. 2008, § 306 Entstehungsgeschichte; eingehende Kritik bei *Stein*, Einführung, S. 75 und *Radtke*, ZStW 110 (1998), 848; zur Rechtsprechung seit 1998 siehe *Hagemeier/Radtke*, NStZ 08, 198.

3 Vgl auch S/S-*Heine*, Rn 20 vor § 306; *Tröndle/Fischer*, 52. Aufl., Rn 2 vor § 306.

4 So die hL, etwa *Lackner/Kühl*, § 306 Rn 1; LK-*Wolff*, 12. Aufl. 2008, § 306 Rn 3; SK-*Wolters/Horn*, § 306 Rn 1; krit. zu dieser Platzierung *Geppert*, Jura 98, 597; *Sinn*, Jura 01, 803; *Wolters*, JR 98, 271; anders *Radtke*, ZStW 110 (1998), 848, 854 und in MüKo, § 306 Rn 9, der in §§ 306 I und 306a I zwei Grundtatbestände sieht; ebenso *Börner*, Ein Vorschlag zum Brandstrafrecht, 2006, S. 3 ff.

5 Zu Recht krit. *Stein*, Einführung, S. 92; H. *Wolff*, JR 02, 94.

6 NK-*Herzog*, § 306b Rn 1 mwN; aA *Geppert*, Jura 98, 597, 603: § 15.

(§ 306f III Alt. 2). Für Taten nach §§ 306 I, 306a I stellt § 306d I auch *fahrlässiges Handeln* unter Strafe; zudem ist für § 306a II eine gestufte Vorsatz- (vgl § 11 II) bzw Fahrlässigkeitsstrafbarkeit vorgesehen (§ 306d I Alt. 2, II). Zur *tätigen Reue* siehe § 306e[7], zu deren Abgrenzung zu § 24 *Wessels/Beulke*, AT Rn 654. **Grundfälle** zu §§ 306 ff bei *Müller/Hönig*, JA 01, 517 und *Wrage*, JuS 03, 985.

Die vorsätzlichen Brandstiftungsdelikte gehören, wie die Strafdrohungen zeigen, zur Schwerkriminalität. Für das Jahr 2006/2007/2008 weist die **Polizeiliche Kriminalstatistik** insgesamt 24 349/24 302/23 182 Brandstiftungstaten aus (Aufklärungsquote 49,1/48,1/48,3 %), davon 12 381/13 100/13 916 vorsätzliche nach §§ 306–306c, 306f I und II.   **954**

## II.  Arten vorsätzlicher Brandstiftung

Das Tatmittel „Feuer" prägt nach wie vor den Typus der Brandstiftungsdelikte, die dem Schutz von Leben und Gesundheit, zT auch dem von Eigentum, dienen (BT-Drucks. 13/8587, S. 26). Im Hintergrund steht der Gedanke der Gemeingefährlichkeit entsprechender Taten (siehe Rn 948 f).   **955**

### 1.  Brandstiftung nach § 306

Der Gesetzgeber hat dieses spezielle Sachbeschädigungsdelikt („Wer *fremde* …") nicht gestrichen, wie zuletzt von *Geppert* (R. Schmitt-FS, S. 187, 204) vorgeschlagen, sondern sogar beträchtlich ausgeweitet (näher *Sinn*, Jura 01, 803; *Stein*, Einführung, S. 90). Dass der Gesichtspunkt der Gemeingefährlichkeit durch die „modernisierte" Kasuistik von Tatobjekten konkretisiert werde (so BT-Drucks. 13/8587, S. 87), lässt sich schwerlich begründen; demnach ist weiterhin Einwilligung möglich[8].   **956**

**Tathandlungen** sind das *In-Brand-Setzen* und das *Brandlegen, dieses mit der Folge,* dass eine der in § 306 I bezeichneten Sachen *ganz oder teilweise zerstört* wird. **In Brand gesetzt** ist eine Sache schon dann, wenn sie vom Feuer in einer Weise erfasst ist, die ein Fortbrennen aus eigener Kraft, dh ohne Fortwirken des Zündstoffs, ermöglicht (BGHSt 36, 221). Bei **Gebäuden** (siehe Rn 959) genügt die Inbrandsetzung eines für dessen bestimmungsgemäßen Gebrauch wesentlichen Bestandteils. *Wesentlich* ist er dann, wenn er nicht jederzeit entfernt werden kann, ohne dass das Bauwerk selbst beeinträchtigt würde (BGH StV 02, 145). Das Brennen des Zündstoffs allein oder von bloßem Inventar (wie Regalen und Schränken, soweit nicht fest eingebaut, Gardinen, Tapeten, lose verlegten Teppichen usw) genügt also nicht, wohl aber der Brand von Gebäudeteilen wie Wänden, Fußböden, Treppen, nicht jedoch der Lattentür eines Kellerraums (BGHSt 18, 363; zur Kasuistik LK-*Wolff*, 12. Aufl. 2008, § 306 Rn 8).   **957**

---

7   Eingehend *Geppert*, Jura 98, 597, 605 und zT krit. *Radtke*, ZStW 110 (1998), 848, 872, 881.
8   BGH NJW 03, 1824; *Fischer*, § 306 Rn 20 f; *Lackner/Kühl*, § 306 Rn 1; im Erg. auch *Radtke*, ZStW 110 (1998), 848, 861 sowie in MüKo, § 306 Rn 60 und wohl *Stein*, Einführung, S. 93; aA aber *Duttge*, Jura 06, 15, 18 und *Börner*, Ein Vorschlag zum Brandstrafrecht, 2006, S. 9 f.

Ob es zur Vollendung schon ausreicht, wenn der Brand sich auf wesentliche Teile des Gebäudes ausbreiten *kann* (so BT-Drucks. 13/8587, S. 26 unter Hinweis auf ua BGHSt 18, 363; 34, 115, aber auch auf S/S-*Cramer*, 25. Aufl. 1997, § 306 Rn 9), ist zweifelhaft. Die Rechtsprechung bejaht das, lässt mithin bereits die *Eignung*, den Brand anderen, für die bestimmungsgemäße Nutzung wesentlichen Gebäudeteilen mitzuteilen, genügen[9]. Die bloße Möglichkeit des Übergreifens des Brandes auf solche Teile hat aber weder die Bedeutung noch das Gewicht des Inbrandsetzens eines Gebäudes oder Gebäudeteils[10]. Abgesehen davon, dass die Vorverlegung der Vollendung zu Friktionen im Versuchsbereich führt[11], ist auch ein Bedürfnis für eine solche Ausweitung angesichts § 23 I nicht zu sehen[12].

Ein schon brennendes Gebäude kann nach hM an anderer Stelle nochmals in Brand gesetzt werden; ob das bloße Verstärken Täterschaft begründet, ist hingegen umstritten[13].

**958** Die neue Tathandlung des **Brandlegens**, durch das ein Objekt iS des § 306 I Nr 1–6 ganz oder teilweise zerstört werden muss, soll an Stelle des zunächst vorgeschlagenen Begriffs „Feuer" klarstellen, dass die (teilweise) Zerstörung *nicht* auf ein „Brennen mit heller Flamme" zurückzugehen braucht. Hierdurch wird dem Umstand Rechnung getragen, dass infolge Verwendung feuerbeständiger Baustoffe wesentliche Gebäudeteile nicht mehr in Brand geraten, Menschen und bedeutende Sachwerte aber auch durch Gase, die Hitzeentwicklung oder Verrußungen gefährdet werden können. Darüber hinaus dient die neue Tathandlung Brandlegen der Erfassung von Fällen, in denen – vom Täter nicht gewollt – der Zündstoff statt zu brennen explodiert[14]. Ein Brand ist gelegt, wenn die zerstörende oder gefährdende Wirkung des Brandmittels eintritt; zum Brand des jeweiligen Objekts muss es nicht kommen. Das Element *ganz oder teilweise zerstört* entstammt §§ 305, 305a. Dementsprechend ist ein Objekt **ganz zerstört**, wenn es vernichtet ist oder seine bestimmungsgemäße Brauchbarkeit vollständig verloren hat, **teilweise** zerstört, wenn einzelne, für den bestimmungsgemäßen Gebrauch des Objekts wesentliche Teile unbrauchbar geworden sind.

**958a** Der 4. Strafsenat hat dazu ausgeführt, dass – auch bei Berücksichtigung der (Gemein-) Gefährlichkeit einer jeden Brandlegung – im Hinblick auf die hohe Strafdrohung ein teilweises Zerstören *von Gewicht* vorliegen müsse, um tatbestandsmäßig iS der §§ 306, 306a zu sein. Das sei bei einem Mehrfamilienhaus zu bejahen, wenn für einen beträchtlichen Zeitraum (jedenfalls mehr als einen Tag) eine zum Wohnen bestimmte, abgeschlossene Untereinheit durch die Brandlegung für Wohnzwecke nicht mehr be-

---

9 BGHSt 48, 14 mwN; siehe aber auch BGHSt 7, 37; BGH NStZ 84, 74; 91, 433.
10 Krit. auch *Eisele*, BT I Rn 727; *Ingelfinger*, Anm. JR 99, 211; LK-*Wolff*, 12. Aufl. 2008, § 306 Rn 7; SK-*Horn*, § 306 Rn 11; S/S-*Heine*, § 306a Rn 11.
11 Vgl insoweit auch *Kratzsch*, JR 87, 360.
12 Zum Versuchsbeginn sehr weit BGH NStZ 06, 381.
13 Dazu *Geppert*, Jura 98, 597, 601; *Lackner/Kühl*, § 306 Rn 3 mwN. Begehen durch *Unterlassen* ist möglich, LK-*Wolff*, 12. Aufl. 2008, § 306 Rn 11 mwN.
14 Vgl BT-Drucks. 13/9064, S. 22; BGHSt 48, 14; *Fischer*, § 306 Rn 16; *Küper*, BT S. 219; MüKo-*Radtke*, § 306 Rn 53; abl. *Wrage*, JR 00, 360.

nutzbar sei, etwa infolge starker Verrußung des gesamten Wohnbereichs (BGHSt 48, 14 mit zust. Anm. *Radtke*, NStZ 03, 432).

Den erweiterten Katalog der tauglichen *fremden* (= im Eigentum eines andern als des **959** Täters stehenden; vgl *Küper*, BT S. 261) Tatobjekte des § 306 I führen in Nr 1 Gebäude und Hütten an (eingehend *Stein*, Einführung, S. 95). **Gebäude** ist ein mit dem Erdboden verbundenes, mit Wänden und Dach versehenes Bauwerk, auch der Rohbau ohne Türen und Fenster[15]. Bei der **Hütte** sind die Anforderungen an Größe, Festigkeit und Dauerhaftigkeit geringer als bei einem Gebäude[16]. **Beispiele:** Jahrmarktsbuden sowie transportierbare und zerlegbare Raumgebilde wie Wochenendhäuschen; uU ein zum Aufenthaltsraum ausgestalteter Bauwagen (dazu OLG Karlsruhe NStZ 81, 482). Unter **Betriebsstätten**, technischen Einrichtungen und Maschinen iS der Nr 2 sind Anlagen zu verstehen, die durch Nr 1 nicht notwendig erfasst sind (näher *Fischer*, § 306 Rn 4). Nr 2 ist an die Stelle der „Bergwerke" in § 308 I aF getreten. Zu großen Schwierigkeiten wird die weite Fassung der Nr 4 führen, die von den Landfahrzeugen nur diejenigen ausschließt, die nicht durch Maschinenkraft bewegt werden, aber sowohl das Mofa wie bei den Wasserfahrzeugen auch das Paddelboot erfasst (vgl auch *Lackner/Kühl*, § 306 Rn 2 und *Wolff*, Rüping-FS, S. 29, 45 ff). Dass eine Brandstiftung begehen soll, wer auf einem See ein Paddelboot in Brand setzt, wird auch der Gesetzgeber nicht gemeint haben (Freiheitsstrafe von einem Jahr bis zu zehn Jahren!). Von einer Konkretisierung des Gesichtspunkts der Gemeingefährlichkeit (siehe Rn 949, 956) ist nichts zu sehen. Eine ähnlich unbestimmte Weite haftet etwa auch den **Erzeugnissen** iS der Nr 6 an[17]. Das hier wie anderwärts zu beobachtende **Verfahren des Gesetzgebers**, Strafvorschriften so weit zu fassen, dass die Rechtsprechung bei ihren gesetzgebungs*vertretenden* Konkretisierungsbemühungen jedenfalls nicht gegen das Analogieverbot verstößt, bedarf **grundsätzlicher Überprüfung**. Die Strafzumessungsvorschrift (§ 306 II) zeigt an, dass mit – vielen – Fällen zu rechnen ist, in denen die Anwendung der Regelstrafdrohung unangemessen wäre. Da die beiden Strafrahmen sich im Bereich von einem Jahr bis zu fünf Jahren überlappen (dazu, dass das **unsinnig** ist, siehe *Hettinger*, GA 95, 399 und Küper-FS, S. 95, 101 ff), reicht die mildernde Wirkung tatsächlich nicht weit. Zu den (zT Erfolgs-) Qualifikationen der §§ 306a II, 306b I, 306c siehe Rn 969, 971, 973.

Im **Fall 55** hat A mit dem Stroh landwirtschaftliche Erzeugnisse (LK-*Wolff*, 12. Aufl. 2008, **960** § 306 Rn 42) sowie mit der Scheune je nach den Gegebenheiten ein Gebäude oder eine Hütte in Brand gesetzt (§ 306 I Nr 1, 6). Beide Objekte standen im Eigentum des Bauern B, waren also für A fremde. Vorsätzlich verwirklicht hat A jedoch nur § 306 I Nr 6 (ganz außer Zweifel ist das allerdings nicht, da es A nur um das Brennen einer geringen Menge Stroh zu tun war, Nr 6 aber eine „bestimmte" Quantität voraussetzt [RGSt 6, 22; 35, 285; 62, 28; BGHSt 18, 363, 365; SK-*Wolters/Horn*, § 306 Rn 8]. Zu denken wäre dann an § 306d; zur eigenen Ansicht Rn 974).

---

15  BGHSt 6, 107; SK-*Wolters/Horn*, § 306 Rn 3.
16  RGSt 17, 179, 184; *Fischer*, § 306 Rn 3a.
17  Hübsches Beispiel bei *Kindhäuser*, BT I § 64 Rn 5; für „restriktive" Auslegung deshalb *Fischer*, § 306 Rn 10; *Geppert*, Jura 98, 597, 599; *Lackner/Kühl*, § 306 Rn 2; LK-*Wolff*, 12. Aufl. 2008, § 306 Rn 43.

---

**Brandstiftung, § 306**

I. Tatbestandsmäßigkeit
1. Objektiver Tatbestand
   a) Tatobjekt aus Nr 1-6, das für den Täter fremd ist
   b) In-Brand-Setzen oder durch eine Brandlegung ganz
      oder teilweise Zerstören
      ℗ wesentlicher Bestandteil bei Gebäuden
2. Subjektiver Tatbestand
II. Rechtswidrigkeit
   → Einwilligung möglich
III. Schuld
IV. Tätige Reue, § 306e

---

## 2.  Schwere Brandstiftung nach § 306a

**961**  Die **schwere Brandstiftung** nach § 306a I bildet einen Grundtatbestand zu §§ 306b, 306c; sie ist weiterhin ein sog. *abstraktes Gefährlichkeits- oder Gefährdungsdelikt*[18]. Das Gesetz stuft schon die Tathandlungen allein als erfahrungsgemäß generell gefährlich für Leben oder körperliche Unversehrtheit von Menschen ein, soweit jene sich auf die in Nr 1–3 erfassten Objekte beziehen (vgl auch *Stein*, Einführung, S. 76). Deshalb spielt die Eigentumsfrage hier keine Rolle (liegen bei einer Tat nach § 306a I zugleich die Voraussetzungen des § 306 I Nr 1 vor, so tritt dieser zurück; BGH NJW 01, 765); wohl aber muss zur Vollendung des Delikts das Objekt in Brand gesetzt oder durch eine Brandlegung ganz oder teilweise zerstört worden sein (zu diesen Tathandlungen siehe Rn 957–958a). Den Strafgrund bildet nicht erst die konkrete Gefährdung von Menschen, sondern schon die generelle **Gefährlichkeit der Handlung** selbst. Dem muss die Auswahl der Tatobjekte entsprechen.

**962**  Kernmerkmal des § 306a I Nr 1 ist die **andere Räumlichkeit, die der Wohnung von Menschen dient;** Gebäude, Schiff und Hütte kommt nur noch Beispielscharakter zu. Die Einfügung der „anderen Räumlichkeit" führt gegenüber § 306 Nr 2 aF zu einer *wesentlichen* Erweiterung des Anwendungsbereichs. Unter einer **Räumlichkeit** in diesem Sinn ist ein nach allen Seiten und nach oben („kubisch") abgeschlossener Raum zu verstehen (SK-*Wolters/Horn*, § 306a Rn 6,11), *soweit* er tatsächlich Wohnzwecken dient. Letzteres ist der Fall, wenn er zumindest für einen Menschen, sei es auch nur zeitweise oder vorübergehend, wie bei einem Wochenendhaus oder einer Ferienwohnung, den räumlichen Lebensmittelpunkt bildet (*Geppert*, Jura 98, 597, 599). Entscheidend ist nicht eine Bestimmung oder Eignung zum Wohnen, sondern allein die *tatsächliche,* sei es auch widerrechtliche Nutzung als Wohnung[19].

**963**  Mit dem endgültigen Auszug aller Bewohner oder dem Tod des einzigen Bewohners hört ein Gebäude auf, zur Wohnung zu dienen (BGHSt 23, 114; 16, 394; sog. **Ent-**

---

18  Vgl *Lackner/Kühl*, § 306a Rn 1; S/S-*Heine*, § 306a Rn 1, jeweils mwN; anders *Maurach/Schroeder,* BT II § 51 Rn 14.
19  BGHSt 26, 121; RGSt 60, 136; *Lackner/Kühl*, § 306a Rn 2; LK-*Wolff*, 12. Aufl. 2008, § 306a Rn 6, 11.

**widmung**). Seinen Willen, das Gebäude als Wohnung aufzugeben, kann der einzige Bewohner ggf durch Inbrandsetzen realisieren[20]. Das Gleiche gilt für Mitbewohner, die mit der Brandlegung einverstanden sind und das Gebäude vor der Tat verlassen haben[21]. Leben *Minderjährige* in der Wohnung, so ist grundsätzlich der Wille der *Sorgeberechtigten* entscheidend[22].

Ist die Inbrandsetzung nur **eines Teils** des bewohnten Gebäudes beabsichtigt, so liegt gleichwohl eine Entwidmung vor, wenn bei der Tat im Hinblick auf die mangelnde Kontrollierbarkeit der Brandentwicklung hingenommen wird, dass auch die übrigen Räumlichkeiten durch den Brand unbewohnbar werden (BGH StV 07, 584 mit krit. Anm. *Radtke*, NStZ 08, 100).

Bei sowohl zu gewerblichen wie zu Wohnzwecken, dh **„gemischt"** genutzten, einheitlichen Gebäuden (zB mehrstöckiges Bürohaus mit Mansardenwohnungen) ist streitig, ob es zur Vollendung der Tat hinreicht, dass ein Übergreifen des Brandes auf den Wohnbereich „nicht auszuschließen" ist[23]. Wann Baulichkeiten ein einheitliches zusammenhängendes Gebäude darstellen, ist Tatfrage, entscheidet sich also nach den Gegebenheiten im einzelnen Fall (BGH GA 69, 118). Nicht jede Verbindung macht aus mehreren Bauten ein einheitliches Gebäude[24]. **964**

Ein **der Religionsausübung dienendes Gebäude** iS der Nr 2 ist angesichts des Beispiels Kirche trotz weltanschaulich neutraler Formulierung wie bisher zu verstehen als Gebäude, in dem man sich zu diesem Zweck versammelt. Zum herausgehobenen Schutz nur solcher Gebäude krit. *Fischer*, § 306a Rn 6 mwN; *Radtke*, ZStW 110 [1998], 848, 867. **965**

§ 306a I Nr 3 bezieht auch **Räumlichkeiten** in den Schutzbereich ein, die **zeitweise dem Aufenthalt** von Menschen **dienen,** *wenn* die Tat zu einer Zeit begangen wird, in der *Menschen sich dort aufzuhalten pflegen.* Auch hier wird nicht vorausgesetzt, dass Menschen sich zur Tatzeit wirklich in den Räumlichkeiten befunden haben. Notwendig ist indessen, dass das geschützte Objekt zu einer Zeit vom Feuer erfasst wird, in der sich Menschen darin aufzuhalten pflegen. Darauf muss sich der, zumindest bedingte, Vorsatz des Täters erstrecken (BGHSt 36, 221). Dass der zum Brand führende Ursachenverlauf zur erwähnten Zeit in Gang gesetzt wird, genügt für sich allein nicht. § 306a I Nr 3 erfasst beispielsweise Bürogebäude, Werkstatträume, Fabriken, Theater, Kinos, geräumige Verkehrsmittel wie Eisenbahnwagen und Autobusse (nicht jedoch Personenkraftwagen oder Telefonzellen)[25], uU auch **Stallgebäude** und **Scheunen,** sofern sie mit einer gewissen Regelmäßigkeit von Menschen zum Aufenthalt benutzt werden (BGHSt 23, 60). Bei einem einheitlichen Gebäude, das nur zum Teil Räumlichkeiten iS des § 306a I Nr 3 enthält (vgl Rn 964), reicht es nach der neueren **966**

20  BGHSt 16, 394; BGH NStZ 94, 130; *Geppert*, Jura 98, 597, 600.
21  BGH JZ 88, 55; NStZ-RR 05, 76; S/S-*Heine*, § 306a Rn 5.
22  Näher dazu und zur Frage, was bei Getrenntleben der Sorgeberechtigten gilt, BGH StV 07, 584.
23  So BGHSt 34, 115; 35, 283; *Otto*, BT § 79 Rn 8; aA NK-*Herzog*, § 306a Rn 12 mwN; *Radtke*, ZStW 110 (1998), 848, 869; SK-*Wolters/Horn*, § 306a Rn 14 f; S/S-*Heine*, § 306a Rn 11.
24  BGH StV 01, 576; zur Kasuistik *Fischer*, § 306a Rn 5.
25  BGHSt 10, 208; BGH MDR/H 77, 638; aA S/S-*Heine,* § 306a Rn 8.

Rechtsprechung zur Verwirklichung dieses Tatbestandes aus, dass allein der übrige Gebäudeteil in Brand gesetzt wird (BGHSt 35, 283; krit. *Kindhäuser*, Anm. StV 90, 161 und MüKo-*Radtke*, § 306a Rn 33).

**967** Im **Fall 55** wurde die **Scheune** des B wiederholt und mit hinreichender Regelmäßigkeit von W und seinen Begleitern zum Übernachten aufgesucht; sie war daher ein **taugliches Tatobjekt** iS des § 306a I Nr 3. A hat diese Räumlichkeit zum maßgeblichen Zeitpunkt in Brand gesetzt (siehe Rn 957). Im **Fall 55** fehlt es aber am *subjektiven* Tatbestand des § 306a I Nr 3, weil A ein Übergreifen des Feuers auf das *Scheunengebäude* weder gewollt noch billigend in Kauf genommen hat.

**968** Bei § 306a I als **abstraktem Gefährdungsdelikt** wird nicht vorausgesetzt, dass zur Zeit der Tat Menschen sich wirklich in der geschützten Räumlichkeit aufgehalten haben. Wie weit der Einwand beachtlich ist, zum Eintritt einer *konkreten Gefährdung* habe es mit Sicherheit nicht kommen können, war bisher umstritten. Der BGH hat eine Verneinung des Tatbestands der schweren Brandstiftung in Erwägung gezogen, wenn der Täter sich durch absolut zuverlässige lückenlose Maßnahmen vergewissert hatte, dass die verbotene Gefährdung mit Sicherheit nicht eintreten konnte[26]. In Betracht kommt das nur bei kleinen, insbesondere einräumigen Gebäuden, bei denen auf einen Blick übersehbar ist, dass Menschen sich dort nicht aufhalten können. Fehlt es an einer derartigen klaren Lage, kann der (unwiderlegte) Einwand des Täters, er habe sich vor der Tat vergewissert, nunmehr zur Anwendung des § 306a III führen[27]. Der Gesetzgeber hat diese Rechtsprechung ausdrücklich gebilligt und *deshalb* von der Einfügung einer tatbestandseinschränkenden Klausel nach Art des § 326 VI abgesehen (vgl BT-Drucks. 13/8587, S. 47; im weiteren Gesetzgebungsverfahren wurde die Entscheidung nicht mehr in Zweifel gezogen; krit. zur Begründung *Stein*, Einführung, S. 88). Damit ist die Interpretation des BGH sanktioniert (aA *Rengier*, JuS 98, 397, 399, *Geppert*, Weber-FS, S. 427, 434 und LK-*Wolff*, 12. Aufl. 2008, § 306a Rn 6 mwN, die jede Einschränkung ablehnen).

**969** § 306a II stellt im Unterschied zu § 306 *nicht* auf die Eigentumslage bzgl des jeweiligen Tatobjekts ab, das hier ausschließlich dazu dienen soll, die Gemeingefährlichkeit bzw -schädlichkeit der Tathandlung zum Ausdruck zu bringen[28]. Die Tat ist ein § 306a I gleichgestelltes **konkretes Gefährdungsdelikt**[29]: *Durch* die Tathandlung (dazu Rn 957 f) muss ein anderer Mensch in die (konkrete) Gefahr einer Gesundheitsschädigung[30] gebracht worden sein, wobei der Gefahrerfolg aus der spezifischen Gefährlichkeit der Tathandlung zu resultieren hat[31]. Dafür genügt der Umstand, dass ein Mensch sich in enger räumlicher Nähe zur Gefahrenquelle befindet, noch nicht; viel-

---

26  BGHSt 26, 121; 34, 115; BGH NJW 82, 2329.
27  BT-Drucks. 13/8587, S. 47; zum Meinungsstand näher *Geppert*, Jura 98, 597, 601; *Hillenkamp*, BT 15. Problem; krit. *Koriath*, JA 99, 298; *Radtke*, ZStW 110 (1998), 848, 863; SK-*Wolters/Horn*, § 306a Rn 17.
28  Vgl BGH NStZ 99, 32; StV 01, 16 und die Nachweise bei MüKo-*Radtke*, § 306a Rn 44; zur Kritik *Stein*, Einführung, S. 98; ferner *Fischer*, § 306a Rn 10a ff.
29  Vgl auch SK-*Wolters/Horn*, § 306a Rn 22; S/S-*Heine*, § 306a Rn 16.
30  Zum Begriff Rn 257; krit. zu seiner Verwendung *F.-C. Schroeder*, GA 98, 571, 573.
31  Eingehend *Geppert*, Jura 98, 597, 602; *Stein*, Einführung, S. 108.

mehr muss die Tathandlung das geschützte Gut in eine kritische Situation gebracht haben derart, dass es nur noch vom Zufall abhing, ob es verletzt wurde oder nicht (BGH NStZ 99, 32). Ob und inwieweit **Rettungswillige**, die sich sehenden Auges in den Gefahrenbereich (zurück) begeben, vom Schutzweck des § 306a II erfasst sind, ist umstritten[32] (siehe auch Rn 191 und 973). § 306a III sieht für minder schwere Fälle (zum Begriff Rn 175) den gleichen Strafrahmen vor wie § 306 II; begründbar ist das wohl kaum.

A hat im **Fall 55** zwar landwirtschaftliche Erzeugnisse iS des § 306 I Nr 6 vorsätzlich in Brand gesetzt, hierbei aber nicht mit dem, sei es auch nur „bedingten" Vorsatz gehandelt, dadurch einen anderen Menschen in die Gefahr einer Gesundheitsschädigung zu bringen. **970**

---

**Schwere Brandstiftung, § 306a**

**A. § 306a I**
  **I. Tatbestandsmäßigkeit**
    **1. Objektiver Tatbestand**
      **a) Tatobjekt aus Nr 1–3**
      **b) In-Brand-Setzen oder durch Brandlegung ganz oder teilweise Zerstören**
        → keine konkrete Gefährdung von Menschen erforderlich
        Ⓟ Entfallen des Wohnzwecks durch Entwidmung
        Ⓟ teleologische Reduktion bei kleinen, einräumigen Gebäuden
        Ⓟ gemischt genutzte Gebäude
    **2. Subjektiver Tatbestand**
  **II. Rechtswidrigkeit**
  **III. Schuld**
  **IV. Tätige Reue, § 306e**

➔ **Qualifikation: § 306b II**

**B. § 306a II**
  **I. Tatbestandsmäßigkeit**
    **1. Objektiver Tatbestand**
      **a) Tatobjekt aus § 306 I Nr 1–6**
        → Fremdheit nicht erforderlich!
      **b) In-Brand-Setzen oder durch Brandlegung ganz oder teilweise Zerstören**
      **c) Gefahr einer Gesundheitsschädigung eines anderen Menschen**
      **d) spezifischer Gefahrzusammenhang zwischen der Tathandlung und dem Gefahrerfolg**
        Ⓟ Zurechnungszusammenhang bei Rettern
    **2. Subjektiver Tatbestand**
  **II. Rechtswidrigkeit**
  **III. Schuld**
  **IV. Tätige Reue, § 306e**

➔ **Qualifikation: § 306b II**

---

32  Vgl *Eisele*, BT I Rn 791 f; *Rengier*, BT II § 40 Rn 43 f; *Stein*, Einführung, S. 117 f.

### 3. Besonders schwere Brandstiftung nach § 306b

**971** Die **besonders schwere Brandstiftung** nach § 306b I ist eine *Erfolgsqualifikation* zu § 306a *und* § 306 (insoweit mit der Beschränkung auf *fremde* Tatobjekte; siehe Rn 959)[33]. Zur schweren Gesundheitsschädigung siehe Rn 315, zur „einfachen" Rn 257. Eine **große Zahl** erfordert einerseits weniger Menschen als in § 309 II nF vorausgesetzt, andererseits mehr als drei[34]. Da der Katalog der Tatobjekte in §§ 306 I, 306a I auch solche enthält, bei denen die Gefährdung unübersehbar großer Menschengruppen eher fern liegt, schon die schwere Gesundheitsschädigung nur eines Menschen gleichgestellt und zudem die Mindeststrafe von einem nur auf zwei Jahre angehoben ist, folgert der BGH[35] in *tatbestandsspezifischer* Auslegung, dass die Zahl der Geschädigten jedenfalls dann „groß" ist, wenn 14 Personen als Bewohner eines mittelgroßen Hauses betroffen sind. Auch hier ist erforderlich, dass eine der (schweren) Brandstiftung eigentümliche Gefahr sich in der qualifizierenden Folge verwirklicht[36].

**972** Fälle des § 306a (einschließlich dessen Abs. 2; dazu näher *Kudlich*, NStZ 03, 458) werden *qualifiziert* bestraft, wenn der Täter zumindest eine der drei Nummern des § 306b II verwirklicht (vgl *Lackner/Kühl*, § 306b Rn 3). Vorausgesetzt ist jeweils vorsätzliches Handeln des Täters (zu Nr 1 vgl BGH JR 00, 114 mit Anm. *Stein*), bei Nr 2 zusätzlich eine der dort beschriebenen, wie in § 315 III aus dem § 211 übernommenen Absichten (dazu BGH NJW 00, 3581 mwN und oben Rn 123). Ein mit der schweren Brandstiftung nach § 306a I Nr 1 zugleich verwirklichter Versicherungsmissbrauch ist keine „andere Straftat" iS des § 306b II Nr 2 Alt. 1. Gleiches soll gelten, wenn der Täter durch das Feuer im Gebäude befindliches Inventar eines Dritten zerstören will, um dem Dritten Leistungen aus dessen Hausratsversicherung zu verschaffen[37]. Trotz der Ausdehnung des Anwendungsbereichs der Nr 2 gegenüber § 307 Nr 2 aF und der immer noch hohen Mindeststrafe besteht nach Ansicht des BGH kein Grund zu „restriktiver" Auslegung. Soll die Tat zB einen Versicherungsbetrug ermöglichen, verknüpfe der Täter planmäßig Unrecht mit der Begehung weiteren Unrechts[38]. Zum Begriff der *konkreten Gefahr* iS der Nr 1 siehe Rn 316, 969, zum spezifischen Zusammenhang zwischen Tat und Gefahrerfolg sowie zur **Retter**problematik *Stein*, Einführung, S. 108, 117. Im Unterschied zu § 307 Nr 3 aF muss der Täter nach § 306b II Nr 3 nF das Löschen des Brandes erfolgreich verhindern oder doch erschweren. Die über § 306a II bewirkte Hereinnahme des § 306 als Ausgangsdelikt ist auch hier nicht zu billigen (krit. auch *Fischer*, § 306b Rn 6a).

---

33  Ebenso LK-*Wolff*, 12. Aufl. 2008, § 306b Rn 4; S/S-*Heine*, § 306b Rn 1; krit. *Wolters*, JR 98, 271, 273.
34  BGHSt 44, 175, 178; näher MüKo-*Radtke*, § 306b Rn 8 f; S/S-*Heine*, Rn 13a vor § 306; vgl auch *Kretschmer*, Herzberg-FS, S. 827.
35  BGHSt 44, 175; siehe auch *Fischer*, § 306b Rn 5; LK-*Wolff*, 12. Aufl. 2008, § 306b Rn 6; *Nagel*, Jura 01, 588.
36  Dazu *Lackner/Kühl*, § 306b Rn 2; *Rengier*, JuS 98, 397, 399 f, auch zur Schädigung von *rettungswilligen* Helfern, zur versuchten Erfolgsqualifizierung und zum erfolgsqualifizierten Versuch der Tat; ferner *Stein*, Einführung, S. 102, 111, 117.
37  BGHSt 51, 236; zust. *Bosch*, JA 07, 743.
38  BGHSt 45, 211; BGH NStZ 08, 571; zust. *Radtke*, Anm. JR 00, 428; *Rönnau*, JuS 01, 328; LK-*Wolff*, 12. Aufl. 2008, § 306b Rn 21; *Simon*, Gesetzesauslegung, S. 331, 529; aA Fischer, § 306b Rn 8 ff; *Hecker*, GA 99, 332; *Schlothauer*, StV 00, 138; SK-*Wolters/Horn*, § 306b Rn 11b ff; LG Itzehoe HRRS 09, Nr 362 hat mit Beschluss vom 12.3.09 den Weg der konkreten Normenkontrolle beschritten.

## 4. Brandstiftung mit Todesfolge nach § 306c

Die Vorschrift enthält ein *erfolgsqualifiziertes Delikt*, wobei als Ausgangstat neben **973** den §§ 306a und b auch § 306 genügen soll. Wie bei § 306b II Nr 1 ist hier nicht erforderlich, dass das Opfer sich zur Zeit der Tat in einer in Brand gesetzten Räumlichkeit befand (vgl die Erweiterung des Bereichs der Tatobjekte in § 306 gegenüber § 308 aF und dazu *Stein*, Einführung, S. 109). Der Tod muss *durch* eine Brandstiftung nach den §§ 306–306b verursacht sein, etwa durch Verbrennen, Ersticken infolge Rauchvergiftung oder Sauerstoffmangels, Einstürzen des Mauerwerks usw; insoweit reicht nunmehr schon aus, dass das Opfer sich im unmittelbaren Wirkungsbereich des Brandes bzw des (teilweise) zerstörten Objekts befindet und in seinem Tod sich ein brandstifungsspezifisches Risiko verwirklicht.

Umstritten ist, ob es noch in den Verantwortungsbereich des Brandstifters fällt, wenn **973a** eine Person, sei es ein Feuerwehrmann sei es ein sonstiger Helfer, sich in Kenntnis der Lage in den Gefahrenbereich (zurück) begibt, etwa um einen Dritten oder wertvolles Gut zu **retten**, und hierdurch zu Tode kommt. Das Problem stellt sich freilich nicht nur bei § 306c, sondern auch für den Eintritt eines (Gefahr-)Erfolgs iS der §§ 306a II (auch iV mit § 306d I, II), 306b I, II Nr 1. Verwirklicht sich eines der jeweiligen brandtypischen Risiken, soll nach einer zu weit gehenden Ansicht grundsätzlich Zurechnung erfolgen, weil es in solchen, vom Täter geschaffenen Situationen typischerweise zu Unfällen von Helfern komme[39]. Die ganz überwiegende Ansicht hingegen hebt hinsichtlich einer möglichen Unterbrechung des Zurechnungszusammenhangs auf den Grundsatz **frei verantwortlicher Selbstgefährdung**[40] ab sowie auf Art und Umfang der Pflichtenstellung des Helfers[41]. Welche Anforderungen an die Freiverantwortlichkeit zu stellen sind, ist freilich noch lebhaft umstritten[42]. Soweit das Einstehenmüssen des Täters für Verhaltensweisen des Opfers selbst oder Dritter in Rede steht, ist jedenfalls die Grenzziehung zur einfachen Fahrlässigkeit im Auge zu behalten. Weitgehend Einigkeit besteht immerhin darüber, dass die Folgen eines von vornherein sinnlosen oder mit offensichtlich zu hohen Risiken verbundenen (unvernünftigen) Rettungsversuchs dem Brandstifter nicht zugerechnet werden[43].

Da W in den Flammen der abbrennenden Scheune zu Tode kam, ist im **Fall 55** § 306b I Alt. 1, **974** II Nr 1, insbesondere aber § 306c zu erwägen, bei dessen Vorliegen § 306b verdrängt würde. Als Grundtatbestand zu § 306c kommt hier lediglich § 306 I Nr 6 in Betracht, weil A nur landwirtschaftliche Erzeugnisse vorsätzlich in Brand gesetzt hat. Ohne das Anzünden des Strohs wäre W nicht gestorben. Darüber hinaus aber muss in seinem Tod sich eine der Gefahren verwirklichen, die der konkreten Tat des A nach § 306 I Nr 6 eigentümlich waren. Zwar starb W

---

39 *Geppert*, Jura 98, 597, 602; für speziell ausgebildete „professionelle" Helfer erwägt *Stein*, Einführung, S. 118, eine Ausnahme.
40 Dazu näher *Wessels/Beulke*, AT Rn 185, 192a mwN; siehe auch *Eisele*, BT I Rn 791 f; *Rengier*, BT II § 40 Rn 43 f; komprimierte Darstellung des Diskussionsstands bei S/S-*Heine*, § 306c Rn 5 ff.
41 MüKo-*Radtke*, § 306c Rn 20.
42 Eingehend *Radtke/Hoffmann*, GA 07, 201 mwN.
43 SK-*Wolters/Horn*, § 306c Rn 4; S/S-*Heine*, § 306c Rn 7.

nicht unmittelbar infolge des Inbrandsetzens des Strohs, sondern erst in den Flammen der brennenden Scheune. Doch gehört es zu den typischen Risiken des Inbrandsetzens von Stroh in einer Scheune, dass dessen Brand auf die Scheune übergreift. Deshalb ist der Tod des W durch die Brandstiftung nach § 306 I Nr 6 „verursacht" (krit. zur Ausweitung des Anwendungsbereichs der Brandstiftung mit Todesfolge auf Fälle des § 306 *Stein*, Einführung, S. 94, 101, 114). Da nach der Vorstellung des A der Tod eines Menschen ausgeschlossen war, bleibt die Frage, ob er durch sein Tun den Tod des W *wenigstens leichtfertig* bewirkt hat. **Leichtfertig** ist ein Verhalten, das – bezogen auf den Todeseintritt – einen hohen Grad von Fahrlässigkeit aufweist. Das Anzünden von Stroh in einer Scheune, in der, wie der Täter weiß, Menschen schlafen, ist ein in grobem Maße fahrlässiges Verhalten. Die sich auch ihm auf drängende Möglichkeit eines tödlichen Verlaufs seiner Handlung hat A aus besonderem Leichtsinn außer Acht gelassen, also leichtfertig gehandelt (zum Begriff BGHSt 33, 66). Die §§ 306 I Nr 6 (306b), 222, 229 treten hinter § 306c zurück. Zur Lösung dieses Falls nach bisherigem Recht siehe *Wessels*, BT/1, 21. Aufl. 1997, Rn 932 (er bejahte, aaO Rn 938, vorsätzliche Brandstiftung iS des § 306 I [= § 308 I Alt. 1 aF]; zur vorzugswürdigen engeren Auslegung siehe Rn 960 am Ende).

---

**Besonders schwere Brandstiftung, § 306b I**

 I. **Tatbestandsmäßigkeit**
  1. **Objektiv und subjektiv tatbestandsmäßige Brandstiftung nach**
   – **§ 306**
   – **§ 306a I**
   – **§ 306a II**
     → bezieht sich auf Tatobjekt des § 306, aber keine Fremdheit erforderlich
  2. **Eintritt und Verursachung der schweren Folge**
   – **schwere Gesundheitsschädigung eines anderen Menschen**
   – **oder Gesundheitsschädigung einer großen Zahl von Menschen**
  3. **Objektive Zurechnung**
   a) **Zurechnung der schweren Folge zum Verhalten des Täters nach allgemeinen Zurechnungsregeln**
    Ⓟ Zurechnungszusammenhang bei Rettern
   b) **Tatbestandsspezifischer Gefahrzusammenhang zwischen der Brandstiftung und der schweren Folge**
    → idR nur noch objektive Erkennbarkeit des Gefahrzusammenhangs und objektive Vorhersehbarkeit der schweren Folge zu prüfen
  4. **(wenigstens) Fahrlässigkeit hinsichtlich der schweren Folge (§ 18)**

 II. **Rechtswidrigkeit**

 III. **Schuld**
     → insb. subjektive Erkennbarkeit des Gefahrzusammenhangs und subjektive Vorhersehbarkeit der schweren Folge

---

**Brandstiftung mit Todesfolge, § 306c**

### I. Tatbestandsmäßigkeit
1. Objektiv und subjektiv tatbestandsmäßige Brandstiftung nach §§ 306–306b
2. Eintritt und Verursachung des Todes
3. Objektive Zurechnung
   a) Zurechnung der schweren Folge zum Verhalten des Täters nach allgemeinen Zurechnungsregeln
      ℗ Zurechnungszusammenhang bei Rettern
   b) Tatbestandsspezifischer Gefahrzusammenhang zwischen der Brandstiftung und der schweren Folge
4. (wenigstens) Fahrlässigkeit hinsichtlich des Todes (§ 18)
   → idR nur noch objektive Erkennbarkeit des Gefahrzusammenhangs und objektive Vorhersehbarkeit der schweren Folge zu prüfen

### II. Rechtswidrigkeit

### III. Schuld
   → insb. subjektive Erkennbarkeit des Gefahrzusammenhangs und subjektive Vorhersehbarkeit der schweren Folge

---

## III.  Fahrlässige Brandstiftung nach § 306d

§ 306d I erfasst fahrlässiges Handeln in Fällen des § 306 und des § 306a I, daneben **975** entgegen der gesetzlichen Überschrift auch Fälle *vorsätzlichen* Handelns iS des § 306a II, *soweit* hierdurch die Gefahr einer Gesundheitsschädigung fahrlässig verursacht wird (Vorsatz-Fahrlässigkeits-Kombination iS § 11 II), wobei die gegenüber dem bisherigen Recht verschärfte Strafdrohung für alle drei Varianten – nicht begründbar – die gleiche ist. Darüber hinaus passt § 306 I Hs. 2 nicht zur Regelung des § 306 I, indem das Mehr an Tatunrecht und -schuld gegenüber der Verwirklichung nur des § 306 I als privilegiert erscheint[44]. Hat der Täter in Fällen des § 306a II sowohl fahrlässig gehandelt als auch die Gefahr fahrlässig verursacht (Fahrlässigkeits-Fahrlässigkeits-Kombination), kommt § 306d II zum Zuge[45]. **Löscht** der Täter freiwillig den Brand, bevor ein erheblicher Schaden entsteht, wird er gemäß § 306e II nicht nach § 306d bestraft; sein freiwilliges und ernsthaftes Bemühen kann unter den Voraussetzungen des § 306e III genügen (vgl BGH StV 99, 211). Zum *erheblichen Schaden* iS des § 306e siehe SK-*Wolters/Horn*, § 306e Rn 9 ff und S/S-*Heine*, § 306e Rn 5 ff.

---

44  Zu Recht krit. zur Einordnung der Alt. 1 in § 306d I anstatt in II *Stein*, Einführung, S. 118; Wertungswidersprüche sehen auch *Fischer*, § 306d Rn 6; S/S-*Heine*, § 306d Rn 1; *F.-C. Schroeder*, GA 98, 571, 574; vgl dazu SK-*Wolters/Horn*, § 306d Rn 7.
45  Näher zu den Tatvarianten SK-*Wolters/Horn*, § 306 d Rn 2 ff.

## IV. Herbeiführen einer Brandgefahr nach § 306f

**975a**  § 306f, wie sein Vorgänger § 310a aF ein **konkretes** Gefährdungsdelikt, setzt schon im *Vorfeld* erfolgreicher Brandstiftungen an; gegenüber diesen Verletzungsdelikten ist die Norm subsidiär[46]. § 306f I schützt wie § 306 I in einem Katalog aufgeführte *täterfremde* Gegenstände, wobei die Kataloge sich nur teilweise decken. Hingegen ist bei § 306f II die Eigentumslage ohne Bedeutung, so dass hier Einwilligung *nicht* in Betracht kommt. Neben der Brandgefahr setzt § 306f II eine „dadurch" hervorgerufene konkrete Gefährdung von Leib oder Leben eines anderen Menschen oder fremder Sachen von bedeutendem Wert voraus (dazu Rn 985). § 306f III Alt. 1 stellt das fahrlässige Herbeiführen einer Brandgefahr iS des Abs. 1 unter Strafe, Alt. 2 enthält eine Vorsatz-Fahrlässigkeits-Kombination (wie § 306d I HS 2). *Tätige Reue* nach Herbeiführen einer Brandgefahr schließt der Wortlaut des § 306e aus[47].

# § 22 Straßenverkehrsgefährdung, unerlaubtes Entfernen vom Unfallort und Trunkenheit im Verkehr

**976**  **Fall 56:** Nach Entwendung eines Personenkraftwagens wird der Dieb D von dem Polizeibeamten P mit einem Kraftrad verfolgt. Um sich der Festnahme zu entziehen, hindert D den P auf einer längeren Strecke am Überholen, indem er jeweils zur äußersten linken Fahrbahnseite hinüberwechselt, sobald P zum Überholen ansetzt. Einige Male entgeht P nur um Haaresbreite einer Kollision. Bei einem erneuten Manöver dieser Art gelingt es P, rechts an D vorbeizufahren. Der Aufforderung zum Anhalten leistet D aber erst Folge, als er bemerkt, dass sich zwei Streifenwagen in seine Verfolgung eingeschaltet haben.

Welche Verkehrsgefährdungsdelikte könnten vorliegen? **Rn 981**

Es stellt sich die Frage, ob das verkehrsgefährdende Verhalten des D unter § 315b I Nr 2 oder unter § 315c I Nr 2b fällt.

## I. Die Verkehrsdelikte im Überblick

**977**  Im 28. Abschnitt des Besonderen Teils des StGB befassen sich mit Verkehrsfragen die §§ 315–316. Während der *Bahn-, Schiffs-* und *Luftverkehr* in §§ 315, 315a thematisiert wird, handeln §§ 315b-d von den Straftaten mit Bezug zum *Straßenverkehr*. § 316 schließlich gilt für alle genannten Verkehrsarten (zu häufigen **Klausurproblemen** knapp *Kopp*, JA 99, 943). §§ 315–315c beschreiben *konkrete Gefährdungsde-*

---

46  Vgl *Fischer*, § 306f Rn 7.
47  Dazu MüKo-*Radtke*, § 306e Rn 5; S/S-*Heine*, § 306e Rn 16.

*likte*, setzen zur Vollendung also den Eintritt eines Gefahrerfolges voraus („und dadurch …"; siehe Rn 316 und S/S-*Heine*, Rn 5 vor § 306). Hingegen stellt § 316, Trunkenheit im Verkehr, ein *gefährliches* Verhalten als solches unter Strafe: Wer im Verkehr (§§ 315–315d) ein Fahrzeug führt, obwohl er infolge des Genusses alkoholischer Getränke oder anderer berauschender Mittel nicht in der Lage ist, das Fahrzeug sicher zu führen, wird schon allein für dieses Tun bestraft, unabhängig davon, ob es durch das Führen des Fahrzeugs zu einer konkreten Gefährdung von Leib oder Leben eines anderen Menschen oder fremder Sachen von bedeutendem Wert kommt. Bei § 316 handelt es sich demnach um ein sog. *abstraktes Gefährdungsdelikt* (ein Gefährlichkeitsdelikt; dazu Rn 950).

Welche Rechtsgüter die **Straßenverkehrsdelikte** schützen, ist ebenso umstritten wie die Frage, ob insoweit eine einheitliche Bestimmung überhaupt möglich ist (dazu LK-*König*, 12. Aufl. 2008, § 315 Rn 3 f). Nach noch hM ist ihr Schutzgut die *Sicherheit des öffentlichen Straßenverkehrs*, daneben auch Leben, körperliche Unversehrtheit und fremdes Eigentum[1]. **Öffentlich** iS des Verkehrsstrafrechts sind neben den dem allgemeinen Straßenverkehr *gewidmeten* Straßen, Wegen und Plätzen auch solche Verkehrsflächen, die jedermann oder nach allgemeinen Merkmalen bestimmten größeren Gruppen von Verkehrsteilnehmern (zB Rad- oder Fußwege) dauernd oder vorübergehend zur Benutzung offen stehen; dabei nimmt es der Verkehrsfläche nicht den Charakter der Öffentlichkeit, wenn für die Nutzung ein Entgelt verlangt wird[2]. **Beispiele:** Kaufhaus- und Gasthausparkplätze, Parkplätze und -häuser von Kaufhäusern, Tankstellen usw. **978**

## II. Gefährliche Eingriffe in den Straßenverkehr

Die Gefährdungstatbestände zum **Schutz des Straßenverkehrs** beruhen auf der Zielvorstellung des Gesetzgebers, dass **Fehlleistungen** bei der Bewältigung von Vorgängen des *fließenden und ruhenden Verkehrs*, auch wenn sie noch so schwerwiegend und gefahrenträchtig sind, durch den *Katalog des § 315c I Nr 2* **abschließend** *erfasst* werden sollen. Im Gegensatz dazu soll **§ 315b** vornehmlich **verkehrsfremde Eingriffe** unterbinden, die **von außen her** die Sicherheit des Straßenverkehrs beeinträchtigen, indem sie ihn in seinem ungestörten, geregelten Ablauf gefährden (BGHSt 22, 6, 8). **979**

Der „dreistufig" aufgebaute § 315b setzt einen **Eingriff** iS der Nr 1–3 voraus, der, für die Sicherheit des Straßenverkehrs (abstrakt) gefährlich, sich zu einer konkreten Gefahr für eines der genannten Schutzobjekte verdichtet[3]. Typische Beispiele für derar-

---

1 BGH NJW 89, 2550 mwN; *Lackner/Kühl*, § 315b Rn 1; § 315c Rn 1; *Rengier*, BT II § 44 Rn 1; aus Praktikabilitätsgründen ebenso *Tepperwien*, Nehm-FS, S. 427, 434; aA LK-*König*, aaO Rn 4; *Otto*, BT § 80 Rn 1, 16, 21: nur das Universalrechtsgut; *Kindhäuser*, BT I, § 68 Rn 1; SK-*Wolters/Horn*, Rn 1a vor § 306 und SK-*Horn/Wolters*, § 315b Rn 2; § 315c Rn 2: nur die Individualrechtsgüter.
2 BGHSt 49, 128; BGH NStZ 04, 625; instruktiv zum Ganzen *Geppert*, Jura 96, 639; LK-*König*, 12. Aufl. 2008, § 315b Rn 4 ff.
3 Vgl BGHSt 48, 119, 122; BGH NStZ 09, 100; instruktiv dazu *Dencker*, Nehm-FS, S. 373; *Fischer*, § 315b Rn 5, 17.

tige Eingriffe von außen bilden iS der **Nr 1** das Durchtrennen der Bremsschläuche an einem Kraftwagen (BGH NJW 96, 329), das Zerstören eines Wechsellichtzeichens iS des § 37 StVO (= Ampel), iS der **Nr 2** das Spannen eines Drahtseils über die Fahrbahn oder das Hinüberlegen eines Baumstammes (BGH VRS 13 [1957], 125) wie auch das Fixieren einer auf die rechte Fahrbahn einer stark befahrenen BAB geworfenen Person auf dem Boden (BGH NStZ 07, 34), iS der **Nr 3** das Werfen von Steinen oder anderen Gegenständen auf fahrende Fahrzeuge (BGHSt 48, 119) oder die Abgabe von Schüssen auf Verkehrsteilnehmer (BGHSt 25, 306), jeweils (als 3. Stufe) vorausgesetzt, dass die Tathandlung unmittelbar zu einer konkreten Gefahr für den Fahrzeuglenker oder sein Fahrzeug führt. Insoweit gebietet – so der 4. Strafsenat[4] – der Schutzzweck eine einschränkende Auslegung dahin, dass unter einer konkreten Gefahr iS des § 315b[5] nur eine **verkehrsspezifische** verstanden werden darf. Sie muss – jedenfalls auch – auf die Wirkungsweise der für Verkehrsvorgänge typischen Fortbewegungskräfte (Dynamik des Straßenverkehrs) zurückzuführen sein[6]. Grundsätzlich scheidet also § 315b für alle Vorgänge des fließenden und ruhenden Verkehrs aus; insoweit kommt § **315c** eine **Sperrwirkung** zu. Eine *Ausnahme* davon gilt aber für Verhaltensweisen, die sich nicht in der Verletzung von Verkehrsregeln und in einer fehlerhaften Verkehrsteilnahme erschöpfen, sondern auf Grund einer **bewussten Zweckentfremdung** des Fahrzeugs und der damit verbundenen Gefahrverursachung bereits den Charakter von **verkehrsfeindlichen Einwirkungen** annehmen[7] (beachte auch Rn 979a). Eine solche Ausnahme kann vor allem dann gegeben sein, wenn ein Kraftfahrzeug nicht seiner Zweckbestimmung entsprechend als Fortbewegungsmittel benutzt, sondern *zweckfremd und verkehrsfeindlich* als Mittel einer gezielten Verkehrsbehinderung von einigem Gewicht eingesetzt wird, wie etwa beim absichtlichen Verhindern eines Überholversuchs durch Abschneiden des Weges[8], beim Provozieren eines Auffahrunfalls durch abruptes Bremsen[9] oder beim vorsätzlichen Rammen eines am Fahrbahnrand geparkten Kraftwagens, *wenn* sich hierin eine Beeinträchtigung der Sicherheit des Straßenverkehrs manifestiert[10]; § 315b I Nr 2 oder Nr 3 kommt ferner in Betracht, wenn die Tathandlung *unmittelbar* zu einem bedeutenden Fremdsachschaden führt und dieser Erfolg sich als Steigerung (Konkretisierung) der durch die Tathandlung bewirkten abstrakten Gefahr für die Sicherheit des Straßenverkehrs darstellt[11]. Nach BGH NJW 99, 3132 soll § 315b sogar bei objektiv **verkehrsgerechtem Verhalten** erfüllt sein, *wenn* es von der **Absicht** geleitet ist, einen Verkehrsunfall herbeizuführen[12]. Diese Begründung lotet das Gesamtgeschehen nicht aus. Nur auf die

---

4   BGHSt 48, 119, 122, 124; BGH NStZ 09, 100, 101.
5   Zum „Beinahe-Unfall" knapp unten Rn 991; ausf. *Fischer*, § 315b Rn 5, 17; LK-*König*, 12. Aufl. 2008, § 315b Rn 63, jeweils mwN.
6   Vgl dazu auch LK-*König*, 12. Aufl. 2008, § 315b Rn 83 f.
7   BGHSt 41, 231, 234 (mit krit. Anm. *Ranft*, JR 97, 210); 48, 233; *Fischer*, § 315b Rn 9; zu solchen Eingriffen von innen vgl auch *König*, JA 03, 818 mwN.
8   BGHSt 21, 301; 22, 67; OLG Celle DAR 85, 125.
9   Zu weit BGH NStZ 92, 182 mit abl. Anm. *Scheffler*, NZV 93, 463.
10  BGH NStZ 95, 31; 02, 252; krit. *Dencker*, Nehm-FS, S. 373, 378, 384.
11  So BGHSt 48, 119 mit krit. Anm. *König*, JR 03, 255; im Erg. zust., aber krit. zur postulierten Dreistufigkeit des § 315b *Dencker*, Nehm-FS, S. 373, 375; vgl auch *Fischer*, § 315b Rn 8a.
12  Zust. *Freund*, JuS 00, 754; LK-*König*, 12. Aufl. 2008, § 315b Rn 33a; *Murmann*, Herzberg-FS, S. 123, 135 f und *Rengier*, BT II § 45 Rn 11.

ein *Fehlverhalten* Dritter einkalkulierende Absicht das Fahrers abzustellen, kann nicht überzeugen; sein Verhalten erfüllt schon die tatbestandlichen Umschreibungen des § 315b I nicht[13].

Die bisherige Rechtsprechung setzte bei vorschriftswidrigem Verhalten *im fließenden Straßenverkehr* für § 315b I neben dem erforderlichen Gefährdungsvorsatz voraus, dass der Fahrer das von ihm gesteuerte Fahrzeug in verkehrsfeindlicher Einstellung bewusst zweckwidrig einsetzt, mithin in der *Absicht* handelt, den Verkehrsvorgang zu einem Eingriff in den Straßenverkehr zu „pervertieren", und es ihm darauf ankommt, hierdurch in die Sicherheit des Straßenverkehrs einzugreifen[14]. **Neuerdings** verlangt der 4. Strafsenat für alle Alternativen der Norm zusätzlich, dass das Fahrzeug mit (mindestens bedingtem) **Schädigungsvorsatz**, „etwa als Waffe oder Schadenswerkzeug", missbraucht werden muss. Denn erst dann liege eine über den Tatbestand des § 315c hinausgehende verkehrs-atypische Pervertierung, also ein gefährlicher Eingriff iS des § 315b I vor[15]. Durch diese Einschränkung sind diejenigen Entscheidungen überholt, nach denen es genügte, dass der sein Fahrzeug als Fluchtmittel benutzende, verkehrswidrig fahrende Täter *nur* mit *Gefährdungs*vorsatz gehandelt hatte[16]. Solche Fälle rücksichtsloser Fluchtfahrt werden nunmehr § 315c zugewiesen, dessen Voraussetzungen freilich häufig nicht erfüllt sein werden[17].  **979a**

Entsprechend dieser Wende des 4. Senats ist unter dem Aspekt des § 315b I Nr 3 auch die Rechtsprechung zum **gezielten Zufahren** auf eine Person, etwa einen Halt gebietenden Polizeibeamten, um ihn zur Freigabe der Fahrbahn zu zwingen[18], einzuschränken (siehe oben Rn 644). Der Norm unterfallen nach der neuen Lesart nunmehr nur noch die Fälle, in denen der Täter mit *Schädigungsvorsatz* ioS gehandelt hat[19]. Infolgedessen wird dann aber nicht nur § 315 III häufig in Betracht kommen (vgl LK-*König*, 12. Aufl. 2008, § 315 Rn 110 ff), sondern je nach Richtung des Vorsatzes auch eine (versuchte) Tat nach §§ 224 I Nr 2, 5; 211 oder 305a vorliegen. Da diese (versuchte) Tat mit § 315b in Tateinheit steht, kommt Letzterem praktisch kaum noch Bedeutung zu, soweit nicht auch § 315 III verwirklicht ist.  **980**

Wie schon bisher liegt ein gefährlicher Eingriff iS des § 315b I Nr 3 **nicht** vor, wenn der Kraftfahrer (insbesondere bei Benutzung eines wendigen Motorrads) die Absicht verfolgt, an dem Halt gebietenden Polizeibeamten *vorbeizufahren* oder *um ihn herumzufahren* und das ohne dessen Gefährdung für möglich hält[20]. Verstöße *geringeren* Gewichts, wie etwa langsames Zufahren auf einen Fußgänger, der ohne Schwierigkeit und ohne Gefahr ausweichen kann, erfüllen den Tatbestand des § 315b I Nr 3 nicht[21].

---

13  Wie hier *Eisele*, BT I Rn 869; *Kudlich*, StV 00, 23 und *Rath*, Gesinnungsstrafrecht, 2002, S. 47, jeweils mit weiteren Argumenten.
14  Dazu *König*, NStZ 04, 175.
15  Näher dazu BGHSt 48, 233 mit abl. Anm. *Seier/Hillebrand*, NZV 03, 490; abl. auch *König*, NStZ 04, 175 und NZV 05, 27.
16  Nachw. bei BGHSt 48, 233, 238; siehe auch *Fischer*, § 315b Rn 13 f.
17  Krit. *König*, NStZ 04, 175, 178.
18  BGHSt 23, 4; 26, 176; Kasuistik bei *Fischer*, § 315b Rn 11 ff.
19  BGH StV 04, 136.
20  BGHSt 28, 87, 89; BGH NStZ 85, 267; DAR 97, 281; *Fischer*, § 315b Rn 13.
21  Dazu *Fischer*, § 315b Rn 12 mwN; sie können aber nach § 240 strafbar sein, vgl BGHSt 28, 87, 90.

Um einen solchen geringfügigen Verstoß handelt es sich freilich nicht mehr, wenn der Täter bei einer Geschwindigkeit von 20 km/h mit einem Kraftwagen gezielt auf einen Fußgänger zufährt, ihn *verletzen will* und die beabsichtigte Verletzung auch erreicht (BGH JZ 83, 811).

**981**  Im **Fall 56** wäre auf Basis der **früheren** Rechtsprechung D nach § 315b I Nr 2, III iVm § 315 III Nr 1b nF zu bestrafen: Durch die zweckfremde Verwendung des gestohlenen Kraftwagens als Mittel einer gezielten und groben Verkehrsbehinderung gegenüber P hat er ein die Verkehrssicherheit erheblich beeinträchtigendes **Hindernis bereitet**; dadurch hat er *Leib oder Leben* des P **vorsätzlich** in eine **konkrete Gefahr** gebracht (näher BGHSt 21, 301; 22, 6; BGH NJW 95, 31, 31; MDR 96, 88; zum Gefährdungsvorsatz iS des § 315b I grundlegend BGHSt 22, 67). Da D die Tat in der *Absicht* begangen hat, den zuvor ausgeführten Diebstahl zu verdecken, tritt eine **Strafschärfung** nach § 315b III iVm § 315 III Nr 1b nF ein (vgl BGH VRS 71 [1996], 193). Die hM würde hier ferner Tateinheit mit § 315c I Nr 2b bejahen[22].

Nach der **neuen** Rechtsprechung des 4. Senats (BGHSt 48, 233) hängt alles Weitere davon ab, ob D wenigstens bei einem seiner Manöver zumindest bedingten Vorsatz hinsichtlich einer Körperverletzung des P hatte. Kann das Gericht sich von dessen Vorhandensein überzeugen (dazu *Beulke*, Strafprozessrecht Rn 490 und die StPO-Kommentare, jeweils zu § 261), so sind §§ 315b I Nr 2, III; 315 III Nr 1b Alt. 2 sowie jedenfalls §§ 224 I Nr 2, II, 22 verwirklicht (zu Fällen des § 315 III Nr 1a siehe BGH NStZ-RR 01, 298; NStZ 03, 266 und *Tröndle/Fischer*, § 315 Rn 22). Ist ein solcher Körperverletzungsvorsatz nicht feststellbar, bleibt es insoweit bei § 315c I Nr 2b.

Zur Frage einer Bestrafung des D wegen *Widerstands gegen Vollstreckungsbeamte* (§ 113 I, II Nr 2) siehe BGHSt 26, 176, 179; 48, 233, 238 f und oben Rn 628 ff.

**982**  Einen *ähnlichen, ebenso gefährlichen Eingriff* iS des § 315b I Nr 3 nimmt derjenige vor, dessen Verhalten zwar kein Zerstören, Beschädigen oder Beseitigen iS der Nr 1 bzw Hindernis-Bereiten iS der Nr 2, aber im Ergebnis ebenso gefährlich ist[23]. Nach der Rechtsprechung können auch Verkehrsvorgänge des fließenden Verkehrs einen Eingriff iS der Nr 3 darstellen (siehe Rn 979 und LK-*König*, 12. Aufl. 2008, § 315b Rn 41 ff).

---

**Gefährliche Eingriffe in den Straßenverkehr, § 315b I**

  **I. Tatbestandsmäßigkeit**
    **1. Objektiver Tatbestand**
      **a) verkehrsfremder Eingriff (Nr 1–3)**
        → grds. nur Eingriffe von außen in den Straßenverkehr
        Ⓟ bewusste Zweckentfremdung eines Kfz in verkehrsfeindlicher Einstellung, sog. verkehrsfeindlicher Inneneingriff
        Ⓟ objektiv verkehrsgerechtes Verhalten mit Schädigungsabsicht
        Ⓟ Zufahren auf einen Polizeibeamten

---

22  BGHSt 22, 67, 75; BGH VRS 65 (1983), 359; *Fischer*, § 315b Rn 23; aA LK-*König*, 12. Aufl. 2008, § 315b Rn 95; S/S-*Cramer/Sternberg-Lieben*, § 315b Rn 16 und SK-*Horn/Wolters*, § 315c Rn 26, die Gesetzeseinheit mit Vorrang des § 315b annehmen.

23  *Maurach/Maiwald*, BT II § 53 Rn 16, hinsichtlich der Bestimmtheit mit Bedenken, die von der hM nicht geteilt werden; vgl BGHSt 22, 365, 367; LK-*König*, 12. Aufl. 2008, § 315 Rn 40 f mwN; zur Kasuistik siehe *Geppert*, Jura 96, 639, 644; *König*, JA 03, 818.

b) dadurch Beeinträchtigung der Sicherheit des Straßenverkehrs
c) dadurch konkrete „verkehrsspezifische" Gefahr für
  – **Leib oder Leben eines anderen Menschen**
    Ⓟ Insassen des Täterfahrzeuges, Teilnehmer an der Tat
  – **oder eine fremde Sache von bedeutendem Wert**
    → zurzeit ab ca. 750 €
    Ⓟ Tatfahrzeug, das nicht dem Täter gehört
2. **Subjektiver Tatbestand**
    Ⓟ Schädigungsvorsatz beim verkehrsfeindlichen Inneneingriff

**II. Rechtswidrigkeit**

**III. Schuld**

→ **Qualifikation: § 315b III iVm § 315 III**

# III. Gefährdung des Straßenverkehrs

**Fall 57:** Der Aushilfskellner A spült seinen beruflichen Kummer bei Dienstschluss mit eini- **983**
gen hastig getrunkenen Schnäpsen hinunter. Als er die Heimfahrt mit seinem Kraftwagen antritt, hat er eine Alkoholmenge im Körper, die zu einer Blutalkoholkonzentration von mehr als
1,1‰ führt; gleichwohl hält A sich noch für fahrtüchtig. Unterwegs streift er den Mopedfahrer
M, den er aus Unachtsamkeit zu spät bemerkt hat und der bei dem Unfall so schwer verletzt
wird, dass er kurz darauf stirbt. Um sich der Feststellung seiner Person zu entziehen, setzt A
seine Fahrt ohne Unterbrechung mit erhöhter Geschwindigkeit fort, wobei er für geraume Zeit
die Fahrzeugbeleuchtung ausschaltet.

Nach etwa 8 km gerät er in eine Verkehrskontrolle, die zu seiner Ermittlung als Unfallverursacher führt.

Strafbarkeit des A? **Rn 994, 996, 1019, 1025**

Das Verhalten des A erfüllt alle Voraussetzungen der fahrlässigen Tötung (§ 222). Näherer
Prüfung bedarf das Vorliegen einer vorsätzlichen oder fahrlässigen **Gefährdung des Straßenverkehrs** (§ 315c I Nr 1a, III Nr 2, uU nur das einer Trunkenheit im Verkehr (§ 316).

## 1. Begriff des Fahrzeugführens

**Täter** nach § 315c I Nr 1 kann nur sein, wer im Straßenverkehr **ein Fahrzeug führt**, **984**
dh derjenige, der es allein- oder mitverantwortlich in Bewegung setzt oder es unter
Handhabung seiner technischen Vorrichtungen während der Fahrbewegung durch
den öffentlichen Verkehrsraum lenkt. Maßgebend ist dabei der **Bewegungsvorgang**
im Verkehr; ob er mithilfe der Motorkraft oder ohne sie erfolgt (zB durch Abrollen-
lassen auf einer Gefällstrecke), ist gleichgültig (BGHSt 35, 390). Vorgänge nach
Fahrtende, Abstellen des Motors und Verlassen des Kraftfahrzeugs, etwa dessen Los-
rollen aufgrund nicht angezogener Feststellbremse, sind **kein Führen** in diesem Sinn

(OLG Karlsruhe NZV 06, 441). Der im Fahrzeug mitfahrende Halter ist sowenig Fahrzeugführer wie der Fahrlehrer, solange er nicht einen zumindest wesentlichen Teil der zur Fortbewegung bestimmten Vorrichtungen selbst bedient[24], wohl aber der Lenker eines mittels Abschleppseils fortbewegten (defekten) Kraftwagens (BGHSt 36, 341)[25].

**985**    **Anders** als eine **Trunkenheitsfahrt iS des § 316** ist die unter den Voraussetzungen des § 315c I Nr 1a, III begangene Straßenverkehrsgefährdung *kein Dauerdelikt* (BGHSt 23, 141, 147; vgl auch Rn 977). Der Verstoß gegen § 315c I Nr 1a beginnt nämlich nicht schon mit dem Antritt der Fahrt, sondern erst mit der **Herbeiführung einer konkreten Gefahr** für Leib oder Leben eines anderen oder für fremde Sachen von bedeutendem Wert (zu Letzterem *Lackner/Kühl*, § 315c Rn 24). *Vollendet* ist die Tat mit dem Eintritt dieser Gefahr; *beendet* ist sie mit deren Beseitigung (BGH VRS 62 [1982], 191). Das schließt nicht aus, dass im Einzelfall mehrere Verstöße gegen § 315c I Nr 1a eine einheitliche Tat im Rechtssinne bilden können, wie etwa im Rahmen einer sog. *natürlichen Handlungseinheit*[26]. Sind von derselben Gefahrenlage mehrere Personen gleichzeitig betroffen, liegt nicht gleichartige Tateinheit (§ 52 I Alt. 2), sondern nur *eine* Gesetzesverletzung vor[27]. Nach BGH StV 89, 154 soll dasselbe für mehrere Gefährdungen während derselben Trunkenheitsfahrt gelten.

## 2. Absolute und relative Fahruntüchtigkeit

**986**    Nach allgemein anerkannter Auffassung ist ein Kraftfahrer **fahruntüchtig**, wenn seine Gesamtleistungsfähigkeit durch Enthemmung (= Selbstüberschätzung, erhöhte Risikobereitschaft, Verlust von Umsicht und Besonnenheit) sowie infolge geistig-seelischer oder körperlicher Leistungsausfälle so weit herabgesetzt ist, dass er **nicht mehr fähig** ist, sein Fahrzeug im Straßenverkehr eine längere Strecke (auch bei plötzlichem Auftreten schwieriger Verkehrslagen) **sicher zu führen**[28].

**987**    **Absolute Fahruntüchtigkeit** ist nach der neueren Rechtsprechung bei allen **Kraftfahrern** schon bei einer *Blutalkoholkonzentration* von 1,1‰ gegeben (BGHSt 37, 89 im Anschluss an BGHSt 21, 157, wo der Grenzwert noch auf 1,3‰ festgelegt war; krit. zu dieser Änderung *Konzak/Hüting*, Jura 91, 241). Absolut fahruntüchtig ist auch *der* Kraftfahrer, der eine **Alkoholmenge im Körper** hat, die zu einer Blutalkoholkonzentration von 1,1‰ führt. Letzteres gewinnt dann praktische Bedeutung, wenn – zB nach einem sog. *Sturztrunk* oder nach *forciertem Trinken* – eine Blutalkoholkonzentration von 1,1‰ zwar im Zeitpunkt der Blutprobe, nicht aber im *früheren* Zeitpunkt der Tat erreicht war; hier gleicht die sog. *Alkoholanflutungswirkung* das Noch-nicht-Erreichtsein des Grenzwertes (= den sog. *„Konzentrationsfehlbetrag"*) aus.

---

24    OLG Dresden NJW 06, 1013; aA AG Cottbus DAR 03, 476 mit abl. Anm. *König*, aaO S. 448.
25    Näher zum Ganzen LK-*König*, 12. Aufl. 2008, § 315c Rn 11 ff, 34 ff.
26    BGHSt 23, 141, 148; dazu LK-*König*, 12. Aufl. 208, § 315c Rn 209.
27    BayObLG NJW 84, 68; *Geppert*, Anm. NStZ 89, 320; anders SK-*Horn/Wolters*, § 315c Rn 26.
28    BGHSt 13, 83; *Fischer*, § 315c Rn 3a f; *Lackner/Kühl*, § 315c Rn 3, 5; *Ranft*, JuS 92, 468.

Näher dazu sowie zur *Rückrechnungsmethode* BGHSt 25, 246; LK-*König*, 12. Aufl. 2008, § 316   **988**
Rn 28 ff; LK-*Jähnke*, § 20 Rn 47. Zur Berechnung bei fehlender Blutprobe LK-*König*, aaO
Rn 37 ff; *Schütz/Weiler*, StraFo 99, 371. Zur Alkoholdelinquenz im Verkehr aus kriminologischer
Sicht siehe *Schöch*, NStZ 91, 11 und *Schwind*, Kriminologie, § 26 Rn 23, 32.

Der absolute Grenzwert von 1,1‰ gilt auch für den Führer eines abgeschleppten Kraftwagens
(BGHSt 36, 341) sowie für Mofa-Fahrer (BGHSt 30, 251). Er setzt sich zusammen aus einem
**Grundwert** von 1,0‰, bei dessen Vorliegen *jeder* Kraftfahrer und Mofa-Fahrer nach wissenschaftlicher Erkenntnis fahrtüchtig ist, und einem **Sicherheitszuschlag** von 0,1‰, der die
Streubreite der verschiedenen Blutalkoholbestimmungsmethoden auffangen soll (näher BGHSt
45, 140 mwN). **Radfahrer** wurden bisher erst bei einem Blutalkoholgehalt von 1,7‰ als absolut
fahrtüchtig angesehen (BGHSt 34, 133). Inzwischen haben mehrere Obergerichte den Grenzwert auf 1,6‰ festgelegt[29].

**Relative Fahruntüchtigkeit** kommt (ab 0,3‰)[30] in Betracht, wenn der Grenzwert   **989**
von 1,1‰ nicht erreicht oder nicht nachgewiesen ist und bestimmte **Ausfallerscheinungen** den Schluss auf eine alkoholbedingte Fahrunsicherheit zulassen[31]. Die Abgrenzung zwischen absoluter und relativer Fahruntüchtigkeit hat nichts mit einem höheren oder geringeren Grad von Fahrunsicherheit zu tun, sondern hängt mit den
unterschiedlichen Anforderungen zusammen, die an den **Nachweis** der Fahruntüchtigkeit zu stellen sind[32]. Während im ersten Fall allein die Höhe der Blutalkoholkonzentration zur Feststellung der Fahruntüchtigkeit ausreicht („Gegenbeweis" ausgeschlossen), bedarf es zur Bejahung *relativer* Fahruntüchtigkeit außer der (ersetzbaren,
vgl OLG Zweibrücken StV 99, 321) Ermittlung des Blutalkoholgehalts noch **zusätz-
licher Beweisanzeichen** und Tatsachen. Maßgebend und notwendig ist hier eine **Gesamtwürdigung** aller Indizien und Umstände des Einzelfalles (wie etwa des Blutalkoholgehalts, einer auffälligen Fahrweise, ungewöhnlicher Fahrfehler, mangelhafter
Reaktion und sonstiger Ausfallerscheinungen, die eine alkoholbedingte Enthemmung
erkennen lassen). Da Fahrfehler aber auch von nüchternen Kraftfahrern begangen
werden, zwingt nicht *jedes* fehlerhafte Verhalten im Straßenverkehr (zB Nichtbeachten der Vorfahrt oder Überholen mit zu geringem Seitenabstand) zu der Annahme eines *rauschbedingten* Versagens. Unter Berücksichtigung der allgemeinen Lebenserfahrung ist vielmehr zu prüfen, ob der beschuldigte Kraftfahrer in nüchternem
Zustand anders reagiert und den betreffenden Fahrfehler nicht begangen hätte[33]. Je
seltener ein bestimmter Fahrfehler bei nüchternen Fahrern vorkommt und je häufiger
er von alkoholisierten Fahrern begangen wird, desto eher wird der Schluss gerechtfertigt sein, dass er dem Beschuldigten in nüchternem Zustand nicht unterlaufen wäre
(näher LK-*König*, 12. Aufl. 2008, § 316 Rn 98, 101 ff). Nähert sich der Blutalkoholgehalt des Beschuldigten zum Tatzeitpunkt bereits dem Grenzwert von 1,1‰, sind an
die übrigen Beweisanzeichen keine allzu hohen Anforderungen zu stellen (BGSt 31,

---

29  Vgl OLG Karlsruhe DAR 97, 456 mwN; siehe auch *Fahl*, JA 98, 448; LK-*König*, 12. Aufl. 2008, § 316
    Rn 71.
30  *Fischer*, § 316 Rn 31; beachte LK-*König*, 12. Aufl. 2008, § 316 Rn 93: bloßer Richtwert; vgl auch
    *Janker*, NZV 01, 197.
31  Vgl BGHSt 22, 352; BGH NStZ 95, 88; *Lackner/Kühl*, § 315c Rn 7; *Peters*, MDR 91, 487; S/S-*Cra-
    mer/Sternberg-Lieben*, § 316 Rn 13.
32  *König*, JA 03, 131 und in LK, 12. Aufl. 2008, § 316 Rn 90.
33  Vgl BGH VRS 34 (1968), 211; 36 (1969), 174; 49 (1975), 429.

42, 45). Zur Feststellung der Fahruntüchtigkeit bei *anderen* berauschenden Mitteln bedarf es neben dem Nachweis von Drogenwirkstoffen regelmäßig der Feststellung weiterer aussagekräftiger Beweisanzeichen, da hier der BAK von 1,1‰ entsprechende „Grenzwerte" wissenschaftlich noch nicht gesichert sind[34].

### 3. Gefahrverursachung

**990**  **Durch die Tathandlung** muss in allen Fällen des § 315c für zumindest eines der dort genannten Individualrechtsgüter eine **konkrete Gefahr** verursacht worden sein, in der sich die **Pflichtwidrigkeit des Täterverhaltens realisiert** und bei der das Ausbleiben eines Verletzungsschadens weitgehend vom Zufall abhängt (näher *Küper*, BT S. 155 mwN). Einer idS gefährdeten fremden Sache wie auch dem ihr drohenden Schaden muss *bedeutender Wert* zukommen, wobei der Wert der Sache nach dem Verkehrswert, die Höhe des drohenden Schadens nach der am Marktwert zu messenden Wertminderung und der Grenzwert für beide einheitlich zu bestimmen ist[35]. Derzeit dürfte die Grenze noch bei 750 € gezogen werden[36]; bei mehreren Sachen soll es genügen, wenn ihr Gesamtwert bedeutend ist (näher LK-*König*, 12. Aufl. 2008, § 315 Rn 82 ff, 87). Die Teuerung sollte allmählich zu einer Anhebung des Wertes führen.

**991**  Bei einer *Trunkenheitsfahrt* iS des § 315c I Nr 1a bedarf es somit des Nachweises, dass die Alkoholbeeinflussung für den Eintritt der Gefahr *ursächlich* gewesen ist und es in der dabei entstandenen Verkehrssituation „beinahe" zu einem Unfall gekommen wäre (BGH NJW 95, 3131 mwN). Lässt sich das nicht mit hinreichender Sicherheit feststellen, bleibt nur für § 316 Raum.

**992**  Ob allein die Gefährdung des vom Täter zur Fahrt benutzten, ihm aber nicht gehörenden **Fahrzeugs** zur Tatbestandsverwirklichung ausreicht, ist umstritten. Die hM verneint das, weil das Fahrzeug als Tatmittel nicht zugleich Gefährdungsobjekt sein könne; gefährde der Täter lediglich das von ihm geführte Fahrzeug, sei der Schutzbereich (vgl Rn 978) nicht betroffen[37]. Die **Insassen** eines Kraftwagens sind grundsätzlich *nicht* schon deswegen *konkret* gefährdet, weil der Führer dieses Fahrzeugs infolge des Genusses alkoholischer Getränke absolut fahruntüchtig ist[38]. Zu der umstrittenen Frage, ob **Tatteilnehmer** (wie etwa Beifahrer) überhaupt zu dem durch § 315c geschützten Personenkreis gehören, siehe BGH NJW 91, 1120, der das verneint[39] sowie ua *Geppert*, Jura 96, 47; *Graul*, JuS 92, 321; *F.-C. Schroeder*, JuS 94, 846 mwN.

---

34  BGHSt 44, 219 (mit zust. Anm. *Berz*, NStZ 99, 407; krit. hingegen *L.H. Schreiber*, NJW 99, 1770); vgl auch OLG Düsseldorf JR 99, 474 mit Anm. *Hentschel*; OLG Frankfurt BA 02, 388; ferner *Mettke*, NZV 00, 199; LK-*König*, 12. Aufl. 2008, § 316 Rn 193 ff; *Scheffler/Halecker*, BA 04, 422 und S/S-*Cramer/Sternberg-Lieben*, § 316 Rn 6.

35  So zu § 315b BGH NStZ-RR 08, 289 mit zust. Anm. *Kudlich*, JA 08, 821; für den insoweit gleich gelagerten § 315c gilt nichts anderes.

36  BGHSt 48, 119; BGH NZV 94, 325; BayObLG NJW 98, 1966; aA *Fischer*, § 315 Rn 16a: nicht mehr unter 1300 €; siehe auch OLG Dresden NJW 05, 2633 (zu § 69 II Nr 3).

37  BGHSt 27, 40; 11, 148; BGH VRS 69 (1985), 436; BayObLG JZ 83, 560; *Fischer*, § 315c Rn 15a; aA SK-*Wolters/Horn*, Rn 10 vor § 306.

38  BayObLG NJW 90, 133; OLG Köln NJW 91, 3291; *Berz*, Anm. NStZ 96, 85; so jetzt auch BGH NJW 95, 3131; vgl *Küper*, BT S. 158; *Tepperwien*, Nehm-FS, S. 427, 435.

39  Krit. LK-*König*, 12. Aufl. 2008, § 315b Rn 71 ff.

Streitig ist ferner, ob eine **Einwilligung des Gefährdeten in die Tat** erheblich oder     **993**
bedeutungslos ist (wichtig für Fahrzeuginsassen). Die hM nimmt Letzteres an, weil
der Gefährdete über das Rechtsgut der *allgemeinen Verkehrssicherheit* (dazu Rn 978)
nicht wirksam verfügen kann[40].

Im **Fall 57** war A infolge des sog. Sturztrunkes (= BGHSt 24, 200) zur Zeit der Tat **fahrun-**     **994**
**tüchtig**. Es *ist* davon auszugehen, dass die Gefährdung des M durch A *alkoholbedingt* war.
Damit sind die objektiven Tatbestandsvoraussetzungen des § 315c I Nr 1a erfüllt.

## 4. Vorsatz und Fahrlässigkeit

In **subjektiver Hinsicht** verlangt § 315c I in Bezug auf alle Merkmale des objektiven     **995**
Unrechtstatbestandes einschließlich der Gefahrverursachung **Vorsatz**, wobei Eventualvorsatz genügt[41]. Wird die Tathandlung *vorsätzlich* begangen, die Gefahr aber nur
**fahrlässig** verursacht, so greift § 315c III Nr 1 ein (= Vorsatz-Fahrlässigkeits-Kombination; vgl insoweit auch § 11 II StGB). Bei *fahrlässigem* Handeln (beachte Rn 1024)
und *fahrlässiger* Gefährdung gilt § 315c III Nr 2.

Diese Kombination ist im **Fall 57** gegeben, da A sich noch für fahrtüchtig hielt und die Gefah-     **996**
renlage für M ebenfalls nur fahrlässig herbeigeführt hat. Zur Vermeidbarkeitsfrage im Rahmen
des § 315c und zum Fahrlässigkeitsmaßstab bei trunkenheitsbedingter Fahruntüchtigkeit siehe
*Maiwald*, Dreher-FS, S. 437 sowie S/S-*Cramer/Sternberg-Lieben*, § 15 Rn 158 (gegen BGHSt
24, 31).
Zwischen der fahrlässigen Tötung (§ 222) und der fahrlässigen Straßenverkehrsgefährdung
(§ 315c I Nr 1a, III Nr 2) besteht *Tateinheit* (vgl NK-*Herzog*, § 315c Rn 27). § 316 II tritt für
diesen Teil des Tatgeschehens aus Gründen der *Subsidiarität* hinter § 315c zurück.

## 5. Hinweise zu § 315c I Nr 2

Bei dieser Regelung, für die das vorstehend Gesagte sinngemäß gilt, fasst das Gesetz     **997**
in den Nr 2a-2g die sog. „Todsünden" im fließenden oder ruhenden Verkehr zusammen (Nichtbeachten der Vorfahrt, falsches Überholen, zu schnelles Fahren an unübersichtlichen Stellen usw), setzt dabei jedoch ein **grob verkehrswidriges** und **rück-**
**sichtsloses** Verhalten voraus.

Während die **grobe Verkehrswidrigkeit** ein Verhalten kennzeichnet, das sich objek-     **998**
tiv als besonders schwerer Verstoß gegen eine Verkehrsvorschrift und die Sicherheit
des Straßenverkehrs darstellt[42], betrifft das Merkmal der **Rücksichtslosigkeit** die innere Einstellung des Täters und die gesteigerte Vorwerfbarkeit seines Fehlverhaltens
(die Stellung des Merkmals *im Deliktsaufbau* ist umstritten[43]). Rücksichtslos handelt,

---

40  BGHSt 23, 261; OLG Stuttgart NJW 76, 1904; *Lackner/Kühl*, § 315c Rn 32; *Tepperwien*, Nehm-FS,
    S. 427, 434; aA *Geppert*, Jura 01, 559, 565; *Kindhäuser*, BT I § 68 Rn 24, 26; *Rengier*, BT II § 44
    Rn 9; S/S-*Cramer/Sternberg-Lieben*, § 315c Rn 43; SK-*Wolters/Horn*, Rn 9 vor § 306 mwN.
41  BGH NStZ-RR 97, 18; *Salger*, DRiZ 93, 311.
42  Vgl BGHSt 5, 392, 395; LK-*König*, 12. Aufl. 2008, § 315c Rn 133.
43  Vgl LK-*König*, 12. Aufl. 2008, § 315c Rn 138 mwN; *Wessels/Beulke*, AT Rn 422.

wer sich aus eigensüchtigen Gründen über seine Pflichten im Straßenverkehr hinwegsetzt oder aus Gleichgültigkeit Bedenken gegen sein Verhalten gar nicht erst aufkommen lässt und unbekümmert drauflosfährt[44]. Der erste Teil dieser Definition ist für Fälle vorsätzlichen Handelns maßgebend; der zweite Teil gilt für Fahrlässigkeitstaten iS des § 315c III Nr 2. Für eine Vorsatz-Fahrlässigkeitskombination ist nur Raum, wenn der Tätervorsatz auch die grobe Verkehrswidrigkeit umfasste und der Täter sich außerdem der Gefährlichkeit seines Verhaltens sowie der Umstände bewusst war, aus denen der Vorwurf der Rücksichtslosigkeit folgt[45]. Zum Konkurrenzverhältnis zwischen Straßenverkehrsgefährdung (§ 315c) und gefährlichem Eingriff in den Straßenverkehr (§ 315b) siehe BGH NStZ-RR 07, 59 mwN.

---

**Gefährdung des Straßenverkehrs, § 315c**

  **I. Tatbestandsmäßigkeit**
    **1. Objektiver Tatbestand**
      **a) Führen eines Fahrzeugs**
        → nur eigenhändiges Verhalten
      **b) im Straßenverkehr**
      **c) – in fahruntüchtigem Zustand (Nr 1a oder b)**
        *(1) absolute Fahruntüchtigkeit*
          → unwiderleglich vermutet ab 1,1‰ BAK
        *(2) oder relative Fahruntüchtigkeit*
          → ab 0,3‰ BAK und Ausfallerscheinungen (Gesamtwürdigung)
      **– oder grob verkehrswidrig und rücksichtslos begangene Verfehlung nach Nr 2a–g**
      **d) dadurch konkrete Gefahr für**
        **– Leib oder Leben eines anderen Menschen**
          ⓟ Insassen des Täterfahrzeuges, Teilnehmer an der Tat
        **– oder eine fremde Sache von bedeutendem Wert**
          → zurzeit ab ca. 750 €
          ⓟ Tatfahrzeug, das nicht dem Täter gehört
    **2. Subjektiver Tatbestand**
  **II. Rechtswidrigkeit**
  **III. Schuld**

---

## IV. Unerlaubtes Entfernen vom Unfallort

### 1. Schutzzweck

**999** Der frühere Tatbestand der Verkehrsunfallflucht (§ 142) ist durch das 13. StÄG vom 13.6.1975 (BGBl I 1349) umbenannt und geändert worden (*Maurach/Schroeder*, BT I § 49 Rn 1). Die Neuerungen bestehen in einer teilweise mißglückten Umgestaltung

---

44 BGHSt 5, 392; S/S-*Cramer/Sternberg-Lieben*, § 315c Rn 30 f; siehe dazu auch *Spöhr/Karst*, NJW 93, 3308.
45 Vgl *Fischer*, § 315c Rn 18 mwN.

der Gesetzesfassung, im Wegfall der Versuchsstrafbarkeit sowie in der Einführung einer begrenzten Erklärungs- und Nachholpflicht: Wer iS des § 142 V **unfallbeteiligt** ist, muss **diese Tatsache als solche angeben** (§ 142 I Nr 1) und die im Gesetz vorgesehenen Feststellungen *unverzüglich* **nachträglich ermöglichen**, wenn er sich nach Erfüllung seiner Wartepflicht oder sonst berechtigt oder entschuldigt vom Unfallort entfernt hat (§ 142 II, III)[46]. Das 6. StrRG hat der Forderung des Bundesrates entsprechend für Unfälle *außerhalb* des fließenden (Straßen-)Verkehrs eine „flexible" Regelung eingeführt (§ 142 IV), nach der das Gericht unter den dort genannten Voraussetzungen die Strafe mildern oder ganz von ihr absehen kann[47].

**Unfallbeteiligter** iS des § 142 V ist jeder, dessen Verhalten nach den jeweiligen Umständen zur Verursachung des Unfalls (dazu Rn 1004 f) beigetragen *haben kann* (nicht: hat[48]). Insoweit genügt die nicht ganz unbegründete, aus dem äußeren *Anschein* der Unfallsituation zu folgende Möglichkeit der (Mit-) Verursachung. Der Begriff des Unfallbeteiligten erfasst also neben denjenigen, die zur Verursachung des Unfalls tatsächlich beigetragen haben, alle Personen, die bei dem **aktuellen Unfallgeschehen anwesend** waren (BayObLG JZ 87, 49), *soweit* ihr Verhalten nach den konkreten Umständen den *Verdacht* begründet, dass es zum Unfall mit beigetragen hat. Deshalb kann ua auch ein *Mitfahrer* Unfallbeteiligter iS des § 142 V sein, wenn *konkrete Anhaltspunkte* dafür vorliegen, dass sein Verhalten in der Unfallsituation den Unfall mitverursacht (zB durch Ablenken oder Behindern des Fahrers) oder er selbst das Unfallfahrzeug gefahren hat (vgl *Küper*, BT S. 306, aber auch *Tepperwien*, Nehm-FS, S. 427, 431). Wer erst *nach* dem Ereignis am Unfallort eintrifft, ist nicht Beteiligter[49]. § 142 ist ein (echtes) **Sonderdelikt**. Ob die Unfallbeteiligung nur die Positionsnähe zum Rechtsgut oder aber die besondere Pflichtbindung des Täters (dann: § 28 I) charakterisiert, ist umstritten (vgl SK-*Rudolphi*, § 142 Rn 4 mwN).

**1000**

Für das Verhältnis der in § 142 enthaltenen Tatvarianten zueinander gilt folgendes: Hat ein Unfallbeteiligter die ihm nach § 142 I Nr 1 obliegenden Pflichten vollständig erfüllt, ist die in Abs. 2 vorgesehene „Nachholpflicht" für ihn gegenstandslos (OLG Köln VRS 64 [1983], 193); ein Verstoß gegen § 142 scheidet hier aus. Hat er umgekehrt die ihm nach § 142 I Nr 1, 2 obliegenden Pflichten verletzt, ohne dass zu seinen Gunsten ein Rechtfertigungs- oder Entschuldigungsgrund eingreift, ist er nach Maßgabe dieser Vorschriften zu bestrafen; Abs. 2 hat dafür keine Bedeutung mehr (OLG Köln VRS 63 [1982], 352). Ist der Unfallbeteiligte dagegen den ihm durch § 142 I Nr 1 auferlegten Verpflichtungen nicht nachgekommen, hat er sich jedoch *berechtigt*, *entschuldigt* oder erst nach Ablauf der Wartefrist (Abs. 1 Nr 2) vom Unfallort entfernt, entsteht für ihn gemäß § 142 II eine dem *Unverzüglichkeitsgebot* unterstehende „Nachholpflicht", deren Verletzung als solche mit Strafe bedroht ist.

**1001**

46  Näher *Geppert*, Jura 90, 78; *Janker*, NJW 91, 3113; *Loos*, DAR 83, 209; *Volk*, DAR 82, 81; *Weigend*, Tröndle-FS, S. 753.

47  BT-Drucks. 13/9064, S. 9; dazu *Böse*, StV 98, 509; *Himmelreich/Lessing*, NStZ 00, 299; *Lackner/Kühl*, § 142 Rn 38; krit. *U. Schulz*, NJW 98, 1440; SK-*Rudolphi*, § 142 Rn 55.

48  Vgl BGHSt 15, 1, 4; für Verfassungswidrigkeit der Bestimmung *Engelstädter*, Der Begriff des Unfallbeteiligten in § 142 Abs. 4 StGB, 1997, S. 238; NK-*Schild*, § 142 Rn 22.

49  *Fischer*, § 142 Rn 16; differenzierend NK-*Schild*, § 142 Rn 52.

1002 § 142 schützt allein das **private Interesse der Unfallbeteiligten** und Geschädigten an einer möglichst umfassenden **Aufklärung des Unfallherganges** zu dem Zweck, die Durchsetzung oder Abwehr von Schadensersatzansprüchen zu sichern und der Gefahr eines Beweisverlustes entgegenzuwirken (BGHSt 29, 138, 142). Wenn dadurch auch *mittelbar* zum Schutz des Straßenverkehrs und der Rechtspflege beigetragen wird, so ändert das an dem überwiegenden Charakter des § 142 als *Vermögensgefährdungsdelikt* nichts (vgl MüKo-*Zopfs*, § 142 Rn 4). **Schutzgut** der Vorschrift ist jedenfalls *nicht* das öffentliche Interesse an einer Strafverfolgung. Die Flucht vor der Polizei nach einem Unfall ohne andere Beteiligte und ohne Fremdgeschädigte fällt daher nicht unter § 142. Ebenso kann die Weigerung, sich am Unfallort eine Blutprobe entnehmen zu lassen, allenfalls nach § 113, nicht jedoch nach § 142 strafbar sein.

1003 Die Vereinbarkeit des § 142 mit dem Grundgesetz wird verschiedentlich bezweifelt[50]. Wie die Unfallstatistik zeigt, sind mit dem Massenverkehr auf öffentlichen Straßen und Wegen schwere Gefahren für Leben, Gesundheit und Eigentum der Verkehrsteilnehmer verbunden. Aufgabe der Rechtsordnung ist es daher, die Entschädigungsansprüche der Unfallopfer nach besten Kräften sicherzustellen. Dieses Schutzbedürfnis hat Vorrang vor dem Interesse des Unfallverursachers an einer straflosen Selbstbegünstigung[51].

Das BVerfG hat dazu aaO ausgeführt, aus dem Grundgesetz lasse sich kein allgemeiner Satz des Inhalts herleiten, dass eine Selbstbegünstigung immer erlaubt und straflos sein müsse. Der Gesetzgeber sei nicht gehindert, ein Handeln zu Selbstbegünstigungszwecken, das *fremde Rechtsgüter verletze*, mit Strafe zu bedrohen (vgl auch Rn 123).

## 2. Tatbestand

1004 a) Der **objektive Tatbestand** aller Begehungsformen des § 142 setzt zunächst voraus, dass sich ein **Unfall im öffentlichen Straßenverkehr** (dazu Rn 978) ereignet hat. Unter einem **Verkehrsunfall** ist jedes für zumindest einen der Beteiligten plötzliche, mit dem Straßenverkehr und seinen Gefahren ursächlich zusammenhängende Ereignis zu verstehen[52], das einen nicht völlig belanglosen Personen- oder Sachschaden zur Folge hat[53]. Auch Vorkommnisse im ruhenden Verkehr können genügen, soweit sie verkehrsbezogene Ursachen haben (wie etwa der Zusammenstoß zwischen einem nicht ordnungsmäßig abgestellten Einkaufswagen und einem geparkten Kraftfahrzeug auf dem öffentlichen Parkplatz eines Supermarktes[54]). Krit. zum Unfallbegriff der hM *Freund*, GA 87, 537.

1005 **Verkehrsunfall** iS des § 142 ist nicht nur die *ungewollte* Fremd- oder Selbstschädigung, vielmehr erfasst dieser Begriff auch die fahrlässige, uU sogar die *vorsätzliche*

---

50   Vgl ua *Dietrich*, § 142 StGB und das Verbot zwangsweiser Selbstbelastung, 1998, S. 103, 135 f; *Schünemann*, DAR 98, 424 mwN; eingehend zur Problematik NK-*Schild*, § 142 Rn 18 ff; zur Reformbedürftigkeit siehe die Nachw. bei *Lackner/Kühl*, § 142 Rn 2.
51   BVerfGE 16, 191 (zu § 142 aF); BGHSt 29, 138, 142; krit. *Duttge*, JR 01, 181.
52   BGHSt 24, 382; krit. *Lackner/Kühl*, § 142 Rn 8.
53   Die Bagatellgrenze wird derzeit bei ca. 25 € gezogen, vgl *Fischer*, § 142 Rn 11; OLG Nürnberg NZV 07, 535 will angesichts erheblicher Verteuerungen von Reparaturen den Schwellenwert jetzt bei 50 € ansiedeln.
54   Vgl OLG Koblenz MDR 93, 366; ebenso OLG Köln VRS 65 (1983), 431 zum Abrutschen des aufgebockten Kraftwagens beim Reifenwechsel; insoweit aA NK-*Schild*, § 142 Rn 39.

*Herbeiführung* des Schadensereignisses, wie etwa das bewusste Umfahren von Leitpfosten, um sich in gedrückter Stimmung „abzureagieren"[55]. Entscheidend ist allein, dass der Schadenseintritt **in unmittelbarem Zusammenhang mit den im Straßenverkehr typischen Gefahren** steht und eine Auswirkung des allgemeinen Verkehrsrisikos ist[56]. Daran fehlt es, wenn ein Kraftfahrzeug nicht (auch) als Fortbewegungsmittel, sondern nur als Werkzeug zur Verwirklichung eines bestimmten Deliktsplans und zur Herbeiführung eines *außerhalb des Straßenverkehrs liegenden Erfolges* benutzt wird, etwa um einen Nebenbuhler zu töten oder um den Gartenzaun am Grundstück des Nachbarn zu zerstören (näher SK-*Rudolphi*, § 142 Rn 15).

Im Falle des § 142 I besteht die **Tathandlung** darin, dass der Unfallbeteiligte sich *vorsätzlich* **vom Unfallort entfernt**, bevor er die in Nr 1 bezeichneten Feststellungen ermöglicht oder gemäß Nr 2 seine Wartepflicht erfüllt hat. Die Feststellungen sind durch **Anwesenheit am Unfallort** (= sog. *Feststellungsduldungspflicht*) und durch die **Angabe** des Wartepflichtigen zu ermöglichen, „dass" er am Unfall beteiligt sei (= sog. *Vorstellungspflicht*). § 142 begründet aber **keine** generelle **Verpflichtung**, die Aufklärung des Unfallhergangs durch *aktive Mitwirkung* zu fördern (näher *Lackner/ Kühl*, § 142 Rn 17). Wer sich zB über die Art und Rolle seiner Unfallbeteiligung ausschweigt, Spuren verwischt, die Angabe seiner Personalien verweigert oder durch unrichtige Angaben zum Unfallhergang die Feststellungen am Unfallort erschwert, verletzt die ihm nach § 142 I Nr 1 obliegenden Pflichten nicht, solange er sich nicht entfernt und seine Unfallbeteiligung nicht *als solche* leugnet[57]. Bedeutung gewinnt die Vereitelung von Feststellungen jedoch regelmäßig im Fall des § 142 II, III 2 StGB und im Rahmen des § 34 StVO, was aber nichts daran ändert, dass im Anwendungsbereich des § 142 I Nr 1 StGB zwischen den dort normierten Pflichten und dem durch § 34 StVO erweiterten, lediglich bußgeldbewehrten Pflichtenkreis zu unterscheiden ist (näher *Küper*, JZ 88, 473).

Die *Angabe*, dass er an dem Unfall beteiligt sei, muss der Normadressat von sich aus machen; sonst hätte die Vorstellungspflicht wenig Sinn. Ihre Aufnahme in das Gesetz sollte Vertuschungsmanövern entgegenwirken und verhindern, dass ein Unfallbeteiligter zwar an Ort und Stelle bleibt, sich den erforderlichen Feststellungen aber dadurch entzieht, dass er sich unter die Zuschauer mischt oder zB in seinem Auto sitzen bleibt, bis der Halter des von ihm beim Einparken beschädigten Kraftwagens davongefahren ist, ohne den Schaden bemerkt zu haben. Dieses Ziel ist mit § 142 I Nr 1 nF nach Ansicht des BayObLG (JR 83, 505 mit abl. Anm. *Janiszewski*) jedoch kaum zu erreichen. Denn wer zwar seine Vorstellungspflicht in der geschilderten Weise verletze, aber am Unfallort bleibe und seiner Anwesenheitspflicht genüge, bis alle feststellungsbereiten Personen sich entfernt hätten und eine angemessene Wartefrist verstrichen sei, könne nicht nach § 142 I Nr 1, 2 bestraft werden. Dies folge daraus, dass Tathandlung das **„Sichentfernen"** sei und dass die Verletzung der Vorstellungspflicht

**1006**

**1007**

---

55  BayObLG VRS 69 (1985), 438; 71 (1986), 277.
56  BGHSt 24, 382; 47, 158 (mit Anm. *Sternberg-Lieben*, JR 02, 386); BGH VRS 56 (1979), 189; *Geppert*, Eisenberg-FS, S. 293 mwN; krit. *Schnabl*, NZV 05, 281.
57  BayObLG VRS 65 (1983), 136; *Küper*, JuS 88, 212, 286 und JZ 90, 510.

*für sich allein* zur Tatbestandsverwirklichung nicht ausreiche. Grundlage einer Bestrafung könne dann allenfalls § 142 II sein[58]. Die Gegenansicht beruft sich mit guten Gründen auf den Schutzzweck der Norm[59], ist jedoch genötigt, „bevor" in § 142 I als „ohne zuvor" zu lesen (siehe *Küper*, GA 94, 49, 69).

1008 Schwierigkeiten für eine sachgerechte Gesetzesanwendung ergeben sich ferner daraus, dass ein Unfallbeteiligter den Tatbestand des § 142 nur dann verwirklicht, wenn er „sich vom Unfallort entfernt", was dem allgemeinen Sprachverständnis nach ein **willensgetragenes Handeln** voraussetzt. Daran fehlt es beim Abtransport eines Bewusstlosen oder bei einem Beteiligten, der sich im Bereich der Unfallstelle versteckt hat, dann Verdacht erregt, vorläufig festgenommen und im Polizeiauto zur Wache gefahren wird, sich dort aber vor seiner Vernehmung aus dem Staub macht. Er hat nicht, wie das Gesetz es ausdrückt, sich vom Unfallort entfernt, sondern ist *ohne seinen Willen* davon **entfernt worden**. Für § 142 I ist hier kein Raum (ebenso *Lackner/Kühl*, § 142 Rn 12).

1009 Ob damit auch dem Rückgriff auf § 142 II Nr 2 die Grundlage entzogen ist, erscheint zweifelhaft und ist höchst umstritten[60]. Wenn man den Wortlaut des Gesetzes nicht in sein Gegenteil verkehren will, bleibt hier ggf nur die Ahndung wegen einer Ordnungswidrigkeit übrig (§ 49 I Nr 29 nebst § 34 I Nr 5a StVO).

1010 Zu ermöglichen sind die Feststellungen *zu Gunsten* der **Geschädigten** und der **anderen Unfallbeteiligten**. Zum Kreis dieser **Feststellungsberechtigten** gehören **nicht** die nur *mittelbar betroffenen* Versicherungsgesellschaften (Kasko- und Haftpflichtversicherungen); infolgedessen ist nicht wartepflichtig, wer nur sich selbst verletzt oder seine eigenen Sachen beschädigt hat (BGHSt 8, 263).

1011 **Feststellungsbereit** iS des § 142 I Nr 2 können auch andere Personen als Geschädigte und Unfallbeteiligte sein, sofern sie kraft Amtes dazu berufen sind (wie etwa Polizeibeamte) oder erkennbar den Willen haben, ihre Feststellungen zur Kenntnis des Geschädigten zu bringen[61]. **Dauer** und **Umfang** der **Wartepflicht** richten sich nach der Schwere des Unfalls und den sonstigen Umständen. Ihre Grenzen ergeben sich aus dem Grundsatz der **Erforderlichkeit** und dem Gesichtspunkt der **Zumutbarkeit**. OLG Köln NJW 02, 1359 hält eine Wartezeit von 15 Minuten bei Verursachung eines Schadens von 400 DM für ausreichend; bei hohem Sachschaden oder Unfällen mit Personenschäden dürfte jedoch eine Wartezeit von 1 Stunde die untere Grenze bilden[62]. Die Befürchtung, sich durch Verbleiben am Unfallort der Gefahr einer Straftat-

---

58  So auch BayObLG NJW 84, 66 und 1365 mit abl. Anm. *Loos*; OLG Frankfurt NJW 90, 1189.
59  *Lackner/Kühl*, § 142 Rn 18; SK-*Rudolphi*, § 142 Rn 29a, jeweils mwN.
60  Verneint wird die Anwendbarkeit des § 142 II von OLG Hamm NJW 79, 438; ebenso *Klinkenberg*, NJW 82, 2359; LK-*Geppert*, § 142 Rn 125; MüKo-*Zopfs*, § 142 Rn 106; S/S-*Cramer/Sternberg-Lieben*, § 142 Rn 46; aA BayObLG NJW 82, 1059; OLG Düsseldorf VRS 65 (1983), 364; differenzierend *Bär*, Anm. JR 82, 379; *Volk*, DAR 82, 81; offen gelassen in BGHSt 30, 160, 164 und in OLG Hamm DAR 85, 228.
61  Vgl BayObLG VRS 64 (1982), 119; OLG Köln VRS 64 (1982), 193; enger NK-*Schild*, § 142 Rn 61.
62  Näher LK-*Geppert*, § 142 Rn 114; S/S-*Sternberg-Lieben*, § 142 Rn 39.

verfolgung auszusetzen, macht das Warten in keinem Falle unzumutbar[63]. Treffen feststellungsbereite Personen erst nach dem Ablauf der Wartefrist am Unfallort ein, so darf der dort noch anwesende Unfallbeteiligte sich nicht entfernen, ohne zuvor die in § 142 I Nr 1 umschriebenen Feststellungen ermöglicht zu haben[64].

**Unfallort** iS des § 142 I ist die Stelle, an der sich das schädigende Ereignis zugetragen hat, sowie der engere Umkreis, innerhalb dessen das unfallbeteiligte Fahrzeug durch den Unfall zum Stillstand gekommen ist oder hätte angehalten werden können. Darüber hinaus gehört hierzu der Bereich, innerhalb dessen feststellungsbereite Personen den Wartepflichtigen vermuten und ggf durch Befragen ermitteln würden[65].    **1012**

Allgemeingültige Entfernungsangaben lassen sich dazu nicht machen; maßgebend sind vielmehr die Umstände des Einzelfalles (im innerörtlichen Bereich ist der Radius des Unfallortes enger als auf Autobahnen[66]).

§ 142 II, der ein *echtes* Unterlassungsdelikt bildet[67], dehnt die Strafbarkeit auf die Verletzung der dort umschriebenen **Nachholpflicht** aus, deren Erfüllung **unverzüglich** erfolgen muss und deren Mindestanforderungen § 142 III festlegt. Trotz seines Wortlauts sollte § 142 II Nr 2 sich nach bisher hM nicht nur auf das *berechtigte* oder *entschuldigte* Verlassen des Unfallortes beziehen, sondern auch den Fall erfassen, dass ein Unfallbeteiligter sich **in Unkenntnis des Unfalls**, dh *unvorsätzlich* vom Ort des Geschehens entfernt und erst im Anschluss daran von dem Unfall Kenntnis erlangt hat[68]. Diese Auslegung hat das BVerfG (NJW 07, 1666 mit zust. Anm. *Simon*) als mit dem möglichen Wortsinn der Begriffe „berechtigt oder entschuldigt" nicht vereinbar verworfen.    **1013**

Damit ist die auf BGHSt 28, 129 fußende Rechtsprechung (dazu BT/1, 30. Aufl. Rn 1014) erledigt. Wer den Ort eines von ihm unwiderlegbar nicht wahrgenommenen Unfalls verlässt, entfernt sich nicht iS der §§ 142, 15. Daraus folgt, dass strafbar sich nur derjenige machen kann, der noch *im* Bereich des Unfallorts (siehe Rn 1012) Kenntnis erlangt. Erlangt er sie erst außerhalb desselben, scheidet § 142 aus[69].    **1014**

Das OLG Düsseldorf (StraFo 08, 83) greift zur Konkretisierung des Merkmals Unfallort für den Fall, dass ein Unfallbeteiligter erst nachträglich auf den Unfall hingewiesen wird und gleichwohl weiterfährt (dazu Rn 1013), auf das Erfordernis eines räumlichen und zeitlichen Zusammenhangs zwischen Unfall und Kenntniserlangung des    **1014a**

---

63  Vgl dazu BayObLG JZ 85, 855; *Berz*, JuS 73, 558; *Ulsenheimer*, JuS 72, 24.
64  OLG Stuttgart NJW 82, 1769; *Lackner/Kühl*, § 142 Rn 16; MüKo-*Zopfs*, § 142 Rn 77; aA *Küper*, NJW 81, 853, 854.
65  Näher *Küper*, BT S. 308; MüKo-*Zopfs*, § 142 Rn 47 f.
66  Vgl OLG Karlsruhe NStZ 88, 409; OLG Thüringen DAR 04, 599; *Berz*, Anm. NStZ 92, 591; *Küper*, BT S. 308; NK-*Schild*, § 142 Rn 81 f.
67  Vgl BGHSt 28, 129, 135; BayObLG NJW 90, 1861; *Lackner/Kühl*, § 142 Rn 21.
68  BGHSt 28, 129; BayObLG NJW 79, 436; *Franke*, JuS 78, 456; *Küper*, Heidelberg-FS, S. 451; *krit.* bzw *abl. Berz*, Jura 79, 125; *Beulke*, NJW 79, 400; *Werner*, NZV 88, 88; differenzierend AK-*Schild*, § 142 Rn 149, 150; zum Streitstand *Hillenkamp*, BT 17. Problem.
69  So jetzt auch BVerfG NJW 07, 1666; im Erg. zust. *Dehne-Niemann*, Jura 08, 135; *Brüning*, ZIS 07, 317; krit. *Laschewski*, NZV 07, 444; vgl ferner *Fischer*, § 142 Rn 52; *Krey/Hellmann*, BT II Rn 641 ff; *Lackner/Kühl*, § 142 Rn 25; MüKo-*Zopfs*, § 142 Rn 105.

„bösgläubig" gewordenen Unfallbeteiligten zurück[70]. Ob sich hier eine ausweitende[71] Bestimmung des „Unfallorts" anbahnt, bleibt abzuwarten.

**1015** § 142 II Nr 2 erfasst nicht den Fall, dass der Verstoß gegen § 142 I eine **Rauschtat** iS des § 323a ist und zu einer Bestrafung des Täters nach jener Vorschrift führt (BayObLG NJW 89, 1685; *Küper*, NJW 90, 209; im Erg. auch *Paeffgen*, NStZ 90, 365; anders *Hohmann/Sander*, BT I § 20 Rn 40, 48; *Keller*, Anm. JR 89, 343; *Miseré*, Jura 91, 298).

**1016** Große Schwierigkeiten bereitet das **Unverzüglichkeitsgebot** in § 142 II, das ein Handeln ohne vorwerfbares Zögern zur Pflicht macht, im Hinblick auf die jeweiligen Umstände des Einzelfalls (insbesondere unter Berücksichtigung der Unfallfolgen und der Schadenshöhe) jedoch stets am **Schutzzweck** des § 142 zu messen ist. Das Gesetz selbst bestimmt nicht abschließend, wie und auf welche Weise die erforderlichen Feststellungen zu ermöglichen sind; die in § 142 III genannten Verhaltensweisen (Mitteilung an den Berechtigten oder an eine nahe gelegene Polizeidienststelle) sind nur beispielhaft gemeint und im Sinne von Mindestanforderungen zu verstehen. Da der Unfallverursacher, insbesondere bei reinen Sachschäden, oft nicht daran interessiert ist, sogleich die Polizei einzuschalten, wird man ihn auf *diesen* Weg nicht schon deshalb verweisen dürfen, weil er erfahrungsgemäß am raschesten und am sichersten zum Ziele führt. Andererseits genügt es nicht, dass er den **einmal gewählten Weg** *unverzüglich* weiter beschreitet, auch wenn sich ihm Hindernisse entgegenstellen. Nur unter der Voraussetzung, dass er dem **Unverzüglichkeitsgebot** gerecht wird, lässt die neuere Rechtsprechung dem Unfallbeteiligten die **freie Wahl**, auf welchem Wege er die nachträglichen Feststellungen ermöglichen will[72].

**1017** Hiernach darf der Unfallbeteiligte im Allgemeinen versuchen, sich zunächst an den Geschädigten zu wenden. Ist dieser nicht oder nicht ohne Verletzung des Unverzüglichkeitsgebots erreichbar, bleibt zumeist nur der Weg zur Polizei. Das alles muss alsbald nach Wegfall der Gründe geschehen, aus denen die „Straflosigkeit" des Sich-Entfernens vom Unfallort folgt. Ein Kraftfahrer, der nachts gegen 2 Uhr mit seinem Pkw die Leitplanken an einer Bundesstraße beschädigt, einen Sachschaden von 1500 DM angerichtet und sich nach Ablauf der Wartefrist vom Unfallort entfernt hat, genügt bei eindeutiger Haftungslage dem **Unverzüglichkeitsgebot** des § 142 II, wenn er am nächsten Morgen gegen 8 Uhr die zuständige Polizeidienststelle von dem Unfall verständigt[73]. Wer dagegen durch untätiges Abwarten die konkrete Gefahr eines Beweisverlustes schafft, verletzt die Pflicht zum *unverzüglichen* Handeln[74]. Das Gleiche gilt, wenn ein Unfallbeteiligter, der sich mit dem Verletzten in dessen nahe gelegene Wohnung begeben hatte, dort nach dem Scheitern des Einigungsversuchs das Eintreffen

---

70  Im Anschluss an BVerfG NJW 07, 1666, 1668 und dessen Bezugnahme auf BGHSt 14, 89, 94 f; dazu *Laschewski*, NZV 07, 444, 448.

71  Das befürwortet *Laschewski*, NZV 07, 444, 448; dagegen zu Recht *Dehne-Niemann*, Jura 08, 135, 140 und *Rengier*, BT II § 46 Rn 28.

72  BGHSt 29, 138; BayObLG JZ 80, 579; NK-*Schild*, § 142 Rn 146; krit. *Beulke*, Anm. JR 80, 523; *Dornseifer*, JZ 80, 299; SK-*Rudolphi*, § 142 Rn 46 ff; eingehend *Zopfs*, Unfallflucht bei eindeutiger Haftungslage?, 1993, S. 46 ff, 63 ff.

73  OLG Hamm VRS 61 (1981), 263; vgl auch OLG Frankfurt VRS 65 (1983), 30.

74  Näher OLG Karlsruhe MDR 82, 164; *Lackner/Kühl*, § 142 Rn 26.

der vom Verletzten herbeigerufenen Polizei nicht abwartet, vielmehr die Flucht ergreift und auf diese Weise dem Unverzüglichkeitsgebot des § 142 II zuwiderhandelt[75].

b) Für den **subjektiven Tatbestand** ist *Vorsatz* erforderlich; Eventualvorsatz genügt. Der Täter muss wissen oder billigend in Kauf nehmen, dass ein Unfall mit einem nicht ganz unerheblichen Personen- oder Sachschaden vorliegt, dass er als Unfallbeteiligter in Betracht kommt und dass er durch sein Verhalten die Feststellungen verhindert oder erschwert[76]. Zur Abgrenzung zwischen Tatbestands- und Verbotsirrtum im Rahmen des § 142 vgl OLG Düsseldorf NJW 86, 2001; OLG Frankfurt NJW 83, 293 sowie *Fischer*, § 142 Rn 39, 50 f; *Lackner/Kühl*, § 142 Rn 36; zu weiteren Irrtumsproblemen *Mitsch*, NZV 05, 347.

**1018**

Im **Fall 57** kommt auch § 142 in Betracht. A hat sich in Kenntnis aller maßgeblichen Tatumstände vom Unfallort entfernt, ohne den ihm durch § 142 I Nr 1, 2 auferlegten Verpflichtungen nachgekommen zu sein. **Vollendet** war die Tat spätestens in dem Zeitpunkt, in welchem er sich unter dem Schutz der Dunkelheit so weit von der Unfallstelle entfernt hatte, dass er als Unfallbeteiligter nicht mehr ohne weiteres erkennbar war[77]. Zu den vorausgegangenen Straftaten steht dieses weitere Vergehen im Verhältnis der *Tatmehrheit* (§ 53), weil der Verkehrsunfall eine **Zäsur** des Gesamtgeschehens bewirkte und die ihm nachfolgende Unfallflucht auf einem **neuen Tatentschluss** des A beruhte[78]. Zu den sog. **Polizeifluchtfällen** siehe LK-*König*, 12. Aufl. 2008, § 315c Rn 209 und *Wessels/Beulke, AT* Rn 765 und oben Rn 979a ff. Zum andersartigen Problem der *prozessualen* Tatidentität iS des § 264 StPO beachte BGHSt 25, 72; 24, 185; 23, 141 und 270; siehe auch *Meyer-Goßner*, StPO, § 264 Rn 2 ff; OLG Zweibrücken VRS 63 [1982], 53.

**1019**

## 3.  Rechtswidrigkeit

Die **Rechtswidrigkeit** der Tat kann nach den allgemeinen Regeln, insbesondere durch rechtfertigenden Notstand (§ 34), durch Einwilligung des Betroffenen (uU auch eines sonstigen Feststellungsberechtigten) sowie durch mutmaßliche Einwilligung ausgeräumt werden.

**1020**

Eine durch Täuschung erschlichene Zustimmung zum Verlassen des Unfallortes ist nach den allgemeinen Regeln unwirksam und unbeachtlich. Ob dieser Umstand, insbesondere bei der Angabe falscher Personalien, ohne weiteres die Möglichkeit zur Bestrafung nach § 142 I Nr 1 eröffnet, ist zweifelhaft und umstritten[79]. Wie *Küper* aaO überzeugend nachgewiesen hat, hängt die Lösung dieser Streitfrage von den tatbestandlichen Besonderheiten des § 142 I Nr 1 ab. Danach liegt in falschen Auskünften zur Person keine Verletzung der sog. Vorstellungspflicht, solange nur die Beteiligung am Unfall *als solche* eingeräumt wird. Wesentlich ist ferner, dass die in § 142 I Nr 1 normierte Anwesenheitspflicht nur insoweit verletzt werden kann, als sie überhaupt

**1021**

---

75   OLG Köln NJW 81, 2367; anders *Beulke*, JuS 82, 815.
76   Näher BGHSt 15, 1; OLG Thüringen VRS 110 (2005), 15; MüKo-*Zopfs*, § 142 Rn 88; S/S-*Cramer/ Sternberg-Lieben*, § 142 Rn 76.
77   Vgl OLG Stuttgart NJW 81, 878; *Küper*, JZ 81, 209, 251; S/S-*Cramer/Sternberg-Lieben*, § 142 Rn 83.
78   BGHSt 23, 141; 25, 72; BayObLG JR 82, 249; OLG Celle JR 82, 79.
79   Bejahend OLG Stuttgart NJW 82, 2266; differenzierend BayObLG NJW 84, 1365; *Küper*, JZ 90, 510.

noch besteht. Mit dem **Abschluss der Feststellungen** am Unfallort erlischt aber zugleich die Anwesenheitspflicht. Infolgedessen wirkt sich die Unbeachtlichkeit eines durch Täuschung erschlichenen Verzichts auf weitere Anwesenheit unter dem Blickwinkel des § 142 I Nr 1 nur dann zulasten des Präsenzpflichtigen aus, wenn er sich *vor* dem definitiven Abschluss der am Unfallort laufenden Feststellungen entfernt; sie bleibt dagegen tatbestandlich irrelevant, wenn er **bis zu diesem Zeitpunkt** den Unfallort nicht verlässt (näher *Küper*, JZ 90, 510, 519 ff).

**1022**    Für die Annahme einer *mutmaßlichen* Einwilligung des Geschädigten (etwa beim Hinterlassen einer Visitenkarte nebst Zusicherung der uneingeschränkten Ersatzbereitschaft an dem beim Einparken beschädigten Kraftwagen) ist nur bei engen persönlichen Beziehungen zum Fahrzeughalter oder bei ganz geringfügigen Schäden und eindeutiger Haftungslage Raum[80].

---

**Unerlaubtes Entfernen vom Unfallort, § 142**

  **I. Tatbestandsmäßigkeit**
    **1. Objektiver Tatbestand**
      **a) Unfall im Straßenverkehr**
        Ⓟ vorsätzliches Herbeiführen des Schadensereignisses
      **b) Unfallbeteiligter**
        → Legaldefinition in § 142 V
      **c) vom Unfallort Sichentfernen**
      **d) –    ohne bestimmte Feststellungen zu ermöglichen (Abs. 1 Nr 1)**
          → Feststellungsduldungs- und Vorstellungspflicht; aber keine generelle Aufklärungs- und Mitwirkungspflicht
          Ⓟ Anwesenheit feststellungsbereiter Personen
        **–    oder ohne eine angemessene Zeit zu warten (Abs. 1 Nr 2)**
          → Dauer und Umfang der Wartepflicht richten sich insb. nach der Schwere des Unfalls
        **–    oder nach gestattetem Entfernen ohne die Feststellungen unverzüglich nachträglich zu ermöglichen (Abs. 2)**
          Ⓟ unvorsätzliches Entfernen vom Unfallort
    **2. Subjektiver Tatbestand**
  **II. Rechtswidrigkeit**
    Ⓟ durch Täuschung erschlichene Zustimmung zum Verlassen des Unfallorts
  **III. Schuld**
  **IV. Tätige Reue, § 142 IV**

---

### 4.  Strafbare Teilnahme

**1023**    Die Möglichkeit einer **Teilnahme** am Delikt des § 142, die durch positives Tun oder durch Unterlassen in Garantenstellung erfolgen kann, richtet sich nach den allgemeinen Regeln[81]. Beihilfe durch pflichtwidriges Unterlassen kommt beispielsweise

---

80  Vgl BayObLG JZ 83, 268; StV 85, 109; OLG Köln VRS 64 (1983), 115; *Krey/Hellmann*, BT II Rn 635 ff; S/S-*Cramer/Sternberg-Lieben*, § 142 Rn 74 f.
81  Vgl dazu *Arloth*, GA 85, 492; SK-*Rudolphi*, § 142 Rn 53.

in Betracht, wenn der am Unfallort anwesende Halter und Fahrzeugeigentümer den Unfallverursacher, den er zum Führen seines Fahrzeugs ermächtigt hatte, nicht an der Weiterfahrt hindert, obwohl er dies ohne Schwierigkeit könnte und sich dessen bewusst ist. Grundlage der **Garantenstellung** ist unter solchen Umständen die Sachherrschaft und Verfügungsberechtigung des Eigentümers über sein Fahrzeug, das in seiner Gegenwart als Mittel zur Begehung einer Straftat (§ 142 I Nr 1) benutzt werden soll (näher OLG Stuttgart NJW 81, 2369). Zu den Anforderungen, die im Bereich des § 142 II, III 1 an eine Beihilfehandlung zu stellen sind, siehe Bay-ObLG NJW 90, 1861 mit krit. Besprechung *Herzberg*, NZV 90, 375; *Seelmann*, JuS 91, 290.

## V. Trunkenheit im Verkehr

Der Begriff des „Fahrzeugführens" erfasst auch bei § 316 nur **Bewegungsvorgänge**   **1024** im Verkehr (§§ 315 bis 315d; siehe Rn 984); das bloße Ansetzen dazu (zB durch Anlassen des Motors) fällt in den Bereich des hier nicht mit Strafe bedrohten Versuchs (BGHSt 35, 390). Unter der Voraussetzung, dass der Fahrzeugführer *infolge* berauschender Mittel, deren Mitursächlichkeit genügt, nicht mehr in der Lage ist, das Fahrzeug sicher zu führen (vgl Rn 986), stellt das Gesetz diese Tätigkeit unter Strafe (siehe Rn 977). Die Tat ist sowohl vorsätzlich als auch fahrlässig begehbar (§ 316 I, II), wobei das Führen bei allen Verkehrsdelikten immer Vorsatz erfordert. Zur Frage bedingten Vorsatzes hinsichtlich der Fahruntüchtigkeit vgl OLG Koblenz DAR 01, 418; LK-*König*, 12. Aufl. 2008, § 316 Rn 184, 192.

---

Im **Fall 57** ist es während der Weiterfahrt durch A im Zuge der „Verkehrsunfallflucht" zu einer   **1025** erneuten Gefährdung iS des § 315c I Nr 1a, III Nr 2 nicht gekommen. Insoweit liegt daher lediglich eine nach § 316 II zu bestrafende **folgenlose Trunkenheitsfahrt** vor (zur Frage des Vorsatzes hinsichtlich der rauschbedingten Fahruntüchtigkeit vgl *Lackner/Kühl*, § 316 Rn 4 mwN).

Zwischen dem unerlaubten Entfernen vom Unfallort (§ 142 I) und dem Vergehen nach § 316 II besteht Tateinheit (§ 52). Der Umstand, dass eine Trunkenheitsfahrt iS des § 316 **Dauerdelikt** ist und dass diese Straftat im **Fall 57** mit der fahrlässigen Straßenverkehrsgefährdung in *Gesetzeseinheit* steht (= Subsidiarität), führt nicht zu einer **Verklammerung** zur Tateinheit zwischen § 142 und § 315c I Nr 1a, III Nr 2, weil § 316 II im Vergleich zu den beiden Strafvorschriften das minderschwere Delikt ist (näher BGHSt 23, 141, 149; *Wessels/Beulke*, AT Rn 780; zu Konkurrenzfragen instruktiv *Gössel/Dölling*, BT I § 42 Rn 67 ff).

---

Der für Verkehrsstrafsachen zuständige 4. Strafsenat des BGH ist der Ansicht, dass   **1026** die sog. Grundsätze der *actio libera in causa* im Bereich der §§ 315c, 316 nicht anwendbar sind[82].

---

82  BGHSt 42, 235; näher dazu *Wessels/Beulke*, AT Rn 416 mwN, aber auch *Hettinger*, GA 89, 1, 14 und in *Schnarr* ua, Reform, S. 187 ff sowie *Zenker*, Actio libera in causa, 2003.

---

**Trunkenheit im Verkehr, § 316 I**

I. **Tatbestandsmäßigkeit**
 1. **Objektiver Tatbestand**
  a) **Führen eines Fahrzeugs**
   → nur eigenhändiges Verhalten
  b) **im Verkehr (§§ 315–315d StGB)**
  c) **in fahruntüchtigem Zustand**
   *(1) absolute Fahruntüchtigkeit*
    → unwiderleglich vermutet ab 1,1‰ BAK
   *(2) oder relative Fahruntüchtigkeit*
    → ab 0,3‰ BAK und Ausfallerscheinungen (Gesamtwürdigung)
 2. **Subjektiver Tatbestand**

II. **Rechtswidrigkeit**

III. **Schuld**

IV. **Formelle Subsidiarität zu §§ 315a, 315c StGB**

---

# § 23 Vollrausch und Unterlassen der Hilfeleistung

1027  **Fall 58:** Der Trunkenbold T ist wegen Volltrunkenheit und rüpelhaften Benehmens – auch dem Gast G gegenüber – aus einer vielbesuchten Waldgaststätte gewiesen worden. Gleich zu Beginn des Heimweges stolpert T am Straßenrand über einen Ziegelstein, den er aufhebt und wütend fortschleudert. Dabei prallt der Stein gegen einen abgestellten Kraftwagen, dessen Kotflügel beschädigt wird. Da niemand den Vorfall beobachtet hat, wankt T unbehelligt davon. Noch innerhalb des Waldes stürzt er ein Stück neben dem Wanderweg kopfüber in einen Wassergraben, der so schmal und so tief ist, dass T sich aus eigener Kraft nicht befreien kann, zumal sein rechter Arm gebrochen ist. Der Gast G kommt wenig später an der Unfallstelle vorbei, hört die kläglichen Hilferufe, eilt hinzu, überlässt den T jedoch seinem Schicksal, nachdem er ihn als den „rüpelhaften Trinker" wiedererkannt hat, dem (wie er meint) recht geschehe, wenn er noch eine Weile in seiner Lage verharren müsse. In der Tat wird T erst etwa 10 Minuten später im Zustand fast völliger Erschöpfung von hilfreichen Spaziergängern entdeckt und betreut, bis sein Abtransport erfolgt.

Strafrechtliche Beurteilung des Sachverhalts? **Rn 1034, 1039, 1050**

## I. Vollrausch

### 1. Strafgrund

1028  § 323a bezweckt den **Schutz der Allgemeinheit** vor Gefahren, die der Zustand des **Vollrausches** wegen der damit verbundenen Aufhebung (zumindest: Reduzierung) der Fähigkeit zur Normerkenntnis und Normbefolgung erfahrungsgemäß mit sich bringt. **Strafgrund** ist die selbstverschuldete Herbeiführung eines die freie Willensbildung ausschließenden und damit gemeingefährlichen Zustandes[1]. Der **Vollrausch** ist nach hM ein *abstraktes Gefährdungsdelikt*[2]; seine Strafbarkeit als solche verstößt nicht gegen das Schuldprinzip[3].

Näher zu § 323a außerdem *Cramer*, Der Vollrauschtatbestand als abstraktes Gefährdungsdelikt, 1962; *Dencker*, Vollrausch und der „sichere Bereich des § 21 StGB", NJW 80, 2159; *derselbe*, § 323a – Tatbestand oder Schuldform?, JZ 84, 453; *Fahl*, JuS 05, 1076; *Forster/Rengier*, Alkoholbedingte Schuldunfähigkeit und Rauschbegriff des § 323a, NJW 86, 2869; *Geisler*, Schuldprinzip, S. 363; *Geppert*, Die Volltrunkenheit (§ 323a StGB), Jura 09, 40; *Lackner*, Neuorientierung der Rechtsprechung im Bereich des Vollrauschtatbestandes, Jescheck-FS, S. 645; *Otto*, Der Vollrauschtatbestand, Jura 86, 478; *Paeffgen*, Strafzumessungsaspekte bei § 323a, NStZ 93, 66; *derselbe*, Zur rechtlichen und rechtspolitischen Problematik des Vollrausch-Tatbestandes (§ 323a StGB) in Egg/Geisler (Hrsg.), Alkohol, Strafrecht und Kriminalität, 2000, S. 49, 59; *Puppe*, Neue Entwicklungen in der Dogmatik des Vollrauschtatbestandes, Jura 82, 281; *Ranft*, Grundprobleme des Vollrauschtatbestandes, JA 83, 193, 239; *Streng*, Unterlassene Hilfeleistung als Rauschtat?, JZ 84, 114; *Tröndle*, Vollrauschtatbestand und Zweifelsgrundsatz, Jescheck-FS, S. 665; *Wolter*, Vollrausch mit Januskopf, NStZ 82, 54. Die Minderheitsmeinung, die § 323a als ein *konkretes* Gefährdungsdelikt besonderer Art auffasst und dementsprechend darauf abstellt, ob sich in der Rauschtat die konkrete Gefährlichkeit des Rauschzustandes realisiert hat, ist näher dargestellt bei *Barthel*, Bestrafung wegen Vollrauschs trotz Rücktritts von der versuchten Rauschtat?, 2001, S. 86 und bei *Geisler*, Schuldprinzip, S. 388 mwN. Die Vorschrift stellt den Interpreten vor *letztlich nicht lösbare* Schwierigkeiten (vgl auch LK-*Spendel*, § 323 Rn 1; NK-*Paeffgen*, § 323a Rn 9). Keine der möglichen Deutungen lässt sich widerspruchsfrei in den allgemeinen dogmatischen Systemzusammenhang einfügen (*Lackner/Kühl*, § 323a Rn 1). **1029**

Zur Abgrenzung von den sog. Grundsätzen der *actio libera in causa* vgl BGHSt 21, 381; 17, 259; *Paeffgen*, ZStW 97 (1985), 513 und NK, § 323a Rn 86; *Ranft*, Jura 88, 133; *Wessels/Beulke*, AT Rn 415 ff. Das Land Berlin hat 1997 vorgeschlagen, in einem neuen § 323a II eine Strafzumessungsregelung vorzusehen, nach der ein besonders schwerer Fall (Freiheitsstrafe von 6 Monaten bis zu 10 Jahren) in der Regel vorliegen soll, „wenn der Täter sich vorsätzlich in einen Rausch versetzt und die in diesem Zustand begangene rechtswidrige Tat ein Verbrechen ist" (BR-Drucks. 123/97)[4]. Auch der Bundesrat (BR-Drucks. 97/99 [Beschluss]) und die Bundestagsfraktion der CDU/CSU (BT-Drucks. 14/545) haben 1999 Entwürfe zu einer Verschärfung vorgelegt, in denen der Sache nach Strafgrund nicht mehr das Sichberauschen, sondern die Rauschtat ist[5]. Alle drei Entwürfe sind mit dem Grundsatz schuldangemessenen Strafens unvereinbar[6]. Die Kommission zur Reform des Sanktionenrechts hat sich für eine Beibehaltung des § 323a in seiner bisherigen Struktur ausgesprochen[7]. **1030**

---

1 BGHSt 1, 124 und 275; 16, 124.
2 AA OLG Hamm NStZ 09, 40 mit im Erg. zust. Anm. *Geisler*.
3 BGHSt 32, 48; 16, 124; OLG Hamburg JR 82, 345; beiläufig auch BVerfG DAR 79, 181 bei *Spiegel*; aA etwa *Frister*, Schuldprinzip, Verbot der Verdachtsstrafe und Unschuldsvermutung als materielle Grundprinzipien des Strafrechts, 1986, S. 53, 59; *Arthur Kaufmann*, JZ 63, 425; *Lagodny*, Strafrecht vor den Schranken der Grundrechte, 1996, S. 233, 484; instruktiv zum Diskussionsstand MüKo-*Geisler*, § 323a Rn 2ff.
4 Zu diesem *grotesken* Gesetzesantrag siehe *Hirsch*, JR 97, 391; NK-*Paeffgen*, § 323 a Rn 113 und *Sick/Renzikowski*, ZRP 97, 484, 486.
5 Vgl auch *Freund/Renzikowski*, ZRP 99, 497; *Hirsch*, Lüderssen-FS, S. 253, 262; *Streng*, JZ 00, 20, 26 f.
6 Näher *Renzikowski*, ZStW 112 (2000), 475; *Zenker*, Actio libera in causa, 2003, S. 172 ff.
7 Siehe dazu die vorbereitenden Referate von *Hennig* einerseits, *Hettinger* andererseits und den Abschlussbericht in *Schnarr* ua, Reform, S. 95, 187, 299, 308, 312.

## 2. Unrechtstatbestand

**1031**  Den **Unrechtstatbestand** des § 323a verwirklicht, wer sich durch alkoholische Getränke oder andere berauschende Mittel vorsätzlich oder fahrlässig in einen so hochgradigen **Rausch** versetzt, dass er schuldunfähig (§ 20) wird oder in einen Zustand gerät, bei dem **Schuldunfähigkeit nicht auszuschließen** ist. Der Alkohol- oder Rauschmittelmissbrauch muss nicht die alleinige Ursache des Vollrausches gewesen sein; Mitursächlichkeit neben einer besonderen körperlichen oder seelischen Verfassung des Täters genügt[8].

**1032**  Umstritten ist, wie diejenigen Fälle zu beurteilen sind, in denen der Grad einer evtl. Berauschung sich nicht klären lässt. Wo der Alkoholgenuss oder die Einnahme berauschender Mittel die psychophysischen Fähigkeiten des Täters nur unwesentlich beeinträchtigt und nicht einmal zu einer erheblichen Verminderung der Schuldfähigkeit iS des § 21 geführt hat, ist für § 323a kein Raum. Das Gleiche gilt, wenn außer Zweifel steht, dass der Täter durch den Rauschmittelgenuss keinesfalls schuldunfähig geworden ist. Eine Verurteilung wegen **Vollrauschs** nach § 323a kommt *nur* dann in Betracht, wenn **feststeht**, dass im maßgeblichen Zeitpunkt ein *hochgradiger* Rausch vorgelegen hat und dass auf Grund dieses Defektzustandes bei nicht ausschließbarer Schuldunfähigkeit zumindest **der sichere Bereich des § 21 erreicht**, die Schuldfähigkeit des Täters also zweifelsfrei **wenigstens erheblich vermindert** war[9]. Nichts anderes meinte auch die früher gebräuchliche, aber unklare Formel, dass der „sichere Bereich des § 21 (von der Schuldfähigkeit her) überschritten" sein müsse[10]. Ist das Vorliegen dieser Voraussetzung erwiesen, so kommt es nach Wortlaut und Sinn des § 323a nicht darauf an, ob sich als Folge dieses Rauschzustandes ein vollständiger Verlust der Schuldfähigkeit *eindeutig feststellen* oder lediglich „*nicht ausschließen*" lässt. BGHSt 32, 48 (55) stützt dieses sachlich zutreffende Ergebnis unter anderem auch auf die These, dass hier der Grundsatz *in dubio pro reo* anzuwenden sei, weil zwischen dem in Betracht kommenden Straftatbestand (= der sog. Rauschtat) und § 323a ein „normativ-ethisches Stufenverhältnis" iS des Mehr zum Weniger bestehe (Bedenken dagegen bei *Dencker*, JZ 84, 453).

**1033**  Daran, dass ggf freizusprechen ist, wenn die Skala des Zweifels von Schuldunfähigkeit bis zu voller Schuldfähigkeit reicht und die von der hM behaupteten Grundsätze der *actio libera in causa* nicht eingreifen, hat die Neufassung des § 323a nichts geändert[11]. Eine Wahlfeststellung zwischen Vollrausch (§ 323a) und der im Rausch begangenen Straftat (wie etwa § 212 oder § 316) darf nicht erfolgen, weil es an der *rechtsethischen* und *psychologischen Vergleichbarkeit* der verschiedenen Verhaltensweisen fehlt[12].

---

8   BGHSt 22, 8; 26, 363; BGH StV 00, 26; zur Einnahme von Medikamenten siehe OLG Hamburg JR 82, 345 mit Anm. *Horn*; OLG Karlsruhe NJW 79, 611.
9   BGHSt 32, 48; BGH NStZ 89, 365; *Dencker*, NJW 80, 2159; *Krey/M. Heinrich*, BT I Rn 805a; *Puppe*, Jura 82, 281; anders, jedoch unzutreffend OLG Karlsruhe NJW 79, 1945.
10  Vgl BGHSt GrS 9, 390; BGH VRS 56 (1979), 447; BayObLG VRS 56 (1979), 449.
11  Vgl BGH VRS 56 (1979), 447; BayObLG VRS 56 (1979), 449; OLG Köln VRS 68 (1985), 38; OLG Karlsruhe NZV 04, 592; A/W-*Hilgendorf*, BT § 40 Rn 30; aA LK-*Spendel*, § 323a Rn 154; *Montenbruck*, GA 78, 225; SK-*Wolters/Horn*, § 323a Rn 16.
12  BGHSt GrS 9, 390, 394; *Küpper*, BT I S. 174 f; *Wessels/Beulke*, AT Rn 806.

Im **Fall 58** ist davon auszugehen, dass T sich vorsätzlich (vgl dazu BGH NJW 67, 579; GA 66, 375) oder zumindest fahrlässig in den seine Schuldfähigkeit ausschließenden Vollrausch versetzt hat. Die *Vorwerfbarkeit* dieses Verhaltens folgt daraus, dass ihm als Trinker die enthemmende Wirkung des Alkohols bekannt war, die selbst friedfertige Menschen oft in gefährlicher Weise verändert und bis zu völlig unberechenbaren, teils wesensfremden Entgleisungen führt (vgl BGHSt 16, 124; BGH NJW 79, 1370).

**1034**

### 3. Objektive Bedingung der Strafbarkeit

**Bestraft** wird der Vollrausch nur unter der Bedingung, dass der Berauschte eine **rechtswidrige Tat** iS des § 11 I Nr 5 begeht (= *objektive Bedingung der Strafbarkeit;* anders LK-*Spendel*, § 323a Rn 61, 157, der in der Rauschtat einen unwiderleglichen Beweis für die Gefährlichkeit des Vollrausches erblickt). Diese sog. **Rauschtat** (vgl § 323a III) muss den *objektiven* und *subjektiven* Tatbestand eines Strafgesetzes verwirklichen (bei bloßen Ordnungswidrigkeiten kommt § 122 OWiG in Betracht; zu Recht krit. NK-*Paeffgen*, § 323a Rn 9).

**1035**

Im **Handlungsbereich** gehört dazu ein vom natürlichen Willen beherrschtes oder beherrschbares Verhalten; Erbrechen und sog. *Zwangshandlungen* scheiden infolgedessen aus[13]. Ist die Rauschtat ein sog. **Absichtsdelikt** wie zB ein Diebstahl oder Betrug, so muss neben dem entsprechenden *Tatbestandsvorsatz* auch die jeweils geforderte *besondere Absicht* (= Zueignungs- bzw Bereicherungsabsicht) gegeben sein[14]. Bei einer Verleumdung (§ 187) müsste der Volltrunkene *wider besseres Wissen* gehandelt haben. Hat jemand im Rausch einen anderen erschossen, so bedarf es der Prüfung, ob er auf ihn gezielt (= § 212 als Rauschtat) oder ihn nur aus Versehen getroffen hat (= § 222 als Rauschtat). Äußere Umstände der Rauschtat wie Art, Umfang, Schwere und Gefährlichkeit oder Folgen sollen nach der Rechtsprechung für die Strafzumessung Bedeutung haben[15] (zur Frage der Berücksichtigung von Umständen iS des § 49 I im Rahmen des § 323a II siehe BGH NStZ-RR 01, 15 und JR 93, 33 mit Anm. *Streng*).

**1036**

Als Rauschtat kommen auch **Unterlassungsdelikte**, nach hM unter Einschluss des § 323c, in Betracht[16]. Die Gefahr eines rauschbedingten Verlustes der Einsichtsfähigkeit oder des Hemmungsvermögens kann sich in einem Unterlassungsdelikt ebenso realisieren wie in einem Begehungsdelikt. Der Einwand, dass dies bei § 323c zu einer Erweiterung der Hilfspflicht und zu dem Gebot führen würde, sich *jederzeit* für eine Hilfeleistung bereit zu halten, ist jedenfalls nicht stichhaltig, weil § 323c bei fehlender Handlungsfähigkeit schon tatbestandlich entfällt[17]. Vom noch handlungsfähigen Be-

**1037**

---

13  Vgl RGSt 69, 189, 191; BGHSt 1, 124, 127; MüKo-*Geisler*, § 323a Rn 32.
14  Vgl BGHSt 18, 235; *Fischer*, § 323a Rn 7.
15  Siehe dazu BGHSt 38, 356, 361; BGH NStZ 96, 334; *Barthel*, Bestrafung wegen Vollrauschs trotz Rücktritts von der versuchten Rauschtat?, 2001, S. 83*; Lackner/Kühl*, § 323a Rn 16 und MüKo-*Geisler*, § 323a Rn 81.
16  BayObLG NJW 74, 1520; LK-*Spendel*, § 323a Rn 175; NK-*Paeffgen*, § 323a Rn 70, jeweils mwN.
17  Zur Gegenansicht siehe *Lenckner*, Anm. JR 75, 31.

rauschten werde gemäß § 323a iVm § 323c lediglich verlangt, in dem Maße Hilfe zu leisten, wie es ihm entsprechend dem Grad seiner Berauschung bei Entstehung der Hilfspflicht möglich ist (so die hM).

**1038** Umstritten ist, ob im Rahmen der Rauschtat die Rechtsfolgen des § 16 auch bei einem *rauschbedingten* Tatumstandsirrtum oder Erlaubnistatumstandsirrtum eintreten, dem der Täter nüchtern nicht erlegen wäre (vgl RGSt 73, 11, 17; BGH NJW 53, 1442). Da die Straflimitierung des § 323a II sich jetzt an der konkreten Rauschtat orientiert (dazu NK-*Paeffgen*, § 323a Rn 9, 88), wird man davon ausgehen müssen, dass hier **keine von den allgemeinen Regeln abweichende Behandlung der Irrtumsprobleme** mehr möglich ist[18]. Einschränkungen kommen aber weiterhin bei solchen Fehlvorstellungen in Betracht, die (wie etwa ein rauschbedingter Verbotsirrtum iS des § 17) den Bereich der **Unrechtseinsicht** betreffen; hier ist danach zu fragen, ob der Täter dem gleichen Irrtum auch in nüchternem Zustand erlegen wäre und ob dieser Irrtum in der konkreten Situation einen Nüchternen entlasten würde[19]. Für das Eingreifen von Rechtfertigungsgründen, wie etwa des § 32 oder der §§ 228, 904 BGB, gelten keine Besonderheiten (vgl BGH NJW 79, 1370). Im Prinzip richtet sich auch das Eingreifen von Entschuldigungsgründen (zB des § 35 I) und von persönlichen Strafausschließungsgründen nach den allgemeinen Regeln. Ebenso kann der Volltrunkene nach hM von einem Versuch als Rauschtat nach § 24 strafbefreiend zurücktreten[20]; eine überzeugende Begründung hierfür dürfte kaum zu finden sein (eingehend *Barthel*, Bestrafung wegen Vollrauschs trotz Rücktritts von der versuchten Rauschtat, 2001).

**1039** Im **Fall 58** kommt als Rauschtat nur eine **Sachbeschädigung** (§ 303) in Betracht, deren Merkmale in objektiver Hinsicht erfüllt sind. Fraglich ist aber, ob T den lädierten Kraftwagen *vorsätzlich* oder nur *ungewollt-fahrlässig* beschädigt hat. Da eine fahrlässige Sachbeschädigung keine **rechtswidrige Tat** iS des § 11 I Nr 5 ist, könnte T nur im erstgenannten Fall wegen *Vollrausches* bestraft werden, wobei zum Antragserfordernis § 323a III iVm § 303c zu beachten wäre.

## 4. Konkurrenzfragen

**1040** Die Begehung mehrerer Rauschtaten im selben Rausch begründet lediglich *ein* Vergehen nach § 323a (BGHSt 13, 223; BGH MDR/H 90, 489). Hat jemand im Vollrausch ein **Eigentumsdelikt** begangen und eignet er sich die fremde Sache nüchtern erneut zu (was auch nach BGHSt 14, 38, 43/45 durchaus möglich bleibt), so ist er allein wegen Unterschlagung (§ 246) zu bestrafen; der Verstoß gegen § 323a ist damit abgegolten (= *mitbestrafte Vortat* aus dem Gesichtspunkt der *Subsidiarität*)[21].

---

18  Vgl *Dencker*, NJW 80, 2159, 2164; S/S-*Cramer/Sterberg-Lieben*, § 323a Rn 18; SK-*Wolters/Horn*, § 323a Rn 12; anders LK-*Spendel*, § 323a Rn 201.
19  Vgl OLG Hamm VRS 110 (2006), 17, 19; *Ranft*, JA 83, 193, 242; NK-*Paeffgen*, § 323a Rn 77; SK-*Wolters/Horn*, § 323a Rn 17.
20  Vgl BGH StV 94, 304; NStZ 94, 131 mit Anm. *Kusch*; NStZ-RR 99, 8; *Eisele*, BT I Rn 950; MüKo-*Geisler*, § 323a Rn 45; zusf. *Geppert*, Jura 09, 40, 46 f.
21  Vgl S/S-*Cramer/Sternberg-Lieben*, § 323a Rn 32; *Wessels/Hillenkamp*, BT II Rn 303; anders NK-*Paeffgen*, § 323a Rn 83 und *Ranft*, JA 83, 193, 244, die Tatmehrheit annehmen.

Wie man in **Übungsarbeiten** auf § 323a einzugehen hat, hängt von der Sachgestaltung im Einzel- **1041**
fall ab. Im Zweifel empfiehlt sich folgendes Vorgehen: Zunächst behandelt man die im Rausch begangene Tat nach den herkömmlichen Aufbauregeln. Gelangt man dabei zur Verneinung der
Schuldfähigkeit (§ 20) im Zeitpunkt der Tathandlung, ist nach hM zu prüfen, ob die Tat nach den
Grundsätzen der *actio libera in causa* strafrechtlich erfasst werden kann[22]. Erst im Anschluss daran geht man, soweit noch erforderlich, auf § 323a ein. Zum evtl. **Konkurrenzverhältnis** siehe S/
S-*Cramer/Sternberg-Lieben*, § 323a Rn 31 ff.

---

**Vollrausch, § 323a**

I. **Tatbestandsmäßigkeit**
   1. **Objektiver Tatbestand**
      a) **Rausch**
         → zumindest sicherer Bereich des § 21 erreicht
      b) **Sich-Versetzen**
   2. **Subjektiver Tatbestand: Vorsatz bzgl 1**
      (bzw bei Fahrlässigkeit im obj. Tb. unter 1c obj. Sorgfaltspflichtwidrigkeit)
   3. **Objektive Bedingung der Strafbarkeit: Rauschtat**
      → Legaldefinition der rechtswidrigen Tat in § 11 I Nr 5
      ⓟ rauschbedingter Tatumstands-, Erlaubnistatumstands- oder Verbotsirrtum

II. **Rechtswidrigkeit**

III. **Schuld**

---

## II.  Unterlassene Hilfeleistung

### 1.  Schutzzweck

Grundgedanke des § 323c ist die Wahrung der in akuten Notfällen zur Schadensab- **1042**
wehr gebotenen **mitmenschlichen Solidarität**, die aus der sozialen Verantwortlichkeit des Einzelnen als Glied der Gemeinschaft erwächst und von ihm ein gewisses
Mindestmaß an Hilfsbereitschaft verlangt. **Schutzgegenstand** der Vorschrift sind die
**Individualrechtsgüter** des Betroffenen (vor allem Leben, Gesundheit und Eigentum[23]), denen infolge des Unglücksfalls, gemeiner Gefahr oder Not **Schaden droht**[24].
**Strafgrund** der unterlassenen Hilfeleistung ist nach heutiger Rechtsauffassung die
dem Allgemeininteresse zuwiderlaufende Versäumung einer Gelegenheit zu erfolgreicher Schadensabwehr[25]. Die Tat ist ein **echtes Unterlassungsdelikt** (vgl *Wessels/
Beulke*, AT Rn 696). Der Versuch ist nicht mit Strafe bedroht. Bei **Unglücksfällen**
und **gemeiner Gefahr** oder Not ist *jedermann* verpflichtet, die zur Vermeidung weiterer Schäden *erforderliche* und ihm *zumutbare Hilfe* zu leisten. Anders als bei unechten Unterlassungsdelikten wird hier aber nicht das Unterlassen der Erfolgsabwendung, sondern nur das Unterlassen der **Hilfeleistung** bestraft.

---

22  Zum **Aufbau** siehe *Rath*, JuS 95, 405, 413; *Rengier*, BT II § 41 Rn 4; *Wessels/Beulke*, AT Rn 415 ff.
23  AA mit gewichtigen Gründen *Zopfs*, Seebode-FS, S. 449.
24  Näher *Dölling*, NJW 86, 1011; LK-*Spendel*, § 323c Rn 29; *Seelmann*, JuS 95, 281; SK-*Rudolphi/
Stein*, § 323c Rn 1; abweichend *Pawlik*, GA 95, 360; zur engeren Fassung der Norm im öst. StGB
*Kienapfel/Schroll*, BT I § 95 Rn 2, 29.
25  BGHSt 14, 213, 215; *Geppert*, Jura 05, 39.

### 2. Unglücksfall, gemeine Gefahr oder Not

**1043** Ausgelöst wird die sog. Jedermannspflicht zur Hilfeleistung durch einen **Unglücksfall**, eine **gemeine Gefahr** oder eine die **Allgemeinheit betreffende Notlage** (Brand, Überschwemmung, Naturkatastrophe usw; vgl LK-*Spendel*, § 323c Rn 58, 70).

**1044** **Unglücksfall** ist nach hM jedes (plötzlich eintretende) Ereignis, das die unmittelbare Gefahr eines erheblichen (weiteren) Schadens für andere Menschen oder fremde Sachen von bedeutendem Wert hervorruft[26]. Nicht erforderlich ist, dass bereits ein Schaden eingetreten ist[27]. Das Ereignis kann *vorsätzlich* oder *fahrlässig* herbeigeführt worden sein. Zur Frage, ob und ggf ab welchem Zeitpunkt ein **Selbsttötungsversuch** als Unglücksfall begriffen werden kann, siehe Rn 60 ff. Ob ein Unglücksfall iS des § 323c gegeben war, bestimmt die hM ex post aus der Perspektive eines objektiven (vernünftigen) Beobachters[28]. Nicht jede **Erkrankung** ist ein Unglücksfall iS des § 323c; sie kann sich aber dazu entwickeln, wenn ihr Verlauf eine sich rasch verschlimmernde Wendung nimmt[29].

Eingehend *Kreuzer*, Ärztl. Hilfeleistungspflicht bei Unglücksfällen, 1965 und in NJW 67, 278. Zur Auswirkung der **Grundrechte** (Art. 4 I GG) auf § 323c vgl BVerfGE 32, 98; *Fischer*, § 323c Rn 7 mwN. Bei bloßen **Sachgefahren** ist unter dem Blickwinkel der Schadenserheblichkeit und der Zumutbarkeit etwaiger Hilfe nur für eine sehr restriktive Anwendung des § 323c Raum[30].

### 3. Umfang der Hilfspflicht

**1045** Der **Umfang der Hilfspflicht** wird durch die **Erforderlichkeit** und die **Zumutbarkeit** der Hilfe bestimmt, wobei die Grenzen des *eigenen Leistungsvermögens* mit zu berücksichtigen sind. Wer hilfspflichtig ist, muss sofort und auf die **wirksamste Weise** helfen[31]; uU kann dazu die *Benachrichtigung* eines zur Hilfe besser Geeigneten (Arzt, Unfallrettungsdienst usw) genügen.

**1046** An der **Erforderlichkeit** fehlt es, wenn der Betroffene sich in jeder Hinsicht selbst zu helfen vermag, wenn bereits von anderer Seite ausreichende Hilfe geleistet wird, wenn der Verunglückte schon tot ist oder wenn ein Tätigwerden nach dem vorausschauenden Urteil eines verständigen Beobachters offenbar sinnlos wäre[32]. Bei einem schwer Verletzten ist Hilfe selbst dann noch erforderlich, wenn sie zwar nicht den Tod abwenden, wohl aber Schmerzen lindern kann (BGH JR 56, 347). Desgleichen ist die Erforderlichkeit der Hilfe dort zu bejahen, wo erst aus der Rückschau klar zu erkennen ist, dass der Verunglückte auch bei sofortiger ärztlicher Hilfe keine Überlebenschance gehabt hätte, die in Betracht kommende Hilfeleistung also vergeblich gewesen wäre[33].

---

26  Vgl BGHSt 3, 65; 6, 147; *Küper*, BT S. 310; LK-*Spendel*, § 323c Rn 36 ff.
27  AA *Seebode*, Kohlmann-FS, S. 279, 286.
28  *Otto*, BT § 67 Rn 7 mwN; differenzierend *Stein*, Küper-FS, S. 607 und in SK § 323c Rn 5a; klärend *Küper*, BT S. 312.
29  BGH NStZ 85, 409; OLG Düsseldorf NJW 95, 799 und JR 92, 37 mit Anm. *Meurer*; SK-*Rudolphi/Stein*, § 323c Rn 6.
30  Näher SK-*Rudolphi/Stein*, § 323c Rn 6a; noch enger NK-*Wohlers*, § 323c Rn 6; S/S-*Cramer/Sternberg-Lieben*, § 323c Rn 5; ganz abl. *Otto*, BT § 67 Rn 4 mwN.
31  BGHSt 14, 213; vgl dazu auch *Harzer*, Jura 95, 208.
32  BGHSt 17, 166; 32, 367, 381; BayObLG VRS 44 (1973), 106.
33  BGH NStZ 85, 501; NK-*Wohlers*, § 323c Rn 10.

**Weigert** der Gefährdete sich, die ihm angebotene Hilfe anzunehmen, so entfällt die Hilfspflicht, soweit über das bedrohte Rechtsgut verfügt werden kann[34].

Geht es dabei um eine **Heilbehandlung** und eine dringend notwendige Operation zur Abwendung einer *akuten Lebensgefahr*, so ist die Weigerung des Patienten aber nicht etwa deshalb unbeachtlich, weil er dadurch sein Leben aufs Spiel setzt. Vielmehr ist hier zu berücksichtigen, dass jede Heilbehandlung der **Einwilligung** des Patienten bedarf und dass dessen Weigerung akzeptiert werden muss, wenn er sie trotz umfassender Aufklärung über das damit verbundene Risiko aufrechterhält[35]. Für **Ärzte** ergibt sich aus § 323c **keine Erweiterung ihrer Berufspflicht**; das Vorhandensein ärztlicher Sachkunde ist aber uU für die Entstehung der Hilfspflicht wie für Art und Umfang der Hilfeleistung von Bedeutung[36]. Hilfspflichtig ist nicht nur der am Unfallort Anwesende, sondern auch der zu Hilfe Gerufene, sofern ihm die Hilfeleistung auf Grund der konkreten Umstände des Einzelfalles möglich ist. **1047**

Die **Zumutbarkeit** der Hilfeleistung wächst mit dem Grad der Gefährdung des Hilfsbedürftigen und der Beziehung des zur Hilfe Fähigen zum Unfallgeschehen. Die Gefahr der Strafverfolgung lässt die Zumutbarkeit in aller Regel nicht entfallen (BGHSt 11, 353; 39, 164). **1048**

Die hM sieht in der Zumutbarkeit der Hilfeleistung bei § 323c zutreffend ein **Tatbestandsmerkmal** (BGHSt 17, 166, 170), das als Regulativ gedacht ist und dem Umstand Rechnung tragen soll, dass die Belastungsgrenze bei Hilfspflichten, die für *jedermann* gelten, nicht zu hoch angesetzt werden darf[37]. Zur Frage der **Pflichtenkollision** in diesem Zusammenhang siehe *Wessels/Beulke*, AT Rn 735 ff.

### 4. Vorsatz

Der **Vorsatz** des Täters muss alle Umstände umfassen, aus denen sich zB das Vorliegen eines *Unglücksfalles* sowie die *Möglichkeit*, *Erforderlichkeit* und *Zumutbarkeit* der Hilfeleistung ergibt (näher BGH GA 71, 336). **1049**

Im **Fall 58** kann G sich nach § 323c strafbar gemacht haben, als er T seinem Schicksal überließ. G hat dem verunglückten T die erforderliche und zumutbare Hilfe wissentlich und willentlich versagt. Rechtfertigungs- und Entschuldigungsgründe liegen nicht vor. Dass G geraume Zeit vorher in der Gaststätte von T belästigt worden war, berührt die Rechtslage nicht. G hat sich daher nach § 323c strafbar gemacht. Vollendet war die Tat, als G sich vom Unfallort entfernte und dadurch seinen mangelnden Hilfswillen nach außen hin manifestierte (vgl BGHSt 14, 213, 217; 21, 50, 55). **1050**

---

34  *Maurach/Schroeder*, BT II § 55 Rn 4, 21; S/S-*Cramer/Sternberg-Lieben*, § 323c Rn 26.
35  BGHSt 11, 111, 114; anders BGH NJW 83, 350 mit abl. Anm. *Geiger*, JZ 83, 153; siehe dazu auch *Lilie*, Anm. NStZ 83, 314.
36  Instruktiv BGHSt 2, 296; 21, 50; näher LK-*Spendel*, § 323c Rn 109.
37  Vgl dazu *Geilen*, Jura 83, 140, 145; *Naucke*, Welzel-FS, S. 761; SK-*Rudolphi/Stein* § 323c Rn 18; aA *Maurach/Schroeder*, BT II § 55 Rn 22, der die Zumutbarkeitsfrage auch hier in den Schuldbereich verweist; im Erg. ebenso LK-*Spendel*, § 323c Rn 159; zur Aufgabe des Erfordernisses der Zumutbarkeit NK-*Wohlers*, § 323c Rn 11.

### 5. Konkurrenzfragen

**1051** § 323c ist **subsidiär**, soweit der Hilfsunwillige wegen der aus dem Unglücksfall drohenden Schadensfolge als Täter oder Gehilfe eines entsprechenden vorsätzlichen **Begehungs- oder unechten Unterlassungsdelikts** bestraft wird[38]. Fehlt es dagegen bei einem Begleiter des Täters an den Voraussetzungen der Mittäterschaft und der Teilnahme, bleibt in *seiner* Person für § 323c Raum (wie etwa dann, wenn er dem besinnungslos geschlagenen Raubopfer vorsätzlich keine Hilfe verschafft; vgl BGH MDR/H 85, 284). Ist nicht zu klären, ob der Beschuldigte sich in strafbarer Weise an der den Unglücksfall bildenden Straftat beteiligt hat, ist ebenfalls ein Rückgriff auf § 323c möglich[39].

---

**Unterlassene Hilfeleistung, § 323c**

**I. Tatbestandsmäßigkeit**
   **1. Objektiver Tatbestand**
      **a) Unglücksfall oder gemeine Gefahr oder Not**
         Ⓟ Selbsttötungsversuch
      **b) Unterlassen der Hilfeleistung**
      **c) Erforderlichkeit der Hilfeleistung**
         Ⓟ nicht rettbar Verletzte
      **d) Möglichkeit der Hilfeleistung**
      **e) Zumutbarkeit der Hilfeleistung**
   **2. Subjektiver Tatbestand**

  **II. Rechtswidrigkeit**

  **III. Schuld**

---

38  BGHSt 3, 65, 67; 14, 282; BGH MDR/H 82, 448; eingehend zu Konkurrenzfragen *Geppert*, Jura 05, 39, 47.
39  So BGHSt 39, 164; BGH NStZ 97, 127; zum Ganzen *Fischer*, § 323c Rn 11.

12. Kapitel

# Straftaten gegen die Umwelt

## § 24 Umweltschutz und Umweltstrafrecht

### I. Allgemeiner Überblick

#### 1. Die Reform des Umweltstrafrechts

Maßnahmen zum Schutz der Umwelt gibt es in Deutschland seit langem. Die **Umwelt** **1052**
**als Ganzes** und die ökologisch schützenswerten Güter als **natürliche Lebensgrund-**
**lage des Menschen** sind jedoch erst mit dem 18. StÄG, dem „Gesetz zur Bekämpfung
der Umweltkriminalität" vom 28.3.1980, nachhaltig in das Blickfeld des öffentlichen
Interesses getreten. Das rasante Wachstum von Industrie und Verkehr, die zunehmende Verwendung gefährlicher Chemikalien, die Nutzung der Kernenergie, die Aus-
beutung der natürlichen Rohstoffquellen, die Eingriffe in Wald und Landschaft durch
einen massiven Ausbau der Verkehrswege und eine Reihe anderer problematischer
Entwicklungen haben mit ihren vielfältigen Folgeschäden einen Bewusstseinswandel
bewirkt. Im Bereich der Wirtschaft, des Straßenverkehrs, der Landschaftspflege und
der jeweils zuständigen öffentlichen Verwaltung sind inzwischen zahlreiche neue
Wege zum Schutz der Umwelt beschritten worden. Auch das Strafrecht ist dieser Entwicklung gefolgt. Mit dem 18. StÄG hat der Gesetzgeber die wichtigsten Strafvorschriften zum Schutz der Umwelt, die vorher im sog. Nebenstrafrecht in Spezialgeset-
zen (wie etwa im Wasserhaushaltsgesetz, im Bundes-Immissionsschutzgesetz, im
Abfallbeseitigungsgesetz und im Atomgesetz) enthalten waren, in erweiterter Form in
das StGB übernommen (näher LK-*Steindorf*, Rn 1 vor § 324). Weniger bedeutsame
Strafvorschriften und solche, die nur mittelbar dem Umweltschutz dienen, haben ihren Standort im Nebenstrafrecht behalten.

Ziel der Reform war es, das Bewusstsein der Bürger für die Sozialschädlichkeit gefahrenträchti- **1053**
ger Umwelteingriffe zu schärfen, die Anerkennung selbstständiger Umweltschutzgüter zu fördern, die unübersichtliche Materie zu vereinheitlichen und die generalpräventive Wirkung der
Strafdrohungen zu erhöhen.

#### 2. Kritische Einwände

Diese Zielvorstellungen des Gesetzgebers haben im Schrifttum überwiegend Zustim- **1054**
mung gefunden. Die Art ihrer Verwirklichung im 18. StÄG und die Übernahme des
sog. Umweltstrafrechts in das StGB sind jedoch auf heftige Kritik gestoßen[1]. Die Ver-
selbstständigung des Umweltstrafrechts im 29. Abschnitt des Besonderen Teils des
StGB krankt nämlich an der zum Teil schwer verständlichen und unübersichtlichen

---

1   Eingehend *Lackner/Kühl*, Rn 2 ff vor § 324; S/S-*Cramer/Heine*, Rn 2 ff vor § 324; knapp BT/1,
    31. Aufl. 2007, Rn 1054.

Gesetzesfassung, an der Vielzahl unbestimmter Rechtsbegriffe sowie daran, dass die verschiedenen Tatbestände systematisch kaum zu erfassen sind. Bedenklich erscheint zudem die Anhäufung von **Blankett**vorschriften[2], die auf außerstrafrechtliche Normen, Ermächtigungen und Verwaltungsakte Bezug nehmen, sie als verbindlich anerkennen und in Gestalt dieser „verwaltungsrechtlichen Akzessorietät" die Verfügung über den Geltungsbereich der jetzt zum Kernstrafrecht gehörenden Materie auf Verwaltungsbehörden und andere Fachkompetenzen verlagern[3].

1055   Dem Ruf nach einer erneuten Reform und Verschärfung des Umweltstrafrechts hat dann das 2. UKG vom 27.6.1994 Rechnung getragen[4]. Es hat ua einzelne Strafdrohungen verschärft sowie in § 330 nur noch die Technik der Regelbeispiele verwendet[5]. Das **6. StrRG** vom 26.1.1998 wiederum hat das Regelbeispiel des § 330 Nr 2 aF zur Qualifikation ausgestaltet (§§ 330 II Nr 1, 15) und § 330 Nr 1 aF durch die Erfolgsqualifikation des § 330 II Nr 2 nF ersetzt, hierbei die schwere Gesundheitsschädigung und die Leichtfertigkeit aber nicht übernommen (näher BT-Drucks. 13/9064, S. 23; nicht verständlich ist der Verweis auf § 330a I-III). Eine entsprechende Erfolgsqualifikation wurde auch als Abs. 2 in § 330a eingefügt, der zum Verbrechen aufgewertet worden ist. Der besonders schwere Fall einer Umweltstraftat kennt jetzt auch einen minder schweren Fall (§ 330 III), immerhin jedoch nur für die (Erfolgs-) Qualifikationen. Eine solche Strafzumessungsnorm findet sich nunmehr auch in § 330a III. Die Strafrahmen lassen – ein Kennzeichen des 6. StrRG – alle Optionen offen; im Gegenzug löst der jeweilige Unrechtstypus sich auf[6].

1056   Nach der **Polizeilichen Kriminalstatistik** wurden in der Bundesrepublik im Jahr 2006/2007/2008 17 305/16 528/14 999 Straftaten gegen die Umwelt (§§ 324–330a) registriert. Der Anteil dieser Straftaten an der Gesamtkriminalität betrug 0,3/0,3/02 %. Die Aufklärungsquote erreichte insgesamt 57,9/58,4/57,9 %. Lehrreich *Dölling*, Kohlmann-FS, S. 111, 118 ff; *Kaiser*, Kriminologie, 3. Aufl. 1996, §§ 75, 76; *Schwind*, Kriminologie, § 22; NK-*Ransiek*, Rn 25 ff vor § 324.

## 3.  Geschützte Rechtsgüter

1057   **Geschütztes Rechtsgut** aller Tatbestände im 29. Abschnitt des StGB ist *die Umwelt in ihren verschiedenen Medien* (Boden, Wasser, Luft) und ihren sonstigen Erscheinungsformen (Tier- und Pflanzenwelt) als **natürliche Lebensgrundlage des Menschen** (*Lackner/Kühl*, Rn 7 vor § 324; S/S-*Cramer/Heine*, Rn 8 vor § 324). Die Strafvorschriften richten sich gegen eine gefahrenträchtige Verschlechterung der die Umwelt betreffenden Lebensbedingungen. Es geht darum, die ökologisch wertvollen Güter in ihrem natürlichen Bestand zu erhalten und den Menschen der gegenwärtigen

---

2   Zum Blankettstrafgesetz vgl *Fischer*, § 1 Rn 5a mwN; *H. Schneider*, Gesetzgebung, 3. Aufl. 2002, § 4 Rn 76 ff.
3   Näher zur Kritik *Fischer*, Rn 5 vor § 324; *Lackner/Kühl*, Rn 2 ff vor § 324, jeweils mwN. Zum Ganzen auch S/S-*Cramer/Heine*, Rn 4 vor § 324.
4   Zu den Einzelheiten BT/1, 31. Aufl. 2007, Rn. 1055.
5   Überblick bei *Möhrenschlager*, NStZ 94, 513, 566; *Otto*, Jura 95, 134; *Schmidt/Schöne*, NJW 94, 2514.
6   Näher zu dieser Kritik *Hettinger*, Küper-FS, S. 95.

wie der künftigen Generation humane Umweltbedingungen als Grundlage für ihre persönliche und wirtschaftliche Entfaltung zu sichern.

Näher dazu *Bloy*, JuS 97, 577; *Hohmann*, GA 92, 76; *Kuhlen*, ZStW 105 (1993), 697; *Laufhütte/ Möhrenschlager*, ZStW 92 [1980], 912; *Rengier*, NJW 90, 2506.

## 4. Gesetzesüberblick

Den Umweltschutztatbeständen im StGB liegt kein einheitliches Gliederungsprinzip zu Grunde. Der Gesetzgeber hat einmal **bestimmte Schutzobjekte** (§ 324: Gewässer; § 324a: den Boden; § 325: die Luft; § 329 III: Naturschutzgebiete und Naturparks), zum anderen **bestimmte Tätigkeiten** (§ 325a: Lärmverursachung; § 327: unerlaubtes Betreiben von Anlagen) und schließlich den **Umgang mit besonders gefährlichen Stoffen** (wie etwa mit Abfällen, radioaktiven Stoffen und Giften in §§ 326, 328, 330a) als Anknüpfungspunkt für seine Regelung gewählt. Die Tatbestände sind vorwiegend als *abstrakte* Gefährdungsdelikte („Gefährlichkeitsdelikte") konstruiert (Beispiele: §§ 326, 328 I, II, § 329 I, II). Nur vereinzelt wird der Eintritt einer konkreten Gefahr (vgl §§ 328 III, 330 II Nr 1, 330a) oder eines bestimmten Erfolges vorausgesetzt (vgl §§ 324, 329 III; siehe auch §§ 330 II Nr 2, 330a II). **1058**

## 5. Verwaltungsrechtliche Akzessorietät

Die **verwaltungsrechtliche Akzessorietät** des Umweltstrafrechts kommt meist dadurch zum Ausdruck, dass der Täter „unter Verletzung verwaltungsrechtlicher Pflichten" (§ 325; zu diesen Pflichten siehe § 330d Nr 4), „ohne die erforderliche Genehmigung oder entgegen einer vollziehbaren Untersagung" (§§ 327, 328 I) oder schlicht „unbefugt" (§§ 324, 326 I) gehandelt haben muss. **1059**

Während es sich in den erstgenannten Fällen jeweils um eine Einschränkung des **gesetzlichen Tatbestandes** handelt, wird das Merkmal „unbefugt" überwiegend als bloßer Hinweis auf das allgemeine Verbrechenselement der **Rechtswidrigkeit** aufgefasst (vgl BGHSt 39, 381, 388 mwN). **1060**

Soweit es bei einzelnen Tatbeständen auf das Vorhandensein einer Genehmigung oder Erlaubnis ankommt, ist lediglich deren **verwaltungsrechtliche Wirksamkeit** und nicht etwa die Frage nach ihrer materiellrechtlichen Richtigkeit maßgebend. Dies folgt nach hM daraus, dass auch bei einer zu Unrecht ergangenen oder fehlerhaft gewordenen Gestattung Wertungswidersprüche zwischen Verwaltungsrecht und Strafrecht vermieden werden müssen[7]. **1061**

Ist eine Genehmigung, Planfeststellung oder Zulassung des Handelns durch Drohung, Bestechung oder Kollusion erwirkt oder durch Täuschung (dh durch unrichtige oder unvollständige Angaben) erschlichen worden, so stehen diese **rechtsmissbräuchlichen Verhaltensweisen** nach § 330d Nr 5 dem *genehmigungslosen* Handeln gleich. **1062**

---

7   Näher LK-*Steindorf*, Rn 22 ff vor § 324; S/S-*Cramer/Heine*, Rn 16 ff vor § 324.

Unter einer **Kollusion** versteht das Gesetz hier den gemeinschaftlichen Rechtsbruch des Täters mit Personen, die aufseiten der Genehmigungsbehörde in das Verfahren eingeschaltet sind (BT-Drucks. 12/3700, S. 25)[8].

**1063** Die bloße **Genehmigungsfähigkeit** einer konkreten Umweltbeeinträchtigung hat keine tatbestandsausschließende oder rechtfertigende Wirkung[9]. Das Gleiche soll nach allgemeiner Ansicht für das **schlichte Untätigbleiben** von Behörden gegenüber Umweltverstößen gelten. Umstritten ist dagegen, welche Rechtsfolgen sich aus einer **Duldung**, dh aus der *bewusst* getroffenen Entscheidung der jeweils zuständigen Behörde ergeben, gegen einen rechtswidrigen Zustand oder das ihr bekannte rechtswidrige Verhalten Dritter aus Rechtsgründen oder aus Gründen der Opportunität nicht einzuschreiten[10].

**1064** In dieser Hinsicht ist vieles noch nicht hinreichend geklärt. Das gilt ua für die Frage, ob und inwieweit im Umweltstrafrecht bei außergewöhnlichen Not- und Katastrophenfällen für einen Rückgriff auf § 34 Raum bleibt (zB bei der Verwendung chemischer Mittel zur Bindung ausgelaufenen Öls). Bei gesundheitsschädlichen Immissionen hat das Interesse an der Aufrechterhaltung der Produktion und an der Sicherung von Arbeitsplätzen jedenfalls **keinen Vorrang** gegenüber den Belangen des Umweltschutzes[11].

Vgl zum Ganzen auch *Frisch*, Verwaltungsakzessorietät und Tatbestandsverständnis im Umweltstrafrecht, 1993; *Heine*, NJW 90, 2425; *Otto*, Jura 91, 308; *Paeffgen*, Stree/Wessels-FS, S. 587; *Rogall*, GA 95, 299; *Rühl*, JuS 99, 521; *Schall*, NJW 90, 1263 und Küper-FS, S. 505; *Schwarz*, GA 93, 318. Zur Bedeutung einer öffentlich-rechtlichen Erlaubnis, wenn nicht nur Umweltgüter, sondern auch Individualrechtsgüter betroffen sind, siehe *Schall*, Roxin-FS, S. 927.

## 6. Strafbarkeit von Amtsträgern

**1065** Die **strafrechtliche Verantwortlichkeit von Amtsträgern** ist im 18. StÄG und im 2. UKG bewusst ausgeklammert worden, weil die Frage des Einstehenmüssens für umweltgefährdendes Verhalten Dritter, für behördliche Planungsfehler und den Erlass fehlerhafter Verwaltungsakte ein Problem berührt, dessen Lösung sich nicht auf den Umweltschutz beschränken lässt[12]. Eine Strafbarkeit ist daher insoweit nur nach den allgemeinen Regeln über Täterschaft und Teilnahme begründbar[13].

**1066** Sie kann sich zB aus § 14 II 3 ergeben, wenn in öffentlichen Unternehmen, mit deren Führung ein Amtsträger betraut ist, rechtswidrige Taten iS der §§ 324 ff begangen

---

8 Näher dazu LK-*Steindorf*, § 330d Rn 6 f; *Paetzold*, NStZ 96, 170; *Schall*, Otto-FS, S. 743 und *Wohlers*, JZ 01, 850.

9 Vgl die Nachw. bei *Fischer*, Rn 10 vor § 324; krit. *Otto*, Jura 95, 134, 141.

10 Näher dazu *Malitz*, Zur behördlichen Duldung im Strafrecht, 1995; *Rogall*, NJW 95, 922; vgl ferner *Lackner/Kühl*, § 324 Rn 12 mwN.

11 Näher BGH MDR/D 75, 723; NStZ 97, 189 mit Anm. *Sack*; *Rudolphi*, NStZ 84, 193, 248; *Winkelbauer*, Zur Verwaltungsakzessorietät des Umweltstrafrechts, 1985, S. 11 ff.

12 Vgl LK-*Steindorf*, Rn 49 vor § 324; *Möhrenschlager*, NStZ 94, 513, 516; *Schmidt/Schöne*, NJW 94, 2514.

13 Vgl auch *Fischer*, Rn 14 ff vor § 324; MüKo-*Schmitz*, Rn 92 vor § 324, jeweils mwN.

werden (vgl OLG Köln NJW 88, 2119). Für Amtsträger, die in den für Umweltschutz zuständigen Behörden tätig sind, kommt ferner bei Allgemeindelikten (wie etwa im Bereich des § 324 oder des § 326 I, II) eine **Begehungs-** oder **Unterlassungstäter-schaft** in Betracht, wenn der Amtsträger vorsätzlich eine materiell fehlerhafte Geneh-migung erteilt oder entgegen einer im Einzelfall bestehenden Garantenpflicht iS des § 13 untätig bleibt, also beispielsweise eine fortlaufende Gewässerverunreinigung oder umweltgefährdende Abfallbeseitigung durch Dritte nicht verhindert[14]. Die Frage, woraus sich hier eine Garantenstellung ableiten lässt, ist allerdings noch nicht hinrei-chend geklärt; sicher dürfte nur sein, dass sie nicht ohne weiteres aus der dienstlichen Stellung des Amtsträgers folgt. Ob die Voraussetzungen der **mittelbaren Täterschaft** gegeben sind, hängt von den Umständen des Einzelfalles ab[15]. Bei den meisten Um-weltstraftatbeständen kann ein Amtsträger schon deshalb nicht tauglicher Täter sein, weil diese als **Sonderdelikte** ausgestaltet sind, wie zB §§ 325a, 327, 328, wo Norm-adressat allein derjenige ist, der die Anlage betreibt, unter Verletzung verwaltungs-rechtlicher Pflichten handelt oder mit Kernbrennstoffen umgeht.

Näher zum Ganzen (mit erheblichen Meinungsunterschieden) *Geisler*, NJW 82, 11; **1067** *Gürbüz*, Zur Strafbarkeit von Amtsträgern im Umweltstrafrecht, 1997; *Horn*, NJW 81, 1 und JZ 94, 1097; *Keller*, Rebmann-FS, S. 241; *Michalke*, NJW 94, 1693; *Nest-ler*, GA 94, 514; *Otto*, Jura 91, 308, 314; *Rogall*, Die Strafbarkeit von Amtsträgern im Umweltbereich, 1991; *Rudolphi*, NStZ 84, 193; *Schall*, NJW 90, 1263, wistra 92, 1 und JuS 93, 719; *Seier*, JA 85, 23; *Winkelbauer*, NStZ 86, 149 mwN; ferner die Nachw. bei *Fischer*, Rn 13 vor § 324.

## II. Verunreinigung eines Gewässers

**Fall 59:** A ist Inhaber eines Textil-Reinigungsunternehmens. Um die Kosten der Abfallbesei-  **1068** tigung zu sparen, leitet er eines Tages 3 Fässer zu je 200 Liter Öl-Per(Chloräthylen)-Gemisch mit insgesamt 150 kg Per, das bei der Destillation seiner Reinigungsmaschine angefallen ist, in die Kanalisation. Auf diesem Wege gelangt das eingeleitete Per zur Kläranlage, deren bio-logischer Teil dadurch funktionsuntauglich wird, sodass sämtliche Abwässer biologisch unge-klärt in einen Fluss abfließen. Dort verursacht die Verunreinigung durch Per ein umfangreiches Fischsterben. In der Fischzuchtanlage des Züchters Z macht sich der Pergehalt des Wassers in der Weise bemerkbar, dass die Fische drei Tage lang nicht fressen. Dadurch entsteht dem Z we-gen ausbleibender Gewichtszunahme ein Schaden von 200 €. Zur Wiederherstellung der Klär-anlage, in deren Schlamm sich Öl und Per festgesetzt haben, muss die Gemeinde G 20 000 € aufwenden.

A waren sowohl die Verhältnisse der Umgebung wie auch die Gesundheits- und Umweltschäd-lichkeit zumal solcher Mengen von Per bekannt. Hat er sich nach §§ 324 ff strafbar gemacht? **Rn 1072, 1075, 1077, 1084, 1086, 1088, 1093**

---

14  Vgl BGHSt 39, 381; 38, 325.
15  Näher dazu BGHSt 39, 381 mit Anm. *Horn*, JZ 94, 636; *Rudolphi*, NStZ 94, 433; *Schirrmacher*, JR 95, 386; ferner *Wohlers*, ZStW 108 (1996), 61.

## 1. Gewässerbegriff

**1069** Nach § 324 I macht sich strafbar, wer unbefugt ein Gewässer verunreinigt oder sonst dessen Eigenschaften nachteilig verändert. **Gewässer** iS des § 324 sind nach § 330d Nr 1 oberirdische Gewässer, das Grundwasser und das Meer (unter Einschluss der Hohen See; näher NK-*Ransiek*, § 324 Rn 6). Zum oberirdischen Gewässer gehört das ständig oder zeitweilig in Betten fließende oder stehende oder aus Quellen wild abfließende Wasser (§ 1 I Nr 1 WHG). Die Durchleitung von Bächen oder Flüssen durch Rohre oder Tunnel hebt die Gewässereigenschaft nicht auf. Nicht erfasst wird dagegen Wasser, das sich in künstlich angelegten Behältnissen (zB in Schwimmbecken, Feuerlöschteichen usw) oder in Leitungssystemen befindet, wie etwa in Wasserversorgungs- oder Abwasserleitungen (näher MüKo-*Schmitz*, § 324 Rn 16).

**1070** Im **Fall 59** scheiden somit die Kanalisation und die Kläranlage als geschützte Objekte iS des § 324 aus. Tatbestandlich relevant ist nur die im Wege des *mittelbaren* Einleitens erfolgte Verunreinigung des Flusswassers (siehe dazu BayObLG JR 88, 344 mit zutreffender Anm. *Sack*).

## 2. Verunreinigung und nachteilige Veränderung

**1071** Mit Strafe bedroht ist in § 324 die **nachteilige Veränderung der Gewässereigenschaften**, insbesondere die **Verunreinigung**. Erfasst werden alle Handlungen, die direkt oder mittelbar die derzeitige Qualität des Wassers nachteilig verändern oder eine Verschlechterung seiner physikalischen, chemischen, biologischen oder thermischen Beschaffenheit bewirken. Bereits verschmutzte Gewässer können weiter verunreinigt werden (BGH NStZ 97, 189). Ob eine mehr als minimale Beeinträchtigung vorliegt, hängt von der Größe und Tiefe des Gewässers, der Wasserführung, der Fließgeschwindigkeit sowie von Art, Menge und Konzentration des Schadstoffes ab. **Vollendet** ist die Tat mit dem Eintritt der nachteiligen Veränderung des Gewässers; auf weitergehende Folgeschäden (Fischsterben und dergleichen) kommt es bei § 324 nicht an.

Näher zum Ganzen BGH NJW 92, 122; umfassend zur Rechtsprechung *Horn/Hoyer*, JZ 91, 703 und *Schall*, NStZ-RR 05, 33; 06, 161, 263, 292; 07, 33; 08, 97, 129.

**1072** Im **Fall 59** war das Einleiten der aus Öl und Per zusammengesetzten Schadstoffe in die Gemeindekanalisation eine geeignete Tathandlung iS des § 324[16] . **Vollendet** war die Tat erst, als die verschmutzten Abwässer nach dem Passieren der Kläranlage in ungeklärtem Zustand **in das Flusswasser** gelangten. Da A die gefährlichen Eigenschaften des Öl-Per-Gemischs kannte, hat er in Bezug auf die Verunreinigung des Flusswassers zumindest mit Eventualvorsatz gehandelt. Tatbestandsmäßigkeit iS des § 324 I ist daher zu bejahen.

---

16 Näher LG Ellwangen NStZ 82, 468 mit lehrreicher Anm. *Möhrenschlager;* vgl auch BGH StV 87, 151, 153; OLG Hamm NJW 75, 747; *Kuhlen*, GA 86, 389.

### 3. Unbefugtheit des Handelns

Nach hM bezeichnet **unbefugt** in § 324 I nur das allgemeine Verbrechensmerkmal der Rechtswidrigkeit, ist also kein Tatbestandsmerkmal. Denn die Verschlechterung der Qualität eines Gewässers ist generell verboten[17]. Sie kann nur im Einzelfall auf Grund einer Interessenabwägung zugelassen werden oder nach allgemeinen Grundsätzen gerechtfertigt sein[18].     **1073**

Näher zur rechtfertigenden Wirkung einer behördlichen **Genehmigung**, Bewilligung oder sonstigen Erlaubnis sowie zur Anwendbarkeit der allgemeinen Rechtfertigungsgründe MüKo-*Alt*, § 324 Rn 53 mwN.     **1074**

Im **Fall 59** bleibt für das Eingreifen eines Rechtfertigungsgrundes kein Raum, sodass A *unbefugt* gehandelt hat. Schuldausschließungs- oder Entschuldigungsgründe greifen ebenfalls nicht ein. Strafbarkeit nach § 324 I ist somit zu bejahen. Zum Regelbeispiel des § 330 I Nr 1 nF siehe LK-*Steindorf*, § 330 Rn 7, 9, der bei einem Fischsterben eine Nr 1 entsprechende Beeinträchtigung bejaht. Zur Gewinnsucht iS des § 330 I Nr 4 siehe Rn 448.     **1075**

Zum **Fahrlässigkeitstatbestand** des § 324 III siehe als Beispielsfall OLG Hamburg NStZ 83, 170 (betr. die fahrlässige Verursachung einer Schiffskollision, bei der Dieselkraftstoff ausgelaufen war) sowie LK-*Steindorf*, § 324 Rn 122, 125.     **1076**

## III. Umweltgefährdende Abfallbeseitigung

Im **Fall 59** kommt des Weiteren ein Verstoß gegen § 326 I Nr 1, 4 in Betracht. Danach wird bestraft, wer unbefugt **Abfälle**, die ua Gifte enthalten (Nr 1) oder die nach Art, Beschaffenheit oder Menge **geeignet** sind, **nachhaltig** ein Gewässer, die Luft oder den Boden zu verunreinigen (Nr 4a), oder einen Bestand von Tieren oder Pflanzen zu gefährden (Nr 4b), außerhalb einer dafür zugelassenen Anlage oder unter wesentlicher Abweichung von einem vorgeschriebenen oder zugelassenen Verfahren behandelt, lagert, ablagert, abläss oder **sonst beseitigt**. § 326 I Nr 4 ist ein *abstraktes* Gefährdungsdelikt (zum **Schutzbereich** dieser Vorschrift siehe BGH NStZ 97, 189; *Rengier*, Anm. JR 96, 34 mwN).     **1077**

### 1. Abfallbegriff

**Abfälle** sind bewegliche Sachen, deren sich *der Besitzer* endgültig entledigen will (= **subjektiver** Abfallbegriff) oder deren geordnete Beseitigung zur *Wahrung des Allgemeinwohls* geboten ist (= **objektiver** Abfallbegriff), wobei neben festen und flüssigen Körpern auch in Behälter gefasste gasförmige Stoffe in Frage kommen (vgl dazu § 3 KrW-/AbfG)[19].     **1078**

---

17  Näher LK-*Steindorf*, § 324 Rn 72; zT abweichend NK-*Ransiek*, § 324 Rn 2, 22.
18  Vgl *Fischer*, § 324 Rn 7.
19  BGHSt 37, 21 und 333; siehe auch *Rogall*, Boujong-FS, S. 807; *Heine*, NJW 98, 3665; *Schall*, NStZ-RR 05, 97.

**1079**  „*Gewillkürter*" Abfall iS des subjektiven Abfallbegriffs liegt auch dann vor, wenn der betreffende Stoff nach seiner Entsorgung zwar wieder verwendet oder weiterverarbeitet werden kann, der Besitzer ihn aber „loswerden" will, weil der Stoff für ihn wertlos geworden ist. **Abfall** ist somit nicht nur dasjenige, was keiner sinnvollen Verwendung mehr zuzuführen, also „reif für die Schutthalde" ist; vielmehr können dazu auch Stoffe zählen, die nach einer Wiederaufarbeitung als „Wirtschaftsgut" verwendbar wären[20].

**1080**  „*Zwangsabfall*" iS des objektiven Abfallbegriffs sind Sachen stets dann, wenn sie (ohne Entsorgung nach den Regeln des Abfallbeseitigungsrechts) gegenwärtig objektiv ohne Gebrauchswert sind und ihre geordnete Entsorgung zur Wahrung des Wohls der Allgemeinheit, insbesondere des Schutzes der Umwelt, geboten ist[21]. Ob Letzteres der Fall ist, soll von ihrer konkreten Beschaffenheit und einem gesteigerten Gefährlichkeitsgrad abhängen[22].

**1081**  § 326 I erfasst nur Abfälle, die der Beschreibung in den Nr 1–4 entsprechen und die dort vorausgesetzte **besondere Gefährlichkeitsstufe** aufweisen. **Gift** iS der Nr 1 ist (anders als in § 224 I Nr 1; dazu Rn 263) nur ein Stoff, der unter bestimmten Bedingungen durch chemische oder chemisch-physikalische Wirkung zur **Zerstörung der menschlichen Gesundheit geeignet** ist (LK-*Steindorf*, § 326 Rn 71). Zur Anwendbarkeit des § 326 I Nr 4a (= Nr 3 aF) bei der Ablagerung von **Hausmüll** in großen Mengen siehe BGHSt 34, 211 mit Anm. *Rudolphi*, NStZ 87, 324 und *Schmoller*, JR 87, 473; dazu auch *Schall*, NStZ 97, 462, 464. Zur umstrittenen Frage, wann Abfälle iS der Nr 4 „geeignet" sind, siehe LG Stuttgart NStZ 06, 291 mit Anm. *Henzler*, jeweils mwN.

## 2. Tathandlungen

**1082**  Wichtigste **Tathandlung** in § 326 I ist das *Beseitigen* der im Gesetz genannten Abfälle unter den dort näher beschriebenen, der Tatbestands*einschränkung* dienenden Modalitäten (= außerhalb einer dafür zugelassenen Anlage oder unter wesentlicher Abweichung von einem vorgeschriebenen oder zugelassenen Verfahren). Alle weiteren einschlägigen Begehungsweisen, wie das Behandeln, Lagern, Ablagern und Ablassen sind nur Beispielsfälle oder Vorstufen der Beseitigung (näher *Schall*, NStZ 97, 462, 465). Unter einem **Beseitigen** ist jedes Verhalten zu verstehen, das darauf ausgerichtet ist, die betreffende Sache der Natur zu überlassen oder sich ihrer sonst endgültig zu entledigen[23].

**1083**  **Behandeln** umfasst das Zerkleinern, Kompostieren, Verbrennen und dergleichen (vgl auch BGHSt 37, 21, 28). **Lagern** bezeichnet die vorübergehende Aufbewahrung mit dem Ziel anderweitiger Beseitigung (= Zwischenlagerung; vgl BGHSt 37, 333). **Ablagern** ist die definitive Be-

---

20  BGHSt 37, 333 mit Anm. *Sack*, JR 91, 338; BGH NStZ 97, 544.
21  BGHSt 37, 21; OLG Braunschweig NStZ-RR 01, 42; OLG Oldenburg MDR 96, 301; OLG Stuttgart JR 92, 478; *Horn*, Anm. JZ 91, 886.
22  BayObLG NZV 95, 83; OLG Schleswig NStZ 97, 546 mit krit. Anm. *Iburg;* zusf. *Rogall*, NStZ 92, 360, 561.
23  Vgl NK-*Ransiek*, § 326 Rn 27; weitergehend S/S-*Lenckner/Heine*, § 326 Rn 10, jeweils mwN.

seitigung. **Ablassen** bezieht sich in erster Linie auf flüssige Körper und meint jedes Ausfließenlassen, ohne Rücksicht auf seine Ursache. Die Strafbarkeit des Verhaltens hängt hier nicht davon ab, ob für die betreffenden Abfälle eine spezielle Entsorgungsanlage existiert oder nicht[24].

Im **Fall 59** war das Öl-Per-Gemisch nach Art, Beschaffenheit oder Menge wohl *geeignet*, das **1084** Flusswasser *nach*haltig zu verunreinigen oder sonst nachteilig zu verändern und den Fisch*bestand* in diesem Fluss zu gefährden (das ist „Tatfrage"; vgl LK-*Steindorf*, § 326 Rn 86 ff). Solchenfalls hat A den Tatbestand des § 326 I Nr 4a, b im Wege des Ablassens und zugleich des Beseitigens verwirklicht. Vollendet war die Tat mit dem Einleiten des Öl-Per- Gemischs in die Kanalisation.

## 3. Tatbestandsvorsatz

Der **Vorsatz** des Täters iS von Tatumstands- und Bedeutungskenntnis muss bei § 326 **1085** I Nr 4 die Eignung des Abfalls zur Umweltschädigung und die Vorstellung umfassen, dass die Handlung sich „außerhalb einer dafür zugelassenen Anlage" usw vollzieht. Fehlvorstellungen des Täters über die tatsächlichen Eigenschaften und die Wirkungsweise der Abfallstoffe stellen seine Bedeutungskenntnis nur in Frage, wenn zwischen dem vorgestellten und dem herbeigeführten Gefahrenzustand eine qualitative Unwertdifferenz von tatbestandlicher Relevanz besteht. Die irrige Annahme, ein für den Boden gefährlicher Stoff sei wassergefährlich, schließt daher den Vorsatz nicht aus[25].

Im **Fall 59** erscheint die Vorsatzbejahung unproblematisch; das Gleiche gilt für Rechtswidrig- **1086** keit und Schuld. A hat sich infolgedessen nach § 326 I Nr 4a und 4b strafbar gemacht. Fraglich ist, ob die Voraussetzungen des § 326 I Nr 4b auch insoweit bejaht werden können, als es um die Fische in der Zuchtanlage des Z geht.

## 4. Schutz von Tier- und Pflanzenbeständen

§ 326 I Nr 4b verfolgt den Zweck, den Schutz von Tieren und Pflanzen zu verbessern **1087** und die negativen Auswirkungen von Tathandlungen iS des § 326 I auf die belebte Natur stärker ins Blickfeld zu rücken (krit. zur Ausgestaltung S/S-*Lenckner/Heine*, § 326 Rn 7a). Unter einem **„Bestand"** von Tieren und Pflanzen ist in erster Linie eine Tier- oder Pflanzenpopulation in einem bestimmten Gebiet zu verstehen (vgl BT-Drucks. 12/192, S. 20). Da das Gesetz hierbei keinen Unterschied zwischen wild lebenden herrenlosen Tieren und solchen Tieren macht, die in fremdem Eigentum stehen, dürfte es sachgerecht sein, zu den geschützten Objekten auch einen zahlenmäßig ins Gewicht fallenden Bestand von Zuchttieren zu rechnen.

Im **Fall 59** scheitert die Anwendbarkeit der Nr 4b des § 326 I aber daran, dass die Fische des **1088** Z nicht *als solche* gefährdet waren, vielmehr nur zeitweilig ihre natürliche Fresslust verloren hatten.

---

24 BayObLG NJW 89, 1290; OLG Oldenburg NJW 88, 2391.
25 Näher *Lackner/Kühl*, § 326 Rn 10; mit neuer Begründung ebenso *Matejko*, ZIS 06, 205.

### 5. Minima-Klausel

**1089**  § 326 VI enthält eine bemerkenswerte, gesetzestechnisch jedoch wenig gelungene **Minima-Klausel**, bei der es sich um einen von der Vorstellung des Täters unabhängigen, dh objektiv wirkenden **Strafausschließungsgrund** handelt (näher LK-*Steindorf*, § 326 Rn 144). Nach dieser Vorschrift ist die Tat nicht strafbar, wenn schädliche Einwirkungen auf die Umwelt „wegen der geringen Menge der Abfälle" **offensichtlich ausgeschlossen sind.** Diese Klausel knüpft an die Erwägung an, bei abstrakten Gefährdungsdelikten unter bestimmten, allerdings eng begrenzten Voraussetzungen den Gegenbeweis der Ungefährlichkeit zuzulassen (vgl Rn 968). Einer Verallgemeinerung und analogen Ausdehnung des § 326 VI hat der Gesetzgeber freilich durch dessen enge Fassung bewusst entgegenwirken wollen[26]. Unumstritten ist, dass etwaige **Zweifel** zur Frage der Ungefährlichkeit bei § 326 VI *zu Lasten* des Täters gehen[27].

## IV. Erschwerungsgründe

**1090**  Die gesetzliche Überschrift des § 330 deckt nur dessen Abs. 1 ab, der eine Strafzumessungsvorschrift mit Regelbeispielen (dazu Rn 221) enthält. In Abs. 2 finden sich hingegen eine **Qualifikation** (Nr 1) und eine **Erfolgsqualifikation** (Nr 2). Zur Reform der Vorschrift durch das 6. StrRG siehe Rn 1055[28].

**1091**  Zu den Voraussetzungen der als *konkretes Gefährdungsdelikt* ausgestalteten § 330 II Nr 1 siehe Rn 315, 316 (zur Gefahr einer schweren Gesundheitsschädigung), Rn 257 (zum Begriff der Gesundheitsschädigung) und Rn 971 (zur großen Zahl von Menschen, deren Interpretation sich am jeweiligen systematischen Kontext auszurichten hat). Bei § 330 II Nr 2 ist zu beachten, dass im Tod des anderen Menschen sich eine der Tat anhaftende *spezifische Gefahr* verwirklicht haben muss, wobei insoweit „einfache" Fahrlässigkeit iS des § 18 ausreicht.

**1092**  § 330 I und II setzen die Begehung einer vorsätzlichen Tat nach den §§ 324 bis 329 voraus.

**1093**  Für § 330 II ist im **Fall 59** kein Raum. Zu denken ist jedoch an das Regelbeispiel in § 330 I Nr 1. Danach liegt bei einem vorsätzlichen Verstoß gegen § 326 I Nr 4a in der Regel ein „besonders schwerer Fall" vor, wenn der Täter ein Gewässer, den Boden oder ein Schutzgebiet iS des § 329 III derart beeinträchtigt, dass die Beeinträchtigung nicht, nur mit außerordentlichem Aufwand oder erst nach längerer Zeit beseitigt werden kann.

Die von A verursachte Funktionsuntauglichkeit der *Kläranlage* scheidet hier indessen als Anknüpfungspunkt aus, weil eine Kläranlage nicht zu den in § 330 I Nr 1 genannten Schutzobjekten gehört.

---

26  Vgl BayObLG JR 01, 475; LK-*Steindorf*, § 326 Rn 149.
27  Vgl *Fischer*, § 326 Rn 17.
28  Zu früheren Fassungen siehe BT/1, 31. Aufl., Rn 1090 und MüKo-*Alt*, § 330 Rn 5.

In Betracht zu ziehen wäre hier aber die Verunreinigung des Flusswassers, die darauf beruhte, dass die Abwässer aus der Kläranlage in ungeklärtem Zustand in den Fluss gelangten. Insoweit ist jedoch nicht festzustellen, dass die Beeinträchtigung des Gewässers **im Flussbett** nicht, nur mit einem außerordentlichen Aufwand oder erst nach längerer Zeit zu beseitigen war.

Bei der Überlegung, ob ein „sonstiger" (den Regelbeispielen des § 330 I selbst oder im Schwerewert vergleichbarer, „unbenannter") besonders schwerer Fall gegeben sein könnte, ist zu bedenken, dass der Gesetzgeber im 2. UKG den Regelstrafrahmen des § 326 I verschärft hat, sodass auch gravierende Verstöße im Rahmen des **Grunddelikts** angemessen geahndet werden können. Im **Fall 59** dürfte eine Bestrafung des A nach §§ 324 I, 326 I Nr 4a, 4b, 52 dem Unrechts- und Schuldgehalt der Tat daher ausreichend Rechnung tragen.

Bezüglich der weiteren Vorschriften des 29. Abschnitts muss hier aus Raumgründen auf die einschlägigen Erläuterungswerke (umfassend LK-*Steindorf*) und den Weg des *Selbststudiums* verwiesen werden. Siehe zB zu § 324a *Bartholme*, Der Schutz des Bodens im Umweltstrafrecht, 1995; *Laski*, Die strafrechtlichen Bezüge des Bundes-Bodenschutzgesetzes, 2003. Zur Reichweite von Sorgfaltspflichten und verwaltungsrechtlichen Pflichten im Umweltstrafrecht vgl *Rengier*, Boujong-FS, S. 791. Zu § 328 III Nr 1 beim **Abfüllen von Heizöl** aus einem Tankwagen in den Öltank eines Betriebes siehe BayObLG JR 96, 229 mit Anm. *Heine.* **1094**

## 13. Kapitel

# Straftaten im Amt

Der 30. Abschnitt des Besonderen Teils des StGB fasst die wichtigsten **echten** (oder: eigentlichen) und **unechten Amtsdelikte** zusammen[1], ohne diese Materie aber abschließend zu regeln, da einige unechte Amtsdelikte beim jeweiligen Grundtatbestand ihren Platz gefunden haben (vgl §§ 120 II, 133 III, 201 III, 203 II, 258a)[2]. Das Gesetz zur Bekämpfung der **Korruption** vom 13.8.1997 hat ua die sog. Bestechungsdelikte (§§ 331 ff) verändert, den Amtsträgerbegriff in § 11 I Nr 2c ergänzt (vgl Rn 1096) und die Strafdrohungen wesentlich verschärft[3]. Zur kriminologischen Analyse *Bannenberg*, Korruption in Deutschland und ihre strafrechtliche Kontrolle, 2002; zum EU-Bestechungsgesetz und dem Gesetz zur Bekämpfung internationaler Bestechung *Korte*, wistra 99, 81 sowie MüKo, § 331 Rn 25 und *Zieschang*, NJW 99, 105; zur beschränkten gesetzlichen Gleichstellung von Amtsträgern des Auslandes und der EU siehe *Gänßle*, NStZ 99, 543; zum Entwurf eines sog. Zweiten Korruptionsbekämpfungsgesetzes (BR-Drucks. 548/07) siehe die Angaben bei *Fischer*, § 331 Rn 1a unter Gesetzgebung. **1095**

Im Einzelnen: Nach § 11 I Nr 2c nF ist **Amtsträger** auch, wer nach deutschem Recht „sonst dazu bestellt ist, bei einer Behörde oder bei einer sonstigen Stelle oder in deren Auftrag Aufgaben der öffentlichen Verwaltung *unbeschadet der zur Aufgabenerfül-* **1096**

---

1 Für außenstehende Beteiligte kommt bei den echten Amtsdelikten § 28 I, bei den unechten § 28 II zur Anwendung; vgl auch *Rengier*, BT II, § 59 Rn 4 f.
2 SK-*Rudolphi/Stein*, Rn 3 vor § 331; S/S-*Heine*, Rn 7 f vor § 331; krit. zu den „unechten" Amtsdelikten NK-*Puppe*, §§ 28, 29 Rn 32 ff.
3 Überblick dazu bei HK-GS/*Bannenberg*, § 331 Rn 2 ff, 24 ff; *Lackner/Kühl*, Rn 1 vor § 298 und NK-*Kuhlen*, § 331 Rn 4, jeweils mwN; zur vorherigen Rechtslage *Wessels*, BT/1, 21. Aufl. 1997, Rn 1052, 1054 ff.

*lung gewählten Organisationsform* wahrzunehmen". Die Ergänzung stellt (gegen BGHSt 38, 199, 203) klar, dass Aufgaben der öffentlichen Verwaltung iS der Norm auch dann wahrgenommen werden, wenn im Bereich der Daseinsvorsorge die Leistungsverwaltung sich zur Ausführung einer **privatrechtlich** organisierten Form, etwa einer Kapitalgesellschaft, bedient (vgl BT-Drucks. 13/5584, S. 12)[4]. Solche Einrichtungen und Unternehmen der öffentlichen Hand sind den Behörden als **„sonstige Stellen"** gleichzustellen, wenn sie Merkmale aufweisen, die das rechtfertigen. Dies ist insbesondere dann der Fall, wenn sie bei ihrer Tätigkeit öffentliche Aufgaben wahrnehmen *und* dabei derart staatlicher Steuerung unterliegen, dass sie bei *Gesamtbewertung* der sie kennzeichnenden Merkmale als „verlängerter Arm" des Staates erscheinen[5]. Da also nicht die Rechtsform der Organisation, sondern die *Art der Aufgabe* sowie die wesentliche *staatliche Steuerung* entscheiden, kann[6] der Geschäftsführer einer auf dem Gebiet des sozialen Wohnungsbaus tätigen landeseigenen GmbH ebenso Amtsträger[7] sein wie der eines als GmbH organisierten kommunalen Energieversorgungsunternehmens[8] oder der eines entsprechend organisierten Abfallentsorgungsunternehmens[9]. Gleiches gilt für Angestellte einer GmbH, die auf dem Gebiet der Entwicklungs-Zusammenarbeit tätig ist und dabei staatlicher Steuerung unterliegt (BGHSt 43, 370). Hingegen ist die Flughafen Frankfurt/Main AG (FAG, jetzt Fraport AG) mangels entsprechender Steuerung keine „sonstige Stelle" iS des § 11 I Nr 2c und ein Mitarbeiter ihrer Bauabteilung deshalb kein Amtsträger iS der §§ 331 ff (BGHSt 45, 16); ebenso wenig die Deutsche Bahn AG, weil eine **Gesamtbetrachtung**[10] der Einflussmöglichkeiten des Bundes nicht auf ein Maß an staatlicher Steuerung schließen lasse, das die Gleichstellung mit einer Behörde rechtfertige (so BGHSt 49, 214, 219 ff; hingegen soll die DB Netz AG, ein 100%iges Tochterunternehmen der DB AG, aufgrund besonderer Umstände eine sonstige Stelle iS des § 11 I Nr 2 c sein (BGHSt 52, 290, 292, 294 ff)[11]. Hat ein Privater – wie im „Kölner Müllskandal" – an einer städtisch beherrschten Abfallverwertungsgesellschaft eine *Sperrminorität*, wodurch er wesentliche unternehmerische Entscheidungen mitbestimmen kann, so ist das Handeln dieser Gesellschaft nicht mehr als unmittelbar staatliches Handeln zu verstehen (BGHSt 50, 299)[12].

Eingehend zum Ganzen *B. Heinrich*, Der Amtsträgerbegriff im Strafrecht, 2001, S. 431, 477, der darauf abstellt, ob die Organisation eine Monopolstellung inne hat. Hingegen scheide § 11 I Nr 2c dort aus, wo die Organisation gleichberechtigt neben anderen Privaten tätig werde, es sei denn, der staatliche Träger erfüllte durch seine Tätigkeit noch eine wettbewerbsregulierende oder wirtschaftslenkende Aufgabe (dagegen MüKo-*Radtke*, § 11 Rn 40).

---

4 Hingegen hält *Zwiehoff*, Herzberg-FS, S. 155, 165 die Korrektur des BGH durch § 11 I Nr 2c für verfehlt und § 299 für einschlägig.
5 BGHSt 45, 16; 46, 310; krit. *Dölling*, ZStW 112 (2000), 334, 339.
6 Im Einzelfall kann es auch anders liegen, so BGH wistra 07, 302 mit krit. Anm. *Dölling*, JZ 08, 171.
7 Vgl MüKo-*Radtke*, § 11 Rn 41, aber auch *Lackner/Kühl*, § 11 Rn 9a.
8 BGH wistra 04, 99 mit zust. Anm. *Dölling*, JR 05, 27 und krit. Anm. *Krehl*, StV 05, 325.
9 BGH wistra 07, 17.
10 Strikt gegen diese einzelfallbezogene Methode *Zwiehoff*, Herzberg-FS, S. 155, 157.
11 Krit. *Rübenstahl*, Anm. NJW 08, 3737; *Zieschang*, Anm. StV 09, 74.
12 Zust. *Saliger*, NJW 06, 337; in Erg. auch *Noltensmeier*, Anm. StV 06, 135; abl. hingegen *Radtke*, NStZ 07, 57.

Die wichtigste Änderung betrifft die §§ 331 I, 333 I: Vorteilsannahme und -gewäh-  **1096a**
rung sind nunmehr bereits dann strafbar, wenn sie **„für die Dienstausübung"** gedacht, angenommen oder erbracht wurden (zur Abgrenzung von der bislang enger
gefassten „Unrechtsvereinbarung" [= „als Gegenleistung dafür ..."] siehe Rn 1100,
1116). Darüber hinaus ist § 333, der bisher nur im Ermessen des Amtsträgers oder
Richters stehende künftige Dienst- oder richterliche Handlungen erfasste, *spiegel-
bildlich* zu § 331 ausgestaltet worden. In beide Tatbestände wie auch in §§ 332, 334
einbezogen wurden die sog. Drittzuwendungen („für sich/diesen oder einen Dritten"). Die Höchststrafen der §§ 331 I, 333 II wurden von zwei auf drei, die ihres jeweiligen Abs. 2 von drei auf fünf Jahre Freiheitsstrafe erhöht. Die Tatbestände der
Bestechlichkeit und der Bestechung (§§ 332, 334) sind um eine Strafzumessungsvorschrift mit Regelbeispielen (dazu Rn 1124) ergänzt, die §§ 336, 337 (bisher §§ 335,
335a) insoweit angepasst worden. In den §§ 80 BDG und 110 Wehrdisziplinarord-
nung finden sich schließlich eine Art kleiner „Kronzeugen"-Regelungen (Unterhalts-
zusage nach der Entfernung aus dem Dienst gegen Offenbarung nützlichen Wissens
zur Verhinderung oder Aufklärung von Straftaten über den eigenen Tatbeitrag hinaus). Neu eingeführt wurde eine Regelung zu Vermögensstrafe (§ 43a ist nichtig; vgl
BVerfGE 105, 135 = wistra 02, 175) und Erweitertem Verfall (§ 338). Daneben hat
der Gesetzgeber dem Besonderen Teil des StGB einen neuen (26.) Abschnitt „Straftaten gegen den Wettbewerb" (§§ 298–302) einverleibt, der neben der abändernden
Übernahme des bisherigen § 12 UWG einen neuen Straftatbestand „Wettbewerbsbe-
schränkende Absprachen bei Ausschreibungen" (§ 298) enthält (näher dazu *Wessels/
Hillenkamp*, BT II Rn 697 ff).

# § 25   Bestechungsdelikte

**Fall 60:** Der Amtsträger A ist als Leiter der Bauabteilung einer Oberfinanzdirektion für die  **1097**
Vergabe öffentlicher Aufträge zuständig, wobei ihm ein weiter Entscheidungsspielraum zusteht. Nach der Errichtung seines Privateigenheimes verlangt er von dem Bauunternehmer B
einen unangemessen hohen Preisnachlass; dabei lässt er durchblicken, dass ein Entgegenkommen des B sich bei der bevorstehenden Vergabe einiger lukrativer Bauaufträge im Bereich der
Oberfinanzdirektion vorteilhaft auswirken werde. B fügt sich dem Begehren des A und gewährt ihm den Preisnachlass in der Erwartung, gegenüber den Konkurrenzbewerbern bevor-
zugt behandelt zu werden. In Wirklichkeit ist A innerlich entschlossen, sich dadurch in der
Freiheit seines dienstlichen Handelns nicht beeinflussen zu lassen.

Wie ist der Sachverhalt strafrechtlich zu beurteilen, wenn die in der Folgezeit von A getroffenen Vergabeentscheidungen, soweit sie zu Gunsten des B ausfallen, vom Ergebnis her keinen
sachlichen Beanstandungen ausgesetzt sind? **Rn 1119, 1123**

## I. Systematischer Überblick

### 1. Sonderdelikte – Allgemeindelikte

**1098** a) **Vorteilsannahme** (§ 331) und **Bestechlichkeit** (§ 332) sind Sonderdelikte in der Form *echter* (oder: eigentlicher) *Amtsdelikte*, da der Täterkreis auf *Amtsträger* und *für den öffentlichen Dienst besonders Verpflichtete* beschränkt ist und dieser Eigenschaft straf*begründende* Bedeutung zukommt (siehe Rn 1095). Der Versuch dieser Taten ist strafbedroht; eine Ausnahme hiervon macht lediglich § 331 I.

**1099** Der Begriff des **Amtsträgers** und des **für den öffentlichen Dienst besonders Verpflichteten** wird in § 11 I Nr 2, 4 festgelegt[1]. Während der neugefasste § 11 I Nr 2c eine Zweifelsfrage geklärt hat (siehe Rn 1096), ist nach wie vor sehr umstritten, unter welchen Voraussetzungen ein Freiberufler, etwa ein Planungsingenieur, Amtsträger iS der §§ 11 I Nr 2c, 331 ff sein kann[2]. Dass Soldaten in §§ 333, 334 besonders genannt sind, liegt an der Fassung des § 48 WStG, der den § 332 für sämtliche Soldaten, den § 331 aber nur für Offiziere und Unteroffiziere anwendbar macht.

Keine Amtsträger sind Abgeordnete der Parlamente und, soweit sie rechtssetzend im Organ einer Selbstverwaltungskörperschaft tätig sind, kommunale Mandatsträger[3]; Letztere unterfallen aber § 11 I Nr 2c insoweit, als sie Aufgaben der öffentlichen Verwaltung wahrnehmen[4].

**1100** Die **Tathandlung** besteht im Fordern, Sich-versprechen-Lassen oder Annehmen eines Vorteils für sich oder einen Dritten (näher Rn 1108); im Fall des § 331 I „für die Dienstausübung", im Übrigen „als Gegenleistung" für das jeweils beschriebene Verhalten. *Richter* und *Schiedsrichter* (dazu SK-*Rudolphi/Stein*, § 331 Rn 6), die mit Bezug auf eine begangene oder künftige *richterliche* Handlung so handeln, unterfallen den Qualifizierungen der §§ 331 II, 332 II; hinsichtlich *nicht*richterlicher Tätigkeiten (in der Justizverwaltung) gelten auch für Richter die Grundtatbestände (zum Ganzen vgl LK-*Jescheck*, Rn 16 vor § 331).

**1101** Zwischen § 331 I und §§ 331 II, 332 besteht ein *wesentlicher* Unterschied: Letztere setzen den Vorteil **„als Gegenleistung"** für eine Diensthandlung oder eine richterliche Handlung voraus, also ein *Beziehungsverhältnis* (= Äquivalenzverhältnis) in dem Sinn, dass der Vorteil dem Empfänger **für** eine vorgenommene oder künftige **Diensthandlung** oder richterliche Handlung zugewendet werden soll. In diesem Beziehungsverhältnis, der sog. **Unrechtsvereinbarung**, sah die Rechtsprechung bisher den *Kern* des in den Bestechungstatbeständen umschriebenen Schuldvorwurfs[5]. Die Vor-

---

1 Vgl dazu BGHSt 31, 264; 37, 191; 38, 199; 49, 214; KG NStZ 94, 242; *Welp*, Lackner-FS, S. 761.
2 BGHSt 42, 230; 43, 96 mit Anm. *Otto*, JR 98, 73 und Aufsatz *Ransiek*, NStZ 97, 519; BGHSt 43, 370 und BGH NJW 98, 2373 mit Anm. *Ransiek*, NStZ 98, 564; vgl auch *Haft*, Lenckner-FS, S. 81; eingehend MüKo-*Radtke*, § 11 Rn 30–64; **Fall** bei *Th. Maier*, JuS 00, 677.
3 BGHSt 51, 44, 49; BGH wistra 06, 419; aA *Niehaus*, ZIS 08, 49: Letztere sollen § 11 I Nr 2b unterfallen.
4 *Lackner/Kühl*, § 11 Rn 11 mit Hinw. auf § 108e; SK-*Rudolphi*, § 11 Rn 21; *Marel*, StraFo 03, 259; aA LG Köln StV 03, 507.
5 BGHSt 39, 45; BGH NStZ 99, 561; vgl *Küper*, BT S. 434 mwN.

aussetzung eines Vorteils als Gegenleistung für eine Dienst*handlung* hat der Gesetzgeber 1997 für die §§ 331 I, 333 I „gelockert". Nunmehr ist eine *Vorteilsannahme* bereits dann zu bejahen, wenn der Täter den Vorteil **für die Dienstausübung** fordert (beachte Rn 1108) oder annimmt oder sich den Vorteil für sie versprechen lässt. Die Formulierung „*für* die Dienstausübung" stellt klar, dass weiterhin eine **Beziehung** zwischen der Vorteilsannahme und dem dienstlichen Handeln des Amtsträgers bestehen muss. „Lediglich" eine hinreichend bestimmte Diensthandlung als „Gegenleistung" muss nicht mehr nachgewiesen werden (so BT-Drucks. 13/8079, S. 15)[6]. Als **Auffangtatbestand** soll § 331 I auch dann anwendbar sein, wenn eine „Unrechtsvereinbarung" iS des § 331 II mangels hinreichend bestimmter richterlicher Handlung nicht nachgewiesen werden kann (BT-Drucks., aaO). Hingegen bleibt es für die §§ 331 II, 332, 333 II und 334 bei der bisherigen Rechtslage (vgl dazu Rn 1116).

Vorteilsannahme und Bestechlichkeit unterscheiden sich auch insofern, als § 331 I, II **1102** sich auf eine **pflichtgemäße**, § 332 sich hingegen auf eine **pflichtwidrige** Diensthandlung bzw richterliche Handlung bezieht. Der schwerere Straftatbestand des § 332 (ggf in Verbindung mit § 335 I Nr 1a, 2, II) erfasst nur solche „Beziehungshandlungen", deren Vornahme oder Unterlassung (§ 336)[7] **Dienstpflichten verletzt hat oder verletzen würde** (dazu BGHSt 15, 88 und 239; BGH wistra 07, 222).

b) Das Gegenstück zur Strafbarkeit des **Vorteilsnehmers** nach §§ 331, 332 bilden **1103** aufseiten des **Vorteilsgebers** die Straftatbestände der **Vorteilsgewährung** (§ 333) und der **Bestechung** (§ 334, ggf in Verbindung mit § 335 I Nr 1b). Bei ihnen handelt es sich um *Allgemeindelikte*, weil jedermann tauglicher Täter sein kann.

**Tathandlung** ist hier das Anbieten, Versprechen oder Gewähren eines Vorteils als **1104** spiegelbildliches Gegenstück zum Fordern, Sich-Versprechen-Lassen und Annehmen (dazu BT-Drucks. 13/5584, S. 9, 16; zur bisher abweichenden Formulierung des § 333 siehe *Wessels*, BT/1, 21. Aufl. 1997, Rn 1055). Hinsichtlich der (in § 333 I ebenfalls gelockerten) sog. **Unrechtsvereinbarung** gilt das in Rn 1101 Gesagte entsprechend. Zur Verwirklichung des *Anbietens* genügt (wie beim Fordern; dazu Rn 1108) eine auf den Abschluss der Unrechtsvereinbarung zielende Erklärung[8]. Parallel zu §§ 331, 332 (siehe Rn 1101) verläuft auch die Unterscheidung zwischen **pflichtgemäßen** (§ 333) und **pflichtwidrigen** Diensthandlungen oder richterlichen Handlungen (§ 334).

Für die **Vorteilsannahme** nach § 331 I und die **Vorteilsgewährung** nach § 333 I be- **1105** stimmt der jeweilige Abs. 3, dass die Tat unter den dort beschriebenen Voraussetzungen nicht strafbar ist. Ausgenommen von der Genehmigungsmöglichkeit der zuständigen Behörde im Rahmen ihrer Befugnisse ist nach § 331 III der Fall, dass der Täter den Vorteil *gefordert* hatte (zu §§ 331 III, 333 III siehe *Korte*, NStZ 97, 513, 515 und MüKo, § 331 Rn 147; § 333 Rn 28).

---

6   Siehe auch BGHSt 49, 275, 280; BGH NStZ 08, 688, 690 f mit Anm. *Hettinger*, JZ 09, 370 und *Trüg*, NJW 09, 196; zum Hintergrund und der Problematik dieser Neufassung siehe *Ambos*, JZ 03, 345, 349; *König*, JR 97, 397; *Hendrik Schneider*, Seebode-FS, S. 331, 336 ff.
7   Instruktiv zur Dienstpflichtverletzung durch Unterlassen BGH NStZ 04, 565.
8   BGHSt 15, 88, 97; *Lackner/Kühl*, § 333 Rn 3; zu weit OLG Düsseldorf JR 03, 521 mit Anm. *Böse*.

## 2. Schutzgut

**1106** Was geschütztes Rechtsgut der Bestechungstatbestände ist, war und ist weiterhin umstritten. Der Gesetzgeber von 1975 sah es in der **Lauterkeit des öffentlichen Dienstes**. Nach seiner Vorstellung sollten die §§ 331 ff auf dieser Grundlage die *Käuflichkeit* von Diensthandlungen und die *Befangenheit* der Bediensteten durch einen Vorteil bei der Erfüllung ihrer Pflichten und damit auch eine *Verfälschung des Staatswillens* verhindern (vgl BT-Drucks. 7/550, S. 269)[9]. Dem entspricht in der Sache die hM, die zusätzlich auf das allerdings missdeutbare Kriterium des „Vertrauens der Allgemeinheit" abstellt[10].

## 3. Vorteil für sich (diesen) oder einen Dritten

**1107** Durch die Formulierung „für sich (bzw diesen) oder einen Dritten" hat der Gesetzgeber 1997 in den §§ 331–334 bestimmt, dass die Strafbarkeit nicht davon abhängt, ob der Vorteil dem Amtsträger selbst oder einem Dritten gewährt wird oder werden soll (BT-Drucks. 13/5584, S. 9, 16). **Vorteil** iS der §§ 331 ff ist nach hM jede Zuwendung materieller oder immaterieller Art, die den Amtsträger oder den Dritten wirtschaftlich, rechtlich oder persönlich *objektiv messbar* besser stellt und auf die kein durchsetzbarer Anspruch besteht[11]. Dass der Begünstigte einen vergleichbaren Vorteil auch auf anderem Weg erlangen könnte, stellt den Vorteilscharakter nicht in Frage (BGH NStZ 08, 688). An der objektiven Messbarkeit eines Vorteils dürfte es fehlen bei der „Verbesserung von ‚Karrierechancen'" oder der „Steigerung wissenschaftlicher Reputation" (BGHSt 47, 295, 304). Erfasst ist hingegen ein vereinbarter Rabatt, selbst wenn er angesichts eines überhöhten Ausgangspreises wirtschaftlich nicht vorteilhaft ist[12]. Die großzügige Geldspende an die **Partei**[13] oder einen **Verein**, denen der Amtsträger angehört, fällt ebenso unter den Vorteilsbegriff wie, zumindest dem Wortlaut nach, die Spende an eine gemeinnützige Organisation wie das Rote Kreuz oder SOS-Kinderdorf. Die §§ 331, 332 greifen jedenfalls ein, soweit der Amtsträger für seine Dienstausübung entsprechende Spenden zu tätigen gefordert hat oder sich hat versprechen lassen. Wo dies nicht der Fall ist, stellt sich die noch klärungsbedürftige Frage, ob *altruistische* Leistungen zugunsten einer gemeinnützigen Einrichtung selbst dann den §§ 331 ff unterfallen, wenn der Amtsträger hieraus keinen, auch keinen mittelba-

---

9 Dazu *Dölling*, 61. DJT, Bd. I 1996, C 48; *Hettinger*, NJW 96, 2263, 2268; *Höltkemeier*, Sponsoring, S. 55, 82.

10 BGHSt 15, 88, 96; 30, 46; 47, 295, 309; BGH wistra 94, 104; *Kargl*, ZStW 114 (2002), 763, 782; *Maurach/Maiwald*, BT II § 79 Rn 9; NK-*Kuhlen*, § 331 Rn 9, 13; *Wessels*, BT/1, 21. Aufl. 1997, Rn 1058; *Wentzell*, Zur Tatbestandsproblematik der §§ 331, 332 StGB unter besonderer Berücksichtigung des Drittvorteils, 2004, S. 79 ff; vgl auch BT-Drucks. 13/5584, S. 16.

11 BGH NStZ 08, 688, 689 m. Anm. *Jahn*, JuS 09, 176; 05, 334; näher *Dauster*, NStZ 99, 63; *Küper*, BT S. 430; SK-*Rudolphi/Stein*, § 331 Rn 19 ff, aber auch NK-*Kuhlen*, § 331 Rn 33, 47 ff und *Satzger*, ZStW 115 (2003), 469, 475, die aus guten Gründen auch den „durchsetzbaren Anspruch" einbeziehen und auf die Sachwidrigkeit der Verknüpfung von Vorteil und Dienstausübung abstellen; zust. HK-GS/ *Bannenberg*, § 331 Rn 13 ff; zur früheren Rechtslage *Wessels*, BT/1, 21. Aufl. 1997, Rn 1066 und BGHSt 47, 295, 304.

12 So BGH wistra 01, 260 mit abl. Anm. *Kudlich*, JR 01, 156.

13 Vgl BGHSt 49, 275; dazu *Saliger/Sinner*, NJW 05, 1073.

ren Nutzen zieht[14]. Eine Einschränkung des Vorteilsbegriffs im Bereich der **Dritt-mittelforschung** (dazu ua *Dauster*, NStZ 99, 63; *Höltkemeier*, Sponsoring, S. 190 und *Satzger*, ZStW 115 [2003], 469, 490) hat der 1. Strafsenat abgelehnt[15] (näher dazu Rn 1112).

## II. Vorteilsannahme

### 1. Unrechtstatbestand

**Tathandlungen** sind das Fordern, Sich-versprechen-Lassen oder Annehmen eines **1108** Vorteils für sich oder einen Dritten. **Fordern** ist das einseitige Verlangen einer Leistung, sei es auch nur in versteckter Form[16]. **Sich-versprechen-Lassen** bedeutet die Annahme eines entsprechenden Angebots späterer Leistung (RGSt 57, 28). **Annehmen** ist die tatsächliche Entgegennahme eines geforderten oder angebotenen Vorteils mit dem Willen, darüber für sich oder einen Dritten zu verfügen; darunter fällt auch das Behalten einer zunächst gutgläubig erlangten Zuwendung[17]. Zu den Konkurrenzfragen siehe BGHSt 47, 22; BGH NStZ 95, 92 und *Fischer*, § 331 Rn 39 f.

§ 331 aF regelte die **Vorteilsannahme** nur in bezug auf *zurückliegende oder künftige* **1109** *Diensthandlungen* (Abs. 1) und *richterliche Handlungen* (Abs. 2), deren Vornahme oder Unterlassung *nicht pflichtwidrig* war oder sein würde. Das sog. Korruptionsbekämpfungsgesetz vom 13.8.1997 hat den Grundtatbestand des § 331 I in seinem Anwendungsbereich *erweitert* (siehe Rn 1095, 1101). Nunmehr genügt insoweit schon, dass der Täter *für* die Dienstausübung einen Vorteil fordert, sich versprechen lässt oder annimmt. Eine zureichend bestimmte Diensthandlung als „Gegenleistung" ist zwar weiterhin hinreichend, aber nicht mehr notwendig (näher NK-*Kuhlen*, § 331 Rn 58, 74). Der Wegfall der Wendung, dass der Täter eine Diensthandlung „vorgenommen hat oder künftig vornehme", soll an der bisherigen Rechtslage, nach der auch bereits vorgenommene Diensthandlungen erfasst waren, nichts ändern. Das neue Merkmal „Dienstausübung" erfasst auch sie[18]. Ziel der Tatbestandserweiterung ist es, insbesondere hohe Zuwendungen Dritter zu erfassen, die keinen bestimmten Diensthandlungen zugeordnet werden können (BT-Drucks. 13/8079, S. 15), aber auch Fälle erheblicher Zuwendungen als „Dankeschön", für „Wohlverhalten" oder allgemein zur „Klimapflege", die (noch) nicht auf eine bestimmte Diensthandlung als Gegenleistung abzielen. Gedacht ist etwa an den Bauunternehmer, der einem Bürgermeister – „auf gute Zusammenarbeit" – 50 000 € überreicht (näher *Dölling*, 61. DJT, Bd. I 1996, C 62; siehe Rn 1112b). Die Lockerung der Unrechtsvereinbarung bei gleichzeitiger Einbeziehung der Drittvorteile führt zu einer Randunschärfe

---

14  Dazu *Dölling*, 61. DJT, Bd. I 1996, C 67; *König*, JR 97, 397, 399; NK-*Kuhlen*, § 331 Rn 45; S/S-*Heine*, § 331 Rn 20, 29.; *Wentzell*, aaO S. 41 ff, 170.
15  BGHSt 47, 295, 303, 308; zust. *Rönnau*, JuS 03, 232; näher dazu HK-GS/*Bannenberg*, § 331 Rn 44 ff.
16  BGHSt 10, 237; BGH wistra 06, 344; NK-*Kuhlen*, § 331 Rn 16.
17  BGHSt 15, 88, 97; 14, 123, 127; SK-*Rudolphi/Stein*, § 331 Rn 26.
18  *Korte*, NStZ 97, 513, 514; SK-*Rudolphi/Stein*, § 331 Rn 17.

des Strafbarkeitsbereichs, deren Beseitigung der Rechtsprechung aufgegeben ist[19]. BGH NStZ 08, 691 räumt dies ein („im Randbereich kaum trennscharfe Konturen")[20]. Die „Politik" hat inzwischen das selbstgeschaffene Problem als „bedenkliche Kriminalisierung politischen Handelns" entdeckt (*Schäfer/Liesching*, ZRP 08, 173, 175).

**1110**   Soweit in §§ 331 II, 332 von einer „vorgenommenen" (= zurückliegenden) Diensthandlung die Rede ist, setzt die Rechtsprechung (unter Berufung auf den Wortlaut und die Entstehungsgeschichte des Gesetzes) bislang deren **tatsächlich erfolgte Vornahme** voraus. Spiegelt der Amtsträger, Richter oder Schiedsrichter lediglich vor, die Diensthandlung erbracht zu haben, für die er einen Vorteil fordert, sich versprechen lässt oder annimmt, so kann er sich nach Ansicht des BGH zwar des Betruges schuldig machen, aber nicht wegen Vorteilsannahme (§ 331) oder Bestechlichkeit (§ 332) bestraft werden[21].

**1111**   Zu unterscheiden ist zwischen Handlungen im Rahmen der Dienstausübung und Privathandlungen. In den Bereich der **Dienstausübung** fällt jede Tätigkeit, die zu den dienstlichen Obliegenheiten gehört und in amtlicher Eigenschaft vorgenommen wird (vgl SK-*Rudolphi/Stein*, § 331 Rn 8 mwN). Auf die konkrete Zuständigkeit und die interne Geschäftsverteilung kommt es beim Vorliegen dieser Voraussetzungen nicht an (BGHSt 16, 37). Keine Privattätigkeit, sondern eine pflichtwidrige Diensthandlung liegt vor, wenn Krankenpfleger in einem psychiatrischen Landeskrankenhaus ihre amtliche Stellung dazu missbrauchen, eine durch Dienstvorschriften verbotene Handlung (= Überlassen von Alkohol an Suchtkranke) vorzunehmen, zu der ihnen gerade ihre amtliche Stellung die Möglichkeit gibt[22]. Eine *außerdienstliche* Tätigkeit bleibt auch dann **Privathandlung**, wenn sie unter Ausnutzung der im Dienst erworbenen Kenntnisse vorgenommen wird (zB Erteilung von Privatunterricht: BGH GA 66, 377) oder wenn sie als unerlaubte Nebentätigkeit eine Dienstpflichtverletzung darstellt (BGHSt 18, 59 und 263, 267). Keine Dienstausübung iS des § 331 I ist eine private Nebentätigkeit. Die Vereinbarung eines Entgelts kann aber ein „Vorteil" sein (näher BGH StV 07, 637). Gefälligkeitshandlungen nur *bei Gelegenheit* von Dienstverrichtungen fallen in die private Sphäre (S/S-*Cramer*, § 331 Rn 10).

## 2.   Tatbestandseinschränkungen

**1112**   Schon am Tatbestand des § 331 dürfte es fehlen, wenn kleinere Aufmerksamkeiten in den relativ engen Grenzen der *Sozialadäquanz* oder der *Verkehrssitte* angenommen werden, also solche, die ohne Verstoß gegen die Regeln der Höflichkeit nicht zurückgewiesen werden können, wie etwa die Einladung zu einer Tasse Kaffee an-

---

19   Vgl *Korte*, NStZ 97, 513, 515; *Walter*, ZRP 99, 292, 294; siehe auch Rn 1112 ff.
20   Zu „möglichen Indizien" für eine Unrechtsvereinbarung vgl BGH NStZ 08, 688, 690.
21   BGHSt 29, 300; zust. *Arzt/Weber*, BT § 49 Rn 30; *Fischer*, § 331 Rn 10 mwN; aA *Lackner/Kühl*, § 331 Rn 11; NK-*Kuhlen*, § 331 Rn 31 f.
22   BGH NJW 83, 462; krit. dazu *Amelung/Weidemann*, JuS 84, 595.

lässlich einer Dienstverrichtung oder zu einigen Glas Bier bei vertraglichen Vorverhandlungen[23].

Eine *einschränkende* Auslegung des § 331 I bejaht der 1. Strafsenat neuerdings mit Blick auf die gesetzlich verankerte Dienstaufgabe der Hochschullehrer zur Einwerbung von der Förderung von Forschung und Lehre dienenden **Drittmitteln**, *wenn* das im jeweiligen Hochschulrecht vorgesehene Anzeige- und Genehmigungsverfahren eingehalten worden ist[24]. Zwar liege in der Verbesserung der Forschungsbedingungen eine objektiv messbare Verbesserung der persönlichen Wirkungsmöglichkeiten, mithin ein Vorteil[25], doch werde bei Einhaltung des Verfahrens infolge seiner Durchschaubarkeit sowohl dem Schutzgut der Norm (vgl Rn 1106) angemessen Rechnung getragen als auch Strafrecht und Hochschulrecht auf der *Tatbestands*ebene in einen systematischen Einklang gebracht und ein Wertungsbruch vermieden[26]. Auf diese Weise kann bei Auslegung des *Beziehungsverhältnisses* iS des § 331 I (dazu Rn 1101) berücksichtigt werden, dass dieses Verhältnis auch durch eine erwünschte und grundsätzlich genehmigungsfähige Einwerbung von Drittmitteln beeinflusst und mitgeprägt wird. Sei das Verfahren beachtet, stehe die Förderung von Forschung und Lehre im Vordergrund, womit ein unrechtes Beziehungsverhältnis fehle[27]. Eine Rechtfertigungslösung verwirft der Senat, weil § 331 III nicht greife, wenn die eingeworbenen Mittel *gefordert* worden sind[28].

In derartigen Drittmittelfällen wird – so der 5. Senat – künftig Amtsträgern vor der Annahme jeglicher Vorteile, die in Zusammenhang mit ihrer Dienstausübung gebracht werden können, die **strikte Transparenz** ioS abzuverlangen sein (BGH NStZ-RR 03, 171). Unterbleibt die Anzeige und die Einholung der Genehmigung, kann bei Vorliegen weiterer Umstände auch § 332 I, III in Betracht kommen (BGHSt 48, 44, 47; vgl auch Rn 1117).

Die tatbestandseinschränkende Deutung des § 331 I durch den BGH führt im **Spannungsfeld** zwischen Hochschulrecht und Strafrecht zu vernünftigen Ergebnissen (krit. zum methodischen Vorgehen *Rönnau*, JuS 03, 232, 236). Allerdings bleibt neben den **Drittmittelgebern** die Forschung von Amtsträgern außerhalb von Hochschulen ausgespart, womit ein Zwei-Klassen-Strafrecht droht (*Diettrich/Schatz*, ZRP 01, 521, 525; ferner *Korte*, NStZ 03, 156). Der Bundesrat hat ua deshalb um die Vorlage eines Gesetzentwurfs gebeten, der die Drittmittelforschung im Hinblick auf §§ 331 ff auf eine einwandfreie Grundlage stellt (BR-Drucks. 541/01 [Beschluss]; siehe auch *Ambos*, JZ 03, 345, 354; *Rönnau*, JuS 03, 232, 237); die Bundesregierung ist diesem Ansinnen unter Hinweis auf den verfassungsrechtlich sehr eingeschränkten Spielraum

**1112a**

---

23  Dazu BGHSt 31, 264, 279; BGH NStZ 05, 334; wistra 02, 426; NJW 03, 763, 765; *Dölling*, 61. DJT, Bd. I 1996, C 69; *Fischer*, § 331 Rn 25; HK-GS/*Bannenberg*, § 331 Rn 30 f; ferner *Höltkemeier*, Sponsoring, S. 124.
24  BGHSt 47, 295; zust. ua *Kuhlen*, JR 03, 231; *Michalke*, NJW 02, 3381.
25  Zust. *Ambos*, JZ 03, 345, 350; *Rönnau*, JuS 03, 232, 234, jeweils mwN auch zur aA.
26  BGHSt 47, 295, 303; krit. *Höltkemeier*, Sponsoring, S. 217; *Mansdörfer*, wistra 03, 211; vgl auch *Korte*, NStZ 03, 156 und *Hendrik Schneider*, Seebode-FS, S. 331, 339.
27  BGHSt 47, 295, 309; vgl auch *Kuhlen*, JR 03, 231, 233 ff.
28  Dazu auch *Ambos*, JZ 03, 345, 352; *Michalke*, NJW 02, 3381, 3382.

und die Möglichkeiten landesrechtlicher Regelung nicht nachgekommen (BR-Drucks. 952/02; vgl dazu *Höltkemeier*, Sponsoring, S. 220, 230; *Sanchez-Hermosilla*, Kriminalistik 02, 506; ferner *Schmidt/Güntner*, NJW 04, 471).

**1112b** Während das LG Wuppertal (NJW 03, 1405) die von BGHSt 47, 295 entwickelten Grundsätze auf **Wahlkampfspenden** übertragen wollte, die ein Amtsträger (Oberbürgermeister) zu seiner Unterstützung und der seiner **Partei** eingeworben hatte, lehnt der BGH diesen Ansatz mangels Vergleichbarkeit der Konstellationen ab[29]. Allerdings hält der 3. Strafsenat aus Gründen der verfassungsrechtlich garantierten Wahlgleichheit ebenfalls eine Einschränkung des (an sich verwirklichten) § 331 für geboten; andernfalls wäre nämlich der Amtsinhaber gegenüber Kandidaten benachteiligt, die mangels eigener Amtsträgerschaft unbegrenzt Zuwendungen annehmen können. Demzufolge macht der Amtsträger sich nicht gemäß § 331 I strafbar, wenn er sich erneut um das Amt bewirbt und für seinen Wahlkampf für sich und/oder die ihn tragende Partei (oder Wählervereinigung) finanzielle oder sonstige Unterstützung eines Dritten fordert, sich versprechen lässt oder annimmt, *sofern* diese Forderung allein dazu dienen soll oder dient, dass er nach erfolgreicher Wahl das wiedererlangte Amt in einer Weise ausübt, die den allgemeinen wirtschaftlichen oder politischen Vorstellungen des Vorteilgebers entspricht (BGHSt 49, 275, 294; BGH wistra 07, 467).

**1112c** Für einen Teil der Problemfälle – etwa Einladung hoher Amtsträger zu Festspielen oder Sportveranstaltungen, insbesondere im Zusammenhang mit dem wichtig gewordenen Sponsoring[30] – schlägt *Schünemann* vor, von der Vorteilszuwendung *für* die Dienst*ausübung* abzuscheiden die Vorteilszuwendung mit Rücksicht auf die Amts*stellung* des Begünstigten als Teil des Repräsentationssystems der hiesigen Gesellschaft[31]. In derartigen Fällen erfolge die Gewährung des Vorteils in Anerkennung der Amtsstellung[32].

### 3. Genehmigung

**1113** Umstritten ist die **Rechtsnatur** einer **Genehmigung** nach § 331 III[33]. Die *vorher* erteilte Zustimmung erlaubt dem Amtsträger die Annahme des Vorteils; sie ist daher Rechtfertigungsgrund[34]. Eine *nachträglich* eingeholte Genehmigung wirkt idR nur als Strafaufhebungsgrund[35]. Die Gelegenheit, §§ 331 III, 333 III mit den beamtenrechtlichen Regelungen (ua §§ 71 BBG, 42 Beamtenstatus) zu harmonisieren, wurde leider nicht genutzt[36]; nicht ganz klar ist auch, wer einer iS des § 11 I Nr 2c bestellten Person eine Genehmigung erteilen kann[37].

---

29  BGHSt 49, 275; dazu *Dölling*, Anm. JR 05, 519; HK-GS/*Bannenberg*, § 331 Rn 42 f; *Saliger/Sinner*, NJW 05, 1073; *Kargl*, JZ 05, 503; krit. *Korte*, Anm. NStZ 05, 512.
30  Vgl BGH NStZ 08, 688; HK-GS/*Bannenberg*, § 331 Rn 32 ff mwN; *Höltkemeier*, Sponsoring.
31  Otto-FS, S. 777, 793 ff.
32  Zu weiteren Abgrenzungskriterien siehe Otto-FS, S. 777, 795 ff, 797 f.
33  Hierzu und zu § 333 III vgl *Korte*, NStZ 97, 513, 515 und 03, 156 sowie in MüKo, § 331 Rn 147.
34  Vgl BGHSt 31, 264, 285 mit krit. Anm. *Geerds*, JR 83, 465; NK-*Kuhlen*, § 331 Rn 109.
35  Eingehend S/S-*Heine*, § 331 Rn 37 ff.
36  Näher dazu *Fischer*, § 331 Rn 33; *Joecks*, § 331 Rn 22; SK-*Rudolphi/Stein*, § 331 Rn 31 und § 333 Rn 12 ff; beachte aber auch *Höltkemeier*, Sponsoring, S. 130 ff.
37  Dazu *Fischer*, § 331 Rn 34; *Michalke*, E. Müller-FS, S. 447, jeweils mwN.

## III.  Bestechlichkeit

### 1.  Objektiver Tatbestand

Zum **objektiven Tatbestand** des § 332 I gehört, dass der Amtsträger **für** eine zurück- **1114**
liegende, gleichzeitig vorgenommene oder künftige **Diensthandlung pflichtwidriger
Art** als Gegenleistung einen **Vorteil** fordert, sich versprechen lässt oder annimmt. Zu
den Tathandlungen siehe Rn 1108, zum Vorteil Rn 1107.

Das Gesetz erfasst hier nicht nur Tätigkeiten, die ihrer Natur nach in den Kreis der **1115**
einschlägigen Amtspflichten fallen. Eine pflichtwidrige Diensthandlung iS des § 332
begeht vielmehr auch, wer seine *amtliche Stellung* dazu **missbraucht**, eine mit Strafe
bedrohte oder sonst verbotene Handlung vorzunehmen, die ihm gerade seine amtliche
Stellung ermöglicht. Ein solcher Missbrauch ist keine Privattätigkeit, sondern eine
pflichtwidrige Diensthandlung[38].

**Kern der Tathandlung** ist das Herstellen eines **Beziehungsverhältnisses** zwischen **1116**
Vorteil und Diensthandlung im Wege der sog. „Unrechtsvereinbarung" (grundlegend dazu BGHSt 15, 88, 184, 239 und 352; siehe auch Rn 1101). Das Gesetz bringt
dies dadurch zum Ausdruck, dass der Vorteil als Gegenleistung „für" eine bestimmte
Diensthandlung oder einen hinreichend bestimmten Kreis von Dienstverrichtungen
gedacht sein muss[39]. Die Erweckung des **Anscheins der Käuflichkeit** kann genügen;
die Pflichtwidrigkeit der Diensthandlung, um deren Vornahme es geht, muss aber
nach der Rechtsprechung in jedem Falle feststehen (insoweit reicht der bloße Anschein also nicht aus; vgl BGH NStZ 84, 24). Zur Bestimmung der Pflichtwidrigkeit
der Diensthandlung vgl BGH wistra 07, 222.

Bei noch *bevorstehenden* Ermessenshandlungen iS des § 332 III wird der Tatbestand **1117**
des § 332 I schon dadurch verwirklicht, dass der Amtsträger **sich käuflich zeigt**, dh
sich ausdrücklich oder stillschweigend bereit erklärt, bei seiner künftigen Entscheidung im Rahmen der Diensthandlung nicht ausschließlich sachliche Gesichtspunkte
walten zu lassen, sondern der **Rücksicht auf den Vorteil Raum zu geben**[40]. Der *innere Vorbehalt* des Amtsträgers, die in Aussicht gestellte oder ihm angesonnene
Pflichtverletzung nicht zu begehen und seine bevorstehende (Ermessens-)Entschei-
dung sachlich korrekt zu treffen, schließt den Tatbestand der Bestechlichkeit (§ 332)
nicht aus[41].

### 2.  Tatbestandsvorsatz

Für den **subjektiven Tatbestand** ist vorsätzliches Handeln erforderlich, wobei Even- **1118**
tualvorsatz genügt. Die Vorstellung des Täters muss insbesondere die **Pflichtwidrig-**

---

38  BGH NJW 87, 1340 zur Fälschung von Angebotsunterlagen, um bestimmten Firmen städtische Aufträge zu verschaffen; zust. *Letzgus*, Anm. NStZ 87, 309; ferner *Fischer*, § 332 Rn 7.
39  Näher BGHSt 39, 45; 32, 290; BGH NStZ 05, 214; wistra 05, 378.
40  BGHSt 48, 44, 46 mwN; instruktive Kritik bei *Kuhlen*, JR 03, 231, 235.
41  BGHSt 15, 88, 93, 98; *Lackner/Kühl*, § 332 Rn 5.

**keit** der Diensthandlung umfassen (so jedenfalls BGH NStZ 84, 24). Bei einem sog. **Ermessensbeamten** genügt dazu das Bewusstsein, dass er bei *künftigen* Ermessenshandlungen mit Rücksicht auf den Vorteil *sachfremden* Erwägungen Raum geben soll (BGHSt 15, 352). Der geheime Vorbehalt, die Pflichtverletzung nicht zu begehen, berührt infolgedessen den Tatbestandsvorsatz nicht; es reicht aus, wenn der Amtsträger das Bewusstsein hat, dass er nach außen hin den Anschein erweckt, er werde bei der künftigen Vergabe von Aufträgen oder anderen Ermessensentscheidungen der Rücksicht auf den Vorteil Raum geben, also nicht ausschließlich sachliche Gesichtspunkte walten lassen (BGHSt 15, 352; 48, 44).

1119    Im **Fall 60** könnte A sich der *Bestechlichkeit* (§ 332 I) schuldig gemacht haben. Er hat von B einen Vorteil in Gestalt eines rechtlich nicht begründeten Preisnachlasses gefordert als Gegenleistung dafür, dass er zumindest eine Diensthandlung künftig vornehme. Hierdurch zeigte A sich bereit, sich bei Ausübung ihm eingeräumten Ermessens durch den Vorteil beeinflussen zu lassen (§ 332 III Nr 2). Besteht ein solcher Ermessensspielraum nach den einschlägigen Bestimmungen nicht, kommt § 332 III Nr 1 zum Zug. Demgemäß hat A den Tatbestand der **Bestechlichkeit** schon durch das **bloße Fordern** des Preisnachlasses unter Erweckung des Eindrucks verwirklicht, dass er ein entsprechendes Entgegenkommen des B bei seinen künftigen Vergabeentscheidungen berücksichtigen und durch eine bevorzugte Behandlung des B honorieren werde. A hat sich daher nach § 332 I, III strafbar gemacht (zum wirtschaftlich nicht vorteilhaften Rabatt siehe Rn 1107). Daneben kommt ggf ein Betrug (§ 263) zum Nachteil des B in Betracht (vgl RG HRR 40, Nr 195).

### 3. Qualifizierung

1120    § 332 II sieht eine **Qualifikation** in bezug auf **richterliche Handlungen** vor (= Verbrechen iS der §§ 12 I, 23 I; beachte, dass §§ 153, 153a StPO nur bei *Vergehen* iS des § 12 II Anwendung finden können).

### IV.   Vorteilsgewährung und Bestechung

1121    Wie schon (in Rn 1103) erwähnt, bilden die §§ 333, 334 auf Seiten des **Vorteilsgebers** das *spiegelbildliche Gegenstück* zu den §§ 331, 332 (vgl zum früheren Recht BGH NStZ 94, 488 mit Anm. *Maiwald*). Daraus folgt, dass der Vorteilsgeber **nur aus diesen Vorschriften** und nicht etwa außerdem wegen Anstiftung oder Beihilfe zum *Bestechungsdelikt* des Amtsträgers (§§ 331, 332) bestraft werden darf[42] (vgl noch Rn 1122). Zur Auswirkung dieser Regelung auf die Teilnahme außenstehender **Dritter** siehe BGHSt 37, 207[43]. Unberührt bleibt eine Teilnahmebestrafung aber insoweit, als die Verletzung der Dienst- oder Amtspflicht durch den Amtsträger einen **weiteren Straftatbestand** verwirklicht (zB §§ 258, 258a); die Anstiftung hierzu kann mit dem Verstoß gegen § 334 in Tateinheit stehen.

---

42    Dazu auch *Sowada*, Tiedemann-FS, S. 273.
43    Vgl auch *Bell*, MDR 79, 719; *Fischer*, § 331 Rn 38 und SK-*Rudolphi/Stein*, § 333 Rn 17, § 334 Rn 8 mwN; *Sowada*, Tiedemann-FS, S. 273, 285.

Nimmt man die für Vorteilsnehmer und -geber angedrohten Strafen in den Blick, zei- **1122**
gen sich *schwere Fehler*, die zT **Zweifel an der Verfassungsmäßigkeit** begründen.
Der übelste Missgriff liegt in der Gleichbehandlung des Amtsträgers und des Außenstehenden (= Extraneus) in §§ 331, 333, 335 I Nr 1. *Wenn* die §§ 331, 332 Sonderdelikte (echte Amtsdelikte) sind, was zu Recht ganz hM ist, *muss* das im Strafrahmen
der zur Täterschaft verselbstständigten Teilnahmetaten der §§ 333, 334 entsprechend
dem Gedanken des § 28 I zum Ausdruck kommen[44]. Dieser Gesetzgebungsfehler bietet Anlass, auf ein *grundsätzliches Problem* des deutschen Strafrechts hinzuweisen:
Die **Strafrahmen** unseres Rechts sind von einer zT enormen Weite, hinter der die zugrunde liegenden Unrechtstypen zu verschwinden drohen. Die Bemühungen des 6.
StrRG, die zahlreichen widersprüchlichen Bewertungen durch Harmonisierung der
Strafdrohungen zu beseitigen, liefen allzu häufig auf eine Verschärfung der Strafrahmen, flankiert von neuen Qualifikationstatbeständen und Strafzumessungsregelungen
hinaus (Überblick bei *F.-C. Schroeder*, NJW 99, 3612). Die inhaltsarmen Begründungen hierzu zeigen zudem, dass man offenbar glaubte, sich mit einer Harmonisierung
der Zahlen begnügen zu können; darin liegt eine **Missachtung** des Zusammenhangs
zwischen Voraussetzungen (Inhalten) der Strafbarkeit und Rechtsfolge[45]. Solche „raschen" und scheinbar billigen Reformen berühren nicht nur verfassungsrechtliche
Fragen (ua Parlamentsvorbehalt, Bestimmtheitsgrundsatz, Schuldprinzip), sondern
können die Gemeinschaft insgesamt teuer zu stehen kommen. Darüber hinaus entbehren auch die reformierten Strafdrohungen allzu häufig noch jeder denkbaren syste-
mimmanenten Logik (zu den insoweit einzuhaltenden Grundsätzen *Hettinger*, GA 95,
399). Auf solcher Grundlage ist eine gesetzesgeleitete rationale Strafzumessung unmöglich[46].

---

Im **Fall 60** hat B sich durch die Gewährung des von A geforderten Preisnachlasses lediglich **1123**
der *Bestechung* (§ 334 I, III) schuldig gemacht.

---

§ 335 enthält für **besonders schwere Fälle** der Bestechlichkeit und Bestechung Strafzumessungs- **1124**
bestimmungen (zum Begriff Rn 82, 221). Sie dienen der Erfassung von Fällen, die nach Ansicht
des Gesetzgebers eine über den Regelstrafrahmen (der §§ 332, 334) hinausgehende Strafdrohung
erfordern, weil sie nur so angemessen erfasst werden können (BT-Drucks. 13/5584, S. 15, 17).
Die Abs. 1 zugeordneten **Regelbeispiele** finden sich in § 335 II. Nach dessen Nr 1 liegt ein besonders schwerer Fall in der Regel vor, wenn die Tat sich auf einen Vorteil *großen Ausmaßes* bezieht,
ein Merkmal, das bislang schon in § 264 II Nr 1 (jetzt auch in §§ 263 III 2 Nr 2, 267 III 2 Nr 2,
300 I Nr 1) und § 370 III 2 Nr 1 Abgabenordnung (hier kumulativ mit „aus grobem Eigennutz";
vgl etwa BGH wistra 94, 228) Verwendung gefunden hat. Seine Auslegung hat sich am jeweiligen
Tatbestand zu orientieren, hier also an §§ 332, 334; gewisse Anhaltspunkte bieten ferner die
gleichgestellten Regelbeispiele in § 335 II Nr 2, 3. Der 1. Strafsenat stellt bei § 263 neuerdings
nicht auf die „erhebliche" Überschreitung eines wie auch immer ermittelten „durchschnittlichen"
Werts ab, sondern bestimmt den Begriff jedenfalls beim Betrug unter Berücksichtigung der Ge-
setzesentstehung, einer im Schrifttum verbreiteten Auffassung und der Bedeutung des Regelbei-

---

44 Näher *Hettinger*, NJW 96, 2263, 2272; *Sowada*, Tiedemann-FS, S. 273, 287 hält die Gleichbehandlung für hinnehmbar.
45 Näheres bei *Hettinger*, Küper-FS, S. 95.
46 Krit. auch *Lackner/Kühl*, Rn 10 vor § 38; zu § 354 I a StPO und den sog. Absprachen im Strafverfahren schweigt des Sängers Höflichkeit.

spiels für die Annahme eines besonders schweren Falles so, dass ein Vermögensverlust unter 50 000 € kein großes Ausmaß darstellt[47]. Das Regelbeispiel Nr 2 modifiziert den Strafrahmen des § 332 für Fälle, in denen der Amtsträger usw aus eigenem Antrieb sich ständig bezahlen lässt, mithin die Lauterkeit des öffentlichen Dienstes besonders nachhaltig schädigt. Nr 3 schließlich hat vor allem außenstehende Täter iS des § 334 im Auge.

**1125** Zum Verjährungsbeginn bei Bestechlichkeit und Bestechung siehe BGHSt 52, 300 mit krit. Anm. *Dann*, NJW 08, 3078; zum Tatbestand der **Wählerbestechung** (§§ 108b, d) siehe BGHSt 33, 336 mit krit. Anm. *Geerds*, JR 86, 253; zur **Abgeordnetenbestechung** nach § 108e – einem schlechten Witz, durch § 110a II Nr 1b StPO ab 1.1.2008 zur „schweren Straftat" geadelt – vgl BGHSt 51, 44, 59 f sowie *Dölling*, 61. DJT, Bd. I 1996, C 80; *Fischer*, § 108e Rn 1, 3; LK-*Bauer/Gmel*, 12. Aufl. 2007, § 108e Rn 3 f; *Michalke*, Hamm-FS, S. 459; siehe auch *Weigend*, Jakobs-FS, S. 747, 753; *Möhrenschlager*, Weber-FS, S. 217; zu Entwürfen der Fraktionen Bündnis 90/DIE GRÜNEN und DIE LINKE siehe BT-Drucks. 16/6726 und 16/8979; vgl auch BT-Drucks. 12/6092, S. 5. f.

# § 26 Rechtsbeugung

**1126** **Fall 61:** In BGHSt 32, 357 ging es um die Beurteilung folgenden Sachverhalts: Der Jugendstaatsanwalt S nahm bei ihm eingehende polizeiliche Meldungen wegen nicht schwerwiegender Straftaten von männlichen Jugendlichen und Heranwachsenden zum Anlass, den Beschuldigten mit ihrem Einverständnis Schläge auf das nackte Gesäß zu geben, und zwar in den elterlichen Wohnungen nach vorheriger Erörterung der Sachlage und mit der Ermahnung zu künftigem Wohlverhalten. In einigen Fällen hatte er zunächst mit den Eltern gesprochen und deren Zustimmung eingeholt. In allen Fällen stellte er sodann das Ermittlungsverfahren gegen die Betroffenen ein, ohne die körperliche Züchtigung aktenkundig zu machen. In den Einstellungsverfügungen hob er in der Regel auf vorangegangene erzieherische Maßnahmen (§ 45 II JGG) ab, in einigen Fällen mit der Behauptung, diese seien von den Eltern vorgenommen worden. Eine sexuelle Motivation hat die Strafkammer, gestützt auf das Gutachten eines Sachverständigen, ausgeschlossen. Entsprechend der Einlassung des S, er habe bei den Betroffenen „Vaterstelle einnehmen" und ihnen zwecks Erledigung der Angelegenheit „nach altväterlicher Sitte einen Denkzettel verpassen" wollen, ist das Landgericht davon ausgegangen, dass S allein mit dem Ziel pädagogischer Einwirkung gehandelt habe. In erster Instanz ist S nach § 340 wegen Körperverletzung im Amt in 20 Fällen verurteilt worden. Auf die Revision der Staatsanwaltschaft war vom BGH darüber zu befinden, ob er sich außerdem der Rechtsbeugung schuldig gemacht hat.

Wie ist diese Rechtsfrage zu beurteilen? **Rn 1135, 1137, 1139, 1142**

## I. Allgemeines

**1127** Der Verbrechenstatbestand des § 339 (bisher § 336) schützt die **Rechtspflege** in ihrer *speziellen* Aufgabe, die Geltung der Rechtsordnung bei der als unparteiisch vorausgesetzten Leitung und Entscheidung von Rechtssachen zu gewährleisten. Dabei geht es

---

47 BGHSt 48, 360, 362; im Erg. zust. *Krüger*, wistra 05, 247.

nicht um Eingriffe von außen, sondern um Angriffe von innen, die einen **Rechtsbruch** in sich bergen. Das spezifische Unrecht der Rechtsbeugung wird mitgeprägt durch den *Missbrauch* eines besonderen Amtes, der darin zum Ausdruck kommt, dass Richter, Schiedsrichter oder andere Amtsträger in einer vergleichbaren Funktion *willkürlich* gewählte, dem Recht eindeutig widersprechende Maßstäbe bei der Rechtsanwendung „als Recht ausgeben" und so das in sie gesetzte Vertrauen der Allgemeinheit enttäuschen (exempl. OLG Naumburg NStZ 09, 214 mit zu Recht scharf abl. Bespr. von *Erb*, ebd. S. 189). Die Tat ist ein **echtes Sonderdelikt** (dazu *Wessels/Beulke*, AT Rn 39), hinsichtlich Richtern und anderen Amtsträgern *echtes* (oder: eigentliches) Amtsdelikt (NK-*Kuhlen*, § 339 Rn 12). Täter kann daher nur sein, wer ein Amt der zuvor genannten Art ausübt. Für außenstehende Teilnehmer ist § 28 I zu beachten.

**Richter** ist, wer nach deutschem Recht Berufsrichter oder ehrenamtlicher Richter ist (§ 11 I Nr 3). Laienrichter, wie zB Schöffen, Handels- oder Arbeitsrichter, fallen somit unter § 339. **Amtsträger** iS dieser Vorschrift sind beispielsweise Rechtspfleger, Staatsanwälte als Leiter des Ermittlungsverfahrens, die Inhaber der Disziplinargewalt sowie Verwaltungsbeamte, die in Ordnungswidrigkeitenverfahren über die Festsetzung von Bußgeldern entscheiden. Nicht erforderlich ist, dass der betreffende Amtsträger weisungsfrei tätig wird und Unabhängigkeit genießt[1]. **1128**

## II. Der Tatbestand der Rechtsbeugung

Den Tatbestand des § 339 verwirklicht, wer sich als Richter, Schiedsrichter oder anderer Amtsträger bei der Leitung oder Entscheidung einer **Rechtssache** zugunsten oder zum Nachteil einer Partei vorsätzlich einer **Beugung des Rechts** schuldig macht. **1129**

### 1. Leitung oder Entscheidung einer Rechtssache

**Rechtssache** ist nach hM eine Rechtsangelegenheit, in der mehrere Beteiligte sich mit widerstreitenden Interessen oder Belangen gegenüberstehen können und über die in einem *förmlichen Verfahren nach Rechtsgrundsätzen* zu entscheiden ist. Von der bloßen Verwaltungstätigkeit, die ebenfalls an Gesetz und Recht gebunden ist (Art. 20 III GG), unterscheiden Rechtssachen iS des § 339 sich dadurch, dass sie primär der „Verwirklichung des Rechts" dienen und Unparteilichkeit gegenüber den widerstreitenden Interessen voraussetzen, also Aufgaben betreffen, die zum Wesen des Richtens gehören und in einer entsprechend herausgehobenen Funktion zu erledigen sind (BGHSt 34, 146; 35, 224). **1130**

Hierzu rechnen insbesondere die von den Gerichten zu entscheidenden Strafsachen und Rechtsstreitigkeiten, aber auch das **Ermittlungsverfahren** im Strafprozess und in Jugendstrafsachen, soweit es eigenverantwortliche *Entscheidungen* der Staatsanwaltschaft vorsieht, wie die Einstellung des Verfahrens[2], nach hM auch die Anklage- **1131**

---

1 Näher BGHSt 14, 147; 35, 224; *Fischer*, § 339 Rn 5; LK-*Spendel*, § 339 Rn 14 ff.
2 BGHSt 32, 357, 361; 38, 381; 40, 169, 177.

erhebung[3]; ferner richterliche Entscheidungen wie die Aufhebung eines Haftbefehls nach § 115a StPO (BGHSt 42, 343). Dagegen erfasst § 339 nicht das Steuerfestsetzungsverfahren nach §§ 85 ff Abgabenordnung[4], das Planfeststellungsverfahren[5], das Strafvollstreckungsverfahren[6] oder das Verfahren zur Verhängung eines Verwarnungsgeldes nach §§ 56 ff OWiG[7].

**1132** Das Merkmal „bei der Leitung oder Entscheidung" ist gegeben, wenn das Handeln objektiv auf der Leitungskompetenz des Amtsträgers beruht. Zwischen Handlung und Verfahrensleitung oder Sachentscheidung muss somit ein innerer, funktionaler Zusammenhang bestehen[8].

## 2. Tathandlung

**1133** Das missbilligte Verhalten besteht im **Beugen** (= Verbiegen, Verdrehen; anschaulich LK-*Spendel*, § 339 Rn 9) des materiellen oder prozessualen Rechts bei der Leitung oder Entscheidung einer Rechtssache (vgl *Behrendt*, JuS 89, 945, 947 f). Die Tathandlung enthält wie zB „tötet" in § 212 I eine erfolgsbezogene Beschreibung von Verhaltensweisen, in denen eine Beugung des Rechts zu sehen ist. Eine Schwierigkeit liegt darin, dass sie sich auf den höchst komplexen Begriff des „Rechts" bezieht. Damit ist nahezu vorprogrammiert, dass eine durchgehend überzeugende Interpretation der Norm kaum zu finden sein wird, schon gar nicht, wenn politische Implikationen hinzutreten (siehe auch *Arzt/Weber*, BT § 49 Rn 75 f); und jedenfalls bisher ist eine solche auch noch nicht gefunden worden[9]. Eine Rechtsbeugung kann nach der Rechtsprechung nur bei einem **elementaren Verstoß** gegen die Rechtspflege vorliegen, nämlich wenn der Amtsträger sich in schwerwiegender Weise bewusst von Gesetz und Recht entfernt[10]. Unter dieser Voraussetzung kommt jede objektiv fehlerhafte Anwendung des prozessualen oder materiellen Rechts in Betracht; so der Verstoß gegen die gesetzlichen Anforderungen hinsichtlich Entscheidungsprozess und -begründung, etwa die unzutreffende Sachverhaltsfeststellung, die Verletzung der Aufklärungspflicht oder die Nichtgewährung des rechtlichen Gehörs; ferner die Vornahme gesetzlich nicht zulässiger Maßnahmen, der Ermessensmissbrauch bei Ermessensentscheidungen und dergleichen[11]. Der Widerspruch zum Recht muss aber in jedem Fall **eindeutig** (= evident) sein, bei auslegungsbedürftigen Vorschriften und mehreren Interpretationsmöglichkeiten also die **Grenze des Vertretbaren** *klar* überschreiten[12].

---

3  BGHSt 41, 247; *Lackner/Kühl*, § 339 Rn 3; MüKo-*Uebele*, § 339 Rn 12; aA *Fischer*, § 339 Rn 7; SK-*Rudolphi/Stein*, § 339 Rn 8.

4  BGHSt 24, 326 mit Anm. *Bemmann*, JZ 72, 599; OLG Celle NStZ 86, 513.

5  OLG Hamburg NStZ-RR 05, 143.

6  OLG Koblenz NStZ-RR 06, 77.

7  OLG Hamm NJW 79, 2114; detaillierte Auflistung bei NK-*Kuhlen*, § 339 Rn 22 ff.

8  BGHSt 10, 294, 302; LK-*Spendel*, § 339 Rn 26.

9  Lehrreich *Maurach/Maiwald*, BT II § 77 Rn 7 ff; siehe auch *Foth*, Anm. JR 02, 257.

10  BGHSt 47, 105 mit zust. Anm. *Böttcher*, NStZ 02, 146 und abl. Anm. *Foth*, JR 02, 257 und *Müller*, StV 02, 306; siehe auch MüKo-*Uebele*, § 339 Rn 31 ff, 40.

11  Näher LK-*Spendel*, § 339 Rn 41 ff, 55 ff; SK-*Rudolphi/Stein*, § 339 Rn 10 ff.

12  BGHSt 38, 381; 42, 343; 44, 258; 47, 105; BGH wistra 87, 339; NStZ 95, 31; KG NStZ 88, 557; S/S-*Heine*, § 339 Rn 5b; krit. dazu *Fischer*, § 339 Rn 14 ff; *Herdegen*, Anm. NStZ 99, 456; *Seebode*, JR 94, 1 und Lenckner-FS, S. 585; *Scheffler*, NStZ 96, 67; *Sowada*, GA 98, 177; *Spendel*, JZ 98, 85.

Dabei ist umstritten, ob das Beugen des Rechts subjektiv, objektiv oder aber unter **1134** Rückgriff auf die dem Richter, Amtsträger oder Schiedsrichter obliegenden Pflichten zu bestimmen ist. Nach dem **subjektiven Ansatz** ist das Recht nur dann gebeugt, wenn die Rechtsanwendung im bewussten Widerspruch zur Überzeugung des Richtenden steht[13]. Danach käme den rechtlichen Regelungen ihre objektive Bestimmungsfunktion abhanden. Rechtsbeugung ist aber kein „Überzeugungsdelikt"[14], die Redlichkeit nur Mittel zum Ziel der Einhaltung des geltenden Rechts. Zudem gibt es Fälle, in denen das Gesetz verlangt, die persönliche Meinung hintanzusetzen; so etwa im Kollegialgericht, in dem der Standpunkt der Mehrheit für den bei der Beratung überstimmten Richter verbindlich ist (§ 196 GVG). Die in der Lehre herrschende **objektive Deutung** stellt darauf ab, ob die getroffene Entscheidung mit Gesetz und Recht objektiv in Einklang steht oder nicht[15]. Widerspricht die Entscheidung einem eindeutigen Rechtssatz (zB § 19), so ist am Vorliegen des objektiven Tatbestandes des § 339 nicht zu zweifeln. Allerdings beruht nicht jedes objektiv unrichtige Ergebnis auf einer „Verbiegung" des Rechts. Verurteilt beispielsweise der Strafrichter einen in Wahrheit Unschuldigen, nachdem er aus dem Inbegriff der Hauptverhandlung und den voll ausgeschöpften, sachgerecht gewürdigten Beweismitteln die Überzeugung von der Täterschaft des Angeklagten gewonnen hat, so urteilt er gemäß § 261 StPO rechtsrichtig; in seiner Entscheidung liegt dann schon objektiv keine „Beugung" des Rechts[16]. Zweifelhaft ist die Grenzziehung insbesondere, wenn die Anwendung *mehrdeutiger* Rechtsnormen in Rede steht oder dem Normanwender ein rechtlich gebundenes „Ermessen" eingeräumt ist wie zB bei der Strafzumessung oder bei § 47 II OWiG.

Während die Rechtsprechung (siehe Rn 1133) bislang insoweit eine schwerwiegende **1134a** Überschreitung der Grenze des Vertretbaren auf der Basis einer *objektiv* fehlerhaften Rechtsanwendung gefordert hat[17], will die vermittelnde **Pflichtverletzungslehre** ein rechtsbeugendes Verhalten auch dann bejahen, wenn das Ergebnis zwar im Interpretationsrahmen bzw Ermessensspielraum der anzuwendenden Norm bleibt, also objektiv vertretbar ist, aber auf *sachfremden Motiven* (Erwägungen) beruht. Sie begründet das damit, dass als Recht nur anerkannt werden könne, was der Richtende mit den Mitteln und Methoden der Rechtsfindung, dh „pflichtgemäß", dem objektiv mehrdeutigen Rechtssatz entnommen habe; dementsprechend liege eine Rechtsbeugung auch nicht erst bei objektivem Überschreiten eines Ermessensspielraums vor, sondern schon dann, wenn der Richtende seine Entscheidung allein auf *sachfremde* Erwägungen gründe, weil er damit gegen seine *Amtspflichten* verstoße[18]. Dem ist *nicht* zuzustimmen. Der bloße Verstoß gegen eine interne Amtspflicht begründet nicht notwendig auch eine objektive Rechtsverletzung iS des § 339. Trifft der Richtende allerdings aus

---

13  *Sarstedt*, Heinitz-FS, S. 427; *v. Weber*, NJW 50, 272.
14  *Rudolphi*, ZStW 82 (1970), 610, 624 ff; ferner *Maurach/Maiwald*, BT II § 77 Rn 9; LK-*Spendel*, § 339 Rn 37.
15  LK-*Spendel*, § 339 Rn 41; *Maurach/Maiwald*, BT II § 77 Rn 10; MüKo-*Uebele*, § 339 Rn 26; *Seebode*, Das Verbrechen der Rechtsbeugung, 1969, S. 21; S/S-*Heine*, § 339 Rn 5a.
16  Vgl dazu BGH NStZ 95, 31, 33; *Herdegen*, Anm. NStZ 99, 456; anders LK-*Spendel*, § 339 Rn 46, der hier lediglich den Vorsatz verneint.
17  BGHSt 38, 381; 42, 343.
18  Vgl *Behrendt*, JuS 89, 945; *Murmann*, Herzberg-FS, S. 123, 136; *Rudolphi*, ZStW 82 (1970), 610; *Schmidhäuser*, BT 23/44; *Wagner*, Amtsverbrechen, 1975, S. 195 ff.

sachfremden Erwägungen eine im Widerspruch zu *seiner* bisherigen Praxis stehende Entscheidung, so liegt ein Verstoß gegen das Gebot der Gleichbehandlung als Ausprägung des Willkürverbots (Art. 3 I GG) vor, also eine Rechtsverletzung[19]. Fehlt es an einer solchen, kommt § 339 nicht in Betracht. Neuerdings will offenbar auch der BGH schon die **Tätermotivation allein** genügen lassen, um bereits den objektiven Tatbestand zu bejahen[20]. Dem wäre aus den genannten Gründen zu widersprechen[21]. Anders kann es nur dann liegen, wenn objektiv ein Rechtsfehler feststeht[22].

**1135**  Im **Fall 61** hat S bei Leitung des Ermittlungsverfahrens objektiv **das Recht gebeugt**, indem er gegenüber den Beschuldigten bzw deren Eltern darauf hinwirkte, dass sie in der irrigen Annahme, die Einstellung des Verfahrens nur so erreichen zu können, in eine körperliche Züchtigung einwilligten. Zur „Leitung der Rechtssache" gehörte aber auch der von ihm eigenhändig durchgeführte Vollzug der im JGG nicht vorgesehenen Prügelstrafe. Dass S insoweit „Vaterstelle einnehmen" wollte und in einigen Fällen mit Zustimmung der Eltern handelte, ist belanglos: Einmal hätten die Eltern eine derart entwürdigende Züchtigung sogar selbst nicht vornehmen dürfen (§ 1631 II BGB). Zum anderen konnte ihre Zustimmung nichts daran ändern, dass S bei seinen Maßnahmen als *Organ der Strafrechtspflege* fungierte (zutreffend *Spendel*, JR 85, 485, 488). Zu prüfen bleibt daher, ob die körperliche Züchtigung als solche und die (noch zu erörternde) Einstellung des Verfahrens „zu Gunsten oder zum Nachteil einer Partei" erfolgt sind.

### 3. Tatbestandlicher Erfolg

**1136**  Als schädlichen **Erfolg** der Tathandlung setzt § 339 die Verbesserung der Lage zugunsten einer Partei oder deren Verschlechterung zum Nachteil eines Beteiligten voraus. Bei Verstößen gegen Verfahrensrecht soll es schon genügen, dass die *konkrete Gefahr* einer falschen Entscheidung begründet wird[23]. Der Begriff der „Partei" ist in diesem Zusammenhang nicht im technischen Sinne des Zivilprozessrechts zu verstehen, meint vielmehr jeden Verfahrensbeteiligten[24].

**1137**  Der Nachteil, den die Betroffenen im **Fall 61** erlitten haben, liegt in der ihnen zugefügten körperlichen Misshandlung. Er kann aber auch in einer Gefährdung ihrer Erziehung gesehen werden, weil Prügel in der hier verabreichten Form eher Trotz und Verstocktheit hervorrufen als Einsicht und Besserung. Die so eingetretene Schlechterstellung der Beschuldigten wurde nicht etwa dadurch ausgeglichen, dass die spätere Einstellung des Verfahrens sich zu ihren Gunsten auswirkte und ihnen willkommen war.

Mit seiner Entscheidung, von der Verfolgung gemäß § 45 II JGG abzusehen, hat S zudem das Recht zum Nachteil des *Staates* gebeugt. Denn dem Sanktionsrecht des Staates, das aus den begangenen Jugendverfehlungen erwachsen war, wurde unter den hier gegebenen Umständen nicht in einer dem JGG und seinen Zielen entsprechenden Weise Rechnung getragen.

---

19  Vgl auch *Scholderer*, Rechtsbeugung im demokratischen Rechtsstaat, 1993, S. 288, 296, 317 mwN.
20  BGHSt 47, 105 mit Anm. *Kühl/Heger*, JZ 02, 201.
21  Abl. auch *Müller*, Anm. StV 02, 306; *Wohlers/Gaede*, GA 02, 483 und *Rath*, Gesinnungsstrafrecht, 2002, S. 53; ferner S/S-*Heine*, § 339 Rn 5b; NK-*Kuhlen*, § 339 Rn 61 ff.
22  BGHSt 42, 343; BGH NStZ-RR 01, 243.
23  So BGHSt 42, 343, 351; BGH NStZ-RR 01, 243; *Lackner/Kühl*, § 339 Rn 7.
24  SK-*Rudolphi/Stein*, § 339 Rn 18a.

## 4. Tatbestandsvorsatz

Der subjektive Tatbestand der Rechtsbeugung setzt **Vorsatz** unter Einschluss des *dolus* **1138** *eventualis* voraus[25]. Er muss neben der Sachverhalts- und Bedeutungskenntnis das Merkmal der Leitung oder Entscheidung einer Rechtssache, die Beugung des Rechts und deren begünstigende oder benachteiligende Wirkung für einen Beteiligten umfassen. An der erforderlichen Bedeutungskenntnis kann es beispielsweise fehlen, wenn der Amtsträger den Sinn einer auslegungsbedürftigen Vorschrift völlig missverstanden hat und aus diesem Grunde zu einer objektiv fehlerhaften Interpretation gelangt ist.

> Im **Fall 61** hat der BGH sehr kleinliche Anforderungen an die Feststellungen zur inneren Tat- **1139** seite geknüpft und deshalb zurückverwiesen (BGHSt 32, 357). In Wirklichkeit war aber am Vorsatz des S nicht zu zweifeln (näher *Spendel*, JR 85, 485, 489).

## III. Rechtswidrigkeit und Vorwerfbarkeit der Tat

### 1. Eingreifen von Rechtfertigungsgründen

Für Rechtfertigungsgründe, wie etwa § 34, dürfte § 339 wohl kaum Raum lassen. **1140** Eher kann man sich Situationen vorstellen, bei denen ein entschuldigender Notstand gemäß § 35 in Betracht kommt (vgl dazu LK-*Spendel*, § 339 Rn 101).

### 2. Unrechtsbewusstsein

Unter dem Blickwinkel der Vorwerfbarkeit ist das Bewusstsein des Täters, Unrecht zu **1141** tun, je nach den Umständen genauerer Prüfung wert.

> Im **Fall 61** steht außer Zweifel, dass S sich der Rechtswidrigkeit der von ihm vorgenommenen **1142** Züchtigungen bewusst war. Dies zeigt sich ua daran, dass er sie in den Einstellungsverfügun- gen geflissentlich nicht erwähnt hat. S ist somit der Rechtsbeugung schuldig (im weiteren Ver- fahrensgang ist er deswegen auch bestraft worden).

### 3. Ergänzender Hinweis

Nach hM zeitigt § 339 eine nicht unwesentliche Schutzwirkung für Richter. Wer we- **1143** gen seiner Tätigkeit bei der Leitung oder Entscheidung einer Rechtssache (etwa unter dem Vorwurf der Freiheitsberaubung und dergleichen) zur Verantwortung gezogen werden soll, kann insoweit nur bestraft werden, wenn ihm eine Rechtsbeugung iS des § 339 nachgewiesen wird[26].

---

25  BGHSt 40, 272, 276; näher dazu *Behrendt*, JuS 89, 945, 949; *Hupe*, Der Rechtsbeugungsvorsatz, 1995; *Lackner/Kühl*, § 339 Rn 9; MüKo-*Uebele*, § 339 Rn 62.
26  BGHSt 10, 294; 41, 247, 255; OLG Karlsruhe NJW 04, 1469; zu dieser Sperrwirkung LK-*Spendel*, § 339 Rn 129; MüKo-*Uebele*, § 339 Rn 71; NK-*Kuhlen*, § 339 Rn 17; *Schroeder*, GA 93, 389; S/S-*Heine*, § 339 Rn 10a; aA *Begemann*, Anm. NStZ 96, 389; *Stumpf*, NStZ 97, 7.

**1144** Zur strafrechtlichen Verantwortlichkeit von Richtern und Staatsanwälten der ehemaligen DDR wegen Rechtsbeugung siehe BVerfG NJW 98, 2585; BGHSt 40, 30, 169 und 272; 41, 157, 247 und 317; 43, 183; 44, 275; Überblick bei *Lackner/Kühl*, § 2 Rn 19 und *Laufhütte*, BGH-FS, S. 409, 427, jeweils mwN (diese Rechtsprechung zu Recht abl. SK-*Rudolphi/Stein*, § 339 Rn 3c mwN). Der BGH hält für diesen Bereich innerhalb des § 339 StGB und des § 244 DDR-StGB an dem Erfordernis eines „elementaren Verstoßes gegen die Rechtspflege" fest, dessen Vorliegen er nur bei offensichtlichen Willkürakten und unerträglichen Menschenrechtsverletzungen bejaht (vgl MüKo-*Uebele*, § 339 Rn 35 ff; NK-*Kuhlen*, § 339 Rn 101 ff; krit. SK-*Rudolphi/Stein*, § 339 Rn 11a, b; *Seebode*, Lenckner-FS, S. 585; *Wassermann*, Kaiser-FS, S. 1405, jeweils mwN); zu BGHSt 44, 275, 298 aus anwaltlicher Sicht *Krauß*, Widmaier-FS, S. 357. – Zum Ganzen *Wessels/Beulke*, AT Rn 74 ff mwN.

# Sachverzeichnis

Die Angaben beziehen sich auf die Randnummern; fett gedruckte Zahlen geben die Hauptfundstelle an.

349

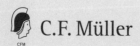

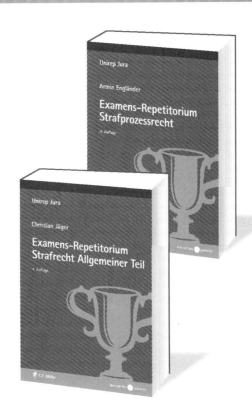